全国高等院校古籍整理研究工作委员会
直接资助项目：批准号 1522

2017 年度安阳师范学院科研培育基金项目
立项号：AYNUKP – 2017 – A05

清末官银钱号史料辑注

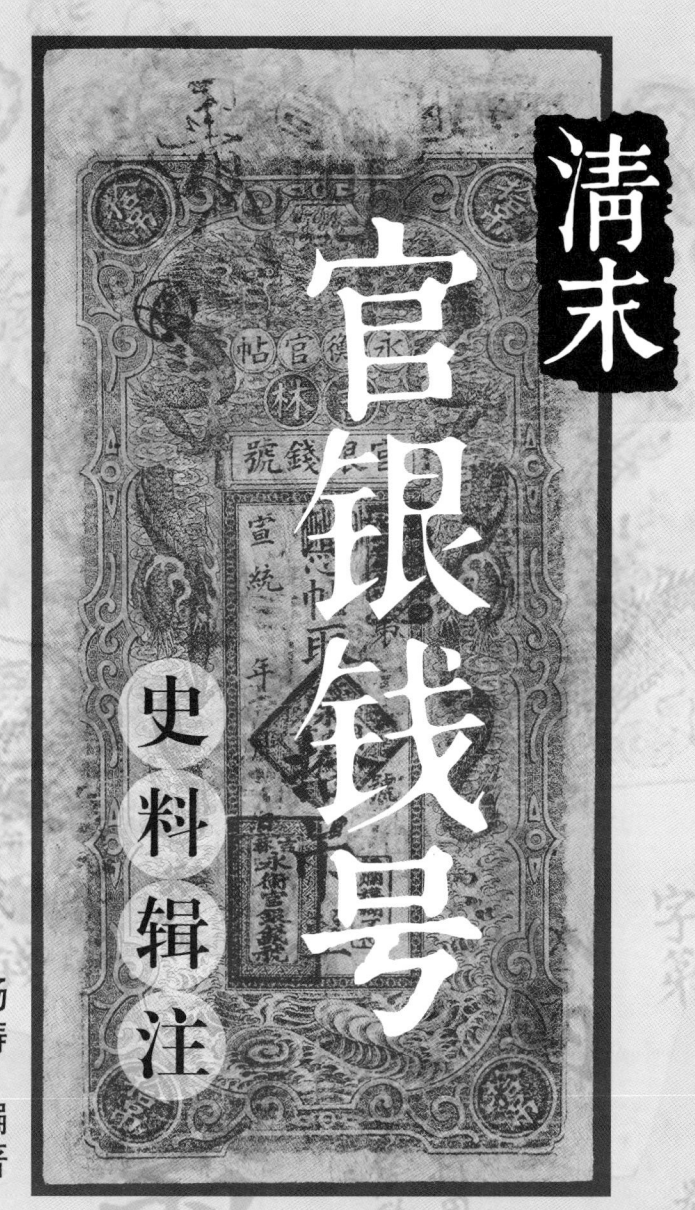

杨涛 编著

中国社会科学出版社

图书在版编目(CIP)数据

清末官银钱号史料辑注 / 杨涛编著. —北京：中国社会科学出版社，2019.8
ISBN 978-7-5203-4545-3

Ⅰ.①清… Ⅱ.①杨… Ⅲ.①地方金融事业—史料—中国—清后期 Ⅳ.①F832.952

中国版本图书馆 CIP 数据核字（2019）第 104921 号

出 版 人	赵剑英
责任编辑	耿晓明
责任校对	万文华
责任印制	李寡寡

出　　版	中国社会科学出版社
社　　址	北京鼓楼西大街甲 158 号
邮　　编	100720
网　　址	http://www.csspw.cn
发 行 部	010-84083685
门 市 部	010-84029450
经　　销	新华书店及其他书店

印刷装订	北京君升印刷有限公司
版　　次	2019 年 8 月第 1 版
印　　次	2019 年 8 月第 1 次印刷

开　　本	710×1000　1/16
印　　张	48.5
插　　页	2
字　　数	761 千字
定　　价	198.00 元

凡购买中国社会科学出版社图书，如有质量问题请与本社营销中心联系调换
电话：010-84083683
版权所有　侵权必究

编辑说明

一、本书选辑文献时限集中在1895年甲午战争后，至1911年辛亥革命爆发前。收录文献涵盖这一时期设立的所有官银钱号史料，将天津官银号、湖北官钱局、吉林永衡官银钱号、湖南官钱局、广东官银钱局、裕苏官银钱局等影响较大、历史较长的官银钱号作为史料整理重点研究对象。

二、本项研究内容主要为两方面，一为史料的编辑、汇纂；一为史料的注解。编辑、汇纂的史料，主要包括以下几方面内容：（一）甲午战后至庚子事变前、清末新政推行期间，清廷与地方督抚（将军、都统等）为发展实业、稳定地方财政与金融，颁布的有关政策、法令对官银钱号举办的影响；逐一梳理各官银钱号举办情况、沿革情况。（二）官银钱号与近代金融制度变革。具体内容为官银钱号的规章制度，涵盖行政管理制度，机构设置办法，资本、股金构成办法，余利、花红分配办法，信贷与汇兑制度，纸币发行办法，营业细则与财会制度等方面的史料。整理清廷制订的限制纸币发行办法、限制铸造铜元与银元的措施、监管制度、地方银行制度等方面史料。突出官银钱号与大清银行、票号、钱庄、外国银行的关系，官银钱号反映出的清廷与地方督抚、地方督抚与绅商在金融问题上的矛盾等方面的史料。（三）官银钱号与近代币制。主要内容包括官银钱号发行纸币、试铸银元与铜元，对币制改革与币制统一的影响及社会各界评价等方面的史料。（四）官银钱号与清末的地方财政。包括官银钱号经理省财政和省库，经收部分常关税、厘金、地方官业等收入，发行地方公债等有关史料。整理官银钱号对国地税划分、中央与地方财政收支体制变化、国库统一、财政统一、地方财政运转等问题的影响方面的史料。整理官银钱号为地方政府垫款，造成财政与金融糅合等方面的史料。（五）官银钱号与省区实业发展和人民生活。重点整理中西部、东北地区官银钱号举办农业、工商业、运输业等附属企业，对当地人民生产、生活方式影响等方面的史料。

史料的注解主要内容有以下几方面：（一）史料的出处、版本等具体信息、内容的注解。（二）对文献与史料内容的解释，如历史背景、有关人物、史实的介绍，对文献涉及的具体问题的必要解释与阐述。（三）对史料的考证、校勘，如对史料中原有文字、语法等错误的必要更正，对相近史料比对等等。

三、所收录史料主要有以下几类：（一）档案史料，主要有中国第一历史档案馆藏宫中档案（朱批奏折）、军机处录附奏折全宗；天津档案馆藏天津商会档案；（中国台北）"中央"研究院近代史研究所清代奏折档案；世续：《清实录·德宗景皇帝实录》；中国第一历史档案馆：《光绪朝朱批奏折》（财政）。（二）文集、著作类，主要有甘厚慈辑：《北洋公牍类纂》《北洋公牍类纂（续编）》；徐世昌：《东三省政略》；张之洞：《张文襄公全集》。（三）报刊、杂志类，主要有《申报》《时报》《东方杂志》《大公报》（天津）《国风报》《政治官报》《吉林官报》《陕西官报》《两广官报》等。（四）地方志，主要有袁大化、王树枏等：《新疆图志》；王树枏纂：《奉天通志》；吕调元、刘承恩：《湖北通志》等。

四、文献涵盖甲午战争至辛亥革命前夕设立的所有官银钱号史料。本项研究将目前学术界研究的热点问题也是薄弱点作为史料整理的中心内容，如清廷与地方督抚的有关政策、法规；官银钱号对早期地方银行制度，对中央银行制度的影响；官银钱号对地方财政影响，官银钱号对清末财税制度变革影响；官银钱号对清末中央与地方关系影响等。本研究以纲目体裁为主，纲目细致、全面、准确，便于检索。注解完整、详备、正确。所辑文献，以国家第一档案馆、地方档案馆未刊文献为主，多为原始资料。以报刊、地方通志、时人著述文献为补充，以全面、真实、客观为原则。

五、收录文献编辑顺序除按照文献分类外，又以文献形成时间为依据。凡辑录文献一般按照原始出处标题，并注明原始出处；如无标题者，则由本集编辑者注明。均在"（）"中注明。

六、凡引用文献如有脱漏之处，均以"［］"注明，凡错讹之处，以"〈〉"注明，并将补注、改正之处在"［］""〈〉"中注明。凡引用文献中，如遇有不能确定并模糊之文字，以"（?）"注明。不能确定并空缺之文字，用"□（?）"表示。原文衍字用"〔〕"标示。

七、本书在编辑、出版过程中，得到恩师、陕西师范大学博士生导师张华腾教授的大力支持与帮助。在课题研究，资料收集、整理过程中，中国社会科学院近代史研究所汪朝光研究员、河北师范大学戴建兵教授，给以了支持与帮助，在此谨表深深的谢意！

八、本著作为全国高等院校古籍整理研究工作委员会直接资助项目的相关成果（批准号1522），2017年度安阳师范学院科研培育基金项目（立项号AYNUKP-2017-A05）。

前　言

一

　　本书所言官银钱号是清中叶至民初地方官办金融机构，如官银号、官钱局、官银钱号等的统称，它兼具地方财政机构性质。官银钱号发端于清雍正、乾隆年间于京师所设的官钱铺，主要目的是平抑银钱汇价。鸦片战争前，粤海关等也举办有货币兑换机构性质的官银钱号。鸦片战争后至甲午战争爆发前，京师与许多省区、海关纷纷设立官银钱号，主要目的是发行不兑现钞票来弥补财政亏空、调剂金融，或解决银钱汇价问题。但是这一时期的官银钱号大都经营混乱，导致了严重的通货膨胀。甲午战争后，以张之洞、袁世凯、徐世昌等为代表的地方督抚纷纷举办官银钱号，利用其扩张财政、金融自主权。官银钱号在西藏之外各省区广泛设立，达到鼎盛时期。虽然发行兑换券、解决地方财政问题是其主要职能，并且酿成滥币问题。但在当时官银钱号也起到经理省库、垫借公款、经理公款汇兑、扶助举办官业等作用。一些省的官银钱号还向民族工商业贷款，经理非公汇兑业务，吸收官办企业与票号管理制度，初步具备了地方官办商业银行特点。它对近代金融、币制，特别是对地方财政、工商业发展有着特殊作用，对清末新政各项事业在各地的推行有重要作用。袁世凯统治时期，为推行币制改革而整理滥币，并且将强化中国银行、交通银行的国家银行职能，加强中央监管措施，统一国库作为财政、金融上集权的主要措施，因此官银钱号不少被关停或改组为省银行。袁世凯死后，地方金融机构与军阀政治、地方主义合流。加上国家银行制度缺失，民族资本主义的发展，客观上给官银钱号的继续发展提供了空间。但是帝国主义势力的压迫，华资银行与钱庄的竞争，地方军阀特别是北洋军阀统治的衰落与灭亡，使其必然走向没落。这一时期官银钱号以弥补地方与军阀军政费用，滥发钞票为主要业务，加剧了军阀割据和国家分裂，与构建高度统一的财政、金融体制严重冲突，使其必然走向衰落，被真正意义上的地方银行所代替。不少官银钱号在民国以后或在1927年以后改组、改办为地方银行，但仍有少数官银钱号持续经营到抗战爆发以后。

（一）鸦片战争前清政府举办官银钱号情况

清代的官银钱号产生、发展与其货币制度密切关联。有所谓："在银钱并用平行的货币制度下，为稳定银钱兑换比率而设立的官银钱号，就成了当时清政府所采取的财政经济政策之一。"① 官银钱号设立的初衷主要为平抑银钱比价。

官银钱号初名官钱铺。据叶世昌先生考证，雍正九年（1731），因京师钱价大涨，米粮价格因之走高。清廷谕令户部与八旗分设五城官钱铺与八旗官钱铺，京师所设平粜米局，收得制钱，集齐交给官钱铺，按法定价格九百五十文兑换一两白银，以此循环流转。这些官钱铺后来"似已撤销"。到乾隆二年（1737）京师钱价再次上涨，户部会同提督衙门奏请拟在京城内外设立十处官钱局，但因给事中田懋等反对，并未设立。乾隆五年（1740），浙江制钱价格因官价低于市价，引发远近争买，浙江巡抚卢焯下令先后设立15处官厂，以银"买""换"制钱，平抑兑换价格。这些官厂是地方设立的具有官钱铺性质的机构。到乾隆九年（1744），鄂尔泰等奏请为疏通钱法，提出利用官设当铺收钱，交官钱局发卖。新设官钱局两处，一处在正阳门外布巷，一在地安门外鼓楼东。此外，乾隆年间还有用生息银两开设官钱铺的，但数量不多。② 至乾隆十年（1745）五月，"以钱价渐减，奸民每以在京贱买之官钱运至近京钱贵之地，兴贩射利，议将官局停止"③。前述乾隆九年（1744）

---

① 姜宏业：《中国地方银行史》，湖南出版社1991年版，第3—4页。
② 叶世昌：《中国金融通史：第一卷（先秦至鸦片战争时期）》，中国金融出版社2002年版，第588—589页。
③ 张廷玉等撰：《清朝文献通考》，浙江古籍出版社1988年版，卷16钱币考4，考5000—5001。

所设两处官钱局停止。

鸦片战争爆发前，广东沿海洋商走私白银出口异常严重。嘉庆十九年（1814），两广总督蒋攸铦遵旨查禁偷运内地银两出洋事宜，酌拟办理章程。蒋攸铦奏称："查藩库运库各有官银匠，开设银号，倾熔交库，独粤海关向无官银号。所有洋商每年应交库项一百数十万两之多，惟凭商人各自倾熔，漫无稽考，恐借此影射多倾以致弊混，亦不可不防其渐。应请照藩运二库之例，设立粤海关官银号数家，以专责成，而便稽查，不使稍滋弊窦。"①之后广东设立粤海关官银号，以海关税务行政中倾熔银锭为主要职能，并非一个金融机构。②1904年两广总督岑春煊与广东巡抚张人骏奏请设立广东官银钱局，粤海关官银号作为分号归其管辖。

以上为鸦片战争前中央与地方设立官银钱号情况。有的学者认为："鸦片战争前设立的这些官银钱局行号，与私营的银钱业性质一样，其业务也主要是从事货币兑换，调节银钱比价，倾铸银锭，属于货币兑换机构而不是专业化的信用机构，更不是办理存放汇业务的传统银行。""此时官银钱号的业务活动，对于商业发展和社会稳定还有积极的作用，是清政府实施其特定经济政策的工具。"③这一观点非常中肯。

（二）鸦片战争后至甲午战争前举办情况

1. 京师举办的各官银钱号

鸦片战争后，清政府因支付赔款与巨额军费开支，使得财政状况变得空前支绌。至咸丰初年，"军旅数起，国库匮乏，滇铜亦因道梗不至"④。财政状况益发困绌。于是清廷破坏制钱制度，发行大钱；并由

---

① 《两广总督蒋攸铦等奏为遵旨查禁纹银出口情形并酌议章程折》，中国第一历史档案馆编：《鸦片战争档案史料》第一册，上海人民出版社1987年版，第11页。
② 詹庆华：《晚清海关与金融的关系》，厦门大学中国海关史研究中心编、戴一峰主编、连心豪、薛鹏志副主编：《中国海关与中国近代社会：陈诗启教授九秩华诞祝寿文集》，厦门大学出版社2005年版，第259页。
③ 孙建华：《近代中国金融发展与制度变迁：1840—1949》，中国财政经济出版社2008年版，第33页。
④ 《咸、同、光、宣四朝钱法之变更》，佚名：《悔逸斋笔乘（外十种）》，北京古籍出版社1999年版，第195页。

户部尚书兼管钱法堂事务的祁寯藻提出，由官府仿效票号及从前办法成立官银钱号，发行钞票，经理八旗兵饷，解决财政问题。道、咸年间遂有五天、四乾、五宇官银钱号的创立。

五天号创立于道光二十五年（1845）。时任内务府大臣敬征以军需、赈灾、河工用款浩繁，提出效仿民间使用钱票之法，按照从前内务府设立官当铺之例，设立官银钱号。敬征奏称："在官号本银丰裕，决无匮乏之虞，民间持票取钱，尽可源源应付。所谓以上之财济民之用，民用既便，公用自充。日久官票流通，如兵丁月饷、官员公费，及各项工程，或即以官票酌成搭发，皆可次第拟办，似宜裨益经费之一端。"朝廷谕令著照所请办理，由广储司拨给五十万两白银，初定设立二三座银号，将来生息充盈后，酌定归本章程。①

五天号是鸦片战争后，清廷再次倡议在京设立官银钱号之始端，开启了近代官银钱号发展的新阶段。清廷再次设立官银钱号既有调剂金融、充分发挥纸币兑换券信用的意图，也有弥补当时现金匮乏，解决财政收支不平衡的功利性目的。这一举措渐成为清廷的一种政策性措施，到咸丰年间进一步发扬。咸丰三年（1853），都察院左副都御使和淳、文瑞等奏称："查道光年间官设钱铺五处，其始民间未免裹足，近年以来，已无疑忌。以其有实钱可用，而反不取用也。"现在公私，"均须以银易钱，方能适用，而钱之为票存者，又居十之七八"。提出为补救时弊，应尤赖钱票流通。随后祁寯藻根据和淳等所奏，奏请在京城适中之处设立官钱总局，"即将宝泉、宝源二局每月鼓铸卯钱全数运解，作为票本。并由部库应放款项内酌提现银，藉资转运。总计辘轳收发，以现银一百万两，现钱一百万串为率。凡官俸、兵饷以及各衙门支用杂款，分成搭放"②。

咸丰三年四月（1853年6月），户部奏准招商承办乾豫、乾恒、乾

---

① 《内务府大臣敬征折—请开设官银号》，中国人民银行总行参事室金融史料组编：《中国近代货币史资料》（第一辑，清政府统治时期：1840—1911），中华书局1964年版，第467页。

② 《副都御使和淳等奏—请令官钱铺以京票代实钞发饷》《管理户部事务祁寯藻等折—议覆和淳所奏并请设官钱总局》，中国人民银行总行参事室金融史料组编：《中国近代货币史资料》（第一辑，清政府统治时期：1840—1911），第468—470页。

丰、乾益四家官银钱号。"由库发给成本银两，并户、工两局交库卯钱以为票本，凡户部月放现款一概该给钱票，在官号支取，俾现钱与钱票相辅而行。出纳皆以五成为限，凡地丁杂税及一切解部之款，均以钱钞两千抵银一两。"① 至此，清廷先后有天乾九号发行京票，其作用实际有发放八旗兵饷、中央各部院官俸的财政机关职能，也有综理各省钱粮杂税解拨的金库作用。清廷不仅在中央设立官银钱号，还令各省效法开设，征收钱粮搭用官票，并对奉行不力者严加申斥。尽管在咸丰四年（1854）户部侍郎王茂荫已提出若钞票不限量发行，不能自由兑现势必窒碍难行，但咸丰帝"严旨申斥"。各官号在这一背景下举办，"是为清代厉行钞法之始，自后各省官私银钱字号，往往自由发行纸币"②。各官号管理章程如下：指派满汉员司各三人，书吏二人组成"官票所"管理。各员司每季末备具各官号经营良好殷实之切结以及无盗用公款情事，每年终缮具发票，详报盈余数额，送户部核查；员司遇有调迁、继任者应逐一查核账目，不符者应报部查究；各号按照户部拨发银两，按每月二十九日之市价折合计算发钞，不得增减，并报部备查；四乾号招商承办，商人需连环保结，并交纳保证金，所雇人员向官票所交纳保证金，如有更动应随时报告；各号每月收到应发饷银，应折发宝钞，加盖戳记，按年编印，周而复始，兑付后加盖标记不再发出，月底截角后送部销毁并记录在案；京师商民收付钱钞，各号准每千文扣除贴水二十文，逾者严惩；各号员司严禁买空卖空，或藉公营私，遇有此事除查究外并斥革，抵扣保证金；各号支付薪俸、临时开支、盈利应按月报部并年终呈递总报告；各号每月所提官票及雇佣人员薪俸、文具等津贴银三十四两作为正开支报部；各号每月初三、四日为兑付宝钞之日，应知会步军统领衙门维持秩序。③

清政府于1854年10月还批准设立宇升、宇恒、宇谦、宇丰、宇泰五宇官银钱号。"咸丰四年商人白亮、刘宏振呈请捐助钞本，承办钞务。惟遂其牟利之私，既无报效之实心，且亦并无资本。经管理铁钱局王大

---

① 龚冠华：《中国纸币史》，上海新业印书馆1928年版，第50—51页。
② 龚冠华：《中国纸币史》，第51页。
③ 《官号管理章程》，中国人民银行总行参事室金融史料组编：《中国近代货币史资料》（第一辑，清政府统治时期：1840—1911），第489—490页。

臣奏请设立宇大通，分设宇升、宇恒、宇谦、宇丰、宇泰官钱铺，以铁大钱为钞本，另募商人承办，准其开出本票，照民铺一律交易。"① 五宇字号得到恭亲王奕訢的支持，其开业之初毫无准备，专司发行钞票，以票兑钞，并很快卷入丑闻之中。

天乾宇各号所发钞票很快超过流通所需，滥发无度的情况越来越严重。按照彭泽益先生考证，天乾宇号共发行银票9781200两，宝钞27113000串。截止1868年4月，银票只收回34%，其余未收回者，"一概作为废纸"②。1860年御史寻銮炜奏称天乾九家官号，"互开钱票私买银两，官票每张竟有开至一二千吊，三五千吊，甚至万吊者，假手他人代为买卖"。每日买银至数万两，"以致银价日昂，百物腾跃"。附片还称连日京城内外各官号，"人声沸腾，纷纷聚闹"③。主持户部的翁心存也发现五宇字号"账目胶葛，间有票根不符，出入舛错之处"。提出应一举而廓清之。④ 至咸丰十一年（1861）五月间，银价每两换钞票在二十余千文不等，但至六月，不到二十天，日日增长，竟然高至一两银换钞票三十余千文，"此从来未有，而中外所骇闻"。而以票取钱，逐日递减，开始每千文兑给七百余文，后跌至六百、五百乃至四百余文。⑤ 可以讲各官号滥发钞票造成了京城内外商民挤兑，物价腾跃、通货膨胀，而且各号舞弊成风，内部经营、管理异常混乱。

清政府针对这些情况被迫令总理行营事务的奕訢与户部进行清理。早在咸丰八年（1858），翁心存针对五宇字号办理不善，提出整顿办法八条，即：改官钱铺为官钞局，以符名实，将地处偏僻、并未收钞的宇

---

① 《户部尚书柏葰等奏清查五宇官钱铺情形片》，第一历史档案馆编：《清代档案史料丛编》第11辑，中华书局1984年版，第107页。

② 彭泽益：《1853—1868年的中国通货膨胀》，中国社会科学院经济研究所学术委员会编：《中国社会科学院经济研究所集刊》第一集，中国社会科学出版社1979年版，第208—209页。

③ 《御史寻銮炜折—官号私买银两请予严惩》，中国人民银行总行参事室金融史料组编：《中国近代货币史资料》（第一辑，清政府统治时期：1840—1911），第471—472页。

④ 中国第一历史档案馆编：《清代档案史料丛编》第十一辑，第105—106页。

⑤ 《御史朱潮折—官钱票价格日落》，中国人民银行总行参事室金融史料组编：《中国近代货币史资料》（第一辑，清政府统治时期：1840—1911），第476页。

丰号裁撤；不用正商，而选派公正廉洁员司收钞，会计、文员由管号官自行选用，不经商手，由部派员司会同管号官监盘核算，办理交代；钞本宽为筹备；五十家民钞宜暂资流通；银钱钞票互换宜归总局办理；总局司员重其责成；逐月放款，多寡随时斟酌；各号浮费应加核除。① 翁心存强调各号存在弊端根本在于承办商人包揽发钞权，违法舞弊，因此将收回官办、任用贤员、清理账目作为重点。

咸丰八年（1858）肃顺任户部尚书后，对各官号清理空前严峻，对承办的一些不法商人和违法官员处分严厉。如1859年底，咸丰帝根据肃顺所奏，谕令刑部从严刑讯，追收官款，已革郎中王正谊、郎中遑福应严审其核收、封存宝钞过程中有无蒙混情形；五宇号正商张兆麟、韩得禄等抄没其资产；将宇恒、宇升、宇丰、宇谦所属四家铺号查封，对保人王廷荣等严拿刑讯。② 这次清理也与主持户部的肃顺与翁心存、奕䜣的矛盾有关。"时满尚书肃顺、汉尚书翁心存，两不相能，肃顺欲藉官银号以倾翁，遂大兴官银号之狱，奏将承办人皆下狱，翁虽未入狱，亦传问焉。"主办者户部郎中熙麟首当其冲，牵连数十人，直到祺祥政变后此案才结。③

政变以后，清廷令周祖培继续负责清理。如前所述五宇号中的宇丰号在1858年已先行撤销，其余四家因为奕䜣的关系到1860年才最终裁撤掉。1861年8月，"奉谕旨，变通捐铜局章程，收回长开票存，俟官款收清，将四乾号撤去作为民铺，交顺天府管理，其五天号并著内务府大臣妥为办理"。11月底户部奏，"四乾官号票现已收清，即将官号字样撤去，勒限三月，责令清厘，私开票存如不能依限清厘，即送刑部治罪，并责保商代为清厘。其五天号，著内务府会同办理"④。至此天乾各号也实际裁撤。按照周祖培所奏，"现在办理裁撤，所有长开官款既经由捐铜局收清，其私开票存既不能官为收捐，致亏帑项；亦不得听其

---

① 《管理户部翁心存等折—改字号为管钞局并拟定行钞新章》，中国人民银行总行参事室金融史料组编：《中国近代货币史资料》（第一辑，清政府统治时期：1840—1911），第508—510页。
② 桂良等撰：《清实录》（第44册文宗实录5），中华书局1987年版，第353页。
③ 崇彝：《道咸以来朝野杂记》，北京古籍出版社1982年版，第61页。
④ 陈义杰：《翁同龢日记》（第一册），中华书局1989年版，第125、158页。

任意宕延，致贻民累"①。对天乾各号清理办法不外是清查账目，查明官款是否收清，活支各款账目开销是否合理，不敷官款由捐铜局偿还清，而承办商人私开私收宝钞由各商包赔，责期收回。②而实际上，至天乾宇各号被裁撤后，未被收回的钞票仍有相当数目，如银票已于1857年奏请停止并截清，计原发9781200两，未收回者650余万两，"业已逾期，一概作为废纸"③。

2. 各省举办的官银钱号

以上是清政府在京城举办官银钱号情况。清廷在举办天乾宇各号后，还谕令各省仿效京城举办官银钱号，但是各省并不积极而是一味推诿、拖延。咸丰四年（1854）五月上谕："前经户部奏请，令各省开设官钱局，推行官票，添铸铜铁钱及各项大钱，当经降旨允准，原以经费支绌，全赖钱法钞法通流无滞，庶足以利民用而济时艰，乃迄今日久，仅据福建、山西、陕西各督抚奏明遵办，其余各省并未将见办情形奏报，该督抚等如果悉心经理，何至迁延一载，迄无定章？福建素称瘠区，办理已有成效，各省情形虽有不同，亦何难设法筹办？总由地方官吏畏难苟安，怠玩因循，实堪痛恨。着各省督、抚、将军、都统、府尹等查照户部原奏，督饬所属，酌量地方情形，迅速设立官钱局，并设法筹款开炉加铸，俾钱法与钞法相辅而行。"④这份上谕说明，当时仅有福建、陕西、山西三省试办，故引起咸丰帝的震怒，严厉各地不得再得拖延，也反映出官银钱号一开始在各省推行并不顺利。

（1）福建永丰官钱局

前述上谕提到福建办理已有成效，实际情况是否如此呢？福建永丰官局系闽浙总督王懿德在咸丰三年（1853）七月奏准在福州设立的，

---

① 《管理户部事务周祖培等折—九官号长开票存收清应即裁撤并拟清理私款章程》，中国人民银行总行参事室金融史料组编：《中国近代货币史资料》（第一辑，清政府统治时期：1840—1911），第481—484页。

② 捐铜局是1854年户部根据克勤郡王庆惠、文瑞所奏，在京师所设捐铜机构，以所捐铜斤铸造大钱，以济兵饷之不足。捐铜局在收捐项下曾存储大钱二百余万串。

③ 《官票宝钞始末一》，中国人民银行总行参事室金融史料组编：《中国近代货币史资料》（第一辑，清政府统治时期：1840—1911），第428页。

④ 《上谕：据户部奏著各省迅速开铸大钱》，中国人民银行总行参事室金融史料组编：《中国近代货币史资料》（第一辑，清政府统治时期：1840—1911），第236—237页。

是最早设立的地方官银钱号。按王懿德所奏开设钱局原因是闽省"银钱稀少""兼之军兴仓卒,需用浩繁,库藏局储,万分支绌,官民交困,生计维艰"。经在籍尚书廖鸿荃等呈请添铸大钱,但不敷流通所需。"今闽省银钱短绌,各店之票不能取信于民,自应急筹变通,以期流转。臣与司道悉心筹议,似宜仿照京师官票,即于省城开设永丰官局一所,筹借银、番、钱文,饬发委员承领试办。如有以银钱赴局兑换者,即行公平交易,给予官票,永远通行。"依照王懿德所上永丰官钱局筹议章程,筹集资本为纹银23000两,番银8000元,制钱40000贯,大钱合时钱2000贯。官票流通半年后,待信誉确立,完纳钱粮、发放兵饷一律搭用。官局委员经理,延访民间对通用洋银谙习之人,"分别差等,支给薪劳"。经理得法者,准予从优奖励。官局应以便民济用为原则,应根据市价变动,按日核算出入盈亏情况,并逐月上报,年终汇总复核报部。①

永丰局除在省城设立总局外,另在南台、建宁、厦门、汀州、福宁、台湾设立分局,各局资本纹银10000两,制钱5000—20000贯不等。开局头三年,"所出银钱票张,为数已属不少,虽经随时筹拨票本,使之辗转倒转,而盈绌悬殊,时虞掣肘。兹幸各局委员不辞劳苦,经理得法,兵民均能信用,官票畅行无阻,一切兵糈军饷,无不赖以敷衍,洵于国计民生均有裨益"②。永丰局开办之初可说是勉强维持,但终不能免于内部舞弊成风,造成官票滥发,票本空虚,外部受困于军政费用浩繁,通货膨胀的结局。由于各局在兵饷未能按时解到之前,经常以官票垫付,以资周转,造成提用越多,"空虚愈甚,以致票轻钱贵,纷纷滚支"。商民私相折扣,将银价日高、百物腾贵归咎于官局。王懿德在咸丰六年(1856)九月,七年二月、十月三次奏报"闽省民困日深,并官局危殆情形"。咸丰九年(1859)据廖鸿荃奏,福建省永丰官局前因提用局票过多,"局伙倚恃委员庇护,买空卖空,致民间不复信用局

---

① 《署闽浙总督王懿德折—请准闽省开设官局发行官票》,中国人民银行总行参事室金融史料组编:《中国近代货币史资料》(第一辑,清政府统治时期:1840—1911),第430—432页。
② 《王懿德等奏开始永丰官银钱局情形折》,第一历史档案馆编:《清代档案史料丛编》第11辑,第92页。

票，物价日昂，奸徒鼓煽，致有三月间闯入督署之事。乃铁钱窒碍，议复铜钱，以二成钱票一成现钱搭放。市肆未见分文，多被奸民运赴省外销售。近因弥补票本，设局劝捐，怨声载道，将来此项捐资若复挪移别用，更何以为清厘官局之资？"①

咸丰九年（1859）一月永丰局被迫停业清理。据继任闽浙总督庆端奏称，自开局起，藩粮盐各库提用官票除陆续拨还外，至咸丰八年（1858）十二月止，尚未归还银2553500两。由于军民领取银票后必须兑成制钱购买米粮，而官局缺少可兑付制钱，"不得不悉以虚票兑给"，导致票轻钱贵，每两兑钱自四千文高至二十八千文。实际共流出官票29803000余贯，经司库拨补5800523贯，并收到绅商捐助票本22315000余贯，到咸丰九年（1859）十二月止，仍有1687477贯未收回。原领本银已经清理还清，结存番银一万余两及官局房产出售后上缴司库，收回官票监督销毁。各分局撤销，收回本银。②

（2）陕西官钱局与咸长公局、恒通字号官钱局

咸丰三年（1853）八月，陕甘总督易棠奏陕西于省城设立官钱总局，并于宁夏设立分局，招商承办发行官钱票。官票领到后分成搭放。以银一两兑换制钱二千四五百文，官票则为2000文。③ 官钱总局设立最初原因是解决财政困难，费饷浩繁，现银缺乏问题。正如陕西巡抚载龄所称："陕省自军兴以来，拨解饷银过多，商贾不通，银两觅无来路，以致银价日昂，民生日困。"④ 至咸丰四年（1854），陕西巡抚王庆云奏设官钱局应是前设官局延续，并鼓铸当十至当千大钱。王庆云还奏称拟

---

① 《福州将军庆端等片—官局票本全无粮价上涨人民反抗》《在籍尚书廖鸿荃片—福建滥发官票局伙复营私牟利以致人民喧闹督署》，中国人民银行总行参事室金融史料组编：《中国近代货币史资料》（第一辑，《清政府统治时期：1840—1911》），第459—461页。

② 《闽浙总督庆端折—福建官局收回票存经过》，中国人民银行总行参事室金融史料组编：《中国近代货币史资料》（第一辑，清政府统治时期：1840—1911），第461—463页。庆端原奏中称司库前期拨补数目为"五百八十万零五百二十三千余文"，加上收到兑缴捐资及停局以后司库继续筹拨数目，收回核销官票"合钱二千二百三十一万五千余文"，疑单位应为"千文"，其所称剩余数目"不过一百七十余万"单位亦应为千文。

③ 《咸丰初年各省设立官钱局及推行官票宝钞情况简表》，中国人民银行总行参事室金融史料组编：《中国近代货币史资料》（第一辑，清政府统治时期：1840—1911），第464页。

④ 《陕西巡抚载龄折—黄金定价并与银并用》，中国人民银行总行参事室金融史料组编：《中国近代货币史资料》（第一辑，清政府统治时期：1840—1911），第186—187页

银钱票钞"兼放并行","将司库全年收支一切款项逐加厘定,武职自西安满营八旗并各绿营官兵俸饷草干等项,概行搭放钱票二成,以票内所载平色按照市价取钱,其余六成仍给现银。文职应领廉俸以及杂支坐支各款,搭放钱票三成,亦以两千文抵银一两,再搭银票二成,亦按市价取钱,其余五成仍给现银。以上钱票银票赴局取钱,均以大钱制钱各半开发。所有按成扣留银两,即照部议全数留作票本,设法购买铜铅,加卯鼓铸制钱大钱,以备支放。其各属坐支之项,饬令赶紧按成扣银解司,如有违延,查明参办。惟钱钞尚未准部颁发,先由官局暂行刊印钱票搭放,俟官钱钞到日再为更换。至银票搭放即系二成,司库收纳地丁税课等项,亦以二成银票兼收,凡司库收放均以六分补足库平,以昭平允。其各官养廉等项向扣六分减平者,即毋庸再补"①。陕局设立原因主要是解决财政开支,特别是军饷、官俸发放问题。但为确立官发钞票信用,规定收纳地丁税课可以搭用,使其必然推行于民间,且无论钱票、银票兑钱,按制钱、大钱各半兑给,必然受到大钱发行的影响。因此,官钱局走向混乱、被裁是必然之势。

陕局设立后,所发大钱受到商民抵制,而且民间私铸严重,最后只有当十大钱勉强流通,且只能当两枚制钱使用。宝钞不及原价十分之一,加上银钱、钞票并用,换算复杂,引起广大商民不满。②而官钱局的内部贪污舞弊则是该局被裁撤主要原因。咸丰八年(1858)该局委员郭廷椿及职员王迎科,伙同李应诏、李洵等人先后管理官钱局,竟挪用官款,串通布政使司徒照家人黄某私开义源崐等钱铺,将官钱运往各处售卖得利。清廷据陕西巡抚曾望颜所奏,谕令将该等人革职严办。③经查陕局亏短陕议平银31840两,被该等人中饱私囊,私开钱铺收买大钱合制钱14万余串牟利,先后挪用官款合银68万余两,制钱109余万串,匿报铁钱15万串归私,并毁账灭迹。④曾望颜奏请将李应

---

① 《王庆云奏试行官票分成搭放并兼用大钱制钱折》,中国第一历史档案馆编:《清代档案史料丛编》第十一辑,第59—60页。
② 姜宏业:《中国地方银行史》,第21页。
③ 赵雄主编、中国第一历史档案馆编:《咸丰同治两朝上谕档》(第七册咸丰七年),广西师范大学出版社1998年版,第338页。
④ 《陕西巡抚曾望颜折—奏报陕西官钱铺种种舞弊情形》,中国人民银行总行参事室金融史料组编:《中国近代货币史资料》(第一辑,清政府统治时期:1840—1911),第453—456页。

诏、李洵、郭廷椿、王迎科照监守自盗例斩立决，司徒照革职、发配新疆，其家人黄某斩监候。① 1860 年该局被裁撤。

同治元年（1862）与同治六年（1867），因先后有太平军、捻军起事、回民起义，陕西又先后有恒通官钱局与咸长公局之设立。"案咸同之际，省城通行钱票，为恒通字号官官钱局所发也。至军兴以后，各兵勇以银换钱，廛市骚然，乃有咸长公局之组织。然两局发行钱票均无限制，各逾百万缗之多。公私予取予求，基本金毫无准备。至光绪八年（1882），郭文焘（咸长公局主管）以年老禀请出局。""九年（1883）秋，商民麇集，持票取钱，公局不支。藩司恐酿巨变，出库钱维持。"② 咸长公局与恒通字号分别在 1885 年、1886 年裁撤。

（3）浙江大美字号官钱总局与浙江境内海关银号

浙江大美字号官钱总局最初由浙江巡抚黄宗汉于咸丰四年（1854）十二月奉旨设立，推行钞票，后由继任浙江巡抚何桂清接办。咸丰五年（1855）二月，何桂清奏报该局订立章程试行大钱与官票情形。按照其章程，大美字号上年由部颁发银票十万两，招募信用较好的钱庄、银号承领；同时规定浙省商民缴纳正杂各项税收，应向承领之殷实钱庄、票号以银兑票，按银八票二比例向各库缴纳，兵饷发放亦按照此例办理；各库"先行搭收，再议搭放"，并将各商易票之银，广铸制钱，增铸大钱，作为官局票本。银票以库纹银定平色，并在部颁银票外另发银洋为单位银票以方便民用。当十大钱因已先行铸造且便民、易于折算，私铸较少，宜广为铸造，制钱待铜斤充足后再行铸造。"行用票钞，宜先讲求钱法"，即保证鼓铸大钱成色，严定收放成数。此外，酌定局员薪水与办公经费，票本不容亏短，按月造报四柱清册。③ 但该号成立后不久，官票因行使不便而停发，至咸丰九年（1859），大美字号官钱总局停办。

---

① 宋伯鲁、吴廷锡纂：《（民国）续修陕西省通志稿》第 37 册，1934 年版（出版地不详），卷 63 第 5 页。
② 宋伯鲁、吴廷锡纂：《（民国）续修陕西省通志稿》第 37 册，卷 63 第 5—6 页。
③ 《浙江巡抚何桂清折—奏呈浙江开官局试行官票大钱章程》，中国人民银行总行参事室金融史料组编：《中国近代货币史资料》（第一辑，清政府统治时期：1840—1911），第 442—446 页。

浙江境内海关银行有两处，一处为浙海新关官银号，一处为瓯海新关官银号。鸦片战争后，沿海各开埠口岸设立新关通商。"各省关税向存海关官银号，听候政府随时指拨，银号即利用此巨款流通市面，金融得以周转，实业借此发达，于商民贸易大有裨益。"① 但此举实际上带来许多弊端。

咸丰十一年（1861），浙海新关订立《浙海关章》，其第七款规定："凡商船呈交进口货单欲起货者，自备报单，详细开载某字号、某货、件数、斤两及估价数目等情。请给起货单二纸，一英文一汉文，本关盖用戳记，即许照章将该货起入驳船，运至本关码头，俟本关派人查验后即行给发验单，以凭该商持赴银号完税。挈取号收呈关，由本关发给放行单，方准将货起岸上栈。"② 浙海新关银号所起作用即为收取、兑换、汇解关税税款。滨下武志认为："海关银号基本上以民间金融业者经营的为多。"③ 浙海新关银行设立后，名为官银号，"实际上只挂一个招牌，并无很多现款收入，每年税款七十二万两中，海关银号收入现款不过三千两，其余都是通过另一个私人银号收取，或经由上海的钱庄汇拨"。这另一个私人银号，即具体管理海关银号业务的就是胡光墉（胡雪岩）举办的通裕银号。他利用徒有虚名的官银号作为关税征收的记账机关，"另一方面运用他的私人银号经由实际存款、放款、汇兑业务，攫取各种利润"④。1883 年，胡雪岩因经营蚕丝出口生意导致破产，其经营的阜康雪记银号倒闭后，波及通裕银号与通泉钱庄。清廷以银号倒闭，"亏欠公项及各处存款，为数甚巨"，将胡光墉先行革职，并饬左宗棠严行追究。⑤

阜康银号倒闭后，原阜康银号职员严信厚熟知票号经营之道，以其经营的杨源丰票号（系严信厚所办源丰润银号前身，原号东家为杨谷

---

① 刘锦藻：《清朝续文献通考》，浙江古籍出版社 1988 年版，卷三十三征榷五考 7865。
② 张传保等编：《（民国）鄞县通志》，上海书店 1993 年版，第五食货志第 189 页。
③ ［日］滨下武志：《中国近代经济史研究》，汲古书院 1989 年版，第 338 页。转引自詹庆华：《晚清海关与金融的关系》，厦门大学中国海关史研究中心编，戴一峰主编、连心豪、薛鹏志副主编：《中国海关与中国近代社会：陈诗启教授九秩华诞祝寿文集》，第 263 页。
④ 杨端六：《清代货币金融史稿》，三联书店 1962 年版，第 176—177 页。
⑤ 中国人民银行上海市分行编：《上海钱庄史料》上编，上海人民出版社 1960 年版，第 48 页。

山，后由严信厚将其股份盘顶）将阜康盘下，浙海新关业务由其继承。浙江巡抚刘炳璋在光绪十年（1884）十二月曾奏称："奉准部咨，浙海关四成洋税项下，自光绪二年（1876）正月起按结拨还洋款银五千两，专解部库，以抵闽省京饷等因，遵经解至九十二（期）结止在案。今光绪九年（1883）九月初一日起，至十年八月十二日止，第九十三、九十四、九十五、九十六计四结期内，并应提解抵闽京饷银两二万两，详给咨批，由号商杨源丰照案汇兑，仍令先行垫解，俟奉批回再行发银归垫。于光绪十年（1884）十月二十五日汇解起程赴部投纳。"另据福建将军兼管闽海关税务希元所奏："查闽海关近年洋税拨解京协各饷不敷甚巨，兹奉提京饷期限迫届，际此茶市尚未开征，收数寥寥，向号商先行挪借银十万两，循案发商汇解，备文分批发交号商源丰润、蔚泰厚承领，定于四月二十六日由省启程，限于六十天到京赴部投纳。"① 可见，源丰润主要业务之一便是替代浙海关官银号临时垫借、汇兑四成洋税项下的福建京饷。光绪末叶的源丰润与义善源等钱庄"翘然独出"，还代理上海道库（即惠通官银号）、县库，"遂分绍兴帮钱庄之势，而称为南帮票号"。但是，"我国在昔无商业资金之聚集以及民间资金之来源，票号钱庄在当时之能以活跃者，即赖有部库、藩库、道库、县库之公家资金可以挹注。其时吾国因通商之故，集散货物，已渐需大量之资金，方能运用圆融，周转活泼，故于公家资金之罗致，尤为注重。清末，大清银行、交通银行相继成立，受命代理国库，票号逐渐失去此项公家资金，已大受打击。"② 1909年大清银行在杭州、宁波、温州设立分行，将浙海新关关税汇解业务由源丰润手中接管过来。

与浙海新关官银号类似的有1877年设立的瓯海新关官银号。据《瓯海新关暂定试办章程》，其第九条明确规定商船呈交进出口货单，备齐中英文报单，经发给验单后，"以凭该商赴银号完税，掣取号收呈关。由本关发给放行单，方准将该货起岸"③。至1909年前其关税汇解

---

① 黄鉴晖等编：《山西票号史料》（增订本），山西经济出版社2002年版，第205—206页。
② 陈光甫：《五十年来之中国金融》，周开发主编：《五十年来之中国经济》，华文书局1967年版，第31页。
③ 《瓯海新关暂定试办章程》，中华人民共和国杭州海关译编：《近代浙江通商口岸经济社会概况：浙海关、瓯海关、杭州关贸易报告集成》，浙江人民出版社2002年版，第839页。

办法一如浙海新关,"由殷实绅商结保经理,为本关收解款项",1909年业务转归大清银行温州分行。①

(4) 其他各省设局情况

咸丰四年（1854）,江苏先后在清江设立中和官局,造一两、五两银票,山阳、清江设管钞局三处,造一千、二千钱票,以三十万串为度;苏州设官钱店,拨大钱二千串作二万串制钱为票本。此外,板闸、邵伯镇设立官局,搭收五成钞票。咸丰四年,云南昆明设立官钱局,持有官票者按市价支取分搭钱文,放款以二成官票搭出。同年四川成都设官钱局,司库支放按一成至三成搭放,地丁课税按银八票二施行,饷银一成搭放官票,但大钱票难以推行。同年山西筹设官钱铺,文武养廉及州县厅应领款,以七成现银、二成银票、一成宝钞搭放。同年热河设立官钱局。咸丰四年、五年（1855）直隶在遵化、保定等地设立官钞局、官号,发出银票、宝钞,后又设立恒丰、恒泰两官号。湖北在咸丰四年于武昌设立官钱局,于荆州、襄阳开设官局,鼓铸大钱,行用钞票。同年江西南昌设宝丰官钱总局,司库用款,官票、大钱五五搭发,宝钞缓用。山东在咸丰五年（1855）于济南招商设立官钱铺,以一两折交宝钞二千文,按各户正项按五成搭发。河南在同年于开封设立巨盈宝钞局、豫丰字号官钱店,按一成至五成出入通用。耗羡项下以银、票五五搭收、搭放,"畸零小户一律搭收宝钞"。安徽在同年于庐州设立官钱店,行使钞票。吉林于该年设立通济字号官钱铺。甘肃也于同年在兰州设立官钱局,并于宁夏府、秦州设立分局,招商承办官钱票,先后发行三十余万串,但部发宝钞难以推行。②

此外,光绪四年（1878）,天津海关银号创办,归三口通商大臣管理,后改归天津海关道。该银号历任经理中有沙逊、旗昌洋行买办,兼营鸦片贸易。"该银号名为官银号,实则招商承办,营业收益为经理所有,损失则由主管官员赔补。除开办时损失四万两由通商大臣负担外,银号每年可得利润两三千两之多。"这大概还是一种缩小了的估计。利

---

① 姜宏业：《中国地方银行史》,第 27 页。
② 《咸丰初年各省设立官钱局及推行官票宝钞情况简表》,中国人民银行总行参事室金融史料组编：《中国近代货币史资料》（第一辑,清政府统治时期：1840—1911）,第 465—466 页。

润来源是以种种方法榨取纳税商人，而商人当然又把苛税转嫁给一般人民。因为经理多为买办，就不惜采取对外献媚和对内剥削的两面手法。关税用海关平计算，实际缴税则用天津通用的行平化宝。海关银号收税，用三种折合率。对华商，以行平一百零六点零五两合关平一百两；对外商，以一百零五两合一百两；对俄商，则以一百零三两合一百两。"①

各省所设官局命运一如京师所设的天乾宇字号官银钱号的命运，随着大钱、钞票制度弊端的显露，无法继续运转而纷纷裁撤。

（5）新疆的官银钱号

光绪八年（1882），新疆在平定回民起义后左宗棠奏设立行省，其军饷由各省协拨，由甘肃藩库转解，年计约242万两现银。而当时新疆各地方以元宝、各种银锞、银锭为主，单位以两为准，继任巡抚刘锦堂鉴于银两携带不便，并且各种辅币缺乏，于光绪十五年（1889）拨银25700两作为准备，于迪化设立迪化官钱局（又名新疆省城官钱局），发行钱票，面值红钱四百文，合现银一两。1888、1889年在新疆南路之喀什、阿克苏，北路之伊犁设立官钱局，鼓铸红钱应市。② 其中伊犁局设立情况复杂。按照伊犁将军色楞额在光绪十五年（1889）二月所奏，伊犁自乾隆中叶勘定边界后，成为边地商业重镇。该地货币以流通制钱为主，一半外购，一半由宝伊局鼓铸，并不缺乏。咸同以后，内地多事，饷项不能解拨出关，遂将各城制钱改铸当十、当百大钱，伊犁至此几无制钱。阿古柏叛乱时，俄国占领伊犁，"纵有制钱，俱贱价卖去，消灭无踪，洋帖因之充斥，洋元洋普（即俄国铸造的普尔钱，普尔钱是维吾尔语对铜钱的称呼）亦相辅而行，若忘其为中国地面。盖自此并当十、当百大钱而亦无之矣"。伊犁收回后数年内仍未有变化，"以彼之

---

① 杨端六：《清代货币金融史稿》，第176页；《清末官银钱局号简表》，中国人民银行总行参事室金融史料组编：《中国近代货币史资料》（第一辑，清政府统治时期：1840—1911），第1008页。

② 郭荣生：《中国省银行史略》，第167页。郭氏在该书中称喀什官钱局设立与迪化官钱局之后，应有误，喀什官钱局设立时间为1888年，早于迪化官钱局设立。红钱最早铸行于乾隆时期，为红铜所铸铜钱，最初流通于南疆地区，新疆建省后（1884年），推行币制统一。逐渐流通于全省。

假易我之真，以彼之轻易我之重，以彼无用之纸片易我养命之根源。伊犁每年所到饷银不下六七十万两，坐令悉归乌有，终不富强，为害曷可胜言。而洋帖、洋元、洋普仅能换彼货物，不能兑取分毫实银，流毒边陲，伊于胡底"。色楞额又讲："新疆近用红钱，伊犁原可仿行。但俄国素重此铜，若以时值易去，改铸洋普，获利倍蓰。既与通商，势难禁其换卖，奸徒又从而附济。我之红钱有限，彼之贩运无穷，稽查恐起争端，不查适足以示弱。是红钱一法，伊犁又碍难通行。"色楞额提出解决办法是："拟由甘肃购运制钱七八万串，暂设官钱局，一律行使，并出给钱票搭用，如果畅行万无滞碍，再择妥实商民接续办理。所购制钱价脚并算运到伊犁，每银一两能得净钱若干，就地市估，即照此数酌定，民生称便，官本不亏，庶期一举而两得之。"① 该办法经户部议奏后核准施行。

由上可以看出新疆各局的设立原因首先是新疆钱荒问题，这主要因为沙俄的收掠销镕，也是因为内地商人在北疆等地贸易时的兑收。其次是因为左宗棠西征以后，关内的解饷问题。第三是针对沙俄在北疆等地铸造洋普尔，并流通卢布。第四是解决新疆铜斤缺乏问题。当时新疆制钱 2000 文易银一两，而红钱为 500 文易银一两，显然铸造红钱成本较低。所以刘锦堂任新疆巡抚时，主要方法就是设立官钱局，发行纸币，同时流通红钱以统一全省钱法。②

（6）其他各省未设局情况

咸丰五年，英隆等奏，奉天因无本金，开设官银钱局碍难推行，宝钞无法行驶。同年贵州巡抚蒋爵远奏称本省钞票不能使用，换入他省之票更难应付，该省未设局。咸丰六年（1856）二月湖南巡抚骆秉章奏称因匪患、商民困苦等原因，官银钱号一时无商承办，钞票无法推行。③

---

① 《伊犁将军色楞额折——请准新疆暂设官钱局并行钱票》，中国人民银行总行参事室金融史料组编：《中国近代货币史资料》（第一辑，清政府统治时期：1840—1911），第1003—1004页。

② 穆渊：《清代新疆货币史》，新疆大学出版社1994年版，第189—191页。

③ 《咸丰初年各省设立官钱局及推行官票宝钞情况简表》，中国人民银行总行参事室金融史料组编：《中国近代货币史资料》（第一辑，清政府统治时期：1840—1911），第466页。

总之，咸同与光绪初年设立的官银钱号（局）主要目的是解决财政问题，特别是军政费用的支出、解拨等问题，而这一问题又与落后的货币制度即银钱并用制度密切关联，最后以助推钞票与大钱制度为直接目的。官号银钱号在其设立、举办过程中，逐渐发挥出地方金库职能，特别是海关官银号这一属性更为突出，其存在时间也更长久。咸同年间与光绪初年举办的官银钱号也改变了中国旧有金融机构以民间票号、钱庄为主的局面，而且许多官银钱号名为官办，实际是官商合办，乃至具体汇兑、解拨业务招商承办，形成内部与外部的两种合办形式，① 对清末的官银钱号的经营形式起到极大影响。不过，甲午战争之前的官银钱号因为与大钱、钞票制度的推行，与通货膨胀的加重密切关联，在近代经济史上起初留下了并不光鲜的一页。

二

本史料辑注有以下目的与价值：（一）通过对清末官银钱号史料的整理，加深对早期地方银行与地方金融机构发展史，地方金融制度现代化问题的研究。这一研究视角具有创新性。（二）官银钱号主要分布在中西部与东北地区，对这些地区社会经济发展的影响也最为突出。因此整理清末官银钱号史料，可以深化对近代广大省区，特别是中西部地区社会经济发展情况的研究。（三）将举办官银钱号作为督抚政治、经济利益诉求的重要方式，通过整理官银钱号史料，可以更为客观、全面地评价、分析这一群体在清末社会转型中的地位与作用。（四）在社会快速发展、急剧转型过程中，如何妥善处理中央与地方的财政、金融关系？如何加强中央、地方政府对地方财政、金融机构的监管？如何规范地方金融机构制度、社会职能，保障其对地方社会经济平稳、健康发展起到积极作用？以史为鉴可以知兴替，相关资料的收集与整理，对当前地方银行蓬勃发展，对地方财政、金融的一些具体问题有一定现实参照

---

① 内部官商合办即官商共同入股，官府制定规章，遴选绅商参与管理，官方握有管理、稽查、监督大权；外部合办即官办的官银钱号将具体业务委托给私营钱庄、票号经营，双方在资本上互相拆解，利润分成，人事上互相兼充。

价值。(五) 本项研究最重要价值是，首次对清末地方官办金融机构史料进行整理。改变了过去学术界偏重于对大清银行、钱庄、票号、外国银行的研究特点。有助于更加全面、系统的分析、评价中国近代金融的发展全貌。

三

总体来看，国内外对官银钱号的研究较之于对其他金融机构研究要薄弱的多，主要成果集中在四个方面。第一，评价官银钱号成立对社会经济发展影响。多数学者认为清末官银钱号发行纸币、举借内债、垫借款项是灾难性手段，造成严重的通货膨胀，如李立侠著《清代通货膨胀与官银号的创设》(《社会科学》1983 年第 1 期)、李蒙军《湖北官钱局兴衰史》(《清史研究》1992 年第 4 期)。也有学者指出官银钱号是张之洞、徐世昌、袁世凯等推行清末新政主要措施，稳定了财政、金融，推动了工商业发展，影响力是跨地区的。如郭剑林《徐世昌与东北近代化》(《社会科学战线》1995 年第 3 期)、郝庆元《北洋两个金融组织对民族工商业发展所起的作用》(《安徽史学》1998 年第 2 期)、李宇平《张之洞的货币政策 (1889—1907)》(《台湾师范大学历史学报》1983 年第 11 期)、渡边惇《袁世凯政权的经济基础——北洋派的企业活动》(《国外中国近代史研究》总第 3 辑) 等等。

第二，研究官银钱号发行纸币数量、种类、影响。一些学者做了分省研究，如朱肖鼎与吴筹中对光绪末叶江西官银钱总号发行的制钱票、银两票、银元票经过及单位、数量、影响等情况作了介绍 (朱肖鼎、吴筹中：《清末民初的江西纸币初探》，《当代财经》1989 年第 7 期)。二人还对近代湖南官钱局与阜南钱号官局在湖南发行的各种钞票及流通情况，对蜀通官钱局及濬川源银行在四川发行的钞票、军用票以及流通情况分别进行了研究 (吴筹中、朱肖鼎：《湖南近代纸币研究》，《财经理论与实践》1990 年第 6 期；《清末民初的四川省纸币》，《财经科学》1987 年第 6 期)。吴筹中还与黄亨俊研究了河南豫泉官银钱局在清末发行的银元票、制钱票、银两票种类与数量 (《河南豫泉官银钱局及其发行的钞票》，《中国钱币》1992 年第 4 期)。王学文与张新知则对黑龙江官银号所发纸币,尤其是各分号所发纸币分期及归属问题进行了详细研究(王学文、张新知:《黑龙江官银号纸币分期研究》,《北方文物》2007年第1期)。

除分省研究外,一些学者也作了总体性研究,如姜宏业所著《中国地方银行史》第一编,对清末民初二十三省区的25家官银钱号发行钞票种类、数量及流通情况作了详尽整理(湖南出版社1991年版)。对官银钱号发行纸币进行最为详尽和最有学术价值研究的是戴建兵《中国近代纸币:1840—1949年中国近代官银钱号、省、市银行纸币简史》(中国金融出版社1993年版)。该书分上下两编,上编首先介绍清末民初官银钱号发行纸币过程,国家对纸币管理办法与设立的有关机构。上编还对由官银钱号所发为主的地方纸币与国家银行、商业银行、外国银行所发纸币,民间流通的私票之间关系作了分析。此外就纸币对近代中国经济的影响进行了详尽研究,认为官号银钱号所发行的纸币形成了地域性的经济圈与货币圈,纸币发行充满了地方性。而且在有发行准备的幌子下纸币经常折扣行使、停兑,甚至彻底失败,影响恶劣;但官银钱号所发纸币也造成银元击败银两,纸币取代硬币的趋势。该书下编则分省介绍了官银钱号发行钞票的种类、数量及流通等情况。其中对台湾、新疆、青海、绥远、热河等地区也有专门介绍。该书还配有大量珍贵图片,具有较高史料价值。

除了戴建兵所著外,还应特别提及的是台湾学者黄亨俊所著《清代官银钱号发行史》("国立"历史博物馆2001年版)。该书分为十二章,其中第四至第四十二章详尽介绍咸同年以来至清末各省所设官银钱号所发纸币名称、图例及流通情况。该书具有较高史料价值,如收录华丰官帖局、盛京华盛官帖局、台南官银钱票号局、山西晋源裕官钱局、晋泰官银钱局、奉天卫襄官帖局等官银钱号所发纸币情况,尤为珍贵。

第三,研究官银钱号管理制度、经营情况。如谢杭生《清末各省官银钱号研究(1894—1911)》(中国社会科学院经济研究所集刊总第11期,1988年)对官银钱号的行政与营业制度、资本与信贷业务、兑换券发行办法作了较为详尽的研究。姜宏业《中国地方银行史》认为官银钱号在制度上与真正意义上的地方银行相距甚远。台湾学者卓遵宏在其所著《中国近代币制改革史(1887—1937)》("国史"馆1986年版)第一章"近代币制问题的发生"及第二章"清季货币制度的改革"中,对官银钱号发行纸币对币制改革影响进行了分析。认为清末各地官银钱号滥发纸币,普遍贬值,不仅破坏币制统一,而且使各国在华银行乘机发行纸币,影响国计民生的安定,于是激起清廷整理纸币的决心。清廷特许大清银行发行纸币,成为统一币制和币制改革的一个主要方向,清廷还专门制订《兑换纸币条例》,规范发钞及兑现、流通制度。

第四,民国时期文献主要内容有三,一是表述官银钱号与各省地方银行沿革,二是整理清末监管措施以资比较、采择,如周葆鉴《中华银行史》(商务印书馆 1923 年版)、郭荣生《中国省地方银行概况》(中央银行经济研究处 1945 年版)。三是梳理官银钱号发行纸币、流通银元与铜元情况,如张家骧《中华币制史》(民国大学出版社 1925 年版),但有关内容极其简略。

20 世纪中后期所出文献、史料仍不外以上三方面内容。姜宏业《中国地方银行史》主要依据文史资料与地方志,概述各官银钱号沿革、举办背景、经营情况,内容普遍简略。傅文龄《吉林永衡官银钱号》(延边大学出版社 1993 年版)是唯一反映某一官银钱号全史的资料性著作,内容偏重民国时期。清末有关内容虽较丰富,但据笔者掌握的情况,一些重要档案资料及其它资料仍有待收集。此外尚有各省区近代金融史料,如郑家度《广西金融史稿》(广西民族出版社 1984 年版)、中国人民银行广东省分行金融研究所《银海纵横:近代广东金融》(广东人民出版社 1992 年版),对本地官银钱号举办情况有一些涉及。黄亨俊《清代官银钱号发行史》收录其发行纸币名称、图例及流通情况,有一定史料价值。中国人民银行总行参事室《中国近代货币史资料第一辑》(中华书局 1964 年版),对官银钱号发行纸币及清政府监管情况有所介绍。

目　　录

第一章　甲午战后至辛亥革命前各省区官银钱号发展概况 …………（1）
一　清王朝中央与地方政府颁布的有关政策、法令 ……………（1）
　（一）清廷颁布的有关政策、法令 ………………………………（1）
　　1. 奏请、批准设立官银钱号 ………………………………（1）
　　2. 规定官银钱号则例、监管（注册、资本等）、发钞等
　　　 制度 ………………………………………………………（6）
　（二）地方督抚、将军、都统等颁布的有关政策、法令 …………（21）
　　1. 直隶总督李鸿章节略 ……………………………………（21）
　　2. 湖南巡抚陈宝箴奏折 ……………………………………（23）
　　3. 河南巡抚刘树堂折 ………………………………………（24）
　　4. 江西地方大吏设立江西官银钱局 ………………………（26）
　　5. 江苏裕宁、裕苏二局设立 ………………………………（28）
　　6. 袁世凯设天津官银号 ……………………………………（31）
　　7. 热河都统廷杰设立热河官银号 …………………………（35）
　　8. 广西巡抚张鸣岐设立广西官银钱号 ……………………（36）
　　9. 山东巡抚孙宝琦奏维持官银号办法 ……………………（37）
　　10. 举办东三省官银号 ………………………………………（38）
　　11. 吉林改设永衡官银钱号 …………………………………（39）
　　12. 陕西地方官府举办秦丰官银钱铺（局）…………………（39）
　　13. 安徽设立裕皖官钱局 ……………………………………（42）
　　14. 浙江开办官钱局 …………………………………………（42）
二　各省区官银钱号的举办、沿革情况 ………………………（43）
　（一）东北地区官银钱号举办、沿革情况 ………………………（43）

1. 奉天 …………………………………………………（43）
　　2. 吉林 …………………………………………………（48）
　　3. 黑龙江 ………………………………………………（55）
（二）华北地区官银钱号举办、沿革情况 ………………（56）
　　1. 直隶 …………………………………………………（56）
　　2. 山西 …………………………………………………（63）
　　3. 绥远 …………………………………………………（66）
　　4. 热河 …………………………………………………（67）
　　5. 京师 …………………………………………………（68）
　　6. 山东 …………………………………………………（68）
（三）西北地区官银钱号举办、沿革情况 ………………（69）
　　1. 陕西 …………………………………………………（69）
　　2. 新疆 …………………………………………………（72）
　　3. 甘肃 …………………………………………………（72）
（四）华中地区官银钱号举办、沿革情况 ………………（74）
　　1. 湖南 …………………………………………………（74）
　　2. 河南 …………………………………………………（76）
　　3. 湖北 …………………………………………………（77）
（五）西南地区官银钱号举办、沿革情况 ………………（78）
　　1. 四川 …………………………………………………（78）
　　2. 云南 …………………………………………………（80）
　　3. 贵州 …………………………………………………（82）
（六）华东地区官银钱号举办、沿革情况 ………………（83）
　　1. 浙江 …………………………………………………（83）
　　2. 安徽 …………………………………………………（87）
　　3. 江苏 …………………………………………………（89）
　　4. 江西 …………………………………………………（91）
（七）华南地区官银钱号举办、沿革情况 ………………（93）
　　1. 广东 …………………………………………………（93）
　　2. 广西 …………………………………………………（94）
　　3. 福建 …………………………………………………（96）

第二章 官银钱号与近代金融制度变迁 …………………………… (97)
一 官银钱号的行政管理制度与机构设置情况 ………………………… (97)
(一)行政、人事、办公制度 ……………………………………… (97)
1. 天津官银号 ………………………………………………… (97)
2. 湖北官钱局 ………………………………………………… (98)
3. 浙江新关官银号 …………………………………………… (101)
4. 江苏金裕官钱局、裕宁与裕苏官银钱局等 ……………… (101)
5. 四川蜀通官钱局、浚川源官银号 ………………………… (107)
6. 陕西秦丰官钱局等 ………………………………………… (108)
7. 广东官银钱局 ……………………………………………… (108)
8. 奉天与东三省官银号 ……………………………………… (110)
9. 吉林永衡官银钱号 ………………………………………… (110)
10. 甘肃官钱局 ………………………………………………… (117)
11. 湖南官钱局 ………………………………………………… (118)
12. 安徽裕皖官钱局 …………………………………………… (118)
13. 广西官银钱号 ……………………………………………… (118)
14. 河南豫泉官银钱局 ………………………………………… (120)
15. 江西官银钱号 ……………………………………………… (120)

(二)机构设置与职掌 ……………………………………………… (122)
1. 天津官银号 ………………………………………………… (122)
2. 东三省官银号、奉天官银号 ……………………………… (126)
3. 吉林永衡官银钱号、黑龙江广信公司 …………………… (127)
4. 河南豫泉官银钱局 ………………………………………… (128)
5. 广西官银钱号 ……………………………………………… (129)
6. 广东官银钱局 ……………………………………………… (131)
7. 江苏裕宁、裕苏官银钱局 ………………………………… (132)
8. 湖北官钱局 ………………………………………………… (132)
9. 湖南官钱局 ………………………………………………… (133)
10. 裕皖官钱局 ………………………………………………… (133)
11. 江西官银钱号 ……………………………………………… (134)

二 资本、股金的构成情况 ……………………………………………… (134)

（一）阜南官钱局 …………………………………………（134）
　　（二）永衡官银钱局 ………………………………………（135）
　　（三）热河官银号 …………………………………………（136）
　　（四）广东官银钱局 ………………………………………（136）
　　（五）广西官银钱号 ………………………………………（137）
　　（六）华盛官钱局与奉天官银号 …………………………（138）
　　（七）湖北官钱局 …………………………………………（139）
　　（八）裕宁、裕苏官钱局 …………………………………（139）
　　（九）裕皖官钱局 …………………………………………（139）
　　（十）江西官银钱号 ………………………………………（140）
三　余利、花红及分配办法 ……………………………………（140）
　　（一）热河官银号 …………………………………………（140）
　　（二）秦丰官银钱局 ………………………………………（141）
　　（三）东三省官银号 ………………………………………（141）
　　（四）永衡官银钱号（官帖局） …………………………（142）
　　（五）湖北官钱局 …………………………………………（144）
　　（六）广东官银钱局 ………………………………………（145）
　　（七）湖南官钱局 …………………………………………（145）
四　营业制度 ……………………………………………………（145）
　　（一）存放款业务 …………………………………………（145）
　　　　1. 源通官银号存放款业务 ……………………………（145）
　　　　2. 天津官银号存放款业务 ……………………………（148）
　　　　3. 东三省官银号 ………………………………………（150）
　　　　4. 广信公司 ……………………………………………（152）
　　　　5. 永衡官银钱号 ………………………………………（153）
　　　　6. 江西官银钱号 ………………………………………（157）
　　　　7. 裕宁、裕苏官钱局 …………………………………（159）
　　　　8. 湖北官钱局 …………………………………………（160）
　　　　9. 裕皖官钱局 …………………………………………（161）
　　　　10. 湖南官钱局 ………………………………………（161）
　　　　11. 广西官银钱号 ……………………………………（162）

(二) 汇兑、兑付业务 …………………………………………… (163)
  1. 浙江官钱局 ………………………………………………… (163)
  2. 蜀通官钱局 ………………………………………………… (164)
  3. 湖北官钱局 ………………………………………………… (164)
  4. 福建官钱局 ………………………………………………… (165)
  5. 江西官银钱号 ……………………………………………… (166)
  6. 源通官银号 ………………………………………………… (167)
  7. 裕宁、裕苏官银钱局 ……………………………………… (168)
  8. 裕皖官钱局 ………………………………………………… (171)
  9. 东三省官银号 ……………………………………………… (172)
  10. 贵州官钱局 ……………………………………………… (172)
  11. 天津官银号、平市银钱局 ……………………………… (173)
  12. 永衡官银钱局 …………………………………………… (174)
  13. 豫泉官银钱局 …………………………………………… (175)
  14. 广西官银钱号 …………………………………………… (176)
  15. 湖南官钱局 ……………………………………………… (177)

(三) 其他业务 ……………………………………………………… (179)
  1. 天津官银号、平市官银号 ………………………………… (179)
  2. 东三省官银号 ……………………………………………… (184)
  3. 东三省官银号与广信公司 ………………………………… (185)
  4. 裕宁、裕苏官银钱局 ……………………………………… (185)
  5. 湖北官钱局 ………………………………………………… (187)
  6. 湖南官钱局 ………………………………………………… (188)
  7. 永衡官银钱号 ……………………………………………… (188)

五　清王朝中央与地方政府对官银钱号的管理制度 ……………… (189)
  (一) 清廷的管理办法 …………………………………………… (189)
    1. 严禁与查办官银钱号舞弊 ……………………………… (189)
    2. 限制银钱汇兑、纸币发行、稳定纸币价格 …………… (196)
    3. 关于官银钱号注册、破产、准备金等规定 …………… (203)
  (二) 各地督抚、将军、都统等的管理办法(含社会各界
      主张) …………………………………………………… (207)

1. 社会舆论 …………………………………………………（207）
　　2. 对湖北官钱局管理办法 …………………………………（207）
　　3. 对豫泉官银钱局管理 ……………………………………（210）
　　4. 湖南官钱局的管理情况 …………………………………（212）
　　5. 陕西地方官府对秦丰官银钱铺（局）的管理 …………（215）
　　6. 对新疆官钱局的管理 ……………………………………（216）
　　7. 对直隶通惠官银号、天津官银号的管理 ………………（216）
　　8. 对蜀通官钱局、浚川源银行的管理 ……………………（222）
　　9. 华盛官钱局与奉天官银号、东三省官银号的有关
　　　 管理情况 …………………………………………………（226）
　　10. 对广信公司的管理 ………………………………………（228）
　　11. 吉林地方政府整顿官银钱号史料七则 …………………（228）
　　12. 对新疆伊犁官钱局的管理 ………………………………（232）
　　13. 热河官银号的管理 ………………………………………（235）
　　14. 裕宁、裕苏官银钱局的地方管理 ………………………（236）
　　15. 江西官银钱号的管理 ……………………………………（244）
　　16. 广东官银钱号的管理 ……………………………………（249）
　　17. 山东官银号的管理 ………………………………………（255）
　　18. 浙江官钱局的管理 ………………………………………（256）
　　19. 绥远官钱局的管理 ………………………………………（256）
　　20. 安徽裕皖官钱局的管理 …………………………………（256）
六　官银钱号与其他金融机构关系 ……………………………（258）
　（一）与中央银行、外国银行关系 …………………………（258）
　　1. 与中央银行关系 …………………………………………（258）
　　2. 与外国银行关系 …………………………………………（260）
　（二）与钱庄、票号等其他金融机构关系 …………………（261）
　　1. 与钱庄、票号的关系 ……………………………………（261）
　　2. 与近代银行关系 …………………………………………（280）
附：主要官银钱号规章制度 ……………………………………（283）
　　1. 天津官银号总章程（1905） ……………………………（283）
　　2. 四川浚川源银行章程（1905） …………………………（290）

3. 东三省官银号暂行规则 ………………………………… (293)
　　4. 吉林官银钱分号通行简章 ………………………………… (299)
　　5. 甘肃官银钱局章程十九条 ………………………………… (312)
　　6. 黑龙江广信公司章程 ……………………………………… (314)

第三章　官银钱号与近代币制变革 ……………………………… (317)
　一　试铸银元、铜元与加铸制钱 …………………………………… (317)
　　（一）社会各界的态度与反映 ……………………………………… (317)
　　（二）河南豫泉官银钱局 …………………………………………… (322)
　　（三）浙江官钱局 …………………………………………………… (324)
　　（四）江苏裕宁、裕苏官银钱局等 ………………………………… (328)
　　（五）直隶天津官银号、平市官银号、通惠官银钱号等 ………… (332)
　　（六）湖南阜南钱号官局、湖南官钱局 …………………………… (337)
　　（七）广东官银钱局 ………………………………………………… (341)
　　（八）山东官银号 …………………………………………………… (343)
　　（九）新疆官钱局及各分局情况 …………………………………… (345)
　　（十）奉天华盛官钱局、奉天官银号与东三省官银号 …………… (347)
　　（十一）云南官银钱局 ……………………………………………… (352)
　　（十二）湖北官钱局 ………………………………………………… (353)
　　（十三）江西官银钱号 ……………………………………………… (362)
　　（十四）秦丰官银钱铺（局） ……………………………………… (363)
　　（十五）裕皖官钱局 ………………………………………………… (363)
　二　发行纸币兑换券办法、数量、种类及流通情况 ……………… (364)
　　（一）清廷与各界的主张、态度 …………………………………… (364)
　　（二）安徽裕皖官钱局情况 ………………………………………… (368)
　　（三）新疆各局情况 ………………………………………………… (369)
　　（四）直隶、顺天府情况 …………………………………………… (374)
　　（五）山西晋泰官银钱局、山西官钱局情况 ……………………… (376)
　　（六）四川蜀通官钱局、浚川源银行情况 ………………………… (376)
　　（七）阜南钱号官局、湖南官钱局 ………………………………… (378)
　　（八）豫泉官银钱局情况 …………………………………………… (381)

(九)陕西秦丰、同心官钱局情况 …………………………………… (381)
　　(十)奉天官银号、东三省官银号 …………………………………… (382)
　　(十一)裕苏、裕宁官银钱局 ………………………………………… (382)
　　(十二)江西官银钱局 ………………………………………………… (396)
　　(十三)吉林永衡官银钱局 …………………………………………… (399)
　　(十四)福建官钱局 …………………………………………………… (406)
　　(十五)甘肃官银钱局 ………………………………………………… (406)
　　(十六)广东官银钱局 ………………………………………………… (407)
　　(十七)广西官银钱号 ………………………………………………… (417)
　　(十八)黑龙江广信公司与官银号 …………………………………… (424)
　　(十九)湖北官钱局 …………………………………………………… (428)
　　(二十)山东官银号 …………………………………………………… (435)

第四章　官银钱号与清末财政 ……………………………………………… (437)
　一　官银钱号成为清末新政时期地方主要财政机关 ………………… (437)
　　(一)总体情况 ………………………………………………………… (437)
　　(二)湖北官钱局情况 ………………………………………………… (438)
　　(三)豫泉官银钱局 …………………………………………………… (447)
　　(四)热河官银号 ……………………………………………………… (447)
　　(五)山西晋泰官钱局 ………………………………………………… (448)
　　(六)奉天东三省官银号 ……………………………………………… (449)
　　(七)吉林永衡官银钱号 ……………………………………………… (450)
　　(八)广东官银钱局 …………………………………………………… (452)
　　(九)广西官银钱号 …………………………………………………… (457)
　　(十)江西官银钱号 …………………………………………………… (459)
　　(十一)新疆各局情况 ………………………………………………… (467)
　　(十二)黑龙江广信公司 ……………………………………………… (468)
　　(十三)四川浚川源银行 ……………………………………………… (469)
　　(十四)江苏、上海裕宁、裕苏官银钱局、源通官银号 …………… (469)
　　(十五)浙江新关官银号、浙江官钱局 ……………………………… (477)
　　(十六)阜南官钱局、湖南官钱局 …………………………………… (481)

（十七）陕西秦丰官银钱铺（局） ……………………………… (484)
　　（十八）安徽裕皖官钱局 …………………………………………… (486)
　　（十九）山东官银号 ………………………………………………… (488)
　　（二十）天津官银号 ………………………………………………… (489)
二　办理地方财政的主要手段 ………………………………………… (489)
　　（一）经收关税、厘金、官业余利等收入 ………………………… (489)
　　　　1. 对关税收支、保管 ………………………………………… (489)
　　　　2. 经收厘金、土药税、盐税等 ……………………………… (510)
　　　　3. 彩票、捐纳、捐输 ………………………………………… (521)
　　（二）举办地方公债与举借外债 …………………………………… (525)
　　　　1. 举办地方公债 ……………………………………………… (525)
　　　　2. 支付、举借外债 …………………………………………… (554)
三　官银钱号与财政统一、国库统一问题 …………………………… (561)
　　（一）清廷与社会各界之态度、主张 ……………………………… (561)
　　（二）湖北官钱局有关情况 ………………………………………… (568)
　　（三）裕宁、裕苏官银钱局有关情况 ……………………………… (571)
　　（四）源丰润、丰裕官银号、浙江新关官银号（裕通官银号）
　　　　　有关情况 ………………………………………………………… (573)
　　（五）天津官银号与直隶办理财政、国库统一情况 ……………… (575)
　　（六）奉天、东三省官银号有关史料 ……………………………… (580)
　　（七）甘肃平市官钱局与甘肃财政清理 …………………………… (588)
　　（八）湖南官钱局与湖南财政、国库统一问题 …………………… (589)
　　（九）江西官银钱总铺（局）有关史料 …………………………… (590)
　　（十）广东官银钱局有关史料 ……………………………………… (591)
　　（十一）广西官银钱号有关史料 …………………………………… (592)

第五章　官银钱号与省区实业发展和人民生活 ……………………… (593)
一　各省区官银钱号经营的附属企业 ………………………………… (593)
　　（一）天津官银号 …………………………………………………… (593)
　　（二）吉林永衡官银钱号、黑龙江广信公司附属企业情况 ……… (595)
　　（三）苏州宝苏官钱局 ……………………………………………… (595)

二　扶助农工商业等发展情况 …………………………………（596）

- （一）天津官银号 ………………………………………………（596）
- （二）湖北官钱局 ………………………………………………（612）
- （三）湖南官钱局 ………………………………………………（630）
- （四）四川浚川源银行 …………………………………………（634）
- （五）吉林永衡官银钱号 ………………………………………（635）
- （六）东三省官银号、奉天官银号、华盛官钱局 ……………（636）
- （七）陕西秦丰官银钱铺（局）…………………………………（639）
- （八）黑龙江广信公司、官银号 ………………………………（640）
- （九）山东官银号 ………………………………………………（643）
- （十）江苏裕宁、裕苏官银钱局 ………………………………（644）
- （十一）河南豫泉官银钱局 ……………………………………（648）
- （十二）浙江官钱局 ……………………………………………（648）
- （十三）广东官银钱局 …………………………………………（649）
- （十四）贵州官钱局 ……………………………………………（650）
- （十五）安徽裕皖官钱局 ………………………………………（650）
- （十六）江西官银钱号 …………………………………………（651）

三　官银钱号与普通民众的生产、生活方式 …………………（654）

- （一）社会舆论看法、清廷政策影响 …………………………（654）
- （二）浙江官钱局、海关官银号 ………………………………（655）
- （三）湖北官钱局、海关官银号 ………………………………（657）
- （四）江海关金裕、源通、源丰润等官银号 …………………（669）
- （五）江苏裕宁、裕苏官银钱局 ………………………………（687）
- （六）顺天、直隶惠通官银号、平市官银号、天津官银号等 ……（700）
- （七）奉天官银号、东三省官银号 ……………………………（706）
- （八）黑龙江广信公司、官银号 ………………………………（709）
- （九）吉林永衡官银钱局 ………………………………………（711）
- （十）山东官银号 ………………………………………………（716）
- （十一）湖南官钱局 ……………………………………………（717）
- （十二）河南豫泉官银钱局 ……………………………………（723）
- （十三）热河官银号 ……………………………………………（724）

(十四)陕西省有关史料 …………………………………………（724）
(十五)安徽裕皖官钱局 ……………………………………………（725）
(十六)广东官银钱局、海关官银号 ………………………………（726）
(十七)新疆有关史料 ………………………………………………（729）
(十八)江西官银钱号 ………………………………………………（730）
(十九)福建官银号 …………………………………………………（733）
(二十)四川浚川源银行 ……………………………………………（734）
(二十一)甘肃平市官钱局 …………………………………………（734）

参考文献 …………………………………………………………（735）

第一章　甲午战后至辛亥革命前各省区官银钱号发展概况

一　清王朝中央与地方政府颁布的有关政策、法令

(一) 清廷颁布的有关政策、法令

1. 奏请、批准设立官银钱号

上谕：户部议奏翁斌孙奏请设立官钱局折[①]

交户部：本日翰林院侍读翁斌孙奏请暂设官钱局以维市面一折，奉旨户部议奏，钦此。相应传知贵部钦遵可也。此交。计粘钞折一件。二月初六日。（中国第一历史档案馆藏军机处上谕档）

财政处奕劻会同户部折——议诚勋设裕皖官钱局发行钱条
（光绪三十二年（1906）二月二十四日）

查部定新章，行用纸币，乃中央银行特有之权，各省不得任意制造。皖省现设官钱局参各省之成规，救目前之坐困，但仿商店市面所用，名曰计存钱柜，系为疏通铜元，便于携取起见。且只行销本省，不能出境，是与国家总分银行名实既不相同，更与部颁纸币行用各省者亦无窒碍，总期下有便于民用，而上亦不悖夫部章等语。臣等伏查，近年以来，各省出入款项，日益繁多，是以直隶、江南、湖北、江西、山东等省均设官银钱局，以资周转。开办之初，一切章程并未奏咨到部。惟上年八月间，江督奏请于江宁设立银行，当经臣部议准。并声明俟币制

[①] 题名为编著者加。

奏定后，刷印纸币，分给备该行购用等因，奏准通行在案。今该抚奏请开办安徽官钱局，行使钱条，且声明只行本省，不能出境，原为周转起见，应请照准。惟行使钱条，应预定限数，存储现款作抵，不得架空多出，以致失信商民。

再，查原奏内称：部定新章，行用纸币乃中央银行特有之权，各省不得任意制造等因。该抚既深明此意，将来臣等奏定国币发行时，自应专用臣部银行所造纸币，该局不得制造，有碍中央特权。

至其筹拨底本银十万两，应令于司库闲款内酌量拨给，不准挪动京、协各饷，致误要需。俟开支后，并令将动用何款，咨报臣部备案。嗣后该局得有余利，除开支局用、花红外，应全数归公，以昭核实。其详细章程妥拟，仍令送部备查。（《中国近代货币史资料》第一辑，《清政府统治时期：1840—1911》）

附录：军机处奏议诚勋奏请设立官钱局一事①

交财政处：本日贵处会同户部奏：议覆诚勋请开办官钱局以维财政一折，奉旨依议，钦此。应传知贵处钦遵可也。此交。二月二十四日。（中国第一历史档案馆藏军机处上谕档）

督宪杨②准度支部咨天津银号注册事札饬该号查照文

为札饬事：宣统元年（1909）二月十四日准度支部咨开通阜司案，呈准直隶总督咨，据天津银号详称：奉札。准度支部咨开通阜司案呈，等因。奉此。窃维度支部《奏定银行则例》自应谨遵办理，去年十一月职号具详之。后彻底清查，当创设平市银号之时，原议官商合本，共筹银二百万两，以接济市面，流通货币为宗旨。其时值匪乱初平，津埠收回，市面空虚，岌岌可危。③ 若待招齐股款，则缓不济急，乃奉前督宪（袁世凯）饬，由天津海关道拨来行平银四十八万九千六十五两零，即以之接济市面。不数月间，放出平市现银计有六七十万。又奉宪饬，

---

① 题名为编著者加。
② 即直隶总督杨士骧。
③ 1903年前后，袁世凯在义和团运动之后，从列强手中收回天津，为稳定天津等地金融、经济等形势创设平市官银号，后又设天津官银号。有关情况可参考本章相关具体介绍。

由各局拨来行化银六十万两，曾经言定前项银两作为存款，如有急需之处，仍行提用。光绪三十二年（1906）三月详请前督宪（袁世凯）咨奉户部核准职号暂出洋银各票，藉资辅助。前奉札饬，开单呈请注册。职号未敢以拨存之款，遽为确实资本。谨奉前因，拟即将津海关道拨来之四十八万九千六十五两零，再由余利项下提银一万九百三十四两零，凑足银五十万两作为官本。各局所拨之六十万两权为护本，先填写出入对照表，呈求咨请立案、注册。俟市面转机，再行添招商股，抽还护本，以符原议。届时当再请咨更正。至京都分号所出纸票，均由天津总号印发，统计京、津等处不过三十八万之谱。不惟京号随发随收，即天津总号亦为之预备现银，以便随时应付。所有拟定官本、护本，列表呈请立案、注册各缘由，咨部请核前来。

查该银号由天津海关道拨款，并余利项下凑足五十万两作为官本，以各局所拨存之款六十万两权为护本，俟添招商股，抽还护本，再请更正。本部详核所呈对照表与《银行通行则例》大致尚无不合，应准予注册给照。其应行声明各条，仍须按照部意，详细咨报。至所出通行银钱票，据称津、京两处不过三十万之谱，自应严定限制，确实预备，以保信用而备恐慌。除将详细章程补录送部，以凭给发执照外，相应咨行直隶总督查照可也，等因。到本大臣。准此。合行札饬，札到该银号，即便查照。（《北洋公牍类纂续编》卷二十四《商务》）

城内（官事）（节录）

源通官银号前奉部饬归并大清银行经理，道宪刘观察当饬候补县丞陆沛前往监收。昨已事毕，到道禀复销差。（《申报》1911年4月7日）

度支部核覆贵州巡抚庞鸿书奏筹办黔省官钱局以维财政片（节录）

再内阁抄出贵州巡抚庞鸿书奏筹办黔省官钱局以维财政一折，光绪三十三年（1907）十二月十一日奉朱批，度支部知道。钦此。钦遵到部。原奏内称……等语。臣等伏查贵州地处边隅，财货流通未盛。该抚请设官钱局，行使钞票以资周转，诚属有益地方。惟所出银两、银元、制钱各票，亦须定有限制，预备实银、现钱，任听商民持票兑换，以昭信用。不得径称官币与中央银行纸币漫无区别，以致凭空多出，竟成无本之钞。查光绪三十一年（1905）八月间，臣部议覆两江总督奏设银行折内，声明俟币制定后，刷印纸币发给各该银行购用。又臣部奏定章程，凡纸币应由中央银行发行，各省不得任意制造等因，先后奏准在案。将来该省如于凭帖而外，需用纸币，应仍查照奏章。届时咨由臣酌核给发。至所铸本银十万两，系在藩粮两库存款项下挪用，及官钱局详细章程并开办日期均应分别咨报臣部，以凭查考。所有臣部等核覆黔省筹办官钱局缘由谨附片具陈，伏乞圣鉴。谨奏。

光绪三十四年（1908）正月十六日奉旨依议。钦此。（《政治官报》光绪三十四年（1908）正月二十四日折奏类；另参考《陕西官报》1909年第20期；《申报》1909年8月5日，《大公报（天津）》1908年3月1日）

度支部奏议复东督奏请拨款开设东三省总银行折（节录）

奏为遵旨速议具奏，恭折仰祈圣鉴事：

本月二十五日军机处交出东三省总督锡良恳请拨款开设银行一折，奉朱批：度支部速议具奏，钦此。钦遵到部。查原奏内称：东省应举庶政极为纷繁，深维根本上之计划，尤以速筹大宗巨款。开设银行最为紧要关键。三省从前原有官银号、官帖局，惟资本薄弱，难资推广。仅官银号分设三省，略有基础。赶将款目清理，先就奉省设立东三省总银行，并于各处推广分行，以期活泼流通。惟市面周转甚宽，即本金需用甚巨，综计广通汇兑，统一币权，兼营各项实业至少非请款一千万两不敷布置。叩恳饬下度支部妥速筹商，照数发济。设部中无法腾挪，或由部妥为借款，交由东三省应用，分期归还，并定明此系专办银行生利事件，无论何项行政经费皆不得挪用丝毫，以防虚蚀等语。

窃维东省利源待开，庶政方殷，自宜设立银行为经营万事之根本。是以臣部先后奏设奉天、营口、吉林等处分银行，原为维持市面，挽救利权起见，尚拟随后推广黑龙江分行，以资联络。今该督首请拨款设立东三省总银行，自系兴利筹边之要策，与臣部意见略同。惟银行为百业枢纽，非筹有大宗的实资本，不足以坚信用而广流通。方今内外财政同一艰窘，各省既穷于协拨，部库更属无可腾挪。所请由部拨款一千万两，臣等筹度再三，实属无从设法。至于借款兴办，亦非善策。赢则分而见少，亏则本巨而难偿。经理失宜，转恐受外人之操纵财政。命脉系于银行，尤与他项实业不同，则此事更宜慎重。现在奉天、营口、吉林等处业由臣部设立银行，以后自当统筹全局，力图扩张。如东省兴办实业，或须招徕商股，募集公债，均可由各该银行代为经理。至另设东三省总银行之处，目前既无的款可筹，应请暂缓置议。所有臣等遵议缘由，理合恭折具陈，伏乞皇上圣鉴，谨奏。

宣统元年（1909）四月二十九日奉旨：依议。钦此。（《政治官报》宣统元年（1909）五月初九日，总第596号折奏类；参考《吉林官报》1909年7月17日、《陕西官报》1909年第17期）

请拨款开设银行折（宣统元年（1909）四月二十一日）

奏为沥陈东三省外患交侵，生机日蹙，恳恩饬部按款开设银行，以资挽救，恭折密陈，仰祈圣鉴事：

窃维东三省当一发千钧之际，值列强环注之秋，今日财政之竞争，即为异日国权、领土之竞争，此乃智愚共见之理。溯自两邻①内侵以来，各以道胜、正金银行为财政操纵之总机关，所发羌币、日币充斥三省，夺我经济特权，蹙我民间生计。曩之筑铁轨，谋战争，近之边境移民，内地营业，钓饵蒙部，强掘矿山，皆恃银行为导线，故得以惟所欲为。我则财力荼疲，坐受束缚，币制既患糅杂，汇兑复不灵通。于是彼有财权，而我无财权；彼有进步而我无进步。驯至市面被牵，官商交困，寖且以财权制我之生命，而三省全局将为日、俄无形之利器所侵夺，大局益堕坏不可收拾，此奴才受命以来，所由日夜焦思、力谋挽救而万难稍缓者也。

伏惟经营万事，必先立其根本。东省应举庶政，极为纷繁，然无银行以谋交通，则矿、牧、林、渔皆同弃利；无银行以资周转，则实边、招垦徒托空谈。故奴才深维今日东省一切要政，根本上之计划，尤以速筹大宗资本，开设银行，急谋抵制，最为紧要关键。查三省从前原有官银号、官帖局，惟资本薄弱，难资推广。仅官银号分设三省，略有基础。拟赶将款目清理，先就奉省设立东三省总银行，并于各处推广，多

---

① 指日俄两国。

设分行，以期活泼流通。惟市面周转甚宽，即本金需用甚巨。总计广通汇兑，统一币权，兼管各项实业，至少非请款一千万两不敷布置。东省财源枯竭，屡经前督臣奏陈，核计常年收支额款，即尽力裁节浮费，出入仍属不敷，断无余款足资挹注。如仅敷衍目前，任听财政利权，悉操诸外人之手，日朘月削，边局益危。惟有叩恳天恩，饬下度支部，恻念东事关系全局，妥速筹商，迅予照数拨济。设部中无法腾挪，或由部妥为借款，交由东省应用，分期归还；并定明此系专为银行生利事件，嗣后无论何项行政费皆不得挪用丝毫，以防虚蚀。所冀早发一日之款，即早办一日之事；否则空拳徒奋，待罪东边，罅漏补苴，究何裨于大局？人进我退，终见促于邻邦。此区区愚诚，不敢不直陈于君父之前者也。

所有恳请拨款开设银行以资补救缘由，谨恭折密陈，乞伏皇上圣鉴，谨奏。(《锡良遗稿·奏稿》)

准设银行①

江西访事人云：江西护抚宪柯逊庵中丞（柯逢时）奏请筹拨官本，开设银行并行用官钱票一片，钦奉谕旨交部。嗣准户部咨称：查图治之道，人存政举，其于理财亦然。即如银行一端，泰西各国皆有，若谓施之彼则可，施之中国则不可，此黠贾阻挠之言，于情理两不符合。今该省从官银号入手，由小进大，尤为谨慎，必能大有裨益，非徒托空言之比。所有一切章程俟议定后，迅即详细咨部立案，以便酌量通行各省。至钱票一节，民间既能通行，断无官票不肯行使之理。该省现在甫经创办，民间完粮纳厘即皆称便，争相购买，此即成效昭然。应如何推广之处，务必益求进步。其详细章程亦即迅速咨部，毋任属员迟延。惟立法固能开源，而守法尤贵防弊，其间有无变通之处，务宜虑周藻密，毋致有始无终，为人借口可也。(《申报》1903年5月17日)

2. 规定官银钱号则例、监管（注册、资本等）、发钞等制度

度支部奏厘定各银行则例折（附则例四种）（节录）

光绪三十二年（1906）闰四月二十二日，前财政处会同臣部奏称：

---

① 另参考《申报》1903年5月20日，第一版《书本报纪准设银行后》。

银行者，流通圜法之枢机，维持商务之根本。东西各国有中央银行，复有普通、劝业、储蓄各银行，考其制度，约有两端。一为国家银行，由国家饬令设立，与以特权。凡通用国币，发行纸币，管理官款出入，担任紧要公债，皆有应尽之义务。一为民立银行，为商民之所请立，必由政府批准然后开设，大旨皆与商民交易，凡其集股数目，营业宗旨，以及一切办法，均当呈明于户部，而款项、营业情形仍须随时报告。以上各种银行，户部皆有统辖查考之权，且各设专例以监督之，诚以银行为通国财政所关，实户部之专责。中国现当整饬财政之时，凡划一国币、办理公帑、洋款，银行尤关紧要。若无管理之规条，恐各项银行必致自为风气，则财政仍无整齐之日。是以臣等参考银行之制，设立户部银行，开办以来，略见成效，正筹推广，以立中央银行之基础。现遴选通晓银行章程人员，参考东西各国规则，厘定各种银行管理及营业专例，勒为成书，恭呈钦定颁行。嗣后凡国家银行以及普通、农工、商业、储蓄各银行银号，无论官立民立均应遵照办理，庶尽臣等管理之责。而期与各国成法相符，等语。奉旨：允准在案。

臣等伏查近年风气开通，官立私立各项银行日益增多，亟须颁布则例，俾营业者有所遵循。臣部职司管理亦可有所据依，藉以划一整齐之效。唯此项例文，虽有译成东西各国通行章程可备参考，而揆诸中国商务之风俗习惯，亦难必其尽合，纂辑之余，益用详慎。上年财政处于奏准后，遴员编纂成帙，移交到部，臣部复派员细心研究，拟定银行则例四种。臣部所设银行，原名户部银行，即为中央银行，现臣部已改为度支部，拟改银行之名曰大清银行，计则例二十四条。中国向无银行，而经营金银、汇划贸易如银号、票商、钱庄以及各省所设之官银号、官钱局，凡有银行性质者，即可以普通银行核之，计则例十五条。……

臣等详加查核，尚属周妥，谨缮清单恭呈御览，俟钦定后，即由臣部行知该管衙门及地方官，通饬各处银行一律遵照办理。谨奏。

光绪三十四年（1908）正月十六日奉旨：依议。钦此。

附：《银行通行则例》

第一条 凡开设店铺经营左（下）列之事业，无论用何店名牌号，总称之谓银行，皆有遵守本则例之义务。（1）各种期票汇票之贴现；（2）短期拆息；（3）经理存款；（4）放出款项；（5）买卖生金生银；

(6) 兑换银钱；(7) 代为收取公司、银行、商家所发票据；(8) 发行各种期票汇票；(9) 发行市面通用银钱票。纸币法律未经颁布以前，官设商立各行号均得暂时发行市面通用银钱票。但官设行号每月须将发行数目及准备数目，按期咨报度支部查核。度支部并应随时派员前往稽查。

第二条　凡欲创立银行者，或独出资本或按照公司办法合资集股，均须预定资本总额，取具殷实商号保结，呈由地方官查验，转报度支部核准注册，方可开办。凡银行应行呈报事件，除呈请地方官转报外，并须径呈度支部以便稽核。凡银行开办须预将年月日，禀报所在地方官转报度支部。

第三条　凡欲开设银行者须将左开事项呈报：(1) 行号招牌；(2) 设立本行分行地方；(3) 资本若干；(4) 或独资或合名或合资，应呈报姓名、籍贯、员数、住址。若系招股公司，除上开事项外，须将集股章程及发起人、办事人姓名、籍贯、员数、住址，并分别有限、无限一律呈报。

第四条　凡开设银行须遵照本则例自定详细章程，呈报度支部核准。如有变更亦应一律呈核。

第五条　凡银行每半年须详造该行所有财产目录及出入对照表，呈送度支部查核。如有特别事故，应有度支部派员前往检查各项簿册、凭单、现款，并其经营生意之实在情形。此外，各项贸易事业公家概不干预。如官有藉端需索等情，准该行呈禀度支部查明从严参办。

第六条　凡银行每年结账后，须造具出入对照表，详列出入款总数，登报声明或以他法布告，俾众周知。

第七条　银行营业之时刻，以午前八钟起午后四钟止。但因营业情形，而欲变通者亦可。

第八条　银行如逢星期及营业地方之休息日，均得停业。其不欲停业者听。若有不得已之事故而欲例外停业者，须禀准地方官，登载报纸或以他法布告，俾众周知。

第九条　凡经核准注册各银行，如有危险情形，准其详具理由呈所在地方官，报明度支部，转饬地方官详查营业之实况，与将来之希望。如果系一时不能周转，并非实在亏空，准饬就近大清银行商借款项，或实力担保,免致有意外之虞。

第十条　凡银行或个人营业改为公司办法,或原系公司变为个人营业,或欲变更其公司之制度,或欲与他公司合并等事,均应查照第二条办理。

第十一条　银行如有不遵守第五条所定报告检查及第六条所定布告,或虽受检查而有隐匿,或虽经报告、布告,而其中有含混等弊,一经查出,由度支部酌量情节轻重,科以至少五两,多至千两之罚款。

第十二条　以前各处商设票庄、银号、钱庄等各项贸易,凡有银行性质即宜遵守此项则例。其遵例注册者,度支部即优加保护。其未注册者,统限三年,均应一体注册;倘限满仍未注册者,不得再行经理汇兑、存放一切官款。

第十三条　各省官办之行号或官商合办之行号,统限于本则例奏定后六个月内报部注册,一切均应遵守本则例办理。如过期不注册者,科以至少五百两之罚款,每迟六个月罚款照加。

第十四条　官办行号每省会商埠只准设立一所。如有必需另行设立时,须与度支部协商或会奏请旨办理。各种官立银行欲设立分行时,凡已有大清银行分行地方,须先尽该分行作为代理。

第十五条　凡银行或因拆阅、或有别项事故,情愿歇业者,应举定办理结账人,禀报地方官,将存欠账目计算清楚,照商律办理。地方官具录事由,速报度支部查核,不得迟延;并一面由该行自行禀报度支部查核。

附则

凡只兑换银钱,无银行之性质者,本则例施行后,均作为银钱兑换所,免其注册。各种特别银行,除遵照特别专例外,其有专例所未及者,均按照本则例办理。本则例即于奏准三个月后施行。本则例如有应行修改之处,随时斟酌奏明办理。(《大清光绪新法令》第二函第十册(第五版);《申报》1908年3月7日)

咨查各省官银号

政务处于日前分咨邮传部、各省督抚咨文各一件,闻为清查邮部奏设交通银行及各直省所设官银号设立年限及资本数目,并现在纸币若干、存储预备金是否与纸币相敌，统限六个月内咨报该处及度支部以便清厘财政。并闻是日令另咨各直省，请于三个月内，各派财政法理人员来京，会同本处及度支部各堂，面订财政取决办法，以便预决算之基础云。（《大公报（天津）》1909年1月14日）

本埠新闻：度支部咨复关税银号亦须注册

江督端午帅（端方）接准度支部咨复，略谓：准两江总督端咨：据江海关道蔡乃煌详称：奉札开，准度支部咨称，光绪三十四年（1908）正月间，本部厘订各种银行则例，勿论官办、商办各种银行，暨票庄、钱庄银号，凡有银行性质者，均须赴部注册等语。札道查照办理，并发章程到道。奉此。遵由道出示晓谕，并谕饬源通、丰裕官银号遵照办理去后。兹据该银号等禀称，商号源通、丰裕均于开办之初先后取具保结，禀请详蒙咨部核准有案，经征本关税饷，并不兼营他项事业，与官办、商办各种银行情形不同，应否再行注册或请转详给照之处，据实禀复前来。伏查江关征收洋税，设立银号，遵奉部饬招募殷商承充。现查源通银号系于光绪十四年（1888）间据职商严祖庆禀请，在上海新关开设银号，经收关税，经龚前升道饬查，该商委系殷实，熟悉税务，取具认保各结，详蒙转咨，于光绪十五年（1889）六月奉户部核准。嗣因新关税饷加增，归银号代收，责成较重，当据南关丰裕号商李九皋备具认保各结，禀请分设北关银号，于光绪二十九年十一月开办。经袁前升道饬查，该商身家殷实，将认保各结详咨立案，奉札前因。该银号等既系专收税课，似与官办、商办各种银行有别，应否再行注册或请给执照之处，理合详祈咨明，转咨到部。查该二银号收纳税钞，倾镕关饷，是以官款之出入为经营之事业，责任较寻常银行尤重。银行通行则例第十三条称，各省官办之行号限于本则例奏定后六个月内报部注册；又银行注册章程第五条第二项称，从前各省设立之官银号，如已奏咨有案，即自奏咨之日起作为注册之期，但须声明则例第三条所定各节，咨请补领注册执照各等语。是以奏咨有案之官号，尚须遵守则例赴部注册。该二号虽经部准开办，亦应注册领照，不得独违定章，并须将办事详章呈部，以凭稽核。（《申报》1909年3月22日）

度支部厘定通用银钱票章程的奏折与清单
（宣统元年（1909）六月初八日）

窃查东西各国发行纸币，大都统其权于中央政府，委其事于国家银行。间有采用多数银行发行之制者，而印刷必由官厂，准备必交国库，其他限制数目，抽查虚实，防微杜渐，督察綦严。至若与纸币类似之物，如支条、期票、汇票等类，各国皆立专法，以示与纸币之区别，其不载人名、期限之票纸，则皆一概严禁，不准任便行用。诚以一纸空据，代表金银，既侵纸币之特权，更滋架空之弊害，于国计民生关系甚大。国家政事宽大，商务向听商人自行经理。近来行号林立，票纸日多，官视为筹款之方，商倚为谋利之具，倘不设法限制，官款收放几无现银，市面出入唯余空纸，物价腾贵，民生困穷，其危害何堪设想。上年十二月臣部具奏妥议清理财政办法折内，令各省督抚将现设官银钱号现在发出纸票若干、准备金若干，限六个月详细列表送部等因，奉旨允准，钦遵行知在案。又于上月由臣部通咨各省，嗣后官商银钱行号发行票纸，未发者不准增发，已发者逐渐收回等因，亦在案。

臣等一再筹商，当清厘积弊之初，必当有较若画一之法。谨拟订暂行章程二十条，其间如分别种类，责成担保，限制数目，严定准备，随时抽查，限期收回，使银钱行号专力于存放汇兑之正业，所以保信用固银根，亦预为划一币制之地。唯积习既深，似未能一时骤加裁制，故此次定章一切务从宽简，俾商人易于遵从。谨将章程另缮清单恭呈御览，如蒙俞允，即由臣部通咨各省，依限遵办。至臣部所属之大清银行，现时所发通用银票数目，饬令禀由臣部随时查核。至十成之准备，五年之限期，亦应与各官商银钱行号一律遵守，以昭信用。所有筹拟限制银钱票章程缘由，是否有当，理合恭折具陈，伏乞皇上圣鉴训示。谨奏。

附：《通用银钱票暂行章程》

第一条　凡印刷或缮写之纸票，数目成整，不载支付人名及支付时期、地址者，俗名钞票，银行则例称为通用银钱票，均须一律遵守此项章程。

第二条　凡缮写之票有奇零尾数，或载明支付人名及支付时期、地址，名为支票、兑条者，不必援照此项章程办理。

第三条　通用银钱票必须有殷实同业五家互保，担任赔偿票款之责,方准发行。唯官设行号不在此限。

第四条　凡挂幌钱铺发行小钱票及其他纸票者,如有殷实商号五家出具保结,担任赔款之责,暂准照旧发行。唯此项号铺,除照银钱兑换所章程,呈由地方官汇报部外,其关于发行纸票之事,仍遵此项章程办理。

第五条　本章程未经颁发以前,凡向来发行银钱票之行号,尚未注册领照者,限于文到六个月内,赶紧备集资本。呈请地方官验实,报部注册。逾限不呈请者,除限勒令收回此项纸票外,由地方官查明援照第十八条,酌量轻重,处以罚款。

第六条　本章程未经颁发以前,有非银钱行号发行此项纸票者,限至宣统二年(1910)五月底止,陆续将全数收回。其有于限期内不能全数收回者,准其另设银钱庄号,照章注册,援照此项章程一律办理。

第七条　自本章程颁发后,再行新设之官商银钱行号,即不准发行此项纸票。

第八条　本章程颁发后,凡照章准发行此项纸票各行号,只能照现在数目发行,不能逾额增发。

第九条　凡发行此项纸票各行号,须将现在发出实数,以文到一个月内发出最多数目之日计算。

第十条　凡发出此项纸票,无论官商行号,必须有现款十分之四作为准备,其余全数可以各种公债及确实可靠之股票、借券储作准备,另外存库立账,不与寻常营业账目款项相混,以备抽查。

第十一条　凡准发行此项纸票各行号,自宣统二年(1910)起每年须收回票数二成,限以五年全数收尽。

第十二条　凡准发行此项纸票各行号,于限期内情愿一时全数收回者,准商由大清银行以确实之抵当物品,借予低利分年摊还款项。

第十三条　将来新币发行地方,凡有碍辅币之纸票如铜钱票、铜元票、银角票等,由部临时专案饬遵。

第十四条　每月发行及准备数目,自宣统二年(1910)正月起,须按月遵照部订表式,填送到部。

第十五条　凡官设行号均由本部随时派员抽查,如准备数目不符,或呈报不实及有他项情弊者,立禀本部查办。

第十六条　凡商设行号，由各地方官随时会同商会派员抽查，如准备不符，或呈报不实及有他项情弊者，报部查办。

第十七条　抽查章程由部详细酌订，以资遵守。

第十八条　凡有违犯此项章程者，轻则由地方官酌量情形处以百元以上五百元以下罚款，重则由地方官径报本部核办。

第十九条　本章程系为维持币制保全市面起见，如有藉端勒索者，准各该行号径禀本部及各该省督抚查实，从严亲办。至商民之造谣生事者，亦准禀请地方官从严惩办。

第二十条　本章程如有应行修改或停止废弃之时，由本部临时斟酌办理。（中国第一历史档案馆藏大清银行档案）

调查各省官官银钱号资本营业款目①

总分各号资本数目、贷出各款数目、各户存款数目、发行纸票数目、收回纸票数目、未发行纸票数目、现金及抵押、准备数目、公积数目。发行票各省官银号每视为挹注之计，然利弊相因，不可漫无限制。此次逐款清理，当注意于保持信用，仿行准备发行之法，而不在操切图功也。（《陕西官报》1909年第16期）

度支部通行各省遵照奏章按款调查编造
详细报告册及比较表文（节录）

一、各省清理财政局应调查光绪三十四年（1908）分藩、运、道、局等各库收支存储银粮数目，并全省出入款项总散各数目及府厅州县库收支存储银粮数目，各官银钱号资本、营业情形，造具详细报告册送部。

……

十一、官业制造官厂收入、官银钱号余利收入、官电局收入、官矿局收入、造纸局印刷局收入、其他各项杂收。（《陕西官报》1909年第16期）

度支部调查各省官钱局（北京）

度支部现欲调查各省金融状况，以各省所设官钱局为经济机关，昨

---

① 标题为编者所加。

特通咨各省，饬将现设官钱局一切办法并所有出入款项，总揭详数造册报部，以备核办。(《陕西官报》1908年第4期)

京师近事（节录）

度支部拟将各省官钱局改办之银行，严密调查其基本金，加以限制。盖以各省官钱局挪移空虚，久已彰人耳目，若任其广设分行，一旦周转不灵，必致各省银行信用扫地。闻已议妥，不日即派员出发。(《申报》1911年4月23日)

法政科进士刘冕执上度支部整理大清银行推行币制条陈详注（三）（续）（节录）

全国币制划一即全国钞票划一。假令全国发行新币，而国中尚有旧币之官银钱局行号钞票通行，似觉难以解说。且生银、旧币当禁通行，而生银、旧币之钞票独不禁之，亦觉失当。即令不禁，而民间持该钞票以当课税而纳入政府，岂犹得拒而不收乎？是即不设法兑收，而该钞票亦必还于政府。不如兑收之，犹得有行政整理之效……大清银行钞票用以兑回各省官银钱局行号钞票者，其准备即以各亏空省分之公债票为准备，并非一一付以现银。纵令钞票有时被兑去现银，而当新旧货币兑换时，该亏空省分亦必吸有现货足以相抵。苟无相抵，则该省官银钱局行号钞票其价值必贱，以大清银行钞票兑换，不妨稍取贴补。而现银之衰多益寡，亦不失为调和全国金融之大计。故曰兑回之，而并无损失之理由者，此也。又更有欲言者，新币发行，生银、旧币且当限期禁止，遑论生银、旧币之钞票。各省官银钱局行号钞票且当一律收回，遑论钱店、商家之私发钞票。(《申报》1911年3月9日)

度支部奏厘定兑换纸币则例折[①]

奏为厘定兑换纸币则例缮单具陈，恭者仰祈圣鉴事：

窃臣部厘订币制，酌拟则例一折于本年（1910）四月十五日具奏。钦奉谕旨中国国币单位，著即定名曰元，暂就银为本位。以一元为主

[①] 另参考《申报》1910年7月5日，第18页；《国风报》1910年7月7日，第91—98页。

币，重库平七钱二分，另以五角、二角五分、一角三种银币，及五分镍币；二分、一分、五厘、一厘四种铜币为辅币。元角分厘各以十进，永为定价，不得任意低昂。著度支部一面责成造币厂迅即按照所拟各项重量、成色、花纹铸造新币，积有成数，次第推行，所有赋税、课厘必用制币交纳，放款亦然。并责成大清银行会同造币厂将新旧交换机关，筹备完密。等因。钦此。仰见我皇上圣虑周详慎重币制之至意，钦服莫名。

窃维推行币制当以纸币相辅而行，既便人民之取携，复省国家之铸本，利益殊非浅鲜。惟是纸币一项，学理既极精深，事实尤为繁赜。倘办理不善，将利未见而害先形。唐代之飞钱，宋季之交、会，元、明之宝钞，其用意未尝不善，徒以法制未密，流弊遂滋，可属前车之鉴。现在新币业经开铸，此项纸币即应次第发出。非博考各国之制度，恐未由采用其长；非参酌中国之情形，恐无以推行尽利。反复详求，期于有利无弊，谨撮举要义为我皇上缕晰陈之。

银行纸币固属国家特权，而政府要不可自为经理，近世东西各国，大都委之中央银行独司其事。诚以纸币关系重要，倘发行之机关不统一，势必漫无限制，充斥市面，物价因之奇昂，商务遂以不振，贻害于国计民生何堪设想？现拟将此项纸币，一切兑换发行之事，统归大清银行管理，无论何项官商行号，概不准擅自发行。必使纸票于纷纭杂出之时，而立收集权中央之效，此其要义一也。

纸币发行总数，查东西各国除法、美两国外，大率无法律明文预定发行数目，诚恐事变无常，需要之范围亦有所伸缩。中国事同一律，其在平时自应以准备数目为发行数目，一遇银根吃紧，需要较多，即由银行体察市情酌量增发。其应如何明示限制之处，届时由部核定，以资遵守。必使银行任接济市面之责，而仍不准有任意滥发之弊。此其要义二也。

纸币之流通恃兑换以维信用，倘听其肆意发行，毫无准备，万一变生不测，市面恐慌，兑现者纷至沓来，危险殊难言状。查各国纸币条例规定綦详，而于准备金尤为最严之监察，中国发行纸币事属创图，万不可稍涉空虚，致失国家信用。现拟于现款准备以外，概以有价证券作为担保，必使银行于孳生利息之中，而仍不失保全信用之道。此其要义三也。

发行机关既已委之银行，则酌收税银亦属国家应得之利益。惟收税之法，考诸各国，不外发行税、余利税二种。揆之中国情势，民力既瘁，利率复昂，倘更按发行成数以征税银，则银行必以借贷为难，恐不免于农工商业多所阻碍。应请于纸币发行之次年起，视银行所得余利按年征收若干，并以税率分作三期递进，必使银行于税额增长之时，而仍不觉义务负担之重。此其要义四也。

兹经臣等督率币制调查局各员悉心研讨，本此要义厘订兑换纸币则例十九条，并加注案语，缮具清单恭呈御览，伏候钦定施行，俾昭法守。

此次奏颁则例后，凡新币业经发行省份，所有赋税、课厘、廉俸、薪饷及商民交易，此项纸币应与新币并用，不准有所折扣。无论何地大清银行应一律兑换，尤不得强分畛域，致碍流通。其伪造纸币或变造纸币者，应由京、外各衙门督饬所属，随时缉获，按律从严治罪，不容稍有宽贷。至各省官商行号所发银钱各票，形式既殊，价值复异，于推行纸币前途大有妨碍，除商号所发各票，流行尚隘，仍令遵照臣部上年奏定通用银钱票暂行章程，按年收回二成，期以五年收尽外，其官银钱号所发各票为数较巨，似不能不变通办法，以收速效。应俟命下，由臣等咨商各将军、都统、大臣、各省督抚妥筹收换方法，再行奏明办理。前此大清银行所发通用银票，亦应陆续收回以昭划一。如蒙俞允，即由臣部行知京、外各衙门一体钦遵办理。所有厘定兑换纸币则例缘由谨恭折具陈，伏乞皇上圣鉴训示。谨奏。（《国风报》1910年10月13日）

京师近事（节录）

泽公①以币制颁行在迩，各省商埠已有大清分行与官钱局及商会监管。惟中央督办事务较繁，恐非一二大臣所能周顾。拟请另派熟悉中外情形大臣一员帮同办理，以免贻误而昭慎重。闻帮办币制大臣盛宣怀拟会同奏保前外部尚书吕镜宇②充任斯职。（《申报》1911年7月12日）

---

① 即度支部尚书载泽。
② 即吕海寰。

币制大臣改良圜法之手续（节录）

改良各省银行：度支部泽公（载泽）昨特召集署员会议，谓现在筹划币制改良，各省银行及官钱局亟宜留心整顿，以期一律奉行。所有整顿大清银行章制，前已责成陈宗妫会同叶景葵筹订。整顿银行实与改良币制有密切关系，务于月内将草案厘订完全，呈堂阅核，以为本年实行改良国家银行之预备。又各省官钱局时有滥发纸币情事，设有倒闭，不徒惹起全国市面之恐慌，且恐惹起国际之交涉。拟咨行各省先调查资本，以便限制其发行纸币，不得逾资本之半数，以整圜法。（《申报》1911年9月12日）

章宗元：整顿圜法条议（节录）

本以上之理由，谨拟办法第六条如左：第一节，凡京外铸钱局所有鼓铸银元、铜元盈余，统归钱法大臣通盘提拨，专为鼓铸金钱一切亏赔之用，不准他用；第二节，由钱法处查部库及各省藩库常年存库款中数，准此中数为限，由京师铸钱局颁造国家钞票四种：（一）五元者；（二）十元者；（三）二十元者；（四）伍拾元者。各省概不许颁造。票面注明以部库、藩库存款为抵，许持钞者随时就近向各处官银号兑换金银钱，官银号得向部库或藩库随时转兑。凡库吏或官银号执事，遇持钞者向兑，如敢抗拒，或勒索贴水，许持钞者控告，经地方官讯实后，应严罚被告，以一千元为限，八成充公，二成赏原告。凡地丁、盐课、漕项、官俸兵饷、关税等项，国家钞票与金银钱一律行用。违者无论官民，照上例罚金。所有颁钞腾出之款暨一切罚款，统由钱法大臣提拨，专备铸金、赔费、兴矿、助款之用。（《东方杂志》1907年第四卷第九期）

寂音：论近来经济恐慌宜筹调护之长策（续）（节录）

盖吾前文所谓大信者，绝非空谈无实之谓，而必归本于此，所以为一国之重也。夫使国库与国立银行果得其道，国家之大信坚固不拨，而更竖明约束，尊重法典，不以势位之见，乱之于斯之时。即以全国发行钞票之特权付诸国立银行，以昭整齐划一，则今滥行钞币之恶风必可荡涤无余矣！惟如今日各省官银钱局所发行之钞币，必严为期限，使之渐次收回，以树钞币之信用。此皆救济之当务也。又今各省流行楛恶之钞币，官私混杂。其乏信用者，初无轩轾，此尤宜急为之所也。其属于商家者，应为定三五年舒徐之限期，令其渐次兑回。其在官家者，纵暂时无力收回，亦必定一分年收回之法。惟在未能即收回之时，则须别印精致之钞币，渐次将旧者收回、销毁，而代以新者。（《东方杂志》1910年第七卷第九期）

度支部奏议复浙抚奏官钱局改设银行折①

奏为遵旨议奏恭折仰祈圣鉴事：

浙江巡抚增韫奏拟将浙江官钱局改设浙江银行以维财政一折，光绪三十四年（1908）十二月三十日奉旨度支部议奏，钦此。钦遵。由内阁抄出到部。原奏内称举行新政以整顿财政为入手办法，经前任抚臣冯汝骙于本年四月奏在浙江省城设立官钱局，数月以来渐有端绪。惟专恃官办，资本无多。拟将官钱局略事变通，改设为浙江银行，官商合办，定为股份有限公司，资本以二百万两为额，分作两万股。拟筹拨官款一百万两，招集商股一百万两，由官派监督一员，另由股东公举经理、协理、董事诸员，分任厥职等语。臣等伏查银行之设原为调剂盈虚，会通财政，必须机关统一方能信用流通。近日臣部妥议清理财政办法六条，于各省所设官银钱局，请旨饬令详细报部，正以期信用而防流弊。今该抚请将浙江官钱局改设浙江银行作为官商合办，查各省官银钱局，臣部正在清理，该省旧有官钱局，亦在清理之列。此时未便改设银行，致滋胶葛。所请官商合办银行之处，暂毋庸议。所有遵议缘由，谨恭折具陈，伏乞皇上圣鉴，谨奏。

宣统元年（1909）正月二十三日奉旨：依议，钦此。（《政治官报》宣统元年（1909）二月初一日，总第470号折奏类）。

中国大事记：谕令两江总督江苏巡抚维持上海市面（节录）

上海源丰润银号局面宏大，为中外所信用，其分号设于各省城及商埠者计十七处。今年六月间，上海市面骤起倒账之风潮，银根日紧，源

---

① 浙江巡抚增韫奏改设浙江银行情形可参见本章收录的《浙江巡抚增韫奏拟将官钱局改设浙江银行折》。

丰润亦露竭蹶之象。至是月初六日势遂不支，即时倒闭，全市震动，共亏公私款项二千余万。某银行复又宣布二十一庄之庄票概不收用。于是恐慌愈甚。商务总会急于初七日召集各业领袖，开临时特别会议，旋定议电告军机处、度支部、农工商部及两江总督、江苏巡抚，略谓：沪市日来庄汇不通，竟如罢市。上海工厂数十家，工人二三十万人。一经停工，于商业、治安均有关系。事机危迫，应请代奏，敕下大清、交通两银行迅速筹款五百万两，交由商会散放，以挽危局云云。政府据以上闻，当奉旨。现闻上海汇号倒闭，市面吃紧，关系重要，著张人骏、程德全查明情形，设法维持，迅速据实电奏。钦此。

……

附录：张总督致军机处电：

窃照沪市紧迫，周转不灵。各国银行不收庄票，不放拆票，华商庄号现银告竭。经人骏会同苏抚派委苏藩司陆钟琦诣沪确查，据禀情形，甚为危急。洋款紧要，初八日勉强应期。十八、廿九两期，尚不知若何应付？向称殷实、可靠之商号，受挤岌岌，已有停止交易者，商情益为惶骇。各处汇兑不通，波浪及于长江一带，裕宁官银钱局亦同被挤。江省库币如洗，应付解还洋款、防营新军饷项，以及劝业会官股等款，皆恃该局为挹注垫支在百万以上。湘鄂赣皖淮扬徐海苏镇沪宁总分局三十余处，通用钞票为数又巨，似此金融阻塞，相逼具来何堪终日？至沪市为商务中枢，源竭窒滞，对内宜防浮动，对外尤虑枝节。昨据上海总商会总、协理，各业代表联名切陈困迫，吁请代奏维持，并英领亦以为言，措词甚急。业电咨度支部迅筹酌剂，并由人骏分电沪商会、英领事。允为酌量维持，以冀暂定人心各在案。目下宁省及长江各埠市情、事机更为危迫，若不立图补救，官银钱局一有摇动，洋款、军需并一切要用，均将束手无措，骚动堪虞。人骏会商司道，筹维乏术，燃眉急救，惟有与各国银行筹商借银三百万两，率以六年为期，本利由宁省设法匀还。

……

张人骏两电奏称：沪市危机，议借洋款酌剂，并就运库借拨银五十万两，分发济急各等语。该督系为大局起见，著即照所请，迅速办理，该衙门知道，钦此。苏州之裕宁、裕苏两银钱局本系官办之局，不致有意外之虞，讵亦大被扰动。取款者纷至沓来，裕苏局于三日内发出现银六十余万两，当由藩库拨借银十八万二千两，又从上海运到银四十万两，藉资周转。裕宁局则由张总督电饬两淮运司提库银五十万两接济。……

初十日，布政司、劝业道、广州府会同商务总会邀同大清、交通两银行、忠信堂各商，会议维持市面办法，当日议定三条……（一）目下市面银根窒滞，亟宜输转。现由司道宪回明督宪，在（广东）官银钱局盈余项下提出现款，交由官银钱局、大清行、交通行会同总商会酌择殷实本地银号分别放付，以资流通。以上三款均已决行，并陆续拨款交大清银行、交通银行、官银钱局三家，分放本处五十家银号领用云。（《东方杂志》1910年第七卷第十期）

京师近事（节录）

度支大臣泽公（载泽）因此次粤人抵路风潮，不用官发纸币，以致官商交困，终以贷借洋款以为拯济之计。一省如此尚能设法维持，假如各省闻风响应，同时并举，实于大局前途关系匪浅。究其滞碍原因，实因官银号不明银行性质，有左右全国财政之能，济商民缓急之需，只知营目前区区之利，置大局于不顾。故市面银根一经紧急，必至牵动全局倾倒。去年之源丰润，今年之义善源可为殷鉴。本部早见及此，前已颁发取缔章程表式咨行各省，详细调查填注在案，而填注咨覆者甚属寥寥。兹特重订章程咨行各省，务于六个月内一律送部，以资查核而重财政。（《申报》1911年7月2日）

度支部奏遵议新抚电奏请由部派员携带国票来新分设银行等折
奏为遵旨议奏恭折仰祈圣鉴事：

本年闰六月初五日奉旨：袁大化电，奏新疆库存银仅十余万两，本年各省协饷未到。应发兵饷及行政等费为数甚巨，请由部派员携带国票来新，分设银行。如一时难以办到，乞准藩库暂制官票百万以济急需等语。着度支部议奏。钦此。钦遵。由内阁抄交到部。

查原奏内称，新疆库存银仅十余万两，本年各省协饷半年来一批未到。中秋节前应发兵饷及行政、司法、教育、巡警等费为数甚巨，挪借无门,危险万状。拟请由部派员携带国票来新分设大小银行,以顾边局。如一时难以办到,乞准藩库暂制官票百万以济急需,有省城及各属官钱局成本作准备,又准完粮纳税,尚可通行,并无窒碍。仍一面筹设官立兴殖银行为全疆金融机关,俟筹定办法,再随时奏咨立案等语。臣等伏查新疆原属受协省分〈份〉,协饷苟不接济,库款自必支绌。该抚所奏自系实在情形。惟请由部派员携票分设银行一节,查银行系营业性质,所出各票亦系代表现银,决不能凭空滥发,移作行政经费。即将来分设大清银行或新省自行筹设银行,均应遵照臣部例章办理,亦不能视为筹款之方。至称藩库暂制官票百万以济急需等语,上年该省变乱之后①,奏请增发官票,业经臣部议驳。惟念该省地处边徼,库存过于短绌,一时支放为难,拟从权暂准增发官票五十万以资周转,一面由臣部电催各省协饷,迅速汇解。一俟解到时,即令将此次增发官票陆续收回,并由财政监理官将收放数目随时报部稽核,庶几变通之中仍寓限制之意。所有遵旨议奏缘由,谨恭折具陈,伏乞皇上圣鉴。谨奏。宣统三年(1911)闰六月二十四日奉旨:依议。钦此。(《申报》1911年9月2日)

(二) 地方督抚、将军、都统等颁布的有关政策、法令

1. 直隶总督李鸿章节略

李鸿章拟设官银号节略②

查外洋各国皆有国家银号,自操利权,一切章程讲求尽善,似宜参酌仿办。中国自咸丰年间官银号钞票立法未善,不能取信于民,从此废置不讲,京外各处商户汇兑惟胡光墉所开阜康银号生意最广,又因经理不善,倒闭、亏空,人皆视为畏途。近来中外货币无可流通,商市萧索,殊非公家之利。亟应仿照西法,为穷变通久之计。总税司赫德前呈"续旁观论"曾请创设国家银号,适有英商怡和洋行克锡格密克等禀请

---

① 指新疆新军闹饷哗变。
② 此文献从文中内容看,应成文于中法战争后,甲午战争前。李鸿章在文中所论主题虽是"国家银号"设立之必要,但对各省官银钱号之设立是有一定影响的。

创设国家有限银行，大意仿照西国银行办法，系集华洋商股为本，不费公帑，只须经办得人，运筹合法，于国家利益实多。此事总以"信、实"二字为枢纽，或疑所出银票太多，恐蹈买空卖空恶习。

查西国银行定章出票若干两，至少须将现银三分之一常备存号内，以便随时向取现银。原禀开写银票若干数目，由督办酌定。则出票多少，应察看股本生意为准。票数原有限制，不准太多。凡大小各票只要有实银可取，众皆信服，即能到处通行。如英国官银号之票中国各口通用，不必每票皆取实银转难携带运送。但有常存三分之一之现银，足资周转，凡俗所谓买空卖空者无银可取，全系空纸，可决其无此弊也。或疑银票可伪造，不知西国官钞另有机器造作，可自出新意，造成纸张中藏暗号，外有承办之员密押为记，旁人不能假捏，真伪易于辨认。

或疑折阅倒闭致亏公款。查该商原禀章程内云，督办派人随时查阅账目，盘兑存银，其一切账目应请公正人查勘签字，又请另派专员监查其事。如是则若有亏耗，可由总办及查账之人据实禀揭。倘有弊乱，立即撤换整顿，自不致遽尔倒闭。万一倒闭，应照中西监守自盗通例，分别监押，勒限赔偿。前年英国丽如银号暂时亏倒，随即押追分赔，复照旧开设。其明证也。或疑中西倘有失和，该商席卷而去无法可追。据该商禀称，华商殷实公正者与怡和素多往来。如设官银号，应令华商入资，股友公保，可任总办之人。则总办、帮办者，华商必多惟华商银号规矩，不如西例之严密信实。故须用西商两人会办，将西国定章一一照行，俾渐熟习，徐谋替代。是既有华人在内，会办有事，断不任其卷逃。且即西人主政，如上海向有法兰西银行，去年失和后，仍照常开设贸易，并未卷飏。其他英商汇丰、丽如各银行在中法交战时各口生意更盛无论。已此又其明证也。

至所禀章程，有海关各省税银皆交银行收存一节。据称关税如暂不交存，应俟该银号诸事办法妥定后，中外视为可靠，各关税银交与存放汇拨，庶入股之人可无疑议。存放虽久，暂不定公家可得利息若干，而官银号声名亦大。总之英法银行已设，中国通商各口华商多向买股存银，历年各省所借汇丰洋款屡在各口华人股份，辗转售利，实隐占中国利权。非我自设官银行，流通银币，示商民以大信，一时断难收回利权，亦无以敌西商之侵溢。但向来积弊，官无以取信于民，商亦不能取信于商，若由户部及外省委员开设，恐信从者少，资本尤缺。须纠合中外众商之力，著实办理，可期经久。倘蒙旨准试办，再督饬中外总办人等妥筹详善规条，随时奏咨备案，谨略。（中国第一历史档案馆藏档；中研院近代史研究所藏《清代朱批奏折档案·财政类》第四分册，第1023页）

2. 湖南巡抚陈宝箴奏折

湖南巡抚陈宝箴片（光绪二十四年二月初三日）

再准户部咨：

会议御史蒋式芬奏各省官钱局流弊宜防一折，请旨饬下各省督抚按照该御史所陈各节，将经理局事派委员绅、书吏若干，员名，以票易钱如何给付？局存官本若干？岁出钱票若干，字号如何编立，票式如何制造？开放俸工、役食司库能否搭支，投收钱粮厘税，民间能否完纳？岁久票文磨减如何纳旧换新？吏民舞弊营私如何查究、惩办？逐一详定局章，奏明报部立案等因。于光绪二十二年（1896）十月初六日具奏，奉旨依议。钦此。咨行到湘，当即钦遵饬议去后。

臣查湘省设立阜南钱号官局以维钱法之窘，经臣于上年二月奏报在案。窃维办事惟在得人，钱号弊窦甚多，苟不得人，直无防弊之法。然若委员经理，商情既觉难通。且当整饬吏治之时，其廉能素著者，未便久羁，下此又恐难胜任。是以开局之初，与各司道并省城绅士熟商，遴选殷实、廉正而又孚乡望，素悉商情绅士，在籍江西候补道朱昌琳一手经理。并由臣酌拟章程十二条发给遵办，其官局司事即由该绅自募老成、公正、熟谙贸易之人充当，不派委员、书役参错其间，免致掣肘、滋弊。民间换易银钱官票，悉照市面钱店出入章程，不使商民见异生疑，稍存顾虑。至局中成本，前经臣奏明，库款支绌，罗掘已空，第就各局现存待用诸项权衡缓急，设法腾挪，以资周转，多寡不能预定。大约钱号存储之数，总须常有四万金，即以此为准，作为官本，其出票数目，即视存本之盈绌，权市面之低昂以定额数之多寡。俾无拥挤之虞，藉以调剂银钱价值，不使有畸轻畸重之患。依《千字文》编立字号，每票一串，每字编至一千串为止。票式系定造纸张，内含字号，票面精刻花纹，刷印加盖藩司印信，另加该局暗号、图记，使匪徒不能伪造。如票文磨减，准令持旧易新，不取分文，亦不许稍有留难、揩勒。完纳丁漕厘税，议以现钱四成搭用官票六成，现在行用，商民均皆称便。

臣详加体察，经理既以得人，臣复率同各司道维持稽襄。即有未周，诸绅士见闻所及，亦得互相达复。但能持之以恒，似觉尚无流弊。仍当加意访查，认真防范。如果别滋弊窦，立即遵照部章，澈究重惩，随时补救。由湖南布政使何枢及善后局司道会详前来，除将前议章程抄送户部外，理合会同湖广总督臣张之洞附片奏陈，伏乞圣鉴。谨奏。

（朱批）户部知道。（《光绪朝硃批奏折》第九十二辑；另参阅中国第一历史档案馆藏档）

3. 河南巡抚刘树堂折

续录河南某大令禀稿

夫上下交困时，事已属可危。变故猝乘，国事更可想见，此犹不可不虑者也。其补偏救弊之方奈何，或曰是出示定价也；是宜禁之出境也；是宜查究镕铸私钱，且应添用钱票也；是宜开炉鼓铸，抑或仿造银元，禁用青黄铜，以清其源也。各省纷然行之，或未见其效，先受其弊；或即无弊而亦未见其效，并有施之各省，而未必能施之河南者。如江宁示价而罢市者，再扬州、镇江、九江、杭州先后示运钱而毫无起色。湖北拨库钱十万串，交局①出票十万张，每易钱五千，予以鄂洋二元，给票三张，设局专司其事。江苏筹银十八万两采办铜铅，往广东附铸制钱二十万串，又汇款交湖北代铸大小银元。浙江示行广东、湖北小银元，准令纳粮完税，更在报恩寺鼓铸制钱。江南悬示禁青铜器皿，奏请通行。比更奉文开矿以裕利源。凡若此，其施之而立绌者，无论矣！即开炉鼓铸一事，河南苦于力有未逮。仿照银元一事，河南又苦目所未经。若查究私铸、镕销，禁用青黄铜以及出境诸策，事属可行，苦于迂远而未必遂济。

---

① 即湖北官钱局。

目前之急然则将奈何？曰救天下之病，非严禁出不可，救河南之病，非设官钱局不可。或曰咸丰戊午年，议定通商章程第五款约内，载铜钱不准运出外国；惟通商口岸，准其以此运彼，赴关报数目若干，运往何口。或饬同商具保，方准给照。别口监督于执照注明"收到"字样，限六月缴销，违者严缴入官。查禁如此，其周且密也。乃互市以来，未闻某处查出若干，某处罚缴若干，则膺其职者之毫无觉察可知矣。若以河南论，虽在四远之地，而水行纡远，陆程艰辛，不似沿海各省之便利，亦不致如沿海各省之漏卮河决。郑州创设豫立钱局，当时官民两享其利。近日时艰孔亟，宜可仿行。

或又曰官钱局虽开，来源无出，奈何？曰是非借资众力不可。向来省城附近之陈留、杞县、睢州、通许、鄢陵、尉氏、洧川、中牟、郑州各州县，征收钱漕杂税各项，多来省城易钱，约计六七十万串，第系交易定所，故市侩得操其贵贱。权若仿民间钱铺，通饬省城附近各州县，其向来运钱至省城者，悉令将现钱尽数运至钱局，由局妥议时值，易银代解，不准另向他铺购银。一面酌出钱票若干张，五千以上予票二张，三千以上予票一张。其愿全用票者，听广东、湖北银元多伪造，英公使近请查禁。若改造小梅花银锭，凡值百文、值五百文、值千文不等，仿小银元之法而变通之，俾之济用。则银色不难认，无须机器之烦。洋元不必行，仍是中国之旧。

钱局资本，悉由库拨。其中薪水工食一切，第取足用而止，亦复所费无几。如此则利权操之自上，局中有不竭之源，货布得以流通，奸商无居奇之患。在州县本与省市往来，不过于彼以注兹。在库吏，仍以银锭运收，绝非无益而有损。一举而数善备，亦何惮而不为哉？

或谓州县收钱，其数各异，每两多则三千文，少亦二千余文，较现在市价大相悬殊。今令运钱至局，恐黠民有所借口，不知原定之数本不准，因时为低昂。从前银贵，每两至千八百文，不能加收于民。今日银贱，何可核减？况火耗、用费需用正紧，不为之留其用有余，又何以养其廉耻？又闻芦盐加价一局，向意收钱，以银兑解岁入三十余万两。水程至道口取径极便，陆路进省不过二百余里。若亦运钱至局，则前来无穷，其源更旺。至若省城盐店，每运现钱北去，开支船费，应请示禁。仍札饬龙土庙盐局随时严查各船户，不准夹带现钱出境。有十千以上者，悉数充公。其与他省连界之区，无论州县巨卡，亦照此严查、办理。

其禁止镕销、私铸诸条虽取效稍缓，亦可相辅而行。青黄铜器近以叶县所造为最，购者甚多。省中铜铺逐渐增添，应即一律严禁。开矿一端，大利所在。都人士溺于风水，坚不可破。若合官绅为一气，庶几取信于民，渐可集事乎。夫非常之原，黎民所惧。事之未至，虽贤者不能逆睹其利钝。近人每举一事，辄格于众议而不果行。其议者以徒托空言，非尽能虑万全也，久乃因循坐误而后已。国钧议设之官钱局，固亦不能无弊，在任者力杜其弊之所从出，详求其事之所当为，不可因噎而废食也。失此不治，西人又将起而操作之。今天下事变亟矣，事事听命于西人，即事事让利于西人。至银钱轻重之间，亦出西人之操纵。其势愈不可以终日。今朝野交困，而使西人擅其利，已不可言。朝野交困，而使西人擅其权，尚可言哉？是在我宪台通筹而力挽之也。卑职高目时艰，妄思补救于万一，不揣冒昧，谨以胪陈，是否有当，伏候斟酌举行，实为公便。（《申报》1896年7月17日）

4. 江西地方大吏设立江西官银钱局

圜法难言

江西访事人云函来，各处钱荒，不独江西一省难守圜法者。或云广行钞票，或云创设官钱局。江省熊茂才禔屡次条陈时事，并欲创设官钱局兼行钞票。虽经大宪嘉许，而仍不令其试办。群以为疑，而不知大宪固自有深意存乎其间。兹将江礽吾太守录后，以见此中利害固非外人所能悉也。批曰：据禀江省钱价太荒，请设立官钱局以平市价，并陈三弊六利及章程八条，足见留心时事，深堪嘉尚。查此事自上年以来条陈者不一，其人均经大宪再四筹商，诚有不易轻于一试者。即如该生等请行钞票，须知江西进项惟钱、漕、厘金。此三项不收钞票，谁肯行使。若收钞票，不数月固将见官库所入，但看钞票，京协各饷将何拨解。彼时以钞票买银，恐商人之垄断更有甚于今日者，又将以何法以治之？至湖南北、四川等处均已设立官钱局，江西何肯居人之后？只以大宪洞悉利弊，故先探访各省设局后情形，嗣接来函皆谓：钱价仍未能平，官局已形竭蹶，任事之难固非局外所及知也。言之匪艰，行之维艰。此其证与本府，因该生等屡次陈言，均多可采，是以业与请求，特将此钱室碍难行之处明晰批示，仰即知照。（《申报》1897年6月26日）

拟兴圜法

南昌采访友人云：拳匪事败，和谊重修，朝野上下之间，新机渐有萌蘖。各官之在省垣听鼓者，遂直抒所见，竞上条陈。有请规复课吏馆，造就人才者；有请创设中西学堂，栽培士类者；有请规复鄂督原奏文武考试章程，变通登进之途者；有请创设武备学堂，使兵士咸知礼教者。其中惟开设银元、官钱局，酌扣文武各官廉俸，拨充经费一条，颇为大宪许可。刻已委员赴白下抄录银元鼓铸章程，以便入奏九重，设局办理矣。（《申报》1901年4月16日）

洪都录要（节录）

省中大宪初拟开设官银号，行使官钱票，以夺各钱号花票之利。嗣以办理未得其人，遂寝是议，将印成官钱票钱交牙厘局转交各钱号行用。各钱号以诸多窒（？）碍，断（？）不肯领。（《申报》1902年5月22日）

护理江西巡抚柯大中丞①奏仿照泰西银行章程
试办官银号并行用官钱票片

再泰西各国皆有国家银行、公司银行，本国及各口岸遍为设立，以握财货之枢而利转输之用，故能重洋万里，呼吸相通，大股巨资咄嗟立办，理财之道莫要于此。江西地处腹内，市面狭小，银根紧迫，臣前在藩司任内筹解偿款，每苦周转无从。抚臣李兴锐亟拟仿行，累札饬议，只以财力不给，势难一蹴而就。拟先开设官银号，试办一年，徐图推广。当经酌议大略办法，筹备官本银八十万两，于省城先设总号，并于九江、汉口、上海、镇江等处分设坐庄。略仿银行及商号成规，以期周妥。惟是官经商办流弊最多，开办之初不难于立法，而难于得人。查有留江补用道王芝祥心细才长，精于综核；南昌府知府江毓昌熟谙商务，

---

① 即柯逢时。

办事实心，拟派为总办、专办。凡招集股本，稽核出纳，均责成认真经理，而藩司为之督率，会同司道详经抚臣分别札委。据报于光绪二十八年（1902）七月十五日开办，所有一切章程、声明另行妥议会详。又江西近年制钱缺乏，专恃钱票流通，市价则任意低昂，股东则居心叵测，商民完纳官款又复挑剔多方，奸商从中把持，官民并受其累。亦经臣上年于藩司任内详明制造官钱票一百万张，每张足钱一千文，钤盖司印，发交牙厘局行用，准其完粮纳厘。民皆称便，争相购买。所易之银，陆续充官银号资本，如有不敷，再于司库各款内暂行挪借。并饬厘局存储制钱，听民间随时持票领取。俟银号办有端绪，即将钱票并归经理。臣仍实力稽查，不令稍有亏空，冀以通商而不夺商之利，以便民而不剥民之财，挹彼注兹，庶于矿务农工可以次第开办。除详细章程容俟议定另行咨部立案外，所有江西筹拨官本，开设银号并行用官钱票缘由，谨会同南洋大臣两江总督臣刘坤一附片具陈，伏乞圣鉴训示。谨奏。

奉朱批：该部知道。钦此。（《申报》1902年10月23日）

赣官银号归并之计划（江西）

赣省官银钱总号开办有年，经营汇兑获利无多，每年全赖各属解款，附缴平余、火耗为巨利。业经咨议局于本年二月间临时会期内，提议刘藩募债三百万两扩充官号案内揭出剥民罪状，屡经司道会议裁并。现闻冯中丞（汝骙）在会议厅会同司道议决，将官银号归并大清银行经理。仍照银号办法，与银行性质稍异，不另开支薪水，所获利益除给奖花红外，其余均归公有，总计每年约得银三十万两。业由冯抚咨商度支部核明办理矣。（《申报》1911年6月18日）

5. 江苏裕宁、裕苏二局设立

江督电陈开办裕宁银号

日前江督①电达某部云：现已在金陵设立银号，名曰裕宁官银号，暂假善后局地方开办。专做藩库及各局库，督销往来汇兑生意，遇有急

---

① 指两江总督张之洞。

需，又可通挪，以资周转，并派李道经楚总理。用特咨报，希即存案云云。(《申报》1905年11月9日)

署漕督陆①奏办理清淮铜元折（节录）

窃臣前因钱少银贱，商民困苦，奏请开铸铜元，奉朱批：户部议奏，钦此。现接部咨议准权为试办，惟不得动用库帑及添铸银元。奉旨依议，钦此。咨行前来。伏查清淮财力素称支绌，今以钱荒民病，请铸铜元，惟有暂挪公项及息借商款以为铸本。铸钱有成，即行归还。不令悬垫过久，而民困藉可渐。至于添购铜元，不但事不应为抑，亦力所未逮。现在遴派妥员，访购机器，严勘厂基，觅雇工匠。惟事体繁重，先挈其纲，则其余自次第就理。现拟大概办法六条，为我皇太后、皇上陈之。

……

一、出纳宜信也。从前大钱、铁钱往往已行复废，良窳不齐，收放歧异故也。铜元铸造宜精，已陈于前矣。而公私出纳莫重于信，立信之道在官而不在民。上无歧视，则下自通行。拟俟鼓铸充裕，援照前漕臣吴棠设立通源局成案，并饬本省裕宁、裕苏两官钱局，办法联络绅商，调剂市面，使铜元与制钱相辅而行，毋致偏重，庶可垂永久。以上各条，臣谨就管见所及，预为酌拟，其详细章程当与在事各员悉心覆定，另行咨部备案。谨奏。（《东方杂志》1904年第一卷第八期）

苏藩裁撤银号之恐慌（苏州）

苏省藩司衙门官银号奉部饬令裁撤，嗣后均以原银上兑，毋庸另铸司宝等情已记前报。兹悉各官银号共有大小十一家，自奉裁撤之信，各号中执事、匠工人等均以一时无可谋生，不允即散，纷纷向号东龃龉。各号东等连次集议，亦无良策。商议至再，惟有同具公禀，求请藩宪作主。闻连上数禀，始奉宪批准，予每号给洋百元，以示体恤。（《申报》1910年11月15日）

---

① 即漕运总督陆元鼎。

各省开办咨议局

江督札复质问裕宁官钱局案

札行事案：据咨议局呈称，本局议决裕宁、裕苏发行钞票之质问案一件，呈请批答等情。据此除裕苏质问案应由抚部院核明批答外，其裕宁质问案经本部堂饬裕宁官银钱官逐条登答。兹据该局缮呈清折答复前来，合行抄折札发。为此札行咨议局查照，须至札者。

谨将咨议局九月二十六日议决质问裕宁官银钱局发行钞票一案，逐条答复，开具清折呈请鉴核。

计开

甲、关于发行者。

一、发出之钞票总银额若干。

查总局截至八月底止，发出银元钞票十九万三百六十元，各分局庄发出银元钞票一百八十三万八千六十三元，共发出银元钞票二百二万八千四百二十三元。九月分〈份〉各分局道路远近不一，报册未齐故，以八月底核计。

一、钞票之种类若干。

查裕宁局发行银元钞票向分一元、五元、十元三种。

一、龙元票及鹰元票各若干。

查本局刷印龙元票六百五十五万四千七百元，鹰元票四百四十三万七千元。内已编号龙元票三百十六万九千七百元，鹰元票二百七万五千元。现正续编龙元票三百三十八万五千元，鹰元票二百三十六万二千元。

一、钞票上之字号。

查本局已编号银元票五百二十四万四千七百元，共计一千六百二十三字，每字一千号、惟内有赳字号十元票八百张，镇字号一元票七百张，共合前数，理合登明。

乙、关于限制者。

一、发行之始曾否预定额数？

查发行之始未足限制，须经议定以一千万元为额。

一、每次发行是否以市面情形为标准？

查银元钞票或在总局发行，或转发各分局发行，均察看市面需用之情形。为发票多寡之标准。

一、度支部奏定限制滥发钞票专章第九条，裕宁曾否照办？

查部章以宣统二年（1910）起，各处钞票陆续收回。原恐各处滥发钞票，并未准备现金，以致牵动市面，不能不为杜渐防微之计。本局行用钞票于原定额数仅及二成，且票本分别存放。商民持票取银，即到即付。现拟俟度支部钞票颁发，即备资本金购回部颁钞票，将本局钞票陆续换回。因近来各国钞票畅行内地，实为莫大漏卮，本局行用钞票不但使市面周转灵通，且为挽回利权起见。已详请督宪咨部立案。

一、宣统二年（1910）起是否实行收回二成之说？

查此条已于前条明晰登注。

一、准备金是否有现款十分之四？其余十分之六是否有确实可靠之契券备抵此项现款？契券是否均存各该局，抑别有储藏之处？

查总局发出钞票每日均有报单，不出二十万元左右，核计存库现银，每日报单亦不下十余万两，不止十分之四。各分局发出钞票每月出入统计约共一百八十余万元，计存库现金亦在四成以上。其余十分之六，或系分存各典，或系商号往来，或以货物抵押，均有确实可靠之契券，存总分局妥为储藏。

再藩运库及支应、筹防等局原发资本三十五万两，又各司关局厂存银一百四十四万三千余两以资周转而维市面。（《申报》1909年11月22日）

6. 袁世凯设天津官银号

官票将行

闻之天津友人云，迩来市上私钱充斥，若非设法挽救，何以兴商业而民艰。当直隶总督袁慰帅（世凯）将回珂里时，即拟开设官银钱号，行用官钱票，藉以裕库恤商。现已刷印若干，不日即当发出，维持市面可谓余力不遗矣。（《申报》1902年11月19日）

复陈天津市面情形酌拟办法折
光绪二十九年五月二十日（1903年6月15日）

奏为复陈天津市面情形酌拟办法，恭折仰祈圣鉴事：

窃臣承准军机大臣字寄，光绪二十九年（1903）四月初六日奉上谕：有人奏，天津市面败坏，牵动京城，亟宜设法维持，挽回商局一折。著袁世凯传集明白商情各官绅妥议办法，务使银根周转，不至牵掣全局，是为至要。原折著抄给阅看。等因。钦此。承准到臣。

查近年以来，各省应付新旧赔款，综计每岁所出，不下五千万两。财币外溢，利源内竭，民生之困敝，物力日以艰难，各省各埠同一窘蹙，固不独津埠为然也。其津埠市面情形及迭筹整顿办法，臣前于恳请饬部拨款以资周转折内，业已缕晰陈明。兹奉前因，当饬司道及地方各官延访绅商，悉心妥议。

据长芦盐运使汪瑞高、津海关道唐绍仪、署天津道庞鸿书等详称，津埠自经乱后，市面私铸充斥，制钱断绝，市面行使银条复有贴水名目，忽涨忽落，以致商贾裹足，货物滞销，屡经多方设法，力图挽救。惟政体所关，不能不兼权利害，利多而害少，固不妨曲顺舆情，利少而害多，则不得不坚持定见。如原奏内称，天津市面缺少现银，持现银买货者，七百可作一千之用，等语。殊不知以七百作一千，即系三成架空，奸商复辗转加增，涨落不时，买空卖空，竟成骗局，市面败坏，实由于此。若不严行禁止，其败坏必有甚于今日者。前当禁止贴水之时，并恐民间误会，曾出示谕，准其照常行用银条，但只严禁贴水，其殷实号商，大宗贸易，仍照常行用银条，并无拨兑不通之处。又原奏内称，禁止逼提存款，及以官款拨归本地铺商生息等语。查各商存款，有力者并不至受人挤迫，无力者方议分别缓期，尚未闻有逼提情事。至从前官款，则有书院、善堂等项经费发存各商生息济用。收还天津以后，体察商艰，业经分别减免利息，并乱前浮存随时支用之款，亦均宽予限期，并未提逼。其各衙门、局、所新收之款，因经兵燹无库可存，不得不暂寄银行，或还洋款，或发兵饷，随时拨用，并于上年冬间，多方罗掘挪凑百余万两接济市面，余存无几。现由各衙门、局、所陆续收回备支，实无可发商生息之款。前月该商等拟向各国银行息借巨款以资周转，由钱业各商公举英、俄银行商伙道员吴懋鼎、王宗堂二人协同办理，津埠商务冀可与各国银行开通往来。乃各银行迭次筹商，咸谓拨借银款，官须担保，担保之法，须由运司、关道出具印据等语。但钱号大半架空，其尤疲累不堪者计无复之，始谋借用洋款，以为目前救急之计。前次所发之百余万金，现计倒闭各铺已亏官款十八万数千两之多，其余业经到期者，一再请缓，力难完缴。而从前旧欠公私各款尤属不可胜计，纷纷屡恳展限，无法归还。惟洋商素重信实，凡出入财款，向来立限綦严，一经到期，必须清偿，而钱号亏累者多，无论旧欠累累，即此新借百余万之官款，亦尚无术拨偿，若再借给洋款，其必不能如期如数一一应付，可断言也。且钱号向与晋商票庄、洋商银行彼此川换往来，并不须官作保。该票庄、银行专以放款取息为业，但能稍有把握，断不肯坐耗食费，自误生涯。自变乱以来，情见势绌，票庄既不肯通融，银行亦不轻交易。一遇称贷，必断断以官家担保为请，是钱号之不足见信于人亦可概见。其所以不足取信于人者，以架空坑骗相习成风，不肯足踏实地也。夫由官担保即无异由官代借，如到期不付，即须官为追讨，追讨无着，即须官为偿还。而运、关两库近甚支绌，其筹拨饷需，措解赔款，已属筋疲力尽，委无余力再代商人偿此洋债。设或担借之后，稍有参差，一失信于洋人，便成交涉案件，亦足损碍政体。是非先预筹抵款，以备到期应付，自亦未敢轻允，等情，会详前来。

伏查市面雕〈凋〉敝，总由于银钱荒乏，欲图挽救，非筹拨巨款不为功。臣前次奏请敕部拨银数百万两，维持市面。经户部议复，无款可拨，咨行到臣，自须另筹办法。迭饬司道及地方官等招集各行商人会议多次，并由臣面加讨论，拟由绅商合力集股开设银行①，以冀疏通，并设立商务公所藉资联络。当经臣遴选公正殷实，素著声望之员绅四品衔候选员外郎杨俊元派充银行总董，并派在籍四品卿衔道员石元士、光禄寺署正卞焕光、知府王文郁、郎中李士铭等均充该行董事。议定该绅等招集商股，协以官力，一候集有成数，即饬迅速开办，一切章程责成该绅等妥慎厘订，由官为之稽查维持。其商务公所亦经各商公举邑绅卞煜光及在籍知府王贤宾、宁世福、县丞幺联元等作为董事。由天津府知府凌福彭会拟章程，督率经理，以冀随时随事审察利弊，相机兴革。近来津埠钱号所出钱帖无人信用，并由该公所慎选殷实钱号四十家，明定限制，准其行使零整钱帖。去冬臣曾商明户部，在天津建设铸元局先造铜元，计已铸发出十铜元一千余万枚。现复饬局加工赶造，发商周转。候

---

① 即后来所设之平市官银号，该号设立于1902年8月。次年4月改为天津官银号，1910年9月为直隶银行所代替。袁世凯的奏折反映了初设官银号的原因与当时清廷的态度。

银行开办后，再今出使银条，以便兑换。以上各节现正逐日规划，粗有端倪，市面亦渐就安稳。昨访凌福彭与商务公所诸董事会集考校，据称近日市面渐可流通，各号与洋商银行川换往来已有六、七十万金，但能共守信实，必可日有起色各等语。果能从此官商协力，办理得法，其安分殷实之大贾，必须力图扶持，而架空投骗败坏商局之奸商，无论其如何诪张，仍须始终防禁。久之，远近相孚，华洋相通，前此壅闭之市面，自不难逐渐周流。倘或顾忌摇惑，任其鼓簧，奸商得逞，良商束手，恐将愈趋愈下，必至不可收拾而后已。

所有天津市面情形及酌拟办法缘由，理合恭折复陈。伏乞皇太后、皇上圣鉴、训示。谨奏。

光绪二十九年（1903）五月二十五日朱批：著该督妥慎办理，务期市面流通，以免掣动全局。钦此。（《袁世凯奏议》中卷）

督宪袁饬天津道府县督同殷实钱商会议整顿钱市札（1903）

为札饬事：

照得本部堂，昨以禁止私钱，制钱短缺，多方设法购运制钱百数十万千，散发各商，并开平市官银号以相调剂。冬、腊、正三月内银洋之价均属均平，票帖流通尚无掣肘。乃市面钱铺以官钱号钳制，不能任意低昂，咸以艰于周转为辞。且该号以平市为名，未便近利。矧私钱已断，制钱通行，市面可以支持，官钱号不妨停止。① 计自本月初二停止之日起，不过旬日，而银价每两涨至二千六七百文，洋银每元涨至一千七八百文。以帖取钱则仅给二三成制钱，或给一成铜元，甚至以空帖对拨，藉口于制钱出境，钱、元两缺。查钱、元缺，则银洋之价宜跌落。而反增涨，以票帖取钱元，则又不能应付，是明明以空帖赚银洋，失信于人，尚复成何交易？且前所发之百余万制钱及日内所发之数百万铜元，现皆何往？又谓此数不敷应给，则冬、腊、正三月铜元未出，仅此百余万制钱，何以并未行使空票！此皆无赖、劣商、奸侩，不顾成本，滥出票帖，巧为兑拨之说，互相诳惑，成此颓风。刁难客商，败坏市面，殊堪痛恨。亟宜传谕钱业殷实各商，会议、核实办法，并严申制钱

---

① 平市官银号停止后不久，即另设为天津官银号。

出境之禁，刻复赶制铜元，源源接济，俾得转输。大凡商业之兴全凭信实，即或以三数成之本作五成生意，必使银洋、货物应付。如期取信于人，乃能流通无碍，处处以侥幸、变诈、支吾、搪塞市面，断无兴旺之理。除分行、迳札外，合行札饬到该。仰即懔遵办理。切切。此札。（《北洋公牍类纂》卷二十《商务》）

7. 热河都统廷杰设立热河官银号

热河都统廷杰奏试办官银号派员调查情形折

奏为热河试办官银号已逾一年，谨将派员调查情形恭折仰祈圣鉴事。窃奴才前以热河圜法腐败，商民具困，爰于求治局①原存荒价、矿税项下凑集官本银五万两开设官银号，招津商、候选同知胡维宪为该号总理，并拟定开办章程，于光绪三十二年（1906）十月奏交度支部议准、咨复在案。现在试办已逾一年，出入账目及年满获利若干亟应切实盘查，以重官款。当派求治局提调、候补直隶州知州朱楙春，求治局收支委员、拟补阜新县知县姚致远会同该号总理调齐一切账目、票根，分别外放、内存、开除、实在四项，逐一勾稽、盘查。据禀自三十二年十月初八日创办起至三十三年年终止，统计十四个月零，共获毛利银一万二千一百四十两零三钱三分。惟创办之初，专为维持市面，补救钱荒，所出银钱各帖不得不多发铜元，俾资周转，按照原领价值，遂致亏折银一千七百五十两。再照厘订章程，于利息项下开除开办经费银一千四百六十一两七钱一分，薪金、酬送、日用、房租并杂项等银共四千九百二十八两六钱二分。除三项外，仍获利银四千两。查原订章程所有总理及执事人等应俟试办一年，查明余利若干，再行酌提花红，以示奖励。应否照章之处，未便擅拟各等情，禀请具奏前来。

奴才伏查热河奏设银号本为补救圜法，维持市面起见，所有往来行息按照商号规则，不能不酌量从轻。热河地处边荒，由天津购运铜洋各元，按原领价值合以本地市盘，一出一入，不免亏折，加以创办伊始，修整房屋，置备器具，一切用费较繁。试办之年本难邀期获利。

---

① 该局为1902年时任热河都统锡良所设，综理吏治、财政，于围场等处举办荒地垦政，整饬防务并负责巡缉盗匪等事务。

现据彻底盘算，除开支外尚获利银四千两。以五万成本核计，每月约逾六厘。以后组织得宜，尚可渐收效果。该总理、执事等人均有创办微劳，应照原定章程于余利四千项下提出三成分别酌给，以示奖励。其余七成，银二千八百两另款存库，以便陆续归还成本。奴才仍随时派员认真调查，期于地方有益，官本无亏，以仰副朝廷慎重商务之至意。除将出入各款另行开单咨部查照外，所有热河试办官银号已逾一年，派员调查各缘由理合恭折具陈，伏乞皇太后、皇上圣鉴、训示。谨奏。①

光绪三十四年（1908）二月初七日奉朱批：度支部知道。钦此。（中国第一历史档案馆藏档，中研院近代史研究所藏《清代朱批奏折档案·财政类》第四分册，第1021页②）

8. 广西巡抚张鸣岐设立广西官银钱号

广西巡抚张鸣岐片（光绪三十四年（1908）五月初八日）

再前准度支部咨行，奏定银行则例于中央、普通、殖业、储蓄名目界划分明，厘然毕具。查阅原奏内称各省所设之官银号、官钱局，凡有银行性质者即可核以普通银行。又则例第一条内，纸币法律未经颁布以前，官设、商立各行号均得暂时发行市面通用银钱票各等语，切实规定之中仍寓因时变通之意。桂省商务日疲，实业不振，家鲜中人之产，民乏生利之途。举凡维持商市，提倡衣工，奖励储蓄，皆属根本至计。设立银行，实为当务之急。惟本省原有之官银号，仅只经理官款出入、汇兑等事，范围过狭。臣此次巡阅边境，沿途留心察看各属，农、工、商业多未讲求，居民大半习于游荡，不知自谋生计。其肯务正业者，终岁勤劳，偶有所余，亦惟知掘地窖藏，不思更求营运。此贫者所以日即于贫，富者不能日增其富，地方安有起色？因就龙州添设官银分号，试用暂行钞票，并订立储蓄章程，普劝边民力求俭积。数月以来，办理渐著成效，亟应广为扩充。现拟将本省原有之

---

① 廷杰所上奏折时间为光绪三十四年（1908）二月初一日。
② 中研院近代史研究所藏档题名为《热河都统廷杰奏陈派员调查官银号折》，登录号1378—015。时间为光绪三十四年二月初一日，公历1908年3月3日。

官银总分各号，一律改为广西银行。并咨商请日本使臣向东京印刷局订印通用钞票，以资流通。至银行办法大致兼备普通、殖业、储蓄三种性质。仍将各项事务划分清楚，悉照现颁银行则例办理。并拟参仿英之坎拿大，日本之北海道拓殖银行办法，订立殖业章程。总期切合地方情形，有裨实际为主。创办伊始，非得谙练商务及深明法理之员，相济为用，未易奏效。查有奏留广东补用道李湛阳，熟悉商情，办事切实；法部主事现充京师审判厅推事俞澍棠，学识优长，志趣远大，前曾留学日本，于政治、经济、银行、拓殖诸学均研究有得；京师法律馆毕业生、拣选知县陈洪道留心时政，条理详明，均堪胜办理银行之任。合无仰恳天恩，俯准各该员一并调桂差遣，由臣委令办理广西银行事务，裨收得人之效，俞澍棠一员并请免扣资俸。出自逾格鸿施。谨附片陈请，伏乞圣鉴训示。谨奏。

（朱批）著照所请，该部知道。（《光绪朝硃批奏折》第九十二辑）

桂抚拟设广西银行（广西）

桂省分设官银号，发行钞票，办理储蓄已著成效。兹抚宪张坚帅（鸣岐）复拟开设广西银行，在日本订制纸币，仿照北海道银行办法，现已商准粤督，会陈政府请为察核。（《申报》1908年12月18日）

9. 山东巡抚孙宝琦奏维持官银号办法

（山东巡抚孙宝琦）又奏维持官银号片

再省城官银号开设已及十年，商民信用，所出银钱各票周流通省，为数已巨。此次衡丰倒闭，影响所及，乡民纷纷取钱，骤形拥挤，一时周转不及，情形岌岌可危。当经臣严饬司道一面出示晓谕，一面拨济公款，并电请度支部及直隶督臣拨运银元、铜元以资接济，又饬藩运两库及各州县收发官款一律搭用官银号银钱票，多方维持，现在人心安贴，风潮渐息，市面安静如常，堪以仰慰宸廑，谨附片陈明，伏乞圣鉴。谨奏。

宣统三年（1911）三月二十日奉朱批：知道了，钦此。（《政治官报》宣统三年（1911）三月二十三日，总第1246号折奏类）

10. 举办东三省官银号

设立东三省官银号（奉天）

据访友来信说：徐菊帅督宪①以财政这件事关系国家命脉，东三省圜法向来没有通行，所以商民很觉着不便，现派使用道胡观察俊采创立东三省官银号，以补度支部银行所不及。这真是一桩裕国便民的事啊！（《吉林白话报》1907年8月20日）

三省联合银行之先声（吉林）

奉吉江三省圜法各有不同，奉天现有者曰官银号，所出银票类似羌帖②，以元计数。吉林曰永衡官钱局，所出之帖系按中钱，以吊数计，尚能得商民信用。黑龙江曰广信公司，出帖与吉省相仿，惟于信用上稍逊一筹。且一系官办性质，一系官商合办性质，以致三省圜法各囿一隅，不能流通行使。兹奉天度支司再三筹议，拟将奉省官银号改归三省合办，吉江两省各出资本若干，实行扩充，以期联合一气云。（《申报》1907年12月18日）

东三省币制败坏之现状——改良币制局尚可缓耶

赵督③以东三省圜法不一，币制纷歧，现接度支部咨行，不日发行新币，亟宜妥筹推广办法。拟先将奉天官银号增加资本金二千万元，改为银行，并将吉江两省之官银号亦均裁撤，分设分银行，以为通融金融机关。一俟章程拟定，即将实行。兹将三省市面情形调查录左。

奉天：奉天省城市面，铜元向来充足。近日因有奸商私贩铜元出境，藉图厚利，加价收买。并捏造谣言，谓不日改变钱法，十枚即作一角，以致街市铜元罕见，凡持纸币、银元购物，商铺均不行用。每以无铜元找零为词，市面窒碍异常。若不速为设法，恐将来商民必交受其累矣。

吉林：叶揆初京卿前赴吉省调查币制一节早志报端。兹闻京卿昨已回奉谒见督宪，面陈该省币制积弊甚深，欲求改良办法，非先筹多数基

---

① 指东三省总督徐世昌。
② 清末东北地区群众对俄国卢布的称谓。
③ 即东三省总督赵尔巽。

本金未易入手。据云该省永衡官帖纸币创自前将军达桂，其制自一吊起码，至二、三、四、五吊为小数，再由十千至五十千、百千为大数。原定之值以三千三百合银一两，以铜元四十枚合帖一千。其始官商均称利便，只缘国家未示限制，且制造亦不精工，官局任意发放，奸民乘隙伪造，遂致流弊日深，不可收拾。非预筹巨款，多铸新式银币发行市面，逐渐收回纸币，则别无办法云。

黑龙江：广信公司近来银元大涨，原定之价每元合江钱三吊八百四十文，现每元涨至四吊有余。故每日持该公司钱票换银元票者络绎不绝，几有照顾不暇之势。探其每日所出之银元票不下数千元之谱，且已经月余，该公司亏累甚巨，不得不设法维持。闻已于日前呈请兼署民政司张建勋转咨督抚宪，请求改废原定官价。查该公司原定章程所载，遇事窒碍之处准其变通办理，有此明文，想不日即行出示晓谕矣。（《申报》1911年7月1日）

11. 吉林改设永衡官银钱号

吉林官帖局改设为永衡官银钱号①

查吉省银钱缺少，官帖局弊窦业滋，实因立法未善，若不及时整顿，其弊有不胜防。但积重难返，自非改弦更张莫臻完善。臣反复筹思，以为该局本系商家性质，所出纸币不仅官帖一种，拟即仿照各章程，改为官银钱号，一切规则悉按银行办法，藉便管理而易稽查。（《吉林官报》1909年11月3日）

12. 陕西地方官府举办秦丰官银钱铺（局）

藩司许移财政总局奉院札准度支部咨厘订
各种银行规则注册章程文②

为移知事：

光绪三十四年（1908）六月二十六日奉抚部院恩③札开，本年六月

---

① 标题为编者加。
② 另参考《申报》1908年9月27日，第18页。
③ 指陕西巡抚恩寿。

二十二日准度支部咨通阜司案呈，光绪三十四年（1908）正月间本部厘订各种银行则例，勿论官办、商办各种银行暨票庄、钱庄、银号，凡有银行性质者均须赴部注册。等因。奏准咨行在案。兹经按照则例详订注册章程，相应将刷印章程，一分飞咨陕西巡抚查照，出示晓谕，并饬令此项官商各行号按期遵章赴部注册，以凭核给执照。

再查本都奏定则例以前，已经奏设之官银钱号或官商合办之银钱号，并自奏准之日起作为本部注册之期。惟应分别遵照注册章程内声明各节，咨请补领执照，并希转饬遵办。等因。到本部院准此。查此案前准度支部咨发例，业经行司刷印颁行在案。兹准前因，合就行知，仰司官吏查照。准咨。暨章程内事理迅即移会财政、商务各局，按照章程所列先行出示晓谕，俾官商行号等知照。并刷印章程通饬所属各地方官一体遵行、办理，毋违。等因。到司。奉此。

查陕省官银钱局业已改归财政总局督办，所有此项章程自应归局办理，除将原本移送财政局刊发外，相应抄录移知。为此合移贵司，请烦查照、施行，须至移者。财政总局。（《陕西官报》1908年第10期）

财政总局详院遵批会议陕省试行银币暂附秦丰官钱铺兼办酌定简章十二条请核示文（节录）

为遵批会议详请示遵事：

窃照光绪三十四年（1908）正月二十九日奉宪台批，据补用知县、布库大使沈锡荣禀办铁路、筹款各条陈情形，酌量变通一案。奉批所陈各条尚有可采之处，即如行用银票一节自系为将来开办铁路，俾资周转起见。陕中风气闭塞，商业未能发达。现在商情、市面日渐开通，钞法是否可以先为试行？仰布政司督同财政局妥议具复，并饬知照缴，等因。奉此。

本司道等伏查铁路为交通最要之务，西潼立案自办实为陕省力保利权之先声。该员所拟行用银票一节系为大工暨以后现银不敷周转，维持货币起见，事属可行，现在各省亦多举办。惟查兹事关系全局，将来子母之盈亏，流行之畅滞不得不预权利害得失，以为经久不败之谋。奉批以后，当即督同局员悉心核议，参考东西各国纸币之原委，体察关中近日市面之机宜，并证以两号、钱行掌伙之舆论，谨将试办银票情形为我宪台缕晰陈之。

考东西各国发行纸币皆由银行主持，而政府为之保护，为之扶持，是以气体雄厚，推行广远。中国官[①]殊不足以持永久而求展拓，第是必先有准备金使纸币与现银有同等之效力，无论完粮纳税以及一切公私款项一律皆准通用，而后始能大信昭著，商民交孚。将来路工开筑，钞法流通，纸币发行之数必能超过于金银之本额，正不止如该员所陈掺用四分之一而已也。惟就陕省现在情形而论，商业尚在幼稚，风气未尽开通，骤欲组织银行，无论库帑支绌，未能筹及巨本，即使指拨有款，立待举行。而现时市面之行用只有此数，似亦无须先求宏大，空占资本。再四思维，惟有将银票事宜暂附官钱铺试办，较为轻而易举。查秦丰官钱铺开办有年，根基巩固，用人办事尚能妥密维持，官民称便。今既将银票事宜附属，该铺应即改名秦丰官银钱号，划分权限，明定责成。

开办之始拟请先由司局遴委明练、熟悉商情之员前赴天津考察中外银行程规，采购精致五彩票纸携带回陕，酌量行用。一俟街市畅行，基础稳固，再行逐渐扩充，另设官银专号，以一事权而求起色。惟是事经创始，不厌求详，立法宜严，得人办理。除将详细规则另行妥议，并将遴委人员另案详请察核外，理合先拟简章十二条，缮具清折呈请宪台鉴核批示祗遵，实为公便。

再查甘肃现亦举行银票，兹将甘肃票式拍照一张，附呈钧鉴。陕省即拟仿照，略加更改办理，合并声明。为此具呈，伏乞照详施行。谨将酌拟试行银币，暂附秦丰官钱铺兼办简章十二条开呈宪鉴。

一、专筹的款一十万两，作为准备金；

二、由各票号担保，公举谙练商情总、协理各一人，办理号事。委员专司稽查之责；

三、秦丰官银钱局门面姑存其旧，以节靡费，银钱应分两柜，各司出入；

四、拟请委员前赴津沪购办外国厚纸、五彩、石印空白纸币三十万张；

[①] 原文如此。

五、行用银币大小数目拟分一两、二两、五两、一十两、五十两、一百两，为六等；

六、六等银币平均填数随时察看市面情形，酌量填票推行；

七、银币票本仅能发商生息，无论官商有办公益之举均不准提用；

八、本号系属官办，凡纳粮、完税、薪饷各款均准行用；

九、银票畅行，储积票本必巨，除留护本外，余均发商生息，以挽利益；

十、凡有铁路股本以及官商存放本号各款，随时面议起息；

十一、开办后银币果能通行公家，准备金亦酌量生息；

十二、此系暂拟简章，开办时另定详细规则。（《陕西官报》1908年4月第1期）

13. 安徽设立裕皖官钱局

札拟官钱局办法（安庆）

安省大吏拟设裕皖官钱局，经恩中丞札知藩司，即照前次两司会商所议章程十五条速行举办。先在省中设局试办后再通饬各属设立分局，其办法尚须参仿他省章程，钱票并不另立戳记，均盖藩印以昭民信云。（《申报》1906年5月27日）

接要闻一：皖省朱大都督①之新设施（节录）

二十一日朱都督即将抚署改为都督府，并于头门外竖立白旗两面，一书宣布独立，一书兴汉保民。随又发出告示通告军律九条以便谨守，其皖省应设掌理各官，亦经朱都督分别拣派……张杏书为中华银行总办，沈昌渻为官钱局总办云。（《申报》1911年11月17日）

14. 浙江开办官钱局

官钱局详报开办情形（杭州）

浙省官钱局开办五阅月，尚未咨部注册，原定资本五十万元，复以

---

① 即朱家宝。

库款支绌，筹解未齐，致通用钞票亦未刊发。兹奉增中丞①催查，爰将开办情形详请抚宪先行咨部注册，原详录下：

窃照浙省开办官钱局业经藩司详蒙前宪台核准，由藩运关局各库共集洋银五十万元作为资本，札委职道于本年三月初二日在杭州城设局先行试办，并奏奉朱批：度支部知道。钦此。嗣准藩司以度支部奏定各种银行则例印刷成本，移送过局。查原奏声明各省官钱局以普通银行赅〈核〉之，计则例十五条，其关涉本局者为第一条，内开：官设行号暂时发市面通用银钱票，但每月须将发行数目及准备数目按期咨报；第四条内开：设银行须照本则例，自定详细章程呈部核准；第五条内开：银行每半年须详造该行所有财产目录及出入对照表，呈部查核；第十三条内开：省官办行号限于本则例奏定后六个月内报部注册各等因。

奉查本局试办时曾定有试办章程三十三条，原订发行钞票，现因开办未久，尚未刊印，俟将来刊印之后，发行市面若干，即照数准备现金应付，以坚信用，届时再遵章按期呈报。至试办章程系参仿各省办法，核与部章尚无违背，自应照缮一分〈份〉，呈请核咨。至财产目录暨出入对照表，俟届半年亦即遵章呈送，不敢稽延。此外各条既奉度支部奏准颁行，自当一体遵守。所有本局开办日期并试办章程理合缮具清折，备文详请咨明度支部先行注册。（《申报》1908年9月10日）

二 各省区官银钱号的举办、沿革情况

（一）东北地区官银钱号举办、沿革情况

1. 奉天

依克唐阿②折（光绪二十四年三月廿八日）

奴才依克唐阿跪奏为奉天省城官帖悉已设法收回，现因制钱短绌，

---

① 即浙江巡抚增韫。
② 时任盛京将军。

另设华盛官钱局，妥定章程，开帖行使，以维圜法，恭折仰祈圣鉴事①：

窃查奉天省城华丰官帖局于光绪二十年（1894）初设时，曾经前任将军裕禄奏明，俟军务平定②，即将所出官帖悉数收回，归还库款。奴才到任后拟将所出钱帖设法陆续收回，即据各商呈恳暂留官局以纾商力，当饬局员将前借库款八万两如数备齐，交盛京户部银库收讫。一面以官帖换回之银钱归局通融、周转，添派妥员经理，于光绪二十二年（1896）五月十九日附片陈明在案，上年奏明。奴才因官帖局自创设以来，迄未通盘查过。访闻该局于二十一年亏空甚多，即现在弊窦亦所不无，当派驿巡道志彭、准补昌图府知府陈震、协领达春、广龄等会同该局彻底清查。一面出示晓谕，自三月初一日起至七月底止，限五个月内将开出凭帖悉数收回。旋因局务胶葛太甚，复添派试用县丞殷鸿寿。试用主簿耿盖臣入局勾稽，以清款目。嗣据该道等禀称：统查原出官帖东钱③④一千二百一十三万八千千，前已陆续收回六百八十五万五千一百七十六千，现又收回五百二十四万四千四百七十六千八百文，净胜〈剩〉未收回局帖三万八十三百四十余千，自系大兵云集时带赴，前敌兵燹水淹，以及挖补销废所致。细覆局中各账，从前虽亏东钱三十余万千，自二十二年整顿后得获余利二十余万千。此项余利并未收荒帖三万八千三百四十余千，以此弥补前亏，尚觉有益无绌等情。据此，奴才复核无异，当将收回之华丰官帖悉行焚毁。并示谕殷实钱铺多开凭帖，藉资行使，亦在案。自官局裁撤以来，商帖旋出旋收，不敷周转。现钱既

---

① 此前，奉天在1894年由时任盛京将军的裕禄奏设华丰官帖局，裕禄在奏折中称设立原因为"奉省清钱素称缺乏"，"以疏圜法而通市面"。（参见本书下一文献《盛京将军增祺折》。当时营口为中心的商埠商业繁荣，使得市场上对现银特别是元宝银需求极高，而这又造成现银不足情况下，私帖在奉天地区的流通。有学者指出：咸同以来，粤、浙、苏、闽等省商人在奉天的跨地区商业活动渐渐繁盛，使得银钱并用，而制钱、银两等金属货币缺乏的弊端进一步加剧，导致私帖泛滥。甲午战争爆发后，卢布又借机渗入东北地区，这些因素都是促成清政府成立官局，发行官帖的重要原因（参见王革生《清代东北货币金融述略》，《中国社会经济史研究》1986年第3期）。

② 指甲午战争中的辽东战事。

③ 清末制钱钱法因地而异，京师一带称之为"京钱"，京师以东的关外地区则称为"东钱"。

④ 即东钱票，是官银号发行的以制钱（东钱）为本位、以吊为单位的一种纸币。最初由盛京将军赵尔巽为抵制外币在光绪三十四年（1908）十一月奏准由奉天官银号发行流通。

绌，而用帖必加帖利，以致市面钱法壅滞，平民日用艰窘，商民为之交困。奴才博访周咨，均以补偏救弊惟另设官钱局为便，且将来昭信股票按年由钱局付利，庶免书役勒索，亦一大便民之举。当饬驿巡道志彭、户司掌印协领程世荣、兵司掌印协领达春、补用道候补知府明征体察街市情形，妥筹办法。兹据该道等会议设局章程，呈复前来。

奴才现已由粮饷处借拨银两设立华盛官钱局，即派志彭、程世荣、达春、明征等总理其事，并刊发木制关防一颗，由该道等慎选员司，开帖行使。独是官钱一事最为繁重，设用人不当，立法不善，日久未有不滋弊者。此次所定章程，皆局中琐屑之事，如未妥善，仍可随时增删。而一成不易之法有二，自当先行奏明，永远遵守。查向来派办官钱局委员姓名并未报部，随时更易，实不足以专责成。此次派委志彭、程世荣、达春、明征四员经理其事，互相牵制，各自稽察，可以经久无弊。遇有一员更换，须将该员有无经手未完事件及所代之员姓名专咨报部。又向来官局之弊每多应酬，衙署欺压乡民，故有钱商贪图帖利，往往勾通衙署书役，遇银价盛涨时，恣意卖银买帖，日以万计。此次设局系为便贫民通钱法起见，凡兑换银两，悉照市面办法而一切压平、扣色诸弊概行禁绝。其银色实在低潮，方准酌扣。如持帖支取现钱，不能照数全付，拟以大小银元作抵，再以现钱找其余零。无论何项大小衙门及各营，均与商民一律办理。以上两端，于事甚微而所关甚大。相应请旨饬部立案，以昭郑重而垂久远。所有奉天官帖局裁撤事竣，另设华盛官钱局，开帖行使缘由理合恭折具陈，伏乞皇上圣鉴、训示。谨奏。

（朱批）户部知道。（《光绪朝硃批奏折》第九十二辑；另参考中国第一历史档案馆藏档；《申报》1898年7月4日）

盛京将军增祺折（光绪三十一年（1905）三月十五日）
奴才增祺跪奏为谨将清理官钱局帖情形恭折具陈，仰祈圣鉴事：

窃查奉省清钱①素称缺乏。甲午冬，经前任将军裕禄奏设华丰官帖局以疏圜法而通市面。嗣经依克唐阿奏改华盛官帖局。即奴才到任接办，商民亦均称便。不意庚子闰秋猝值奇变，市廛钱当各商多被抢掠，

---

① 清代在货币流通中不掺杂品质低劣的"私钱"，全为品质上好的制钱即称为"清钱"。

所有欠借帖款各商,有逃避回籍未归者,有已归至今未能复业者。当于大变甫定之际,一面派员收验华盛局原出官帖,一面勒追商欠借抵帖款。无如庚子乱后,继以日俄之战,商民元气大亏,是以屡次严追,未能扫数清完。计收验官帖、换发执照三百七十五万六千余串。以有着可追之款指抵所发执照,亏数尚巨。缘官帖之设,原为便于商民,若不设法收回,不惟不足昭信于人,抑且殆累地方。复经严饬,承德、兴仁两县分限勒追在案。兹据委员详报,商人已经缴还执照二百九十六万八十二百余串。又由奴才设法筹银二万一千两,由该员等购回执照,共已收执照二十七万四千六百七十九吊。其未经收回执照,仅剩五十一万三千六百余串。现核商人未缴之款,尚有五十七万八千余吊。一俟如数追缴,以之抵还未经收回执照,犹有盈余。除移交署任将军廷杰,仍饬两县严追、清款外,理合恭折陈明,伏乞皇太后、皇上圣鉴。谨奏。

(朱批)户部知道。(《光绪朝硃批奏折》第九十二辑;另参考中国第一历史档案馆藏档)

各省理财汇志:奉天

前将军依(克唐阿)留守在任时,曾奏开办官帖局以济钱荒。后因办理不善,亏款倒闭。而俄之羌帖、日之手票①得以乘隙销行。现有奉帅②筹银十八万两,禀请大宪复开华奉官帖局,业已批转开办。(《东方杂志》1905年第二卷第一期)

东三省总督赵尔巽片(光绪三十三年(1907)四月)

再奉省自经兵燹,商业萧条,银根甚紧,以致市面周转不灵。若不设法维持,恐有江河日下之势。奴才到任后,当于光绪三十一年(1905)冬间遴委谙练商情之员在于省城创设官银总号一所,并由该号于营口、锦州、辽阳、铁岭、安东、长春等处设立分庄,以资补救而便流通。先后饬由财政局借拨官款六十万两作为资本。计自三十一年冬间开办起,截至三十二年年底止,除开销一切外,已获余利银九万四千余

---

① 即日俄战争前后流通于南满的日军军用手票,此种货币原主要用途为日军发放军饷向当地中国百姓购买日用品,兑换中国银钱。主要为银元票。

② 即盛京将军增祺。

两。市面渐有转机，商民金称利便，似于公家、地方两有裨益。据财政局呈请奏咨立案前来。除仍饬该号认真经理，并咨部外，所有奉省创办官银号大概情形理合附片具陈，伏乞圣鉴。谨奏。

（朱批）度支部知道。（《光绪朝硃批奏折》第九十二辑）

徐世昌：附东三省币政：纪官银号①

创办伊始，成本未充，流通不远，仅得稍资周转。而吉、江两省，权限所关，未能普及，仍无以抵制外币且受制于财政局，非银号之性质也。既改行省，设度支司，以旧日财政局归并之，而银号以流通便利能事，应为财政之后援，不当仅隶于奉省，遂定名曰三省官银号。部拨镑余一款在造币厂代铸东省大小银元若干万，固将为行政之所出，即作为该号之准备金，以厚资本。原定章程未完善，因附属于财政局，故无商办之规则。又为之改定规条，俾合于正当之营业。其于三省度支司有互相维持之责，而权限各不相淆。去年春设分号于黑龙江，及冬设分号于哈尔滨，欲以通三省汇划之需，而不为外币所垄断也。旧设各分号规模太狭，信用未著，乃为更张而扩充之。又于天津、烟台、海龙、洮南、新民、昌图、山城子、通化、长白府咸设分号，由是公家纸币乃得畅行。凡中外杂居、华洋贸易之地皆可逐渐利用，以杜羌帖、手票之输入。两年以来商民用以为关会者，现行钞票渐增价值，此明效之可征也……

东省承钱法困敝之后，市面以小银元为本位。目前虽以防外币侵夺，利内地运输，仅就旧有之官银号略为推广，终以成本太薄，抵制甚微，非久远无弊之策也。久远无弊之策则必借国债以敷设银号，充实内力，抗拒外强，而东省财政乃可自立于不败之地，而不为正金、道胜所夺取。此固世昌深虑合谋，屡经奏请，未克实行，而留以俟之异日者也。该号附属质库七处，公济钱号一所。此虽非应有之营业，但皆兵燹后徇商民之请而设者，故仍之以为周济市面之一助也。其历年盈余及分号建制则另表以记之。（《东三省政略》卷七《财政》，《附东三省币政：纪官银号》）

---

① 指徐世昌改办之东三省官银号。

2. 吉林

吉林将军延茂等折（光绪二十五年（1899）七月十三日）

奴才延茂、成勋①跪奏为吉省设立官帖局②，行使一年，商民称便，拟就本省筹拨经费，以期经久，恭折仰祈圣鉴事。

窃查吉林前因制钱缺乏，筹铸银元，定划一之价，当钱行使。鼓铸年余，商民犹以银细元少难得为憾事，拟求扩充之法。惟官帖可以相辅而行，第恐有利未必无弊，便民或至碍商，审慎迟回，未敢骤议举办。乃上年铁路开工③，道胜银行俄商默忻等来见，谓路工需用钱款甚多，仅换吉元行使，实觉不敷周转。现拟搭羌帖、铜子④两项以辅吉元之不足，且专用于路工，不向他处行使等语。奴才等思路工所用钱款大抵交易于民间，若使其行使羌帖、铜子，势必始于工，次渐及各城，暂用一时，流毒经久。微论利权归之彼族，且使我内地钱法操纵听于外人，百姓习久而安，挽回殊属不易。伊犁钱法可为殷鉴，涓涓江河之势不可不防之。于始当即面加峻拒，谓铜子万难准向内地行使；若使羌帖，则持帖来取者必须照付内地铜钱，以便吾民之用。彼知无利，始寝其议。奴才等查羌帖轻便，最易流通。倘彼使羌帖，而以我之银元当钱应付，则流通后遂难抵制。莫若我先设局，行使官帖，以补铸元之不及，而便商民之利用，俾内地钱法充足，则羌帖不杜而自绝。因于上年六月间在省城购地设局，名曰永衡官帖局，以现升副都统凤翔、协领岳林等经理其事。由库存六分平奏留接济俸饷项下暂借银三万两，垫办作本，以资周转。官帖钱数仿照银元钱数开使，分为五等，六千六百文递减至四百四十文，将帖发商行使。其赴局以元易帖，以帖换元者，悉听其便。局中不准到行买卖现银现钱，以防侵夺商利，滋生弊端。现在行使一年，商民称便，流通颇广，可与银元同用。惟局中既不专利，帖本系由库款垫措，未便有所消耗月闲、工食，必须另筹的款，使通商、裕民之法可以经久，斯羌帖、铜子不致乘虚而入。现拟由银元赢余项下，每月拨给官

---

① 时任吉林副都统。
② 即1898年6月设立的吉林永衡官帖局。
③ 指俄国在吉林境内兴修中东铁路。
④ 东北等地民间对俄国铜元辅币戈比的俗称。

帖局银二百两为工食之用,以期局费有著,且免糜耗本银,实与圜法、商民大有裨益。一俟局中得有自然利益,或铸元足敷抵制,再行体察情形,酌覆办理。所有设立官帖局,就地筹拨经费缘由除咨总理各国事务衙门、户部查照外,谨恭折具陈,伏乞皇太后、皇上圣鉴、训示施行。谨奏。

（朱批）该衙门知道。(《光绪朝硃批奏折》第九十二辑)

永衡官帖局纪要

度支司管理之各局、所,皆于吉林财政有密切之关系。而永衡官帖局固尤为重要者也。查光绪二十四年（1898）四月,前署将军延（茂）,因吉省制钱缺乏,虽经筹铸银元,仍觉不敷挹注。拟由库存六分平奏留接济,俸饷项下暂借银三万两作本,于省城开设官帖局一所,官帖钱数仿照银元钱数开,使分为五等,由六千六百文递减至四百四十文,将帖发商行使。以凤翔、岳林、姚福兴、刘嘉喜、英贤、富荫等六员总理其事。总理以一年期满更换,由单开之第二名,领衔接办,并续派一员作为第六,以补其缺,准此递推。旋经总理岳林等,拟定章程十六条,名曰：永衡官帖局,试办一年,商民称便。经前将军长（顺）,于光绪二十五年（1899）七月十二日,奏请立案,谓官帖局,取便商民,官帖发商行使,按月七厘生息帖奉,由库款垫借未便,有所消耗。月间工食必须另筹的款,俾通商裕民之法,可以经久。拟由银元赢余项下,每月拨给官帖局银二百两为工食之用,以免虚耗本银,实于圜法、商民大有裨益。等因具奏,奉旨允准。至二十六年庚子之乱,市况萧条,银元停铸,钱法愈滞,随时已出银元,官帖陆续收回,所得利息不敷开支局费。复经前将军长（顺）,设法变通,改为官督商办之法,划清界限。将原借官本银所易之钱九万吊,如数提回买银,借三万两交库,归还前借六分平之款,一面改出现钱官帖,发交各铺商使用,仍按月七厘纳息以供局费。从此市面渐见起色,钱法亦因之疏通。自二十六年闰八月初一日起,至二十九年年底止,改出现钱官帖以来,净获利息钱三十三万五千零。此项利钱提出三成归公,以为筹办大学堂经费,其余仍留作局中资本。以后按年所得利息分作十成,以三成归公,二成划留局费,五成作为资本。俟资本充裕,再得利息,即以八成报效归公,以二成永作局费。如此分别办理，不惟公家稍资挹注，而资本亦可垂久远。于光绪三十年（1904）十一月二十八日，经前吉林将军富（顺），奏请遵行。此永衡官帖局设立之大略也。（《吉林公署政书》）

东三省总督徐世昌、署吉林巡抚陈昭常奏沥陈吉林财政困难情形折

吉林地处东边，初改行省，政繁费绌，艰窘万状，诚有非就地筹款所能为力者。臣等未到东省之先，闻诸道路，佥谓吉林富饶，甲于全国，凡有经营，无不克举。抵任后，细加体察，始知人言原有可凭，而实情殊不尽合。盖据地质物产而论，吉省诚为东省之最，惟宝藏未泄，地利未兴，苟无最大之母财，以辟利源，其富庶终无可期也。前此闭关而治，一意休养，出入相准，自应绰有余裕。自庚子乱后，元气大伤，局势益变，稍再因循，万难自立。其不能以昔日治吉之法行之今日，谅在圣明洞鉴之中。是以昔日入款少而用足，今日入款多而用不足。昔日以吉财治吉而用足，今日若仍以吉财治吉，不仅其用不足，而贻误大局非浅鲜矣。然使吉林今日财政无异常危迫之象，犹得有所凭借逐渐补苴，无如病源已深，其势岌岌不可终日。凡政务之已办者，皆将有累卵之危；未办者，亦徒作画饼之叹，既不能守株以待，又难于无米为炊。此臣等所以焦心危虑，不能不披沥上陈者也。

查吉省以前入款，每年约共银二百一二十万两。其收入款目，曰大租，即地粮；曰饷捐，即七四九厘捐；曰田房税；曰烟酒木税；曰山海税；曰斗税；曰参药税；曰本植票费；曰官帖局三成余利；曰产部协饷。以上各款，以捐税为大宗，而惟饷捐为尽征尽解，其他均系各衙门派员包额征收。经征者，除解足额款外，悉归中饱。自前任将军达桂临卸任时，始于请停协饷案内，将加征之烟、酒、木税款项提出，而入款岁增五十余万两。自改行省设度支司后，经臣筹将山海税、斗税及各税捐，一律改为尽征尽解，复饬将旧时所有规费酌提入公，而入款又岁增二十余万两。综计每岁入款约共合银二百七八十万两，比旧额计加多七十万两有奇。是为今昔岁入之比较。又查，从前出款，每年约共银二百余万两，收支相抵，尽可敷用。自改省后，需用浩繁，除公署及五司、各道本衙门公费外，其隶于各司、道者，则有省垣及各属巡警费；新设治各府、州、县之补助费；征收税务及其他关于理财费；各项学堂及其

他关于教育费；各级审判、检查厅、监狱及其他关于司法费；设关开埠及其他关于交涉费；垦务、矿务及其他关于实业费。其不隶于各司、道者，则有军政费、边务费、旗务蒙务费、交通费、禁烟费、筹办咨议自治费；此外尚有一切开办费、建筑费及常年活支各费。总上所列，共每岁约支银五百余万两，此额约加多三百余万两。是为今昔岁出之比较。就光绪三十四年（1908）出入统计，不敷之数，约银二百二三十万两，加之奉部停拨饬归自筹之款。则有延吉边务费六十万两，三省分摊陆军混成一协原饷七十余万两。除本年预算之应兴应革各要务，尤须特别巨款者不计外，合前并计不敷已共银三百六七十万两矣。吉林人民困苦，比之内地瘠省犹远不逮。今每岁入款已超过中省之额，民力之竭可知。再欲加筹此三百六七十万两，竭蹶情形自可想见。然本年苟不得此，则将前功尽弃，且边务防务，关系尤巨，势已急于燃眉，款乃茫如捉影，稍有蹉跌，纵治臣等以渎职之罪，其如贻误大局何。此财政困难之实情也。然使情形虽极困难，而基础仍自稳固，犹得随时弥补，徐图补救。无如近来市面萧条，商民穷迫，已达极点。因流溯源，不能不咎前此理财之疏，以至于此也。

查从前吉省财政，系由将军衙门户司综管，历任交代，向少清查，拉杂纷乱，不可究诘。而各税捐等局又各立机关，如省城之烟、酒、木税，向归将军衙门；山海税则归副都统衙门；斗税则归吉林道；民税则归各地方官。缺分之优腴在此，则政之紊乱亦在此。税权不一，名目孔多，实归公用，十无二三，以致商农并困，百废未举。今虽力清积弊，咸与维新，但已免各项浮收，正额固自有限，而欲议别筹捐款，民困实百难堪。

再四熟思，殊乏良策，然此犹不过财政困难之一端耳。其最为危险，最难整顿者，则惟钱法一事。曩岁虽经设银元局，鼓铸银元，而所铸本属无多。继设官帖局，逐年增发，漫无限制，底货日空，遂成不换纸币。而官帖又决难通行外省，以致现货几于绝迹市廛，即间为外来者，转瞬旋复输出。市面周转，全恃官帖，官帖日多，现货日少，现货愈贵，官帖愈贱。近日，银锭一两约值官帖五千有奇；龙银一元，约值官帖三千有奇。小民所重在日用，持不换纸币，则何所得食。商货必运自外省，照如此银价，则所损实多。是以百物翔贵，民病莫苏，商业浸衰，国计亦困。即就饷捐一项计之，前岁收吉钱六七百万串者，已锐减至三四百万串，萧条景况，大概可知。再越数年，何堪设想！且外币势力乘虚而入，哈尔滨以东，已成俄币范围，延吉一带，将为日币范围，长春等处则成日币俄币交争之范围。去年以来，日俄银币一元，均约换官帖四串有奇，亏折情形，实较英镑尤剧，长此侵蚀，伊于胡底？此诚吉林财政困难之最大原因也。查前将军达佳任吉时，去日俄战事未久，以理论之，当极困惫，乃奏称本省财力已可足用，请停协饷。今又相隔数年，自应更易为力，而臣等反极陈其难，似觉可异。岂知彼时俄人驻军吉林，虽地方被其蹂躏，而由彼国运来军饷，何止千万，大都散之是间。其所需米粮、牛马等物，亦皆购自我境。故当时以一穷民积有俄币数十元、数百元者不可胜计。其冲要之府县，岁收民税数十万者，亦间有之。当时地面浮财，既如斯充斥，加以任意发用官帖，尚未觉有阻碍，而一切政治，皆仍旧惯，又无特别繁费，就彼一时而论，安得不谓之富裕，但未为远大计耳。今则民间无源之浮财，其涸已久，公家无本之官帖，其害早见。而创兴要政，需用孔急，又数倍于曩时，比较而观，财力不得不困，当可见矣。

臣（陈）昭常到任后，与臣世昌反复筹商，既鉴前车而慎来轸，即抚观势而规后图。凡关于整理财政之事，靡不博访周资，殚心竭虑。特将从前将军衙门所收烟、酒、木税及原有捐税各局之例规，既行提出，不敢稍留私利，有负国恩，约岁增银七八万两。如田产税契盈余，向归各地方官，饬酌提归公，约岁入十余万两；如吉省食盐，向皆运自外省，更兴办吉林官运局，约岁入银五十万两；更饬度支司将省内外各税捐局次第裁撤，于省城设立税务处，各属陆续设统捐局，将所有税捐一并征收。统计以上诸项，约较前岁增银八九十万两，现仍力求扩充，以期将来之进步。并拟筹办营业税，改良税捐，以为商税统一之法。凡现时进款之可筹，较有把握者，大都尽于此矣。

至补救钱法，势非速铸现货，决难济官帖之穷。故臣等于去冬奏准搭铸铜元，并饬官帖局附设发行银票处，行使银票、银元票，以昭信用，而便商民，且为收回官帖之预备。但计从前所发官帖，已约在四千万串以上，至少亦须百余万两现银，随时鼓铸，方足以资周转。但此犹仅为挽救现状而言，如欲永杜流弊，非筹设官银号不可。因拟于省城设总银号，更于各属之大市场及奉、江两省之通商各处设分银号。盖必有总银号以便汇款、存款，则金融方能活泼，而现货庶不致溢出；必有分银号以便发款交款，则银号方有信用，而纸币庶易于通行。如此，则商民便利，度支充裕，相辅而行。所关非细，但更非预集三四百万金，未敢遽言兴办也。以上所筹理财办法，盖为现时切要之图，而决无疑义者。至久远之计划，则尚不在此。（《东方杂志》1909年第六卷第五期，《吉林官报》1909年4月20日）

吉林度支司永衡官银钱号详明将永衡官帖局改为永衡官银钱号

度支司、永衡官银钱号为详明事：

窃查吉省元〈圜〉法之坏已达极点，幸蒙宪台锐意振兴，力期挽救，为惩后惩前之计，作持远经久之图，札委署司暂摄本号总办，督同帮办唐守人寅，悉心整顿，以改良而求进步。仰见宪台规划宏远，钦佩莫名。伏念官帖局立法未善，积弊已深，现谋补救之方，自以改宗旨、定名称、收借贷、兼营业、禁屯帖、提杂款，诸大端为挈领提纲之要。而权其缓急，尤以循序渐进为程。业经署司条议大纲十则，另文详请宪示办理。一面已于八月十一日将永衡官帖局改为永衡官银钱号，分设银柜、钱柜两处，以官钱局一切款目归银柜经理；以官帖局一切款目归钱柜经理。所有该两局支放账目，截至八月初十日止，一律结算，以清界限。其现金纸币，归并一库存储，加派委员，督同司事掌管，以重典守。一切簿记悉予厘订，补其缺漏而揭其隐匿，以绝私弊，经营惨淡，粗有端倪。此本号改设后，已办之一切规模也。复查利弊之分，即公私之辨，是以讲求新政，必在同室办公。盖不独祛其隔阂，亦自便于集思，果使事事皆可共见、共闻，虽有奸回，亦何从施其伎俩。拟即方设办公厅，凡有施行之事，皆在公厅办理，以示大公无私之意。又查金融机关瞬息万变，吉省外币灌输，利权旁溢尤非计学精深，不能因应。凡纸币之伸缩，现货之盈亏，日币、俄帖之涨落，洋货、土货之转输，均须逐日调查。对内对外，知己知彼，然后可握操纵之权，拟即设立调查股，以为悉心研究之区。又查，交通为银行切要关键，汇兑不灵，则来源与去路均滞。从前官帖局专以借贷得息为目的，汇款皆仰票庄鼻息，而无自由之权，即与奉天官银号往来，亦只限公款，未免范围太狭。署司系陈大纲，业经议及，然后埠多设坐庄，得人为难。自应就天津、上海、哈尔滨等处，先行试办，再图扩充。拟即专设汇兑股，以司筹办交通之务。又查，官帖局借款抵押，多系不动产，倒闭即行归公。现在所收房地值价甚巨，或收租以抵息，或变价以归本，头绪纷繁，非有专司其事，则得力难期。拟即另立经租股，以收得人而理之效。此本号正在筹办之大略情形也。至于官帖发行已滥，而宁古塔、榆树等处，屯帖何独盛行？近来广成、济树等号，均以出帖太多，大有恐慌之象，市面将不可收拾。惟现在本号以收回官帖为宗旨，自应改发龙元银票，以为改行银本位之先声。拟请宪台俯赐通饬各府州、县，无论地租钱粮、关税厘捐，凡公家收发及商民交易，一律照向用钱法折合银元票，所有官帖亦准兑换银元票，出入之价相同，以期官帖逐渐收回。并请札饬造币分厂多铸单角小银元及当二、当五铜元，俾小民日用，便于取给，则中钱之弊可以尽除。此本号恩请通饬之切要办法也。再，官帖局交代款目，业已逐渐接收，借贷账目亦经派员彻查，应即另文详报。所有官帖局改设官银钱号办理情形各缘由，是否有当，理合具详宪台察核批示祗遵，实为公便，须至详者。

吉林度支司

吉林永衡官银钱号（《吉林官报》1909年1月23日）

吉林官银号分设津埠①

宣统二年正月十一日（1910年2月20日）②

天津县胡（商彝）为照会事：

宣统二年正月十一日蒙府宪黄札开，宣统元年（1909）十二月二十八日准驻津吉林官银钱号张移开，案奉吉林行省督宪锡③、抚宪陈④札开：照得吉省官帖局现正改设官银钱号，长春、营口、宁古塔、密山府、珲春、延吉等处已设分号，原为流通财政、维持市面起见。惟货币性质利在疏通，徒为省内周转之计划，而不筹省外各埠之流通，则源短

---

① 标题为编者所加。
② 此函为护理直隶总督、北洋大臣，直隶布政使崔永安致天津商会函。
③ 即东三省总督锡良。
④ 即吉林巡抚陈昭常。

流竭。是宜于本省通商口岸及省外贸易最盛之区设立分号，以利广发官帖，既收化虚为实之功，而外币亦无垄断、操持之利，于币政补助实非浅鲜。兹先就上海、天津、哈尔滨三处各设分号，以为推行各埠之基础，查有前广西候补知府张屏堪以派充天津分号总办，薪水月支二百两。除咨请直隶总督部堂饬属保护及分委外，合行札委，札到，该员即便遵照驰往天津设号开办。事属创始，务将应办事宜实力经理。一面酌察地方情形妥定章程，呈候核办，毋负委任。仍将设号日期及办理情形，随时报查，毋违，切切。等因。奉此。

敝号现于十一月二十五日在针市街设号开办，除申报督宪及吉林公署外，相应备文移行，请烦查照施行等因。准此。合亟札饬。札到该县即便查照，并转移商会知照，此札，等因。蒙此，拟合备文照会贵商会，请烦查照施行。须至照会者。（天津档案馆藏天津商会档案）

3. 黑龙江

达桂[①]等折（光绪三十一年（1905）正月初四日）

奴才达桂、程德全[②]跪奏为江省[③]钱法壅滞，商力疲苶，宜设立公司，开使纸币以资周转而振商务。恭折仰祈圣鉴事：

窃维地方盛衰视乎商务之消长，商务之消长视乎财力之盈虚。故欧美列邦国无大小，莫不以廓商力、争利权为第一主义。近年朝廷重视商政，迭奉谕旨饬令各省实力振兴。而商部深维至计，订为商律，亦以公司一门为当务之急。可见欲讲商务以裨地方，非厚集财力设立公司不可。江省地处边荒，财力素绌。自经庚子变后，闾左凋残，钱法敝坏，上下困迫，尤不堪言。奴才等仰蒙恩简，来莅此邦，目睹地方情状，有岌岌不可终日之势。昕夕焦虑，求所为疏通、提倡之方，以期逐渐转移，力开风气。

查吉林自数年前，因钱法壅滞，历经前将军延茂、长顺等筹拨库款，设立官钱局，开使纸币，虽当变乱之余，而地方藉以流通，商情不

---

① 时任黑龙江将军。
② 时任齐齐哈尔副都统，后署理黑龙江将军。
③ 指黑龙江。

至困敝，成效所著，利赖至今。奴才等略仿吉林成法，参以商部新章，官商合股设立银行一所，开使纸币，汇兑银钱，懋迁货物，名曰广信商务公司。拟集股本银五十万两，作为有限公司。其办法则选商人为总董，主持公司事务；由官派员督察，以杜弊混。祇以财力所限，一时难得巨款，暂先集股本银二十万两，官商各半。商股十万两招自本省商家，官股则由荒价、厘税项下各筹垫银五万两，业已如数招足。又遴派商董赴上海，用西法印造精致纸币运来江省，于上年冬间开办，一律行使。凡租赋捐税均准以纸币交纳，无论何人持赴公司支取，立以实银、银元搭付。民甚便之，市面亦渐觉通利。倘荷圣明福庇东局，早定此项纸币日益畅行，即当招足股本五十万两扩充办理。惟时方多故，江省人情困陋，未能即见，及此远大规模一时尚难遽定。容俟试办一年后，体察情形，按照商部所定条款，详加厘定，再行咨部注册。兹据该商董等酌拟章程，呈司转请奏咨前来。奴才等复加查核，尚属妥协，谨缮清单，恭呈御览。合无仰恳天恩，饬部先行立案，俾昭慎重。所有江省设立公司，开使纸币以资周转而振商务缘由，除咨财政处、商户二部查照外，理合恭折具陈，伏乞皇太后、皇上圣鉴、训示。谨奏。

（朱批）该部知道，单并发。（《光绪朝硃批奏折》第九十二辑；另参考《申报》1905年5月18日）①

（二）华北地区官银钱号举办、沿革情况

1. 直隶

北洋大臣直隶总督王文韶片（光绪二十二年（1896）六月十八日）

再查天津贸易日盛，市面银钱日紧，银号因之居奇，钱商藉以射利。遇有大宗款项，以银易钱则钱贵，以钱易银则银贵，辗转亏折，公私交困。现在各省鼓铸银元，诚恐钱商有意挑剔，未能畅行。若不设法变通，不足以通商惠工，便民裕饷。据淮军银钱所、铁路总局道员李竞成、孙宝琦等会同禀称，以该两局每年进出银钱甚巨，拟各筹银五万两

---

① 另可参见《清实录·德宗景皇帝实录》卷544，第226—227页。

作为成本，设立通惠官银钱号，将来天津机器局所铸银元、铜钱随时向该号兑换往来，以利圜法而资周转，酌拟章程，具禀请奏前来。

臣查泰西各国，皆有国家银行主持钱法，商贾无从把持，立法未为不善。中国尚未创设银行，亦应随地、随时斟酌、调剂。该道等所请设立官银钱号，俾银元可以通行，而市价亦有准则，于公款、商务目前既多裨益。如果试行有效，将来即可为开设银行张本。除由臣饬令该道等将一切开办事宜认真经理，毋滋流弊外，理合附片陈明，伏乞圣鉴。谨奏，

（朱批）户部知道。（中国第一历史档案馆藏档；中研院近代史研究所藏清代朱批奏折档案财政类①）

直省官场纪事

去夏兵燹之余，故藩司廷方伯（廷杰）在省城设立官钱局以济民艰。继因局用浩繁，亏累甚巨，现经商人联名，求清苑县吴大令禀详上游，将局撤去。（《申报》1902年1月27日）

漕运总督松椿片（光绪二十五年四月廿八日）

再近来叠奉谕旨振兴商务。惟商务之流通视乎银钱之周转，清河为南北要冲，户鲜殷实，间有开设钱铺者，资本不厚，每多空虚，且不免抬价居奇。兑换之时，易受亏折。而近年银根甚紧，制钱缺少，每多倒闭，以致市面壅塞，不能流通，殊于军民大有窒碍。查同治元年前，升任漕臣吴棠，光绪七年前调任漕臣黎培敬曾经设立通源官钱局有案。现查地方情形，亦亟应补偏救弊，奴才仍在于清河城内设立官钱局，酌发款项，议定章程，派员遴董，责成经理，名曰同仁源，采办现钱，以平市价，行使板票，以利轻齐。似于军民、市面均有裨益。除随时严加稽查不任稍有弊窦外，理合附片陈明，伏乞圣鉴。谨奏。

（朱批）该部知道。（《光绪朝硃批奏折》第九十二辑，《申报》1899年7月24日；另参考中国第一历史档案馆藏档）

---

① 中研院近代史研究所藏档题名为《直隶总督王文韶奏陈设立通惠官银钱号片》，登录号为1374-034。

户部设阜通钱号章程（光绪三十一年（1905）十二月）

京城内外近来钱铺纷纷倒闭，所出钱帖不能兑钱，商民交受其害，市面为之震动。户部银行有维持市面之责，今拟于京城内外适中之地，分设钱号四所，专为保商便民维持市面起见。一切贸易则照商家办理，名曰阜通东号、南号、西号、北号，一俟择定地段租界铺屋，即行开办。

一、号中资本均由户部银行发给，每号发领资本银五千两。

一、号中专做门市兑换生意，公平交易，往来各户至多以三百金为断，凡需用之银票银元票现银均向户部银行凭折川换，号中不能擅自开写银票、银元票，以及号中图书为人作保等事。

一、号中可出市面通用钱帖，纸张由银行发给，由号开写数目，盖用图书之后，再送银行加盖担保图记，将数登簿方可发行，以便有所稽考，不致漫无限制。

一、各号账簿每日一结，按月一报，随时由银行派人查察，如有票存现款须交银行存库，可由银行酌认息银，以示体恤。

一、各号掌柜由银行请定后，须取具殷实商号保单，备伙友均归各掌柜慎选订用，一切责成均归掌柜担代，如有透支不妥等情，均惟掌柜与保人是问。倘柜伙友中，日后查有不守号中规矩之人，登时可以辞退更换。

一、号中日用伙食、伙友薪水，均从撙节，年终结账，除一切开销之外，如有盈余，准其照章酌提花红，以示奖励。

一、开号之时，请大部行知巡警部、顺天府出示晓谕商民人等，凡有阜通钱号所出钱票，与现钱一体行用，归户部银行担保，并请巡警部、顺天府切实保护。

一、现今市面钱票铜币当十大钱各分行市，且小钱铺往往于当十大钱内掺杂私钱渔利，商民受累甚深。今阜通钱号出入钱票铜币大钱及新铸制钱价值均归一律，私铸小钱概不收用，并须请巡警部、顺天府设法严禁私钱，以免有碍钱号贸易。（《中国近代货币史资料》第一辑，《清政府统治时期：1840—1911》）

时事：北京谕令添设官银号

探闻户部铁尚书（铁良）令户部银行总办瑞稼如氏即在前门外通衢

地方添设官银号四，以处理圜法而便商民。（《大公报（天津）》1906年9月17日）

督宪袁委杨绅俊元等办理天津银行札文① （1903）

为札饬事：

照得天津市面情形异常绌滞，非得本地富绅招集股本，辅以官款开设银行不足取信于人，流通川换。迭经督饬天津府凌守延访杨绅俊元、卞绅煜光、王绅文郁、李绅士铭等会同筹划，复经本大臣面相劝谕，该绅等承允集股银百万两，本大臣亦允凑集百万两，分批备领。旋据商务公所②绅商宁世福、卞煜光、王贤宝、幺联元禀称各绅商集股，尚称踊跃。但任大责重，似需选择殷富为之领袖，方与招款、放款交有裨益。本大臣夙念杨绅俊元老成、谙练，众望咸孚，家道素称殷实，颇能顾全大局，堪以派充银行总董。石绅元士、卞绅煜光、王绅文郁、李绅士铭堪以派充该行董事，迅即筹办。本大臣已饬天津行号在该号资本内立即凑足五十万两存储，一俟该绅等招股报验后，即将前款饬发领用，即由该绅等妥议章程，赶紧开办。其余五十万两，一面由该绅等合力筹集。本大臣亦饬银号在发存各项内陆续提存、候拨。并札委天津府凌守、候补知府蔡守汇沧随时稽查，期臻妥善。该绅等既为乡里推重，众商信从，必能设法流通，不令日久阻滞，津埠咸沾利赖。本大臣有厚望焉！除分行外，合行札委。札到，仰即遵照办理，并将开办情形随时报核。此札。札四品衔候选员外郎杨俊元、四品卿衔候选道石元士、光禄寺署正卞煜光、三品衔山东候补知府王文郁、三品衔户部郎中李士铭。（《北洋公牍类纂》卷二十《商务》）

---

① 此札反映了袁世凯为解决天津等地制钱缺乏，银价忽长忽落等问题，在平市官银号停止后，拟设立官商合办的天津官银号情况。有关情况可参考本书第34页的《督宪袁饬天津道府县督同殷实钱商会议整顿钱市札》。

② 即天津商务公所。该公所成立于1903年，是天津知府凌福鹏遵照袁世凯之命，组织天津洋布、绸缎等行会等成立的。目的是联络商情，改变过去各商"涣散""互相倾轧"的情形，同时设法"疏通"天津"窒寒"的市面。（参见《天津府凌守复陈商务公所情形禀并批》《天津府凌守禀定天津商务公所暂行章程》，《北洋公牍类纂》卷二十一《商务》，第1600—1602页。）天津商务公所为后来天津商会的成立奠定了基础。

附请准陆安清留直补用片
光绪三十二年五月廿四日（1906年7月15日）

再北洋财政殷繁，开源节流诸需擘画，非精明、干练之员不足以供任使。查有山东补用道陆安清历办山东工赈、粮饷、关税等事宜，廓清积弊，颇著劳勚。江苏补用道孙多鑫讲求计学，熟悉市面情形。该二员品端操洁，长于理财，经臣于上年先后电调来直，陆安清经理海防支应局暨陆军粮饷局，孙多鑫经理户部造币北分厂暨天津官银号。会同司道精心考核，具各条理。合无仰恳天恩，俯准将山东候补道陆安清、江苏补用道孙多鑫二员留于直隶补用，以资臂助，并免缴指省、离省银两，出自鸿慈逾格。除饬取履历咨部外，谨附片具陈。伏乞圣鉴训示。谨奏。（《袁世凯奏折专辑》第8册）

直隶省银行为该行于宣统二年九月初一日开办
原天津银号关防即行呈销事移津商会文
宣统二年九月七日（1910年10月9日）

直隶省银行为移知事：

本年（1910）八月二十八日奉督宪陈[①]批、本行具详，遵饬会同筹议，拟请将天津银号改为直隶省银行，谨拟章程八节请示祗遵由，奉批："据详已悉。所拟直隶省银行章程尚属妥洽，即自九月初一日开办，兹发去直隶省银行关防一颗，仰即祗领启用，其天津银号关防即行呈销，并候将章程咨明度支部查核立案，此缴。章程清册存送"等因。奉此，并颁发直隶省银行关防一颗到行祗领，即遵于九月初一日开办，并于是日启用关防。所有开办并启用关防日期，除申报并分别咨行外，相应录批抄详备文移知，为此合移贵总会请烦查照施行。须至移者。

计粘抄详

右移天津商务总会

附件：

为会详事：

窃奉宪台札开：照得现值改良收支，试办预算，自应先于财政上筹

[①] 即直隶总督陈夔龙。

定完全统一办法，方能若网在纲，有条不紊。前者裁撤支应、银钱各局所，并归藩司总理，运司帮同经理，则稽核分配之权已有专属。特一省之大，款目纷繁，若收支存储不归一处经管，则机关不一，事权不专，仍不免纷歧错杂，整理为艰。亟应筹设直隶省银行，而以省库附之，将来中央国库成立，即可相为系属。查直隶本省天津银号颇见效用，应即就此基础妥筹扩充。所有全省收支、出纳应如何扫除积弊，逐渐改良，俾无紊乱、糅杂之虞而〈收〉整齐划一之效，则责成凌藩司（福鹏）、张运司（镇芳）、刘道炳炎先行会同筹议，酌拟办法，妥定章程，呈候核夺。除分行外，合即札饬，札到该司道即便遵照，会同妥筹具复。等因奉此。

查直隶财政纷杂，由来已久，欲求完全办法，非有统一机关循序渐进，窃恐难臻完善。本司、职道既奉宪饬，遵即会同筹议，拟请将天津银号改为直隶省银行，凡本省行政应发款项，由藩库暨财政总汇处一律随时发交本行存储，凭文支放，将来推行尽利，即可兼办省库，收全省出纳总一之效，以期上副宪台整饬财政至意。本司、职道一再筹商，意见相同，谨参照大清银行及天津银号原有章程规则，拟定章程八节，缮具清册，是否有当理合具文详请宪台鉴核，俯赐批示、祗遵，实为公便。除俟奉到批示，即将牌号呈请更换外，为备由具详，伏乞照详施行，须至详者。（《天津商会档案汇编（1903—1911）》上册）

裕丰官银号①历陈武昌起义波及天津该号终于倒闭文②
宣统三年（1911）十一月十一日、十二日

具禀裕丰官银号

禀为经理被留，号事无人主持，恳恩转请权宪俯准回号，以便赶交账据事：

窃敝号经收天津海关税款已历三十余年，尚无贻误。自津埠庚子事变之乱，现银奇绌，各炉房皆不化化宝。敝号为便商起见，不得不同人

---

① 该银号为经办津海关税收的海关银号。创设时间不详（一说为1905年1月3日），1911年12月关闭。参见郭大松选译《中国海关（十年报告）选译（1902—1911）——货币与金融（上）》，《近代史资料》总第120号，第48页。

② 编著者对此文献标点作了必要改动。

办理，收佣各银行、银号化宝支票，宽以时日，再由各银行、银号扣色缴交敝号白宝，以应解库之需。不料鄂变事起，津埠被其影响，自九月初七日全市尽停，以致各银行、银号应交敝号各款数十万两，无法收归。复于九月二十一日天津海关税款、十月二十三日秦皇岛海关税款先后归汇丰银行代收。敝号至是来源既竭，号中前存现款又经榷宪拨用罄尽，嗣后续有拨用，遂无以对。惟敝号固不料停市至两月之久，且屡闻借款接济市面将有成议，窃拟将产业押借数十万亦可应此亟需。讵意款终未妥，此敝号所以竭蹶也。本月初六日敝号经理陈文海，蒙榷宪传署暂留，并谕限将外欠清单及房地契呈交等因。伏查敝号经理陈文海既被传留，号事无人主持，而契据要件向系经理收官，敝号伙友人等无从遵办。除具禀榷宪陈明，恳准经理回号以便办理外，为此具禀，恳求贵会转请榷宪照准，实为公便。伏乞商务总会大人俯赐施行，上禀。

移海关道为移请事：

现据裕丰官银号投称：窃敝号云云，施行等情。查自鄂乱事起，影响津市停滞，各商坐困待救孔殷。若不加意扶持，难免株连之虞。今裕丰官银号搁浅，调查所亏之款，均在各银行、银号一时未能收回，似应设法清理，以期就绪。惟陈文海现在贵署拘留，诸事无人主持办理，转觉掣肘。然既据职商冯景彝、黄琮衡承保，不误传唤。敝会调查该保等均系殷实商人，似可准如所请，以便设法清理，而重库款。相应移请贵道，请烦查照，希将陈文海送会转交该保等保回，仍由敝会督同赶紧清理库款。是否有当，并祈核夺施行。须至移者。

总、协理天津商务总会宁世福、吴。（《天津商会档案汇编（1903—1911）》上册）

各省财政汇志：直隶

霸州周牧登晖集绅妥议，就州署左近设立官钱局，凡完粮花户悉照市价向钱局买取银条，赴局完纳，以免折算银钱之弊，并量加该房单费三分，俾无枵腹从公之虑。隆平县李大令国枫禀设官钱局，以储蓄、新政款项、维持地方公益为宗旨。内设粮店以为护本，买卖粮石均由局内执事、伙友兼办，将买卖银钱价值逐日悬牌局门，以便周知。遇有涨落，均须报县查核。（《东方杂志》1908年第五卷第三期）

2. 山西

山西巡抚胡聘之片（光绪二十二年十一月廿七日）

再晋省制钱久形缺乏，口外归化等处，凡零星用项具向钱铺拨兑，绝少现钱。近则省城制钱亦甚短缺，各钱铺不敷出票，以致市面不能流通，银价日形减落，若不设法维持，必至商民交困。臣与司道等再四筹商，惟有设立官钱局以平市价而维圜法。第委员经理，易滋流弊，即由商务局酌提股本开设，遇事官为维持，一切均归商办，往来交易务取公平。既可免抑勒，平民亦无亏折公帑。现已由局绅董中裕等议定，筹集本银四万两，在省城开设晋源裕官钱局，所有局事即由该绅等公举殷实、妥靠之人经理。惟商务局招股事宜，甫经议办，尚未集有成数，先由司库借银二万两，俾得凑足成本。并饬附近省城各厘卡搭解现钱交局，按照市价代为易银交库，庶来源不至匮竭，市面可冀流通，仍兼用钱票以资周转。至银钱时估，应由官钱局会同各钱行酌中定值，不准任意长落，以免奸侩居奇。一面由司另筹银二万两委解鄂省搭铸大小银元，俟运回后发交官钱局试用。如果通行无碍，再行筹款购机鼓铸，以期推广而利民用。所有晋省设立官钱局暨拟铸行银元缘由，理合附片具陈，伏乞圣鉴、训示。再官钱局既归商办，盈亏官不与问。所借司库银二万两，订期半年即行归款，与动用官本者不同，所有该局章程应请免其报部，合并声明。谨奏。

（朱批）户部知道。（《光绪朝硃批奏折》第九十二辑；另参考中国第一历史档案馆藏档；《申报》1896年3月15日）

廖承庭[①]：山西晋泰官钱局从开办到停业

庚子事变后，清政府鉴于守旧之失败，亦想维新，乃于各省由国库出资设立官钱局或官银号。光绪二十八年（1902），晋抚岑春煊奏准开设山西晋泰官钱局，以裕国便民为号召，委太原府知府吴匡，物色可靠人员，吴匡乃以王廷本荐。

王廷本字振基，介休西狐村人，向在蒲绛承办盐务。吴匡曾任绛州

---

① 廖承庭曾为晋泰官钱局职员，此资料为本人回忆录，成文于1962年，廖承庭时年77岁。

州牧，与王友善，知王为人耿直，处事明决，故以王应荐。但王不愿为官家负责，而又屡辞不获，不得已提出几个条件：（一）本人不支薪水，不常川住省，每年来省住三两个月，余时仍在晋南经理盐务。（二）完全以商家习惯办理营业，不摆官家派头。（三）官厅不许派委员，用人行政官厅不加干涉。所提条件，官厅完全许可，王廷本乃以山西晋泰官钱局领事名义，领到藩库红封平银6万两，在省城活牛市街租赁铺面房三院，成立晋泰官钱局，并派洪洞人鲁文轩为常川住省负责人，由运（城）绛（州）调业务员20余人，于光绪二十八年（1902）七月开张营业。领资本时，由太原府知府用印领出，转发官钱局，此后成为定例，每年结账呈交余利及总结，也经太原府转呈。

当时在街市上，私人经营的钱铺有20余家，其中分为两种，一种是内庄，不设栏柜，专营小宗兑换业务，资本雄厚。一种是开设栏柜，专营市面零星小宗兑换业务，市面银钱兑换是市大平，货物交易是街市平（比市大平小一分），外来客商携带都是现银，而且元宝居多，街上一切买卖交易的价格，均以钱为单位，所以带的银两，非经钱行之手不可，其中就发生了扣平擦色的剥削情况。官钱局开张后，力除其弊，平色公道，佣金低微，银钱兑换每两只收佣金三文制钱，军士兑换是新湘平，每两只收二文制钱（新湘平比市大平小六分，老湘平比市大平小四分，市大平与红封平相等）。尔时省城驻兵叫常备军，带兵官叫统领，营长叫管带，后改陆军，每月军饷均由官钱局分发。

光绪三十三年（1907），领事王廷本病故，抚藩宪以王廷本未领过薪水，特给恤金1000两以酬之，遂升鲁文轩为领事，以继王任。鲁任事两年，抚藩宪又加派渠本澄为总理，鲁文轩退为协理。渠本澄祁县城内人，原系大德通票号住太原老板，因在海子边开争矿运动会，登台演说，并捐银1000两，以为赎矿捐款之倡，事为祁县总号所知，谓商人不应该出风头演说，因而将其辞退。渠在小店镇富有壁店上曾题诗句云："南北经营数十秋，幸逢绅商结名流。登台演说争矿事，不意逸言在后头。"官绅以其因公益事获谴，公议决定委其为官钱局总理，以昭激劝。到差后，对原有人位一概未动，只谋扩张营业，就赴京津调查官银号办法，以资借镜。正策划间，适逢辛亥九月初八民军起义，巡抚陆钟琦被击毙，土匪乘机先抢藩库，次抢官钱局，后波及按司街、打钟寺各商号，官钱局房屋被焚，人员逃散。

民国元年（1912）渠本澄、鲁文轩来省召集同人设清理处于通顺巷，清理未了事件，内欠外该，均经办理妥善，最后将清理情况，呈报财政司。从此，晋泰官钱局就结束了。（《山西文史资料全编》第一卷）

奏请暂停鼓铸制钱及设立官钱局事（光绪二十八年五月十九日）①
再据署布政使吴廷斌详称：

晋省各属制钱日缺，银价日落，市面万分窘迫，各钱铺无法周转，皆难支持。有以一铺关闭，害及多家者。有以现钱匮乏，尽用拨纸者。以致兵丁之易饷，商货之贸迁，民间之完粮、完厘无一不受其害。累经前护臣何枢奏开宝晋局铸造制钱，无如购铜维艰，工价太贵，每月出钱无多。现以铜源告竭，已饬暂停。欲图维持、补救，自非仿照湖北、陕西等省设立官钱局不可。拟先于省城设立晋泰官银钱总局，由司库借给该总局成本银二万两，拣派妥实商人经理，俟办有端绪，再行推及各属。并仿照湖北办法由东洋刷印官局定制银钱、银元等票纸，花纹务臻精美，准民间以票纸完纳丁粮税课，俾利推行等情，具奏前来。臣等复查晋省钱法敝坏至今而极，前已迭饬筹款，由湖北搭铸银元以期稍济阛阓之困。无如库储极绌，每次所筹搭铸之款势不能多，且道远运艰，缓难济急。该司拟请设立官银钱局，行用票纸各节，系为济圜法之穷起见，似尚可行。除批饬照办外，所有暂停鼓铸暨设立官银钱局缘由，谨附片具陈，伏乞圣鉴，谨奏。

（朱批）著照所请，户部知道。

光绪二十八年五月十九日，山西巡抚岑春煊（中国第一历史档案馆藏档）

山西晋省筹办官钱局告示

山西省官府安民各事已志前报，兹将首付周筹官钱局条款示谕补志如下：

为出示晓谕事：照得省城兵燹之后，市廛冷落，银根断绝，急应设

---

① 该折为山西巡抚岑春煊所上。

法维持，以期市面日有起色。兹奉藩、法两司设立官钱局，筹定资本，并招股实商人妥为经理，即于本日开市公平交易，期于便商便民。合亟示谕，仰军民人等一体遵照各条毋违可也。切切。特示。

一、本局发行纸币准其随时兑换，不稍停滞。一、现在省城小洋缺乏，不敷周转，暂用制钱兑换。如有毛钱，少数准兑，票人即时向局调换找补。一、省城银钱交易，尚无一定市值，暂由本局酌定，惟必期其适中。一、军用手票现已筹有的款，另候示期收回，本局概不兑换。一、旧日晋泰官钱局票，据账项应由该局自行清理，概与本局无涉。（《大公报（天津）》1912年1月19日）

3. 绥远

设立官钱局片（节录）①

再绥远城兵米不敷月放，改将一年应放之米，一半归成月折。即此月折且积欠数月，兵米一有愆期，人人朝不谋夕，重为各旗无穷之累。始尚自行典当赔补，久亦典当无资，一有急需，动指米饷息供铺店，按月摊还，而商贾垄断居奇，外加内扣，层层剥折，母子循环，一本百利。兵之积累日多一日，商之盘剥亦日甚一日，卒自饷不自有，贫不聊生，较之京城米碓房之苦制，旗兵情形尤为可悯。奴才到任余年，切加体察，欲舒兵困，惟有仿照奉天、湖北、江西、河南等在省城设立官钱局办法于绥远城试办。有无缓急，调剂盈虚，俾市面流通，公私两便，庶兵丁从此永不为奸商所制。再各省统筹圜法系为全省之利源，此则隐恤兵艰难，借纾一城之生计。大以成大，小亦成小，以具体而微之创规，济当务为急之要用。虽官家利益尚待将来，而各旗佐窘苦异常已于目前均沾实惠。惟开办官本，旗库无款可筹，暂由垦务公司借银一万两以资经始。俟办有成效，陆续归还。并委廉公协领一员总司其事。现届岁暮，又值年荒，八旗万家所济孔亟，已饬先行试办，如经理得法，利于推行，再行酌量推广。奴才为发流通钱法，体恤兵民起见，是否有当，理合附片具陈，伏乞圣鉴。谨奏。

---

① 此折为督办垦务绥远将军贻谷所上。时间为光绪三十年（1904）十二月十三日。

本月二十八日，奉朱批：户部知道。钦此。（《绥远奏议》）

4. 热河

廷杰奏整顿圜法并设立官银号以维市面折
（光绪三十二年（1906）十月二十一日）

奴才廷杰跪奏，为热河整顿圜法，并设立官银号，以维市面，而通商情，恭折仰祈圣鉴事：

窃热河地面，自庚子以来，圜法腐败，官钱缺少，银价奇昂，百物亦异常腾贵，商民交困久矣。推原其故，一由于历年禁运粮石不能出境，而银之来路少；一由于口外银值昂于内地，各商进口置货不以银而以钱，而钱之去路多，银钱两荒。私钱乘虚而入，以致银价物价相率奇昂，市面遂大受其影响。奴才到任察看情形，欲整圜法，惟有严禁私钱，欲禁私钱，惟有多备铜币。当于求治局矿税各款腾挪凑拨，叠次派员赴津购领铜币，先后运到铜币一千五百余万枚，发商行使，商民称便，于是私钱不禁而自绝。惟在津以银一两易铜币百五十枚，到热则每两仅合百三十八九枚。盖币重路遥，运费繁巨，若按原领价发商，官不胜其亏折，若不按原领价发商，商又不胜其亏折。计惟有铜币纸币兼行，现银与银帖互用，方足以济一时之穷而行诸久远。然边地商贾本小利微，未便任其虚出凭帖，惟有设立官银号，以取信于商民，而又非多筹赀本不可。热河款项入不敷出，筹办实非容易。

兹查有求治局原存荒价矿课银四万余两，又由本年税捐项下匀拨银数千两，共凑足库平银五万两，作为官银号原本，由津来殷实妥商候选同知胡维宪承领，试办热河官银号。所有该号一切事宜，均归该商总董，不用委员，以杜向来官场办事积习。并按商部奏定公司章程，参以内地钱号通行规例，酌定条约，俾资遵守。仍与该商面订，此次设立银号，系为维持市面开通商情起见，银钱出入必须公平，不得仍蹈商号积习，任意倾跌，以昭大信。目前成本较少，应照天津、奉天官银号办法，开给银洋钱三项纸币，俾资周转。仍酌定成数，不得漫无限制，致蹈虚空。拟于十月初八日开设，试办伊始，有无成效，尚无把握。然热地市面疲困已极，舍此别无整顿良图。谨将酌拟章程八条，缮具清单，恭呈御览。

至此项成本系由官款提拨，将来遇有交卸，应请列入正项照数移交，合并陈明。

除分咨度支部、农工商部查照立案外，所有热河整顿圜法并设立官银号缘由，理合恭折具陈，伏乞皇太后、皇上圣鉴训示。谨奏。

朱批：度支部议奏，单并发。(《清代档案史料丛编》(第十一辑)；另见(《光绪朝硃批奏折》第九十二辑；《申报》1907年3月26日《热河都统廷奏为热河整顿圜法并设立官银号以维市面通商情折》，《申报》1907年4月14日，并参考中国第一历史档案馆藏档与中研院近代史研究所藏《清代朱批奏折档案·财政类》[①] 第四分册)

5. 京师

京师设立四恒银号情况

谕军机大臣等，赵舒翘等奏，维持商业，谨拟章程一折，四恒银号，关系京师市面，现因库款支绌，商情疲滞，无力周转，亟应设法维持，以利民用，著即发给内帑银五十万两，并由户部发给内库银五十万两，交该兼尹等按照所拟章程，督饬该商分别办理。(《清实录·德宗景皇帝实录》卷465)

6. 山东

创设东省商务局拟定试办章程折
光绪二十七年 (1901) 九月二十四日

中国农学、工艺，向少讲求。而自各口互市以来，风气开通，人渐知注意商务。各省亦间有商务局之设。然卒难与西商颉颃者，则以官商势隔，上下情睽，倡导之术不宏，而扶持维护之责未尽也……第东省民智未启，闻见拘墟。商贾之自安猥近者多，官绅之留心提倡者少。今欲设法整饬，因势利导，必须专设一局，以为挈领提纲之所。分立商会，

---

① 中研院近代史研究所藏档题名：《热河都统廷杰奏报整顿钱法并设立官银号折》，登录号1377-060，时间为光绪三十二年十月二十一日 (1906年12月6日)。

公举董事，以讨论利病，联合声气……臣现于省城创设商务总局，拟定章程，发局试办。并筹办官银号、银元局附入其中。……查有奏调来东之唐绍仪，洞谙交涉，练习商情，心地笃诚，才识卓著，堪以派令总司局务，以专责成。(《袁世凯奏议》上卷)

行用钞币

烟台访事友人来函云：前因银根短绌，由省垣设立官钱局，行用钞币以资流通。所有关卡、课税、地方钱粮等可作现银使用。近因钱法仍日见窘绌，于是外府各属拟一律畅行。现经抚宪颁发通行告示，来烟如有应兑各项税银，准将钞币赴关交兑，各关委员无得藉端推诿云。(《申报》1897年8月24日)

（三）西北地区官银钱号举办、沿革情况

1. 陕西

陕省仍请并设官钱铺疏（光绪三十年九月）

窃查陕西省设立官钱铺，行使银钱票始于咸丰四年。前抚臣王庆云，奏准与制钱大小搭放官兵俸饷，嗣因各营携钱不便，以票换银，不无亏折。十年秋间停止。迨同治元年，发逆窜扰回乱，继行库款告匮，军饷不支，前抚臣瑛棨奏明，仍归①开设，请将省城旗绿各营兵饷搭放钱票库款，藉资周转地方赖以底定。光绪二年，前抚臣谭钟麟以奸民私造钱票，商民时受其害，复请停搭钱票，收放实银。正拟收回旧票，停止钱票，讵三四两年，陕省亢旱成灾，钱粮停征，筹赈筹饷，出款愈增，谭钟麟复请行用钱票搭支月饷，嗣准部咨催令收销停止。直至十二年年底，始将钱票收清，钱铺裁撤。自此之后，钱铺虽已停止，而官铺钱票行使日久，商民均各称便。自停止后，买卖交易悉用私钱票，于是铺商各自出票牟利，其殷实钱铺所出钱票极为慎重，而小本营生各店，

---

① 此文献另见宋伯鲁、吴廷锡纂《(民国)续修陕西省通志稿》卷63，陕西通志馆出版，民国二十三年（1934），第5—6页。该文献此处为"复"字。此折为陕西巡抚鹿传霖所上。

往往广开钱票，盈千累万，漫无稽考，一朝亏折，倒闭潜逃，商民受害，控案累累。于是每言及前之官钱票，无不深惜其停止而望其复设。盖由陕省制钱兵燹之后，率多毁失，近虽设法开炉鼓铸，究属无多。民间小康之家所积微资，向因官铺钱票收（？）较现钱为稳便，今则概藏制钱，以致街市制钱日少，奸商居奇，搀杂小钱，高抬钱价，百弊丛生，圜法日坏。且查同治光绪年间，陕省地方多故，全赖官钱铺所出票钱，藉资周转，著有成效。今若照旧开设，多出钱票，则奸商之出票而牟利者，不禁而自绝，既可杜例，闭困民之弊，亦可无制钱缺乏之患。当此时事多艰，库款支绌，藉以架空周转，稍资接济，一举而数善备焉。如虑奸民①私造制钱票，则设法查拿，从严惩办，自可杜绝。上年臣与在省司道再三商酌，意见相同，当饬前藩司张岳年，在于司库积存款内，提银六万两作为票本，择省城适中之地，开设秦丰官银钱铺，派委熟悉商情之员经理，先行试办。上年八月起，今已数月，商民踊跃信从，街市均极安贴。自应照旧开设，以便民而裕饷。现已发给钤记，妥商筹办，其铺中出入账目，饬令按月通报一次，年终由司委员造册稽查，并令造具满年收支细数清册，报销出具盘查无亏印结，交司核销备查。至银票暂缓行使，容设法逐渐推广，以裨帑项。兹据藩司张汝梅、署臬司松寿详请，奉咨前来，臣复核无异，相应吁恳天恩饬部核复立案。②（《皇朝道咸同光奏议》卷38《户政币制》；《（民国）续修陕西省通志稿》卷63）

康寄遥、朱叙五、席肇儒：秦陇复汉军军政府临时财政措施

起义时，大清银行及秦丰字号（钱庄）均有损失，因而至九月中旬各金融机构仍不敢开市营业，以致交易停滞，周转不灵，市面异常冷落，直接影响到人民的日常生活。军政府遂与商务总会协商，决定把大清银行改为秦丰银行，所有大清银票一概停止行使，另发秦丰银票，以资周转。因当对印刷困难，乃将所存大清银票加盖"秦丰"印章，陆续发出二百万两，借以流通市面，便利人民。惟以大局未定，市民对使

---

① 《（民国）续修陕西省通志稿》中无"奸民"二字。
② 《（民国）续修陕西省通志稿》此后另有言："二十四年分设汉中与兴安官银钱分号，各给本钱一万两。二十六年，分设延安官府银钱分号，给本银四千两。"

用钞票多抱怀疑观望态度，因而收效不大。此时还发行了军用钞票（不兑换券）一百万两，军民亦不乐用，发行不到五十万两即行停止。

到九月下旬，各票号、钱庄才相继开市营业，但由于东路战事紧张，人心疑惧，所有商店、住户旧日在各票号、钱庄所存款项，纷纷提取，银根吃紧，几至无法维持。军政府乃于九月三十日拟订办法五条，晓谕各金融机构及商民人等一律遵照办理。

一、各钱铺旧日欠各票庄银两，均另立约据，以月利八厘计算，至年底分还，其随时愿还者听之。

一、行户旧欠各钱铺银两，以月利一分计算，亦限至年底分还，其随时愿还者听之。

一、各堂名旧日寄存各钱铺之款，均按月利六厘计算，按月取利，俟年底再随时动本。

一、各堂名寄存各票庄之款，按月利五厘计算，照钱铺寄存办理。

一、湘鄂各省汇兑各票庄期票，湘鄂已乱，均多未交，所有此款汇票悉行停止，无论何项人等均不得持票向各票庄索取。

五项办法颁布后，提款风潮遂被遏止。

当时市面流通的纸币，还有秦丰字钱票（公家发的），同心字钱票（商会发的），为数尚有百余万串，自从开市营业后，由于商场重现钱而轻纸币，纸币与现钱交易，差价太远，以故秦丰字号发生挤兑纠纷，虽经出示保证兑换，并派兵弹压，还是不能平息。尤其是每日所付之款，多为军人兑去，商民人等执票不能取钱。军政府遂于十月初旬拟定秦丰字号暂行兑换时间：1，每日上午八至十一时，为军人及各公所兑换时间。2，每月下午一至五时，为人民兑换时间。过时或未到时，无论何人不得侵越。兑换时间公布后，还特别通饬各部队官兵严格遵守，这样，才使挤兑现象逐渐好转。但纸币与现钱差价问题仍未合理解决，军政府又于十二月初三日召开会议决定：无论还债、归款、买卖，均以现钱与纸币各半通行。至银钱价值，由钱市按日规定，呈报民政、财政、实业各部及商会备查，以归划一；所有零散，可用现钱搭找。还债者不得尽用纸币搪塞，讨债者亦不得尽索现钱。而地丁、厘税，亦准以纸币照市价作银完纳。公家用银用钱，亦照市价开支，以维币政。（《陕西辛亥革命回忆录》）

2. 新疆

新疆各局沿革情况

（光绪）三十四年（1908）藩司王树枏拟推广办法①，省城设立总局一所，镇迪、伊、塔、阿克苏、喀什葛〈噶〉尔等城各设大局一所。南北府厅州县除蒲犁、若羌、霍尔果斯不计外，余均设分局一所。惟迪化分局须由镇迪大局兼办，总局由藩司督办，大局由各道督办，均用文案收支各项委员。分局由各该地方官谕派本地绅商充当董事，局内执事人等由各该局董聘雇。每年所得红利一半归公，一半作为薪劳。局费公家不另开支，惟总局、大局所用提调、文案、收支委员应支薪水及局用油烛、纸张、煤炭，准由归公红利项下开报。成本总共银一百二十万两，六成官票，其余四成以金元、银元、纹银、红钱四项合计。此项官票均系由沪办来洋帖，帖准其完纳粮税及缴一切公款。地方总司出纳每届年终，将收支数目填表列册呈报总局、大局一次。瓜代移交，眼同监交委员三面核算，盘算清楚，由接手之员出具切结，造册申报。订有设局章程二十条。以上各项官币，勿论携至何处，可以互相兑换，但令照章加水。越过一道，加银五钱，新疆四道递加至二两五钱为止。倘或因事远出，官票难于携带，准将官票缴局，南北两路听其通融、汇寄，订有汇款章程六条。至于乡民遇有缓急，准具连环保结，向局通挪接济，按期远近，酌量取息，不逾三分，藉示限制。（《新疆图志》卷三十五《食货·四》）

3. 甘肃

会详开办官银钱局暨拟定章程局规文②

为详请事：

窃本年（1906）十一月十八日案奉宪台札开，照得甘省钱荒银绌，公私交滞，曾经本督部堂③拟造银钱各票行使，以冀流通市面，现值年

---

① 即统一新疆货币办法。
② 此文为时任兰州道彭英甲所陈，内容为设立甘肃官银钱局情形。
③ 即陕甘总督升允。

关近逼，钱荒愈甚，银价日落，殊于商民俱有窒碍，自应开办官钱局以济目前。除札饬前山西寿阳县知县秦锡圭充该局坐办委员外，合行札委甘藩司、兰州道总办局务，候补道孙道会办，俾昭郑重而资稽察。为此，札仰该道即便遵照，刻日会同甘藩司并孙道筹拨官本，印造暂行钱票，督令该秦令将设局、行票各节拟就办法，慎择妥人，迅速开办，务期苏市困而保官本。仍将拟办章程具报、察核。切切毋违。此札。到本司、职道。奉此遵即会商，督同坐办委员秦令锡圭慎择熟悉商情妥人择地布置，详拟章程十九条，局规八条，告示随附章程十三条，理合分别缮具清折，详请宪台察核示遵。如蒙批准，拟即由司库、厘局筹拨现钱五万串，印造暂行钱票五万串，又酌量借发开局经费暨在上海采办石印套色银钱各票工本银三千两，发令该委员具领，赶速择日开办，以济钱荒而慰宪厪。是否有当，伏乞照详施行，须至详者。(《开办官银钱局》，彭英甲编：《陇右纪实录》)

陕甘总督升允奏设立官银钱局请敕部立案折

奏为甘省设立官银钱局以便民用，拟请敕部立案，恭折仰祈圣鉴事：

窃查甘省地处边方，民情朴固，市上交易并无银铜各元，惟将银钱互换以为流通。而用钱尤较用银为便，势既处于偏重，数又无可增多，以故近数年来，钱价奇贵。每银二两只能换得制钱九百文。三十二年冬间，年关紧急，大有商民交困之势。奴才目击情形札饬司局宽筹的本，在省试办官银钱局。三十三年又在上海购印套彩银钱各票，发局通用，许以民间完纳钱粮、厘金，与现银、现钱无异。惟是票据之取信，视乎成本之轻重，应求无爽则实。若真金输转不开，则弃同废纸。此项官本非凑齐二十万金不足以资周转。而司局两库支绌异常，已先各筹银五万两，共银十万两暂作成本，嗣后设法再行续拨济用。至设立宗旨，重在维持市面而调剂盈虚，与钱店主意不同。故虽亦兑换银钱，而赔贴之事，时一有之。局中薪费各开支不能不妥为筹划。拟将余存银两准令殷实钱铺短期拆息，俾济公用而免私亏。其余营业之事自准度支部来咨，虽亦随时议及，而便民疾苦，既无寄款之人，存本未充，尚少推行之力。先拟在于西宁分局买卖生金、生银。而试办之初，成效未著。惟既具有银行性质，自应遵照度支部章程一律注册，仍将部定营业事项逐渐扩充，冀与部设银行及各省公私银行呼吸相贯，以上副朝廷整饬财政之至意。所有甘省开办官银钱局将及两年，规模初定各情形，据该局总办署布政使陈灿、署按察使彭英甲、署兰州道孙廷寿会详前来。合无仰恳天恩，俯准敕部立案，以重官本而便舆情。除饬造册表咨部注册外，理合恭折具陈，伏乞皇太后、皇上圣鉴、训示。谨奏。

光绪三十四年十月初四日奉朱批：度支部知道，钦此。（《政治官报》光绪三十四年十月初六日，总第364号折奏类；《大公报（天津）》1908年11月2日）

（四）华中地区官银钱号举办、沿革情况

1. 湖南

湖南巡抚陈宝箴片（光绪二十二年二月）

再湘省制钱缺少，已阅多年，惟当饥馑之时，小民生计因之益窘。臣于上年冬，由鄂附铸银元来湘，冀可稍弥其缺。而钱商利用钱票，终非所愿。臣于各该钱店甫领银元一万两之次日，阴使人持银及钱向换鄂铸银元，遍历十余家，均称无有，并辄昌言，于市银元，无人行用，下次决不能领等语。奸商抑勒、把持，利权操之自下。此自各省向来通病，又不特湖南为然。臣诚不胜愤懑，因与各司道并省城绅士、前国子监祭酒王先谦等往复熟商，皆以为欲持其敝，非开设官钱店不可。而公私闲款罗掘久空，实更无可奏拨。乃就各局现存待用诸项，通盘筹划，权衡缓急之序，稍一转移，实可应之无匮。业于本年二月十六日在省开设阜南钱号官局，遴选身家殷实、廉正，而又久孚乡望绅士、在籍江西候补道朱昌琳一手总办，以专责成。所有宝南局鼓铸制钱一事亦即令该绅来局经理，实事求是。且于市肆情形不稍隔阂，小民生计隐有裨益。所有湖南省城开设阜南官钱局缘由，理合会同湖广总督张之洞附片陈明，伏乞鉴核。谨奏。

（朱批）知道了。（中国第一历史档案馆藏档）

湖南巡抚俞廉三片（光绪二十五年五月廿八日）

再湖南省城于光绪二十二年（1896）二月间开设阜南官局钱号，遴选在籍江西候补道朱昌琳经理，就善后、厘金等局现存、待用诸项权衡缓急，筹银四万两作为官本，腾挪周转，藉以流通银元，行使官票，冀得维持钱法，利益商民。并提所获息银津贴长沙、善化二县承办科场经费，均经前抚臣陈宝箴先后奏明在案。兹据朱昌琳以年力衰退，呈请辞卸钱号事务，情词恳挚。当经臣批行司局查议，旋据覆称：会绅稽查银钱数目，体察市面情形，详请停止。等语。

臣查阜南开设之初，本以流通银元、行使官票[1]。现在银元渐次通用，已无待于推行。而官票不能行使，久已停止印造。该钱号开设三年，获利甚微，仅供号中支用，以之津贴科场经费，亦属不敷。近来各局款项倍形竭蹶，更无存留待用之银接济官本，自应及时停止，以免亏折而节靡费。当饬将该钱号即日收歇，并将官本银两按款收回，新铸银元即令殷实钱店分领行用，长、善两县科场经费仍照向章办理。所有停止阜南官局钱号缘由，兹据布政使锡良会同厘金、善后两局，各司道详请具奏前来。除咨部外，谨会同湖光总督臣张之洞附片具陈，伏乞圣鉴。谨奏。

（朱批）知道了。（《光绪朝硃批奏折》第九十二辑）

湖南巡抚俞廉三设立湖南官钱局

光绪二十六七年时，清廷因庚子赔款及改练新军，每年不敷之款，达一千六百五十三万元，需视各省肥瘠，分别摊派，湖南每年应解之数，因达二百三十八万余两。二十八年，湖南洋务局因征解赔款，其间匆促，尽提长沙各钱庄所存款，时各钱庄款项多已放出，一时无法收回，限期迫急，复无回旋余地，遂致纷纷闭倒，著名大钱庄如泽春、春和祥、集义、泰顺、喻义等，亦在不免，公私损失，不可胜计，官方遂有设金融机关经理公款之议。

（光绪）二十八年（1902）秋，巡抚俞廉三，乃决意开办官钱局，委知县沈瀛赴汉口，查抄章程，一面令善后局司道，筹现金十万串，并

---

[1] 原文如此，疑少字。

查出官产多处，拨归官钱局为其发行票币之保证。是年冬，即由廉三委瀛筹备，租定理问街民房一所，为设局之地，并由抚院委道员陈家球为总办，瀛为督办，绅商粟德源为总理，即于是年十二月，先行营业，二十九年（1903）一月正式成立，定名湖南官钱局。（胡適：《湖南之金融》，曾赛丰、曹有鹏编：《湖南民国经济史料选刊》（1））

2. 河南

河南巡抚刘树堂折（光绪二十二年五月廿九日）

头品顶戴河南巡抚臣刘树堂跪奏为豫省银贱钱贵，请设官钱局以平市价而便商民，恭折仰祈圣鉴事：

窃查近来银价日贱，每两仅易钱一千二百有奇，市面制钱日缺，商民隐受其累。而各营兵勇薪粮等项多受折耗，尤其显著。欲求调剂之方，自以鼓铸为至计，使制钱充盈，价值自平。无如豫省工本难筹，未易议及。查光绪十三年（1887），郑工①事起，钱价腾贵，开设豫立官钱局，市价渐平，公私称便。目前各省银价皆低，情形虽属不同，但亦不得不因时设法，勉图补救。现拟循照前规，于省城设立官钱局，名曰豫泉，先由司库筹借银二万两以为局本，并饬附近省城各州县及芦盐加价局征收正项，现钱酌提、解赴官钱局，易银上兑，庶制钱来源、转输不竭。并兼用钱票，以便取携，仍听随时赴局换钱。惟局事需员经理，查有候补知府黄履中从前委办豫立官钱局，实事求是，综理精密，现仍饬委该员经理其事，以资熟手。一切仿照旧章，悉循商规，公平交易，但使市侩无可居奇，钱价自渐平减。一面由司另筹二万两委员解交湖北附铸银元，俟解回分发典铺，核定价值互相交易，并准持赴官局兑换，俾易信从。果能日渐流通，亦可辅制钱之不足。据藩、臬两司会同粮、盐道核议，具详前来，除批饬定期开办外，相应恭折具奏，伏乞皇上圣鉴、训示。再该局一切薪工，并不开支公款，合并陈明。谨奏。

（朱批）户部知道。（《申报》1896年8月29日）

---

① 指1887年9月30日黄河在郑州下汛十堡处决口后抢修一事。

3. 湖北

设立官钱局片（光绪二十三年正月十二日）①

再湖北钱少价昂，商民交困。虽议设炉购机鼓铸，一时骤难即有现钱供用。至行用银元，本以辅制钱之不足，而民间持向钱店易制钱，每为奸商所抑勒，以致钱价仍不能平。查从前各州县解缴丁漕钱文皆在各钱店易银上兑，于是制钱专归钱店，该号遂得以抬价居奇。臣等与司道熟商，惟有设立官钱局，制为钱票、银元票，精加刊印，盖用藩司印信及善后局关防，编立密号，层层检查，如有私造者，照私铸制钱、银元例严行惩办。通行湖北省内外，此票与现钱一律通用，准其完纳丁漕、厘税。凡州县丁漕向来以钱赴省易银者，概令由官钱局易银上兑，即以此钱供民间持现银及官票来局换钱之需。民间来局换钱者，概照市价。钱票以制钱一千文为一张，银元票以大银元一元为张。盖以数少、票多、工精、罚重，则作伪者自绝。当于上年夏、秋间在武昌省城设局试办，派委廉谨、诚实之员经理。现又于汉口设一分局。以资推广。行之半年，向无弊端。有此官钱局之钱票银元票流播民间，庶可补现钱之缺乏。臣等仍当督饬司道随时严加稽核，体察民情，与时消息。行之既久，民信既坚，官票大畅，则市价自可渐纾矣。

朱批：户部知道，钦此。（《张文襄公全集》，卷四十五《奏议》）

张之洞奏设湖北官钱局

又奏，湖北钱少价昂，奸商居奇，现设立官钱局，制为钱票、银圆票，与现钱一律通行，以平市价而纾民困，下部知之。（《清实录·德宗景皇帝实录》卷401）

高劳：革命战事记（节录）

黎元洪都督既就任，传令不得在城内放炮，不得妄杀满人。一面派兵守卫藩库、官钱局、储蓄银行、度支公所、财政处。（《东方杂志》1911年第八卷第九期）

---

① 此文为湖广总督张之洞所上。

（五）西南地区官银钱号举办、沿革情况

1. 四川

宫门抄

鹿传霖片：

再近年制钱短缺，几于各省皆然。然川省因铜斤不甚畅旺，宝川局鼓铸未能足卯，钱价日昂，商民交困。曾前在陕西任内，曾经奏明试办官钱局票，已著成效，因咨取章程来川。参酌川省情形，督饬藩司委员定章，酌筹官本，刊刻木制关防，名曰蜀通官银钱局，于本年（1896）正月二十四日开局试办。其行使官票一切，悉按商规，公平交易。查钱票首防伪造，因购制石印机器局，刷印票纸，真伪易辨，足可杜弊。复饬近省各厘局，全数运钱至省，以备兑换，俾以票易钱，辗转流通，不致缺乏。并令商民完纳税厘，均准搭用官票，示民以信。创办之初，民间尚未行票，不免疑虑。查有补用知县陈锡鬯，心细才长，曾署成都首邑，舆情信服，因派该员专司其事。晓谕盐、当各商一体行用。两月以来，商民颇知官票之利取携甚便，行用渐多。由城市及于乡场，近已推行至外属矣。夫民可于乐成，难于图始。今官票既已畅行，亟应设法推广。现拟多印钱票，札饬各州府转发所属，责成盐当各商及富商巨贾承领、使用，随在可以取钱，征收钱粮亦准搭用，以期合省信从。推行愈广，则银票亦可次第举行。兹据藩司王毓藻以行使官局票试办已有成效，详请奏咨立案前来。

伏查川省民间向不行用钱票，而且民情浮动，创办尤难。乃数月以来，竟能一律畅行，商民称便，实得力于知县陈锡鬯善于经营，广为劝导之所致。从此渐推渐广，将来举行银票，亦于此立其始基。现已饬委员分处开办，矿务略有端倪，以后铜斤可期渐旺。复拟分购机器，于省城铸造制钱，于川东铸造银元，以期开浚利源，便民利用。刻已委员前赴上海购置机器，一俟购运返川，再行另案奏报。所有川省试行官票已著成效缘由，除咨部立案外。理合附片具陈，伏乞圣鉴。谨奏。

奉朱批：知道了。钦此。（《申报》1896年9月19日）

四川总督锡良折（光绪三十一年（1905）四月初六日）

头品顶戴四川总督臣锡良跪奏为川省创办银行，酌拟章程，恭折仰祈圣鉴事。

窃维货币贵乎流通，利源期于开广。泰西各国以商战雄视环球，莫不有总汇财政之区以为枢纽，其力既厚，其用自宏，故虽越数万里而遥创制、经管，财用不虞匮乏。方今户部奏请设立银行，各省亦多次第筹办，藉以维持财政，扩兴商业，实为今日迫要之图。川省年来拨款迭增，每年京外协饷，新旧偿款，为数甚巨，多由商号承汇，其汇期之迟速，汇费之涨落，一任居奇操赢。且际兹银紧钱荒，本省出入款项，亦复周转不灵，官商咸以为苦。银行为财币总汇之所，自应亟筹兴办以浚财源。当经督同司道一再筹商，拟由司库筹拨银三十万两，另招商股二十万两，共合官商股本五十万两，先于成都、重庆两处开设银行，并以股款试行大小钞票，无论盐粮厘税，一切交纳公款，均准搭用。所有股银，专备支发票项，不准挪作别用。俟根基稳固，再行分设京、津、沪、汉等处，以期展拓规模，扩充利益。惟兹事体大，创办维艰，必须有熟谙商务、结实可靠之员，方能胜任。查有奏调山西候补知府周克昌，堪以派充总办，专司其事。并饬藩司督同办理，妥议规章，俾垂久远而资信守。兹据布政使许涵度条拟章程，详请奏咨立案前来。除饬俟股款筹齐，刻期开办，仍将未尽事宜，随时体察情形，妥慎办理。并咨部查照外，理合缮具清单，恭折具陈，伏乞皇太后、皇上圣鉴，敕部查照立案施行。谨奏。

五月三十日奉到朱批："财政处、户部知道，单并发。钦此。"谨将川濬设立银行章程，缮具清单，恭呈御览。（《光绪朝朱批奏折》第九十二辑；另参见《锡良遗稿·奏稿》第一册）

濬川源总银号定期开办（成都）

四川商务局员候补知府周克昌前曾禀经川督（锡良）奏准开办濬川源官银号，在重庆、成都、北京、上海、汉口等处分行办理。现已定期于九月十一日在成都开设总银行，故周于前月底赶赴省垣料理一切。（《申报》1905年11月9日）

2. 云南

度支部造币滇厂宣统元年（1909）十月初九日移劝业道文（节录）

准度支部咨通阜司案呈：

窃查本部上年十一月间具奏清理财政办法折内，曾经声明各省官银钱号，无论旧设、新设，将开设年月及资本实数发出纸票若干，限六个月逐一详细列表送部，以凭稽核……准此。查滇省尚无官银钱号，市面亦从未使用钞票。自光绪三十四年（1908）正月敝厂开铸银铜元，始于本厂门头内之车厢附设售钱处。虽颜曰官银钱局，实与他省特别组织之官银钱局名同而实异。① 缘局内并未另筹资本，即以敝厂铸出之银铜元交其销售。所有薪工火食均由敝厂开支，家具器用亦由敝厂备置。既无存放债帐〈账〉，则部颁出入对照等表均属无从填报。惟开办之初，意在开通风气，印刷五元、一元银币票，一串文钱票三种发市试用。为数无多，商民随时支取现币。至陆续售出之票，至年终仍即收回。其未收回者不过十成之一。兹将光绪三十四年（1908）全年售出钞票折合银两各数目遵章汇填总表并加填四柱附表，以便稽核。其自宣统元年（1909）正月起至五月底止仍按月填报散表以符定章。准移前因，相应将填就各表备文移送贵道，请烦查照，详咨核办施行。

附表1　光绪三十四年（1908）云南官银钱局发行钞票四柱表②

票目	旧管	售出	收回	实存
五元银票	共编填5000张	售出4678张	收回4150张	4472张
一元银票	共编填5000张	售出3998张	收回3556张	4560张
一千文票	共编填5000张	售出2985张	收回2884张	5899张

备考：查云南官银钱局自光绪三十四年（1908）五月开办，共印银元钞票五万张。

---

① 另据有关史料，云南在1905年丁振铎任云贵总督时即下令在宝云局旧址钱局街筹设银元局，此前云南在湖北协款内搭发银元，并在四川附铸铜元，"又于省垣设立官银钱局兑换，以开风气"。参看《云南造币分厂沿革记》，财政部钱币司编：《币制汇编》（第三册），出版地、单位不详，1918年版，第243页。

② 编著者对本表做了适当更动。

制钱钞票五万张，随即填就五元银票五千张、一元银票五千张、制钱票六千张发市行销，无如滇省风气不开，所有售出银元制钱钞票，为数无多，均随时售出，随时收回，在外甚少。计自正月起至十二月底止，所有售出五元银票 4678 张，一元银票 3998 张、一千文钱票 2985 张，收回五元银票 4150 张、一元银票 3558 张、一千文银票 2884 张，实在外五元银票 528 张、一元银票 441 张、一千文钱票 101 张。兹将各票发收除存数目另填表张以备稽核。其未填之银票四万张、钱票四万四千张，均另存局中，合并声明。

附表2　宣统元年（1909）六月份至五月份云南官钱局发行钞票数目表①

事项	银元		钱票
原编字号	共编填五十字，每字一百张，共五千张，已于上年全年发行表内填报声明。	同前	共编填六十字，每字一百张，共后〈六〉千〈千〉对〈张〉，已于上年全年发行表内填报声明。
票面数目	五元	一元	一千文
库存数目	旧存 4472 张	旧存 4560 张	旧存 5899 张
销毁数目	收回 17353 张	收回 17100 张	收回 16 张
流通数目	售出 16920 张	售出 16980 张	—*
流通折银数目	折合九六平公估银 60912 两	折合九六平公估银 12225 两 6 钱	
流通折银总数	同上	同上	
总计	折合九六平公估银 73137 两 6 钱		

备注：查云南造币分内附设官银钱局销售本厂自铸银铜各并允试销五元、一元银票，一千文钱票，所有薪工食良均由造币厂开支，家具器用亦由造币厂备置，并未另筹资本一切情形已于上年全年发行销票表内声明在案，惟滇省风气不开，售出各票，随时即收回，在外无多，兹将宣统元年（1909）各月份售出各票遵章按谓填报，合并声明。

＊原文此处空缺。

币厂备置，并未另筹资本，一切情形已于上年全年发行销票表内声明在案，惟滇省风气不开，售出各票，随时仍即收回，在外无多。兹将

---

① 编著者对本表做了适当更动。

宣统元年（1909）各月份售出各票遵章按月填报，合并声明。
钦命云贵总督部堂兼管云南巡抚事李经羲批劝业道：

　　查造币分厂各银铜元票，并未通行使用，现正陆续收回，自勿庸填表咨送。已由院将无从填报情形电达度支部查照矣，仰即分移考照。缴表存。

　　宣统元年（1909）十一月初六日
　　注：上列第二表 1 至 6 月原系 6 份表（因二月有闰月）现合并为一表（《云南近代金融史资料汇编》）

　　3. 贵州

贵州官钱局设立情况

　　（光绪三十三年（1907）十二月十一日）贵州巡抚庞鸿书奏：筹办黔省官局，就省城适中之地设立总局，并于省外冲要码头设立分局，与市面各号商联络一气，期于商情民困藉资考核。下部知之。（《清实录·德宗景皇帝实录》，卷584）

贵州巡抚庞鸿书奏办官钱局以维财政折（节录）

　　黔省汉苗杂处，币制夙未讲求。用银则成色参差，用钱则大小掺杂，毗连滇边一带甚至以秤戥称钱。其初以苗情固执，未便强使齐一。而奸黠之徒居间行伪，真假混淆，往往锱铢细故，动酿重案。商号长途输运时虞盗劫，关系商务、民生实非浅鲜。方今屡奉谕旨修明财政，若不设法整顿，何以副朝廷理财便民之至意。莫若仿照湘鄂等省试办行钞，庶期划齐，较易整饬，较有把握。臣与司道等再四筹商意见，暂由藩粮两库挪提本银十万两，现行派员赴沪购置一两、五两足纹银票及银元票、钱票汇票，分别订购约共五十余万张，又制二百、四百、五百文钱票若干张相辅而行，谕饬民间准其抵完钱粮、厘税等款，就省城适中之地设立总局一所，省外冲要码头，如遵义、安顺、毕节、镇远、铜仁、古州等处酌设分局，并筹汇兑，重庆、汉口、常德通商密切之地拟设分局，局中办事即遴委殷实稳练，通晓商情之候补各员，雇觅司事，切实办理。并与市面各商号联络一气，缓急相通，期于商情、民困藉资考核。商有不逮，以官力维之；民有未便，以官币平之。因地制宜，务令灵通取信，于财政、民艰两有裨益。现已筹定办法，一俟制钞到黔，即行开局，并刻木制关防一颗，俾昭信守。（《政治官报》光绪三十三年（1907）十二月十四日，总第84号折奏类）

贵州将有大银行出现

贵州向来贫瘠，自反正以来，支销较繁，财政更形窘迫。幸蔡衡武、华元宜诸君竭力经营，得以维持不敝。现蔡、华诸君又复组织银行，日夕不懈，闻已决议将前官钱局改为贵阳地方银行，请石公雨农主持办理。而中央银行（即贵州银行）则设在前藩署内（即现财政部），正在绘图估工，一俟该处军队迁移，即行修理。然当绅、大商皆谓迫不及待，已陆续将款存入矣。（《申报》1912年1月15日）

（六）华东地区官银钱号举办、沿革情况

1. 浙江

浙江巡抚廖寿丰折（光绪二十二年五月廿二日）

头品顶戴浙江巡抚臣廖寿丰跪奏为浙江制钱缺乏，开炉试铸，并暂设官钱局以便商民，恭折仰祈圣鉴事：

窃查浙省制钱停铸多年，市肆日形短绌。迨上年冬间，钱尤缺少，奸商掺用小钱，高抬价值，以致每洋一元易钱不满千文，商民生计交困。经臣饬司拨款赴粤、鄂两省，购运大小银元来浙，发商行使，以济制钱之不足，一面筹款采购铜铅，招募工匠，于本年（1896）正月十三日就省城军装制造局内光绪十三年（1887）铸钱炉座重加修整，试行开铸。因近来铜铅价值较昂，每文铸重一钱，成本过亏，且难免私铸之弊，不得不因时制宜，量为变通。仿照广东等省现在办法，每文铸重七分，仍按五铜五铅配搭镕铸。计铜铅各一百斤，除折耗三十斤，可铸净钱一百七十斤，合钱三十八千八百五十七文。核该工炭钱六千四百文，铜铅由沪运杭，每百斤需运费库平银二钱七分二厘。统计铸钱一千文，该工本银七钱九分，局用一切仍在外销款内筹动，期归撙节。并于防军支应局旁暂设官钱局，派员经理，将铸出新钱即购存广东、湖北两省大小银元限数配搭兑换。试用新钱，质虽略轻，市面已可通行。据防

军军司道详请奏咨等情前来。

臣维泉市义取流通，轻重务期适用。现在制钱日短，铜价日昂，若不设法鼓铸，诚虑私铸盛行，民生愈困。然分两过重，则不独成本有亏，款难为继，且奸民有利可图，私销私锻。盗铸必多，尤非峻法严刑之所能禁。所以近年各省设局铸钱，不能不核计工本，变通办理。该司道等参稽成案，拟以铜铅对搭，每文铸重七分，系为因时救弊，节官本而利民用起见。合无仰恳天恩，俯准施行。至官钱局之设，因甫经试铸，钱出无多，虑有奸商把持，暂设以平市价。应俟新钱旺出，市价渐平，即行停止。除一面督饬严禁私铸，妥筹办理并咨户部查照外，所有浙江试铸新钱并暂设官钱局缘由，理合恭折具陈，并将钱样齐送军机处恭呈御览，伏乞皇上圣鉴、训示。谨奏。

（朱批）户部议奏。（中国第一历史档案馆藏档）

官钱开局

杭州采访友人云：浙省制钱缺乏，大为闾阎之患，藩司龙方伯因禀商廖中丞（寿丰）倩湖北、广东二省代铸银元，以济制钱之不足，并谕令厘金局委员及各州县，凡征收厘金、钱、漕准一体通用，不得抑价，又饬防军局兼铸制钱。一面出示晓谕，每银一元不得换至一千文以内。无如猾侩奸商不肯行用银元，以致银价不能增长。方伯因拟设立官钱局，将新铸钱文搭用，每银一元作钱一千文，以便民间兑换。本月朔日，已在支应局左边立局开兑，每银一元可换制钱六百文，小银钱四角。总办委员系候补县石大令治棠、郭大令雅注。近日市上银价亦渐稍增，每洋换钱九百六十文，至铸钱事务，向由防军局员潘大令兼办。现在官钱开局，增设炉灶，因特委徐别驾树渊总理其事，以专责成。其稽查委员则按旬更换，以防弊窦。（《申报》1896年5月19日）

浙江巡抚冯汝骙片（光绪三十四年（1908）四月初六日）

再浙省财政困难，入不敷出，时借商款以资周转。不得不与商业银号、钱庄交接。而与商业银号、钱庄交通，机关不得不仿江苏、湖北、安徽等省，设立官钱局较为灵便，设或市银紧迫可藉官局以流通，公款艰窘亦可以通缓急。臣督饬司道公同妥议，就藩运关局共集洋银五十万元作为官钱局资本，先行试办。如获信用推行，再择各属商业繁盛之区设立分局。并仿江、鄂、皖办法，精制银元、局帖便利交易。凡汇兑，解交公款，与殷富存款生息均由该局与商直接经理，全仿商业银行，钱庄成法妥办，不准稍袭官中习气。兹据司道详报，三月初二日在杭州城内设局开办，会详、奏咨立案前来。除咨询户部外，理合附片具陈，伏乞圣鉴，饬部立案施行。谨奏。

（朱批）度支部知道。（《光绪朝硃批奏折》第九十二辑）①

浙江巡抚增韫奏拟将官钱局改设浙江银行折

奏为拟将浙江官钱局改设浙江银行，以维财政而利商民恭折仰祈圣鉴事：

窃维举行新政必以整顿财政为入手办法。前任抚臣冯汝骙于光绪三十四年（1908）四月附片具奏在浙江省城设立官钱局一所，数月以来，渐有端绪。惟专恃官办，资本无多。既虞周转不灵，且恐易滋流弊，奴才屡与司道悉心商酌，拟将该官钱局略事〈施〉变通，重加推广，改为浙江银行，官商合办为股份有限公司。资本以二百万两为额，分作二万股，每股百两。拟筹拨官款一百万两，再招集商股一百万两，由官派监督一员，监督一切经营事宜，另由股东公举经理、协理、董事诸员，分任厥职。俾官商互相维持，斯情势既通，庶足以防流弊而垂久远。

查度支部厘订《银行通行则例》第十四条，官办行号每省会、商埠准设立一所，此项浙江银行由省城官钱局改设，实止一所，与通行则例亦甚相符。伏思浙省财政奇绌，早在圣明洞鉴之中。迭奉明诏预备立宪，以九年分期办起，所有应行事件皆将次第举办，需款浩繁，必穷于罗掘。有此项银行，既可备公家之缓急，遇有地方兴办实业，创立公司亦得酌量入股，以示提倡。且可仿照官钱局旧制发行通用银钱票以利市廛周转。现在浙省货币多半墨西哥英〈鹰〉洋，我国银元转须贴水，利权外溢，国体攸关。倘行之既久，复易以纸币，则仅持一空纸，可操我财政大权，此不能不先事预防者也。故改设浙江银行一转移间，而流

---

① 另见《政治官报》第201号折奏类《奏开官钱局片》，该片署名为继任浙江巡抚任道镕。又参见《申报》1908年5月27日，第10页：《又奏开办官钱局片》。

通圜法之枢机与举行新政之根本皆基于此。其余抵制外币，挽回利权，尤非浅鲜。除将章程咨部立案外，所有拟将浙江官钱局改设银行缘由是否有当，谨恭折具陈，伏乞皇上圣鉴、训示。谨奏。

光绪三十四年（1908）十二月三十日奉旨：度支部议奏。钦此。（《政治官报》宣统元年正月初九日折奏类，总第449号；另参考《申报》1909年2月3日）

浙江巡抚增韫奏浙江银行赓续办理片

再浙江官钱局拟改浙江银行业，经奴才于光绪三十四年（1908）十二月十五日奏报在案，嗣后准度支部咨开：本部议覆浙江改设银行一折，奉旨依议，相应咨行，钦遵查照等因。原奏内称该省官钱局在清理之例，此时未便改设银行，致滋胶葛等语。窃维浙省官钱局改设银行系于本年正月间招商集股，官商合办，业由奴才遴委正副监督，饬该商等妥慎办理。据度支部奏称各节自系为慎重财政，切实清理起见。奴才查清理财政原为各省监理官责任，浙省当接准部咨之时，正副监理官适奉特简专员，自应饬令该局听候办理。现在正副监理官先后抵浙，当由奴才会同该监理官暨各司道，于旧有官钱局一切存放出入各款确按簿据，逐条逐项详加清厘，无胶葛之弊，应饬该银行赓续办理。除饬取详细章程咨呈度支部查照外，所有浙江银行赓续办理缘由理合附片具陈，伏乞圣鉴，谨奏。

宣统元年（1909）十月三十日奉朱批：度支部知道，钦此。（《政治官报》宣统元年（1909）十一月十六日，总第781号折奏类；参见《申报》1910年1月5日）

部议浙江银行暂缓改设（北京）

浙抚增韫奏拟将浙江官钱局改设浙江银行一折，业由度支部议复。略谓：伏查银行之设原为调剂盈虚，会通财政，必须机关统一，方能信用流通。近日臣部奏妥议清理财政办法六条，于各省所设官银钱局请旨饬令详细报部，正以期信用而防流弊。今该抚请将浙江官钱局改设浙江官银行，作为官商合办。查各省官银钱局臣部正在清理，该省旧有官钱局亦在清理之列，此时自未便改设银行，致滋胶葛，所请官商合办银行之处暂毋庸议。

正月二十三日奉旨：依议。(《申报》1909年2月26日)

2. 安徽

安徽巡抚诚勋折（光绪三十二年（1906）正月初六日）

头品顶戴安徽巡抚奴才诚勋跪奏：

窃惟理财之道，如治水然，疏浚宣泄，因时制宜，如斯而已。值此度支告匮，百废待兴，咸视财力为举措，而整顿财政，首在疏通。皖省居长江流域之中，上通川、楚，下连苏、杭，与江南、江西三省同为京南半壁。异日设关开埠，尤上下游扼要之区。一切新政亟待振兴，在在需款。顾库储万窘，仰屋徒嗟。自限制铜元之议起，昔之仰给余利者，至此益形竭蹶。剜肉补疮，肉尽而疮亦溃，势不得不急求疏通之法，为目前溍利之谋。

查北洋已设兑换局，江南、江西等省亦已次第开设官钱局，行使官钱票，疏通铜元，互相维系，商情悦服，利用称便。皖省犬牙相错，特囿于局面，开拓较难。瞩今商战初萌，群情发达，深赖官为提倡，以保利权。若不及时仿办，不特相形见绌，抵制无由，且恐生计内穷，利源外溢，恢张庶务，益苦拮据。现饬司局妥慎筹商，就皖省现在情形，援照南、北洋、江西、两湖等省成案，并参酌各该省已行成法，量予变通，妥拟章程，择期开办，名曰裕皖官钱局。遴派员司，核实董理，先行试办，附设于省城商务局内。大旨以联络商情，维持财政，与宁、赣等省合为一气，共济时艰，务在溍本省之财而不夺商利为宗旨。一面刷印精细条纹，与铜元相辅行使，凡钱粮、厘金、关税一切公款，均准搭收。并饬各属备价领销，以资流转。其钱条所出之数，务令取信于人，款归有著。如果推行尽利，则下而芜湖、屯溪，上而凤、亳一带，凡商会所萃，皆可分设，以图扩充。惟开创之初，端资底本，拟先由司库筹拨银十万两正〈整〉，作为开办经费，将来或如数筹还，或永作成本，随时察酌定夺。据布政司、商务总局详情奏咨立案前来。

奴才查部定新章，行用纸币乃中央银行特有之权，各省不得任意制造。皖省现设官钱局，参各省之成规，救目前之坐困，但仿商店，市面所用，名曰计存钱柜，系为疏通铜元，便于携取起见，且只行销本省，不能出境，是与国家总分银行名实既不相同，更与部颁纸币行用各省者亦无窒碍。总期下有便于民用而上亦不悖夫部章，以仰副朝廷底慎财赋之至意。所有安徽省开设官钱局试办情形，除移详细章程分咨查照外，谨会同署两江督臣周馥恭折具陈，伏乞皇太后、皇上圣鉴、训示。谨奏。

（朱批）财政处、户部议奏。（《光绪朝硃批奏折》第九十二辑；另参考中国第一历史档案馆藏档）①

各省理财汇志：安徽

前皖抚诚果帅（诚勋）以北洋设立兑换局，江南、江西开设官钱局，行使官钱票，疏通铜元，互相维系，颇称利便，特仿其举办办法，参以本省情形，于省城商务局内设立裕皖官钱局以联络商情，维持财政。并刷印精细钱条与铜元相辅行使，凡钱粮、厘金、关税一切公款均准搭收。并饬各属备价领销，以资流转。其开办经费则由司库筹拨银十万两以充之。闻已奏明开办矣。（《东方杂志》1906年第三卷第七期）

安徽中华银行开幕②

安徽中华银行前经孙都督（毓筠）照会，卢君含章监督司员办理，业订于（1912）正月十五号开幕，兹将都督告示照录如左：皖军都督孙为出示晓谕事，照得本都督莅皖伊始，调查财政异常困难，军饷支绌万分，亟应筹设金融机关，以资补救。前经照会卢君恩泽，在于皖、芜二处设立安徽中华银行，监督在事司员办理在案。兹据《申报》：皖、芜银行均已成立，择于元月十五号开幕，凡各省汇兑以及银洋交易格外克己，并本银行钞票刻已印刷，指日发行。请即申报大总统及移知各省都督，并新设公家银行一体知照，仍请出示晓谕各界公同赞成等因前来。除申明大总统暨移各省都督及新设中华公家银行互相通汇外，合行出示晓谕，为此示仰皖境绅、商、军、学各界一体知悉。凡属皖省各州、县商埠，于本银行所出钞票，均应一律通用，视如现银，应纳关税、盐课、厘金、丁漕等项均准收解，并以该行钞票上兑不误。其有持

---

① 另可参见《清实录·德宗景皇帝实录》卷555，第361页。
② 前身即为裕皖官钱局。

票来取者，无论数之巨细，立即付现，毫无濡滞。此次本都督苦心孤诣组织银行，实为流通市面、维持商业之至意，凡我同胞谅表同情，是为至盼。特示。(《申报》1912年1月19日)

3. 江苏

张之洞奏设裕宁官银钱局①

署两江总督张之洞等奏，江苏钱价日贵，民用日艰，拟设官银钱局，行用官钱票，并添机增铸铜圆，报可。(《清实录·德宗景皇帝实录》卷512)

创设官钱局折②（光绪二十九年二月十三日）

窃照江苏地方，近年制钱异常短绌，钱价日昂，商民交困。大江南北，情形皆同。虽经前督臣刘坤一，于上年（1902）六月间奏准在金陵银元局增铸铜元，而民庶用繁，铜元一端，仍未足供全省之用。体察情形，惟有行用官钱票以济现钱之穷，且必须广铸铜元以应官钱票之取，庶可互相维持。臣等往复电商办法，应于江宁、苏州两省均设立官银钱局，同时并举，力量较厚，补益较多。以常理论之，宁属、苏属本为一省，既行官钱票，自宜彼此交兑互收，一气贯通，不分界限，庶足便商旅而广流通。即如民间银号钱庄，亦必各处多设分行，共一总号，随处可以取钱，可以汇兑，气势方宽。惟创办之初，或须有因地制宜之处，只可暂为各用各票，俾端绪较清，稽核较易。当饬宁、苏两藩司将应行遵办事宜，会商详办。

兹据江宁布政使李有棻、苏州布政使陆元鼎会详称：拟各就省城创设官银钱局一所，在宁曰裕宁官银钱局，在苏曰裕苏官银钱局。缮绘官钱票样，分注局名，拟请出使日本大臣，转托日本大藏省印刷局精制票版，印刷票纸，每票一张，作制钱一千文，准其完纳本省关税、厘金、盐课及一切公款，与现钱无异。江宁省城已由江宁藩司筹款添购铜元机器，扩充厂房，广为铸造，前于正月内奏明在案。苏州省城

---

① 时间为光绪二十九年（1903）五月。
② 此折为两江总督张之洞所上，内容为奏请设立裕宁、裕苏官银钱局。

现已由苏州藩司筹款创设铜元局，购机赶办，另折奏明。除储备制钱待用外，尤须多存官铸铜元，作为票本。凡持票赴局兑取现钱者，每票或取制钱一千文，或取铜元一百元，悉听民便。宁、苏两局之票版式样一律相同，惟局名及盖用两藩司印信各别，暂时各用各票。俟宁、苏本属流通，大信昭著，再行互相兑用，以期脉络贯通，合而为一等情，具详请奏前来。

臣等查中国民间日用，向以钱为大宗，钱缺价昂，商民皆病，其最苦累者，以三项为尤甚：兵勇之领饷，以银数计钱，过贵则饷项明不减而暗减；商贾之完厘捐，以钱数计钱，过贵则捐名不加而实加；至于盐务为尤甚，运商行销外省，以银数计，运商订场商之盐，场商收灶户之盐，皆以钱数计，钱价过贵则运商赢不补亏，势将停运，尤以大局有关。至于银价日低，则定货疑沮，百货壅滞，行旅苦累，一切商务民生均多窒碍。惟行用官钱票以代现钱，又多铸铜元以辅钱票，官票、铜元，两皆充裕，由官酌盈剂虚，权其收放，则可以损其过而常持其平。惟官票必须官收，示民以信，斯为行票之根本。官票既畅，钱价自平，民困自舒，实为今日利国便民之急务。

现已咨会出使日本国大臣蔡钧，转托日本印刷局，按照新寄票式代为制印，约计七八个月可以造成，寄回应用。现饬宁、苏两藩司，两局此时各用各票，以后体察情形，如可以交兑互收，再行定数，立限划付结算，设法防弊，以广流通。

朱批：著照所请，户部知道。钦此。（《申报》1903年5月12日）

官钱开局

金陵访事友人云：此间大吏仿裕苏官银钱司办法，卜吉本月二十日开设裕宁官银钱局，藉以行用钞票，流通当十铜元。先期由江宁藩宪李芗垣方伯暨江安督粮道胡砚孙、江南盐巡道徐叔鸿两观察会衔出示，倍言钞票之善，准民间完纳钱粮课税厘捐。如官吏商民有阻挠者，即投案诉知，以惩重办。开局之日商民赴局兑换者云集风趋，每龙银一元可换当十铜元九十枚，小银钱每枚可换铜元八枚，其钞票则每纸自一千文以至数十百千文不等，票上盖有藩司印信暨裕宁官银钱局关防。（《申报》1903年6月23日）

官银号改名接办（镇江）

常镇道郭观察以前办裕通官银号之尹姓业已病故，查有黄中书鼎堪以承充，爰嘱将所有产业、各契据存道作保，估值四十余万金。因号专收关税，有关国课，不得不益加慎重，至号名则改为义通云。（《申报》1905年7月20日）

鄂乱影响

裕宁官银局司道以沿江一带近自鄂乱之后，商情市面不无恐慌，金融机关遂形迫促，裕宁之分局分庄各埠林立，而驻沪分局尤为官局各部之总机关，有联合维持各分庄之责。值此时机紧迫之际，虽由沪局正经理陈子蘅主持，尚恐耳目难周，故于昨日又委候补知州张义澍为沪局驻局委员，以资遇事与沪上中外各银行钱业等随时随事筹商办理，一面咨请沪道请移商会传谕知照云云。本邑（上海）城自治公所董事李平书等电禀苏抚转度部，请以寄沪新银币四百万暂借作为抵押款，分各银行各钱庄通用，以救沪市，并电北京邮部大臣盛宫保（宣怀）寓所，已纪前报。兹得宫保回电，业已会商度部准予维持照办，已电达上海大清、交通两银行遵照，又电沪道转知商会一体维持矣。江督张制军顷拨现银四百万运沪接济，分储于大清、交通等银行内备用。此项现银即系李绅平书恳商度部借拨之一元新币，其式与龙洋相似，惟花边稍为改良，正面易团龙为双龙作上下交抱之式，中列"一圆"两字，币背排列满文，两旁镌有花朵，中刊"大清银币"，下列"宣统三年"四字。制法精良，分量亦足，惟恐市侩抑勒其价，一时难以流通云。（《申报》1911年10月22日）

4. 江西

江西官银号设立情况

而银币之铸则在明洪武初年，已设有货泉局，旋改为宝泉局，局址在南昌，是年市内德胜门偰家塘局内，置有六炉，专熔银宝，备官应用。迨光绪二十九年（1903），官银号应时兴起，遂将该炉撤废，另于官银号内设置官炉熔铸方宝、圆宝、圆锭三种，备丁漕收支之用。此外，尚熔有库宝以供兑解丁漕、赋税。迨各省造币厂纷纷设立，银元之用渐广，银宝炉亦渐废置……本省初发行之纸币为光绪二十九年（1903）官银号所发行之十足钱票与九五官票两种。（《江西通志稿》第22册卷八《金融事业》）

赣省官银号裁撤归并之原因（江西）

赣省官银钱号前因本省支用浩繁，库帑虚空，百计挪移，终难弥补，且每逢三八库期，所收不敷所出。正值办理宪政要务，需款孔亟，有万不能推迟者。兼之去年由劝业道傅春官经手借来之商款及本省之官银号扯借，两共不下百余万，均须本年悉数偿还，不可失信。于是由司道会议，拟向上海某银行借款三百万两，分年摊还。除偿还各款外，余款归入官银号扩充经营，以期一举两得。当即一面电商度支部，一面遴委大员驰往上海，与某银行说合。甫有端倪，款将入手，忽奉度支部复电，如需款甚急，可就近向本省大清银行商借，不必舍近求远，恐多未便。大吏阅电后，即飞电该员速行回江，暂勿订定借款。连日抚宪与监理财政官会议，即将官银号实行裁撤，归并大清银行，所有通省出入官款均归银行垫补，每年可节省银数十万两，而主持财政者犹可以借此稍免焦虑云云。现诸事均已部署周妥，不日预备归并矣。（《申报》1911年7月18日）

江西：官银号裁并确期

江西官银号本定于六月初一日归并大清银行，嗣因屡经改期，迄未照办。兹闻清理财政局核议详复决办，所有该官银号账目、纸币、丁漕、税款等项逐一清查，准于八月初一日一并移交大清银行接办。本省、外省各分号亦须次第裁撤，刻下该号上下人等异常忙碌，预备交替云。（《申报》1911年8月31日）

赣省官银总号

赣省官银总号总办张元懋，经军政府改委民国银行总理，到事不久，即闹风潮，复经彭都督①照会巨富朱臧成接充，朱坚辞不就。昨经

---

① 彭都督，即彭程万（1880—1978），字凌霄，江西省贵溪人，辛亥革命后曾任江西都督。

彭都督严催，文云："照得本军府设立民国银行，原为周转银钱，以维全省军需、市面、济用、保安起见，前查得该绅朱臧成素系殷实，兼娴计学，照会为该银行总理。原系因事择人，顾全大局，乃该绅一再坚辞，假讫他往，致令总理一席虚悬有日，殊于办事多数窒碍。在该绅慎重视事，情或可原，然江西一省辣虞，试问该绅所有生命财产能独行保全与否？为此再行催促，若命令到日，仍复推诿，是实有心弃全省大局于不顾，本军政府不敢不俯从众议，律以抗玩之咎。切切。此传。"（《申报》1911年12月10日）

（七）华南地区官银钱号举办、沿革情况

1. 广东

广东官银钱局设立情况[①]

广东官银钱局开设于清光绪三十年（1904）十一月二十日，当时的广东省军政当局，鉴于市面交易中银钱缺乏，香港纸币流通渐多，由两广总督部堂岑春煊〈萱〉、广东巡抚部院张人俊〈骏〉奏请，清廷准予设立广东官银钱局，由藩库、关库、广东海防善后局三处共筹备100万元作为资本金，由山西票号源丰润担保，成立了归善后局管辖的广东官银钱局。广东官银钱局总局设于广州濠畔街，总局之下设有驻沪官银号和各海关官银号：粤海关官银号、琼海关官银号、北海关官银号、三水关官银号、江门关官银号、甘竹关官银号、拱北关官银号、九龙关官银号。驻沪官银号即上海分局设立于光绪三十四年（1908）九月十五日。善后局委派知府史继泽、知县丁有庠前往开办；官银钱昂陆续拨付28.9万两作为资本金，并将大元票30万元交与上海分局尝试发行。辛亥革命后，广东官银钱局的机构略有变更，上海分局于民国元年（1912）8月结束。（钟丽文：《广东官银钱局和它发行的可兑换纸币》，《银海纵横：近代广东金融》，广东文史资料第69辑）

[①] 题目为编著者加。

2. 广西

广西巡抚李经羲饬令藩司设立广西官银钱号（光绪二十九年十月）

光绪二十九年十月初（李经羲）札饬藩司即布政使司："照得广西银钱紧迫，全不流通，以致公款均行支绌。本部院前派员在上海制就银钱各票，现已运到，应仿照江西办法，于桂林省城厘金总局，开设广西官银钱号，凡官号所出银钱各票，票背盖用藩司印信，均准民间完纳钱粮，厘税，并缴一切公款，如须兑现，即须照数发给，以示大信。所需资本，由藩库善后局筹备接济，倘市店奸商，把持折水，立即惩办。合以藩司（刘心源）为总办，另委丁道乃扬为专办，所有应用委员，司事及一切章程，饬即迅速妥议详复以凭奏咨。"

同年 11 月 1 日广西官银钱总号在厘金总局内正式开业，藩司刘心源会同丁乃扬上报《奉文在省城厘金总局内开设广西官银钱号遵将开办及启用关防日期呈请查核由》称："查开办官银钱号，以流通为宗旨，实财政之枢机，使奸侩无可把持，庶银钱渐期灵活，上下交益，无逾于此。顾考察市情，维持出纳，综核分筹，胥当详密，必无毫厘之谬，方副委任之隆。"

同年 12 月 30 日又上报《谨将酌拟官银行章程开折呈请宪鉴文》，附呈章程计分：宗旨、成本、处所、职守、收款办法、支款办法、管票办法、管银办法、应收款项、匀缺专章、贸易专章、考核、平色等 14 条（疑少一条，原文如此）。自述开办宗旨是：以流通为主，不以生息为能。"现于省城设立官银总行，并于梧州、浔州（桂平）、柳州、南宁等处设立官银分行。刊刷银钱票盖用藩司印信，无论省城及外州府县官款，均照数核收，不准稍有抑勒，致阻流行。"同日广西巡抚部院批示：据报"广西省开办官银行等语，应仍用官银钱号为妥，不用银行字样，应即更正。"同时奏请户部批准备案。（《广西金融史稿·广西史志资料丛刊之一》（上册））

广西巡抚张鸣岐奏广西官银钱号改办普通银行折

奏为广西官银钱号加拨资本，改办普通银行，恭折具陈，仰祈圣鉴事：

窃维泉刀之用，义主流通。桂省交通不便，商务疲茶，省埠行号资本偶难周转，倒闭时有所闻。非有官立银行不足以活动金融，维持商市。省城原设官银钱总号发行钞票，梧、邕、沪各设分号，只经理官款、汇兑等事，范围过狭，未能普遍商民。臣前拟将各官银钱号一律改办银行，并请将李湛阳、俞树棻、陈洪道三员调桂筹办，当于光绪三十四年（1908）五月初八日奏蒙谕允在案。惟此时造端宏大，必周咨博访，谋定后动，然后克底于成。原议银行兼办普通、殖业、储蓄三种，两年以来于商人营业之情形、民间生活之程度详细考查，自应先其所急，就省城、梧、邕、龙、沪官银钱总分各号一律改办普通银行，以植基础。鄂之汉口，粤之广州，湘之衡州等处，与本省商务、汇兑极有关系，当就各该处添设分行，期得脉络贯通，首尾衔接。现计省城设一总行，梧州、南宁、龙州、上海、汉口、广州、衡州设七分行。除将各号原有资本及递年余利分别拨作成本外，并添拨款项，足成一百万两为总分各行之基本金，俾资营运而昭信用。各号原日发行钞票，上年奉部章遵查，一个月内发行最多之数为一百四十九万七千两有奇，经监理官盘查报部有案。现改银行，应仍以此数为行钞最高之额，此后不得逾额增发。仍自本年起，每年收回票数二成，以符定章。此外，一切事宜悉遵部章办理。银行机关都为三部，在总行设总经理处，在分行设经理处，是为营业机关；在总行设总监督处，在分行设监督处，是为监督营业机关。并就总行设总理处为最高监督机关，以布政使、劝业道分充经理，派委俞澍棠充副经理，刊刻木质关防一颗，文曰广西银行总理处之关防，以资信守。用人、办事一切章程，悉心厘定，总分银行统于本年正月初一日开办。据经理处总副理布政使魏景桐、试署劝业道胡铭槃、奏调京师地方审判厅推事俞澍棠详请奏咨前来。

臣查银行改设三月，经理有方，商民称便，初基已固，可图扩充。饬逐渐推广，暨将殖业、储蓄两种妥筹续办，藉以提倡农工，为民藏富，期于边氓生计有裨。除随时督饬、稽查，严杜弊端，务规久远，并将银行章程，总、副理履历造册，备文咨部注册、立案外，所有广西官银钱号加拨资本，改办普通银行缘由谨恭折具奏，伏乞皇上圣鉴训示。谨奏。

宣统二年四月二十七日奉朱批：度支部知道。钦此。（《政治官报》宣统二年五月初一日，第935号折奏类；参见《申报》1910年6月15日）

3. 福建

闽省拟设官钱局（福州）

闽中财政困难莫可言喻，每年入款约二百万有奇，而出款则有三百余万元，以入抵出不敷甚巨。现拟开设官钱局藉资周转，但闽各钱庄资本充足，以素不见信之官与若辈竞争，恐非易事。（《申报》1906年10月6日）

议覆闽省拟设官银行官纸局折（北档房办）（节录）

奏为闽省拟设官银行、官纸局分别议覆，恭折仰祈圣鉴事：

福州将军兼署闽浙总督崇善奏拟将福建官钱局改名官银号，又奏拟就闽省财政局内印刷官纸各一片，均于光绪三十三年（1907）四月初一日奉朱批：度支部知道，钦此。钦遵由内阁抄出到部。

据原奏内称，闽省前因制钱缺乏，经前督臣许应骙于奏明铸造银元，绅办改为官办，并铸用当十紫铜钱折内，援照湖北办法，设立官钱局，流通市面，使银元、大钱相辅而行。办理数年，尚无流弊。惟原设之官钱局规模狭隘，亟应扩充、改良。拟将官钱局改名福建官银行，以宏体制。并于官银行内设储蓄银行，专收贫苦小民存储零星款项，酌给利息以资周转，而阜民生。

……

臣等伏查从前各省设立官钱局系因民间钱荒，为一时权宜之计。俾银元、铜币流通、周转，以辅制钱之不足。然各省自为风气，圜法纷歧，终无统纪。现臣部所设银行已立国家中央银行之基础，正在逐渐推广于各省设立分行，俾皆受成于中央，以收事权划一之效。如上海、汉口、营口、奉天、库伦、张家口、广州、重庆等处均已次第设立。福州亦系商务繁要之区，将来势在必设分行一处。是福建现有之官钱局只可暂仍其旧，不必改为银行，以免纷歧。至储蓄银行为便利贫民起见，俟部设之分银行成立后，各省均需兴办，或由官立，或由民立，届时再颁行银行法律制度使无参差，藉为中央银行之辅助，现在可毋庸置议。（奎濂等校勘：《度支部通阜司奏案辑要》第三册，卷五《银行科》；另见《东方杂志》1907年第四卷第十二期）

第二章 官银钱号与近代金融制度变迁

一 官银钱号的行政管理制度与机构设置情况

(一)行政、人事、办公制度

1. 天津官银号

纪官银号

传闻官银号总办有委江宁候补道李观察之说,系由某廉访一再保荐,惟袁宫保(世凯)尚未决定。盖以观察往日之名声及此次随(载)振贝勒出使之举动,官场、商民无不尽知,且又有自设之划汇钱庄甚多,若以之总理银号,恐不能服商民之心也。(《大公报(天津)》1902年9月21日)

银号迁移(天津)

庚子年联军驻津时,曾在东北城角建五层洋楼数幢。辛丑将津城收回后,即作为官银号及钞关之用。惟因工程草率太甚,渐见倾斜之势,近山关道及官银号禀明督宪,将钞关银号暂行移迁他处,以便修理。(《申报》1905年3月25日)

直督袁为委任杨俊元为志成银行总董襄理
刘炳炎改任督理天津银号事札饬津商会
光绪三十二年十月二十七日、三十三年二月九日
(1906年12月12日、1907年3月22日)

直隶总督部堂袁(世凯)为札饬事:

照得前因天津市面异常细滞,已由本地富绅招集股本,辅以官款,

开设志成银行，业经本大臣派委杨绅俊元充该行总督，石绅元士、卞绅煜光、王绅文郁、李绅士铭充该行董事，并委天津府凌守、蔡道汇沧随时稽查在案。查该行领有天津银行成本二十万两，蔡道也已离直，自应改委督理天津银号孙道（多森）随时稽查，期臻妥善。除分行外，合行札饬。札到，该商号即便查照。此札。（《天津商会档案汇编（1903—1911）》上册）

2. 湖北官钱局

周沉刚：湖北官票问题

当夫光绪二十二年（1896）四月，张文襄督鄂期内，意欲流遗金融，创办钱局。札饬善后局筹划其事，并委王合奎为专办，拨帑银五万两，制钱五万串，作为基金。筹备之际，曾由善后局发行五百串或一千串制钱票；通用钱庄，准在粮台兑款，人民因称之曰台票。迨夫官钱局正式成立，始发行一串文制钱票，完粮纳税，一律通用，人民因又称之曰官票。此湖北官钱局发行官票之滥觞也。未几，王合奎去职，继其任者为王廷珍、胡俊采、赵守毓等，五年之内，易四专办。于是专办视钱局如传舍，毫无振作之精神。有兑现者动遭护兵之侮辱，而员司亦恒盛气凌人，商民不敢接近，视为畏途。以故五年之久，而官票实际之流通数目，不过一百六十余万串而已……至光绪二十七年（1901），高松如接办以来，面目始为一新。首先裁撤护兵，一听商人自由兑现，流通渐广。翌年，向日本订印十串、五串、一串之制钱票，十两、五两之银两票，十元、五元、一元之银元票，凡可为流通之具者，无不应有尽有。其后复于沙市、宜昌、樊城等处，增设分局或代理店，专司兑现之事，人民以便于携带，咸乐用之。计自光绪二十七年起，至宣统三年（1911）八月止，所获盈余约逾五百万两之多。（《银行杂志》1926年4月第三卷第十一号）

札委连捷管理官钱局事宜（光绪二十四年十二月初四日）

为札委事：

照得湖北设立官钱局行使官票，原为便民通商起见，前据湖北善后局饬委候补知府赵毓楠驻局专办。现在官票行用日广，所有该局银钱出入款甚巨，事体益形繁重，赵守尚有他局事务，亟应添委大员会同管理，以期周妥。查有候补知府连捷，堪以委令会同赵守管理官钱局。赵守差务亦即改为管理官钱局。该守等务须谨严细心，严防作伪，量入为出，先事筹维。局中存款必须足供支发持票取钱之用，其紧要事宜随时禀请本部堂暨善后局核示，务期商民相信，官票流通，根本稳固，不然稍滋流弊，以副委任。并由善后局刊刻清、汉文木制关防一颗，文曰"湖北官钱局之关防"，饬发应用，以资信守。除分行外，合亟札委，札到该守，即便遵照会同赵守管理官钱局，遵照上项指饬事理，与赵守随时会商，妥筹办理。该守月支薪水银七十两，夫马银三十两，即在该局余款项下动支，仍将到局日期报查。毋违。（《张之洞全集》第 5 册）

郎官湖杂俎

汉镇官钱局总办王明府奎照老成持重，为张制军所器重。兹因嘉鱼县员缺，委明府前往署理。至官钱局总办一差不知以何人接办，刻尚未见明义也。（《申报》1897 年 3 月 13 日）

总办署任

汉口访事人云：官钱局总办李大令观涛现奉藩宪王苟棠方伯札饬，仍回汉阳县署任。至所遗总办一席尚不知委何人瓜代也。（《申报》1898 年 1 月 20 日）

鄂省官场纪事

署江夏县王聘卿大令调署蕲水县，已于本月初八日交卸大令。本兼办官钱局差，现将履新，所遗官钱局使委赵楚江太守接办，递遗之保甲局差则委朱惠之太守接办，均已先后分檄饬遵矣。（《申报》1898 年 11 月 30 日）

汉江夏绿

官钱局被毁后，员役皆赁居潮州会馆比邻某客栈，屋宇湫隘，不便良多，现已移居集稼嘴河某屋矣。（《申报》1899 年 5 月 25 日）

鄂省官场纪事

湖北官钱局总办某君拟就沙市、宜昌各设分局,俾台票畅行,盖亦维持市面之至意也。(《申报》1901年2月25日)

鄂省官场纪事

汉阳钢药厂委员高司马松如奉上宪札委,坐办鄂垣官钱局事务,涓吉本月初一日到差。(《申报》1901年10月3日)

委员稽核

汉口访事人云:汉口官钱局自阮韵清接办后,在信阳及各要镇设立分销处,局务纷烦,异常忙碌。湖广总督张香涛宫保恐阮一人不遑兼顾,爰札委刘仲章大令承绪常川驻局,承充稽核一差,以资臂助。(《申报》1904年11月10日)

官钱局总办回鄂(武昌)

湖北官钱局总办高佑诸观察前因安葬太夫人灵榇,请假回籍,兹已事竣。于初三日乘京汉火车抵鄂,赴督辕禀知后仍回官钱局视事矣。(《申报》1907年4月25日)

拨款建造官钱局(汉口)

驻汉湖北官钱分局系租民房开办,现经总办高松如观察饬员勘就鲍家巷地方民房购买建造,闻已拨银二万金修建洋式楼房以壮观瞻。(第12626号1908年3月26日)

鄂督举荐道府(武昌)

鄂督陈小帅①因近日举办新政,财源困难,全赖佐治得人。兹查有试用道湖北官钱局总办高松如,候补道代理巡警道、善后局总办金鼎,丁忧候补知府陈树平三员历委要差,均能实心整顿,各著成效,特于日前专折举荐。业已奉旨,高松如等均着交军机处存记。(《申报》1909年2月21日)

---

① 即湖广总督陈夔龙。

鄂督严参不知检束牧令（湖北）

鄂督陈少帅①刻据襄阳道施观察纪云禀称，撤任光化县典史吕宽专事赌博，交接同僚。如前巡防队统领吴直牧廷瑞、川盐局兼官钱局委员陈令伟、统捐局委员史牧谦、筹饷局委员宝倅益大都相与往来，互相征逐……当以在官人员理应制节谨度，爱惜身名，乃竟群居终日，作为无益，殊属不知检束。除吴直牧〔廷〕瑞业经撤差，应毋庸议外，所有陈令、史牧、宝倅三员均应记大过一次，以示薄惩。典史吕宽既经撤任，应饬司催令回省，随时查看，不准在河口逗留。光化刑席许伯苹虽已出署，仍由县严词拒绝，不准再到光化。嗣后该牧令等务须极力检束，毋得再蹈前辙，致干撤差。（《申报》1909 年 5 月 11 日）

要闻一（节录）

官钱局系劝业道高松如总办，其眷属即住局内，见外间兵叛，立刻闭门防堵。革军在外攻击良久，困其墙垣甚固，拖大炮至，意图轰毁，局中人大惧，急开门跪地迎降。坐办、委员朱守文学且头顶香盘匍匐阶下，革军以足踢之，亦笑柄也。（《申报》1911 年 10 月 21 日）

3. 浙江新关官银号

杭州官场纪事

杭州采访友人云：上城总巡孙立大别驾鼎新自去年奉征苉差次，迄今将次满期，臬司特委令留办一年，以资熟手。刻又奉抚宪札饬，兼理官钱局（应为浙江新关官银号）查察、弹压差。（《申报》1897 年 1 月 22 日）

4. 江苏金裕官钱局、裕宁与裕苏官银钱局等

局添会办

金陵支应局总理水陆防营军饷，自倭奴犯顺各海口，增兵添将，军饷浩繁。催缴拨发，昕夕经营。总办局务、前署巡道吴吉甫观察炳祥事事躬亲，近又兼办金裕官银号事务，以致积劳成疾，屡次请展感冒假。

---

① 即湖广总督陈夔龙。

而张香帅念目下军务、旁务，恐观察力疾从公，致成病症，故委总理两江营务处桂芗亭方伯、嵩庆会办局务，以分吉甫观察之劳。香帅体贴属员，无微不至矣。(《申报》1895 年 1 月 19 日)

江州客述 (节录)

九江访事人云，办理官银号兼办引盐江苏候补道郑济东观察之大公子纪常观察炳勋以孝廉官户部正郎，改捐道员指省安徽候补。(《申报》1898 年 9 月 5 日)

江督魏奏分别举劾属员折 (十三日) (节录)

头品顶戴两江总督臣魏光焘跪奏，为查明所属各员分别举劾，恭折仰祈圣鉴事：

窃维自强之道必推本于吏治，诚以吏治清则内政兴，吏治窳则内政坏，未有不讲内政而能言御外侮者，此旌别淑慝所以为当务之急也。臣到任以来，于接见僚属细心考核，稽诸政察以舆论，并证之各该管密考，既有所知，不敢不据实胪陈，以仰副朝廷澂浊扬清，澄叙官方之至意。查有江宁府知府罗章才，才优识卓，所至有声。现任首郡，理繁治剧，游刃有余。并提调派办处，事务条理井然，深资得力。前徐州府知府张濆，学优才裕，立品端方，勤政爱民，循声卓著。现任筹办学务处，苦心维持，深得本体。前署江宁府知府事、候补知府朱其昌才具优长，性情朴实，前于处府任内正值创办各项新政，该员条理明详，现经理官银钱局，筹划妥济。(《申报》1903 年 11 月 23 日)

苏省官报 (节录)

知州应祖锡禀知到裕苏官银钱局坐办差，调办湖北洋务局兼两湖官账局文案。(《申报》1903 年 12 月 12 日)

钱局改委

金陵访事人云：裕宁官钱局开办之初，上宪委朱子文太守其昌为坐办，既而太守兼办江宁府属清赋、督垦事宜，遂以钱局要公尽委诸陈世辅、黄邦懋。两委员作福作威，民皆疾首。不特滋闹之事时有所闻，甚至司事者恃势行凶，酿成命案①。迩经江宁藩宪黄花农方伯饬令暂停零兑，重订换钱章程，另委候补知府施太守焕为坐办，务将积弊一扫而空。各小委员中人类不齐，积重难返，若不认真淘汰，恐难实惠及民也。（《申报》1904年7月25日）

本馆接奉电音
（昨日午后二点钟阅二十分时，京师飞电传来上谕四道，敬谨译登）（节录）

十八日，奉上谕：夏时片：……前办官银钱局候补知县张仁荃账目含混，物议滋多……均着即行革职。（《申报》1904年8月30日）

扬州（节录）

驻扬裕宁官银钱局本在左卫大街，兹因其地距南河下各醢商较远，诸多不便，已于月之初七日移至苏唱街某宅。（《申报》1905年7月23日）

苏省官报（节录）

二十日委办发审局直隶州陈彭瑞禀谢奉委发审局差，并奉潘宪札委暂代裕宁官钱局坐办差。倪文范禀谢奉委发审局帮审差。（《申报》1905年10月18日）

苏省官报（节录）

候补道黄秉湘辞行，赴沪调办裕苏官银钱局，知府李厚礽禀知到差。（《申报》1906年1月14日）

银号求加火耗工资不准（扬州）

复茂官银号以近来百物昂贵，特至运辕具禀，求加火耗等工资。当奉赵都转批云：该号既经恩前升司加给工资银一钱，当应知足，乃辄思安求复额，殊觉得步进步，所禀着不准行。（《申报》1906年8月14日）

---

① 参见《申报》1904年6月2日第2版所载《钱局酿命》一文。

裕苏官银钱局将归商办（苏州）

苏省裕苏官银钱局奏准开办以来，业有数载，尚无成效。现闻拟归商办，派知府李厚礽经理，业经商会筹议章程办法数条，呈由苏藩陈方伯详请督抚核夺具奏矣。(《申报》1907年6月1日)

官膏局房屋暂缓翻造（镇江）

镇江官膏分局本拟设于西场街义通官银号内，因房屋不敷，已预备翻造洋楼。乃闻驻京英使于官膏专卖干涉阻挠，是以奉总办孙词臣观察函谕，嘱令从缓布置。(《申报》1907年9月19日)

派员稽查官银钱局账目（扬州）

南京裕宁官银钱总局司账许某等三人平时舞弊，积欠至万数千金，为总办孙茨臣观察查悉，将三人发交江宁县押追在案。现孙总办恐各分局仍有悬欠情事，特派总经理黄炳南前往清查，闻日内即须赴清、徐、里下河各局分别稽查云。(《申报》1907年10月12日)

拟定官钱局经理赏罚章程（南京）

江宁裕宁官银钱局日前拟定总分各局总经理赏罚章程六条呈请江督核示，奉批谓：据禀拟定总分各局总经理赏罚章程六条察核尚属周妥，应准照办。现在该局渐次扩充，计已设之局廿余处，道路遥远，款目纷歧，经理责任尤为重要，亟应不时密派妥人分往抽查，以防流弊。仰即遵照办理。至孙道请委会办一员，轮流考查，业经照委另札饬知。(《申报》1908年3月7日)

孙观察①改办茶厘差（南京）

湖北候补道孙词臣观察廷琳经江督奏调来宁，颇为倚重，所委各差均关紧要。日前观察忽坚辞各差，江督遂改委观察总办茶厘，至省垣各差均另委他员接办。裕宁官钱局差已札委沈观察铭昌接办矣。(《申报》1908年6月1日)

---

① 即裕宁官钱局总办孙廷林。

串劫巨款被获（镇江）

驻镇裕宁官银钱局司事陈某串窃钞票九千五百元逃逸，已见前报。兹经该局遣人四出寻觅，在东乡、丹徒左近将陈获住，当即送官惩办，并将原款追出，所少尚属无多。（《申报》1909 年 3 月 8 日）

尚书梁敦彦①等会学部奏会同核定游学专门人才折（二续）（节录）

留美法科毕业张康仁，广东人。由上海出洋肄业总局官学生派赴美国耶路〈鲁〉大学等学堂学习五年，回华派充天津水师学堂学生。自费赴美纽约法政学堂及檀香山法政司肄业，领有法科毕业文凭。随同纽约大审院练习二年，历在檀香山充法律师，美国嘉〈加〉里福尼〈亚〉省充法律师，就正金银行司会。奉调回国，历充裕宁官银钱局参议，兼法政学堂总教习，高等学堂法科教习，自治局法课课长、研究局教习。（《申报》1910 年 2 月 2 日）

江宁劝业道之权利职掌（北京）（节录）

其未设衙署以前，即以公所为办公之地。所需薪费等项，应将商务局原有经费悉数充支，如有不敷在于裕宁官银钱局盈余项下拨补。又裕宁官银钱局本系营业性质，电灯官厂及公园亦为实业，所关该局厂未设总办，俱应归劝业道经管。（《申报》1910 年 8 月 5 日）

难哉官银钱局之总稽查（通州）

官银钱局虽曰官办，实乃商业性质，必须熟悉商情者方能措置不谬。乃通如泰裕（南通、如皋、泰州）宁官局总经理朱韵琴系试用知县，去春夤缘得充通如泰海各局之总稽查，在各局月支薪夫津贴约二、三百金。而其为人见小重利，权诈百端。统计通如海泰四局所派私人将及五、六十人，不论才之可用，一味滥给薪水，于公家所损甚大。其在通州与商界全无感情，惟终日以花酒为乐。又常邀与局有往来之商号聚赌抽头，供其嫖资。前宠一妓，钟爱异常，拟欲置诸金屋。旋闻该妓别有所欢，朱乃酸风大起，公然向众大言曰："何物妄人，敢与大老爷争衡耶！"闻者绝倒。前月有新委某县之幕友由通州差次，纳一妓携之同

---

① 时为外务部尚书。

往，临行时姊妹设饯，龟奴杂进，而朱某亦昂然在座。其卑鄙如此。今通如各界咸谓：此人一日不离，则该局必难起色云。(《申报》1911年2月18日)

李革守在押近状

已革候补知府李薇庄太守亏空裕苏官钱局巨款，饬发苏州府看管，详情迭志前报。兹悉何肖雅太守以李薇庄系暂革人员，未便发往押所，遂禀明抚宪饬令李在府署裁撤发审局之房屋内居住。特派本府府照磨姚定信、府知事戴尔恒二员同住局内，并派家丁、护勇等看守。该革员住居署内，终日饮酒开心，与家中无异。近日且在局中空屋内饬匠起造锅灶，并用家丁、厨夫进内伺候。窥其意志，大有挺押不理之势。而府知事戴尔恒本已升补常熟县县丞，业奉牌示，今因此事羁绊，遂不能即赴升任云。(《申报》1911年8月24日)

论士大夫风节之衰（持严）（节录）

近年以来，赃吏败露之案，日多一日。（如往年贻谷、陈璧、李顺德等之参案，近来邮部铁路局、大清银行、裕苏官银钱局等之参案，均系赃吏舞弊之彰明显著者。外此尚不遑悉数也。）盖均抱此宗旨：久置官爵于度外，惟挪公款而饱私囊，以为后日逍遥地步。呜呼！仕途之现象若此，而欲国事之起色，其可得乎？(《申报》1911年6月5日)

陈子衡欠款理结

裕宁官钱局陈子衡前在源丰润经理号事二十余年，结欠银八千余两，现经理账处催取，陈已先还五千两，其余订立期票，已将全案注销。兹录节略如左：具节略。职商陈孝征敬略者，前奉谕饬还欠理账。等因。窃职帮伙二十余年，陆续支用八千八百余两，前有房产议单作抵，是以从缓。既蒙饬催，只得竭力筹凑。今先归还规元五千两，其余三千两订期立票，届时归结清楚。其尾找六百余两已由存折下抵冲清，将存折印销前抵之房屋，议单一张即请给还。至于号事，职虽无经手放账，即裕宁局务纷繁，亦当随时邦同清理，以尽义务。(《申报》1911年9月12日)

鄂乱①影响

驻沪裕宁官钱局曾奉总局颁定章程，遇有紧要公事传递电报，应用密码历经照办。兹因鄂乱之后，上海电报总局另改新章，如商界密电，皆暂停拍发，遍发传单知照各商界，因此驻沪裕宁官钱局密码刻难拍电。然裕宁沪局乃奉督宪奏办设立，即属公家之事，凡有密码均属秘密要件，岂可援照商界之例停止密码，实与公务有碍。爰特禀陈沪道请复上海电报总局，嗣后凡有裕宁官钱沪局发寄电报密码，仍须照常拍发，以重要公。等因。现悉刘观察已请电报总局总办唐观察照办矣。（《申报》1911年10月24日）

闸北纪事（节录）

陈都督②前日密派暗探往镇江，缉拿南京裕宁官银号经理黄某，脱逃未获。惟将同行之上海经理周鼎盛、茶房应福获解来沪，暂押闸北总局。（《申报》1911年11月23日）

5. 四川蜀通官钱局、浚川源官银号

天梯屡印

成都官钱局在拱背桥左近，系前督岑云帅（岑春煊）所设。云帅去后，规制渐形废弛，现经锡清帅（锡良）力加整顿，着委陆天池观察代为督办。（《申报》1904年1月6日）

查办私开钱庄（重庆）

山西候补知府周克昌挪移公款，开设浚川源官银号，复私开大川同钱庄，藉图肥己，现为吴侍御奏参，已委铜元局道员黄兆麟查办矣。（《申报》1906年12月9日）

周克昌因被参故回原籍（重庆）

商务局总办周克昌太守前因私开大川同钱庄，挪用浚川源银号款项，致被吴御史奏参。兹虽弥补无迹，然仍心不自安。爰向大府请咨仍

---

① 即武昌起义爆发。
② 即沪军都督陈其美。

回山西候补。所开之大川同已预备收庄，停止贸易，浚川源官银号则移交邹太守耿光接办。(《申报》1907年2月19日)

6. 陕西秦丰官钱局等

考察官员（节录）

又试用知县贾象山光绪三十三年（1907）十一月二十日到省，历经委充财政局收支漕粮，清查秦丰官钱局账目，清查鄠县烟苗地亩税，所监用关防兼缮校等差，扣至三十四年十二月供差一年期满。以上六员均应照章甄别，造具差委事实清册，由藩学臬三司加考，会详请奏前来。(《陕西官报》1909年第27期)

财政总局行兴安官钱局委员补造银钱清册并饬以后按月造册报局文

为遵批檄饬事：

光绪三十四年（1908）六月初十日奉巡抚部院恩（陕西巡抚恩寿）批：据该分局详齐光绪三十四年四月分局内收支银钱票各数目四柱月报清册一案，奉批据详已悉，仰财政局核饬遵照缴册存。等因。到局。奉此。查该分铺业经详明改归本局管，所有月报，出入一切银钱票数目均关将来年终考查。根据前因，未据径详本局，无案可稽，曾经分晰札饬在案。兹据详齐四月分册籍，仍未遵饬报局，以致无凭稽核。似此任意玩延，殊属不成事体。兹奉前因，合再札饬，为此仰分委员查照前来。奉批内事，理刻即遵照，并将本年正月至四月出入一切，条票各数目赶按月补造清册齐局，以凭考核。以后务须按月具报，勿得再事抗玩，致干未便。切切。财政总局札。(《陕西官报》1908年第10期)

7. 广东官银钱局

广东官银钱局情况

广东官银钱局向设提调一员，坐办一员，稽核一员。宣统元年（1909）十二月间，因总理收放款目重要，将司理一人改为委员，司账三人，誊清一人，管库二人，文案二人，启书一人，管理银票兼签字二人，签字一人，管理售票、收票、关纹、外账各柜并监平五人，编票三

人，银匠九人，学习银匠三人，护勇四名，书办三名，杂役四名，守门一名。(《广东经济发展史》)

署两广总督岑奏整顿粤盐积弊折（二十二日）① (节录)

（光绪）十七年改纲归所，迄今几百年之久。商阅数传，官经多任。中更兵燹，引地蹂躏，展限减饷，所在多有。承平之后虽亦多方弥补，无非东挪西凑，上顾奏销。近年捐款日增，商力日敝，引盐愈贵，私盐愈多。官商以食弊为故常，枭贩以洋界为渊薮，私船回关则重运盐货，商船赴埠则夹带灌包。自场员以至缉私厂卡，自衙署以至挑运船足，凡有干涉，莫不染指。以致官引为私冲占，销数日形短绌，积欠饷杂为数甚巨，请减引饷之案比比皆是。诚恐日久宽纵，且将失固有之利源。欲求穷变通久之方，不得不筹因时制宜之策。查现任运司信勤忠亮为心盐务，是其专责，甫经到任，无所用其回护。兼署藩司程仪洛素有综核之才，前在两淮运司任内整顿盐法，成效昭著。江西委用道何作照任事实心，条理精密，且其籍隶广东，于盐务甚为熟悉。该员经署江西抚臣夏（时）调往办理官银钱局，臣与夏时再四电商，暂行调粤。拟即饬令该司道等设局清查，俟将一切利弊查明，或仿两淮督销办法，或照四川官运成案，或先改办数处，或并全纲统改，总期裕帑而不病商，为粤中增一巨款。(《申报》1904年1月8日)

官银钱总局之新现象（广东）

粤省官银钱局奉改为官银钱总号，并由藩司延订存记道朱荣璪为总经理已纪前报。现闻朱道已于十五日接办，惟以上海为金融总汇之处，必须常驻上海方能呼应灵通，拟于日间启程前往。总号事务则倩由候补道吕渭英代表办理一切云。(《申报》1911年4月26日)

官事（节录）

驻沪广东官银号经理补用知县丁有痒江苏补用。(《申报》1908年10月17日)

---

① 该奏折连载于1904年1月7、8日《申报》第十二版，此为8日续载部分。

8. 奉天与东三省官银号

东报东三省要闻汇译（节录）

财政局督办史念祖、官银号总办马恩庆经（载）振贝子此次之考察，闻有处罚之说。(《申报》1907年1月3日)

奉天官银号之腐败

奉天官银号从前积弊本深，此次所派之总办胡某于银行经济等毫无所知，故内容甚为腐败。(《大公报（天津）》1907年11月6日)

东三省近事（节录）

东三省官银号总办胡观察已奉帅谕撤差，将经手事件交代清楚，于初十日携眷入关。观察先曾纳平康里北妓为妾，是日观察嘱其弟携妾先赴车站相待，已则随眷缓行。诒至站时，该妓旧日掌班已在彼等候，一见即大呼拐带女子，该妾亦从掌班言，云系受拐到此。巡警当将胡弟拘询情由，胡弟声明官银号胡总办之妾确以二千元买得。当时巡警本欲释放，不料彼此争执。时适有锡清帅①之差弁潜往车站查访他事，问知颠末，当由电话禀告清帅，并饬警局不得将拐带之人擅自释放。兹事发见后，颇有官员赴警局说项者，局员不允，谓清帅既已知悉，断难消灭。闻清帅拟即②日奏参。(《申报》1909年6月9日)

奉天官银号总办易人

奉天官银号所出之纸币为数不下数百万元，近因兑换者纷纷拥挤，银元不敷周转，故将该银号交由商务总会经管。当经商会公举咨议局副议长孙太史为总办，已于日昨接手任事矣。(《申报》1911年11月24日)

9. 吉林永衡官银钱号

吉林永衡官钱号会办在吉林省咨议局发言③

言毕，复由官银钱号会办陈议员致辞，谓本处应议之事范围甚广，

---

① 即东三省总督锡良。
② 原文模糊，此字为编者推定。
③ 标题为编者所加。

似应仿前省会议所之制，酌设常任议员数人。凡各处交到议案，即由常任议员详细签注分别应议与否，呈由议长核定，责任既专，庶于着手进行稍易为力。(《吉林官报》1910年9月24日)

东三省总督吉林巡抚札委饶昌龄永衡官银钱号总办

为扎委饬事：

照得永衡官帖局现已改为永衡官银钱号，所有该号总办一差，职务重要。前经奏调分省试用道饶昌龄来吉委用，并委现署度支司黄道悠愈暂行兼摄在案。兹查饶道业已到吉，合亟札委接办，以专责成，而资整顿。除分行外，合亟札委饬。札到该道、司即便遵照。克日到差接收具报，并将号中一切规则要纲拟定，呈候核夺，毋负委任。切切。将该号一切存款、账簿、文卷等件，一并移交饶道接收，具报。切切。特札。

札奏调吉林差委分省试用道饶昌龄

署度支司兼永衡官银钱号总办黄悠愈

东三省总督兼管将军事务锡（良）

副都统衔吉林巡抚陈（昭常）

宣统元年（1909）八月二十四日

委派幸宝慈永衡官银钱号总稽核

造币厂总理兼永衡官银号总稽查、花羽二品衔、奏调吉林委用道幸宝慈。

札开。照得官银钱号总稽查一差，前经扎委张守鹏办理在案。兹查张守鹏经派办江南赛会事宜。现已出差，所有遗差，应即遴员接办，以重责成。查有该道堪以委派，该道遵于五月二十八日到差任事。

钦差大臣东三省总督部堂锡

钦命副都统衔吉林巡抚部院陈

宣统二年（1910）六月十三日（《吉林永衡官银钱号》）

委派官银钱号总办

吉省永衡官帖局前经宪批改为官银钱号，兹在奉调来吉之分省试用道饶昌龄，业已吉委充该号总办，并饬妥定规则，整理一切云。(《吉

林官报》1909年10月14日）

吉林官银钱号员司柜伙友徒通守规则
第一章 通守规则

第一条 本号每日交易时间，春分后，以午前八时至午后五时；秋分后，以午前九时至午后四时为率。如遇有特别事件必须延长时，仍当随时酌量办理，不得胶守此例。

第二条 立起居表，按两季分别何季准于何时卧，违者以犯规论。如能早起或有私事稍迟始卧，及因公忙或赶早起或挪后卧，均不在此例。

第三条 司书、柜伙应有妥实保证方可录用。如有亏欠情事，即由该保证人担负赔偿责任。

第四条 本号柜伙不准私行兼营他业，并不得假借本号名目在外挪借款项等事。

第五条 本号柜伙不许借名私放外账，并与他人承保银钱。

第六条 本号执事人等，既经分给花红，即不准私得用钱。如有人于公事内私取用钱，及借公事收取贿赂者，一经查出即行辞退，并照得数十倍议罚。

第七条 本号执事人等，一概不准在号中浮借银钱。如有苟同欺饰、私地通融，一经查悉，所有该浮借人并经手借出人，除予记过外并限令照数赔偿。

第八条 本号执事人等，如在号中办事虽无错误，而在号外有不顾声名，致招物议之事，究与号中用人名誉有关，查实应即辞退。

第九条 本号执事人等，除外事人不计外，其余无论有事无事，均须常川驻号，不得任意外出。

第十条 设立考勤簿。号中柜伙，凡非因公出入，必须向稽查处告假，亲笔登簿。叙明因何事告假，何时归号；倘假满实不能销，准其续请，违以犯规论。年终即以此簿查考勤惰，以定赏罚。

第十一条 各柜门首均悬木牌，开列本柜人名，有事外出分别柜事、己事，亲书于本名之下，以凭稽查。如有遗漏，惟该柜执事是问。

第十二条 设公出签。凡出外办理号事，无论久暂，均须领签，俟回号仍交原处，违者以犯规论。

第十三条　平时无论何人，不得托故出号。倘有要事必须请假时，如在一星期以上或请长假者，须禀候总、帮办核夺。派人接替后，方可卸责。

第十四条　本号执事人等，每日应办一切事宜，均须随到随办，勿得积压致有遗误。

第十五条　本号执事人等，虽属分任各事，各有权限，然均系公家之事，如遇忙迫之时，各执事务宜互相协助，同力合作，不得以各尽各职推诿不前。

第十六条　人员及杂役薪工，每月以＿日为定，由账房按照规定数目，开单送呈总、帮办核阅后，分别发给，不准透支、预支。

第十七条　司柜人等对于来号交易之人，均宜恪遵商规，和颜接待，不得稍有阻抑，以示公平。

第十八条　无论何人不准私引亲友入号食宿。凡有特别参观者，须得总、帮办之许可，方准延览。

第十九条　所有号中饮食物件，均须格外撙节省俭，不可因公家之财，任意浪费。如菜不适口，不得随便在公中添菜。凡应用者虽多不吝；否则虽少亦惜，既顾公益亦自惜福。

第二十条　本号既有电灯，即不准再行私用油灯。如当事务纷繁，共集一室办公，电灯实不敷用，只可添用洋烛，公毕即行吹息，以昭慎重。

第二十一条　本号人员及杂役人等均应各尽职守，小心将事，不得动逞私意，争论喧嚣。违者分别惩罚，以重规章。

第二十二条　在号之人，不准吸食鸦片、冶游、聚赌，违者立即辞退。

第二十三条　本号自经理以下，凡在号者，俱布衣、布履，不准沾染奢华习气。遇有在外应酬，亦许更换新衣，回号应即换去。

第二十四条　自经理以至友徒，除年节及因公酬应外，一概不准听戏。违者立即出号。

第二十五条　经、协理为各柜伙领袖，对于各柜伙有扶持劝导之义务。倘柜伙中有不守规则者，一经查出，除将该柜伙按照所犯轻重分别惩罚外，该经、协理亦应受相当之处分。

第二十六条　本号每日早饭以午前十一钟，晚饭以午后五钟为准。因公外出人等不在此例。

第二十七条　本号一切事宜，皆宜诚悫无欺，切勿自私自利。凡虚浮诈伪等积习，一概蠲除，以谋公益。

第二章　友徒规则

第二十八条　品行为立身之要，诚朴勤慎四字尤为商界中所首重，务宜遵守。

第二十九条　号中无论何事，不准向外人乱道，违者立即出号。

第三十条　派有何处学习，即须虚心求益，恪遵师长命令。作事不可懈怠、不可傲慢，违者轻则记过，重则出号。

第三十一条　对于伙友以上，均以师长相敬，如有指示、约束之处，均应遵守。

第三十二条　对于同侪宜和睦，对于杂役人等，不可有非礼之使唤。倘与同侪或有意见不合，杂役人等或有故意不服使唤之处，应回明经理分别判断申饬，不可私相争执。

第三十三条　如有客来，须立正示敬，并斟茶敬烟。

第三十四条　在号内办公时，以公事为主，不可与他人闲谈。即在休息时亦不可高谈纵论，扰他人不安。

第三十五条　除每月津贴银两外，不准过支分文，亦不准向各同事挪借。

第三十六条　号中每月虽有津贴零用，宜知限制。如能节省用项，月有赢余，足征俭朴无华，本号尤所深许。

第三十七条　各店铺通例，学生须与打杂人等偕作粗事。本号多半免去，学生须知格外体恤之意，如遇事忙亦须帮同操作。

第三十八条　每遇饭时须随同至餐所，在指定之座位就食。人未到齐，不准自行先食及挑剔饭食不佳，并沾染恶习。

第三十九条　寝室内不准蓄容易燃火之物，及各种有干例禁之书籍。

第四十条　寝室内宜洁净，每晨起后即须将被褥折叠整齐，桌上之物宜时时整理。

第四十一条　除以上专条为学生应守外，尚有本号通守规则。为此规则所未及者，亦宜一体遵守。

附则

第四十二条　以上所列备条暂行规定遵守，其有未尽事宜，应由本号随时酌量增删，禀请帅宪批示遵行。

驻津沪吉林官银钱分号员司勤务及职权规则

第一条　津、沪号每日办公时间。春分后以午前八时至午后五时为营业时间；秋分后以午前九时至午后四时为营业时间。凡遇特别事件，理事人不得胶守此例。

第二条　津、沪号员司、柜伙均直接受该总办之支配，所有应办事宜须经总办许可方可施行。

第三条　津、沪号执事人等，应有妥实保证，方可录用。如有亏欠情事，即由该保证人担负赔偿责任。

第四条　号中执事人等，不得兼为他人管理生意，并不得兼理同项营业及以其字号在本号借款，或假借本号名目，挪借他处款项。又如他人在本号借款，亦不得以其字号作保。惟现银交易汇兑不在此例。

第五条　号中执事人等，不许借名私放外债。

第六条　号中执事人等，无故不得请假。倘有要事，必须请假时，如在一星期以上或请长假者，须禀候总办核夺后，派人接替，方可卸责。

第七条　号中执事人等，不得预支薪资并宕欠公款。

第八条　号中执事人等，每日应办一切事情，均须谨慎照料，随到随办，毋得积压，致有遗误。

第九条　号中执事人等，虽分任各事，互有权限，然均系公家之事。如遇忙迫之时，各执事务宜互相协助，同力合作，不得以各尽各职，推诿不前。

第十条　号中执事人等，除外执事人不计外，其余不论有事无事，均须常川驻号，不得任意外出。

第十一条　号中司柜人等，对于往来号商、交易之人，均宜恪守商规，不得有傲慢侮辱情事。

第十二条　每逢开库时，由总经管银钱人开锁督验，俟款收发已毕，仍由总经管银钱人锁闭。倘不短少及数目不符情事，自应责令该管银钱人如数赔偿。

第十三条　司柜人员等，每日领出银两、银元、钞票，须责成一人经理。燃灯后，将一日兑换银钱及各项账目，核算清楚，仍以未经用出之银两、银元、钞票等，悉数缴还银票房。

第十四条　外执事人，每日向市廛探听关于本分号一切消息，应即时将其探悉情形详细报告。

第十五条　外执事人，如遇本号放款，必须先行确查该借商或保户是否殷实及其实据，回号陈明，不得稍涉含混。

第十六条　号中一切器具、什物应由账房逐件登记号簿，然后点交各室，珍惜使用。不许任意挪移，及私行出借号外。

第十七条　号中执事及学徒、杂役人等，均应各尽职守，小心将事，勿得动辄，私意互相争执。

第十八条　号中执事人等。不得沾染嗜好，违者开除。

第十九条　号中执事人，不得引外客直入号中。凡有特别参观，须得总办认可，方准延览。

第二十条　号中执事及学徒，均宜遵守规则，违者分别轻重，开除、记过，以重规章。

附则

第二十一条　以上所订规则暂行厘定遵守，其有未尽事宜，应由该号总办随时与总号酌量修改、增删。（《吉林永衡官银钱号》）

吉林转发统计官银钱号资本、营业、发行准备等统计表说明[①]

直省官银钱号资本营业统计表第八十四

各省官银钱号近多纷纷设立，几于每省俱有。惟利弊相因，必须切实统计，勿骛虚名而图近利。

直省官银钱号纸币发行准备各数统计表第八十五

---

① 标题为编者所加。

纸币一项西律视为公债之一种，以其换收实银之后，仍须换出，实与借用无异。故各国发行、收换之际，与准备现金之法皆严立限制，以持信用。在昔宋行交子必有年界、数额。富弼言交子之法，必以积钱为本，亦即限制准备之意。古今中西法理相同，此表准备、抵押各项必须据实开列，毋少虚饰。

直省官银钱号资本营业统计表第八十六

商银钱号向不报官立案，度支部新定则例通行，自应逐一注册。营业约分三种，如大德恒、百川通等西商票庄为一类；源丰润、天顺祥等各官银号为一类，此种经理关税，虽称官银钱号，而全系商业性质，故入此表。其余各埠汇兑钱庄为一类，而门市兑换钱铺不计焉。西律合股办法本有合名、合资两种，而中国不分。又其股东皆负无限责任，故不另加区别。(《吉林官报》1909年8月6日)

10. 甘肃官钱局

甘肃官银钱局局规八条

一、局中职司人等必须认定实行商界仪式，不得少〈稍〉沾官场习气。

二、局内职司人等，秦令锡圭认定领东责任，杨经历正东认定经理责任。余自正账以下，各有专责，不得意存推诿。如实见专司之人分挤不开，即须互相帮忙，以昭同事和衷之谊，亦不得意存漠视。

三、局中银钱并票出入必须逐日交点清楚，始准歇宿。

四、柜上凭银付票，凭票付钱，不准任情蒂欠。

五、存放银两必须经理人商同坐办作主，始准往来官场，无论何人一概不准丝毫通融，违者以私论。

六、银两出进平色必须公平，不准少〈稍〉存抬压，致启物议。

七、局中饮食上下一律，限定时刻，不得参差。

八、局中职司诸人薪水，坐办秦令每月五十两，经理杨府每月三十两，其余人工、口食均由该坐办等定价，按月给发。均不准有借支、预支等弊。至将来获有利益，照前盈余章程，随身份大小匀分。

以上八条，凡在局人须共恪守。倘有违背，立即辞退，绝不容情

(《开办官银钱局》,《陇右纪实录》)

11. 湖南官钱局

言之不可已也如是（湖南）

湘省常德官钱局委员龚别驾承祖因滥开煤价，经善后、官钱两局详请记过在案。嗣因合省制钱、铜元均形缺乏，抚台岑尧帅（岑春蓂）拟办票币，询诸别驾以为不可，因即停铸。现当划一币制，务使商民信用，历久不敝。尧帅因忆别驾前次指陈切实，殊属可嘉，饬司销去前记大过一次，以昭激劝。（《申报》1908年3月15日）

12. 安徽裕皖官钱局

皖抚札饬印行公牍（安庆）

皖抚恩（铭）中丞以近来本署通行公牍日多，书手抄写，致延时日。因将裁撤官钱局活字板一副给在本署，设立排印处，雇觅工匠常川伺应。所有辕门抄及司道局所，遇有刷印例册、章程、通行通饬等公牍、公件，皆可发交该处排印。（《申报》1906年6月28日）

遴委官钱局提调（安庆）

皖省官钱局提调向委任守廷枚专司其事，兹因任守现已委署和州，行将赴任，该局为全省财政攸关，自非精明严干之员不足以胜其责。现经护抚沈中丞（沈秉成）遴委候补知府英华接充斯差，俾专责成。（《申报》1908年10月22日）

13. 广西官银钱号

广西巡抚柯奏为边要道缺需员请旨补授折（十六日）（节录）

又查有补用道丁乃扬明干有为，不辞劳怨。上年（1903）奉旨发往广西委署布政使篆办理营务处兼筹馈养，并试办官银钱号及土药膏捐，改抽统税，兴利除弊，措置裕如。以上二员皆勤能著绩，于太平、思顺道员缺俱属人地相宜，合例应补，未便有所轩轾。臣与藩臬两司再四斟酌，谨将该员等履历缮列清单，恭呈御览，请旨补授。理合会同署

两广督臣岑春煊恭折具奏，伏乞皇太后、皇上圣鉴。谨奏。(《申报》1904年5月26日）

署粤督岑桂抚林奏为已复原衔职道员积劳病故
恳恩开复原官交部从优议恤折（节录）

太子少保、署理两广总督臣岑春煊，头品顶戴、广西巡抚臣林绍〔年〕跪奏为已复原衔革职道员积劳身故，恳恩开复原官，交部照军营立功后积劳病故例，从优议恤，以慰勤事而昭激劝，恭折仰祈圣鉴事。

窃臣查花翎三品衔已革直隶候补道邓贤辅，经前抚臣李经羲奏请开复翎衔，调桂委用，时军事方棘，遍地匪氛，该革员奉调即行，不避金革，到桂委办通省水陆营务。复臣春煊视师桂林，亲见参赞戎机，洞悉委密，知其干练，迥异常人。军行之初，馈养尤急，库储如洗，仰屋兴嗟。前抚臣复委兼办官银钱号，清查通省盐务各差。该革员夕革兵符，尽筹飞挽，亲巡各卡，岁寒不归，堵缉私枭，剔除中饱，遂得骤增入款十余万，并不事横征苛敛，尤为人所难能及。(《申报》1907年2月6日)

城内：官事（节录）

花翎同知席信涛、广西驻沪文报兼驻沪官银号总理知府包家吉、丁忧四川候补通判（？）承广、北洋陆军第四镇马队四标学堂毕业生李玉泉、江西步队第二标二营帮带卢汉、补用守备彭熏、考职班巡检侯一普昨均到道禀见。(《申报》1908年8月29日)

柯逢时片（节录）

再现署督粮道事按察使衔、试用道丁乃扬到省有年，情形熟悉。臣前任臬司时，兼办洋务局。抚臣李兴锐委令会同清理教案，数月之间一律办结，该道之力为多，经李兴锐奏保在案。嗣委办土药膏捐局务，手订章程，条理精密，岁收银至四十余万两，民不劳而商不怨。又创办内河商轮，藉以自保利权，于南民实有裨益。现复委办牙厘局、官银钱号，事烦责重，措置裕如，开源节流，可期日有起色。(《申报》1903年6月7日)

14. 河南豫泉官银钱局

劝巡两道开缺之佚话（河南）（节录）

未来劝业道之失败：新改河南候补道佛尼音布乃瑞文庄①之子，怀塔布②之弟，都中尽呼为佛六爷，以书匾额见称。于时与宝中丞③有旧，宝调赴江苏遂以道员往苏需次，迨宝抚移节中州，又随之同来，颇为倚重。初派署中文案，继充豫泉官钱局总办，忽于前月下旬报捐改省河南候补，缴照禀到。咸谓巡警、劝业两道中必有一席为佛所得，此次王维翰开缺一折，宝抚出奏后即保佛尼音布，黄璟堪胜劝业道之任，二人中佛为正，黄为陪。但劝业、巡警二道经部奏定一次外补，一次内简。前次乃外补，此次应归内简，以致宝抚封奏遂无效果，遗缺为胡鼎彝所得云。（《申报》1911年1月2日）

15. 江西官银钱号

浔郡官场纪事（节录）

委办九江官银号之殷答渔太守于本月十九日到差，各官咸往道贺。（《申报》1903年7月21日）

翼轸星光（节录）

江西访事人云：江西创开官银钱号，原由江观察总其事，有某员者本商贾出身，上年挪移数百金，报捐佐杂，夤缘观察，委充号中坐办。事权在手，未及两月亏空数千金。经人举发，当即撤委押追，迨抗延不缴，发县比追，仍一味延宕。近闻大宪欲向观察追赔，某员则永远监禁。（《申报》1903年9月25日）

江西官报（节录）

县丞朱渊成奉官银号命往芜湖查（？）章程。（《申报》1904年4月

---

① 即叶赫那拉·瑞麟，历任太常寺少卿、内阁学士、礼部侍郎、军机大臣、户部侍郎、礼部尚书、户部尚书、两广总督、文渊阁大学士，谥号文庄。
② 瑞麟子，历任大仆寺卿、太常寺卿、左都御史、工部尚书、内务府大臣。
③ 即宝棻，曾任河南巡抚。

11日）

浔郡官场纪事（节录）

九江访事人云：此间土药分局总办朱太守锦奉上宪札饬，调办省垣官银号，所遗土药局差务改归增雨龙观察办理，并兼驻浔官银号等差。（《申报》1905年1月19日）

九江（节录）

前办九江官银钱局委员章司马家驹已补授虔南厅同知，于履新之前发贴谕单，谓此月司巡薪食均由后任给发。大众不以为然，均拟赴省控告。（《申报》1905年5月13日）

官银号提调易员（九江）

江西官银钱总号提调张元懋现因丁忧，遗缺经赣藩沈爱苍方伯札委劳鼎勋接办。（《申报》1907年1月26日）

赣省大参案述闻（南昌）

赣省官场近日纷纷传说，沈爱苍方伯及官银号兼田赋税契总办、江苏候补道（即前任新建县）文芝坞观察，调署南昌县高彤、南昌府照磨（已调办气［义］宁州统税）朱建勋、藩署收发（初到省）郑某一并被京官列款奏参，有着江督就近查复之说。并谓此次沈方伯赴浔勘堤，即顺道赴南京谒见督宪剖白一切云。（《申报》1907年5月1日）

江督端奏复藩司沈瑜庆被参各节折（节录）

查文炳堃系进贤县实缺，前任江西臬司秦炳直缘与该员姻亲，禀请行查原籍回避，文炳堃因而禀请交卸。前江西抚臣瑞良旋委内河水师巡警右军统领，月支薪水只一百二十两，并不为优。惟此差向亦委用道班，局面尚好，致招疑忌。至得差之由，闻因其父文聚奎系江苏候补道，办理江西官银钱局及田房税契甚为得力，瑞良因文聚奎屡欲辞故，以统领差使位置其子，冀其感奋。当差未闻有托高彤纳贿情事，文炳堃现已交卸统领，署理新建县事。其父文聚奎办理财政，商民以其综核过严，怨尤实所不免。

……

查席业原办景德镇官银钱局，上年复委兼办饶州统税即景德镇统税。以有差之员，又兼要差，故人言啧啧。详查该员席业办事认真，尚无不匙声名。（《申报》1908年7月27日）

（二）机构设置与职掌

1. 天津官银号

督理天津银号①孙道②呈送银行专修所试办章程及管理规则并批
光绪三十二年（1906）③

谨将拟定银行专修所试办章程恭呈宪鉴。

第一条　总纲

一、本所之设专为造就银行事务员，以为改良银号之初步。

一、本所第一期学生先尽山西票号生徒挑选，取其有本国簿记、汇兑之知识，反观、互证，较易成功。

第二条　学期及科目

一、本所以六个月为一学期，共三学期计一年半毕业。嗣后续招新生，当相机高其程度，逐渐扩充。

一、本所科目以银行理论为引导，银行实践为指归，而附以关于商业之科学，期其可以应用。课表列左（表略）。

第三条　入学及退学

一、本所学生入学之处，应先面试珠算及叙事文一小篇，以觇其素有程度，以便施教。

一、本所学生于开学之先，应各具誓书一纸，其式如后（式略）。

一、本所学生如有品行不端，积过至五次以上，无功可抵者，得勒令退学（赏罚规条悉遵奏定章程办理）。

一、本所课程悉有定时，如以请假至一个月以上，不及随班者，届时酌量命其退学。

---

① 即天津官银号。
② 即任直隶劝业道道员的孙多森。
③ 原文没有时间，此为编著者加。

第四条 假期

一、本所假期除星期一律休假外,年假十五日,暑假三十日,万寿节、先师圣诞、端午、中秋各一日。

一、学生如实因染恙不能上课者,准其自行请假,但至多不得一个月以上。

第五条 考试

一、考试分为两种,一曰期考,每学期举行一次(毕业考试即合第三学期考试并行);一曰月考,每月由教习当场面试。

一、考试评定分数以百分为满格,各科评卷计算。每科满六十分者为及格,不及六十分者为不及格。

一、期考所得分数应与月考分数平均核计,如月考功课八十分,而期考得六十分者,以七十分计算。期考得九十分,而月考只七十分,以八十分计算。

一、月考分数表应每月由教员交由庶务,录呈总理存案,以凭查核。

一、期考分数由教员平均核计后,交由庶务呈总理,榜示周知。

一、学生平日品行,应每月由检察官暗记分数,列表一次录交庶务,连合功课分数平均核算。

第六条 毕业

一、学生修业期满,屡试及格者,应由总理授与毕业文凭,以资执证。

一、学生毕业后,即留银号效用。其有擅图别差及故意不尽职分者,皆应量为处罚。

第七条 职员及责任

一、总理。本所为银号筹款设立,银号督理即为本所总理。所有延聘教习、进退员司及一切教育事务,悉归主持。

一、庶务官兼会计。专理全所事务,兼司出入款项。

一、书记。专司本所文牍,保存一切图书、表册。

一、检察官。稽查学生起居、行止,管理膳堂、斋舍诸事。

一、监学(以驻堂本国教员及译员兼充)。查核学生功课,管理自修室诸事。

一、本国教员。专授所任科目,配定授业时间,并于开课之初,择定课本，通知庶务官购备，散给学生。

一、外国教员。专授所任科目，配定授业时间，并每于授课之前二日，先编教义一课，交由译员翻成汉文。

一、译员。专译所任科目，并以教员说编教义，于授课前一日译成汉文，交由庶务官刷印，分授学生。

第八条　经费

一、本所经费按月由银号支发，按季报销一次。

第九条　附则

一、本所管理规则悉遵奏定章程办理，其有未尽事宜，应准随时增改。谨拟银号专修所管理规则恭呈宪鉴。

斋舍规条

一、本斋舍特设检察官一员，所有学生起居、行止等事悉归检察。

一、本斋舍分为东西两斋。每斋先由本斋学生公推斋长二人，报由检察官指定一人专充，两个月更推一次。

一、斋长有传布检察官训令及代表本斋学生意见之责。

一、斋长应率同本斋学生整饬全斋事件。

一、斋长奉职劝慎者，当由检察官记功以褒之。

一、斋长有不尽职者，当由检察官申斥或命退职，又本斋学生有三分之二以上人数之同意，亦得申请另推。

一、每斋备用斋役一名，以听本斋学生遣用。

一、斋役出外应有定时，每日至多两次（午前一次，午后一次），每次当会合本斋学生，事件公同遣用。但发寄邮件则概交由检察官临时饬人代发，不拘定时。

一、所用斋役如有不听遣用者，准由本斋斋长申告检察官，酌量情节轻重，或斥或革。

一、每晨自七钟半起床，应即叠置被褥，捡拾零件，不得任意堆积，杂乱无序。

一、每晚十一点就寝，应即一律熄灯熄火。

一、在寝室内不得任意喧哗。

一、特别设有盥所，寝室内不得取水盥洗。

一、特别设有膳堂，寝室内不得任意作餐。

一、每月以内，每人应各曝被一次，两斋轮值。

一、学生中如有染恙者，应通知检察官延医证察。其有患传染病症及感染较重者，当送入医院养治。

一、除星期以外，不得出玩，每晚归室，至迟以十钟为度。

一、以上各条，凡我学生皆当遵守。其余未尽登载事宜者，当互相勉励，自爱自重，免于记过，以全名誉。

接待宾客规条

一、本所特设通讯室，专为学生接待外客之所。学生有亲友来探视者，由门役报知，得在该室接见，不得擅入斋舍。

一、学生亲友来所时，在上讲堂时限内，门役不得通报。

一、学生见客时，闻上讲堂号音，厅役须请客暂退，不得妨碍功课。

一、学生亲友有欲观本所规模者，由该学生申告庶务官后，派人接见导览。

一、各地官绅有来本所观学者，应先期函告总理，知照庶务官接待。未经函告恕不接待。

一、本所无论何人亲友，概不得在内寄宿。

膳堂规条

一、本所员司、教习及学生每餐同在膳堂，饭菜均须一律。

一、膳时闻号音一律到堂，勿得争先落后。食已即出，不必守候。

一、座次由检察官排定，不得任意择座。定章每桌八人，勿得六七人占一桌。

一、膳堂最宜洁净，应由庶务官督饬厨役、值差人等随时清洗，排列整齐。

一、每日早餐限八钟，午餐限十二钟，晚餐限六钟，不得临时未备或任意提早，纷乱时限。

一、本所各项人等，如请假外出回来，饭时已过，不得另向厨房需索。

附则

一、本所设有储藏室，学生非随时应用物件，不必堆积寝室，可付该室存储。至需用时，当先告庶务官派人同往取携。

一、学生许带书籍以备自习参考，但其书须经检察官查验，不悖教法者，方准携入。

一、学生如非例假日期，有私事必须请假者，当至检察官处领取请假票，填明缘由，经检察官许可，方准出校。附请假票式（略）。

督宪袁（世凯）批：据呈送银行专修所试办章程及管理规则，均悉。统核章程大概，依中等商业学堂程度，而注意于银行办法，甚合。惟体操一科，似应添入，使商人知重卫生。又总理、书记、检察官名目，应改为监督、掌书、监学，以合定章。除均照拟办理，仰即遵照。抄由批发。（《北洋公牍类纂》卷二十《商务》）

2. 东三省官银号、奉天官银号

东三省官银号设立分号情况

地址	创办年月	执事员衔名	籍贯
营口	光绪三十一年十二月（1905年1月）	惠几铭	直隶抚宁
锦府	光绪三十二年（1906）二月	罗桂芬	直隶临榆
彰武	光绪三十二年（1906）四月	谢庆恩	奉天绥中
辽阳	光绪三十二年（1906）五月	孙彦龄	直隶昌黎
上海	同上	续体箴	山西灵石
长春	同上	委员纪府经麟 委员陈海	直隶临榆 直隶抚宁
安东	光绪三十二年（1906）九月	刘炳奎	直隶临榆
铁岭	光绪三十三年（1907）二月	龙复来	直隶昌黎
天津	光绪三十四年（1908）三月	齐桂章	直隶昌黎
海龙	同上	康吉泰	直隶临榆
洮南	同上	王毓麟	直隶临榆
新民	光绪三十三年（1907）八月	宋春海	直隶昌黎
昌图	光绪三十四年（1908）五月	委员张巡检廷翰 执事单鸿飞	河南商城 直隶抚宁
山城子	同上	委员王令兰台 执事李麟瑞	直隶静海 直隶临榆
烟台	光绪三十四年（1908）十月	杨荣熙	直隶临榆
通化	宣统（1909）元年闰二月	苏岫云	直隶昌黎

续表

地址	创办年月	执事员衔名	籍贯
哈尔滨	宣统元年（1909）正月 资本小洋二十万元	总办孟廪贡生锡绶 总商吴霞苏（？）	顺天宛平 直隶天津
黑龙江	光绪三十四年（1908）四月 资本沈平银二十六万七千五百九十二两五钱	总办刘令德全 总商富瑞山	湖北武昌 直隶临榆
奉天省城 公济银号	光绪三十二年（1906）六月 资本银六万两	王子兴	山西盂县
附注	长白府银号由该府借号款二万两于宣统元年（1909）二月分设		

（《东三省政略》卷七《财政》）

锦州开设官银分号（奉天）

锦州府为关内外交通巨镇，奉天官银号特于二月间设一分号于彼处，以便行用银元纸币。按奉省官银号制有一元、五角、二角、一角四种银元纸币一体通用，以抵制日本军用手票，刻下已经通行矣。（《申报》1906年4月2日）

拨款补助辽阳官银号开办费（奉天）

辽阳为水陆交通要埠，虽只离奉省二三百里，而银钱价值较奉省加倍。当道以该埠银价如不平落，必致于通省圜法有碍，故定议添设官银分号以维持之，并拟由盐厘项下筹拨二十万两，以补助该银号开办资本。（《申报》1906年5月5日）

安东添设官银分号（奉天）

奉省自去冬开办官银号，印行银元钞票，流通甚速。今年又添分号于营口、辽阳，以救钱荒，商民交受其益。近因安东开埠，东边税务又值整顿之际，故开埠局兼东边税局总办钱少云观察禀请当道，添设官银分号于安东，以资挹注。闻财政局已筹款二十万两，派人驰往添设矣。（《申报》1906年9月11日）

3. 吉林永衡官银钱号、黑龙江广信公司

吉林永衡官银钱号、黑龙江广信公司情况

总号开设吉林省城西大街。分号共二十五六处，多在吉林本省。代

理处则有五十处之多。

……

广信公司之总号设齐齐哈尔。分号共有三十一、二处。省外有哈尔滨、沈阳、营口、天津、山海关、上海等处。省内主要分号所在地如下：呼兰、海伦、绥化、巴彦、黑河、库玛、漠河、安达、阳原、海拉尔、满洲里、室草、克山、道河、望奎、拜泉。（《东三省金融概论》）

添设官银钱分号

本省官帖局现改为官银钱号，所有营口、长春、宁古塔、密山、珲春、延吉等处均应设立分号，原为流通货币、维持市面起见。至于省内外通商繁盛之区，尚拟逐渐添设，俾收汇兑之利。现经抚宪法饬度支司督同该号先就上海、天津及哈尔滨三处各设分号以为推行各埠之基础，日昨已由抚宪札委程观察祖福充上海分号总办，张太守屏充天津分号总办，其哈尔滨一处则尚待派委云。（《吉林官报》1909年12月23日）

4. 河南豫泉官银钱局

豫泉官银钱局情况

前清光绪三十年（1904）间，河南巡抚李鹤年为了便于货币流通，公款调汇，饬由藩库（藩库系当时藩台衙门内所属的一部分，藩台即布政使，掌握全省民政、财政和税收，即一般所说的东司）拨出资金（数目无可查考），委派候补道黄履中为督办。黄初为石匠，为巡抚李鹤年刻石碑，因碑文有两字不妥，留而未刻，巡抚问及，对以所见，极为称赏，令其舍业从政，不次提拔为候补道而膺斯任。今开封山货店街银行干校大门头上里壁有其勒石纪事题名（有谓开办人为黄璟字小宋者，误）。豫泉官银钱局的开办，是河南省官办金融机关之始。局内组织为管理处制，管理处设督办和会办各一人，下设文书稽核两科，主管全局文书稽核事项。管理处下设经理处，又名豫局，内设文书、会计、营业、出纳四课，办理全局各项具体业务。后来代理省金库时并增设金库课。由清末至民国十二年先后继任督办的，有景仲生、杜卧山、尚伟仁、杨慕时等。景仲生是开封著名的景文州汴绸庄东家，富于财而慕虚荣，结交官府，得任斯职，后竟以交代问题而倾其家……任会办的有杜光俊（号秀升，开封人，回族，曾任开封商务会长）。任经理处经理的有徐锐武和段某。任副经理的有戴辑五、高瑾安。分支机构计有郑州分局、商丘、洛阳、安阳、新乡、许昌、信阳、潢川、南阳等办事处。另有铜元部设主任、副主任各一人，专司铜元验收、保管及兑换事宜（铜元局造成交来）。主任为杨南浦，副主任苗光甫。（王竹亭：《解放前的河南省银行》，《河南文史资料选辑》第1辑）

筹设官银分行与沪苏镇三处（镇江）

河南官银号刻拟改为官银行，以苏、沪、镇江等处为南省交通枢纽，应先设立分行，特由豫省大宪委王某前往该三处考查情形，兹已于十二日行抵镇江矣。（《申报》1907年2月28日）

豫泉官银号将次成立汉口

汴抚张安帅①拟就汉口设立豫泉官银号，日昨特委张大令维彬来汉查察情形，并托殷实商店代办一切。现已乘火车回汴，禀商抚宪以期从速开办。（《申报》1907年8月7日）

5. 广西官银钱号

广西官银钱号分支机构设立情况

广西官银钱号成立时，按照原订章程，各处机构设置的具体计划是：

省城设立官银钱总号一所，凡各处解省款项应解司库、道库者，仍各解库，由官银钱总号随时详请拨发，应解各统税、统捐及善后等局之款，均归官银钱总号核收，应在各衙门、各局处请领之款，亦由官银钱总号支发，并稽核各处官银钱分号收支数目。平乐府属出入款项并归总号管理。

梧州设官银钱分号一所，专管梧州府属出入款项。

浔州原拟设官银钱分号一所，专管浔州府属及玉林州属出入款项。

---

① 即河南巡抚张人骏。

柳州原拟设官银钱分号一所，专管柳州、庆远两府属出入各项。

南宁设官银钱分号一所，专管南宁、思恩、镇安、泗城、太平等府，百色直隶厅、归顺直隶州所属及龙州厅、上思厅等处出入款项。

将来如商务日盛，进出款项日繁，龙州、百色等处再行察看情形，添设分号。

经过广西巡抚部院的审查，机构设置的实际情况是：总号设桂林，由布政使即藩司刘心源兼任总办，补用道丁乃扬任专办，专责管理号务。翌年，刘心源调按察使，丁乃扬署布政使，改派候补道邓贤辅为坐办，管理一切事务。

梧州是广西出入口商品的总汇，也是广西金融中心。光绪二十三年（1897）5月根据中英滇缅条约在此设立海关，为约开商埠。所以，总号开业后，立即派补用知事徐元瀛前往开办分号，并于同年12月正式开业。12月9日，广西盐法道惠纶、署布政使丁乃扬、按察使刘心源、补用道邓贤辅联名上报《呈报酌发梧州官银钱分号资本票本各数目呈请察核由》文：由总号提发资本现银13000两，又宝字十两票5000张，计银50000两，藏字五两票5000张，计银25000两，兴字一两票5000张，计银5000两，合计票本银80000两；又焉字制钱一千文票10000张，计票本钱10000串，以作梧州官银钱分号资本票本。这份呈文，由以盐法道为首的四大员联署，这是因为梧州在行政上归盐法道管辖。

各地分支机构，最先筹设的还有上海官银钱分号。上海是全国金融中心，当时只有北京印钞局和上海商务印书馆两处能够印制优质钞票。但因北京距离较远，印钞局是清廷官办，不仅手续繁多，而且定有各种限制，所以广西官银钱号开办之前，即由广西巡抚部院派人到上海印制钞票。另外，每当广西地方财政发生困难时，户部由外省调来协饷，也多由上海中转，总号因而随即派出温子荣前往上海筹设分号，并于光绪三十年（1904）2月开业。

南宁是桂南重镇，也是省内商业中心之一，由广西巡抚黄槐森奏准于光绪三十二年（1906）11月设立海关，为自辟商埠。在海关设立前半年即光绪三十二年6月，广西官银钱号南宁分号正式开业，与桂林、梧州遥相呼应，形成三足鼎立之势。

龙州是边防要地，早在光绪十五年（1889）已经根据《中法条约》辟为约开商埠，设立海关，也是广西境内最早成立的海关。当年为了巩固和加强边防，清廷先后派苏元春和郑孝胥率军驻扎此地，军政费用开支较大。光绪三十四年（1908）1月广西巡抚张鸣岐巡视边防，认为有在当地设置官银钱分号的必要，同年2月龙州分号正式开业。共计总号一处，分号四处，以后不再增设。原拟在百色、浔州、柳州设立分号的计划，作为罢论。这些地方的官款收支出入，仍由百色统税局、玉博盐务局、浔州统税局、柳州支应局、庆远统税卡分别办理。

人员编制方面，章程规定："总号以藩司为总理，派候补道为总办，设总稽核一员，文案一员，管票二人，一管填发新票，一管收回复发旧票；管银二人，一管收入现银及存放票号、店铺现银，一管凭票支兑及零星应付现银。分号设管理一员，总稽核一员，管票一人，管银一人。以上各执事员司均不拘官阶，必须遴选精核诚慎之人充当，如一时难得其人，总号总稽核可兼文案，管票暂用一人，分号管理可兼总稽核。惟无论人数多寡，管票、管银总须各归一人经理，不得归并一人，以杜弊端。填写银票，缮写文报等事均选用司事，各就地方事务繁简，酌定人数。"广西巡抚部院在批示中特别强调："查无论银票出入，总须分司，切不可归并一人，至要。"这也就是坚持钱账分管的原则，以杜流弊。（《广西金融史稿·广西史志资料丛刊之一》（上册））

6. 广东官银钱局

广州（节录）

省城官银钱局自开办后颇为畅销，现又派员将银元票及铜元带往梧州地方，开设分局。李观察哲浚前奉委赴清远查看新制造局工程，已将布置情形禀覆大吏。闻大吏拟将局之四周缭以短垣，并于局前砌筑码头，开凿小河一道，俾江水灌入，可通舟楫，以便载运。惟工程需款甚大，已饬司局筹拨款项矣。（《申报》1905年4月2日）

开办韶州官银钱分局（广州）

委员施廷柱前奉官银钱局委派前往韶州开办分局，营销银票、铜元

以资畅流。现已奉到颁发关防、告示，并银票、铜元等件，饬令前往开办矣。(《申报》1905年4月12日)

7. 江苏裕宁、裕苏官银钱局

各省财政汇志：江苏

清江裕宁官钱局前于板浦、海州、青口、宿迁、宜兴等处各设分局。现又在沭阳分设一局，以资联络。(《东方杂志》1907年第四卷第十二期)

晴苑莺花

市中制钱短绌，钱价奇昂，虽经两淮运宪恩新甫都转，叠次派员购运当十铜元以资周转，统计其数亦颇可观，而钱价仍未稍贬。当道因拟设立官钱局以济民艰而免恶侩、奸商居奇垄断，并派江苏候补县黄大令树琦、韩大令厚濂常川驻扬督办。三月某日两大令捧檄抵扬，就新城左卫街陈宅设局开兑。(《申报》1904年5月17日)

官钱局设立支店（扬州）

驻扬裕宁官银钱局本年大加扩张，现已在淮、扬、徐各属州县及向有督销淮盐之鄂湘西皖各岸设立支局，俾可汇兑盐课银两，以期便捷云。(《申报》1907年6月28日)

常州分设官银钱号（常州）

江宁裕宁官银钱局近在常郡西云里赁屋设立常庄，分兑英元、龙元各票并兑换铜元，以故市间裕宁、裕苏两局钞票颇为充斥。(《申报》1908年9月4日)

8. 湖北官钱局

分设钱局

汉口访事人云：近日信阳州因铁路开通，商务颇有起色，是以官钱局宪特派执事等就其地创设分局，维持市面。日来已运制钱，合银元、铜元各若千万，前往接济矣！(《申报》1902年11月22日)

樊城请设官钱分局（湖北）

襄阳府樊城为襄河上游陕豫交通，商务素盛，官钱票及铜元用行甚畅。刻有绅士数人与官长商妥，由襄阳府具禀省宪，请在彼处分设官钱局以资周转，闻业已批令官钱局酌度情形饬办矣。（《申报》1906年2月8日）

武穴樊城分设官钱局（武昌）

现在官票流通外埠，兑钱不便，所有武穴、樊城等处均设官钱分局一所，就近委该处印委局员兼办，以节糜费。（《申报》1906年6月3日）

添设公储官钱分局（汉口）

湖北公储官钱局总办高松如观察拟在汉口添设分局，业已派员在汉租房，择期开办。（《申报》1908年3月21日）

9. 湖南官钱局

湖南设官钱分局于汉口（武昌）

湖南创设官钱局，分设本省湘、常等处，汇兑款项。兹又在汉口设一分局，名曰湖南官钱局驻汉汇兑处，委候补县张维馨经办，以期湘汉银钱往还便利。（《申报》1906年4月17日）

官钱局分设洪江（湖南）

湘省辰州府所属之洪江为云贵两省往来通衢，商务素称繁盛，现经省垣官钱局禀请大宪就该处设一分局，以便商民。业于日前派委蒋大令前往租赁房屋，克日开办矣。（《申报》1908年4月11日）

10. 裕皖官钱局

芜湖添设官钱分局（安庆）

皖藩沈方伯以开办官钱局原为行销官票起见，前造铜元印票虽省城、正阳等处业已通行，然尚未能推行及远。现拟于芜湖境内设立分局，即由省局选派熟习商情，稳慎干练司事前往经理，并不另派委员，

所有局务无归省局节制,分别开报,刻已禀陈到皖,谅可批准。(《申报》1908年6月3日)

亳州设立官钱分局(安徽)

藩司详据官钱局提调英守华称:皖北亳州地方土货丰富,商务日趋繁盛,镇江洋票、载运各货均藉该处为麇聚之所,拟请于该处设立官钱分局一所,以期货币流通而为拓充利源地步。请示核准。即由该局提调选派妥慎司友前往该处设局矣。(《申报》1909年5月30日)

11. 江西官银钱号

赣省推广官银钱号(江西)

赣省官银钱号为全省银钱总汇之所,生意甚大,获利较巨。兹总办沈爱苍方伯议准各外府均须开办分号,以期汇划灵通。爰委李太守宗言前往抚州府城先行开办,以期逐渐推广。(《申报》1907年9月19日)

派员分设官银钱局(南昌)

江西广信府属河口镇地方为往来行商会集繁盛之所,现由沈爱苍方伯札委钟大令元赞前往该镇开设官银钱分局一所,以资流通。(《申报》1907年9月16日)

二 资本、股金的构成情况

(一)阜南官钱局

湖南阜南官钱局情况①

阜南官钱局开办时,由善后局拨银十万两为资本,委当时巨富朱昌琳为总办,昌琳之侄卓钦负营业责任,原欲模仿近代省银行组织办理。然因厘善二局多与钱庄往来,钱粮厘金,只半数解局,而开河探矿,需费不赀,公家复时有挪用,资本乃不足供应,朱氏叔侄遂迫而自行垫款,驳成官商合办之性质,光绪二十五年(1899)戊戌政变,宝箴因

---

① 标题为编著者加。

党案牵连去职，官方竟不承认阜南为官局，一时放出款项不易收回，遂由朱氏叔侄自行垫赔收束。（胡遹：《湖南之金融》，《湖南民国经济史料选刊》（1））

（二）永衡官银钱局

吉林永衡官银钱号情况

资本，初于开办之始，由延茂于库存俸饷中，拨借银三万两，后于光绪三十年（1904）全数无息缴还。又于光绪二十六年（1900），由机器局拨领资本银五万两，亦即于翌年无息还讫。迄今并无他项官本，亦无商股附入，故可谓无资本之事业。其现金公称之资本金大洋一千万元与准备金四百万元者①，皆由发帖吸集而来，并非政府实际投资。光绪三十四年（1908）巡抚朱家宝又就官帖局内附设官钱局，发行银元、银两钞票，与官帖相辅而行。宣统元年（1909）官帖、官钱两局合并，改称至今，资本较厚，信用益彰，渐渐广设分号，官帖之势力，遂骎骎然弥漫全省。然经历建省、革鼎两役，新政繁兴，省用浩大，公家无款可指，则以责之银号，银号无款垫借，则利用发行权，而滥发官帖。驯至帖价惨落，金融动摇。（《东三省金融概论》）

请提银元溢价

官银钱号具呈公署略谓：官帖局二成付现，历年办法皆以官帖兑换银元及现银等款作为现金准备，以补资本之不足。惟从前银价甚低，银元每元定价仅作钱二吊五百文。而本局向系以钱为本位，银元入库皆以钱计，积习相沿，至今未改。现既改为官银钱号自应从新厘订，出入均按时价方为妥洽。查此项龙元存款截至本年八月初十日止，按照时价计，溢出钱一百余万元，应由官帖局拨入官银钱号作为民生、实业资本，以备银元付现之用。

奉抚宪批：从前官帖局龙元每元作价钱二吊五百文，与时价悬殊，

---

① 此时以 20 世纪 20 年代而言。

实属胶葛，易滋流弊。应如所呈，嗣后龙元出入，概按时价以昭核实，将溢出钱文拨入官银钱号作为资本、付现之用可也。(《吉林官报》1909年10月24日)

(三) 热河官银号

财政部关于热河官银号原委及现状节略 (1914)

热河官银号于光绪三十二年 (1906) 十月十八日开办，以兑换银钱、接济市面为目的，由公款项内先后拨资本银计共十万零四百五十五两二钱四分。除总号外，设分号于赤峰，又于乌丹城、林西各设兑换所一处。旋以林西告急，不能支持，已将该处兑换所归并。(《中华民国史档案资料汇编 (第三辑金融)》)

(热河都统廷杰) 又奏续拨浮存官银号各款一并添作成本片

再热河官银号原拨银五万两作为成本，曾经奏明在案。查热河地方疾苦，市鲜殷商，钱法荒敝，叠经设法整顿，而全赖官银号之接济、维持。原拨成本不敷，颇形竭蹶，续于余款内又拨小银元一万四千二百八十五元，合银一万两，并铜子二百七十七万八千六百枚，合银一万六千一百四十六两零七分。统计共合银二万六千一百四十六两零七分，发交该号，免利浮借，藉资周转。兹据该号经理呈请，将续拨浮存之款一并添作成本，以恤商艰而维市面，由监理财政局详请具奏前来。奴才复核无异，除批准照办并分咨查照外，理合附片陈明，伏乞皇上圣鉴，谨奏。

宣统元年 (1909) 十月二十二日奉朱批：该部知道，钦此。(《政治官报》宣统元年十月二十五日，总第760号折奏类)

(四) 广东官银钱局

广东官银钱局情况

(广东官银钱局) 专办发行钞票，销售铜币，并代造币厂购买生银，铸出银毫，归局兑换。开办之始，在天津、日本刷印银毫纸币一千零三十万元，由藩运关厘善后五库各认资本一百万元。由西号源丰润担保，信用日著，旋拨资在上海、香港、佛山等处各立分局，以估得票价作为准备金。存款日多，酌留数十万储备兑换，余俱发商生息，或按揭股票房屋，月息八厘或九厘，子母相权，资本充足，信用益著。(《中华银行史》第五章)

(五) 广西官银钱号

广西官银钱号情况

广西官银钱号是匆匆开业的，当时章程对资本额一项的规定是：官银钱号"为通省银钱总汇之行，即以通省所收钱粮，关税、厘金及一切捐款，并外省解到协饷，作为成本，可敷周转，不必另筹官本，暂不按年筹提官利，将来省用充足，存款日多，再筹生息之道。"也就是既不指拨固定资本，每年利润也不提取官息。

实际情况是：光绪二十九年（1903）11月开业时，即由藩司指拨江宁转解协饷60000两为资本。翌年8月，广西官银钱总号将江宁协饷全部上缴，另由广西统税局及土膏（鸦片亦名土膏）拨来省平花银160000两，作为总号资本。

梧州分号开业时，由总号在原资本总额60000两内，提拨13000两作为梧州分号资本。翌年8月，此项资本全部上缴，另由广西土膏局拨给梧州分号资本筏平花银478484两8钱8分7厘。

上海分号开业时，由广西巡抚部院批准在经收协饷项下提银200000两作为资本。后因该号不发行钞票，存款无多，不敷周转，因而于光绪三十二年（1906）闰四月由总号、梧州分号在本身资本额内各拨库平花银50000两共计100000两，增加上海分号资本，藉资周转。上海分号资本总额为纹银300000两。

南宁分号开业时，由梧州分号在本身资本额内，提拨库平花银100000两，作为南宁分号的资本。龙州分号开业时，由南宁统税局在存储加价项下，提拨库平花银50000两；作为资本。总号及各分号资本，连同互相提拨调剂在内，总计折合省平花银881862两5钱9分零8毫6丝。(《广西金融史稿·广西史志资料丛刊之一》(上册))

（六）华盛官钱局与奉天官银号

奏报华盛官钱局提借制钱事（光绪二十四年闰三月二十八日）①

再现设华盛官钱局②，需用制钱甚急。查有前任将军裕禄先后提借库存制钱四万一千串内，已将发辽阳之一万一千串收回，交还盛京户部。其发交省商之三万串虽已收齐，尚未交库。奴才业与部库商妥，拟将此项制钱三万串拨交官钱局留用，并请另由库中提借制钱五千串一并发局应用，藉资周转，俟将来现钱充足，钱法疏通，再行提还归库，谨会同盛京户部侍郎良弼附片陈明，伏乞圣鉴训示，谨奏。

（朱批）户部知道。

光绪二十四年（1898）闰三月二十八日依克唐阿（中国第一历史档案馆藏档；另见《申报》1898年7月3日；《益世报》1898年8月6日）

拨款充官银号资本（奉天）

奉省盐斤加价每斤抽收制钱四文，办有成效，各局解交营口督销总局存储之款已不下数十万两。刻因营口添设官银分号，资本不敷，经赵次帅③札饬督销总局，将此加价之款提拨二十万两充作官银号资本。（《申报》1906年4月22日）

奉天官银号之危险（奉天）

东报云奉天官银号为赵将军④筹款设立，自开号以来，已发出钞票值银数百万元，然其内容不甚充足，所存基本金不敌发出钞票之数。今赵将军调任四川，一切款项更难挹注，将有倒闭之势，故日来奉天市面大为震动。按此系日人之言，阅者当分别观之。（《申报》1907年5月11日）

---

① 该折为盛京将军依克唐阿所上。
② 华盛官钱局与奉天官银号在沿革上有承递关系。
③ 即东三省总督赵尔巽。
④ 即盛京将军赵尔巽。

(七) 湖北官钱局

张之洞拟扩充湖北官钱局资本情况

鄂省官钱局资本充足，获利亦丰。惟未能推广汇兑，故难与汇丰、道胜等银行相抗。近闻张香帅（张之洞）请将该局改设一官商最大银行，以挽利权。业由绅商筹得股本二百万，再由官家筹集一百万，共募资本三百万。先在北京、汉口、上海三处设立总行，举股本最多之公正绅商充当总理，一概不用督办、总办、委员等名目。（《各省财政汇志》，《东方杂志》1905 年第二卷第四期）

(八) 裕宁、裕苏官钱局

官钱局经费支绌（南京）

裕宁官钱局初只收兑铜元，继乃行用钞票，后又添用银元，经费时虞不给。日昨该局坐办施太守焕具禀督辕，请通饬所属，凡有拟发、请领、上兑之各项官款，统由该局汇划，以裕经费。未识周玉帅（两江总督周馥）如何批示也。（《申报》1905 年 3 月 5 日）

维持裕苏官银钱局（苏州）

裕苏官银钱局现因换行新票，收回旧票一时不及周转。爰由该局坐会办商议禀请藩宪筹拨款项，以资维持，业经藩宪禀奉陈中丞（苏抚陈启泰）批准拨借。昨由瑞方（端方）伯谕饬库大使将库存缓运折漕水脚一款计洋三十三万余元，照市合银尽数放发，按照五厘起息期，至三十五年（1909）正月底本利一并缴还。札饬该局员等遵照备（？）领状，赴库领回应用。（《申报》1908 年 11 月 18 日）

(九) 裕皖官钱局

官钱分局添筹资本（芜湖）

芜湖、正阳官钱分局因财力绵薄，周转维艰，非添筹资本不足推行尽利。现闻该局提调拟请将芜湖、正阳两分局各添成本银四万两，怀远添成本银二万两，禀由藩司移请省厘局筹议公所分认筹拨。兹据筹议公所以官钱局为振兴公利之地，将来获益必多，自应筹拨银五万两发交该局承领济用，以厚资本。（《申报》1908年8月19日）

（十）江西官银钱号

电四

赣藩刘春霖募债三百万扩充官银号，由冯（汝骙）抚交咨议局核议。（《申报》1911年3月26日）

三　余利、花红及分配办法

（一）热河官银号

热河都统诚勋奏热河官银号一年期满派员盘查情形折

奏为热河官银号又届一年期满，照章派员盘查并提拨余利情形，恭折具陈，仰祈圣鉴事：

窃查热河官银号，经前升任都统臣廷杰于光绪三十二年（1906）十月奏准开办起，截至三十四年年底止，所有历年盘查情形业经先后奏咨。嗣因原拨成本银五万两不敷周转，复于上年十月间奏请将浮存该号之银元、铜元共合银二万六千一百十六两零七分一并添作成本，奉旨允准各在案。兹查自宣统元年（1909）正月起至十二月，办理又届一年，所有出入账目及年满获利若干自应照章派员盘查，以重公款，当经札委清理财政局盘查去后。兹据该局以会同该号经理、执事人等检齐账目、票根分别外放、内存、开出、实在四项，按款勾稽，逐一盘查。统计宣统元年（1909）全年连闰十三个月，共获利银一万零九百二十七两四钱八分，内除辛工、酬送、日用、房租并杂项等共银四千四百二十七两四钱八分，实获利银六千五百两。拟请仍照向章先提一成银六百五十两作为公积，其余分作十成，以七成银四千零九十五两归还官本，另款存库。以三成银一千七百五十五两作为花红奖励之资等情，具奏前来。

臣复核无异，除开单咨部查照外，所有盘查热河官银号并照章程拨提余利缘由理合恭折具陈，伏乞皇上圣鉴。谨奏。

宣统二年（1910）三月初五日奉朱批：该部知道，钦此。（《政治官报》1910年三月初八，第884号折奏类）

（二）秦丰官银钱局

藩司樊批汉中府恩守请奖官钱局伙禀

提官款以充奖赏，与商人分鸿利不同，获利少者，或一成或二成，可以酌给。如获利一千，酌提一百虽曰一成，究属为数无多。若数逾万金，而欲援与按一成半之例，与一千五百金与铺伙酬劳。本司为国家管库，实无此胆量，掷公款以悦众心。应仍照半成之数给奖。若该守以为不足酬劳，则捐廉散放本司，不汝禁也。至谢令本应回籍守制之人，留陕当差已属破例，再求给奖，本局不能如此不公。试问一官钱局办理有效，便以为莫大奇功，彼循能之吏，为百姓造福无穷者又当如何？此禀大不晓事。（《秦报》1907年第24期第3册）

（三）东三省官银号

东三省官银号历年盈余比较表

年度	盈余（单位：两）
光绪三十一年（1905）	八百一十八两
光绪三十二年（1906）	二十万零二千二百九十九两
光绪三十三年（1907）	一十九万二千六百零六两
光绪三十四年（1908）	一十八万五千三百四十九两

（《东三省政略》卷七《财政》，总第5261页）

前任奉省督抚提用外销细数（奉天）（节录）

前东督徐相国（徐世昌）、奉抚唐尚书（唐绍仪）提用外销，已奉旨准其销结。兹探得其清单如下：

……东三省支应处三十二、三、四年官银号红利项下：（一）支拨钱参赞能训编辑政书经费省平银二万两，银三十三万四千八百九十三两一钱九厘七毫，东钱十六万八千二百八十八吊九百六十五文，小银元二万五千八百八十一圆五分八厘。（《申报》1911年1月25日）

（四）永衡官银钱号（官帖局）

奏报永衡官帖局上年所得利钱分别作本及局费事
（光绪三十三年（1907）三月十八日）[①]

奴才达桂、成勉跪奏为吉省官督商办永衡官帖局光绪三十二年（1906）分所得利钱，循案分别报效作本及划拨局费各数目，恭折仰祈圣鉴事：

窃照吉省永衡官帖局于光绪三十年（1904）十一月二十八日奏报，三十年分得利数目案内声明，由三十年起以后按年所得利钱若干作十成，请以三成报效归公，以二成划留局费，以五成作为资本。俟将资本集有成数，能敷局用以后再得利钱，即以八成报效归公，以二成永作局中一切糜费。此系官督商办，就地自筹之项，迥非公款可比，请免造报覆销，以归简易。等因。于三十一年正月初四日奉到朱批户部知道。单并发，钦此。钦遵在案。所有光绪三十一年（1905）分官帖局所得利钱数目亦已于光绪三十二年（1906）七月二十七日循案奏报。兹查光绪三十二年一年共得借贷利钱九十四万八千一百七十一千三百三十八文，内开除置买油胶、纸笔、墨朱，及刊刻、牛角、图书等项，共需过钱五千九百七十八千八百九十二文外，净剩钱九十四万二千一百九十二千四百四十六文，遵照奏定章程应以三成报效归公钱二十八万二千六百五十七千七百三十四文，以二成划拨归局需用糜费钱十八万八千四百三十八千四百八十八文，以五成作为局本钱四十七万一千零九十六千二百二十四文。兹据经管局务总理副都统花翎协领英贤、副都统衔尽先协领花翎佐领丰年等呈请具奏前来。奴才等覆奏无异，自应循案奏报，除咨度支部查覆外，理合恭折具陈，伏乞皇太后、皇上圣鉴。谨奏。

（朱批）度支部知道。光绪三十三年三月十八日。（中国第一历史档案馆藏档）

[①] 该折为署理吉林将军达桂所上。

东三省总督徐世昌署吉林巡抚陈昭常奏永衡官帖局余利分别报效及划拨局费折

奏为吉省永衡官帖局光绪三十四年（1908）份所得利钱，循案分别报效作本及划拨局费各数目，恭折仰祈圣鉴事：

窃查前经奏报吉省永衡官帖局按年将所得利钱分别报效归公，留作局本案内，声明由光绪三十年（1904）起，以后按年所得利钱若干作为十成，请以三成报效归公，以二成划留局费，以五成作为资本。俟将资本积有成效，能敷局用以后，再得利钱即以八成报效归公，以二成永作局中一切费用等因，于光绪三十年（1904）十一月二十八日具奏。三十一年正月初四日奉到朱批：户部知道，单并发。钦此。钦遵在案。除三十三年以前业经按年奏报外，兹查光绪三十四年（1908）一年共得借贷利钱一百四十万零一千四百八十三千二百九十文，内开除由上海购置缩印帖料及置买油胶、纸笔、墨朱、印帖、图章工价，并添盖房间、岁修等项共需过钱十三万九千一百零五千二百四十四文外，净剩钱一百二十六万二千三百七十八千零四十六文。遵照奏定章程，应以三成报效归公钱三十七万八千七百一十三千四百一十四文，以二成划拨归局需用各费钱二十五万二千四百七十五千六百一十文，以五成作为局本钱六十三万一千一百八十九千零一十二文，兹据度支司会同永衡官帖局呈请具奏前来。臣等核复无异，自应循案分晰奏报，除咨度支部查核外，所有吉省永衡官帖局光绪三十四年（1908）分得利钱，援案报效作本及划拨局费缘由，理合恭折具陈，伏乞皇上圣鉴，谨奏。

宣统元年（1909）三月二十五日奉朱批：度支部知道，钦此。（《政治官报》宣统元年三月二十八日，第556号折奏类）

东三省通信（节录）

吉林官银钱号自光绪二十七年开办以来，至今十有余载。前经理人单君祉纯每年在银市上与各商家兑换市银、龙洋等，所积余之款项计二百七十万吊有奇，无人敢动。自宣统元年（1909）饶总办接事，欲动此项，无所借口。有该号账房司事孙君翰文者在该号当差七载余，该号之事莫不深悉。该司事善观上宪之意思行事，即对总办陈一善策，将开办之账目尽行更换，至客腊造完账目，共余钱二百七十万吊有奇。该总办未敢独吞，遂与某大员商议办法，按照四股均分，大员作二股，该总办及会办每人作一股半①，遂将所余之款如数分了。额外酬谢孙某六万五千余吊，又将孙某派充经理账房委员之差以酬之。(《申报》1911年6月25日)

（五）湖北官钱局

湖北官钱局获利情况

(湖北)汉口官钱局经理得法，岁有盈余，闻癸卯年共获利四十余万串云。(《各省理财汇志》，《东方杂志》1904年第一卷第四期)

湖北各局厂现情（武昌）

湖北近数年来局厂林立，铜币局销路最宏，获利约百万左右。银元局、官钱局获利亦各数十万。至纺纱、织布两局，改为官督商办，尽力整顿，日有起色。兼之日俄事起，东洋纱不能入口，鄂纱益畅行无阻，获利较布局为优。惟缫丝厂因外洋丝价减盘存货有四十万两之谱，所耗已不资矣。官砖厂销数亦滞，通盘计算得失各半云。(《申报》1905年2月27日)

咨报官钱局余利

闻度支部近准鄂督陈筱帅（陈夔龙）咨称，现据湖北管钱局总办高道佑楚详报光绪三十四年（1908）份该局之出入账目，核算盈余项下已有七十三万之数，相应启照大部存案备查。(《大公报（天津）》1909年3月29日)

京师近事

度支部日前准鄂督陈筱帅（陈夔龙）咨称，该省官钱局详报光绪三十四年（1908）份该局核算账目，盈余约在七十三万之数，相应知照大部存案，以备查核。(《申报》1909年4月5日)

---

① 原文如此，疑有误，总会办与"大员"相加所分实为五股，非四股。

(六) 广东官银钱局

广东官银钱局余利情况

广东官银钱局每年盈余的银两,除部分赝于该局日常费用开支外,其余全都解往善后局。光绪三十一年(1905)以前,这笔款项用于海防经费,光绪三十二年(1906)以后,改用于支放新军薪饷。(钟丽文:《广东官银钱局和它发行的可兑换纸币》,《银海纵横:近代广东金融》,《广东文史资料》第69辑)

(七) 湖南官钱局

湘省商业大概情形 (长沙) (节录)

湘省去年商业其获利最优者当以土业为首屈一指,如刘同义、公昌兴、元亨利等家,均获利至二万金以外,其余或万金或数千金不等,要皆各有沾润。其次则为钱业,除官钱局获利至十余万金外,商号则以达顺、裕源长两家为最,此外大小钱店亦皆有赢无绌。(《申报》1910年3月10日)

上年湘市商业之大概 (长沙) (节录)

湘省去岁商业大都获利,其中以钱业为最优,官钱局无论,已闻其最著者获利至万金以外,其余则二三千金至七八千金不等,即间有并无余利者,亦皆足以敷衍。(《申报》1911年2月17日)

四 营业制度

(一) 存放款业务

1. 源通官银号存放款业务

上海县署琐案

信昌缫丝厂主顾企韩欠源通官银号借款二万两,久不清理,控由英界公堂移送到县。前晚经王大令提讯源通号伙徐蟊山投案,供称前由顾之胞兄质卿经手借去银二万两，立有借据，今已数年，本利皆无。前年质卿逝世时，企韩允即理偿，不料游约到今，置之不理。顾企韩供质卿虽系胞兄，而监生早已嗣出。质卿在日与惇信洋行合开信昌缫丝厂，曾借用源通号银二万两，今者质卿虽死，信昌依然开设，并不亏本，尽可向之理追。监生不过代为料理，如欲监生还银，窃恐于理不合。大令曰质卿既是尔兄，欠款应由尔清理，弗得推诿。遂饬交差看管，限三日理明，违则押追。（《申报》1899年4月7日）

上海商务总会禀农工商部文

四月初一日常会公议官商放款图利，债权不能一律，议决由总协理全体议董列名，禀请明定章程，俾资遵守。

窃维债律必归平划一，而官商之欹侧始平。利害必权其重轻，而公私之竞争为息，此中外古今之公例。断未有平时则利益均沾，与阛阓争锥刀之末；有事则强权独用，假府库施攘夺之谋，而能通行于世界也。我朝政尚宽洪，自昔帑藏充盈，向不与民争利。华洋通商以来，始而衙署局所出其官存款项，计利取息。继而各省渐设官银号、官银钱局，立银行，钱票、银币流转市面，直接放账，与商界逐什一利。上海为商务中枢，官款放账已成习惯。光绪三十二年（1906）钱业董事曾经建议，由上海南北市钱业元大亨等合词禀请，钱业定章遇有往来商号因亏倒闭，所欠洋款、庄款，须俟结清后，于欠户还款内按照成数，华洋各商一律公摊，历经禀办有案。今各省分沪银行、官银号，既许各商号脱手往来与庄等同，兹利益自应与庄等同。其责任设遇倒闭、亏欠，亦惟查照定章，于欠户还款内，按成均摊等情禀蒙大部。咨商财政处，以该商所禀照破产律第四十条，商家倒闭帑项公款，归偿成数同各债主一律。本系查照各国通例办理，俾昭平允，与定律条款相符。旋准复称各省官银号、银行多系公款，均应暂照旧章办理，应将此条暂缓实行，奏明有案。议虽不行，而理则自在。所谓有利既可同享，有害自应同受也。近年以来，市面败坏至于极处。前者营口之广德泰，常德之隆庆庄，汉镇之义诚生、三怡，上海之晋益升，亏倒之案，层见迭出。莫不以官家库款、关税、饷项，借口于公帑为重，查封家产，提前勒追。而同时被累之商势力不及，咸抱向隅。即使禀控追偿，无非一纸官符，徒增骚扰，而于存户仍无实际。近更如广西南宁州之黄福记、上海之义善源，皆以官商争执相持不下。要知商本经营，力量微薄，一经被倒，转辗牵累，无所终极。在官家有自由之行动，而商人无法律之可循。充乎其量，外挤于洋商，内制于官府，将无立足之境。为今之计，此后官与商同是放款图利，设遇债户亏倒，能否官商一体，不分轩轾。抑须先官后商，类别高低，应请大部明定章程，宣布中外，俾商界知所遵守。夫公款丝毫为重，非商款所能比拟，商人亦何尝不明此义？惟既降而生息矣，则公私之界已渐失其范围。方今宪政维新，君民一体，更定币制，统一财政。向之所谓旧章者，似指不计利息之库项，行政官习惯，自然此外似无明定章程之可指。所谓暂缓实行之律，应请奏准实行，以昭平允而示大信。倘仍谓《商律》尚不便于实行，亦须明示专章，俾知趋避。凡有官款存放之家，何妨不与交通，以免临时受累。倘明定章程之后，商人仍不知趋避，与官争利，是则自贻伊戚，于人何尤？职会以官商交涉，无所折衷，为敢冒渎上禀，伏恳宪部定平准之章程，立划一之办法，迅赐咨行。各省督抚宪札饬所属，并通札商务总分会，一体遵办。是否有当，伏候批示遵行。（《申报》1911年5月10日）

商会亦不愿为道署之账房（节录）

商务总会上督抚禀云：窃上海义善源票号亏欠倒闭一案，前据该号债主贾文富等，以沪关刘道遽将该号账簿、契据、产业期票、股票等项提存道署，并将现银钱洋查封，责成清偿丰裕官银号所欠公款，致使各商被义善源所该直接欠项毫无着落。抄呈李九皋承充丰裕银号认保各结底稿，呈请职会转禀度支部、农工商部，并移恳沪道查照历办成案，各清各款，务将义善源名下官商各款一律公摊。至丰裕欠款应查明丰裕账册催收、归偿，以清界限等情。业经职会据情禀达，并移沪道查照办核有案。旋准移复，仍以丰裕为义善源号商承充总理，丁维蕃又即义善源之经理，所有丰裕倒欠之公款自应责成义善源清理，并援源丰润商号亏歇后，所有源通官银号亏欠沪关公款均由源丰润担任清理为比例，并于三月初六、十八等日将义善源账簿五十五本，及逾限无收之票一百零一纸先后移送来会。开列办法大纲三条：一、先追收外欠，尽抵该号及该号承充之丰裕银号所欠沪关款，暨维持借款；次再摊偿票面及存户。

二、提道备抵之期票、折据二种，由道派员追收其往来款项，请会公举理账员，会同该号总理赶紧催收；有不还者，由会移廨，指名提究。
三、商会收划往来款及廨员追划之款，均送大清银行妥存，按月汇报本道衙门，以便尽先提还公款。各等因。当经职会随时录文传知，而各该债主以义善源为合肥李绅与席姓所股开，丰裕为德成典商李九皋所承充，前已一再呈明，断不能援源丰润、源通为严绅一人独开者相比、附况，照此办法三大纲，直视商会为道署之账房，商等尤不愿承认，坚求分清界限，各归各款，略恳禀求部院宪俯赐主持，并移沪道力争前来。（《申报》1911年5月21日）

2. 天津官银号存放款业务

督宪陈①据天津银号详请津浦铁路股票公司商借银号银两以盐斤加价入股作抵订期归还拟定合同请立案事札饬运司查照文
1909年11月

为札饬事：案查接管卷内，据天津银号详称：窃职号接直隶津浦铁路股票公司来函，现购滦矿股票，商借职号行平银三十五万两，按月七厘认息，指宣统二年（1910）全年盐斤加价四文入铁路股款，约五十万两作抵，尽宣统二年十二月以前分期归还，由芦纲公所作保，等因。查该公司之设，系因前宪杨奏准盐斤加价四文入津浦路股，分其股票归商民各半。惟铁路局用款尚在十年以后，是以直隶绅商立一公司，专理铁路股票之事。加价一款，系由长芦运司代收，交存芦纲公所以备该公司提用，业经运司论饬纲总遵照在案。缘准前因，职道等以如此巨款，必须查明指抵之项，果属妥实、可靠，方可议借，因此向张运司镇芳询问。旋准复称，此项指抵尚属妥实。惟查度支部议复，芦盐行销直、豫两省加价四文案内，有如果将来有碍销路，有亏课款，即行奏明停止，以重醝纲，等因。虽该公司商借银两，订有期限、归偿，然数目甚多，不得不格外慎重。必由芦纲公所总董作保担还，将来方有把握，当由职号与该公司拟定合同，以资遵守。除候俟奉到批示，即行遵办外，理合

---

① 即直隶总督陈夔龙。

抄录合同，详请宪台鉴核立案，批示、祗遵。如蒙俯允，即请饬知长芦运司转饬遵照，实为公便，等情。到前护督部堂，移本督部堂。准此。除批来详，并抄录合同均悉。应准立案，候长芦运司转饬遵照。此檄。等因。印发外，合行札饬。札到，该司即便查照办理。此札。计粘抄合同一纸。

直隶津浦铁路商股公司、天津银号商订借款合同

一、直隶津浦铁路商股公司，向天津银号借行平化宝银三十五万两整，按月七厘行息。

二、此项借款，于宣统二年（1910）六月内归还二十万两，十二月内归还十五万两，还本时，利息一并照付，如有过万巨款先期归还，利随本减。

三、前督宪杨（士骧）奏准盐斤加价四文，提充直隶津浦路款，计每年可得银五十万两，应即以宣统二年（1910）全年加价之款，尽数作抵，未经清还以前，不得以此项入款指作他用，原案抄粘于后，以凭查阅。

四、借款到应还之期，即由芦纲公所在应交直隶津浦铁路商股公司股款内拨还天津银号，以免周折。

五、此项合同，由直隶津浦铁路商股公司及天津银号订立，并由芦纲公所保证，加盖关防戳记，以凭信守。

六、合同商订后，由天津银号详明督宪，并咨长芦运台，分别立案，俟奉准后，再行拨款，即以拨款之日起息。

七、合同一样两纸，天津银号、直隶津浦铁路商股公司各执一纸存照。

天津银号总理、协理

直隶津浦铁路商股公司总理、协理

见证人芦纲公所总董

宣统元年（1909）十一月（《北洋公牍类纂续编》卷十五《铁路》①）

---

① 合同另见《记载三：中国时事汇录》，《东方杂志》1911年第七卷第一期。

启新坐本向官银号借款合同

天津银号

唐山洋灰公司今因唐山收回自办，扩充新厂，需用坐本银两，业经会同详蒙督宪（袁世凯）批准，改向天津银号承借应用。兹将拟订条款开列于左：

计开

一、公司所借新厂坐本银，以四十万两为度，拟自用银之日起，长年五厘行息，每届年终结算，次年五月照数拨付。

二、公司所借之银两，前三年按年付息，暂不还本。

三、公司所借本银，应自第四年以后，每年付息一次，兼还本银六万两，递年息随本减扣，至第十年本息全清。

四、公司所借本银，统以行平化宝计算。

五、此合同缮立一样两纸，各执一纸为据，并录合同，会详督宪立案。

六、合同年限期满，本息归清，即行声请注销。

光绪三十二年（1906）十一月初七日（林纯业、郝庆元：《天津官银号记事》，《近代史资料》第68号）

3. 东三省官银号

黑省商借巨款（奉天）

奉省官银号自扩充局面，改为东三省官银号后，凡吉、黑两省金融机关皆由奉省代为筹划。日前黑龙江公署电商东督徐钦帅（徐世昌）谓办理江省官运，款无所出，拟请由奉省官银号商借巨款，以资办理盐政。闻刻已经徐钦帅允准，即饬奉天官银号酌核筹办矣。（《申报》1908年8月25日）

东三省近事

长春金融艰绌之原因：本郡所设之官钱局专为疏通钱法，提倡商权起见，向来商号往贷应觅保或指不动产作抵，计往年本城之商号息借官帖者不下数十家，街市钱法颇见疏通。乃今年该局此项贷款分文未放，原因去年各商贷款清缴者十仅一二，余皆届限以物抵偿，殊多棘手。督抚宪又曾累次来文饬令止贷余款，并限年终一律解省，以重官款。本年银根紧于往岁，此亦一因也。(《申报》1910年1月30日)

官银号整顿借款章程（奉天）

奉天各司道衙署局所及各府厅州县每因公用需款，向官银号借贷从事，惟向无一定办法。有先行呈明公署批准，饬由官银号酌核拨借者；有径向官银号直接商借者；有并未预先商明，骤具印领借拨者。及至借用以后，有至期延宕不归者，有新旧交替，前后任互相推诿者。兹闻官银号总办深以此种办法殊非慎重公款之道，现已订定借款章程，呈请督抚帅批准，通饬一律照办。其定章大旨，嗣后凡各司道局所及外府州县，如向官银号借用款项，必须将事实、银数、归还期限先行呈报督抚帅，饬由该银号查明发行钞票之准备，金库储是否有余，始能酌定利息之大小，期限之远近，均临时核定。惟准借以后，至期不得延宕不归。倘前后交代时，此项借款前任未曾归楚，则归入交代案内，至期由后任归还，不得借口推诿。如前后任交代款目中有纠葛不清等事，官银号概不承认，所欠款项届期统由后任归还。至以前借用之款，刻下均须收回。如欲续借，即照新章办理，以清界限。(《申报》1910年3月8日)

东三省官银号存、贷款业务情况

凡有分号之城市，靡不广放借贷，以资利殖。其条件多为信用贷款，不需抵押品，惟需承还保两家，负连带无限承还责任。期限，由一月以至三月不等，然亦有延长至六月或九月不等。利息，月利约一分三厘至一分五厘，南北满相同。官银号在哈尔滨所取之利金，并不高于辽宁。

……

官银号存款一项营业向不发达。良以纸币之发行漫无限制，不忧款项不敷应用，自无吸收市面游资之必要，对于存款营业遂漠然视之，日即萎退。所收存款以官款为最多，私人存款甚少。利息，定章定期月息八厘，活期月息三厘。(《东三省金融概论》)

4. 广信公司

黑龙江禁买揽荒（黑龙江）

黑龙江公署日前为禁买揽荒事，出示云：现据署汤原县知县周令文华禀称，该段荒地多系大户包揽，把持渔利，以致远来各户无地垦辟。即如傅忠渭等为和字等各号联名承领鲁字段内荒地，勒掯居奇，若不设法变通，则数百万膏腴之地终成荒芜等情。正拟核办间，适据垦务局转据刘令虞卿禀称，鲁字段荒地约十万晌上下，尽系和字等联号，派有执事人连子附承领。复据广信公司函称，该号等领荒不能交款，经该公司董事傅忠渭向该公司借钱十万吊，又利钱二千一百吊至今本利无着各等情。查和字、利和成、通和成等号亏欠本省广信公司官款甚巨，而傅忠渭又在该公司借款交价，本利无着。所有鲁字段荒地既系该号等包领，至今尚未垦辟，自应由官收回，另定办法招户开垦，以免荒废而重公款。所有该县原发该号等执照一概作废，各该户等亦不得再由该号等转买，致滋纠葛。其余该处包领大段之户，均俟改订办法，酌核办理。先行出示，一体知照，切勿误买该段荒地，自贻后累。(《申报》1909年1月15日)

黑龙江：哈绥铁路筹款有着

由哈尔滨渡江北至绥化、海伦，计四百五十余华里。去岁曾经提议修筑轻便铁路以便输运粮食，嗣因筹款无着，遂不果行。迨去腊大雪梗阻，粮商亏折殊甚，故益图赶办。顷已议定，估计约共需银五百万两，由广信公司及官银分号、交通银行三处分任三百万，其不敷之二百万则拟招集江省巨商股款以便速成。(《申报》1910年5月23日；另参见《国风报》1910年5月29日)

黑龙江广信公司存、贷款业务情况

广信公司初以贷款为最主要之营业。商业信用货款，月息最高至五分。以无准备之纸币放款，而取息之高一至于此，获利之丰，可想见矣。改组以还，以纯粹省营银行，而食此种重利，自为法所不许。于是贷款事业之经营，日见收敛，远不若前此之兴盛……期限，齐齐哈尔总公司为六月或八月不等，哈尔滨分公司则率为三个月，利率亦以贷款之种类，及时、地之区别，而未能划一，大约在一分至一分八厘之间。概须承还保二家负担保责任。虽然条件〔虽〕如此，而实际则贷款一种营业，广信并无诚意赓续经营，久已视为可有可无之营业。据最近调查，广信各地所有制放款折合现银，不过二百万两，哈尔滨一埠才数十万两，而奉半则为未及收回之陈欠。以云新贷款，今①殆完全拒绝出借矣。

……

广信公司之办理存款亦系有名无实之营业。享有无准备、无限制之纸币发行权，予取予求，何事不可为？在势原无仰给存款以经营业务之必要。故于存款之办理，常漫不经意，视为可有可无之营业焉。定章，总公司定期存款，月息八厘。哈尔滨分公司所办存款，多属活期，月利三厘。所收存款，泰半皆为官款。至私人存款，则为数甚微。（《东三省金融概论》）

5. 永衡官银钱号

永衡官银钱号贷存款情况

永衡之贷款分大洋与官帖两种。条件，须承还保两家。期限三个月，至多有六个月者。利息，月利一分五厘，稍高有至一分八厘者。惟此项营业，近年益〈亦〉常不振，因永衡本号无意为此也。所持理由，与东三省官银号同。

……

存款营业较之贷款，尤不发达。活期存款月息三厘。定期存款，视期限之短长，临时酌议，大约至多不过月利七八厘。（《东三省金融概论》）

永衡官银钱号开录省城火灾以后从前借欠官款现在
尚未开市营业各户清折②

谨将省城火灾以后，从前借欠官款现在尚未开市营业各户，开录清

---

① 指 20 世纪 20 年代。
② 编著者对文中标点做了必要更改。

折，恭呈钧鉴：

计开：

一，鼎益号自宣统二年（1910）十二月十六日起，借钱三千六百吊，按目八厘生息，有押。

一，永丰隆自宣统元年（1909）十二月十六日起，借钱二万五千吊，按月八厘生息，有押。

一，福德增自宣统元年（1909）十二月十六日起，借钱一万吊，按月八厘生息，有押。

一，明恕堂自光绪三十四年（1908）十二月二十六日起，借钱三万吊，按月七厘生息。

一，福盛隆宣统元年（1909）十二月十六日起，借钱四千吊，按月八厘生息，有押。

一，德春广自宣统元年（1909）三月初一日起，借钱一万九千四百六十二吊，按月一分三厘生息。

一，德春广自宣统元年（1909）五月初一日起，借旧票银五千六百七十一两，按月一分生息。

一，德春广自光绪三十四年（1908）十二月二十六日起，借钱三万吊，按月七厘生息。

一，德春广自光绪三十四年（1908）六月十九日起，借钱一千吊，按月七厘生息。

一，德春广自光绪三十四年（1908）正月初一日起，借龙洋四千二百零八元，按月七厘生息。

一，德春恒自宣统三年（1911）二月十五日起，借钱六千吊，按月七厘生息。

一，隆德庆自宣统元年（1909）十月初一日起，借钱二万七千吊，按月七厘生息。

一，隆德庆自宣统元年（1909）十二月二十三日起，借钱三万六千吊，按月九厘五毫生息，有押。

一，隆德庆自宣统二年（1910）五月初一日起，借龙洋一万元，按月七厘生息。

一，华昌泰自宣统元年（1909）十二月初一日起，借钱一万五千吊，按月七厘生息。

一，同源润自宣统元年（1909）五月初八日起，借钱一千吊，按月七厘生息。

一，胡述之自宣统元年（1909）五月初十日起，借钱一万吊，按月七厘生息。

一，德昌永自光绪三十四年（1908）十二月初七日起，借钱二千五百吊，按月七厘生息。

一，元春堂自宣统元年（1909）五月十八日起，借钱八百吊，按月七厘生息。

一，巨亨永自宣统二年（1910）七月十六日起，借钱二千吊，按月七厘生息。

一，德全庆自宣统二年（1910）七月二十日起，借钱四千五百吊，按月七厘生息。

一，敦升源自光绪三十四年（1908）九月十五日起，借钱六千吊，按月七厘生息。

一，敦升源自光绪三十四年（1908）九月十五日起，借钱一万二千五百吊，按月七厘生息。

一，永丰隆自宣统元年（1909）十月初五日起，借钱五百吊，按月七厘生息。

一，永丰隆自宣统元年（1909）十月二十四日起，借钱一千一百吊，按月七厘生息。

一，德源义自宣统二年（1910）十月二十八日起，借钱五百吊，按月七厘生息。

一，鸿兴厚自宣统二年（1910）十一月初十日起，借钱三百吊，按月七厘生息。

一，鸿兴厚自宣统三年（1911）三月初三日起，借钱八千吊，按月七厘生息。

一，涌源栈自宣统二年（1910）十一月初十日起，借钱一千三百吊，按月七厘生息。

一，正育隆自宣统二年（1910）十一月二十五日起，借钱六千六百吊，按月七厘生息。

一，宏永合自宣统二年（1910）十一月十一日起，借钱二千一百吊，按月七厘生息。

一，同义庆自宣统二年（1910）五月初八日起，借钱二千四百吊，按月七厘生息，有押。

一，崇厚兴自宣统二年（1910）六月二十五日起，借钱七千吊，按月七厘生息，有押。

一，崇厚兴自宣统二年（1910）五月二十日起，借钱四万一千吊，按月一分二厘五毫生息，有押。

一，广义城自宣统元年（1909）四月初六日起，借旧票银八千四百二十六两二钱五分，按月一分生息，有押。

一，德源义自宣统元年（1909）十二月初四日起，借旧票银六千八百三十八两九钱一分，按月一分生息，有押。

一，广兴合自宣统二年（1910）十二月十六日起，借钱一千六百吊，按月八厘生息，有押。

一，同巨成自宣统二年（1910）十二月十六日起，借钱一万三千吊，按月八厘生息，有押。

一，同德厚自宣统二年（1910）十二月十六日起，借钱二千吊，按月八厘生息，有押。

一，庆吉升自宣统二年（1910）四月十八日起，借钱三千吊，按月八厘生息，有押。

一，德馨源自宣统二年（1910）九月十六日起，借钱二千五百吊，按月八厘生息，有押。

一，德发永自宣统二年（1910）六月十六日起，借钱三千吊，按月八厘生息，有押。

一，顺德堂自宣统三年（1911）正月初二日起，借钱五千五百吊，按月八厘生息，有押。

一，同发福自宣统二年（1910）九月初七日起，借钱二千九百八十一吊八百二十文，按月一分生息，有押。

一，福盛源自宣统二年（1910）十二月初四日起，借钱一万一千八百吊，按月一分三厘生息，有押。

一，富有堂自宣统元年（1909）七月初二日起，借钱六千五百吊，按七厘生息，有押。

一，同发福自光绪三十四年（1908）十月十六日起，借钱六百三十吊，按月七厘生息。

以上三十七户共借钱三十六万二千四百七十三吊二十文；龙洋一万四千二百零八元；旧票银二万零九百三十六两一钱六分。

呈详

钦差大臣东三省总督赵（尔巽）

钦命副都统吉林巡抚陈（昭常）

吉林永衡官银钱号

宣统三年（1911）十二月二十九日（《吉林永衡官银钱号》）

商会维持市面之手续（吉林）

吉省商务总会去岁与官银钱号商允，出放官帖钱二百万吊交由商会转贷。如有请借商号，须呈明以房产作质，由商会派董会同官银钱号委员查明估价，果与置十借四之定章相符，即饬觅具殷实铺保，方准由会贷给，以六月为限，六厘生息，至期本利归还。统计去岁年终及今春共贷出一百八十万吊，兹经该会将借款商号、承保字号及质产之坐落、所借之数目造册移送官银号查照备案。（《申报》1910年4月7日）

6. 江西官银钱号

江西创办机器造纸有限公司集股章程（节录）

一，同人为纸业改良起见，创设元章公司，禀准大宪遵奉部章，在江西省相度合宜之地，购机造厂。拟招集股本龙洋三十万元（不用色劣者），以百元为一股，合成三千股。股息以百元，交足之日起算，按月六厘。无论官绅商民均可入股，惟洋股不收，以清界限。

二，蒙大宪批准，发官款五万两以资鼓舞，每年由公司认息六厘，限至十年一律缴还，以重公帑。至于公司一切事权，仍照商办章程，概由绅商经理，地方官惟任保护之责，允不干预。

……

七，同人议定，无论本省、外省招集股份，以定议之日为始，分作三期。第一期，报定股名，两月内先缴三成，又四个月机器粗备；第二期再缴四成；又四个月为第三期，按期由经理人立收条，全缴，换立票折。若第一次应缴期内不缴，逾一月者注销另招。第二、第三期不缴，逾一月者，将第一期所缴之数并作一股不足数者，合并别股，以示限制。其所收之股汇存官银号，仍登中外日报，以昭核实。

……（《东方杂志》1904年第一卷第六期）

九江

程子鹤前在德化县控高俊臣亏欠益和银两一案，尚未讯结，又易以监生赵钧之名赴道辕上控。道宪批示云：查亏欠银钱例应严追，而控告事件应令本人具呈，不准扛帮。高俊臣亏欠益和钱店银二千六百九十余两，如果官银号公款业已缴清，自一体勒追，以维商业。惟披阅粘抄，此案在县具控，均系徽州监生程子鹤一人，今忽易以该监生赵钧出名，是否益和同伙抑系案外扛帮，仰九江府即饬德化县核明原案。高俊臣现在曾否由宁回浔，官银号公款是否一律还清，提案确讯。所欠益和银两验明簿据，从严究追。勒令赶紧筹措，一面查明该监生赵钧有无扛帮情事，刻日详晰禀复，毋稍宕延。（《申报》1905年7月2日）

追缴荣昌火柴公司欠款（九江）

荣昌火柴公司创自鄂商甘受益、川商黄龙华，建造厂屋，购置机器，成本约计数万。只以用人不妥，出货不佳，以致亏折歇业。去年五月有赣商邓鹤坡、浙商顾葆舲承顶，开张八个月内又折二万金，至腊月亦歇业。现欠官银号及万和裕康各钱店款甚巨，赴道辕控告。汪观察批示候移请上海道，速将邓鹤坡传解来浔，传同顾葆舲确讯究追，如不能缴，货物不足备抵，即将该公司厂屋家业招商承顶，以清借款。（《申报》1907年3月12日）

路局借款未果之原因（南昌）

九南铁路经徐星槎观察商同商会同人，向沈爱苍于官银号内借款二百万，以资兴工。此事沈方伯尚未允妥，而徐等业已发表，并电请蔡御史、谢太史、陈吏部乘轮来省商议兴工。及蔡等抵省，提及此款，而沈方伯以库款支绌，一时难以应付，婉言却之。故在场诸公莫不为之踌躇云。（《申报》1908年1月25日）

7. 裕宁、裕苏官银钱局

江南派办处筹议开办江宁自来水利济公司章程（节录）

公司帮办、分办、勘地、估价、监工、收支、文案及管机器、管龙头、稽查、弹压、照料等差需员甚多，应由派办处就江宁道府州厅县佐杂中分别详请委用，其公正绅士亦应酌派数人作为公司董事，随同商办，以期众志成城，毋使他人干预。惟此事虽曰官督商办，究宜仿照商办之法，一切撙节，方有余利可图。所派员绅均宜躬亲其事，干修等项陋习概行革除。所派官本，派办处司道曾经约会各局总办到处商妥，现既定议开办，即应照数详明督抚宪立案。每遇提用，由派办处查明应用若干，分别成数，移请照发。其平时用款，亦酌量移提，存放江宁（即裕宁）官银钱局立折支用。嗣后收入水价及发给官利、余利，亦并由官银钱局经手，以归划一而免亏挪。（《申报》1903年8月20日）

慎重裕宁放款问题（南京）

江督端午帅（端方）札裕宁官银钱局文云：照得裕宁官银钱局专为兑收各署局所公款，兼以维持市面，补助商力之不逮。其出入概系公款，究与商号营业性质不同，自应格外慎重。近闻在省候补各员一经补署各缺，往往向该局挪借款项，名为往来，其实存款无几，借欠者率居多数，一经亏空，势必清偿无期，殊于裕宁局务大有影响，亟应严定限制。嗣后凡宁省候补、现任各员，除交该局收兑款项仍照向章办理外，概不准向裕宁总分局借口往来，私行挪借，以免碍及局款。其已经借出各处，即责成该局迅速照数收回，克期清理，不得任其延欠。札到该局，即便遵照办理。（《申报》1909年5月25日）

江南模范监狱问题（南京）（节录）

江宁府杨守、前署江宁府许守遵饬筹议开办江南模范监狱事宜并章程详请江督核示，当奉午帅①批云：……至请拨经费银十万两，以一万余两为开办时添置一切器物之需，其余全储裕宁官钱局，以所得七厘生

---

① 即两江总督端方。

息作为该监狱常年经费，所议亦属周妥。仰候札饬江安粮道援照前案，如数动拨可也……（《申报》1909年7月16日）

酱园封（苏州）

苏垣阊门外全丰酱园日昨有吴县张大令派差到来封闭，闻该号因亏欠裕苏官银号款项甚巨，因此发封备抵云。该号兼售米粮，是以当时号内有货物三万金之谱，当被封之时已取去不少。（《申报》1911年5月7日）

裕宁官银钱局放账之真相

裕宁官银钱局自清理宿账后，即有互相推诿、攻讦之举。夏初沪局经理陈子蘅禀讦前总理陈子琴于督辕，谓以前所放账项，陈子琴有化户侵蚀，收押废股诸弊。旋于五月初三日奉江督宪批饬上海道，札县严追，陈子琴乃将各项账款实在情形详细禀覆督宪云。一、通久源纱厂为宁波最久、最著名之纺织厂，数十年来沪甬各庄相率争放款项，惟恐不及。且当时本局放款，总理与经理公同商榷，则责任亦应同担。二、废股押款系汤姓向大清押借，另是一案，现已涉讼，与裕宁实不相干。三、云记户押款系将自置兴业银行及宁绍轮船公司等股份七种，托陈子蘅代押，陈子蘅即在本局自做立户押借，则此项押款实非空挪。四、同福庄账因同福系上海汇划钱庄，与裕宁往来已久，亦非私放之款云云。陈子琴禀覆时，适清理源丰润账务，任道台因据源丰润号东呈称，陈子蘅本系该号正经理，今陈不理账欠，难服众心，应请禀求督抚宪饬令回号还欠理账，以资表率等语。任道台即照详两院，故奉抚批"有未便稍予宽容，勒令速行了理"之语。纷纷扰扰，不知将来如何结束也。（《申报》1911年8月9日）

8. 湖北官钱局

汉口地贩之下场（汉口）

汉口黄之根本一寒畯，因得族中所遗后湖地产故富。惟近年市面衰败，银根吃紧，地皮亦因之滞销。黄乃于前岁将值银五万两之地皮一段，向湖北官钱局押借银二万四千两使用，原意售地偿还。讵黄于去岁与职商尹湘琳伙开大信银行未几,被官封禁,致失财产上信用,而地皮又屡售不出。现官钱局因奉部电将各处放款一律收回以故,向黄催讨甚急,竟札饬江夏县将其传案勒限,于三月初四缴银,将地契赎出,不准藉词拖延。但现今地价日贱,虽减值亦乏人承受,恐难如限筹措也。(《申报》1910年4月12日)

邮传部奏川汉铁路官款存湖北官钱局事

邮传部奏:遵查川汉路线资本,四川认造自成都至宜昌,约长二千三百余里,中分宜万、万重、重成三段。工程造端自以宜万一段为入手,约计需银三千余万,收(?)入之款,除历年动用外,共存银八百八十一万二百余两。又常年有租股等项二百余万,陆续建筑,陆续通车。养路之费,不患无著。其自宜昌至应山县,奏归鄂省认造,即所谓湖北川汉也。查鄂境川汉铁路,估资约费三千万两左右,其现收款项共六十五万六千九百余元,除开支外,实存四十四万一百余元,均存放官钱局生息。报闻。(《宣统政纪》附录宣统元年二月实录卷八)

9. 裕皖官钱局

皖省官钱局之名实(安徽)

安庆裕皖官钱局自开办以来迄今数年,获利不厚。闻该局管事吴虎臣(混号吴老虎)向系同康钱店管事(今之同康股东),兼充其职,所有该局自中班以次,有银钱经手之责者皆由老虎引进,以故无有指其弊者。凡遇官商巨款存官钱局者,皆被该管事移存同康庄,以致官钱局徒有存款之虚名,而无存款之实利,外间颇有官钱局为同康分铺之说云。(《申报》1909年6月14日)

10. 湖南官钱局

湘省实业杂志——接收轮船

两湖轮船公司近因亏折过巨,势难持久,只得议决停办。经各股东查阅账目,计欠官钱局及各商号共银一万四千七百余两,刻下无款偿还,拟即将长潭两埠码头、趸船、平浪宫房屋暨往来长潭之湘清小轮一并抵还欠款。查该公司所欠账项以官钱局为最巨，当由股东刘万森等具禀财政司，自愿将以上各业拨归公家以便接办，业经财政司准如所请，已商请交通司派员前往接收矣。（《申报》1912年2月5日）

11. 广西官银钱号

本埠新闻：沪道照会上海各业董事文（为自来水公司招股事）

照得上海内地自来水公司前因杨道台病故，刘道台独力难支，拟招洋商入股承办。本道以自来水为民生日用必需之物，关系甚重，设为洋商购股承办，不独诸多窒碍，且失主权。当即禀准督宪由官收回，交地方绅商集股承办。议定该公司地产、房屋、机器、水池、水塔、水管生财各项等规银一百二十五万两，其款由本道担任。公司息借大清银行等银八十万两，本道另筹官股银二十万两，又地方公款旧存九万两，东来堂存款改票转期银十一万两，广西官银号改票转期银三万两，旧股改换新股票二万两，现与刘道台结算交清。先于二月十五日由官收回，照会李绅钟珏权为总董，清理各食户水价，一面函致总工程局开会招股在案。查公司息借及转票之款为期甚促，亟须筹集股份，按期归还。该公司目下收进水价洋一万余元，除去开销，按照常年七厘官利所差无多，将来逐渐增加，利益不可限量。此系本利有着之实业，与别样招股迥然不同。现在开会期近，凡城厢内外铺户、居民皆于该公司有密切之关系，理应踊跃认股。即租界绅商，各乡士庶与内地城厢亦属一气，谊当辅助，庶几众擎易举。夙仰贵董热心公益，为特照会，请烦查照或自认，或认招，多多益善，总期招定为要。（《申报》1909年5月8日）

本埠新闻：自来水公司借款展期

内地自来水公司由沪道代为担保，借广西官银号银三万两本定四月十五归还。现因届期未付，业由该公司总办李平书商明，现先还银一万两，尚有二万两展至本年（1909）七月十五日付清，仍以按月七厘起息。兹将换立期票送请沪道加盖关防，以便转交该银号收存。（《申报》1909年5月31日）

（二）汇兑、兑付等业务

1. 浙江官钱局

西泠杂志

浙省藩署设立官钱局，兑换银钱以纾民困。定章每日上午兼兑制钱，下午专兑银元。嗣因民间欲易钱者无不赶早赴局，局中兑钱每日只有五百千文，故未及日中，早已兑罄。日前有一粮署差役持洋二元赴局兑钱，局中司事答以制钱兑罄。差以时未及午，何以不肯易钱。正在争论之际，适某钱店有预先换定之钱，前来携取。差役见之，因时大肆咆哮，欲将钱取去。司事不知为粮署差役，即将其人送交仁和县署审究，经伍邑尊讯问后，知系粮宪内署所差，当堂释放。而粮宪郑观察已访知其事，遣人至县查询。伍邑尊随禀明钱局总办向子冕太守，同赴粮辕谢过，郑观察笑而置之。（《申报》1897年1月1日）

西泠琐缀

官钱局兑换银钱自十二月初一日起，每人只准兑一元小银钱，概不贴水，大洋价至少以九百五十文为率，多则递加。局价五日一定，悬牌晓示，以使周知。每日赴局兑换者争先恐后，局宪恐有滋事等情，爰函请防军局发勇弹压。局门外添设栅栏，由南首放，入即兑，则由北放出，以清眉目而免混淆。至妇女、小孩及年老之人，概不准兑，恐人多被挤，致有倾跌之虞。每日午前自九点钟起，兑钱二百五十千文，午后三点钟起，兑钱一百五十千文。若钱店中人私行往兑，一经察出，立即将店封闭。（《申报》1897年1月25日）

钱局琐闻

杭州访事友来函云：浙省设立官钱局，发兑制钱，搭换银元以济制钱之不足。定章于每日午前九点钟起换钱五百千，午后二点钟起，兑钱三百千。近因天时炎热，局宪深恐人重，易于染痧，上午改为八点钟开局，下午四点钟开局，是亦当事者之关心民瘼也。（《申报》1897年7月30日）

钱局停炉

杭州访事人来函云：浙省鼓铸制钱，设局于报国寺内，所雇工匠均系宁绍人。现届年终，各匠例应给假回家度岁。兹局办饬令十六日停炉，由督理委员候补通盘徐别驾树渊查点清楚，将已铸之钱命防军营勇挑运至官钱局存储，以便逐日兑换。各匠于十七日支领薪工回籍。（《申报》1898年1月17日）

2. 蜀通官钱局

几同虚设

四川访事人云：省城前设官钱局印发钞票亟力整顿，务求通行。但事属创始，非持以久远，断难取信于民。乃至开办至今不过一年，迨鹿制军①卸任即行停止。至重庆钱局，虽已变通章程，而换钱之价，较之铺中反贵，以致无人问津，钱局几同虚设矣。（《申报》1898年1月30日）

3. 湖北官钱局

钱局述闻

汉皋访事人来函云：汉口官钱局所出钱票，民间信用，遐迩风行。刻下因各钱店倒闭甚多，凡人之藏有花票者，皆无从收兑，吃亏实多，是以人有戒心。官钱局票虽妥，而亦纷纷赴局换取现钱，钱局一时难以如数兑出。遂就各著名大店铺购钱以济其急，故得安静如常云。（《申报》1897年12月16日）

鹤楼笛韵

武昌访事友人云：鄂省自创设官钱票，远近通行，商民无不称便。迩因北方拳匪滋事，风鹤频惊，银根顿形短绌。遂有匪徒播造谣言，谓官钱局势将倒闭，一时风声所播，市面震惊，商民收存官票者争往兑取。局门以外拥挤不堪，局中所存现钱一时不敷周转。若辈更任意哗噪，势甚汹汹。江夏县陈介庵大令闻之立即驰往弹压，将为首滋事者拿

---

① 即卸任四川总督鹿传霖。

获数人,予以薄责,若辈始纷纷解散。事后由武昌府余尧衢太守出示晓谕云:照得官局钱票,原系便民而设,完纳粮税课厘早已通行无碍,尔时兑换,现钱不过市面买卖。现有无知匪徒藐法,罔知利害在,在外肆行谣惑,冀得假票朦兑。现派弁役查拿,明查暗访务获。兑钱照常,来局勿得大惊小怪。倘敢故意滋事,立即拿案不贷。(《申报》1900年7月24日)

沙渚琐闻

沙市访事友人云:今春湖北宪饬立官钱局,开办之初虽有台票数万,只深恐民间不能一律畅行,乃出示通衢,准用以完纳税厘、钱漕。于是持银向兑者趋之若鹜。不数月,票已兑空。近日续到十余万纸,定价较以银易钱帖约昂二三厘,人咸使之,不与较也。(《申报》1901年10月20日)

示平钱价

武昌访事友人云:迩来鄂省制钱缺乏,以致孔方兄声价日高,负贩小民殊形困苦。官钱局总办高太守闻而忧之,特于本月某日面禀兼署湖广总督端午帅,请酌平市价。午帅许之,太守爰即出示严禁。略谓钱价至高不得过每一钱兑八钱四分之外,违即送县严办。特未知钱侩闻之,果能遵守无违否也。(《申报》1903年1月22日)

要闻一(节录)

黄陂街湖北官钱局近因省城阻隔,市上谣言官钱票现在无用,纷纷向局兑钱。日昨竟有匪徒在该局行抢,并敢由后门撞进纵火,经保安会驰往灌熄,并定于是日二点钟在沈家庙照兑。(《申报》1911年10月19日)

4. 福建官钱局

维持圜法

福州访事人云:闽中圜法日坏,鼓铸制钱,并开设官钱局以便行用。去腊代理福州府谢、福防分府吕、闽县王、侯官县叶会衔出示晓谕居民,其文云:为统筹补救钱法一事。照得闽省圜法之坏,一由于私铸之充斥，再由于钱业之把持。故自十六年迄今，虽尚守番银每两作钱一千四百四十文之旧，而忽而通行私铸，则每角小番可换钱一百四五十文；忽而郑重台票，则十角小番尚不敌新议七钱之用。其实买卖者以物价相折合兑换者，以出入为低昂，愚民暗受其亏者，直不知作何抵。止今幸各大宪关心民瘼，知私铸之害由于铁钱，把持之端在无定主。因将商办银元局收回自铸，并兼采华洋成法，一面鼓铸制钱，一面添造当十铜钱，俾民间子母流通，不用私钱而自可以流转。尚恐银价高低，权操自下，就城内杨桥巷开设官钱局一座，为各钱店纳领。凡官中发出角番、铜钱行用市面者，不论以番换钱，以钱换票，以小角易大洋，均准照现定章程赴官钱局交易，毫无刁难、抑勒等弊。除由宪局通饬外府县一体通行、照办外，合行示谕。为此示，仰军民人等知悉。此次局铸角番每角作大钱一百零六文，局出银票每元作大钱九百九十九，当十每枚大钱一十文，均准搭完钱粮，交纳税厘。其商铸角番虽与官角行使，但碍于销路，未准搭解钱粮，民间辄任意高下。现亦划定限制，每商铸十角，准换钱票一元，市上行用每角作大钱一百文。如有向官钱局以商角兑换局票及当十大钱者，亦照一百文核算。自此次示定之后，尔百姓愿与官钱局交易，进出均无折扣。若由钱店驳换，则官角、商角皆止准差一文，以资钱店贴补。尔百姓等须知局铸角番，每日用化学熔验银色，毫无参差。所出局票，每纸止载新议一元，与咸丰年间所设之官钱店以钞票为资本，以铁钱相抑勒者，虚实悬殊，亦且名目各别。惟望尔民勿听无稽之谣言，勿以往事相比拟，各自平减物价，屏绝私钱，庶圜法渐有转机，而官民两受其益。其各凛遵，切切。特示。(《申报》1901年3月2日)

5. 江西官银钱号

浔阳枫荻

九江访事友人云：江西官钱局分设浔城西门外，所有银钱出入与商铺一律，惟汇兑则较为便易。(《申报》1902年11月15日)

拨放薪饷准搭官票（九江）

江西官银钱总号会同藩司粮道，以嗣后拨放各署局处薪饷概以五成官票搭放等情，详奉赣抚批云：查原文内于印票兑银钱票一节，语意不甚明晰，应改为搭放官票五成银两，均由司库填给印票，交由领银。各营署局处所馆堂及得票之人，持赴本总号，如愿换九五官钱票及铜元现钱，即按照本日市价如数兑付，以资应用。倘愿换银票及银元官票，亦照其原领平色，按本日行情申平、申色扣算换给，即不必由钱价绕算。或有愿照原领平色，开票者均听其便。又后叙九江、赣州分号条下，亦应改为印票到号之日，或愿换九五官钱票及铜元现钱，或换银票及银元官票，均按各本地、本日市价行情，照省总号章程一律办理，庶使人人易解，不致误会。余均如详办理，仰即分别移行藩司粮道暨各营署局处所馆堂，及各分号、府厅州县一体遵照。所有总分各处兑换此项印票，仍须严密稽查，务与市价一律，随到随换，不得稍有畸轻畸重，延搁留难等弊，致失信用。(《申报》1908年3月7日)

赣省未失前之曲突徙薪——金融之恐慌

赣省官银钱号铜元缺乏，拥闭之后即经劝业道赶铸铜元，由冯抚(冯汝骙)示期十三开兑官票。惟商业逗刁，并不实行，收用官票又不遵守一定行情，高抬商票价值。其于现银换出，则高抬银价换进，又复高抬钱价辗转剥利，不服人心。实属不顾公益，有碍治安。复经官府以相当之物抵押商会，由商会担保，通告商业一律实用官票，以维大局，始渐流通。此亦官业空虚，哀求商团之悲观也。(《申报》1911年11月5日)

6. 源通官银号

上海县署琐案

前有匪人伪造道署支单，向源通官银号骗去银三千两。后有不知姓名人由邮政局致源通，云有二千五百两存海春番菜馆余阿元处。源通执事人遂持函投报捕房，捕头令某包探将余即袁怀仁拘送英美租界公廨，谳员张柄枢司马移送至县。迭经县主汪瑶庭大令讯鞫，袁供海春并无余阿元其人，大令饬收押所中，听候发落在案。兹经逐细详查，此事毫无证据，因于前晚提至案，谕令交保候示。(《申报》1901年11月12日)

7. 裕宁、裕苏官银钱局

请平钱价

金陵访事人云：自大吏开设裕宁官钱局后，执事者志在渔利，故将铜元价值任意高抬，钱价因之有增无减。虽经前藩司李芗垣方伯禀奉两江总督魏午庄制军出示，定价每洋银一元换钱九百文，不准减少，只准加增。而局中兑换洋银每元仅换铜元八十三四枚，合足制钱八百三四十文。钱业奸侩有所借口，洋银市价遂只换九八制钱八百一二十文。官局虽较之市上每元多得二三十文，无奈每日换钱只有两点钟许，人多时促，拥挤异常。兼之定章男子只准每换两元，妇女只准每换一元且须先赴郡庙点估领票，然后投局取钱。局中差役尤复任情鞭挞，以致自爱之士咸裹足不前。绅士叶廷琦等四十人联名上禀督辕，请出示晓谕，官商定价每洋银一元换钱以九百文为率，俾小民均沾实惠，而钱价不致再昂。想上宪民瘼关怀，必能允如所请也。（《申报》1904年2月13日）

银钱难换

金陵访事人云：此间创设裕宁官银钱局，原为挽救银贱钱贵起见。当李芗垣方伯绾江宁藩篆时，核定每龙银一元易铜元九十枚，合足钱九百文。乃方伯去后，驻局委员陈大令世辅遽议改章，然较之市上每元尚可多兑铜元三枚，合足钱三十文。民间贪此，戈戈趋之如鹜。嗣大令忽以每日两点钟时为限，过此即不能兑取分文。于是兑钱者恐后争先，益形拥挤。大令乃派令局差、护勇各持竹板排列局门左右，以壮声威。而来者仍不稍却，则又创为男女分期易钱之法，每男口准易龙银二元，女易一元。继更令易钱者先赴郡庙领票，然后持票赴局领钱，往返里余，怨声载道。大令恶之，借口刁生闹局，面请江宁府罗太守会同办理。太守颇思整顿，遂委现办商团并元宁膏捐之吴大令锡官前往弹压。甚矣！除弊之难也。（《申报》1904年4月29日）

禁运铜元

金陵访事人云：江南银元局鼓铸当十铜元，发往官银钱局兑换，原以补制钱之不足，不准奸商私运出省，罔利病民。无如银元局暨官银钱局各委员类皆视为利薮，民间持银往兑，必多方阻抑，反任令驵侩垄断居奇。于是外溢日多，于钱市之荒迄无补救。现经两江督宪魏午帅（光焘）访悉，檄新关税务司，凡遇轮船、民船往来，如夹带大宗铜元值钱十千以外者，即以私运论，一并截留充公，加等治罪。似此风行雷厉，圜法或可稍稍藉以维持矣。（《申报》1904年5月8日）

江苏：官钱局更章

江宁裕宁官钱局因巡勇鞭毙兑钱居民一节，其肇衅缘由曾纪前报。兹悉该局奉督宪示，更改旧章，准钱业公所备银来局兑换铜元，其市面零兑准照钱业公所每银元低价五文，其官钱局则概不零兑，以免拥挤之弊云。（《大公报（天津）》1904年7月8日）

隋苑寒鸦（节录）

总办裕宁官银钱局司道禀准大宪订定兑换新章，刊刷告示，发交驻扬分局，遍为晓谕。大旨谓铸行铜角，原为补制钱之缺，以救钱荒。乃近闻市侩、奸商不顾大局，竟以备作零用之铜角茇批私运，以为利薮，致各处钱价仍不能平，商民交相受困苦。本局博访周咨，议定新章，无论官局商号、民店，凡购铜角者止准三、二千文，如数至十千或数十百千，即以钞票、银元票抵算等因。说者谓似此一转移间非特杜绝私运，并无私钱短串等弊，诚深得维持圜法之道哉也。（《申报》1904年12月20日）

通饬限期兑换钞票（苏州）

苏省裕苏官钱局钞票今春改良重制，以苏抚陈筱帅①照片印于票面。现虽发行几遍，而前项钞票尚未悉数收回。昨由藩宪陈伯平方伯通札各属出示晓谕，如有前项钞票，迅即持赴省城总局及镇江、无锡、上海三处分局兑换银钱，限七月底截止，如逾期不兑，概作废纸，切勿自误。（《申报》1907年8月1日）

钱局批示

裕宁官钱局铜元票，持票取元者必贴水脚，事已奇矣。铜元为铸局

---

① 即江苏巡抚陈启泰。

大利。惧销路不畅，乃至沪设局分销。且钱为流通之物，随地周转，凡使用国币之人，即是转运之人。钱而可收水脚，则工部、户部旧出制钱。若行至边省，可令人民以数钱来换一钱矣。始谓此系局伙作弊，乃昨见朱姓友人，出一纸见示，系某日遣仆持裕宁铜元票取元，被扣而归。朱即书一简，往询所以。局员大书批其后云：每千扣水脚二十文，并无别种理由，英洋分文不扣。此批。二十二字，墨迹淋漓，大有泰山气象。因劝朱君实之，此亦所谓国粹是也。（《申报》1908 年 6 月 13 日）

苏垣官钱局被挤详纪（苏州）

　　苏垣裕苏、裕宁两官银钱局钞票向为市面所信用，自受沪市影响后，前日忽起谣传，各商民纷纷持票前往兑换现洋，几致扰动大局。而初九、初十、十一三日裕苏尤为危险，各处取洋者纷至沓来，若非公家出而扶助，早被众人逼倒。闻三日内共发出现洋六十余万，往取者尚络绎不绝，当由该局委员禀请陆方伯先从藩库拨借银十八万两，又往上海某银行借到银四十万两预备照发，藉资周转。一面由程中丞①、陆方伯示分贴局门及各通衢，略谓该官银钱局开办已久，所出钞票素昭信用，并准抵完钱粮关税，奏案具在，可保无意外之虞。局由公家所办，本为流通市面而设，与商家营利性质微有不同，断无骤然倒闭之理。除将造谣之人访拿究办外，特晓谕众商民仍须照常行用，勿得妄生疑虑云云，出示之后风潮稍为平息。其裕宁局亦由该局管理委员禀请宁藩司筹款拨助，谅不致再有他变。惟十三日裕宁局仍有多人持票来换，故门口依然拥挤，虽经该局预请巡警弹压，一时人数太多，弹压亦无效力。其余大店铺虽不敢不用此票，而小钱庄则仍故意留难，或每元须加贴水数十文，致无知之徒及妇孺小民仍疑此票不能通用，相率不欲收用或愿减折兑换云。

　　裕苏局此次被挤原因传说不一，或云因上海源丰润搁浅后，苏地银根骤紧，洋钱行情顿涨，该局经理故将现洋数十万捆不发出，意待洋价再涨后居奇牟利。致各庄家闻之，咸忿不能平，约齐不用裕苏钞票以与

---

① 即江苏巡抚程德全。

为难。一时风声所播，人咸不知其故，误以为该官局必将倒闭，致皆纷纷往换现洋，酿成此次风潮。该经理至此无奈，只得将所捆之洋尽数发出，尚嫌不敷，乃复请拨官项，续借洋款始克弥缝过去。闻该局共出钞票九十余万，现已陆续发去洋六十余万元，目下可保相安无事。惟该经理值此时局，尚图自利而反自害，其愚亦不可及也。（《申报》1910年10月17日）

苏台亦受鄂乱之恐慌

钱市：苏垣自得武昌警报，商业、金融停滞，银根日见窘迫，一时人心惶惑，纷纷提取现款，银洋因之缺乏。二十一、二、三等日洋价由七钱一分飞涨至七钱三分有零，二十四日钱业有行无市，而驻苏某官钱局争持钞票向兑现洋者几于户限为穿。商务总会闻信后，以钱市为商业机关，省垣系根本重地，业由各议董会议，公推总、协理面禀院宪，拟请暂借库款数十万拨商具领，俾资周转而救目前。候上宪顾全大局，必能俯如所请也。（《申报》1911年10月17日）

南都零拾（节录）

裕宁官银钱局所存官款悉被亏倒，而用出钞票为数甚巨，近来收票之家每以无从兑换为恨。兹有人寓城内四福巷张宅经理代兑现洋，故日来持票者纷纷赴该处兑换。（《申报》1912年3月11日）

8. 裕皖官钱局

三江两浙感受鄂潮之恐慌（节录）

江宁：……惟钱业一项，以迭接武昌紧电，致钱市恐慌，各存户提取现洋日有所闻。现闻该业会议大数存户不能提取现款，取现洋者至多以三百元为率。至于华商各分银行及各官银钱分局，近日各商民持钞票往兑现洋者，自早至暮，拥挤不开，幸皆预备充足，以无恙其余……

安庆：皖省近因鄂乱，人心颇为浮动，街谈巷议，传说纷纷。绅商富户类多携眷迁徙。裕皖官钱局日来持票赴局兑款者日形拥挤，各钱庄往来存款之户现均纷纷索取，其余杂行交易一概交纳现款，百物昂贵，米价尤为陡涨。（《申报》1911年10月20日）

赣皖之防维鄂乱谈（节录）

安庆：……近日市上本洋牌价涨至一两一钱，英龙洋亦至八钱，殊为骇人听闻。惟兑皖官钱局，因上年发行纸票过多，近来持票赴局兑取现洋者拥挤不堪，颇难应付。现经藩司出示，拟变通办法，凡需龙洋应用者，分别改兑宝银、铜钞，以资周转，闻已收回龙票约有十万之多。（《申报》1911年10月22日）

9. 东三省官银号

东三省：市面恐慌汇述（节录）

营口锦新营道袁观察以营口受鄂乱影响，银价骤跌，炉银一锭仅换小洋五十九元，申银汇水陡涨至一百三十余两，米粮各价亦日见腾踊，市面大受恐慌，特于二十五日下午在商会亲自演说，并于当晚出示晓谕，以安人心。然受挤者不独东三省官银号，即大清、交通两银行亦自二十五日起持票往换现洋者拥挤不堪，门限几为之穿。就中尤以大清银行、官银号为甚，大清银行于二十五、二十六两日换出现洋不下三十万元，官银号至四十万元。二十七日往兑者仍络绎不绝，幸各该行号现洋堆积如山，过于票额，大有来者不拒之慨，尚不致酿意外之变。长春自闻鄂乱恶耗，俄日道胜、正金及大清各银行立刻不放短期息债，停止电汇，一时银价飞涨，官帖价低落，大有全失信有之势。二十六日羌帖涨至五吊七百，日本金票五吊，大银元四吊三百，小银元四吊余，银价六吊有奇，且无处售买，较二十五日市价各增至一吊上下，银市遂为罢市。迨至二十七日，接到各省安谧公电，市面始稍活动。然至二十八日钱法仍无一定章程，故大清、交通二银行，东三省官银号之钞币及官钱局之官帖俱各大受影响云。（《申报》1911年11月1日）

10. 贵州官钱局

各埠通信——贵州官钱局之风潮

九月初六日贵阳官钱局门前突有商人居民纷纷持票取银，络绎不绝。有持一两银票者，有持数两银票者，亦有持数十两银票者。其人皆居民小商贩，非甚需银，亦纷纷来局兑取，盖恐民军起义，预为避地计

也。(《申报》1911 年 11 月 23 日)

接要闻：贵州光复记（节录）

为示谕事：从前官钱局发出纸币，军政府一概承认兑换现银，尔等务须照常使用，不得妄听浮言，自取扰乱。一切买卖及完纳粮税一切，仍旧通用，有敢不接收者，准来军政府报告，立予处分不贷。切切。特谕。(《申报》1911 年 11 月 28 日)

11. 天津官银号、平市银钱局

云津鼓浪（节录）

天津访事友人云：各炉坊倾铸九九二化宝，银色甚低，大为市廛之累。刻由官银号禀请津海关道李观察出示严禁，务令一律改铸足色，鋈明字号、年月，以便查核。并定每百如以化宝兑换足色纹银，除加色八钱外，另加火耗二钱，是亦整顿市廛之道也。(《申报》1899 年 6 月 5 日)

平市银钱局停止兑换零银详文并批（1903）

为详请事：案照前奉宪谕，以津郡市面制钱短绌，私铸充斥，商民受困，亟思补救之法，当令开办钱局，筹发制钱，并刊用制钱官票，俾资周转。先后由赈抚局①暨各州县采购制钱运交职号行用，各在案。迄今数月以来，体察目下情形，私钱早经禁止，制钱久已流通，市面现敷周转，转瞬开河，各该钱商等自必陆续购运，源源而来。各巡兵再能严禁出境及本境销毁，似可无虞缺乏。查职号收卖零银、银元，本为筹发制钱，维持圜法而设，现在市面业已通行，自无庸职再为接济，拟自本年二月初一日起，职号停止银两、银元兑换钱文，其已经用出钱票，听其取钱至职号。现存制钱，拟按照原购成本，听各钱商交银领用，俾市面制钱益见宽裕，以仰副宪台调剂市面之至意，是否有当，理合具文详请宪台鉴核、批示、祇遵，实为公便。

督宪袁批：如详办理。檄。(《北洋公牍类纂》卷二十《商务》)

---

① 即直隶赈抚局。

12. 永衡官银钱局

吉林官钱局呈报会拟奉吉两省汇兑简章文并批

为会同呈报事：窃查职号于去年冬间曾奉前督①宪谕，筹拟奉吉两省合资设立吉林官银分号以资联络。嗣因办法未经议定，今春复奉前督宪谕令，奉吉两省先行交通汇兑，以为设立银号之基础。当经职号与职局会拟汇兑简章六条，系斟酌两省现在情形均无窒碍，将来如有应行变通、损益之处，再行随时会商禀明办理。除俟议定合资办法，即行禀请设立分号并分呈外，理合将会拟汇兑简章缮单呈报宪台鉴核、备案，须至呈者。

第一条　奉吉两省银号随时交汇之款，万两以下，彼此迳汇，见信即交；若在万两以上，应先由函电通商认可，再行汇兑，以便彼此筹备。

第二条　由奉汇吉之款汇费归奉号收，由吉汇奉之款汇费归吉局收。此项汇费各收各账，各归公款，毋庸彼此结算以省烦缘。奉吉两省局均系官办，汇兑往来特为交通便利起见，与纯然商办汇兑性质有间，不必遇事烦苛。且均之收账入公，各有簿据、账目可稽，更不必徒滋纠葛。

第三条　奉吉两号用函代汇，其汇还之款以交款之日起算。如在一月以内各不计息，一月以外彼此以六厘起息、核算，最迟不得过两月，逾其按照八厘起息。两省局号一律遵守。至彼此汇兑银两，欠至万两即应赶急归补收汇，以示限制。不得欠至万两以外，以免积成巨款，互相胶葛。

第四条　两省官商汇款以何种平色汇兑，照何种平色归还，以免歧异。②

第五条　两省汇费各收各账，各按本埠随时汇兑随市面行情，公平办理，庶于汇客、汇主两不折亏。

第六条　奉吉两号彼此如有存款，若在半年以外，均按月六厘计

---

① 即前东三省总督徐世昌。
② 本条内容原文如此，疑"以免歧异"前应加"公同商量"等语。

息；半年以内，均按月五厘计息。三个月以内均按月四厘计息，彼此一律遵守。

以上六条系就目前交通汇兑议拟简要办法，嗣后如有应行酌改事宜，随时互通文函，商定再为续禀立案。

督抚宪批：据呈已悉。所拟章程六条尚属简易可行，应准试办。仍候奉天行省批示、录报。缴单存，抄由批发。（《吉林官报》1909年6月18日）

13. 豫泉官银钱局

豫泉官银钱局情况

当开办之处，规模尚狭，经力为扩充，乃于北京、天津、上海、汉口、涡阳（今安徽蒙城）及本省周口、漯河、道口、清化、修武、卫辉、永城、郑州等处先后设立分局。以汇兑放款为事，虽营业自此扩张，而亏累亦从兹日巨。（《中华银行史》第五编）

汴省官银钱局又有小风潮：险哉各省之官银钱局

汴省官银钱局突于前日傍晚有某营人至局兑款取现，而局中仅允付以纸币，因此冲突致起风潮，喧传官银钱局亏累，势将倒闭。于是回教中人首先持票往兑（回教人在汴省商界势力极大），霎时间群集喧闹。该局总办不得已，以电话请府县来局弹压，人多势乱，抛石掷砖，致祥符县头额亦受重伤。当时闭门一概不兑，次日遂由大清、交通两银行代兑，并由藩司出示担保，抚院出示声明，风潮乃息，市面稍稍行用云。（《申报》1911年7月26日）

河南：豫省官票被挤

豫省自京汉铁路通后，鄂省官钱局洋元票灌输于河南日多，因铁路购票均可通用也。鄂警传来，持此票者大为恐慌，争兑现洋，河南官钱局初为维持市面起见，代为兑发，旋因兑者过多，因暂停止。乃无知之流见人以湖北票兑洋，莫明底蕴，复相率持河南官钱局票及大清行票兑取，一时兑者亦颇拥挤。现市面上之湖北洋元票已不通行，市面颇为牵动云。（《申报》1911年11月13日）

14. 广西官银钱号

广西官银钱号情况

广西官银钱号的账务处理，营业章程对管理钞票有专门规定："有定数新票编号填数盖印毕，分别字号数目，各立账簿，按次登记，是为本号票，各分号领到新票，亦照此立簿登记。"

"发用有定数票纸，应分本号兑换、分号领存两类详细登记。本号兑换之票，由管银之人开条支取，分号领存之票，凭印领照发。"并且规定：用出银票，如有来号兑取现银，所收回的银票，由管银员当晚结算，逐项开单发交管票员，点明登簿收存。不论管票员或管银员使用的账簿，不是现在的横行西式簿记，而是采用当年一般钱庄、商店通用的中式账簿或称直式账簿，账页分上下两行，上行记载收入，下行记载支出。账务处理为收支四柱式，即分：上日结存，本日收入，本日支出，本日结存四项。管票员将收支数目，逐笔登记，又称流水账，管银员于每日营业结束后，将当日总数一笔记入自己经管的账簿内，又称万金账，相当于现在的分户账和总账的关系。要求每天钱账相符，逢年过节进行总的结算。

……

光绪三十一年（1905），广西各地出现铜元缺乏的现象，省城桂林钱荒尤为严重，银毫每角只能兑换铜元七枚，民间日用异常困苦。

广西官银钱总号为了活跃金融，报请广西巡抚和两广总督调拨铜元6000000枚到桂林济急。同年4月14日梧州官银钱分号首先解到铜元500000枚。广西官银钱号于4月15日上报《拟请酌定价值以便民用请示遵缘由文》："兹由梧号业将头批铜元运解到省，自应酌定价值，以便民用……业经面禀宪谕从宽放盘，每毫准换铜元八枚，俾利民用，免受亏折。"规定为"自4月16日起，每日上午8时至下午2时，限定销兑铜元30000枚，过时不兑，销完不兑。省城内外各钱铺，准予酌量请领，分别等次，大钱铺本月以内每家准领200千文，小钱铺本月内每家准领100千文，每千另加2文，以资利益。他如杂货、苏杭各铺门市零星找尾，与钱铺之专项贸易者不同，本月以内每家亦准酎领50千文。""领出之后，一律每毫兑换八枚，不准市面居奇减少，如违，准民间指控严罚。倘有狡商希图厚利，或将领出之铜元不肯分售，或再巧计积买运赴全州各处者，一经拿获，数自五十千文至百千文者，罚半充公，数至百千文以外者，悉数充公禀请拨入省城善举之用。"这个办法，既有兑换比例和限额，又有违章处罚的规定，经巡抚部院批准后，由广西官银钱总号张贴公告执行，并加说明："此事系为维持市面而设，盖因铜元为数无多，若不明定章程，其市侩奸商或囤积居奇，或辗转运往他处，以致省城市面不敷周转，则依然市价难平，殊失拯济民间之意。"……

兑换实绩，自4月16日至30日止，各钱庄换取150000枚，门市兑换50000枚，共计200000枚。4月30日广东省输送的第一批铜元2500000枚，由梧州知府沈秉权派员运到桂林，第二批铜元2000000枚正在运送途中。省内商人也纷纷向广州、梧州购进铜元，贩运分销。广西官银钱总号为了防止铜元壅滞积压，影响资金周转，因于5月1日上报《拟自五月初一日起门市兑换银洋一毫准换制钱八十四文以期便民由》呈文一件，提出自5月1日起，门市兑换，每银毫1毫可换制钱84文，即银元1元兑换铜元84枚。

经过一段时间的兑换，光绪三十一年（1905）下半年起，桂林市的钱荒基本消除，随后，广西官银钱号报请广西巡抚部院取消禁止大量铜元外运的规定，市场货币流通趋于正常，一定程度地起到了地方金融机关组织调节市场货币流通的作用。（《广西金融史稿·广西史志资料丛刊之一》（上册））

15. 湖南官钱局

湘省市用钱票一律改兑铜元（长沙）

湘省市用钱色向系掺杂私钱，故钱价较各处为低，近来尤甚，商民每苦不便。去冬末首府两县暨官钱局会议，以为私钱掺杂实由制钱缺乏之故，现在鼓铸铜元已敷周转，遂于昨日出示严禁私钱，由官局按照斤两收回设法销毁。限自今年正月十六日起，所有官钱局及各商号所出市用钱票一律改兑铜元，每票钱一千兑铜元百枚，并无折扣。（《申报》1906年2月19日）

湘商集议维持市面办法（长沙）

湘垣自铜元通行以来，每有狡黠奸商因希图利益，凡所发行之纸币多有不肯兑换铜元者，以致铜元价值恒较市票、市钱高至一二分不等，屡经公正绅商禀请示禁在案。而近来钱价忽又两歧，各商均受其影响。昨经商界公议布发公启，传集各商号酌议办法，略谓湘省市面前因市票、铜元钱价两歧，商店受害，禀奉抚部院永远禁革市票、市钱，从光绪三十四年（1908）正月十六日起，钱票一串兑当十紫铜元百枚，并准遵照官钱局每日牌示银洋兑换铜元价值核算兑给，不得再分两种，示禁在案。并奉府宪汪出示晓谕，一律照兑铜元行使无异，人咸称便。近来钱价又复两歧，票钱一串较铜元相隔一二分不等，市面、交通殊多滞碍，若非设法保全，必至流弊无底。理应传集商业同心协力，遵守示禁。如遇有不兑铜元之票，一概不得交接。谨择九月二十七日两点钟在火官殿集议，以肃禁章而昭划一，凡我商业中人务乞早临是幸。（《申报》1910年11月5日）

新湖南纪事——纸币兑价之商榷

湘鄂两省纸币本系互相流通，惟湘中每银元票一元现兑换铜元一千三百数十文，而鄂省则作一千二百文，因之鄂票纷纷赴湘兑现，票币愈多，现钱日缺。前日黎副总统电致谭都督（谭延闿），拟由公家限定每元作一千二百文，两省官钱局互相照兑。兹谭都督复电云：寒电敬悉。商市银钱价格向视供求盈绌以为涨落，此币制不齐之现象，各处皆然。今湘中市面尚未若鄂中闭塞，贸易行情仍循旧例，但苦现货缺少，故与纸币不得不稍有高低。即官钱局兑换银钱，价值向与市同，并非自定。良以商情习利，一省歧异，便启盘剥。现时币制尚未统一，自不能不暂听照旧。欲如尊处之以命令，悬一定价，情势殊难办到。查湘市银元与银元票，现每元换铜元壹串三百数十文，鄂票来湘在官钱局代换，与湘票一律。而尊电称无论现货、纸币作一千二百文行使，宜乎？鄂票行湘日多，湘票输鄂甚少，湘局现收鄂票将达二十万，源源而来，几成鄂票尾闾。积欠愈多，势必不支。湘承其弊，鄂亦未见其利。求合两省适中、通用之法，莫如鄂票定价一千三百文，鄂湘代换均皆一律。于湘中现市既所差无几，鄂中商场复可因时救弊。尊处想不难仍以命令量改，是否

可行？抑尚有良策，统乞卓裁、赐复为盼！(《申报》1912 年 2 月 1 日)

(三) 其他业务

1. 天津官银号、平市官银号

袁世凯为据津商务公所拟倡行支票事的批（节录）
光绪三十年五月二十八日（1904 年 7 月 11 日）到

批：据禀该绅等拟举殷实银号炉房 30 家开写银票，用连环支付之法，名曰支票，并拟章程四条，又补送章程二条，禀请试办。惟此事是否可行，于市廛有无补裨，候将章程六条一并照抄，分饬长芦运司、津海关道、天津道、府、县及天津银号会同查核妥议具复饬遵，此缴商务公所。(《袁世凯天津档案史料选编》)

平市银号详复南北众商禀请通行银行并试办拆息文并批（1903）

查前奉宪台札饬：以南北众商具禀商务败坏，请设法保护，商令银行与钱商往来，彼此通行仍旧章办理，并饬钱铺举办拆息一案，批饬职号查核、妥议具复等因。奉此遵查，银行与钱商不通往来，系因钱商所出拨条，不能如数兑付现银，遂致银行不能见信。今欲银行仍通往来，非见票即能兑付现银不可。至饬钱铺仿照沪章，举办拆息一节，系为周转现银起见，尚无流弊，当与钱商会议，此法足以招致现银流通市面。当经仿照沪章会议办法开折呈请宪台鉴定，已于正月初六日起照章试办。

督宪袁批：据详已悉。仰俟办有成效，随时禀报查核。仍将章程录呈备案，此缴。

附：平市银号禀定试办拆息章程

一、拆息事宜暂在钱业公所开办。每日早市自九点钟至十二点钟，晚市自三点钟至六点钟。入汇划之家均到公所开拆。

一、不入汇划之家，应取觅入划之家拆出、拆进，不准到公所开拆。

一、凡入汇划之家，应分为上中下三等，预交公所费用。上等交银五百两，中等交银三百两，下等交银二百两。所交银两分存应行值日之家，每日七厘行息，作为公所经费。

一、不入汇划之外行，亦应区为三等。凡与入汇划之家开息，上等照行情每千两准加一钱，中等倍之，下等再备之。只准减少，不准加增。不入汇划之钱行，亦分为三等，以此减半。

一、无论入汇划、不入汇划之家，均不准空买空卖，违者罚银五千两。

一、公所应聘熟悉拆息账目之司事三四人，经理拆息账目。

一、短拆每千两，自一分起厘。长拆息自五分起厘，均不得过一两短拆之息，至少以两日为期，应日截算清楚，以免争执。

一、每日行情应以早市临散之时所作之价为定。

一、未行拆息以前，内行与外行已致定存次息银，除向系立券有息者照常办理外，其余照拆息行情办理，不准故不成议。

一、公所应由钱行四家值日，五日一轮，公同办事。

一、洋元行情每日应在公所开盘。凡买卖洋元，提银五毫以作经费。

一、设同行银元价值以及京票价值，均归公所定议，涨落持平，议准悬牌为定。同行大家买卖，均归公所向值日之家对面交易，以公所注簿为定，以免涨落图赖，并不准私开行情。

一、前项章程拟自光绪二十九年（1903）正月初六日开市之日起先行试办三月，其详细章程俟三月内酌量于情形，限满时开局再行详订。（《北洋公牍类纂》卷二十《商务》）

天津银号详兼办博济储蓄银号拟定宗旨章程折式请立案通饬文并批
光绪三十三年（1907）正月①

为详请事：窃职号前奉宪台札，准农工商部咨开，光绪三十三年（1907）正月初一日，准内阁抄交，两江总督代奏知府吴荫培出洋游历回国，条陈考察事宜一折内，有试办储蓄银行一则，饬即酌核，筹办具报。复准工艺局移送，接准运司移，蒙宪台札发福建布衣刘崇伟所拟储蓄彩券章程，令即商同采择核办。各等因。奉准此。查储蓄银行一端，节用裕民，诚为地方财政当务之急。津地银行林立，而此举阙如，于民

---

① 时间为编著者加。

间生计之发达殊多缺憾，亟应遵先试办，俾获公益。业将筹办大概情形禀陈鉴核。

现在应办各事均已筹备端倪，谨拟定宗旨六条，章程二十条，并存付折件，分为四类，曰趸存趸付、曰趸存零付、曰零存零付、曰零存趸付，任听商民自便，藉图利益均沾。其开设处所，本司职道公同筹商，拟在职号东偏附设门面，以为试办之所。一切存付事宜，遵由职号兼办，以期简易而昭妥慎。至储蓄债券，应俟风气大开，存款踊跃，再行扩充仿行，以副宪台博施济办、兴利除弊之至意。除将开办日期另文详报，并由职号广登告白外，所有遵饬筹设博济储蓄银号，拟定宗旨、章程、折式各缘由，理合具文，详请宪台察核立案，俯准将章程通饬各府厅州县，出示晓谕，以开风气而裕民生，并候批示祗遵。为此备由具详，伏乞照详施行。须至详者。

（附一）试办天津博济储蓄银号宗旨

一、设立博济储蓄银号，系为各项工徒、商伙、佣役人等以及妇女、童稚，如有余资，皆可交本银号代存，以求子息，免致随手浪费。

一、博济储蓄银号，专为平民集资，可以维持风俗，保全良善，其为地方善政，裨益无形，必须永久护持。将来，无论官家如何更动，此项存款务须妥为安置，必不可失信于人，致伤民气。

一、凡有持资赴本银号收存者，报明姓名、住址，即行发给凭折，无庸另觅妥保。

一、本银号为便民起见，并不图利，所有伙友人等，皆由天津银号调拨，期于支应灵通，概不开支薪水，以节经费。

一、津邑五方杂处，人类不齐，往往积有余资不知运动，或竟放给小贩营生，脚夫、仆役，意在希图重利，一遇坑欠，亏折转多。有本银号代为收存，确系有利无害。

一、津邑风气向有为父母存丧葬费者，必须联络多人，方能集资开会，所有入款交钱铺收存。自经拳乱，十荒其七，当时人皆视为畏途。嗣后如有承办此等会社者，无论积资多寡，本银号皆可代为收存，照章讨息。

（附二）试办天津博济储蓄银号办法章程

第一条　本银号拟在天津银号附设柜台，专代小本经纪之人收存趸款及零星款项，无论男妇老幼，本银号均可一律存储，照章计息，以图公益。

第二条　储蓄银号存款分为定期存款、零星存款两种，均照长年计息。其存期不满一年者，按一年十二个月摊算，遇闰月按十三个月摊算，逐月存款，定期付还，并茇存、定期分取两项，均照满十二个月为一年。

第三条　存户当第一次来号存储款项之时，须将姓名、住址据实开写清楚，本号当即编号填给存折，盖印图章，以为证据。自后若有续行存入之款以及支取款项等事，均凭此折收付，认折不认人。

第四条　零星存款，利息每年六月、十二月各结账一次，于七月、正月两次分派，凭折支付。如存期满半年以上，按周年五厘计息；其存期不满半年者，即按周年四厘计息。

第五条　零星存款，每日于午前存入本银号者，当日起息，午后存到本银号者，次日起息；其付还之款，于支付前一日停息。本银号计息以半月为起点，如存储不及半月者，付还时概不计息。

第六条　零星存款，凡以各国洋银，或各埠平色不同之银两来号存储者，均照市价合作北洋通用银元。角子、铜元亦照市价随时合作大洋，以归划一。

第七条　零星存户应得之利息，如不于正、七两月来号支取，即并入存本一同起息，俾收利上生利之益。惟存期未满半年者，不能利上加利。

第八条　零星存款为数无多，不论日期迟早，存取皆听自便，若所存洋元数目稍多，或大宗茇款，仍须随时商酌，预先约定日期，或按时价合作行平化宝，尤为出入均平，即遇洋价涨落，彼此各无异词，以昭平允。

第九条　储蓄之款，如第一次来存之时，声明系修学预备储金，或学资储金，或婚嫁预备储金，或养老储金者，本银号当为另册存储，各按定章办理。

第十条　修学预备储金之法，无论男子、女子，自始生之一月起，每月将洋银一元七角一分存于本银号，满十六岁可付还洋银五百元，作为就学之费。或自始生之一年起，每年存洋二十元零一角三分，满十六岁亦可付还洋银五百元。多少以此类推。

第十一条　学资储金之法，无论男女学生，如将洋银五百二十九元三角六分作一次茓存于本银号，五年之内每月可付还洋银十元，以供该生每月之学费，五年期满本利清讫。多少以此类推。

第十二条　婚嫁预备储金之法，无论男子、女子，自始生之一月起，每月将洋银一元四角七分存于本银号，满二十岁可付还洋银六百元，作为婚嫁之费；或自始生之一年起，每年存洋银十七元二角九分，满二十岁亦可付还洋银六百元。多少以此类推。

第十三条　养老储金之法，无论男女，如在少壮之时，每月将洋银二元四角五分存于本银号，二十年后可付还洋银一千元，作为晚年养赡之资。如每年存洋银二十八元八角二分，二十年后亦可付还洋银一千元。多少以此类推。

第十四条　凡各工厂男女工人，及各商家伙友、佣工，如曾公同邀该厂工头，或铺东、执事向本银号特别订明，所存之款，准按所定之期来号取还，俾作营业资本。或为婚嫁养老等用者，无论长年存款、零星存款，准于周年五厘行息外，特别加增利息六毫，以示体恤。

第十五条　凡各学堂、工厂、善堂、公所，零星款项存储本银号者，其利息当随时酌议，格外加厚，以维公谊。惟其数至多不得逾六厘。若大宗茓款，须照第八条章程办理。

第十六条　存折所载月日及收付数目，如有笔误讹错，该存户可当柜言明，随时更正。若存户不慎，致将存折年月日数目涂改、挖补情事，经本银号看出，立将此折作废。

第十七条　存户倘有因事外出，愿将存款顶与他人，亦可通融办理，惟须预报本银号更名注册，换给存折，以免歧误。

第十八条　存户所执存折，必须谨慎收藏，倘被水火灾盗，以致遗失毁灭，须立将存款数目、原折号数及失去缘由，详细函告本号。一面自行登报广告。如满三十日无纠葛别情，准邀同妥实保人，来号补给新折，照常收付。

第十九条　本银号暂时试办，俟风气日开，存款渐多，再议分设支店，举行日本储蓄债券设彩抽签办法，以广招徕。

第二十条　本银号虽逢节日及星期日，一律照常办事，并不停歇，专为各厂工人、各学堂学生,得趁休沐余闲从容来号收付款项,以期便民利用。

右办法二十条系参酌上海、北京现行章程,稍事变通,倘有未尽完善之处,仍应随时改良,以补缺漏。(《北洋公牍类纂》卷二十《商务》)

2. 东三省官银号

东三省官银号质库表

地址	资本	开办年月	执事姓名	籍贯
奉天省城鼓楼南	正当一处五万元	光绪三十二年(1906)闰四月	李冠英	直隶昌黎
同上	分当一处,并未另拨资本	同上	王廷槊	直隶抚宁
大东关	同上	光绪三十三年(1907)七月	刘宗岱	直隶临榆
辽阳	五万元	光绪三十三年(1907)八月	杨大富	直隶临榆
营口	同上	光绪三十四年(1908)四月	胡奉彝(?)	直隶临榆
山城子	同上	光绪三十四年(1908)七月	分号委员兼司稽查陈襄(?)安	直隶抚宁
昌图	同上	光绪三十四年(1908)十二月	分号委员兼司稽查李上林	直隶昌黎
附注	西丰县典当由该县借号款五万元,于光绪三十四年(1908)二月分设。 东平县典当由该县借号款四万元,于光绪三十四年四月分设。 朝阳县典当由海龙府代该镇铺商借号款三万元,于光绪三十四年十一月分设。			

(《东三省政略》卷七《财政》)

接替和大典铺之纠葛(扬州)

东台县头埠大街李和大典铺前由典东合肥李宧抵押东三省官银号,押借规银陆万两,逾期未还。李宧因一时现款难筹,将该典货架、房屋一律划归该银号盘抵,接替开张。其余本邑恤嫠、粥厂、育婴、积谷、府恤、蝥司、库外销各公款,以及裕宁、裕康、夏绅各存款均无着落,大起风潮。绅董商会禀请县尊，何大令据情转禀扬州府请示办理。昨奉嵩太守批示云：查李和大典领存公私各款，为数甚巨，何得概作资本，笼统盘抵，实属不成事体。仰即会同绅董、商会，并谕饬原保典商传谕李和在典，赶将公私各款悉数提出，分别归还或盘交新商接领，毋任并入资本之内，照章由新商换具认领生息。图领存送备案，再将旧商图领涂销发还。俾款有着落，不致虚悬，毋任空言搪塞，滋生事端，是为至要。除再行咨复外，仍候各宪批示。(《申报》1911年8月19日)

3. 东三省官银号与广信公司

东三省官银号、黑龙江广信公司买卖荒金业务情况

官银号营业方针中有一大政策焉，曰发纸换现。盖官银号一方为政府筹款，一方又须维持其本行之现金准备，在势非广发纸币，以购易现货，将无以完成其使命。于是收买生金银，遂亦为官银号营业之一。历年在黑龙江、西比(伯)利亚等处金矿之出品，为官银号所收买者，为数殊不在少。

……

其本公司投资之附业，即有金矿四、五处：曰漠河金矿、曰库玛尔河金矿、曰奇乾河金矿、曰观都金矿。据云所出生金，多为广信收买。(《东三省金融概论》)

4. 裕宁、裕苏官银钱局

江督饬议铸造金币办法(南京)

江督端午帅(端方)为铸币事通饬宁、苏两藩司暨上海道、江南财政局、裕宁官银钱局、江宁造币厂，略谓四月初九日准军机处片交：本年三月二十八日度支部奏，议复汪大燮奏行用金币，请饬会议一折。奉旨着内阁各部院会议具奏，并着直隶、两江、湖广、两广各总督妥议具奏。钦此。相应传知贵总督钦遵。等因。到本部堂，准此。查财政乃全国命脉所关，不可轻议更张。前美国会议银价大臣精琦来华，其条议意在虚定金价，改用金币，业经湖广督部堂张(之洞)切实奏驳在案。今部议金本位币制办法，计分甲、乙、丙、丁四种，究竟行之今日何种

办法最为相宜，有无别项最善之策，应由该藩司等会同筹议。务须参考中外情形，酌盈剂虚，防损取益。总期于国家有因势利导之方，于商民无窒碍难行之处，而又能收外溢之漏卮，立富强之基础，乃为万全无弊之道。仰即妥议具复，以凭核明，咨商湖广、直隶、两广督部堂会核办理。（《申报》1907年6月1日）

裕苏分局经理吃紧

沪道刘观察查悉裕苏官银钱局驻沪分局经理解履安、夏保慎等经理账目不甚清晰，前日密札公共公廨饬提解等到案，限理账目。宝谳员奉札后即于昨日率同差探前往，将解、夏二人一并带回。经孙襄谳会同德师副领事略讯一过，以案关宪饬，谕令交差看管，听候晚堂讯夺。

按此系官场保全官银钱局信用之手续，于金融界断无意外关碍，阅看勿疑。（《申报》1911年4月23日）

裕源长钱庄之理直气壮——伫看周玉帅①之保全声望（节录）

上海商务总会为周学铭押款事，移复江南盐巡道，文云：案准贵道移开，据抱〈报〉告家人李禄禀称，家主原任湖南候补道周讳学铭，于宣统元年（1909）四月集股创立久大公司，向兆兴公司买受江浦县永生洲禄字号地四百另四亩，立有江南财政公所官契四纸，内三纸每纸计一百亩，又一纸计一百另四亩，均经江浦县盖印，纳税过割在案。今家主于本年三月二十日病故，检查原契遗失二纸，访闻有人私将该契向芜湖泰康钱庄抵押款项，并闻兆兴公司亦将此项地亩重复向裕源长银号及裕苏官银号押款，情事种种胶葛皆系经手人从中影射。现今老主人前在两广总督部堂周馥邀请中人彻底清查，以期水落石出，诚恐此契散失在外，辗转朦混，流弊滋多。理合呈请道台大人赏准立案，并行知江浦县及上海商会一体立案。所有前项地亩凡系兆兴公司久大公司名下契纸，无论白契、红契一概不准典卖及抵押等事，应俟清查明确，再行呈请销案，以杜弊混等情……

准此，当经录文传知裕源长钱庄、裕苏官银钱局查复去后。兹据裕

---

① 即两广总督周馥。

源长（钱）庄略称：窃钱庄奉抄示江南盐巡道宪移文，祗悉之下，不胜骇诧。伏思兆兴、久大两公司皆为周学铭观察即味西（周学铭）一人所组织，款项进出亦伊一人所专主。宣统元年（1909）十二月二十日周观察偕伊友吴叔良亲来钱庄，云奉其父之命置买浦江永生洲地亩，为振兴商市之基础，取名兆兴公司。已买定（永生）洲地面四百零四亩，惟需款颇巨，愿将该地前业主所立卖契一纸，并同治十年江浦县所给执业印照一纸，计共永生洲地四百零四亩，连同值洋一万五千七百元之汉冶萍股票三百十四股，向职庄抵押银三万五千两，言明三对月为期，即宣统二年（1910）三月二十日本利清还，如数取赎。挽伊友吴叔良为中证，由周学铭观察亲书押据，交职庄收执为凭，其款即由周观察亲自取去。岂知上年三月二十日到期往催，一味游约。至秋间沪市奇紧，职庄亦周转不灵，停贸收账。因所领交通银行拆款无可筹还，由该行将职庄受押之周观察名下兆兴公司浦口洲地及汉冶萍股票悉数提去，备抵押款。经职庄执事潘锡五至周处力索多次，依然延宕。计至本年十二月止，当面揭算共欠本息银四万余两。（《申报》1911年6月14日）

5. 湖北官钱局

官地出租之价值（汉口）

汉口萧家垸一带余地系湖北官钱局公产，因距市较远，不能建造市房，现拟租赁民居。议定纳租章程，分上下两等，瓦屋为上等，板屋草棚为下等；上等每房月租钱一百五十文，下等一百文。菜圃每亩年租钱四千文云。（《申报》1907年12月18日）

筹议购买湖北官钱局用地修建商埠

又查江岸车站毗连之处有鄂省官地二万六千方，俯瞰江流，西邻汉市。日后展辟商埠，由新车站绵延而上一气衔接，即以此地为通贯上下之机枢。现在鄂省官钱局正议让售，惟为价过昂，巨款未易筹措。拟请趁此磋商，倘能每方三十两以内分年筹缴，于本路①颇为合用。（《交通官报》1910年第19期）

---

① 即京汉铁路。

6. 湖南官钱局

银炉该归官办（长沙）

湘省各属丁漕饷银向归省垣熊新盛、李源茂、万逢春等三家商号设炉倾泻，包征、包解。现大吏拟仿鄂省章程改归官办，所有丁漕由官钱局倾泻，刻已定议。惟各该商号以历年基业一旦化为乌（有），特联名禀恳酌留，大约难邀允准也。（《申报》1908年3月21日）

湘藩详请仿办公储钱局（长沙）

署理湘藩黄伯雨方伯以鄂省官钱局分设公储钱局，开办迄今零户所存银、钱、银元三项已至百余万之多，吸收锱铢之款，酌予相当之息，以周转于工商营业之途，利益相因，间阎称便。湘省际此财政支绌之时，亟应仿照设立，以资流通。爰会商官钱局总会办暂拟就该局附设，于盈余项下提银二十万两作为开办资本，即由官钱局添派司事办理。现文牍已会拟章程，于日内即当具详抚院请示办法矣。（《申报》1911年7月26日）

湘省开设公储钱局之规划（长沙）

湘省拟就官钱局内附设公储钱局各节已见本报。兹闻官钱局已将左偏之铜元库腾出以便开办，凡存款自铜元一百枚以上即可存放，由该局发给折据，收存生息，其息金拟定周年行息。现正督同各员司参酌各处零集银行章程，妥订办法，俟详请核定后，即当开办矣。（《申报》1911年8月7日）

7. 永衡官银钱号

农安续借银元票批驳

农安县寿大令鹏飞据商会具禀，以该县自禁屯发行后，钱法奇紧，旧有官帖不敷应用，以致民间有将柳条、皮张等代币者。深恐日俄纸币乘间而入，受其操纵，于市面、主权两有损失，恳请续借银元票二十万元以资周转而维市面等情。特为据情转详到院。

奉抚宪法批：详悉该县殷富为全省所公认，该烧商等贸易多年，自应领有股东、资本，不专恃官款为周转，何至如该商会所禀，非续借银元？不但不能缴还前欠，且影响及于币制、税课。该令前禀以审判经费为词，此禀复徇该商会之主，代为作证，无非为二三烧商作缓债之计。且借元还帖，此种办法更复谁欺？该烧商三盛永等前借官帖除缴还外，尚欠钱本二十八万吊，辗转挪借三年。于兹叠经札催未缴还，复详请续借，殊属狡展。该县迅将该商等所欠本利如数催收、解缴，以重官款，此该令应尽义务。至于抵制外币，增设帖局及推广银元，官银钱号自有办法，勿再借辞代延饰，致干未便。(《吉林官报》1909年11月13日)

五　清王朝中央与地方政府对官银钱号的管理制度

（一）清廷的管理办法

1. 严禁与查办官银钱号舞弊

户部、刑部折——拟定官银钱号舞弊处刑办法（光绪二十二年）

光绪二十二年（1896）八月初三日，军机大臣面奉谕旨：御史蒋式芬奏各省官钱局流弊宜防，请饬严定刑章一折，著户部议奏。钦此……

据原奏内称：恭阅邸钞，各省奏设官钱局以裕度支，下便商民，上资国用，诚公私两益之妙法，特恐奉行不善，流弊滋多。钱局既经官设，经理局事必用候补官员，吏胥即可乘机舞弊，或以票易钱，付不足数，或掺杂私钱，或迁延不给，此犹小焉者也。甚至每票一字一号重出两票，重出既多；局中亏累日甚，设法刁难减成付给，此弊之在上者也。奸民奸商，无弊不作，官票畅行，商票必滞，或倡议不肯使用，或伪造官票以假混真，甚有富商大贾，多积官票，一齐支取，令官局周转不及，以致失信于民，此又弊之在下者也。臣以为有治人斯有治法，然立法果能周密，亦可历久无弊。拟请饬下部臣严定刑章，侵蚀官款者查抄监追，按照赃私逾贯律治罪，伪造官票者照伪造印信律治罪，庶人知儆惧，上下奉公守法矣。至每年每省预定出钱票若干贯，票文岁久磨减，纳旧换新，禁索纸墨等费，一并饬部议立章程，俾各省一律遵守各等语。

臣等查官钱局之设，原为利国利民起见，然利之所在，弊每因之而生。该御史思患预防，所陈极是。惟在各省官局遴派得人，严定规条，遍为晓谕，上下连之以信，出入持之以公，始终奉行，由可免积压倒亏之弊。现在各省设立官局，如湖南之阜南钱店、河南之豫泉官局、天津之通惠银号、四川之蜀通官银钱号，均提官本开设，遴派员绅经理，奏准各在案。此外各省能否仿办，未经奏咨。其已开设各省应如何厘定章程，必须送部酌核奏准颁行，俾商民周知，乃足以昭公信而垂久远。惟各省情形不一，办法自不能强同。庶请旨饬下各省督抚按照该御史所陈各节，各就地方情形，审时度势，其经理局事派委官绅书吏若干员名，以票易钱如何给付，局存官本若干，岁出钱票若干，字号如何编立，票式如何制造，开放俸工役食司库能否搭支，投输钱粮税厘民间能否完纳，岁久票文磨减如何纳旧换新，吏民舞弊营私如何查究惩治。此外未经事宜分饬各委派员绅逐一详定局章，由该督抚会同司道酌核奏明，报部立案。

至原奏内称侵蚀官款者查抄监追，按照赃私逾贯律治罪，伪造官票者照伪造印信律治罪各节。刑部查钱局既经官设，诚难保无不肖官吏及奸民奸商乘机舞弊，自虑先定科条，以昭法守。兹据御史蒋式芬奏称侵蚀官款者查抄监追，照赃私逾贯律治罪，伪造官票者照伪造印信律治罪等因。查臣部律载，赃至一百二十两以上绞监候，系寻常计赃科罪之条，其赃均于定案时著追，如力不能完，即取结随案声请豁免。若盗仓库钱粮以赃系官物，定罪后仍应勒限监追，所以重库储也。各省官钱局藉以便益商民，其所出钱票与民间行使之票无殊，遇有侵蚀等案，自可照寻常窃盗律计赃科罪。惟各局资本均系官款，若侵吞入己仅治罪而不追赃，恐局本渐次亏折，转非慎重库储之道。似应参照盗仓库钱粮例酌予限期，分别监追。至例载伪造诸衙门印信、诓骗财物为数多者，照律拟绞监候，为从杖一百流三千里；为数无多，钱不及十千，为首雕刻者杖一百流三千里，为从及知情行用者各减一等等语。虽系伪造印信专条，而由官钱局刷印之钱票其上如盖用该省藩司等官印信，即与商票大有区别，有犯伪造等弊，自可仿照问拟。臣等公同商酌，拟请嗣后如有不肖官吏及管事经手人等侵蚀官钱局官款数至一百二十两以上者，拟绞监候，俱酌限四个月勒追，全完减为杖一百，流三千里；不完再限四个月勒追，全完减为近边充军，不完计不完之数，五百两者入于秋审情实办理，不及五百两者均入于秋审缓决，再限四个月勒追，限外不完，永远监禁，全完实发云贵、两广极边烟瘴充军。其侵蚀之款未逾一百二十两者，亦照窃盗律计赃分别治罪，仍依限勒追。初限全完减二等发落，再限全完减一等发落，不完即行实发。倘有奸民奸商伪造官钱局盖用印信钱票，除审有私雕假印关系军机钱粮等弊者，仍照本例问拟斩决外，如仅止诓骗财物数至十千以上，为首者拟斩监候，为从杖一百流三千里。其不及十千，为首雕刻者杖一百流三千里，为从及知情行用者各减一等。如此严定科条，庶可永昭法守。而臣等窃以为惩治于事后，究不如详慎于事前。官局既设，局外之伪造及局内之侵蚀各弊端，如何设法严密防察，应请旨饬下各该督抚等慎选廉能之员，认真经理，不令稍有流弊，并将该员绅衔名先行报部立案。倘有营私舞弊之徒，事经发觉，于严追赃款或限满无力完缴，或缴不足数，如或责令按成分赔之处，于具奏时一并入于章程之内，以期得人而重公款。（《中国近代货币史资料》第一辑，《清政府统治时期：1840—1911》）

监理官自请查办之愤激（北京）

东三省正监理官熊京卿希龄日前呈度支部文云：窃希龄见上月初九日北京中国报载，有监理官巧取官银号一则。略谓奉省官银号锢弊已深，牢不可破。自锡良到任后略有所闻，故改派周克昌接办，毫无效果。又派徐某，亦无可如何。而监理财政官熊某闻得其情，遂起炸酱之心，以威胁手段硬逼周八万金，授意舞弊，众伙不准声张。若敢违言，彻底根究。而官银号亦遂惟命是从，闻周徐二人均因此托故辞差，恐受牵累等语。情节离奇，殊深诧异。窃监理官自到差以来，恪守部章，移札各署局概不私函请托。凡属官设银钱各号，亦并无丝毫私款往来。应请钧部特派大员来东查办，并咨民政部札饬警厅提同该报馆总理一并至沈质证。无论东三省各官银钱号及何项局所，如查实监理官有至一两之赃款，即请斩监理官以谢天下。除赃款外，如查实监理官有与各署局行政官吏私函请托之片纸只字，亦请奏将监理官斥革。泽尚书（即度支部尚书载泽）接呈后，以熊京堂素负时望，报纸谣传何足为据。除一面咨行民政部，特饬该报作速更正外，一面复电慰藉，嘱其认真清理，毋得

以悠悠之口遽尔灰心云。(《申报》1910年8月20日)

钦差查办事件大臣鹿传霖等奏查明贻谷被参各款折①（节录）

总之库款丝毫为重，必应究明。然较诸垦务公司之横吞巨款者，则有窃国窃饷之判，是此一事，于正案为旁支，于侵款为少数矣。臣等窃查两盟垦务以公司为藏身之固所，以渠工为报销之题，以官钱局为转运之枢要。总以国家土地贩卖得财为群小经商之本。(《政治官报》光绪三十四年（1908）四月初四日，第184号折奏类)

令张之洞、吴重熹彻查江西藩司等徇私枉法折

光绪三十二年（1906）五月十四日内阁奉上谕：前据御史黄昌年奏，江西藩司周浩执法徇私各款，当经谕令张之洞确查，兹据查明覆奏，该藩司贪污纵恣，把持省权，专任私人，贻误大局，著即行革职。至开办铜元，购办机器诸多不实、不尽，及官银号②款项并未移还，著吴重熹再行彻底严查，照数追缴，以重公款。江西补用知府崔湘钻营谬妄，生事害民；永新县知县张善铎贪污卑贱，小人之尤，均著革职，永不叙用。江苏补用直隶州知州吴沄贪诈恶劣，公款不清；试用知县黄锡光营谋署缺，不知廉耻；指分江苏知州徐履泰鄙俗迎合，多招物议；江西候补知县张学勤历充优差，损公肥私；试用道陈际清险恶招摇，行同无赖，均著即行革职。江西候补道缪德棻监厕要差，衰耄无能，著勒令回籍。候补知府王祖荫巧滑专擅，难资表率，著以州同降补。知县王祖彝品行卑污，败坏风气；丁忧知县崔宝瑛行径猥鄙；指交加知县朱士元倚招摇，声名极劣；试用巡检董鸿品行污下，衣冠败类，均著即行革职。幕友华枚生著查明有无职衔，即行斥革，并递解回籍，交地方官严加管束。华玉堂、冯心畲、冯履卿、冯冕均著一并驱逐，不准逗留。江西司事金朝正著拿获，交地方官严加管束。家丁熊滨著拿获，解回原籍监禁一年，限满仍严加管束，不准出外生事。余著照所议办办理，该部

---

① 光绪三十四年（1908）四月，绥远将军贻谷因被归化副都统奏参，借举办垦务滥靡公款，贪赃行私而被革职，绥远官钱局因之停办。此折为钦差大臣鹿传霖奉旨查办此案，向朝廷奏明有关情况。

② 指江西官银钱号。

知道，钦此。（中国第一历史档案馆藏军机处上谕档，光绪三十二年（1906）五月十四日第3条）

令江西巡抚查办不法官员事①

光绪三十年（1904）七月十八日内阁奉上谕：夏昆片奏：劾不职各员等语。江西分宜县知县施联元少年纨绔，难胜民社。前署德兴县候补知县陈公度办事粗卤〈鲁〉，违例滥刑；安福县帮催丁漕委员候补知县刘信孚纵容丁役，怨黩繁兴；前办官银钱号候补知县张仁荃账目含混，物议滋多；德化县小池口巡检郎锡恩擅受酿命；万年县典史张从龙藉案索扰，均著即行革职。弋阳县知县吴庆扬疾已久著，即开缺。余著照所议办理。该部知道。钦此。（中国第一历史档案馆藏军机处上谕档）

黄侍郎纠参赣藩条款（京师）

黄侍御纠参赣藩周瀚如（周浩）方伯共计十二款，其最为重要者共六款。（一）查周方伯自到任后，所委各缺因何劳绩、班次委署；（二）查铜元局购贸铜斤弊端；（三）查税务局弊端，并某守在某处短收，仍委提调；（四）查官银号弊端；（五）查历年振〈赈〉捐数目；（六）查去年周方伯指称由傅道春官传说候补道陈际清等联合道台十人，卖折纠参方伯，勒令陈道出具切结。（《申报》1906年5月1日）

令增韫调查官钱局职员侵吞公款事

军机大臣字寄盛京将军增：光绪二十八年五月二十三日奉上谕：有人奏道员侵吞库款，请饬查究一折。据称前署奉天驿巡道徐镜第接收前任移交库款五万余两，原存合盛元汇号。该道辄称此款挪移官钱局，事后朦混。具详显系意存侵吞等语。著增祺确查具奏，毋稍徇隐。另片奏徐镜第与署怀仁县知县张兆骏系属姻亲，并不声明回避等语，著增祺一并查明办理。原折片均著抄给阅看，将此谕令知之，钦此。遵旨寄信前来。（中国第一历史档案馆藏军机处上谕档）

---

① 另见《谕旨》，《东方杂志》1904年第一卷第八期。

军机处交办御史胡思敬奏请查办不法官员折

钤章宣统元年（1909）十一月初九日内阁奉上谕：前据御史胡思敬奏：大员罔利营私一折，当即谕令张人骏确查具奏。兹据查明已革直隶总督端方前在两江总督任内被参各款，尚无罔利行私实迹。惟束身不检，用人太滥，难辞疏忽之咎。现在业已革职，即著毋庸置议。知县陈润藻前办厘捐不能杜弊，声名平常；都司夏鸣皋，行止卑污，冠裳不齿；米占元纪律不严，屡招物议，均著即行革职。湖北候补道孙廷林前办裕宁官银钱局，公家获利甚微，该员私积日丰，有无亏挪情弊，著彻底清查，奏明办理。候补道王燮，候补知府许星璧，均著随时察看。升任湖北布政使杨文鼎，前在淮扬海道任内办理赈务，虽无侵吞情弊，惟在服官省分置产，究属不合，著交部议处。该部知道。钦此。

军机大臣署名臣奕（劻）、臣世（续）、臣鹿（传霖）、臣那（桐）假、臣戴（鸿慈）（中国第一历史档案馆藏军机处上谕档）

户部核议江宁司库局所进出款项清单（节录）

查裕宁官银钱局进出款目，未据报部，无从查核。原奏称该局设立未久，尚属无弊。惟提红三成，稍觉太优。应令再行更定。又称该局续定章程，添印银元票，与钞票均准完纳公款，恐出票过多，成本挪作他用，不敷周转，必致失信商民。应设法预为防范等语，实为远猷至计，应令遵办，以期有利无弊。应令将详细办法、出入数目报部查核。（《东方杂志》1905年第二卷第八期）

江南司道大员被参之覆奏（北京）（节录）

给事中李灼华奏参江南司道赵滨彦、朱之榛沾染嗜好一折，于光绪三十四年（1908）八月二十六日奉上谕：有人奏江南司道赵滨彦等吸食洋烟，甘冒不韪，着端方、陈启泰按照所参各节认真查验，毋稍瞻徇。钦此。兹经江督端午帅会同苏抚陈中丞奏覆云：臣等往复电商，当经会委署江宁提学使陈伯陶、常镇通海道刘燕翼驰赴苏、扬，按照所参各节认真查验。兹据该司道等查验确实，会同禀覆前来。臣等详加复核，所禀极为详切。查原片所参……又原奏所称朱之榛署藩司时，其子伪造钞票事觉，以弥缝得免一节。查苏省裕苏官银钱局发行钞票，光绪三十二年（1906）二月有何杏生与柯升同谋翻印。未成时，朱之榛署理藩司先经觉察，饬苏州府查拿讯办，缉获何杏生到案，供出同谋之柯生系朱之榛之子朱景迈家丁。即经该署藩司将柯升发府审办，经前抚臣以朱景迈于此案实不知情，惟交游不慎，应由朱之榛严加管束。柯升、何杏生两犯分拟军流，咨部覆准结案。是朱之榛始终未尝袒护，且既已自行举发，自无所用其弥缝。（《申报》1909年3月12日）

关于查封李氏产业之部批

商务总会曾为苏藩查封李氏悼元堂产业，商界哗然不服，禀报农工商部，请示核夺。于本月十二日奉到批示云：据禀，裕苏官银钱局亏挪一案，牵累分析房族，当经据情电知苏抚。兹准电复，李革守既分析之产，如果确有证据，毫无疑义，自应照部电劈清界限，如系诡寄，情迹可疑，断难任其隐匿。已饬藩司遵照办理。等因。仰该商会即便遵照可也。（《申报》1911年7月8日）

电二（北京）

某御史奏参程德全（黑龙江巡抚）用人不当，民怨沸腾，宋少濂、魁升等所办之垦务局百弊丛生，官钱局高抬价值，得赃巨万，大为民害，奉旨交徐世昌查办。（《申报》1908年7月5日）

程德全又被严参（北京）

某御史日前奏参程德全（黑龙江巡抚），略谓程到任以后尚能力求整顿，无奈用人不当，以至贻患无穷。即以臣所闻见者言之，宋小濂所办垦务弊端百出，魁陞等所办之官银号竟有收银铸元，私抬价值，较市面每元相去二三百文者。即此一款，通年合算其数约在数十万以上。应饬下该省督抚秉公查办，以抒民困。奉谕饬徐世昌查办。按此则略见专电。（《申报》1908年7月11日）

陈侍郎①查办马革道续闻（福州）

马江铜元局总办马景融观察被陈玉苍侍郎奏革查办，已迭志前报。

---

① 即陈璧，时为户部右侍郎。

兹悉此案已讯问数次，均传集各商家各工匠质对讯明，共短二十五万余，中有八万余系马道私自亏空，其余均为公家所用云。

前日侍郎又因马观察供有款项存在闽海关官银号，特饬传该号管事虞友三讯问。虞剖辩得直，可望脱累。惟现仍由按经厅看管。马观察经办海关业已六年，此次被押后，闽督崧佑帅（崧善）即派员在其公馆提取海关铜元各簿据，其舅氏王某得悉，即将簿据私运至卫前街汪姓家寄存，嗣经崧督严追始行缴出。

马观察公馆在军署前豆芽菜巷内，其眷属只一母一妻一妾一女，现已由警兵看守，不准外人出入。惟其母年老卧病，医生不能入视，同寅怜之，已回明崧督，请将其母移出另住，以便延医诊治。

马观察有寡弟媳上月来闽省亲，适因此事只勾留旬日即乘乐生轮船赴沪回皖。日前侍郎先后电致沪道、皖抚查拿马之眷属，即为此也。（《申报》1907年4月23日）

吉林官钱局之大参案

吉林省城自大火而后，官钱局了然无存，度支大臣泽公（即度支部尚书载泽）当时对于此事即颇为怀疑，以此大火非无因而发。嗣经调查火虽起于自然，而官钱局素日之亏欠竟至数百万之多，其中确不无可疑处。刻度支部业经派人调查清晰，拟即具实奏参，想吉林官场定有一番惶恐也。（《大公报（天津）》1911年10月14日）

2. 限制银钱汇兑、纸币发行、稳定纸币价格

钱禁重申

天津采访友人云：津郡现钱短绌，屡经大宪筹议，不准奸商贩运出境。煌煌示谕，遍贴通衢。又以小本营生者，非现钱不能周转，故宽一格，凡有携钱至他埠贸易者，至多以京钱六十钱为率，逾额即全数充公。派出差弁带勇分巡东西码头暨东西沽各河路。且移会官车、槽〈漕〉船等局，一体严密搜查。某日有某贾者携带三百千出境，经西沽汛拿获，送交通惠官钱局，援照现定章程罚钱一百钱。又以此钱掺有私铸小钱，讯知在某号兑得，爰饬一概剔出，向某号退换大钱，如敢不遵，定当按抗违宪谕、掺和私钱例严办。（《申报》1897年7月19日）

度支部尚书载泽奏折、咨文两条

（1）集中财权并请各省申报发行纸币，光绪三十四年（1908）十二月二十五日

光绪三十四年（1908）十二月初十日内阁奉上谕。前据度支部奏清理财政宜先明定办法一折，当经饬交会议具奏。兹据覆奏，朕详加披览，与度支部原奏大致相符，更有补原奏所不足之处，全国财政攸关，不厌详求，著将原奏覆奏各折件一并再交度支部妥慎斟酌，另行具奏。钦此。钦遵，由内阁钞出到部。仰见我皇上慎重财政，睿虑周详，莫名钦感。

窃维理财为庶政根本，故宪政筹备印以清理财政为初基，度支当财用汇归，则清理章程自以统一财权为先务。臣部前奉明诏，颁布清理财政章程，深虑权限未明，即章程亦成虚设。故先举其大者数端，以便于从事清理。于是臣等有明定办法六条之奏，盖为遵旨清理财政起见，并非于内外臣工强相执难也。此次会议政务处覆奏大致以各省办事之艰难，疑臣部操持之过急，既违统一之议，仍多迁就之词。臣等一再推求，亦知积重之弊，势难骤返，顾以迫于事会，责无旁贷。

现奉谕旨命臣部妥慎斟酌，另行具奏。自应逐款详议，期臻妥善，敬为我皇上缕晰陈之。

……

三、覆奏称各省官银号所出纸票，应由公家担其责成，自应由部稽核。但须声明此举专为稽查票数成本起见，所有盈利仍归该省支销，并不提拨一节。查各省官银号发出纸票，其滥恶实过于日本明治初年之藩札。秕政日深，隐忧滋大。闻湖北、江苏等省为数尤巨。近外人以事关商务，曾照会此等纸票是否国家担认？各省既向不咨报，无从知其底蕴，实属难于答覆。近日各商埠银根奇紧，危险迭出，滔滔之势，为害何堪设想？各疆臣既浚此利源，自当担此责任，筹本金、保信用必已夙有权衡。而臣等私忧过计，作此未雨之绸缪，盖惧其害非冀其利也。覆奏谓由公家担其责成，且沾沾以盈利为言，均未深明此中弊害。庶请旨饬下各省督抚，所有现开官银号，无论旧设新设，将开设年月，及资本实数，现在发出纸票若干，经理协理何人，限六个月逐一详细列表送部，以凭稽考而期核实。邮传部交通银行亦

一律办理……

奉旨：度支部奏妥议清理财政办法一折，著依议。钦此。①

（2）度支部尚书载泽等咨各省文——调查发行钞票数目，宣统元年（1909）四月十五日

窃查本部上年十一月间具奏清理财政办法折内，曾经声明各省官银钱号，无论旧设新设，将开设年月及资本实际数，发出纸票若干，准备金若干，限六个月逐一详细列表送部，以凭稽核。又查银行通行则例第一条内开：纸币法律未经颁布以前，官设商立各行号均得暂时发行市面通用银钱票，但官设行号每月须将发行数目及准备数目按期呈报度支部查核。第五条内开：凡银行每半年须详造所有财产目录及出入对照表呈送度支部查核，各等因，叠经行知在案。现在历时已久，除湖北官钱局呈送光绪三十四年（1908）全年出入对照表、钞票发行数目表，北洋天津银号、广东官钱局、热河官银号呈送光绪三十四年（1908）出入对照表到部，仍应查照此次表式分别填送外，其余各省官银钱号尚未见呈报前来，相应咨催各省将军都统督抚查照，转饬该号迅即遵照本部厘订表式一律填送到部，以凭稽核。（《中国近代货币史资料》第一辑，《清政府统治时期：1840—1911》）

为令各省官银钱号迅将发行票纸数目填写报部等事致天津商务总会函②

度支部咨开通阜司案函（?）：窃查本年四月间，本部曾经厘订表式并令各省官银钱号迅将银元票纸数目及准备数目各项填写报部。又于六月初七日具奏厘订（?）（?）限制官办银钱行号票纸一抈（?），并拟订暂行章程二十条，本月奉旨依议。其中第八条有发行票纸权行号，照现在数目发行，不得逾额增发。第九条，各省银钱行号得按年订造发行、收回、销毁、库存各数目，开列清单完整，会同本部财政监理官，按单查收。有须检阅账目及库存等，各行号立即呈阅符合与否，由监理官将账目按格式报部。（《天津档案馆藏天津商会档案》）

---

① 另见《政治官报》宣统元年正月十三日，总第453号折奏类。
② 该函发文时间为宣统元年即1909年，月份与日期不详。

商会移复银行票纸情形（浙江）

度支部厘订表式，令各省官银钱号将发行票纸数目及准备各数填写报部，业经颜方伯照会商务总会查复，已志前报。兹悉该会复称，浙省官商银行发用票纸，必先造定版式，注明每纸作一圆、五圆至十圆为率者，名为钞票，以票当洋，听民间普通使用。省垣除大清分银行特别通用外，余若官设之浙江银行①以及商立之兴业银行，硖石之大通银行，皆禀由地方官验资，呈部注册，奉饬办理章程遵守。该银行票纸均系独立性质，与钱业不同。各庄号原有之银行票单等，其数目之多寡，限期之长短，均由出票号与受票人随时交接，类皆沿用习惯，彼此相安。除嗣后查有各钱庄商号应得备资，按验注册之家即行传知遵办。（《申报》1909 年 11 月 4 日）

度支部为整顿官商行号发行银钱票咨文（宣统元年（1909）四月）

查银行通行则例第一条第二项，纸币法律未经颁布以前，官设商立各行号均得暂时发行通用银钱票等语，本系一时权宜之计。现在本部筹办划一现行银币，此项银钱票若颁发过多，恐于划一银币不无妨碍，亟应限期停发。从接到部咨之日起算半月为限，凡各省官商行号，未发行之银钱票，不得再行增发；已发行之银钱票，尤应逐渐收回，以示限制，而昭统一。除详细办法由部厘订颁布外，相应咨行民政部、邮传部、顺天府；并飞咨各省将军、都统、督抚查办，转饬该省官银行号切实忠办，并饬地方官转谕商会知照各商号一体遵照可也。（国家第一历史档案馆度支部档案金融货币类）

度支部奏各省发行纸币情况应严饬调查折

覆奏称各省官银号所出纸币，应由公家担其责成，自应由部稽覆，所有赢利仍归该省支销，并不提拨一节。查各省官银号发出纸币，滥恶过甚，湖北、江苏等省，为数尤巨。近外人以事关商务，曾照会此等纸票，是否国家担任？各省既向不咨报，无从知其底蕴。各疆臣既浚此利源，自当担此责任，应请饬下各省督抚，所有现开官银号，无论旧设、

---

① 1909 年初由浙江官银号改组而来。

新设，将开设年月及资本实数，现在发出纸币若干，预备金若干，经理、协理何人，限六个逐一详细列表送部，以凭稽考。（《宣统政纪》附录卷五）

京师近事（节录）

日前会议政务处通咨各直省督抚，闻系稽察各省现开官银号之开设年期，并资本确数及发出纸币若干，均限六个月内逐一列表，分送本处及度支部。并饬各省督抚遴派明于财政理法，熟于该省情形之员一二人，限三个月内来京，赴部筹商清厘财政税务各要政，以便内外信行而免隔膜等语。（《申报》1909年1月31日）

专电：电一（北京）（节录）

度支部清理财政办法经政务处复奏后，复由该部议复大略如下。……三、官银号所发纸币太滥，苏鄂尤甚，外人以关碍商务，曾询是否国家担保。但各省向不报部，实难遽复。臣部以为各省既浚利源，当担责任，自应备足资本以保信用。政务处复奏谓由国担保，未明此中弊窦，应饬将开设年月及资本、出票、备本各若干，经理何人限六个月报部。交通银行一律照办。（《申报》1909年2月5日）

奏请明定官银号钞票信用办法折

钤章钦奉谕旨内阁：印铸局局长陆宗舆奏请，饬部明定官银行纸钞信用办法一折，著度支部按照所陈，迅速察核，妥拟办法具奏。钦此。

臣奕（劻）、臣那（桐）、臣徐（世昌）八月二十五日［七十七］①（中国第一历史档案馆藏军机处上谕档，宣统二年（1910）八月二十五日第5条）

令四川总督鹿传霖彻查官钱局发行钱票事

军机大臣字寄四川总督鹿：光绪二十三年（1897）正月二十八日奉上谕：有人奏川省创行官钱票，勒令各州县代销，不准申解官款，绳以官法，民难相信。以致银价愈低，钱价愈昂。川省去秋荒歉，百物腾

---

① 原文如此。

贵，官民交困，请饬抚恤、补救等语。川省官钱票究竟办理如何？有无各项情弊？著鹿传霖查明妥办，毋得稍存成见。原片著抄给阅看，将此谕令知之。钦此。遵旨寄信前来。（中国第一历史档案馆藏军机处上谕档）

令依克唐阿查办争地纠纷及官钱局银元价格过昂事

军机大臣字寄盛京将军依：光绪二十四年十一月十三日奉上谕：有人奏，盛京城西南镶红旗界郎家堡，与镶黄旗界大小榆树堡互争淤荒一案，连年械斗，界官及佐领升福等均有营私受贿情弊，盛京户部撤地并粮，迄未将界址分清，请饬查办等语。著依克唐阿秉公查办，毋稍偏徇。又片奏，盛京新铸银元定价过昂，一经出城，价便跌落，皆由官钱局设谋渔利等语。著依克唐阿体察情形，认真整顿。原片均著抄给阅看，将此谕令知之，钦此。遵旨寄信前来。（中国第一历史档案馆藏军机处上谕档）

度支部奏为遵旨议奏折（节录）

度支部谨奏：为遵旨议奏，恭折仰祈圣鉴事。

热河都统廷杰奏热河整顿圜法，并立官银号，以维市面一折，光绪三十二年（1906）十月二十六日奉朱批：度支部议奏。钦此。钦遵。由内阁抄出到部。原奏内称：热河地面，自庚子以来……谨将酌拟章程八条缮具清单，恭呈御览。至此项成本系由官款提拨，将来遇有交卸，列入正项，照数移交各等语。[①] 臣等伏查近年以来，各省出入款目日益烦多，是以直隶、江南、湖北、江西、山东等省均设官银钱局以资周转。上年八月间，据两江总督（端方）奏请于江宁设立银行，当经臣部议准，并声明俟币制奏定后，刷印纸币分给各该行购用，奏准通饬在案。又臣部奏定章程，凡纸币应由中国银行发行，各省不得任意制造。诚以发行纸币本中国银行特有之权，名称不容假借。前据直隶咨天津创办银号一节，当经臣部咨明。此嗣皖抚奏皖省开办官钱局，又经财政处会同臣部议复，一再声明在案。今该都统奏称热河设立官银号，由求治

---

① 廷杰原折内容参看前文。

局原存荒价矿课银四万余两，又由各税捐项下匀拨银数千两，凑足库平银五万两作为官银号资本，招商试办，自为便于商民起见。所拟章程八条亦尚妥洽，应请照准。惟原奏内称铜币与纸币兼行，现银与银帖互用，又称开给银洋钱三项纸币等语，名称混淆，实于中国特权有碍，亟应先行更正，以定名称。现在该官银号所出银钱凭帖，自系为暂时权宜之用，不得混称纸币，致多窒碍。一俟臣部纸币印出，即可分给购用。至发行各项凭帖，当以存储现银多寡酌定限数，不得凭空多出，以致失信商民。再前项资本系由官款提拨，即与官业无异，以后遇有交代，自应列入正项，照数移交，以昭核实。所有臣等遵议缘由，理合恭折具陈，伏乞皇太后、皇上圣鉴。谨奏。奉旨：依议。钦此。（《申报》1907年4月14日）

议准黔省试销钞币（北京）

度支部议复黔抚奏办官钱局一折略谓：原奏称黔省汉苗杂处，币制一项夙未讲求。民间贸易往来，用银则成色参差，用钱则大小掺杂，毗连滇边一带甚至以秤戥称钱，往往锱铢细故，动酿重案。商号长途输运时虞盗劫，关系商务、民生实非浅鲜。查沿江各省行使钞币已著成效，莫如仿照试办。臣与司道再四筹商暂由藩粮两库挪提本银十万两，现行派员赴沪购置一两、五两足纹银票及银元票、钱票汇票，分别订购约共五十余万张，又制二百、四百、五百文钱票若干张相辅而行，谕饬民间准其抵完钱粮、厘税等款。就省城适中之地设立总局一所，省外遵议〈义〉酌设分局，并筹汇兑，并与市面各商号联络一气等语。

臣等伏查该抚请设官钱局行使钞票，诚属有益地方。惟所出各票须有限制，预备实银、现钱，任听商民持票兑换，不得径称官币，与中央银行纸币漫无区别。将来该省如于凭帖而外需用中央银行纸币，应仍查照奏章咨部酌发云云。

正月十六日奉旨依议。（《申报》1908年3月5日）

部准鄂省官钱局增发新票（北京）

度支部核议鄂省官钱局增发新票办法，已于前日议准咨复鄂督，略云：前准来咨据筹赈局详称，本年鄂省水灾蔓延二十余州县，灾广人众，待振〈赈〉甚迫，不得不速筹应付之方。查鄂省官钱局发行各票，民间最为信用，前以恪遵部章，业经停发新票，现值振〈赈〉款奇绌，拟请札饬该局于报部额票之外，另行增发新票二百万张，每张制钱一串共合钱二百万串，专备各属散振〈赈〉之用，本局所筹振〈赈〉款随时拨付该局抵还票本。似此一转移间振〈赈〉款既得应急，该局票额仍有限制，不至违背部章等情。

查票纸滥发，流弊甚大，本部奏定暂行章程二十条不准增发票纸，原为思患预防之计。此次鄂省灾情甚重，振〈赈〉款浩繁，该局所请增发新票二百万串系为接济振〈赈〉需起见，现经本部核准通融照办。惟此项票纸应特别编立字号收入振〈赈〉款，先行归还票本，陆续将票纸收回销毁，限二年内收清。仍将所编字号及按月发行、销毁数目照官钱局按月报部表册，分晰开列、呈报，以示限制。(《申报》1909 年 12 月 22 日)

粤官银局元票请改毫票之被驳（北京）

度支部前接袁督（两广总督袁树勋）电称：据善后局详请将官钱局所存大元银票改作毫子票发售，以便商民，当经堂司核议电复袁督。略谓本部现正厘订币制，此项票纸照章不得再行增发，希饬局毋庸加戳改造。又上年本部颁发出入对照及发钞票等项表式，令各省官银号填报在案，并希饬办，毋再宕延。(《申报》1910 年 8 月 14 日)

3. 关于官银钱号注册、破产、准备金等规定

农工商部准度支部咨送银行注册章程札各商务总会转饬遵照文（附章程）

为札饬事：前准度支部咨送《银行则例》，内载勿论官办、商办各种银行暨票庄、钱庄、银号，凡有银行性质均须赴部注册等语。业经检查历年注册总簿，其为银行，呈请注册者四家。其属于银行性质，若票庄、银号、钱庄等十三家。抄录清单咨送度支部备案去后。兹复准度支部咨送注册章程内载有：已经在农工商部注册者，准以注册之日作为本部注册之日，分别呈请补领执照等因，并附章程前来。合行将度支部《银行注册章程》札寄该商会，转饬该号商遵照可也。此札。

度支部银行注册章程（节录）

第一条　照奏定银行通行则例第二条、第十三条各节，凡设立银行，无论官办、商办、官商合办，均应呈报本部注册。

第二条　凡银行呈报本部注册所应声明各节，须遵照则例第三条、第四条办理。凡银行呈报本部注册，除声明前项所定各节外，并应声明经营之事件。

第三条　凡银行注册后，即由本部给予注册执照，以昭信守。

第四条　凡设立银行，必赴本部注册，核予执照后，方准开办。官办或官商合办各行号，除由各该省具奏外，必须预咨本部注册，核予执照后，方准开办。

第五条　凡设立银行，在本部奏定则例以前者，务须遵照则例第十二条、第十三条所定限期，迅速赴部注册。从前各省设立之官银钱号，如已奏咨有案，即自奏咨之日起，作为注册之期。但截至光绪三十四年年底（1908）止，须声明则例第三条所定各节，咨请补领注册执照。前项所称之各号，其未奏咨有案者，务须遵照则例第十三条办理。

第六条　凡前在农工商部注册之银行，准自在该部注册之日起，作为在本部注册之期。惟截至光绪三十四年（1908）年底止，各该行应声明则例第三条所定各节，呈请本部补领注册执照。

第七条　凡银行若系公司办法，应遵照银行通行则例及大清商律，分别注册。

第八条　凡赴部注册者，无论官商银行，均只缴照费银四两。如更换执照或补领执照，每一次亦只缴照费银四两。

官办银行呈请注册应声明事项：计开行号招牌、经营事件（照银行通行则例第一条所载）、设立行号地方（如设立分行当另呈报）、资本、总办姓名履历、办事章程。

官商合办银行呈请注册应声明事项：计开行号招牌、经营事件（照银行通行则例第一条所载）、设立行号地方（如设立分行当另呈报）、公司组织、资本总数、每股银数（官股若干、商股若干）、办事人（官商姓名、履历）、办事章程。（《东方杂志》1908年第五卷第九期；另参考《陕西官报》1908年第10期、《申报》1908年8月14日）

专电：电一（北京）（节录）

宪政编查馆议复度支部奏清理财政一折，先定办法六条。大略如下：……（三）各省官银号由部调查，将开办年月及资本、经理人等，限六月报部，余利部不提，交通银行亦一律照办。（《申报》1909年1月12日）

扩充官银行资本之预备（北京）

度支部近以扩充银行事宜，咨行各省，略称：各省官银行前经酌定限制，俟清理财政完竣后，凡已经设办之银行，须将事业大加扩充。未经设办之银行，须将官银钱局照章设办等因，咨行查照在案。近查官设银行，实与国家很行同具维持整理财政之责任，经营事项甚多，所有应备资本提存公积万不可不储备充厚，方足以资周转。现各省官办银钱局等公积既少，资本又往往不能充厚，多或一、二百万，少仅数十万，且时有挪移、借拨之事，决非培植根本之法，必须设法扩充。除公积一项已有奏定专章应行照办外，其应备资本以愈多为愈妙，多或筹备千万，少亦须数百万。凡交通繁盛之大省以及所属各埠，必有一官办或官商合办之大银行，并须分设各处。内以振兴财政，外以维持市场。其已备资本无论多寡缓急，概不得挪拨空虚，致生窒碍而失信用。其应如何设法整顿之处，统由各处切实统筹，妥为预备。（《申报》1909年9月11日）

商部奏"破产律"第四十条暂缓实行片

再，臣部接据上海南北市钱业元大亨等合词禀称：钱业定章，遇有来往商号因亏倒闭，所欠洋款、庄款须俟结清后，于欠户还款内按照成数，华洋各商一律公摊，历经禀办有案。今各省分〈份〉沪银行、官银号既许各商号脱手往来，与庄等同兹利益，自应与庄等同其费任，设遇倒闭亏欠，亦惟查照定章，于欠户还款内按成均摊，乞咨请财政处立案等情。核与臣部会同修订法律大臣奏定"破产律"第四十条，"帑项公款经商家倒闭，除归偿成数，仍同各债主一律办理外，地方官应查明情节，如果事属有心，应照倒骗律，严加治罪"等语，尚属相符，当经据情咨商财政处去后，旋准复称：查各国银钱行业皆受成户部，或且以资本之半存之中央金库，而所用簿籍、钞票等均由公领取，户部并有随时饬令检查之权，查察极为严密，不患有欺饰隐匿之弊。是以偶遇亏倒破产之法，可以实行。今中国各项贸易皆任便开设，公家并未加以监察，若遇有倒闭，准其一律折扣，恐存主受亏必甚。现在户部银行存放多系部款，关系极重。暨各省官银号、银行多系公款，均应暂照旧章办理。所有该商禀请立案之处，碍难照准。等因。臣等查"破产律"第四十条商家倒闭帑项公款，归偿成数同各债主一律，本系查照各国通例办理，俾昭平允，兹准财政处复称前因，自应将此条暂缓实行。除由臣部通行各省转饬遵照外，理合附片奏闻。伏乞圣鉴。谨奏。

光绪三十二年（1906）五月十五日奉旨：知道了。钦此。（《申报》1906年7月21日）

又准度支部咨商设银钱行号纸饬照表式填注札各属照办文

为札饬事：度支司案呈准度支部咨开、通阜司案呈，本年六月间，本部厘订限制官商银钱行号票纸暂行章程二十条，奏蒙允准咨行，并咨催照表填具在案。兹准各省督抚陆续送到该省官银钱号发行数目等项，本部已分别核办，各予存案备查。惟商设行号林立，发行票纸向无稽察，一遇亏倒，全市震动，小民受害甚酷，其为币制前途之害，更不待言。自上年本部奏定银行则例以来，迭次催令此种行号备资注册，以便稽察而维市面。比年新开行号呈请注册者固属不少，而旧设者多未补请。查暂行章程第五条，限于文到六个月内，凡发行银钱票之行号，均需呈请地方官报部注册，逾期则由地方官分别处罚。现在限期将届，除京师由商会汇总呈请注册四十六家外，余均应由各该地方官会同商会、绅董，按照此次发出第一表式迅速查明报部。其开设有年，准其暂仍发行票纸者，应饬照第二表式自行填注各节，呈由该地方官报部分别注册立案。如仍因循玩视，一逾限期，即当饬令将票纸全数收回，并查照暂行章程第十八条办理。各地方官遇有呈请注册立案等事务，宜遵章迅办，不得留难压搁，以恤商艰。相应咨行吉林巡抚转饬各该地方官切实遵办，并将部文表式暨前咨暂时章程二十条刊印成册，转知商会绅董并通饬银钱行号遵照可也。等因。并发表示到本大臣部院。准此。查此案前奉部颁暂行章程二十条，即经填写饬照办在案。准咨前因，合再刊发前次章程。此次表示札饬遵照。为此札发该商会遵照，转饬各分会会同地方官商会查，照部章切实办理，并迅饬依限填具表示，刻日呈送。此部颁要件须妥慎照，既毋稍任迟延，亦勿激成事故，得留难、压搁，致干末节。切切，此札。度支司。（《吉林官报》1909 年 11 月 23 日）

（二）各地督抚、将军、都统等的管理办法（含社会各界主张）

1. 社会舆论

时评（其一）

近日各官钱局、银行等弊混之事，累有所闻，外间莫得真相，则谣诼因兹而起，以讹传讹，几几乎有摇动大局之虑。说者谓际兹金融恐慌时代，纵有千百弊端，亦宜暂时敷衍，不可揭出真相，以免大局之危险，而生社会之恐慌。此其立说，固以为有维持中国金融之苦心者也。

愿以记者之意论之。值兹人心疑虑之时，办事愈不可敷衍，即有丝毫弊混，亦宜揭发无遗，以释群疑而坚信用。然后一面筹拨巨款，以资应付；一面另易妥人，以办善后。则不但一时之危险可免，而他日亦不至有危险之惧矣。

今苏抚程雪帅办理裕宁一事最为得法①。我愿各官钱局、银行等亦宜如此办理，使之彻底澄清，毋为敷衍目前之波辞所惑，而使弊混永无清厘之日，他日仍蹈危险之境，则真我国金融界前途之幸矣。（《申报》1911 年 4 月 26 日）

2. 对湖北官钱局管理办法

楚语

鄂省三日之内，连倒钱店四家，各钱店皆有戒心，市面异常惊扰。即官钱局亦为取票者拥挤，以致纷纷扰扰，应接不遑。藩宪王芍棠方伯特出六言示谕以安民心，兹特照登于后。照得各处钱铺原为周转、流通、存付。彼此皆便，要以信实为宗。乃有不法痞贩沿街遇事生风成

---

① 指江苏巡抚程德全查办裕苏官钱局坐办李厚初营私舞弊一案。

因，强借不遂，或换银钱逞凶。肆口大声急呼某店欲倒势穷。遂至一倡百和，纷来取钱，汹汹一时。转运不及，群起抄抢一空。已倒、未倒各铺多系殷实店东，竟使无端受累危惧，人人金同。甚至官局门首亦复拥闹如蜂，大为市面之害，亟宜整顿于中。嗣后持票取钱务须先后从容，倘再聚众滋闹，或有索物人蔽，立饬锁拿究办，定当执法相徒。（《申报》1898 年 5 月 11 日）

楚江翰浪

汉口访事人云曰：前夏口厅冯少竹司马饬缉捕营勇徐升督同线勇前往朱河、新堤、汉川、监利、盐山一带缉拿官钱局被窃之犯。第以天空海阔，缉获殊难，翌日仍折回往下游各埠查缉。

日前湖北官钱局总办高松如观察撰成变通圜法章程，诣督辕呈递督宪张香帅。阅而韪之，刻己另行缮稿入奏九重，不识能邀俞允否也。（《申报》1904 年 11 月 9 日）

鄂督拟将官银号改设汉口（武昌）

湖北官钱局前拟改为银行，嗣以头绪纷繁，事未果行。兹悉鄂督令某太守详询留学商业某君，略谓银行之设宜便交通，官钱局如不便改，即拟另设汉口，迅将布置情形详筹具禀酌核云云。闻某君拟将银行性质办法分别开折具禀矣。（《申报》1905 年 11 月 6 日）

派员考查币价（武昌）

鄂督张中堂以湖北官钱局发行之钞票、铜元，各属商埠均设有分局，惟价值仍涨落无定，因特委光禄寺署正严善坊赴各属、各埠考查钱价，以重币政。（《申报》1907 年 8 月 13 日）

条陈财政之督批（武昌）

江陵留学生胡瑞霖禀条陈整理财政各条奉鄂督批云：条陈各节所见甚大，惟查官钱局发行之纸币与准备之现金未必果合银行办法，亟宜徐为整顿。承办各员又未必皆明银行之组织，尤应预为培养。该生拟设银行讲习所诚为当务之急，本部堂履任伊始，俟考查各务稍有就绪，即行筹办。（《申报》1907 年 11 月 19 日）

鄂督用纸币以平钱价之政见（武昌）

鄂督陈小帅（陈夔龙）以武汉市面近日银根吃紧，铜元充斥，虽严禁铜元入境，而银价仍不少跌。转瞬西历岁杪，汉上各外国银行须将现银收回，市面必愈形扰乱。现拟饬湖北官钱局将各项钱票暂行停止发出，广销银元纸币；一面饬银元局加工鼓铸银角以资周转，藉平银价。但此事关系通省财政，特饬藩司、劝业道、江汉关、官钱局、善后局核议有无流弊，以便施行。（《申报》1908年10月26日）

参冯启钧吓走伍铨萃（武昌）

已革湖北巡警道冯启钧已于初十日将道篆交卸，并将所兼各差移交清楚。惟该革道在巡警道任内因经费支绌，迭向官钱局及汉关官银号等处挪借款项，为数甚巨。昨官钱局高总办、关道齐观察特据情禀请鄂督核示，瑞制军（湖广总督瑞澂）以该革道挪借公款至六十余万之多，是否因公，有无私亏，亟应切实清查，当饬该革道迅将所挪各款作何支销，逐造清册两份，一呈督辕，一送清理财政局核办。

署武昌府伍铨萃本部选之郧阳府知府，因挟有枢要八行，故到省后未赴本任，即调首郡。瑞制军抵鄂后延见伍守，即询之曰汝新到省，于湖北情形未必熟悉，调署首郡凭何运动得来？伍嗫嚅不能对。现因巡警道冯启钧被参，伍惶恐无似，乃力求高藩设法调动。昨高藩特禀准制军将伍调署宜昌府，遗缺饬现署汉阳府之本任武昌府赵毓楠回任，递遗汉阳府饬本任之琦璋回任。惟宜昌府缺上月杪甫委候补知府沈文辉往署，现又将委札追还，沈守未免败兴也。

又闻前此冯少竹禀见时瑞督斥为流氓，冯知来势不佳，因专员至京商请某革员函托瑞督优容，并称其有钳制报馆之能力。瑞督接闻大怒，而参折遂即日拜发。新简之湖北巡警道全与系民政部预保人员，此次奉监国圈出，并非军机处所保。（《申报》1910年5月24日）

鄂省两革道之末路（湖北）（节录）

瑞莘帅（湖广总督瑞澂）又札司关道局文云：查已革湖北巡警道冯启钧前将近购武昌地皮押借湖北官钱局，银两为数极巨。该局为贸易性质，全恃现银周转，岂可任其日久延欠？然冯革道除地皮外安有资财还欠？若待高道向其追索，必致永无还期。查冯革道所购地皮据称全已押交湖北官钱局及交通银行两处，前经札饬藩学臬三司，劝业、盐法、江汉关三道会同清查出售，至今未复。此项地皮固无准其私售之理，且人亦皆知为赃物，恐无敢出而承售者，必需由官为之设法清查出售，庶使公款不致虚悬。应即责成高道会同藩学臬三司，盐法、江汉关两道，商场、清丈两局将冯革道所有地皮，除押在交通银行不计外，究竟押在官钱局及其余地皮共有若干，原购价值若干，按照时价应值若干，先将大概情形禀复备核。一面登报申明，由官钱局按照时价出售，以清官款。倘有不敷，再向冯革道究追。此事务于半个月之内办有眉目，勿再徇延。切切。（《申报》1910年7月9日）

鄂督饬查官钱局背约真相（武昌）

湖北官钱局前凭中典皖人黄圻坐落汉口房屋一栋，立据押抵银二万五千两，限五年内原价取赎，逾限将屋作卖抵款。现在甫经二载，官钱局忽背约将屋作价银一万两，并札行夏口厅将余欠银一万五千两勒限另缴。黄心殊不平，特据情禀恳鄂督理直。瑞制军（湖广总督瑞澂）以官钱局断不如此背约，致违公理，其中恐有别情。爰饬官钱局总办高道松如据实明白声复，再行核夺。（《申报》1910年7月30日）

护督饬局收回息借官款（湖北）

官钱局为全省金融界机关，部、汉、武商民押借款目甚巨，其局署所厂陆续拨借官款，多因财政支绌，未能如期筹还。兼以铜银二币提归部办，出款陡减。护督特饬高松如观察查明官界息借各款，除年限未满尚须守约外，余均一律收回，以期机关灵活，预备官局随时拨用。（《申报》1910年9月7日）

3. 对豫泉官银钱局管理

河南巡抚陈奏为遵旨裁并豫省局所差使以节靡费折（十六日）

河南巡抚兼管河工事务臣陈夔龙跪奏，为遵旨裁并豫省局所差使以节靡费，恭折仰祈圣鉴事：

窃臣恭阅电抄光绪三十年（1904）五月二十七日内阁奉上谕：朕

钦奉慈禧端佑康愿昭豫庄诚寿恭钦献崇熙皇太后懿旨，现在物力艰难，自应力除冗滥，藉资整顿。前已降谕旨，饬裁冗员、浮费，而内外因循瞻顾，未能实力奉行。兹特严申诰诫，树之风声。所有粤海关、淮关两监着行裁撤。江宁、苏州两织造同在一省，着即将江宁织造裁撤。凡京外各项差缺有无应行裁汰、归并者，着各部院堂官及各省将军、督抚破除情面，认真厘剔，奏明裁并，以节虚縻而昭核实。钦此。仰见皇太后、皇上综核名实，力节虚縻之至意，敢不认真办理，亟图整顿。

伏查豫省各项员缺分为地方、河工两途，河工经前抚臣归并未久，所留各缺几经审定，未便遽议裁撤，致误修防。绿营武弁，臣于上年冬间业经核实裁汰，具奏在案。其文职大小各官均有专司之责，已饬藩臬两司暨四巡道，各就地方情形分别员缺繁简，悉心考核，斟酌去留。事关官制沿革，民生利病、急切，未敢定断，容臣逐缺考核，另案奏陈。此豫省实缺一项，尚待妥议者也。各项差使向系因事任人，豫省规模狭隘，本非南北洋及通商省分〈份〉可比。历任各抚臣皆以筹款不易，致令兴办诸务，但能因陋就简，粗具规模。于此而欲振兴百度，洽具毕张，方且有待扩充，委难再求节缩。惟是时事万难，度支奇绌，苟有丝毫可省，总宜涓滴归公。臣督同藩、臬两司悉心厘剔，除交涉、巡警、机器、南北干铁路、河北矿务、农工诸局各有责成，关系紧要，官钱局并不请领公款，清源局甫经开办，均毋庸议外。查有原设之厘税局，应即附入筹款所，省城矿务局兼豫南公司应即附入交涉局，仍存厘税及矿务公司之名。而原用员弁则大加裁汰，原支经费则极力核减。又查支应局及厘务处应各裁委员数名。吏治局专课杂职各员，应即裁并，归课吏馆经理。其余各项委员，凡于本差之外充他差者，但准领本差薪水，其兼差应领之项一概停给。以上统计每年约可节省银一万二三千两，明知为款有限，不啻杯水之救车薪，无如百计搜罗有此数。是则地方物力限之，非敢有所瞻徇，见好于其见也。此外容臣随时考核，如尚有应行裁并之处，当续行奏陈。至前奉寄谕，饬筹北洋练兵的款，豫省已认定每年二十万两，无论如何为难，总当如数解足。经臣复陈在案，此项节省经费数目零星，拟请合数截留，作为本省常备军添练马队之用，另片奏明办理。除分咨查照外，所有裁并局所差使，以节縻费缘由，理合恭折具陈，伏乞皇太后、皇上圣鉴、训示。

奉朱批：该部知道。钦此。(《申报》1904年9月16日)

4. 湖南官钱局的管理情况

湖南巡抚杨文鼎奏湖南官钱局贷款酌定限制折

奏为湖南官钱局前借库款，援案生息，以后贷款酌定限制，恭折仰祈圣鉴事：

窃照湖南官钱局历年为善后局①垫解江海关道新旧债款、克萨镑款②、加复俸饷③等项。截至宣统二年（1910）三月底止，共计本息银一百八十九万余两。又为筹赈局④垫拨赈粜、以工代赈各款银三十八万五千余两。非绅商富户存款，即发行纸币票。本年三月初，闻省城匪乱⑤，讹言繁兴，人心惶惧，执此票据向官钱局提兑者异常拥挤。准备金为之一空。经善后、筹赈两局司道面禀前抚臣岑春蓂，在于藩、粮两库借拨银四十万两，发局应付，始得转危为安。当此匪乱初平，一切善后事宜，烦难复杂，以筹备米谷、接济民食为第一要义。计灾区及缺米地方，赈粜兼施，需款甚多，仍须由官钱局勉为筹垫，是前此所借藩、粮两库应兑银四十万两，一时实难归款。查湖北善后局前因艰窘难支，议由藩司、江海关道分拨银七十万两发交善后局转拨官钱局生息，奏准有案。湖南情事相同，所有司库前次借拨官钱局银四十万两，应即作为存储月息四厘，仍俟善后局、筹赈局垫款收回后再行拨还司库，庶官钱局可以周转，而库款得此月息，亦可凑拨善后及各项新政要需。惟嗣后

---

① 该局全称为湖南省善后局，成立于咸丰二年（1852），当年因湖南藕池溃口，为救灾治水，特设此机关（参见民国二十二年《湖南年鉴》，第641页）。光绪初年，该机构负责协助湖北军需局协拨援黔军军饷，演变为负责地方军政财政收支的机关（参见《光绪朝硃批奏折》（第七十五辑），第232页湖广总督李瀚章片）。戊戌变法至清末新政时期，善后局不仅成为地方的财政机关，还成为举办交通、工矿实业的负责机构。

② 湖南摊派的克萨镑款总数为十万两，分为"本省应解铁路经费""本省应解船厂经费"两项，各为五万两（参见《中国清代外债史资料（1853—1911）》，第1028页）。

③ 湖南当时每年应解加复俸饷为八千两（参见《光绪朝硃批奏折》第八十八辑，第202页陈宝箴片）。

④ 全称为湖南筹赈局，设立于宣统元年（1909），背景为该年湖南遭遇百年一遇特大水灾。该局隶属于湖南善后局，一切经费仰赖善后局拨给，专司筹捐、赈济事宜。参阅光绪三十二年（1906）湖南布政司所订的《湖南筹赈捐输章程》。

⑤ 指湖南长沙的抢米风潮。

善后局贷款需有限制，凡赈粜各款仍行垫支，不取利息。此外无论何款非俟善后局借款归清，官钱局不能再为筹垫。至地方营办各项公益事宜，均不得再向官钱局借款免息，以保营业。据开缺湖南布政使庄赓良会同筹赈、官钱两局司道详请奏咨立案前来。臣覆核无异，除咨度支部立案外，谨会同署湖广总督、臣瑞澂恭折具陈，伏乞皇上圣鉴、训示，谨奏。

宣统二年（1910）五月二十二日奉朱批，度支部知道。钦此。（《政治官报》宣统二年（1910）五月二十五日，第959号折奏类；《申报》1910年7月9日）

湖南官钱局管理、营业等办法

虽然，湖南官钱局经营方法之良善，亦有可言者：

第一，慎重发行方法：湖南官钱局资本虽仅十万串，因有其他官产可利用，政府存款资挹注，藩库现金作保障，准备金颇能足额，所发票币背面更载明，"局虽官设与商钱店无异，不论何人，持票到局，均照票面载明银元铜元制钱各项，如数兑付，决不片刻留难"等字样，随时兑现。印刷亦极精美，市面绝无伪票发现。发行方法如此周密，故能巩固信用。

第二，统一铸币权限：官钱局成立后即设法收回银两铸造权，凡解库宝钱，一律须由官钱局自铸，并严禁私铸铅丝银，同时，铜圆局亦已成立，每日鼓铸铜元承兑制钱票（铜元流通后制钱减少，制钱票旋亦改发铜元票）。铸币权与发行权相辅运用，故能适应流通需要。

第三，整理市票：当时市票之发行，制钱票以外，大商号多已发行银两票，官钱局乃择其信用不甚佳者，先代为收回，然后责令发行者兑付。市票发行得不致漫无限制，官票亦因而易于流通。

第四，独立营业：当时制度，官钱局与善后局、督销局等同为独立机关；厘捐局、海关之款皆须存官钱局，而善后局则不能强官钱局借款。故得资力雄厚，营业更与财政不发生关系。

湖南官钱局经营方针，既极得当，票币流通，遂日见畅盛，方初发行时，尚有人持票索兑，继则无复索兑者，继则乡人反多持现金求兑纸币，故市面议值，官票每超过现金，照票面所载多有申水。惟宣统二年

（1910）以后，财政入不敷出，制度稍紊，官钱局亦骎骎如操幻人之术，宣统三年（1911）九月，以湖南官钞易现宝银，乃有贴水之事，湖南票币之跌价，亦自此肇端。（胡遹：《湖南之金融》，曾赛丰、曹有鹏编：《湖南民国经济史料选刊》（1））

纸币盖用图记（长沙）

湘省各公司店铺所出钱票，曾由各行商董禀准大宪饬由首府两县示谕：自今年正月十六日起所有市票一律照兑铜元，未到期之先，由各出票之家加盖照兑铜元图记等情已志前报。嗣因出票之家恐限期在即，省垣铜元不足，不敷周转，拟请按照时价，兼行折兑银洋。各行商又恐折兑不无抑勒，实难通融，各据情具禀抚辕。经岑尧帅（湖南巡抚岑春蓂）核定，以两造所禀均系实情，应自正月十六日起，准其改兑银洋照官钱局牌价，不准折扣。至三月底止，以后一律照兑铜元，不得仍以银洋改兑。再至六月底止，各将市票收回，不准复出，永禁市票、市钱名目。至各票加盖照兑铜元图记，应由该府县酌定戳式，送交农工商务总局，会同商务总会在局盖戳。一面酌定日期，出示晓谕，执票之人分日赴局，听候盖戳，勿涉拥挤云云。已饬由首府两县据情出示矣。（《申报》1908年2月28日）

鄂督赵①奏复湖南巡抚被参各节折（节录）

奏为遵旨密查湖南巡抚岑春蓂被参各节，谨将所得情形据实复陈，恭折仰祈圣鉴事。窃奴才于光绪三十三年（1907）十二月二十四日承准军机大臣字寄，钦奉上谕：有人奏湖南巡抚岑春蓂昏庸乖谬，请旨饬查一折，着赵尔巽按所参各节秉公确切查明据实具奏，毋稍徇隐。原折着抄给阅看，钦此。遵即密委湖北试用道王舍棠，饬令轻装减从，驰赴湖南省城按照原参各节严密确查，毋稍徇隐。兹据逐条禀复，奴才复考之舆论，参以卷宗，谨将所得实情为我皇太后、皇上详晰陈之。

……

如原奏所称道员沈祖燕工于钻营，该抚倚之公事概归把持，该道藉

---

① 即赵尔巽。

势纳贿，管理官钱局不及数月，侵蚀已十万贯各节。查沈祖燕系光绪三十三年六月派充湖南官钱局总办，调查该局账目自沈祖燕接办后，月有盈余，出入相符，无隙可指。又按账点查现款，亦无亏短。取具该局员司折结存案，复查湖南官钱局向章，每月应由藩司委员调查账目一次，归委员单衔分禀备案，如有情弊，断无迭次易员均为徇护之理。是侵吞款项一层，查无实据，至钻营纳贿亦无事实可证。惟沈祖燕奉委后即改官钱局为总局，有节制省外各局之名，未几又委会办善后局兼办矿政调查局，连得要差，声势烜赫。加以素性执拗，与矿务总分各局员绅每多因事争执之处，迹近揽权。原奏所谓公事概归把持，意即指此。

……

惟湖南候补道沈祖燕兼综要差，怨声载道，迭加查访，有口皆同。该员貌似强直，实则举动乖谬。岑春蓂迭次委襄要政，原冀得其臂助，无如该员生性偏执，识见陋隘，遇事师心自用，罔恤人言。其官钱局办理得法者，乃知县沈瀛之力，于该道无甚关系。至其专主之矿局，则惟知把持闭拒，并不能为地方谋久大之利，实属有负委任，不胜监司之职，应请以通判降补。

……

所有遵旨查明，据实复陈各缘由理合恭折具奏，伏乞皇太后、皇上圣鉴、训示。谨奏。

三月初一日奉朱批：著照所请，该部知道。（《申报》1908 年 4 月 9 日）

5. 陕西地方官府对秦丰官银钱铺（局）的管理

署藩司锡批同州府县会报官钱局情形禀

据会禀已悉。查该府官钱局所存银钱短绌，兼因取钱者甚众，以致不敷开销。经该府等设法挪移、垫发，得免别滋事端。所有垫发之款恳请拨还前来。查该局自开设以来，核计至今已历八九年之久。究竟原日承领成本若干，每年盈余若干，现在因何亏短，何以此次不敷开销如此之多？夫官钱局之设为便民裕国也，若民不称便而公家复无利可图，反致官本亏折，在事人员难归其咎。钱粮维正之供，当应急需，仍应赶速批解，里局公款尤不得久假不归。究竟该局放出生息之款，共有若干，有无亏折，应□（？）着赔，自应彻底清查，方昭核实。岂能率行请款接济？仰该守令迅速督饬局员，按照指示各节将逐年出入款项历僭查清，声叙明白，一俟禀复，至日再行核办，毋□（？）饰延，凛遵，切切。仍候抚宪批示。（《秦报》1907年第42期第3册）

6. 对新疆官钱局的管理

陕甘总督长庚奏查明藩司王树枏被参各款折（节录）

奏为查明藩司大员被参各节恭折复陈，伏祈圣鉴事：

窃臣承准军机大臣字寄宣统二年（1910）三月二十七日奉上谕：有人奏藩司大员素行贪鄙，据实纠参一折着长庚按照所参各节确切查明，据实具奏，毋稍徇隐。原折着抄给阅看。钦此。遵旨寄信前来。臣当即奏派甘肃宁夏府知府赵惟熙酌带随从，驰往新疆，按照被参各节逐一确查，并专电奏准将藩司王树枏先行解任在案。兹据查明禀复，臣悉心详核，复加察访……

王树枏自光绪三十二年（1906）九月初一日到任起，至宣统二年（1910）十月二十日交卸前一日止，东库旧款新收两项共存入湘平银一千一百四十九万八千六百八两，零包有铸缴金银铜各元条砂，各金红钱官票等款在内，共支出湘平银一千一百四十万五千二百一十七两零，亦有包有采买条砂金红铜，并改铸银元、红钱及官钱局以票易银等款在内。西库共存入库平银二百一十五万二千一百八十二两零，共支出库平银二百一十三万七千一百二十两零。收支两抵，东库应存湘平银九万三千三百九十一两零，西库应存库平银一万五千六十二两零。王树枏移交后任西库银两尚符应存之数，东库短交银一万两，系委员误记，已据拨还清楚。（《申报》1911年6月8日）

7. 对直隶通惠官银号、天津官银号的管理

直隶总督王文韶奏为通惠官银钱号招商集股应改为官督商办
以除奸商把持居奇积弊事

再上年夏间，因津郡银价甚贱，公私交困，据淮军银钱所，铁路总

局禀称各筹拨银五万两开设通惠官银钱号，以冀维持市面，经臣附片具奏，奉朱批：户部知道，钦此，钦遵在案。嗣铁路总局经费不敷，将拨存成本银五万两全数提回，复招集商股，藉资周转而流通银钱，亦可以饷项奇绌时向该号通挪给急。上年年底所欠已逾原存成本银五万两之数，是该号徒有官办之名，并无官本之实。现在饷源极绌，势难筹拨巨款以为之继。而该号自设定以来，酌剂盈虚，商民称便，又未便遽议停歇，致靡①前功。查招商矿务路局暨现设通惠银行均系官督商办，该号既无官本接济，此后周转、经营势须全资商力。若仍官为经理难免商情阂隔，观望不前。应请自本月十一月起，改为官督商办，准其招集股份，由商经理，无论盈亏，官不与闻。其维持市面，联络商情，一切操纵机宜，仍责成管理之员随时如实稽查、考核，务期剂均平，以免奸商居奇、把持之弊。惟饷遇有短绌，仍可向该号挪借，用济缓急。至该号自上年初办至今，所有盈余为数无几，除②拨存官本外，即提还挪③用之项又未计息，商股存款均须付利，核计年余所赢，除开支外，尚属④不敷，应免其造报所有按月报部银钱市价清册。此后亦即停止。据淮军银钱所兼管通惠官银钱号，道员李竟成等详请奏咨前来。

臣查官银号之设原为维持市面起见，与商专于牟利者不同，原拨本银十万两各设局所，或提或借，业已无存，现系招集股分〈份〉，自应改为官督商办，以顺商情而昭核实，除咨部查照外，谨附片具陈，伏乞圣鉴，谨奏。

光绪二十三年十二月初二日奏

朱批：户部知道，钦此。（中国第一历史档案馆藏档；《申报》1898年1月26日）

禁令难宽

天津友人来函云：自去冬以来津市现银贴水日益增加，商民周转不灵，市面因之日坏。督宪袁慰庭宫保（世凯）察知其弊，出示严禁，

---

① 《申报》此处为"弃"字。
② 《申报》此处为"缘"字。
③ 《申报》此处多一"号"字。
④ 《申报》此处为"有"字。

雷厉风行，数月于兹，弊始稍息。日前忽有陈垲、卞宝廉、李春棣、王廷瑜、王贤宾、窦荣光、李梦吉、张恩德等诸人具禀督辕，请宽禁令。旋奉督宪批示云：据禀商业俱停，请宽禁令，任商妥筹挽救等情。查从前津市贴水，每银千两加至二三百两之多，此皆奸商盘剥把持，积习成风，视为利薮。本部堂莅津伊始，曾经酌定贴水数目以示限制，乃奸商玩法仍复暗地加增，以致官商、百姓交受其困，此而不严行禁绝，何以肃市政而恤民艰耶？今该职陈垲等因裕盛成银号亏折之故，遽以荒闭连连，商业俱停等词危辞耸听，意在弛贴水之禁，俾奸商故态复萌，以遂其垄断居奇之计。不知裕盛成资本不充即不应开设银号，就使不自行荒闭，亦应封禁驱逐，免害闾阎。如该职等藉此为词，一似钱商亏折皆由本部堂严禁贴水而起，岂本部堂维持市面，勤恤民隐之殷怀尚未喻耶？假令贴水不禁，将日增月盛，徒饱奸商欲壑，更复成何事体耶？况禁止贴水与该职等何干？若非平日藉此牟利，即系市面无赖之徒，专为钱业驵侩，代营官府之事，亟应查究！仰天津府县传集该职等到案，认真讯问，务得确情禀候核夺，不得含糊了事。总之津市银根紧迫，大抵由于有银之家妄觊贴水厚利，以致周转不灵。已迭饬司道等妥筹办法以维商务，本部堂并非漠不关心。至严禁贴水，事在必行。设有钱业棍徒尚敢以身试法，或私自议加，或另立名目，一经发觉，定照前此华丰锦等成案加重罚办，以示惩儆。除行地方官暨官银号、巡警局严密稽查外，合行批示。合郡商民一体凛遵。（《申报》1903年3月28日）

虞令维铎禀督宪端①整顿银行条文并批（1909）

丁斯工商业战争剧烈之世，我之百工事业尚在幼稚，外人乘我不备，遂吸收我各种利益。查津埠自庚子乱后，行用支票，滥发钱帖，前督宪袁因防危险，禁止发行。惜未组织中央金融机构以供一般社会之要需，商工等界遂成恐慌。不得已，令殷实行号以五家连环担保，准发行兑换银元纸币。此令一行，外国银行因缘而起，思夺我发行纸币之大利。存款之便宜曩仅英之汇丰一家，今则日本正金、华俄道胜、麦加利、德华、澳大利皆源源而来，趋之若鹜。考发行纸币关乎国权，东西

---

① 即直隶总督端方。

各国皆属于国立中央银行之特权。不但其他银行不能，即发行纸币银行之股东亦不许外人认得。以此种权利系国家信用上所生，因中央银行对于国家与社会皆担有种种义务，故予此特权，然尤须纳发行税于国家。我之大利外溢，若不知觉，百工事业不能发达，亦似不知所以。然最激烈者莫若日本正金银行滥发纸币之甚。

考日本法典载正金银行条例，虽在外国，亦无发行纸币权。于光绪二十八年要求其大藏省特许沿中国习惯发行，专用中国之纸币。租界①已设分行，租界外之估衣街又添分行，以图畅行。其纸币藉揽我官商各界之存款。查其所发纸币之种类，有银元票一元、五元、十元一纸者；有银票五两、十两、五十两、百两、二百两一纸者。按其发出纸币之号数勾稽，约有三千余万元之多。考该银行性质，系有限责任，股东资本六百万元，以百元为一股，共六百〈万〉股，明载日本法典。据其广告称资本二千四百万元，计其在各国所开分行，共二十九处。即照其广告所称，每分行匀摊资本，尚不足二百万元，而在中国发行纸币之数，已过其全部资本。虽云长袖善舞，终属危险堪虞。究其滥发之原因，一则自设分行于估衣街，希图存款；一则近年来日货畅销，内地洋货业皆通用。其纸币至于天津，发行之票至牛庄、上海等通商口岸通用，尚不足奇。内地保定、河南道口等处，亦皆能通用，则令人惊心动魄。以我造币厂鼓铸之银元，用于保定，尚须贴水，其余甲省银元不通用于乙省，则无论矣！是彼一有限银行发行片纸，信用竟驾我中央国宝之上矣！欧洲学者谓，维持经济界者，对于一般会社须具有密切之感情，百工事业始能发达。今各界需用仰给外人，彼惟知其银行之利，是图至百工事业之盛衰非其所计，乌能望其维持我工商业之发达耶？然尤不仅此也，彼借款所收抵押皆我社会动产、不动产之精华。西人论日本之藩朝鲜，系由于银行吸收其精神上之事业，前车可鉴，曷可不深虑哉！阅该银行前去两年，营业报告书公积金项下载有我招商、铁路股票及房产等业，价值数百万元，皆抵押称贷。到期不能偿还，遂为其所有。是成效昭著之交通事业亦难保全，而我一般人民只知争有形侵略，不知防此无形削蚀。夫借款于我修路、开矿，尚系以彼之母金取我之利益。畅行纸

---

① 即天津的日租界。

币，仅凭信用收我利息、存款，系以我之母金收我之利息。概言之，皆无本取利也；推言之，即以取我之子金开修我之铁矿。一经道破利害，显然存款之数无可稽核。试就三千万元纸币按五厘息计之，每年已二百余万。我之脂膏，能有几何！若不及早图之，后患何堪设想？

我宪台明鉴万里，以二十二行省幅员之广，若皆赖大清银行为中央金融机关，势难遍及。只有各省整顿各省中央银行，以补救、维持。北数省以天津为商业中心点，近年来江河日下，五家连环保例已驰，纸币之滥，又达极点，亦亟宜整顿。整顿之策，非预办中央金融机关。不能骤申禁令，盖经济权柄操之外人，彼一旦收款，则断我商人命脉。非先禁本国银钱行号滥发，亦不能专禁外人，使彼有所藉口，转生国际上之恶感。惟有先订中央银行遵守条规，订明营业方针及借款、抵当、发行纸币、利息限制等事，即就天津现有之官银号增加资本，改良办法。再由银行当事人参酌，规订内部组织章程，如添镒定课，以镒定抵押物之价格，设收支课，代公家收支官款。凡中央银行应为之事均需载明，俾维持一般社会之缓急。先设保定、北京两处支店，各商埠、府厅地方次之，州县地方设代理店。惟增加资本骤闻之似觉甚难，以天津一埠计之，公家之款不下千万。有经年不动，成为埋藏；有存于外国银行供外人运用者，殊为可惜。以后凡属公家之款不得私存他处，酌定长期、短期、浮暂，交官银行存储。按期之长短酌予利息，仍归原局署津贴。办公既有物作抵公款，亦无危险之虞。凡官银行〈号〉发出纸币，准完纳地丁关税及属于本国资本，在直隶境内之招商、铁路、电报、矿务等公司、局站，一律收用。应请宪台通饬属下，并咨会邮传部一体施行。俟代理店组织完备，再为奏明。此后地丁银两由司划交大清银行，上兑度支部，俾州县收入之款即交中央银行代理店，上兑司库。司库应交度支部若干，通知中央银行划交大清银行，既可省解现种种耗费，亦可免州县赔累之苦。东西诸国靡不如是，一举而数善备焉。至于银钱、支应等局所，在外国皆属中央银行事务，可以归并，以节靡费。中央银行组织就绪，外人即不能左右我经济界之权柄。再行规定普通银钱行号应遵守规则，由议会暨商会讨论、参议，然后实行。至于发行纸币，为津埠各商习惯，不能骤行禁绝，然必加限制，以有限、无限为标准。有限按其实在资本十分中之二三，无限按其营业主家产十分中之二三，准其发行纸币，仍宜重申五家连环担保旧例。至既无实在资本，又无实在家产之行，应禁止其发行。此后，凡开设发行纸币银钱行号，须呈明有限、无限，具取保结，经巡警总局许可，始准开业。国内官私行号规则既定，秩序井然，外国银行不战自退。然亦须先密收其各种纸币，自极小号以及极大号者各一纸。如仍然滥发，按其号数，核其总额，照会其领事，证以日本银行法律及其大藏省准许发行之限制，亦属不应照中日通商条约第四款，准其营［业］合例事业。滥发纸币，无论何国法律，皆不合例。照国际公法，彼在我内地，即不得违我一省独立命令不许之事实，妨害公安。据此种种正当理由，禁止其发行。彼日人虽狡，亦必无辞。诚如是，百工事业必可振兴，外人削蚀亦足抵制。既能节公家如许之靡费，又可疏州县种种之困难，富国强种基于此矣！

督宪端批：条陈阅悉。查发行钞票关乎国权，自非组织银行，集权中央，则金融之机关不能由我操纵。非但外人钞票易于流入，即本国商立各银钱行号一任其滥发纸币，全无标准，情形亦属危险，所言自切中时病。惟前经度支部奏颁限制钞票章程，并谋推广全国银行，事关划一币制，应候部议施。此檄。（《北洋公牍类纂续编》卷六财政）

督宪杨①准度支部咨饬令官商银钱号将财产目录出入对照表按期呈部札饬藩司并天津银号及商会遵照文（1908）

为札饬事：

光绪三十四年（1908）九月十八日准度支部咨开通阜司案呈：光绪三十四年正月，本部《奏定通行银行则例》第一条内开，纸币法律未经颁布以前，官设、商立各行号均得暂时发行通用银钱票，但官设行号每月须将发行数目及准备数目按期咨报度支部查核。第五条内开，凡银行每半年须详造该行所有财产目录及出入对照表呈送度支部查核。第十三条内开，各省官办之行号或官商合办之行号统限于本则例。奏定后六个月内报部注册，一切均应遵守本则例办理。又本部《银行注册章程》第五条第二项内开，从前各省设立之官银钱号如已奏咨有案，即自奏咨之日起，作为注册之期，但截至光绪三十四年底止。须声明则例第

---

① 即直隶总督杨士骧。

三条所定各节，咨请补领注册执照。第三项内开，前项所称之各号，其未奏咨有案者，务须遵照则例第十三条办理，等因。叠经咨行在案。现当限期将满，除本部大清银行、邮传部交通银行、热河官银钱号，以及商设银行如信立钱业公司等业经补领注册执照，奉天官银号业经呈送结账，广东官银钱局业经呈送发行数目及总结账外，其余各号尚未见呈报前来。应由各省将军、督抚、都统暨民政部、顺天府一体查照，饬令此项官银钱号或官商合办之银钱号。其已奏咨有案者，即照注册章程第五条第二项办理，其未奏咨有案者，即照第五条第三项办理，并须将通用银钱票发行数目、准备数目、财产目录、出入对照表呈送本部查核，均毋得稍有逾越。又银行通行则例第十二条内开，以前各处商设票庄、银钱号庄等各项贸易，凡有银行性质即宜遵守此项则例。其遵例注册者，度支部即优加保护。其未注册者，统限三年，均应一体注册等语。此项庄号限期虽宽，亦应陆续赴部注册，并应遵照则例第五条将财产目录、出入对照表按期呈部查阅。相应咨行直隶总督转饬遵办可也，等因。到本大臣。准此。除分行外，合行札饬，札到，即便移行遵照。（《北洋公牍类纂续编》卷二十四《商务》）

为填报统计表事给各银行本市官银号钱业公会函（1909年5月6日）

致各银行、天津官银号、钱业公会：

敬启者：现奉直隶调查局移开案事云云，施行等因。兹经敝会照刊表式事，呈贵银行、银号、公会查明情形，按照光绪三十三、四年分〈份〉实在资本、交易表目详细填注，送会汇转。至宣统元年（1909）以后续造各表并请查照、备办。事关宪政编查馆调查要件，幸勿稍延是盼。专此。敬请时安。

附呈统计表式五十份。（略）（天津档案馆藏档）

8. 对蜀通官钱局、濬川源银行的管理

又奏为川省前设官钱局停截清算确有盈余片

鹿传霖片：

再臣到川后，即值钱价日昂，圜法之受病已深，补救几穷。于策虽开铜矿、购机器，拟造银元而厌铜钱，皆非旦夕所能收效，爰在省设官钱局，借拨藩库银五万两，宝川局钱五万串以作成本，得制石印官票以济民困。惟蜀中向不用票，其始颇形扞格。继经委派知县陈锡邕、申辚布大使、王永言会同成都、华阳两县，力求通变行票，则不涉苛难，以便民售钱，则不惜耗折。而加价专谕省市已行票四十一万余张，易钱五十四万余串。虽时价有涨落，而省内不致若省外之贵，殆亦由官局有以济其穷也。故省外多来领票也，能逐渐畅行。惟银钱之出入甚巨，而旁观之疑谤易生。或谓公款不免有亏，或谓局员办理不善，不知局员久经通达商情，经划早已将成本随时营息，以资周转。总求益下而不损上。今臣交卸在即，因饬省局暂行停截，清算账目，收集款项。旋据该局员造册齐呈前来。臣复加审核，俟第将生息银钱收回，逐款归还司道局库，必可毫无蒂欠。而合计始终出入，盈绌乘除，该局尚可盈余银三万六千余两。臣批饬解存司库。此局应否续办，即由接任督臣斟酌行止，并拣员更替以均劳逸。惟省外井厂等处所领钱票多系就地筹办，均与省局之款无涉，忽于追缴，作车金无恒，不惟失信于民，亦恐市价因之跃踊，是以仍听该印委申度情形，议复再定。所有川省前设官钱局停截清算，确有盈余缘由谨附片陈明，伏乞圣鉴训示。谨奏。

奉朱批：户部知道。钦此。（《申报》1897 年 11 月 28 日；另见《渝报》1898 年 1 月第八册）

四川总督锡良片（光绪三十二年（1906）九月）①

头品顶戴四川总督臣锡良跪奏为遵旨查明四川官银行总办道员被参各节，据实覆陈，恭折仰祈圣鉴事：

窃奴才于光绪三十二年（1906）八月十七日承准军机大臣字寄："七月二十四日奉上谕：'有人奏，四川候补知府周克昌，假公营私，侵蚀巨款，请饬查一折。著锡良按照所参各节，确切查明，据实具奏，毋稍循隐。原折著钞给阅看。'等因钦此。钦遵。当查有补用道黄兆麟，现在重庆，钩稽最精，即饬就近严密确查。兹据查覆前来。奴才覆加考核，并调查卷宗，参访舆论，谨据实为我皇太后、皇上陈之。

如原参谓：奏称提藩库银三十万两，集民股二十万两。周克昌不能

---

① 《锡良遗稿（奏稿）》收录此文献时间为光绪三十二年（1906）十月初四日。

招集民股，惟提藩库三十万两、川东道库四十万两一节。查银行既系官设，公款自可交存。该银行曾领存川东道库银三十九万两，本年六月归还十万两，经川东道禀报有案。至应招商股，据该委员查称，周克昌于开办后，招有商股德盛长、谦泰昌、聚义商长等三十四家，共银二十万两。是商股亦确已招齐，并无虚饰。

又原参："酒税每年八十万两，从川东所属之地丁、津捐等项百余万两，均归收解藩司，即以该行收戳为凭，未尝入库，合计成本约在三百万"一节。查川省酒税，即使各属并无偏灾停烤及短绌拖欠，通省岁收约计亦不过五十万两；其川东属所收酒税并经征各公项向归商号就近兑解者，官银行开设后，多有改归收解，惟仍系按照向章，酒税解由厘金总局转解藩司，专备按月搭同土税尽解练兵经费；其余迳解藩司各项，亦皆款有专支，刻不容缓。以川省年来藩库支绌情形，遇有紧要解款，每藉商借周转，又安能闲置各款，任听该银行留资成本。且据该委员查明，官银行承解各属公款，去年共仅二十五万余两，本年截至八月止共仅三十万两有奇，并经密调各款批回，均无银行收戳字样。原奏所称自系传闻之误。

又原参："余利应统归公家。去岁归公仅一万六千两，侵吞何止十倍"一节。查川省原奏章程，俟办理一年期满后，再将余利酌数报效公家。所谓余利，系除去开支暨应付股本五厘常息外之红利，所拟酌提报效，亦系在摊分人力股、公积股、官商各股东应得余利以外，并非余利统归公家。官银行甫于去年八月开张，周克昌于年终结账，先行禀报，所领官股呈送藩库常息余利银共一万八千余两，计所获常息外之余利，又月凡七厘有奇，自不得疑为侵吞。

又原参："在重庆私开行号数家，以大川同为最著，成本约七十余万两，皆挪诸官银行"一节。查重庆前设有钱法局，专以流通收发官铸银元，派周克昌办理，据禀批准分设大川同官钱铺，以为藉通商情之枢纽，时尚在未设官银行以先。兹据查称，实仅股本银一万两，官商务半，又现有息借官银行银一万而已。所称别开行号数家，访查更无其事。

又原参："戴松发和倒闭二万八千两，其管事王子范私收七千两，庆生荣（号）倒闭五万六千两，其余倒闭不可枚举"一节。据查曾由王子藩放给戴松发和银二万五千两，旋经倒闭，戴姓籍隶丰都县，经周克昌将戴姓暨王子藩交县押追。询据丰都县知县丁孝虎称，已追收清楚。庆生荣号及芝生荣号原欠官银行暨大川同共银五万六千两，本有该号盐岸及田产红契作抵，陆续已还银二万九千两，下欠经商会公议订期还楚。此外惟义和祥欠银六千，已收四千，镒昌宏欠银五千，收已过半，别无倒有银行之款。

以上各情，皆经该委员访查确实。

至原参谓：周克昌前官山西，与现任四川布政司许涵度深相结纳，随带入蜀，旋请奴才奏留四川补用等语。查周克昌本山西人员，奴才前抚该省时，即经委用，于热河都统任内，又经奏调。迨到川后，系于二十九年九月奏调，许涵度于三十年二月始到川任，具有时日可考。且周克昌现在仍系山西候补道，亦未为之留川。其谓周克昌与许涵度狼狈为奸、朋谋分利等语。查官银行本系奏明以周克昌为总办，仍归藩司督同办理，所办固系一事，谊属公家，实非朋比，案牍具在，此又彰彰可考者也。

周克昌前以充当商务议员，势难兼顾银行，叠经辞差，现已照准，另委本任开县知县邹宪章接办。惟既查明周克昌并无假公营私、侵蚀巨款情事，应请免其置议，伏候圣裁。

所有遵旨查明四川官银行总办、道员被参各节，据实覆陈缘由，理合恭折具奏，伏乞皇太后、皇上圣鉴训示。谨奏。

（朱批）知道了。（《光绪朝硃批奏折》第九十二辑；另见《锡良遗稿·奏稿》①）

遵旨查明奉省官员杨兆镛等参款折
（宣统元年（1909）十月初十日）（节录）

又原参："创立硝皮厂赔累官项二万两"一节。查该厂自三十四年八月开办，由黄开文自行出名，向官银号先后函借银三万两。所有开办以来，购地建厂，采买应用器具物料，现据该厂总理张云龙册报，截至本年七月二十日止，除将现存厂房器具料件及制成各物概行作价，存欠

---

① 《锡良遗稿·奏稿》收录此文献载明朱批时间为十二月初二日。

两抵外，虽赔累尚不及二万之多，实不敷经费银五千三百余两。查该厂创办之初，非官非商，毫无规则，开支各款不免浮糜，已饬现署劝业道赵鸿猷改归商办，另筹妥善办法。

……

又原参："该革令在东平县开设烧锅、当铺、豆油房生意"一节。查东平县境内向无当铺。三十四年，前署东平县知县程寿保任内，禀请开设官当铺一座，其资本系由官银号挪借。该革令并无自开当铺之事。
(《锡良遗稿·奏稿》)

9. 华盛官钱局与奉天官银号、东三省官银号的有关管理情况

奉天查办事件大臣李①等奏为整顿积弊拟条复陈折

降调四川总督臣李秉衡，盛京将军、奉天总督臣增祺跪奏为遵议整顿奉天积弊，谨就原奏八弊八要酌为分析，并拟定切实可行八条恭折具陈，仰祈圣鉴事。

窃臣等于九月初七日承准军机大臣寄光绪二十五年（1899）九月初一日，奉上谕：翰林院侍读学士瑞洵奏，奉天地方积弊太深，亟宜力求整顿，择尤胪举，并据所见一折。奉天为根本重地，从前积弊甚深，迭经谕令该将军等随时认真整顿。该侍读学士所陈饬吏、安民、练兵、清讼、治盗、开矿、培才、筹防八条及团练一事悉属切要之务。所拟办法均不为无见。着李秉衡会同增祺、恒寿详察情形，悉心筹议，分晰具奏。另片奏程万里一案，情节较重，请提京解办等语。此案业经刑部议驳，是否实有冤抑，并着李秉衡、（增）祺、恒寿确查明，据实具奏，勿稍徇庇。原折片均着抄给阅看。将此通谕令知之。钦此。遵旨寄信前来。府尹恒寿旋奉旨开缺，当由臣李秉衡、臣增祺会同详阅。

原奏所称八弊八要及团练一事，切中近年奉省情形，持论多正。〔窃〕惟致治贵挈其大纲，除弊宜先其太甚。必使简明、条贯、实事可行，始足以课成功而收远效。原奏胪举诸弊，自以立法捄弊为要，而条理之间或合或分，须有要领。今拟并安民于饬吏，合筹防于练兵，理财

---

① 即李秉衡。

析征榷、荒、矿为三，治盗归饬吏、练兵之内。旗务有弊，既与发审处相关，钱法宜厘非得开期禁为重。惟培才一节奉省急切，所需之才须于能任事者求之，文归饬吏，武归练兵，似不必专以课吏等局为培才之地。臣增祺八月间已有俱办情形之奏。臣李秉衡近日条陈固本二、救弊三、覆实三等奏已蒙谕交臣增祺复办，大指均不出此数项。除清讼一事经臣增祺业已陈奏，钦遵谕旨认真办理外，经臣等屡次会议，就现在奉省情形与臣等筹备所得，参以该侍读学士原奏，拟定分要章程七条，曰饬吏治、整营章、正旗务、厘钱法、汰税员、清垦政治、饬矿课，合原奏团练为八，敬为我皇上陈之。

……

钱法之弊原奏但指期禁而言。本年期禁已开，奏定有案。而钱少银贵，专〔恃〕省城，迫切情形。救急之要现在铸钱。臣李秉衡已有条奏，臣增祺近已将开铸铜钱，五分为率，并拟再加炉鼓铸各情事专折奏明。现由臣增祺遴选〔调〕奉差委前营口同知章樾将鼓铸事宜认真督办。近日市面渐有铜钱，日久自可流通。银价之贵大半由于官钱局凭帖抬价银，以至市价亦不〔无〕低落。此后鼓铸日多，银价亦须酌抑，不得以官本稍有亏抑，使物价随银价俱昂，民受其困。应由臣增祺随时督饬承德县并官钱局委员体察市情，银价如能从贱，该局亏赔之款，当为筹补，但能于民生、日用有使，则维持之计，收效已在无形。此厘钱法以便民用，由原奏切实推充可〔也〕。（《申报》1899 年 12 月 16 日）

调查北洋银行章程（奉天）

赵次帅（东三省总督赵尔巽）以奉省虽设官银号，与现在户部银行暨各省分行章程诸多有未合，拟加改良。现派委北洋咨调来奉同知巢凤岗，赴北洋调查官银行章程，以便仿办。（《申报》1906 年 4 月 25 日）

筹议东省币制（奉天）

东督徐菊帅（世昌）以官银号为财政根本重地，非设法扩充，难以周转。爰特派两参赞暨度支司使张为督办，切实研究币制划一办法，改良规则，务期通省信用而无流弊。并饬令即日开议，赶速兴办。刻闻该厅司已订期开议，速将币制酌定，并商同各财政顾问员暨官银号坐办，

胡吁门观察筹议办法。(《申报》1908年9月14日)

奉天官银号之积弊

锡帅（即东三省总督锡良）奏调来奉总理官银号之周参议克昌近日查知该银号积弊甚多，从前出入款项及各种报销不实之处有两万数千元之巨，拟即禀明锡帅彻底清查，并将各分号之开办成绩一一考察。如有办理欠妥者立行撤换，另简商业专门学员办理，以期整顿。(《大公报（天津）》1909年6月23日)

10. 对广信公司的管理

中外日报：东督整顿圜法（东三省）

锡（良）督到任后，于东省圜法整顿办法以禁出钱帖，推广大清银行、官银号之龙元票为入手，期收实行统一之效。特电饬江省度支司清查广信公司所行之钱帖共出若干，从此截取，勿再出新帖。并设法将已经行使之帖陆续收回。(《陕西官报》1909年第18期)

11. 吉林地方政府整顿官银钱号史料七则
（1）吉林将军为财政处户部具奏整顿元法以防流弊札饬吉林府

札饬事。光绪三十二年（1906）三月初三日奉署军宪成札开："案准，财政处咨开：'光绪三十二年（1906）二月初四日，本处会同户部具奏《整顿圜法以防流弊》，本日奉旨依议。钦此。相应恭录谕旨，刷印原奏。咨行贵将军遵照可也'等因奉此。除分行外，合亟抄粘，札到该道即便遵照。特札。计札粘"等因奉此。除分行外，合亟抄单札饬。札到该府即转行所属一体遵照。特札。

计粘抄单一纸

札吉林府

光绪三十二年四月初九日

（2）吉林府为财政处户部具奏整顿圜法以防流弊札饬州县

为札饬事。查接管卷内，光绪三十二年（1906）四月初九日，奉署道宪扎开："光绪三十二年（1906）三月初三日，奉署军宪扎开：'案准财政处咨开，云云。'遵照，特札。计抄单一纸"等因。蒙此，曹前署府未及转行奉文卸事。本府到任接准移交，除分行外，合亟抄单札饬。札到该州、县即使遵照。特札。

  计粘抄单一纸

  札尹通州

  敦化县

  磐石县

  代理府正堂

  光绪三十二年（1906）五月初一日

（3）吉林府正堂札嗣后凡有请借官帖者务须革除弊端

  札发事。光绪三十四年（1908）正月初七日，奉督宪徐（世昌）、抚宪朱（家宝）札开："据永衡官帖局禀称，'窃查行使纸币，有利未必无弊，兴商或不便民，必须弊绝风清，及①可交通便利。近闻有种非商非贾、无信无义之人，专代商家谋借官帖。一经将帖承领到手，暗向商家分货若干，名曰用钱；又有假借职局名目，从中撞骗。其各外城衙门，遇有铺商转请详借官帖者，难免书吏不无需索舞弊情事。许钱则为上陈，否则不为代达，至从中之克扣，额外之勒索，又其种种弊端，殊难枚举。若不及时禁止，其何以维元法而便商民。拟请通饬晓谕，嗣后无论本外城厅，凡有请借官帖者，须将前项弊窦一概革除，倘仍蹈前辙，怙恶不悛，准其指名呈请究办，以示惩处而重币政。是否可行，未敢擅便，理合禀请示遵'等情。据此，行使官帖原为维持圜法，交通便利起见。据称近有奸民专代商家谋借官帖，暗向分使用钱。又有假冒该局名目从中撞骗，其省外各衙门遇有铺商呈请详借领者，尤多书吏需索克扣，种种欺诈几难枚举，实属玩法已极。且直以商民信用之贝，转足启刁民舞弊之门，言之大甚痛限〈恨〉。若不认真拿究尚复成何事体。候即出示严禁，一面札行吉林道，通饬备属一体凛遵。嗣后书吏再有前项情事，其本官如行自行查明禀办，概宽其失察之咎，倘经上司觉出或被人告发，除将本犯扭省尽法重惩外，定照有心徇纵例从严惩不贷，仰即知照。仍由该局督饬稽查各员严密访拿，务期自犯惩以儆效尤，且为切要。此缴。等因。印发外合亟刷印告示札发，札到该道立即随饬各属

---

 ① 原文如此，疑为"乃"之误。

一体张帖谕禁。一面具报备查,毋稍误延,致干重咎。切切此札。计发告示二百张。"等因奉此。查吉林道缺现已奏裁本司,署理民政使司。所有到任事宜,暂行接办清理。除分行外,合亟札发,札到该府即将发去告示查收,分处张帖一百,严禁、查禁。毋稍宽纵。并将张帖处所具文分报查核,毋违,特札。

计札发告示百张

吉林府

光绪三十四年（1908）二月初九日

(4) 吉林府正堂示谕禁止现银银元携带出境

为出示谕禁事。照得,宣统二年（1910）四月初六日,奉民政宪谢、度支宪徐札开:"案查,前因省城现银支绌,银价昂贵云云。该府即便知照。此札"等因奉此。除遴派妥员随时随地设法查探外,合行出示谕,仰阖府士商绅民人等知悉:自示之后,凡由省城前往各处,每人只准携带旅费,以现银一百两或银元一百五十元为度,不准多带。如有奸民胆敢私带逾额者,一经查出或被拿获,定即照章将准应带定数外,所余银和银元一半充公,并于充公数内酌提一成充赏。本府言出法随,决不宽贷,尔等慎勿尝试,其各凛遵勿违。切切。特示。

吉林府正堂李

宣统二年（1910）四月初七日

(5) 吉林省咨度支部为整顿吉省钱法鼓铸铜元禁使小钱请查核赐施行

为咨请事。窃查吉省钱法之坏达于极点,民间行使钱色大半系鹅眼、砂壳之类。并无制钱,而犹以一当二。关内各省所视为禁品者,此间则认为通行品,积年以来,已成习惯。当造币分厂未经裁撤之先,曾经饬由官银钱号购运铜筋交由该厂代为鼓铸铜元,以资流通而期整顿。乃以铜元价值较低,约二百二十二枚换银一两,比较关内铜元约百八十枚换银一两相差甚巨。奸商市侩往往私囤铜元,潜运关内天津等处,购买银两从中渔利。虽经访查禁止私运出境,其弊稍遏。然专持当十铜元,市面找零诸多不便,且恐生活程度因之愈高。若仅恃旧有制钱,来源既乏,又恐私铸愈多,钱质益劣。因查吉省币制虽不划一,惟从实际上考查,不能不强谓官帖为本位,即不能不以官帖一吊为单位。既有单位，而如无各种币制以为辅助，贫民生计为艰，小钱何怪其充斥。再四筹维，拟由吉省自备铜本交由奉天造币分厂，代为鼓铸当一铜币，以便民间零星交易。而为根本上救济，一面重申禁令，限制铜元出境，有私运逾四千枚之数者，分别处罚，庶几市面借以维持，而小钱亦可期禁净。据吉林民政司邓邦述、度支司徐鼎康洋请核咨前来。除饬候咨商办理另行饬遵外，相应备文咨请。为此，合咨大部请烦查核赐复施行。须至咨者。

度支部

吉林巡抚陈（昭常）

宣统三年（1911）闰六月二十日（以上五条均见《吉林永衡官银钱号》）

（6）东三省近事——批示整顿圜法条陈

吉省清理财政局科员郑孝先条陈整顿圜法及厘定官银号办法十五条，禀奉公署批云，所拟整顿圜法，调和经济各条，如广发银洋钞票，收回官帖，多铸当二、当五铜元，消灭中钱，现官银钱号及造币分厂业经分别筹办限制铜元流通及酌定铜元、官帖价格。查铜元为补助货，行使宜设法限制，固属理所当然。刻下吉省铜元缺乏，方欲求其流通，乌可限制，致生阻滞？酌定价格亦非现在市面情形所能办到。总之钞票效用欲其同于实货，必先筹有准备金，若无准备金，纵广发银洋钞票，其为无信用纸币，究与官帖何异？补助货之行使限制，价格厘定，必先制定本位，若本位未定，纵立限制、定价格，不惟难收效果，恐转有扰动市面之弊。至厘定官银钱号办法各条，尚有可采，然亦多该号所已办或正拟办者。吾辈论事不可专谈学理，尤宜考核实情，该员尚其勉之。（《申报》1909年12月12日）

（7）吉林巡抚陈昭常就吉省整顿圜法，归并官钱局、官帖局答批

至添铸铜元原为通行全省以救补助现货之缺乏，自应广铸，销路所拟分配各府州县分销，及营饷、员薪量为搭放各节，准（如）所请，着即分别妥筹办理。再夹单所陈不为无见。查旧设之官帖局系为发行纸币，总以济现钱不足之穷。新设之官钱局则为周转银钱，又以济纸币过多之困。二者事本相因，理须相辅，必随时酌剂盈虚，乃足以渐图补救。若长此分设，两不相谋，官帖仍旧销行，终无兑换之信用，官钱局

无从稽核，亦难为全局之运筹。是不仅难期效果，转觉多所纷歧，则圜法将终无事理之望。现已饬该两局迅筹归并，以化畛域而收通力合作之效。该分厂其即妥速鼓铸，务使所铸银铜各元成色高足，畅行无阻，俾于国家、商民两有裨益，是为至要。（《吉林官报》1909年6月8日）

12. 对新疆伊犁官钱局的管理

宫门钞：将军长奏奏为遵旨查明前任将军身故情形
并钱饷局被参亏挪据实复陈折

奴才长庚跪奏：为遵旨查明前任将军身故情形，并钱局、饷局被参亏挪各款，现已追缴清楚，仍请将挪移之员即行革职，以示严儆，恭折具陈，仰祈圣鉴事。

窃奴才于光绪十六年（1890）八月二十三日承准军机大臣字寄，七月十一日奉上谕：前据额尔庆额[①]奏伊犁将军色楞额病故，情节可疑，当谕令该参赞大臣确查复奏。兹据奏称：色楞额因署伊犁府知府潘效苏等承办官钱局，经理不善，借银周转。饷局委员定启等挪移亏空，以致借拨迟延，几酿事端。色楞额自恨委用非人，遂与其妻莫尔登氏同服洋药身故。富勒铭额[②]以伤病陡发，含糊具奏，请饬查办等语。案关局员营私舞弊，以致大员服毒自尽，亟应彻底严究。着长庚于抵任后，即将以上各节确切查明，据实具奏。额尔庆额原折着钞给阅看。等因。钦此。钦遵。寄信前来。

奴才遵于十七年十二月咨调新疆候补道李滋森，并遴委伊塔道英林，伊犁满营协领额尔柯本会同确查，现□咨□伊犁城局文武员弁，务将色楞额身故是病是毒确实具复，曾经附片奏明在案。奴才到任后，随即督率各员，按照原参情节，逐款详□。查原奏内称色楞额自恨委用非人，钱法办理不善，加以钱局、饷局私相挪移，更属气恼，与其妻莫尔登氏□及补救无力，同服洋烟。经代理绥定县知县张雯即具解毒药方，解救无效，同时身故。富勒铭额听信潘效苏指使，辄以色楞额伤病陡发，会□□□，伪据伊犁同城文武先后具禀，或称彼时出差在外，并

---

① 时任塔尔巴哈台参赞大臣。
② 同上。

未目击，或称闻信往视，色楞额已经身故，惟察哈尔领队大臣恒明暨额尔庆额原派查案之委员徐得标称：色楞额实系服毒。而副都统富勒明额则称色楞额身故时并无服毒情状。据家丁齐德明以病故呈报，当派满营协领额尔柯本、恩祥向该家属询问属实，遂取据伊嬷郭博勒福尔氏亲供，据情入告，并将该家属报呈亲供抄送前来。又据协领额尔柯本、恩祥复称：领队德明报呈，问色楞额之媳是否属实，据云是实。又据前代理绥定县知县张雯复称，实未开具解毒药方。嗣又遍访舆论，诚如原奏所云。众口纷纭，莫能执一。奴才因案情重大，□以家属目视之人为凭，该家属久已回京，无从质证。未敢以风闻无据之词草率覆奏，当经咨请京城正白旗满洲都统就近□□该家属等色楞额是否服毒，抑系得病身故，取具切实亲供甘结，咨复以凭移办，至今尚未接准咨复。惟于上年冬间，准顺天府尹咨送色楞额胞弟三等侍卫色克通额在大兴县控告家人卢文侵吞廉俸银两呈词。内称职胞兄于光绪十六年（1890）三月二十五日在任病故等语。奴才伏查色楞额生前转战江北、陕甘等省，宣力有年，莅任伊犁，正值时事多艰，其裁遣客勇，办理交涉诸务，竭尽心力，不幸赍志以殁。该家属既未带有别项情故，惟有据实奏明，伏乞圣明鉴察。

又原奏署伊犁府知府潘效苏创设官钱局，因钱价太昂，颇有私贩等弊。三月内陡起谣言，商贾几至闭市。凡存有制钱者，俱向局领用，外属经商亦收觅私钱，藉能挟制。潘效苏面禀色楞额借银周转，并称收减价。色楞额恐酿事端，当准照办，饬饷局提银七万两交潘效苏领用。并称钱局委员谭师竹、袁之瀛等等朋比为奸一节。查伊犁自遭兵燹，钱法久废，以纸易银，每岁漏卮甚巨。十五年春间，色楞额奏官钱局以图挽救，委潘效苏经理其事，并由甘肃关内采办制钱。初因附近钱少，关内道远费重，定价五百文作银一两。其时关内制钱每银一两可换钱一千二百文，商贾争于关内私贩制钱图利。十六年三月间，伊犁私贩制钱，骤形充斥，纷纷过局换银。外属缠商卖货得钱亦向局索换，拥挤喧闹，事诚有之。维时局中存银无多，不敷兑换，潘效苏复明色楞额，准由饷局借拨银三万两俾资周转，尚无七万两之多。并谕将钱改章，制钱一千文作银一两，无论官局及中外商民所存钱文一律查验，由钱局贴补钱文，代为赔偿，以免商民亏累。一时中外商民俱皆称便，市面贴然。惟钱局制钱以五百文收入，以一千文赔出，遂至赔贴。合关内运钱价脚等项费用，计之共亏成本银四万六千余两。除将十六年改定钱价以后，截至十八年年底止所得长余钱额抵还，实尚短银三万六千七百六十六两九钱一分六毫三丝，业经奴才饬令潘效苏归款。现经潘效苏禀，由新疆归还成本钱二万两，又据前管粮饷委员定启、王琢章暨现办钱局委员呈报收回从前外欠，及十九年以后续收长余银共一万六千七百六十六两九钱一分六厘三丝，业经全数补缴，由奴才发交粮饷处另款封储。至承办钱局委员谭师竹仅止经营账目，袁之瀛仅止监造钱票，亦无朋比为奸情事，应请与潘效苏均免置议。

又原奏色楞额饬饷局提银七万两交潘效苏领用，饷局委员定启、王琢章、谢维兴等以无银可拨为辞，后虽筹款发交，而饷局亏空即因此败露。盖饷局本有存款，均该委员等徇私挪借一空。如索伦营领队大臣崇勋、卸任绥定县知县明征等亏欠尤多一节。查色楞额任内饷项，据富勒铭额复称，色楞额出缺后，查库尚存银八万余两，点清接收，抵算十六年夏季以来□□等语。奴才览阅该饷局薄垆，十六年三月二十五日实尚存钱八万余两。伊县定启、王琢章另文呈复色楞额任内支存库款已全数呈交，实□□抵算有案。是原参钱局需钱周转，饷局无银可拨，各要情，亦属失实。惟定启、王琢章擅将饷项滥支、滥借，实属□免舞弊，叠经奴才派员覆□□□。得悉光绪十四、十五两年，应存封储银十万两，并未照章发交伊塔储库。当向定启、王琢章严加根究。据称该项封储银十万两收封之日，正值裁撤营勇找发欠饷，需款甚繁，业经搭款兵饷，动用无存。奴才察查此项巨款十万两，系户部奏明封储，伊塔道库不准擅行动用之款。既经该员等收入行营饷内搭放兵饷，自应随时禀请色楞额奏咨立案，候部复准，方准动用。乃并未奏明即行动用，疑与部章有违。复经严札斥驳，勒令定启、王琢章设法呈缴。始据呈请，以色楞额任内应收各项并各营局历次借用、未还各款，恳请催收作抵。复经奴才竭力清理，迭次催追，现始凑足十万两之数，另片奏请照章储库。该定启、王琢章于应行封备银两不知禀明色楞额奏咨立案，辄行动用，且有滥支、滥借之事。现虽追缴归款，实属咎有应得。除定启业经病故，邀免置议外，应请旨将四川补用县丞王琢章即行革职，以示惩儆。至谢维兴仅在饷局经营盐平，尚无不合，请免置议。索伦着领队大臣崇勋光绪十五年（1889）十二月内曾在饷局借支廉俸银二百五十两，早经清还，并无亏欠多金之事。即署绥定县知县明征借用银两，据定启等声明，明征与色楞额同乡，本有戚谊，陆续借过银六千余两，系属私款，立有借字，约定回旗归还，与饷局公款无涉等语。查此项既属私借，应由色楞额家属自行取讨，不准该饷局开抵公款，以免牵混。

以上各节据伊塔道英林、候补道李滋森、伊犁满营协领额尔柯本查明会详前来。奴才复核无异。除将富勒铭额咨复原文并色楞额家属报呈亲供，顺天府咨送色克通额呈请，咨呈军机处查核外，所有查明前任将军身故情形，并钱局、饷局被参亏挪，现已追缴清楚各缘由理合恭折具陈，伏乞皇上圣鉴、训示。

再此案因咨取家属供结久未取到，兼以款项较巨，追缴需时，是以复奏迟延，合并陈明。谨奏。

奉朱批：王琢章着即行革职，余依议。该部知道。钦此。（《申报》1897年9月5日）

13. 热河官银号的管理

奏报盘查热河官银号事（宣统元年（1909）正月十一日）

奴才廷杰跪奏为热河官银号续届一年期满，照章派员盘查，恭折具陈，仰祈圣鉴事。

窃奴才创办热河官银号，截至光绪三十三年（1907）年底，所有盘查情形，业于上年二月初一日具奏，恭奉朱批度支部知道，钦此。并将拟定官利，酌定公积办法咨经度支部覆准各在案，兹查光绪三十四年（1908）正月起至十二月止，该号续办又届一年，所有出入账目及年满获利若干，自应照章切实盘查，以重官款，当经札饬求治局盘查去后。兹据该局呈覆，会同该号总理执事人等检齐账目、票根分别外放、内存、开除、实在四项，按数匀稽，逐款盘查，计光绪三十四年（1908）全年十二个月共获利银一万零六百六十九两八钱七分，内除辛工、酬送、日用、房租并杂项等共银四千六百六十九两八钱七分，实获利银六千两。拟请查照续行咨定章程，先提一成银六百两作为公积，其余分作十分，以七成银三千七百八十两归还官本，另款存库，以三成银一千六百二十两作为花红奖励之资，各等情，具奏前来。奴才复核无异，除开单咨部查照外，所有盘查热河官银号缘由理合恭折具奏，伏乞皇上圣鉴，谨奏。

（朱批）该部知道。宣统元年（1909）正月十一日（中国第一历史档案馆藏档；另参考中研院近代史研究所藏《清代朱批奏折档案·财政类》①）

14. 裕宁、裕苏官银钱局的地方管理

江苏巡抚程德全奏为候补知府吴其昌会办官钱局
钱款未清请摘顶戴情事

再窃查光绪三十四年（1908）经前抚臣瑞澂以裕苏钱局坐办候补知府李厚礽办理不善，派委候补知府吴其昌会办局务，以期整顿。现以李厚礽滥放抵复，以个人营业失败公私夹杂，已电禀请应（？）将李厚礽革职查办在案。吴其昌系该局会办，经手借押各款，所有十余案未清，未便稍有宽假。兹据升任布政使陆钟琦（？）具详请奏前来。（？）应请旨将该局会办候补知府吴其昌先行摘去顶戴，勒限清理归偿，以观后效，谨附片具陈，伏乞圣鉴，谨奏。

宣统三年（1911）闰六月二十七日奏

朱批：应行，钦此。（中国第一历史档案馆藏档）

两江总督张人骏奏为遵旨查办候补道孙廷林前办裕宁官钱局
尚无亏挪请销案事

再臣前于查办前督臣端方被参各款，据实复奏（？）。内以湖北候补道孙廷林前称裕宁官银钱局时阅数年，获利虽微，究长有（？）亏挪，责成藩司会同接办局员彻查另奏（？）。宣统元年（1909）十一月初九日奏。

上谕湖北候补道孙廷林前称裕宁官银钱局有无（？）亏挪情窦，著彻底清查，奏明办理等因。钦此。当经钦遵。饬（？）江宁藩司会同接办该局之候补道朱其昌方政查明，该道在差时，经手购租仁永裕盐票银

---

① 中研院近代史所档案题名：《热河都统廷杰奏报盘查热河官银号折》。

四万五千六百两，又抵（？）押天津和利公司地皮款银七万二十五两零，为数甚巨，本利共银十一万九千余两，分期此数缴清，解由裕宁官银钱局入收造报。其前存借押可按及地皮契纸等件概不发还，以清案款。现据江宁布政使樊增祥、试署江宁劝业道李哲濬详请销案前来。臣查该道孙廷林前襄局务，经手抵押盐票地皮两款，既已一律缴清，尚知慎重公款，既无亏挪情弊，此外尚无经手未办事件，相应仰恳天恩，俯赐准予销案。谨附片具陈，伏乞圣鉴。谨奏。

宣统三年（1911）二月二十三日奏

朱批：户部知道，钦此。（中国第一历史档案馆藏档）

铜元查弊

金陵访事人云：迩来江南银元局昕夕赶铸当十铜元，以补制钱之不足。讵料市中钱价依旧奇昂，每值纹银一两之铜，足铸铜元二百二十枚，当足制钱二千二百。若杂以洋铅等质，则铸出之数尤多。乃局中领用藩库之银，每两仅以值钱一千八百文之铜元相抵，若以铜元领发官钱局，则每银一两只发一百五十枚。至由官钱局兑与民间，则洋银一元仅给八十四五枚不等。层层剥削，以致钱价不能渐减，小民受累无穷。事为总督兼南洋通商大臣魏午庄制军（魏光焘）所闻，深恶局中舞弊营私，病民肥己。适又有以铜元弊窦讦控者，不禁勃然震怒，立饬江宁藩司暨银元局、官钱局各总办速将平日吞蚀之款悉数缴出，并委某大员彻底清查。（《申报》1904 年 1 月 22 日）

苏藩详复抚宪文（为裕苏官银钱局推广办法事）

为核议详复事。切奉前宪台陆批：裕苏官银钱局禀拟推广办法十二条，请示祗遵由。奉批：查核所议章程十二条，无非为整顿、推广起见。惟何条可行，何条尚有窒碍，应由苏藩司逐一复核，务求妥协。其支放、汇兑款项尤应由司移知各道局会同酌核，以期推行尽利。至请领附本以济正本之不敷，自可照准。究须添领若干，亦应由有司通盘筹划，核数指拨，俾资周转。仰苏藩司即速遵照指拨，逐条核议，详复察夺。此缴折存。等因。并据该局列折具禀前来，遵即分别移各道局会同酌核在案。兹本署司将该局禀陈十二条内，何条可行，何条窒碍，分晰核议，开折详复，是否有当，伏候宪台鉴核、批示、饬遵。谨将裕苏官银钱局禀拟推广办法十二条，分别准驳，开折恭呈宪鉴。

第一条　附本已奉宪谕，饬由司局两处各筹银六万两发领，以资周转。

第二条　司道库放款或由商汇，或委领解，应随时斟酌缓急，不能尽由该局经手。至各局卡支放款，乃各属解库。不倾镕各杂款应听各处自行放解，各该局诚信既孚，不劝自至。

第三条　分设各局应名裕苏分局，以归一律。在该守之意为涤官场习气，联络市情起见。称作分号，原无不可，惟"洋票"两字自应删除。

第四条　各处分局联合殷实钱庄、典铺并管兼理酌给薪水，亦一省费办法，只可逐渐推广，不宜开拓太过。

第五条　省垣拟择地多设分局，应由该总局自行酌办。

第六条　该局拟与各商号往来划汇，如果官局信实，商号定然乐与交通。

第七条　添制五元、十元洋票，乃推广办法，似可照行。

第八条　请通饬各属，各厘卡及征收、解兑各款准一律行用裕苏洋票，应准照办。

第九条　请通饬督练公所及铁路工程、各营饷项一节，局票通行各处自愿乐用，不便相强。

第十条　请饬各属摊派洋票营销事近抑配，转启疑虑，于通行局票反多窒碍。

第十一条　饬各属晓谕商民，应准照行。

第十二条　搏节浮费乃应办之之事。（《申报》1906年6月3日）

示谕银行庄号赴部注册

沪道蔡观察（蔡乃煌）昨日出示云：奉两江总督部堂端（方）札开：准并度支部咨通阜司案呈，光绪三十四年（1908）正月间本部厘定各种银行则例，勿论官办、商办各种银行暨票庄、钱庄、银号，凡有银行性质者，均须赴部注册。等因。奏准咨行在案。兹经按照则例详订注册章程，相应将刷印章程一分〈份〉飞咨两江总督查照，出示晓谕。

并饬令此项官商各行号按期遵章赴部注册，以凭核给执照。再查本部奏定则例以前，已经奏设之官银钱号或官商合办之银钱号并自奏准之日起，作为本部注册之期。惟应分别遵照注册章程内声明各节，咨请补领执照，并希转饬遵办。等因。到本部堂，准此。

查前准度支部咨送《厘定银行通行则例》，当经刷印分行遵办。嗣因江宁省城各商号并未遵例取结，呈验资本，亦未报明度支部核准注册。若任令滥用银钱票，殊与部章违背。又经札行江南商务局转饬商会查明，勒限禁阻，暨分行宁藩司、官钱局遵照各在案。准兹前因，合就刷印章程札道查照，分别办理。仍先出示晓谕，俾众周知。等因。计发章程十本到道，奉此、除移商务总会转饬遵办外，合亟抄粘章程，出示晓谕。为此，仰官办、商办各种银行及票庄、钱庄、银号等一体知悉，务各遵照后开章程，赴部注册领照。毋违。（《申报》1908年9月27日）

潘革道家产发售彩票（南京）

造币江厂匡观察等前奉江督札：潘革道亏欠铜元局公款一案，饬将查抄房产器具，查明确数，设法变价归款。等因。闻观察等接札后，将该革道宁、皖两省房产器具按照查抄确数分别查明，除宁省由县传牙估价外，其皖省田房产业，当经派委驰往芜湖，会县传牙估价。现据会同估价前来，查该革道房产分在宁、皖省，衣服器具又复琐屑当即禀详江督，恳请查照前镇官银号尹商倒欠公款之案，准将潘革道查抄之房产器具仿彩票办法，估价编号，随同江南或湖北彩票号数开彩，庶期早集巨资，用清公款。当奉批示略谓：该道等拟将潘革道查抄之房产器具，仿尹商倒欠之案，编号配彩印票发售，系为公款有着起见。应即由该道等会同议章，妥为开办。（《申报》1908年10月16日）

苏藩致商务总会电（为裕苏官银号事）

裕苏官银号开办多年，未经查账。年前因改换新票，拟加整顿，定于新年派人清查，已行文该局坐会办查照，并无别意。乃外间不察，或谓局中员司须全行更换，又谓有许姓包办其事，以致谣诼纷纭，无理取闹，皆由各钱庄猜嫌疑忌故。散谣言殊可愤恨，要之银钱官局同为经商性质，焉有全易用人与包办之理？闻上海亦有谣传，用特电请传知各业

董，勿信谣言为荷。瑞澂。支。印。(《申报》1909年1月28日；《大公报（天津）》1909年2月4日)

本埠新闻：江西商务总会致上海预备立宪公会函（节录）

附江藩司劝业道官银号商务总会详复赣抚文

宣统元年（1909）三月初三日奉宪台批：据樟树镇商务分会总理陈世楠，以樟树镇罗肇泰缎店倒闭一案，拟将封存货物无论公款、私款一律均摊归偿，乞鉴核示。遵由奉批，据申抄案均悉。此案前据该总理具呈，当经批司饬县查明，所欠公私各款将封存货物先行变价匀摊。此外如有外欠及续经追缴银两，随后加摊在案。查向来商店倒闭，如有领存官款、公款，多系先尽追还，而商律并无区别。现当预备立宪时代，似应明定规章，俾资遵守。仰布政司会同劝业道、官银总号、商务总会妥为复议详夺。至该县实业（？）首事与商务分会均系办理公益事务之人，纵意见偶有不周，不妨据理辩论。若漫引他事，互相诋毁，则深为本部院所不取。应仍饬临江府、清江县会同妥商酌办，并饬各绅等知照。缴抄申及全案一本，并发等因。奉此。当经本藩司分别移会转饬遵照在案。本司职道等查，向来商店倒闭，如有领存官款、公款，均系先尽追还。至《破产律》第四节第四十条甫经颁行之后，即经商部以中国各项贸易皆任便开设，公家并未加以监察，若遇有倒闭，准其一律折扣，恐存款之受亏必甚。现在户部银行存放多系部款，关系极重。暨各省银行、官银号多系公款，均应暂照旧章办理等因，于光绪三十二年（1906）王月初三日奉谕旨允准，传知钦遵咨行在案。当此库款支绌，官款、公款丝毫为重，若任其一律匀摊，则公家之受亏不堪设想。是《破产律》第四节第四十条之不能实行，已有奏案可据。今罗肇泰倒闭一案，如有领存官款、公款，自应查照奏案办理。奉批前因，合将会议缘由会文详复宪台查核、批示、饬遵。再此案系本藩司主稿，合并声明。为此备由呈乞照详施行。(《申报》1909年7月17日)

江苏咨议局议案——副议长仇继恒提出（续）

清查官银钱局问题。银行之有纸币所以便取携，非所以助虚本也。即不能票本相符，亦当有十分之八存储行中，以待支取。裕宁官银钱局开设以来，闻出票已四百余万两，究竟存本若干，殊不得知。虑者佥谓一有水落石出之时，宁属经济界必大荒乱，各处官私钱铺必至牵连倒闭，不可收拾。急之，则祸速而害大；缓之，则祸迟而害更大，终或至于无所底止也。现拟办法以待公议。

一、先设度支部分银行。宁属由无正当银行故，经济权全集于裕宁官银钱局，一经摇动，必将瓦解。今先设度支部银行以分其势，万一该局或有不支，亦可借为后盾。

一、查核实存。究竟出票若干，存有现银、现钱若干，营业资本若干（以官局成本作他项营业者），不动产若干，该产究竟价值若干（此二种最易弊混）。征集报告，切实抽查，自然图穷匕见。

一、实行赏罚。清查既实，究竟总局赢绌若干，赢则派分红利，以资奖赏；亏则查其所以致亏之处，必有担负责任之人，着令赔补。必令实行，若仅仅一参一押，于款项有何裨益？

一、划清权限。银行、钱局系为营业性质，银钱出入皆为获利而设，与司道各库、财政等局绝不相同，岂能视为支应之所。片纸方来，巨款立去，试问于何取偿？今宜划清界限，凡银局出入只能计本图利，子母相权。不能如取如携，任人挥霍。

赞成者：孙启椿、侯瀛、王嘉宾、王乃屏、方瑜。（未完）

按初六日议场速记录载入第四条。（《申报》1909年10月24日）

取缔官商银钱号办法（扬州）

扬州府奉樊方伯札开：案奉瑞中丞（江苏巡抚瑞澂）准度支部咨称，本部曾经厘订表式，令各省官银钱号迅将发行票纸数目及准备数目各项填写报部，并拟暂行章程，奏准行知在案。查官设行号为全国银钱行号表率，应先遵章造报，以为之倡应。由各督抚转饬各省官钱号，按年订造、发行、收回、销毁、存库各数目开列清单，定期会同本部财政监理官按单查核。有须检阅账目及库存各行号立即呈查符合与否，由监理报部，仍由各行号按表填注，呈由督抚报部核办。至各省商设行号，除照章遵守外，其间发有票纸未经注册领照者，应由各地方通饬，限于六个月内赶紧备资，呈请地方官验实，赴部注册。一面各将现在发行票纸数目开报，勿稍玩延。太守奉文后，当即照会商务分会，并札各县遵

照。(《申报》1909年10月4日)

江苏咨议局开会事件——江督答复裕宁、裕苏质问案（节录）

札复事：据咨议局呈上届会议查照局章，呈请批答事。上届本局会议查照局章第二十六条，将所议决裕宁、裕苏发行钞票之质问案呈请批答，业于上年十月初六日、十二月十二日先后奉批答，并各贴抄两局清折札发到局。查两局清折所开各款殊多疑问之处，兹于本月十二日会议议决，再行照章呈请迅予分别批答，缮折呈请察核施行等由，并开具清折到本部堂。据此。查咨议局质问答条应由裕宁、裕苏两官银钱局分别查明，详细具复。一俟复到，再行札知。除裕苏质问案应由苏抚部院饬查具复，核明批答并行裕宁官银钱局遵照外，为此札复咨议局查照。须至札者。(《申报》1910年5月4日)

裕苏坐办参革之原因（今之类于裕苏坐办者多矣）

苏抚程雪帅（程德全）电参裕苏局坐办李厚礽营私亏款一节，已两志前报。兹闻此事原因该坐办滥放官账，侵蚀公款等弊，外间久有所闻。且私营个人事业，公私夹杂，莫可究诘，去年沪市恐慌时被苏抚查觉。其时市面紧急，该局岌岌不支，雪帅恐一经张扬，必致牵碍大局，因令其赶将放款收回，一面由藩库拨款维持，冀观后效。乃该坐办悠忽一年，仍无头绪，近更面呈雪帅谓局中真相，如果一旦揭破，所有放款势必全归无着，而官钱局之信用且将一败涂地，不可收拾，颇近要挟。雪帅以其饰词欺蒙，意存破坏，不觉勃然大怒，立即电请浙江抚臣将该坐办所有公私产业查封备抵，一面电京请旨将李厚礽即行革职，提案追款。闻已奉到电旨，李厚礽即行革职，严密监追以重公款。(《申报》1911年5月4日)

商议裕苏分局理账办法

裕苏官银钱局驻沪分局经理解履安、夏保慎因经理账目不清，由苏抚程中丞（程德全）密札沪道，转饬公共公廨将解提案押候，查对账目，再行核夺在案。兹悉本县田大令昨奉沪道饬赴公廨商议办法，大令遂于午后到廨，会同宝谳员及该局总理等会商良久。旋复偕赴洋务局，将筹商情形面禀、请示。(《申报》1911年5月4日)

沪道饬提向荣初

裕苏官银钱局驻沪分局经理解履安、夏保慎因经理账目不清，曾奉苏抚程中丞电饬沪道转札公共公廨，将解、夏两人拘留候示在案。兹悉刘观察以解、夏两人虽已获案，尚有向荣初一名亦已电禀苏抚转饬浙海关道查提解沪，迄未到案。昨复札饬县廨随时密访，如向回沪，立即提案讯供、具报云。（《申报》1911 年 5 月 29 日）

查封李薇庄产业之周折

裕苏官银钱局总理李薇庄亏空巨款，由抚藩两宪饬将李之职衔详革，并将家产查抄备抵公款。嗣经查得上海惇元堂产业及慎记沙船号资本颇巨，因即电饬沪道并札饬上海县赶紧查封。旋由李之同族李咏裳呈明南市商务分会，声称此项公产早经抵押，且李薇庄亦已分炊多年。当经商董迭向抚藩代陈原委，一面由县饬将业产契据及沙船号数一并开呈。乃因一再逾限，未据呈缴。昨复由田大令饬差至自治公所，饬传该号执事李咏裳到县，限令缴出所董。即邀李到案，交予来差，送县讯夺。（《申报》1911 年 5 月 31 日）

裕苏亏款案近闻

苏省裕苏官银钱局亏空巨款一案，经前清抚藩饬坐办李薇庄及经理金姓、街伙孙梅伯等先后传案押追。后李薇庄藉故保出，金、孙又挺押不交，案遂搁起。上年苏城光复后，清理押所，程都督（程德全）因此案亏款甚巨，未便含糊，仍行照案押追。近孙梅伯等因见李薇庄保出逍遥，运动协兴等庄以出外追讨欠款为词，禀请都督府将孙梅伯交保。当经庄代都督严词驳斥，讵协兴等庄又续行具禀，并加具保结，坚求保释。仍奉庄都督（庄蕴宽）指驳不准，并将保结发还。兹将指令录后。

该庄等具结请求保释裕苏街伙孙梅伯，始终以清理款项，必须出外追讨为词。语似近理，果有把握，则款项既免虚悬，私人亦可释累，岂不甚善？无如该街伙经手挪用各款，数复甚巨，缉获到案后，清理旧账处迭经传问，并无切实办法，此即前令所谓挺押自甘也。今若遽即保释，难免不仍前延宕。且该庄等所具保结自谓负有责任，而是否殷实可恃，本府无凭取信。呈尾以恤商艰、践共和为借口，尤属误会。孙梅伯有挪款之咎，复携眷设计偕遁，前清购线获案。本都督核其情节较重，仍饬拘留，以便追起亏项，清理欠款。正所以恤商艰。若如来呈所云，岂共和时代便可不守法律耶？总之孙梅伯如确能克日清账，认期缴款，商会能为之完全担保，或可为原情之举。该庄等空言屡渎，为人谋已忠，其如孙梅伯之不知自爱，何所请？仍未便遽准，此令保状仍发还。（《申报》1912年2月27日）

15. 江西官银钱号的管理

梁署臬调查教案及各案续志（江西）

鄂署臬梁节庵廉访来赣调查教案及各案共七处八案，已纪前报。兹悉台谏及京官分别纠参各当道十二款，有委缺及官银钱号两案。上年陈观察际清出结一案，前次查办教案，洋务局办差靡费一案，合前报八案，共十二案，头绪纷繁，事体纠葛，不知何日查明也。（《申报》1906年4月23日）

移查官银钱号委员（江西）

梁鼎芬在赣时曾移查官银钱号案件，既又密查该号营理委员徐刺史及金司事有无弊端，以便彻底根究。（《申报》1906年4月30日）

鄂督奏复赣藩劣迹折（续）（节录）

一、原奏谓江苏候补知州徐履泰特派充管银号差，又派金朝正为司事，勾通取利，领银申色一项，岁约分肥万数千金。后经现办官银号道员吴庆焘出将徐、金两人撤换，该藩司仍为两人另谋差委以慰之一节。查徐履泰光绪二十七年（1901）报捐知州，指分江试用，金朝正为该藩司前在江西办厘金之司事。该藩司委徐履泰管官银钱号银库，旋调文案；派金朝正经理官银钱号杂务，兼校账目，吴庆焘到官银钱号即将该员司撤换。其领银出色一项，查江西汇兑各饷新旧偿款，每年司库约放银三百余万两，道库六十余万两，或用方宝中锭，或用盐封、厘封，遇放盐封宝锭，即照本日行市，视各项色高于厘封若干，如数照补，每百两自八九两至六七钱不等。时徐履泰甫于三十年调办文案，遂手书奉总办谕，将串色余银移解藩库等语，饬承办稿。自是按月移解，计自三十年七月至三十一年十月，共解藩库银一万八千七百七十余两。三十年十二月江西抚臣胡廷干饬查申色银两是否存号，抑系仍在司道各库。经官银钱号详复称，三十年七月以前办法未有公牍，无从核计，以后库之款均按月移解藩库，道库之款将汇费相备抵算等情。奉批仍饬发还该号，作为另款生息。行查官银钱号道员吴庆焘据复，粮道所存已于本年正月十九日移号，收账生息，藩司之一万八千余两至今未移还，通省皆知。原奏谓徐履泰等勾通取利，岁约分肥万数千金，当即指此。徐履泰声名甚劣，现充江西淮盐黄江口缉私差，是否该司为之代谋，无从查悉。金朝正现在不知何往。(《申报》1906年7月16日)

新授邮传部右侍郎江西巡抚吴重熹折
（光绪三十二年（1906）十一月廿九日）（节录）

新授邮传部右侍郎江西巡抚臣吴重熹跪奏，为遵旨严查已革藩司周浩开办铜元、购办机器尚无不实、不尽，及官银号①款项业已支放有案，据实复陈，恭折仰祈圣鉴事。

窃臣钦奉本年五月十四日上谕，前据御史黄昌年奏参江西藩司周浩不法徇私各款，当经谕令张之洞确查。兹据查明复奏，该藩司贪污，纵恣把持省权，专任私人，贻误大局，周浩著即行革职。至开办铜元，购办机器诸多不实、不尽及官银号款项并未移还，著吴重熹再行彻底严查，照数追缴，以重公款等因。钦此。遵经札饬铜元厂总办、道员宋育仁，官银钱号总办、道员吴庆焘分投确查。旋据宋育仁以事关重大，款目纷繁，谕旨严切，不得不愈加慎重，恳请加派现任司道、大员。即经饬派按察使秦炳直、督粮道锡恩、盐法道文炳会同该道按款详查，据实禀请复办。并据吴庆焘查明该官银钱号领汇放解各饷及新旧赔款，应扣银色申水②银两，计光绪三十年（1904）七月起至三十一年十二月止，共解存司库银一万八千四百六十六两三钱九分一厘。经于本年正月间详复前抚臣胡廷干批饬，该革司发还该号作为另款生息，日久未准移还。暨饬据该革司周浩将此款因公动用、借放。及移交、实存数目具复声明，并非该革司一人私款，请由现任藩司清理，与该革司无涉，亦经札

---

① 即江西官银钱总号。
② 又名"升水"。

行布政司查案复核去后。兹据该司道等各将确查议拟情形先后禀详前来，敢为我皇太后、皇上详陈之。

　　查江西制造铜元系于光绪二十九年（1903）三月间，铸本附入机器制造总局。嗣又改局为厂，迨三十年六月，始定名为铜元厂，派藩司周浩为总办，道员文聚奎为会办。是年十一月，文聚奎因病请假销差以后，即未再派会办之员，由总办督同提调及各员司经理。定章铸成铜元解交官银钱总号发售，所售价银亦由官银钱总号具报存储，听候提拨。厂中只管工作，不理银钱。其采买机器、铜料等事向系另派专员。藩司周浩自总办厂务，先委已革江苏候补直隶州知州吴沄帮同，该厂提调孙增赴沪采办，并催前经订购怡和洋行逾限未到之机器。孙增旋委署清江县事。始派吴沄驻沪专办采买物件、机器各事宜，呈报声明该革员于沪上情形极为熟悉。该司道等以考察、购办机器、物料有无不实、不尽，因源溯流，非将吴沄调省查讯，不能知其底蕴。当饬调吴沄来省，发府看管。由该司道遴派南昌知府徐嘉禾、候补知府余长春并铜元厂委员王濬道、官银钱号委员许德芬调集各案卷、销册、账据逐加复算，详细勾稽。吴沄自光绪三十年（1904）八月札委驻沪采办起，至三十一年十二月禀准销差止，经领款项共规银一百九十五万一千二百一十五两七钱二分五厘，除代付前派委员订购之怡和洋行机器全副第二、三批价银，扣去逾限罚款二千两，共找给五万二千八百九十三两五分三厘二毫，又找付由本厂议订续购信义洋行机器全副价银，共应给八万五千三百一十三两一钱八分四厘八毫，均不归该革员造销。实应请销规银一百八十一万三千九两四钱八分七厘，内购紫铜一万五千七百五十三担零，付规银五十三万四百六十九两六钱九分二厘；铜斤二万三千三百八十三担零，付规银一百四万二千九百六两五钱八分七厘；大小白铅三百担，付规银三千八百两；添配春饼、光边、印花各机器二十一部，并各项车床、铜辊、锅炉等项，付规银十万七千三十三两六分七厘。各项材料、器具、煤斤付规银九万八千七百七两九钱八分一厘；关税、保险、运费、杂费付规银三万七千六百六十七两四钱九分四厘；局用薪水付规银二千四百二十四两六钱六分六厘。比较各行单及官银钱总分各号册报支给吴沄具领款项，总散各数均尚符合。惟经购各项以铜斤、铜饼为大宗，而价值名目不一，所购行店均远在上海，又多系租界洋商，调查不易。已据唐晋记同茂、丰慎泰、恒信、义新昌等行号公电，该司道为之辩证乞恩，即使派员往查，亦难得其究竟。当经咨准湖广督臣张之洞饬局湖北铜币局查称，该局采买铜斤、铜坯两项向与汉镇各行商订购，交货之期均系按照工程应用之数，分批运交。定货之期多在市价相宜之时方与订购，日期并不同在一时，价值又有随时涨落。以之作为赣省比较，亦恐未能悉准……应将该革员经购各项价银一百七十七万余两比照办理，统按二厘五之数覆减，勒令该革员如数追缴入公，以昭覆实。公同拟议，禀请复示。

臣以御史黄昌年原参有周浩委吴沄驻沪采办机器、铜饼每年分肥七万金之语，经湖广督臣张之洞复称无从查实。要之种种办理不善，咎无可逭论。该革员在差只一年有余，所谓每年分肥七万固不足据。然种种办理不善仅令追缴二厘五，覆数约四万有奇，亦不足以蔽辜，应从重罚。令吴沄缴银六万两归公，俾示严惩。俟该革员将银缴案，再行开释。该革员周浩于采买机器等项并未经手，尚无不实、不尽。惟任用非人，致招物议，亦难辞咎，既已革职，应毋庸议。

至官银钱号扣解申水一款，行据藩司沈瑜庆详称，该款本系筹备公用，与经制库项有别。计自光绪二十八年（1902）起，至三十一年（1905）十二月止，据前管官银号、升任南昌府知府江毓昌嗣改官银钱总号，接管道员吴庆焘先后解过银一万九千八百六十一两三钱九分一厘。内除因公动用清查库款委员、幕友、司事、写生薪修、酬奖，并筹助京师英国医院捐费、汇费，京师工巡局增设习艺所开办经费，与夫武员矜恤等款，共支银六千四百六十九两。又借放三十一年四季佐杂坐薪及年老佐杂津贴、南洋官报费，共支银一万一千二百两，实存库银二千一百九十二两三钱九分一厘。该革司业于交卸时如数移交、盘收存库，并移有专款库簿，所有动用、借放各款亦已奉到批回及详报，奉批有案。该革司前准吴庆焘详请移还该号生息，因款余无几移还无从。又值南昌教案事起，筹办纷纭，致稽核覆，现经该藩司沈瑜庆调齐库簿、案据，复加确核，均属相符，并无捏饰、虚冒，自可无须移还，亦应毋庸置疑。

臣伏查此案款目繁重，行查驳诘，动需时日。事属既往，厂已归并，而考核不能不严，勾稽不可不密，务期实事求是，以重公款。臣愚固不敢过从苛刻，亦不敢轻予宽贷。复奏稍稽，实为详慎起见。所有遵旨查复并拟议完结缘由谨据实恭折具陈，伏乞皇太后、皇上圣鉴训示。谨奏。

（朱批）知道了。（《光绪朝硃批奏折》第九十二辑）

冯汝骙奏查办徇私不法官员情形①

钦章宣统元年（1909）十二月十八日内阁奉上谕：冯汝骙奏将（?）文武不职各员请分别严惩一折，江西广信府河口镇同知鲍祖祥偏听妄控，扰累无辜；泰和县知县陈善垣声名甚劣，难膺民社；候补知县张炳华办理玉山税卡纵容巡丁苛扰商贾；试用知县夏显斌居心险诈，专务钻营；试用知县邱锡渊前代理德化县，办事轻浮，不谙政体；试用知县胡会昌前办义宁州官银分号，司事舞弊，故为徇纵；武宁县训导熊舒长交结劣绅，唆讼多事；庆丰县县丞成富春习为巧诈；玉山县典史祝襄擅受民词；洋口司巡检黄兆棠被控有据；湖坊司巡检曹国英纵庇地保；署小池司巡检刘炳南丁役用事；吉水县典史柏长青行为谬妄；补用直隶州知州朱上清，前带巡防营纪律废弛，缺旷亦多；升用都司葛屏藩前带巡防营不守正规，营务败坏；南康营都司刘鸿章任性放荡，不守营规；羊角营都司米生富纵兵扰民，不知约束；横岗营都司林祖武收受贿规，纪律懈弛；丰城汛把总李仕焕民怨甚深；新城汛把总涂英兰任性妄为，著一并革职。试用知府杨德鋆前办赣州官银分号迂懦无能，耗损公款，尚无营私肥己情事，著以同知降补。龙泉县知县陈瑞鼎，书吏招摇，不能约束，著开缺另补。试用知县徐孝泰办理乐平税卡短收甚巨，著摘去顶戴，勒限赔缴。署泸溪县试用知县朱兆麟、署峡江县试用知县钱之燧财政报册逾限，均著交部议处。余著照所议办理，该部知道。钦此。

军机大臣署名臣奕（劻）、臣世（续）、臣鹿（传霖）、臣那（桐）、臣戴（鸿慈）（中国第一历史档案馆藏军机处上谕档）

江西巡抚奏考察官员情形

钤章宣统二年（1910）十二月二十六日内阁奉上谕：冯汝骙奏考

---

① 题名为编著者加。

察属员贤否，据实举劾一折。江西吉南赣宁道俞明颐、南昌府知府武玉润、署南安府知府陈光裕、试用知府金士彦、署定南同知吴春镁、署广陵县知县临川县知县易顺豫、署泸溪县知县欧阳保福、署德兴县知县余永潽、补用知县黄绶、萍乡县芦溪司巡检刘荫福，既据该抚胪陈政绩，均著传旨嘉奖。试用知府程建办理官银分号假公济私，不知自爱；前署德化县补用知州华桐办事操切，致酿命案；前署瑞金县补用知县詹光斗藉案需索，不知大体；候补直隶州州判梁镜寰视学南赣，纷索规费；安福县教谕赵汝明品行不端；署上高县丞朱继昌办理禁烟不知复实；兴国县典史陈肇麟嗜利无耻；临川县典史杨金选，捕务废弛；崇仁县凤岗司巡检袁惟晌不知检束，贵溪县上清司巡检王颂彬庸懦无能；署南城县新丰司巡检蔡纯操守不谨；补用巡检向楷玩视警务；湖口炮台台官候选县丞陈刚不守营规，均著即行革职。补用县丞梅宝琦，禁烟调验搜获夹带；试用从九品蒋聿修调验规避，均著革职，永不叙用。永宁县知县胡嘉铨精神不振，前署会昌县知县、吉水县知县张肇基办事迂缓，均著开缺另补。余著照所议办理，该部知道。钦此。

军机大臣署名臣奕（劻）、臣毓（朗）、臣那（桐）、臣徐（世昌）（中国第一历史档案馆藏军机处上谕档）

16. 广东官银钱号的管理

官银钱局暂免改办银行（广东）

官银钱局开设以来获利颇厚，现该局员将光绪三十二年（1906）分所得各项盈余银两数目列折详禀督院。闻周督（周馥）以该局银元票销流既畅，现在用人及章程亦已略仿银行办法，所有司账人等均有商号担保，其票价存放殷实店铺，亦可作为保证金，应即照旧办理，暂免改立名目。

俟成元银票由日本寄到，营销畅旺，再行妥议扩充或改作银行。至所解余利银两即饬由善后局兑收，拨充新军薪饷。（《申报》1907 年 4 月 18 日）

监理官定期盘查官银钱局（广东）

粤督袁海帅（袁树勋）准正副监理官函开：窃奉度支部札：据通阜

司案呈，本年四月间本部曾经厘订，令各省官银钱号迅将发行票纸数目及准备数目各项填写报部。又于六月初七日具奏，厘订专章限制官商银钱行号票纸一折，并拟订暂行章程二十条。本日奉旨：依议。钦此。钦遵行知各在案。查该章程第八条内称，本章程颁发后，凡照章准发此项票纸各行号，只能照现在数目发行，不得逾额增发。第九条内称，各行号须将现在发出实数，按照部订表式填送到部等语。查官设行号为全国银钱行号表率，应由各省督抚转饬各该省官银钱号，将按年订造、发行、收回、销毁、存库各数目开列清单，定期会同本部财政监理官按单核查符合与否，由监理官分别报部。合即札行，札行遵照。等因。奉此。自应遵照办理，敬恳转饬广东官银钱局即将历年订造、发行、收回、销毁、存库各种银元票详细数目分别开列清单，检同簿据以备点查，并恳酌定日期预为示知，以便届期会同前往查核。（《申报》1909年9月20日）

京师近录（节录）

昨日度支部接粤督袁制军（袁树勋）电报一道，其内容系报告该省官钱局所发纸票已达七百余万元，新军饷需尚倚此项款息拨充，倘遽收回，亏欠饷需即至无着。若延不停发，则违背部章。相应商请大部核示办法，庶几整顿币制、筹拨饷需两有裨益。（《申报》1910年1月29日）

督院张准江督、苏抚咨本督抚院电奏请通饬缉拿革道蔡乃煌务获究追款奉上谕缘由分行司道转饬遵照文附件一[①]

为札饬事：

宣统三年（1911）七月十六日准两江督院张、江苏抚院程咨开：窃照沪关押产交由各省大清分银行确查，估计分别变价催赎，及蔡革道乃煌擅行离沪缘由经本督、抚院于宣统三年（1911）闰六月二十九日会同电请内阁代奏。兹于七月初二日钦奉电旨：张人骏、程德全电奏悉，所谓将革道蔡乃煌现有押产交由各省大清分银行确查、估计。分别

---

① 参考《两广官报》1911年10月15日。

变价催赎各节。着度支部议奏。蔡乃煌以勒限严追之犯。擅自离沪实属胆玩已极。除通饬内外一体严缉外，仍责成张人骏、程德全饬令刘燕翼督同县廨勒限缉私，务获究追。该督抚亦不得置身事外，钦此。除分咨各省督抚院暨出使各国大臣一体通缉蔡革道乃煌，务获究追，望切施行。计抄电奏。等因。到本督院，准此除分行钦遵外，合就札饬……

查沪关押产坐落处所，一为外省，一为本省之各外埠，一为上海本埠，当经分电各省督抚饬属将沪关押产妥为保存，并分饬江宁劝业道李哲浚、农工商局候补道王仁东将各外埠产业分饬各属，估计时价。其上海本埠已先饬由刘燕翼转饬县廨①切实查估各在案。旋据刘燕翼以本埠押产饬据县廨复称，逐一查估。按之上年受抵之时市价实优于押数，今以金融恐慌，市价跌落。商业如有转机，自可无虞亏短，将来变价如有不敷仍惟原押之号东是问。并取具各号东切结，该道转呈前来。当以此项押产既饬县廨查估，自应分别有着、无着。如有浮抵，概予删减，剔除有余。则尽数扣抵不足，则责令补偿为于正当办法，仅就原押银数分注"如数"字样。查如未查，估如未估，但以市面恢复，设法偿赎，如有不敷，惟号东是问为词。试问市面何时始能恢复？号东已经亏倒，空言何能担任？蔡乃煌经手在先，何能任其置身事外？饬将本埠抵押各件分别有无着落，除抵仍短实数，刻日详报。总以确能变价，足抵现银为兹案归宿。严切批示在案。其本省外埠各产因零星分散各埠，一时饬查不及，尚未复到。至外省各埠之产，香港房屋已抵广东官银号欠项，广州西关地皮因与交通粤行纠葛，已派员查明分咨度支、邮传两部……（《两广官报》1911年10月8日）

粤省官银钱局整顿新章（广东）

粤省官银钱局开办以来，虽奉有详定章程遵守办理，惟各项事宜尚有未能完善之处。昨特拟就整顿、改良章程多条，具详藩宪，当奉批准照办，并转详督宪立案。兹将续拟章程录下。

---

① 即上海会审公廨。1910年春橡胶股票事件波及上海，蔡乃煌时为上海道员，但他之前挪用公款，没有将存于钱庄的应急款提出以稳定金融，反而向度支部提请拨款救济，引起度支部尚书载泽的不满，下令彻查此事。加上此时蔡乃煌的政治靠山袁世凯已经下野，蔡乃煌出于恐慌，竟然擅离职守，潜逃外地。

（一）纸币流通本为维持市面起见，是以收得票本存放本地银及西南帮票号，自大清、交通两银行设立，存放款目逐渐增加，似不可不先定成数，以固局本而资周转。

（一）查局中发行毫子票已达一千万元，售得票本合银七百二十万两。拟以五成作为准备金，以五成分发银行票号及本地银铺生息。银行存银，每行至多不得过三十万两。西南帮票号，每号至多不得过十五万两，本地银铺每家至多不得过十万两。尤以增多银铺家数，普通存放为最宜。拟以五十万两分存大清、交通两银行，以五十万两分存沙面外国银行，一百三十万两分存票号，一百三十万两分存本地银铺。设有缓急，可以互相维持。

（一）存放本地银铺最足取信商民。第银铺家数太多，除原放各家素有往来，毋庸互保。此外未经存放各家须五家联保，其联保各店须查明非该店东主串保者方能放款。自一千两起至十万两止，到期收回。及转期再放，均须临时公同商酌。其原放各家虽可邀免互保，然时势变迁，转瞬不同，必须临时细察该店情形，尚属殷实方可再放。至商场诚实者固不乏人，而狡黠者谅亦难免。若以一人而出，各店名号纷向揭款，则分之见其少，合之实觉其多，积重难返，殊为可虑。拟即切实侦查，倘有此弊，不得再放新款，并将旧款设法陆续提回另放，存殷实之号，以杜取巧而免危险。

（一）拟以五成作准备金，约得银三百六十万两。似宜于准备之中略寓变通之法。查本局押款及存放官立各局厂收买官产、股票等类约计银三百万两，此等项本有利息可计。第押款似不宜多，此后须逐渐收回。倘有逾期不能收回者，即将产业变价，收回现银，连同所余之六十万两存库备用。不得轻易存放，以昭慎重。

（一）拟以五成存放生息，似宜逐月分存。如统计三百六十万两，以一百二十万两作为活期，利息减轻。以一百九十万两作为长期，利息略加。以五十万两分存沙面外国银行，作为短期。放存时与该银行订明，遇有意外，仍可反揭。则设有急需，活期固可随时提用，可将放存之短期银两向外国银行反揭应急。其长期按月可以接济，周而复始，不致有意外恐慌。

（一）官立局所与商号不同，如放款在一万两以上者，须经理收放委员随时会同提坐请示办理，先将放款簿呈提坐稽查各员核明盖章。其在一万两以下者，亦须将放款簿送由坐办核明盖章，方能分别存放。一面将放款簿每日送正副提调核阅盖章，仍由坐办及稽查委员随时严密查察，倘揭户稍不殷实即设法提回。至存放各局所款项至多不得过十万两，以免积压而便流通。

（一）局中所出本最关紧要，在局既有坐办及稽查委员，此项单据、票根须先核对盖章始能发行。如本单取银收回，亦须粘呈核销，方足以示重要。

（一）局库存储现银及纸票各项单据关系非轻。本局开办之初，租通商银行旧址，并未大加修整。是以局库未造，仅就客所后之两房改作东西两库，狭小难容。现隔（？）壁源丰润号收盘，宜租该号之屋，改建局库及管库人等住宿，免为他号租用。

（一）局中刷印成元票共五百万元，除沪局领去票纸六十万元，局存此项票纸四百四十万元。发行仅二三万元，其余多数久存局中，废弃可惜。且局处繁盛之区，人烟稠密，在在难防。拟请将成元票改存藩库，留备拨补毫子废票，抑或另筹变通之方，免致霉蚀堪虞。

（一）局中平码向用九九七平，出入一律。因各商号平码不同，间有争论。应责成银匠及监平司事，凡现银出入，务须照局平兑准，不得稍涉轻率，致有增减。仍由坐办随时查察，以昭慎重。

（一）本局系营业性质，与公家所设银行相同，年终有花红一款分给员司，原为鼓励起见。惟各司事每因需用，预先酌量借支，俟年底分给花红时扣还。虽于公款并无出入，第动借款项，事关紧要，嗣后不得率行借领。倘遇有紧急需用时，须将缘由具折，送由提坐核明批准后方准借给，并由账房另立挂号簿一本，汇同各账簿送坐办查阅、盖章，以杜流弊。（《申报》1911年1月26日）

官银钱局扩张营业（广东）

粤省官银钱局正监督陈藩司、副监督陈劝业道日昨具详督院，略称案照官银钱局前奉宪台札饬改良，经延订朱道荣璪为总经理，业将整顿情形及接办日期申报察核在案。本司道伏查官银钱局为粤省金融机关，既奉饬设法改良，则凡有推广营业，裨益公款之处自应实力筹划，以期仰副宪台整顿、扩充之至意。查九龙、拱北两关每年约收关税银四十余万两，代收厘金银十余万两，所收银两向由该关暂存香港汇丰银行，按批申由总税务司分剔税厘，将汇丰银则转解宪台衙门转发，税务处暨财政公所验收。关务处及财政公所于奉发后复将银则发交银号，往港提取银纸，关款则换为成元，厘款换为毫子，分存各银号。俟解款时每银一万两成元补纹水一千两，毫子补纹水约银一千四百两，另加汇水解京二百两，解沪一百两。原办既多周折，且各银号承汇京沪各报，大半仍须买港纸方能汇寄。其中按日利息及转换平水，亏耗甚巨。现当官银钱局改良之际，香港、上海已设分号，自应稍事变通。此后九龙、拱北两关每年所收关厘、银则拟请统发香港官银分号收存、备解。上海洋款遇有解款时，请将文批发交港号转解，所有日息及银纸水仍如期照市价算缴。以香港之款交由香港分设之官银号代收、代解，于理既顺，且能收回权利，似于饷源不无裨益。经与朱总理往返电商，意见相同。理合详候宪台察核，如蒙俯准，请自本年五月起将关款改发，暨札行本藩司衙门遵照，并请批示祗遵云。（《申报》1911年6月7日）

委员盘查官银钱局内容（广州）

粤督日昨以省城官银钱局自五月间风潮起后，存款、借款及收回票数亟应派员查明，禀复核办，饬由陈藩司会同陈劝业道札委知府汪拱宸赴局盘查。略谓案照官银钱总局历年发行钞票，所收票本向系分存本省银行、票庄、银号生息。本年五月间风潮骤起，各商民持票兑收现银，异常拥挤。若提还票本，以供应付，则银行、票庄、银号一经提取，数巨期迫，必致牵动商场，亏损甚大。督宪为保全本省市面起见，当饬各库拨款接济，及与汇丰等银行借款，并奉电准度支、邮传两部拨借银三百万两应付，以资周转。现在风潮稍息，究竟收回银票共有若干，未收之票若干；收过部库暨各库拨济及息借外国银行款项若干，现在库存银两实有若干；其放存本地银行等处银两现已收回若干，未收之款共有若干；局中向有抵押一款，已收回若干，未收若干；所有未收之款如何着落？又港沪两分号现在实存资本各若干，此次既经风潮以后应如何整顿，以期营业进步而免恐慌，亟应派员前往盘查明确，并拟议办法禀复核办。（《申报》1911年8月23日）

17. 山东官银号的管理

鲁抚整顿官银号（山东）

鲁抚袁中丞（袁树勋）札委高观察长赜略云：现在官银总号坐办陈道公亮另有差委，原有官银号总办一差未便久悬，亟应派员前往接办，以专责成。查该道操守清廉，精晰财政，堪以派委，每月由官银号照章支给薪水银二百两，以资办公。所有银号原领成本及各处存款、历年余利、一切出入款目，即由该道通盘稽核，按现存银钱、银票、钱票数目，比照该号月报数目有无亏空，开具清折详请备案。该号发行纸币漫无限制，流弊滋大，应由该道妥订发行纸币专章，详请核夺，不得随时填造，致令纸币额数浮于本金，别生危险。此外应行改良各事宜及冗员、浮费可以裁节者，统由该道破除情面，认真办理，随时详报。总期利益日宏，流通日广，方不负本署院委任整顿该号之至意。（《申报》1908年7月29日）

限制官商滥发票纸（山东）

鲁抚日前接准度支部咨厘订专章，限制官商银钱行号滥发票纸等因。当即札饬各属文，云：查此案迭准度支部咨，业经前升院札饬遵办。嗣据济南商会及官银总号先后以停发纸币诸多窒碍，请从缓禁止等情。又经前升院明晰批示在案。兹准前因，合行札饬，札到即便遵照。原奏章程分别移行，一体钦遵查照，依限赶办。应由官银号会同各商会照章查明，详细列表，详候核咨。（《申报》1909年8月11日）

鲁省官银号推广办法（济南）

鲁省方观察日前筹拟劝业入手方法，略谓山东官银号开办有年，成效颇着。近因外欠较多，久经抚宪力加整顿，彻底清厘，从此信用愈厚，基础愈坚。似宜及时扩充，仿照银行章程，如其资本不敷，不妨酌招商股，改为公司。或由官银号出售债票，妥订章程，设立储蓄专柜，以吸收现款。一面广设分号，以期呼应灵通。且分号之设，不惟本省繁盛地方，即如天津、上海、汉口、营口、哈尔滨等处，亦应陆续开设，以便山东官商存储、汇兑款项不须借重他人。行中所收存款亦有出放之地，庶赢息因周转而生，存款可收挹注之利，民间歆于有息，自无守财藏镪之愚。且遇有招集股分之事，亦可倚任银行，以资号召，尤属非常便利。但规模固宜恢廓，而办法总贵谨严，斯可以应市面之需，而不致受牵于市面矣。(《申报》1910年11月30日)

鄂督瑞澂奏遵旨并案查明前署粤督袁树勋被参各节折（续）（节录）

查善后局册报案据，并无提银十八万两之事。惟山东官银钱局曾经监理官王宗基澂查账目，核见亏缺银十七万五千两，与十八万之数相去不远，原参或即指此。然此项银两，查系管事李宝林所亏欠，已经追抵清楚，与该督尚无干涉。(《申报》1911年1月13日)

18. 浙江官钱局的管理

咨查官钱局银行款目（杭州）

浙抚冯星帅（冯汝骙）昨准度支部咨：查各省所设官钱局一切出入款项及所出银钱凭票各有若干，均应核计编纂，将每年总揭款目、出票张数自开办日起至现在止，详晰报部。一面饬令该局依限赴部注册，嗣后并须遵照奏定则例，按期造报。现中丞已分饬官钱局及兴业银行一体遵照办理。(《申报》1908年6月5日)

19. 绥远官钱局的管理

晋抚宝棻奏明点验垦务公司货产折（节录）

又绥远城设立官面铺两座、木厂一座、官钱局一座，该面铺、木厂本银即由钱局拨付。现在但存货物，并无银款，均已查封。钱局原有本银三万两，亦备兵工丁人等平时兑换及挪垫、周转之用。此时外欠甚多，一经查封则外欠难收。已责令管事人催收欠项，俟有头绪再行核实清算。(《申报》1908年7月24日)

20. 安徽裕皖官钱局的管理

皖省官钱局之弊端（安庆）

皖省官钱局总理吴臣（同康钱店股东）市侩性成，营私舞弊。昨经抚帅（朱家宝）侦知，当饬该局提调英守华确查虚实，并加派密委访察，果得数弊。查官钱局支部计有四所：一正阳关、二亳州、三怀远、四芜湖，均经咨部注册有案。吴乃就徽州、屯溪同康分铺擅设官钱分局，私刊驻屯溪分局图记，假公济私。而此票刻已通行市面，当经该局提调咨询，吴对以裕皖钱票不甚行销，加以"驻屯"字样藉可通行等语，藉图欺饰，此一弊也。又皖局有银元票及钞票各五十万，其进出利息每年约计获利十余万，此外尚有官商存款，本年春季该局仅获利七千元左右，吴匪特经理不善且多侵蚀，此二弊也。各处分局吴某均置私人，进出账簿皆有两本，所有放出利息自一分八厘至一分二厘不等，吴均将账簿一律私改为六厘起息，此三弊也。经（抚）帅得此情形，颇为震怒，闻拟按律惩办，以儆贪婪。现吴畏罪悚惧，央求省中巨绅代为缓颊，转祸为福，闻上宪允不深究。惟该局提调以现值清理财政之际，恐代人受过，清浊不分，故已极力辞差。（《申报》1909 年 7 月 6 日）

严究官钱局管事之舞弊（安庆）

皖省官钱局管事吴虎臣侵蚀公款，伪造账据业经沈子培方伯（安徽护理巡抚沈曾植）派委沈令昌淦调查得实，详细禀复。当奉方伯批示云：钱局为贸易性质，毫厘必争。簿据乃盈亏凭依，丝毫为重。前饬委员调查各账簿，其中既多含混，兹复经本司调署逐款比核，竟有添注涂改多处。该管事经营数十百万之业，辄敢如此藐玩，胆大妄为，实属罕见。折中登复各款，大半牵就勉强，动辄借口另有账据。殊不知既有簿据，理应先事呈出，事后遁辞，即为伪造。况银行簿计本有一定钤制，何能凭空添设，自欺欺人？尤为荒谬！经本司逐项指饬，着沈令会同提调督率在事各员于官钱局照本司所指驳，传该管事详细诘责，倘能据实检举，尚可从宽；若再粉饰，定行严惩不贷。沈令亦务须切实指诘，不得稍有徇隐。（《申报》1909 年 9 月 2 日）

皖江新纪事（节录）

省城藩库前存银洋、纸币均被浔军抢劫一空，惟其中尚有大清银行及裕皖官钱局所存契据等亦均遗失。刻由财政部长出示，宣布所有前项遗失契据等件，倘有拾取者一律作废。（《申报》1912 年 1 月 15 日）

六 官银钱号与其他金融机构关系

(一) 与中央银行、外国银行关系

1. 与中央银行关系

邮传部奏设交通银行折（节录）

拟由臣部附入股本，设一银行，官商合办，股本银五百万两，招募商股六成，先由臣部认股四成，以应开办之用。名曰交通银行，将轮路电邮各局存款改由该行经理，就臣部各项散款合而统计，以握其经画之权。一切经营悉照各国普通商业银行办法，兼采奏准之中国通商银行、四川浚川源银行及咨准之浙江铁路兴业银行各规则，与中央银行性质截然不同。援照商业各银行银号通例兑出银圆银两票纸，以资周转，一俟度支部颁发银行钞票准备金章程及银行法律，即与京外各埠商业银行一律遵守。将来扩充邮政，凡邮便汇兑、邮便储金，由该部专责，其业务还包括联络海外华侨递信、汇兑诸事。调度较灵。愈足以坚人信，故轮路电邮四者互为交通，而必资银行为之枢纽，即中央银行划一全国币制，得铁路、车站、电报、邮政各局所为之经理汇兑储金，使国币通行内地，而乡曲沿用生银之习，亦可渐次改良。交通银行之设，外足以收各国银行之利权，内足以厚中央银行之势力。是轮路电邮实受交通利便之益，而交通利便，固不仅轮路电邮实受其益已也。臣等谨就各国普通商业银行章程择其合于本国程度者，酌拟三十八条缮具清单，恭呈御览，恭候命下，即由臣部分别咨照，迅速筹办，于四政实有裨益……

又奏派充交通银行总理协理片

再交通银行之设，事务殷繁，应先遴派妥员早为筹办。查有署臣部右参议、四川建昌道李经楚精明干练，长于理财，于银行事宜讲求有素，经验尤深，堪以派充总经理。调部差遣山西候补道周克昌会计精能，商情允洽，曾在四川创办浚川源官商银行，著有成效，堪以派充协理。此项银行为绾合轮路电邮，并供商业之周转，自宜体察商情，相机

因应。办事规则尤以按照商业，力除官场习气为第一要义，始足以振兴商业而挽回利权。如蒙俞允，由臣等檄饬该员等迅速筹设，俾臻妥善，理合附片具奏，伏乞圣鉴训示。谨奏。

十一月初四日奉旨：依议。（《申报》1907 年 12 月 28 日）

电奏粤省市面窘迫情形（广东）

署粤督袁制军（袁树勋）于本月十三日致军机处电云：据广州商务总会总理等呈称，粤省市面向以龙毫为最通用。自本年造币分厂停铸，龙毫日少，周转不灵。比因上海票号纷纷倒闭，本省广州、潮州怡和、德万昌、源丰润等号亦相继倒闭，商场影响关系甚大。龙毫来源既窒，各号银根甚紧，即官局纸币所储基本金亦均存大清、交通两行及各商号。日来人心惶恐，港、澳、佛、梧等处持票赴官银钱局兑现银者纷至沓来。不提存本固无以资应付，若提存本则各号银源并竭，何以支持，岌岌情形不可终日。虽币厂停铸系由度支部奏奉谕旨允准，然为救急计，非由造币分厂即日星夜赶铸，实无以资接济。职等见闻切近，对于商场生计各有切肤之痛，觇此危急情状，不得不呼吁请命。伏乞电请军机处奏明，恳准先行照旧铸造。纵币章尚未妥定，而粤省危急异常，舍此并无别策。连日开会集议，全体会董均以事关大局，意见佥同。呈请察核等情前来，并据咨议局函同前情。查粤省市面受上海之影响，势甚危迫，已由〈有〉三次电商度支部设法维持，商会所呈系属实在情形。与司道等再四筹商，势不得不据情代请。除分电度支部查照外，伏恳代奏，不胜迫切待命之至。（《申报》1910 年 10 月 24 日）

整顿官银号存票（北京）

大清银行因官设之阜通各号所有之票，存放毫无限制，易生弊窦，现拟定各号将新开钱票须持赴大清银行，报明数目，经银行认可，即盖用查验戳印。其银票一项皆系该银行所开，各号皆不准开，以划清银钱界限，庶免亏累之弊，并拟派妥员不时调查。（《陕西官报》1908 年 8 月第 7 期）

赣藩库仍前支绌——借债容易还债难

赣省前因财政困难，藩库各款入不敷出，于宣统二年（1910）十一月二十三日商借裕宁官银号规元银五万两，并于十一月三十日官银总号向汉口交通银行商借汉估平银三十万两，均经议明按月付息八厘五毫，自借款之日起对期六个月，本息如数归还。曾经赣抚奏咨在案，兹藩司刘方伯以本年五月为应还前两项借款本息之项，司库仍前支绌，一时委难措筹，不得不暂请转期，藉纾财力。现经商准汉口交通银行暨裕宁官银号，将原借银两按照应还日期推展六个月，再行归还。所有五月内应还两项借款息银，均由官银号如数拨付。业将原券分别取回涂销，另立借券交执。一面详奉冯中丞（汝骙）咨达度支部，并即附片奏明矣。按此事已略见前报专电。（《申报》1911年8月2日；参考《申报》1911年8月9日）

2. 与外国银行关系

裕苏分局不付本票之纠葛

驻沪比总领事薛福德君于前日午后驾莅公共公廨，会同谳员宝明府审讯比商华比银行控裕苏官银钱局驻沪分局经理解履安，即解理庵不付裕苏本票一案。先由原告经理、西人兰妙与买办胡季梅偕同代表律师哈华托上堂声称，去年各钱庄汇来之裕苏官银钱局本票银十一万两往收不付，请为追缴解。延梅吉言律师，辩称此项票银所以不付之理由早登各日报声明，应请察核。宝谳员与薛君会商之下，判解仍交原保，候礼拜三复讯。（《申报》1911年3月1日）

苏抚催理银行票款

裕苏官银钱局驻沪分局与华比银行票款纠葛，迭志前报。兹经公共公廨将此案详情开折，呈请苏藩司转呈苏抚程中丞（程德全）请为鉴核。中丞以裕苏与元丰票款应由裕苏查明、理处，华比与元丰欠款应由沪道饬追。除电咨外务部外，业已札饬沪道转饬会审公廨，迅饬元丰将华比欠款清理，毋再延宕。（《申报》1911年7月17日）

粤省市面自可渐次回复矣

张督（张鸣岐）日前电请度支部向汇丰银行转借五百万，拨济官银钱局，以应换兑。兹闻张督业接覆电，准令照办。已于二十日九点钟由汇丰先交到现银二百万元，交该局领用。又由邮传部在大清银行借款项下拨济一百万元，张督当即札行各司道会同，迅速分别接收。昨日由劝业道出示云：现据省城银业研究社禀称，窃此次官银局、金融机关连日承慈台设法维持，复蒙督宪电请大部拨发五百万之巨款，商场得此自可转输。幸蒙分饬各厘金关卡，钱粮行用钞票。又经总商会、七十二行、各善院等遍发传单一律通用，即柴米各行亦已交通，风潮渐息。惟今早据外间传说，谓如有钱店折扣取利，定即封铺、拿人等语，谣言纷纷。竟有钱台不敢兑换者，于大局不无妨碍。查街外小钱店往往因平色高低，冀取微利，所在难免，向来如此，并非此时为然。应请宪台格外鉴原，出示晓谕大小商店照常贸易，以便交通。商等为顾全大局起见，是否有当，统候饬遵办理等情。据此。查小银钱店兑换银钱，以平色高低藉沾微利，虽属市面常情，小民不免亏损。惟此次风潮官银钱局早已备足现银，复蒙督宪电请度支、邮传两部宪拨银五百万两，电汇到粤。凡持官银纸者更可无滋疑虑，如须调换现银，尽可径赴官银钱局兑支，切勿为人愚弄，致受折扣。至各小银钱店亦应出入公平，照常交易，其各凛遵。（《申报》1911年6月23日）

江吉两省经济界之恐慌（节录）

江省之广信公司：江省广信公司滥发纸币历年已达数千万吊，漫无究诘，该公司存储现款刻下并不到二成。近闻俄国道胜银行购存该公司纸币已不下千余万吊，闻将即向该公司兑取实银，以示竞争。（《申报》1910年5月21日）

（二）与钱庄、票号等其他金融机构关系

1. 与钱庄、票号的关系

（1）浙江官钱局

望湖楼纤诗记

杭州采访友人云：省垣洋银价短，全赖官钱局为之设法维持，闾阎中人始不敢过于抑勒，去年十二月之钞每元可换钱九百五六十文。新正

官钱局未开，钱行无市，洋银之价又短至九百三十文。至开印后，官钱局仍照常发兑，定价银元九百八十文。各钱铺遂不能再为垄断矣。（《申报》1897年3月5日）

武林钱市

杭州采访友人云：省垣自设立官钱局后，洋银价值日渐加昂。回溯正月间，每元即可换钱九百五六十文，由局给发告条，遍贴通衢，俾人知悉。是以钱业狡侩不敢高抬钱价，奇货是居。迩者新丝入市之处，需用洋银，为数较巨，以致钱庄拆息加重。按三月一期者，每百元需洋银三角或二角五分，钱价亦因此稍贬，目下每元可易钱一千零十文。官钱局定价虽只一千文，然所出之钱均系圆匀肉好，如市上所易者，每百文必掺和砂壳、薄板一二十文。因之人皆乐于赴局兑换，惟局中定例每日午前八点钟起至九点钟止，午后三点钟起至四点钟止，逾此即闭门。故易钱者无不恐后争先，易于滋事。虽经局员选派差勇弹压，犹恐若辈不能周到，或有狐假虎威，欺侮愚民情事。爰添委上城总巡贝大令蕴章督率勇丁在外查察。（《申报》1897年6月27日）

浙江官钱局移请藩司查禁绍兴府属钱业买空卖空情弊文

照得绍郡各钱庄，近来买空卖空，进出甚巨，震动商业，贻害无穷。询悉在省各钱业知绍郡空盘买卖，有春六对月，秋三对月算单名目，又有抗掉泡接，均系空言为交易。城乡各镇行家、铺户以及伙友无不向钱庄作空盘买卖，大小统计均有数千万元之多，以睹利息大小而定输赢。此直与赌博何异？盖利息之大小，其权本操之钱业。甚至钱业逐日开市，先开此盘，而后做交易。凡遇嗜利无知之辈，一入其彀，倾家荡产，时有所闻。即行家、铺户倒闭、避匿层见叠出者，亦悉由于此，贻害始非浅鲜。查买空卖空本干利禁，当兹国家振兴商务之时，岂容若辈任意败坏。兹据高绅尔伊、顾绅鸿藻呈请查禁前来，合亟移请，为此合移贵司，请烦查照。希即札饬绍兴府转饬两县出示严禁，访拿惩办，望切施行。（《南洋官报》1905年第3期）

（2）江西官银钱号

南昌杂录（节录）

南昌访事友人云：江西章门外河街保大和钱铺忽于月初倒闭，亏欠盐局千余金，官银号数千金，主人周某先期潜遁，司账等人经县主某大令拘案押追。（《申报》1903年1月6日）

饬追亏欠巨款（九江）

钱业施锦钫亏欠各钱庄银两一案，经官银号上控，旋由大宪批示云：该店主亏欠为数既巨，自应赶紧收账分别归还，一面张罗筹备，移缓就急，乃延不清还，殊失经营之道。据禀施锦钫愿将该店底货抵归该银号等扣收欠款，应准公估点收。余欠之款责令施锦钫赶紧筹措，分别清还。仰德化县遵照迅速提讯明确，勒令清理具报，母任宕延。（《申报》1905年6月27日）

钱店被累（南昌）

省城福裕亨钱店被南诚信欠累，经护抚周中丞（周浩）札饬首府县严追，略称福裕亨钱店倒闭，亏空官银钱号及各县公款十余万金。但前据该店主王庆荣具呈，除南诚信外欠户，以候补人员为多。风闻所欠系属私债，多方推诿。该府等谱碍于情面，相率周旋。殊不知欠债须还，官民通理。即使并不牵涉公项，被商民控告到官，亦岂能置之不问？况前批原令查明，分别办理，并非限令即日全缴，强以所难，何得借口迁延，视如外事？仰即遵照，督同两首县刻日查明，各欠户逐一清厘。倘候补各员中有仍前抗玩，延不到场者，并准指名具禀，以凭分别核办。至该店主王庆荣及南诚信店主陈秀山，仍提案严追云云。可知该店倒闭，半为官欠所累，按前记南诚信欠项事，有前中丞之侄倒欠脱逃。兹悉实系前中丞之婿，合行更正。（《申报》1905年4月27日）

钱肆禀追欠款（九江）

高靖臣所欠晋康钱庄巨款逾限不缴，由庄主赴九江道辕具控。瑞观察批示云：此案两据具呈，均经札行府县勒传追缴在案。高靖臣所欠该商店银三千有奇，前据抄呈县批，应俟官银号公款追清，再予核追。毕竟目下官银号账项曾否清缴，高靖臣原籍有无赀产，自应确切查明，秉公追缴。何以瑞昌县久不讯追，亦不禀复？欠债归偿绝无疑义，候再径札瑞昌县赶紧勒传到案，确讯追缴，刻日具禀察核。仍候行府一体饬遵。（《申报》1906年1月19日）

晋益升汇票号倒闭余闻

英租界汉口路晋益升汇票号与京津各埠分号同时倒闭，屡志前报。兹得江西友人来函，略述该号东熊石秋之历史。石秋系赣省安义县人，乃父曾为湖北某县知县，宦囊颇丰。然至石秋兄第成立时，余积已不及二万金。石秋初在省城创设晋益升票号时，得妻父刘某资本十万金，寻因亏折七万，刘与拆退，所余三万亦未收回。石秋为人有干练名，平日亦不浪费，惟诸弟则奢豪无状。闻石逸在沪，每年须挥霍二万金。前年沪号在江宁揽购铜元铜斤，获利数万，其八弟试令经手，因事被控参革回籍。近年石秋广通声气，于汉口、京津各处均设分号，然暗中亏负已不资矣。本年秋间，石秋尚在北京拟运动承办东三省盐务不成，出都回至上海，即避匿不出。其弟石愚经理沪号，知京号事败，沪号亦有沪道官款数万，恐被拘拿，吞服烟膏二两余，实时倒地，旋经西医救愈，挈眷逃遁。现本省除将省号经理闵芹乡管押外，号东熊十六亦已拘押。南营坊樟树下熊宅大厦连云，甫经落成，本年眷属迁入，演剧、宴客颇极一时之盛，兹亦由南昌县李大令饬差发封。从前省号与本省官场交接悉多，征逐其打麻雀牌每以五百元为一底，因赌输负，亏累公款。有李剌史等多人。现计各埠分号共亏一百余万，其中官款尤多。熊氏本省产业已抵官银号欠款，其余负欠累累，不知如何了结也。（《申报》1908年12月8日）

(3) 平市官银号、天津官银号

天津府县禀钱铺华丰锦等号违章贴水现已罚款认捐请示并批

(1903)

敬会禀者：

窃奉平市总局面谕，访明钱铺华丰锦、恒祥庆两号仍有违章贴水情事，将该两号汇票两张，贴水拨码两纸交卑府县审讯。当将该两号铺掌李祥龄、罗文华提拿到案，并将京都华丰锦、恒祥庆铺掌李恩藻、隋寿培札提到津提讯。据供明，因京号汇票拨兑银两，贴水不讳，当经照章以五十倍议罚，并将所欠平市银号官款追缴。据该两号将官款银两本利交出，并华丰锦照章罚银四千五百两。恒祥庆照章罚银五千二百五十两，一并如数缴付平市银号收讫。复经卑府等再三审讯，责以既充董事，又领官款，实与无心误犯者不同。据李祥龄等禀称，情原〈愿〉再认捐行平化实银一万五千两，作为商务学堂经费，明年二月内提用等情事。合将该两号讯明、断结缘由禀请核示。

督宪袁批：据禀华丰锦、恒祥庆两号违章贴水，本应严办。惟既据呈交官款，并各罚缴银两，该两号复认捐银一万五千两作为商务学堂经费，尚知急公，姑准照拟从宽免究。嗣后如再有犯，严办不贷，仰即销案。（《北洋公牍类纂》卷二十《商务》）

督宪袁①批天津绅商陈垲卞实廉等请宽禁令俾筹挽救等情禀
（1902）

据禀：商业俱停，请宽禁令②，任商妥筹挽救等情。查从前津市贴水，每银千两加至二三百两之多。此皆奸商盘剥、把持。积习成风，视为利薮。本部堂莅津伊始，曾经酌定贴水数目，以示限制。乃奸商玩法，仍暗地加增，以致官商、百姓交受其困。此而不严刑禁绝，何以肃布政而恤民艰耶？今该职陈垲等因裕盛成银号亏折之故，遽以荒闭连连，商业俱停等词，危辞声听，意在驰贴水之禁，俾奸商故态复萌，以遂其垄断居奇之计。不知裕盛成资本不充，即不应开设银号，就使不自行荒闭，亦应封禁驱逐，免害闾阎。如该职等藉此为词，一似钱商亏折，皆由本部堂严禁贴水而起，岂本部堂维持市面，勤恤民隐之殷怀尚未喻耶？假令贴水不禁，将日增月盛，徒饱奸商欲壑，更复成何事体耶？况禁止贴水与该职等何干？若非平日藉此牟利，即系市面无赖之徒，专为驵侩，代营官府之事，亟应查究。仰天津府县传集该职等到案，认（？）讯问，务得确情，禀候核夺，不得含糊了事。总之，津市

---

① 即袁世凯。
② 指袁世凯在天津等地严令各埠、州府之间银两流通贴水数额的禁令。

银根紧迫，大抵由于有银之家妄觊贴水厚利，以致周转不灵。已迭饬司道等妥筹办法以维商务，本部堂并非漠不关心。至严禁贴水，势在必行。设有钱业棍徒尚敢以身试法或私自议加，或另立名目，一经发觉，定照前此华奉锦等成案加重罚办，以示惩儆。除行地方官暨官银号①、巡警局严密稽查外，合行批示各郡商民一体凛遵。（《北洋公牍类纂》卷二十一《商务》）

(4) 裕宁、裕苏官银钱局

奸侩被惩

金陵访事人云：此间银贱钱昂，大半由钱业奸商把持抑勒所致。自官银钱局开办后，官局钱数充足，而商铺则九八五串，每元换价明虽无异，暗实悬别至二十余文之多。奸商罔利营私，每有钱业中人伪为他业，商民陆续持银投局兑换。自开局后有某甲日赴官局兑换银元，每次二元，初则一日数次，渐则十数次以至五六十次。局中执事窥破其情，盘诘再三，知为增盛钱庄之伙。增盛月前私运铜元出境，曾经新关查获示罚，今又有此一举，贪婪蔑法莫此为尤。其他钱铺之类于此者，虽亦尚有多家，要皆不似增盛之甚。当将甲拘，送保甲局笞责一百板，枷号局门示众，以儆其余。惜未究主使之人，殊不足以寒奸侩之胆也。（《申报》1903 年 7 月 19 日）

钱商禀准设官钱局（镇江）

钱商周芳禀请宁县、两藩司，在镇江姚一〔湾〕② 租赁房屋，设官钱局一所，专销本省铜元，近已由宁藩黄方伯、〔苏〕③ 藩效方伯批准矣。（《申报》1905 年 8 月 4 日）

官钱局改良后之市况（扬州）

驻扬裕宁官银钱局改定与商设钱号统一办法，曾志前报。兹悉该局改良后本郡钱业多不赞成，即客路盐帮亦不愿与之往来。因该局总办时

---

① 即平市官银号。
② 原文此处模糊不清，"湾"字为编者推定。
③ 原文此处模糊不清，"苏"字为编者推定。

有更调，而司事亦多随之撤换，事权不一，故商情不甚联络。虽已改良办法，仍恐难期获效云。（《申报》1907年6月7日）

钱业被诬之集议（苏州）

苏垣各钱庄以裕苏官银号前因清查账目，外间致起谣言，经藩宪致电商会各情，已志前报。惟近因出示晓谕示中有各钱庄猜嫌疑忌，故散谣言等字样，该业见之，以此等谣言实非出自该业，且与全体名誉攸关，爰于日昨在钱业公会内集议一切，呈请商会代为剖白。现商会已据情移请藩宪察核。（《申报》1909年2月4日）

江阴典倒欠巨款断结详情（苏州）（节录）

江阴济善典亏欠苏州仁和、福裕、恒康、德和四庄及裕亨官银号等家巨款，延不理偿，经庄呈由商务总会代呈农工商部，札饬讯追。即经苏州农工商局总办张观察调集原被人证、卷宗，讯得此案江阴济善典初为汪盛合资，既而盛并资于沈，沈股居四分之三，汪仅四分之一，接开三十年，各股东视为金窟，侈用无节，典伙视东人为转移，亦从而滥支预付，以致典本竭蹶。（《申报》1909年12月26日）

移传立丰庄股东

南市业盛里立丰钱庄去年倒闭，亏欠官商巨款数十万金。该庄执事左子营先时逃避，当经上海县田大令提获伊父左月春管押候讯在案。兹有厚大庄及裕宁官银号等在法公堂具控，该庄股东刘长荫逮案后，迭次研讯，供出陆笏堂亦有股份，住居南市龙德桥衍昌布庄内。昨由法廨谳员聂司马派探持票至工程局禀请协传局中，准即派探传谕陆笏堂赶紧投解，听候质讯。（《申报》1910年5月18日）

上海西帮票号为清理正元等庄账务公呈沪道文

敬略者：

窃合盛元等于本年六月十五日，被正元、兆康、谦余三庄前后倒闭，致欠去银约有十七万六千余两之数。银根岌岌不可终日，迄今已阅三月。而该三庄之账杳无眉目，商等汗血之资分文无着，痛关剥肤，不能不仔细调查，以求真相。譬有病者，于此势已危殆，延医调治，若不将受病原因详为陈述，虽有刀圭，终难奏效。兹将该三庄账目原委得诸该司账之口，用敢条分缕晰，一一剖明，伏求钧鉴。

……

其余往来各家，宜分别更票，存欠办理。各欠户应还正元、兆康之款，奉前道宪谕速交丰裕等官银号，第恐数目未能核实。推原其故，由于只有回单，凭据折面概未批销零找，或未符合。且恐各欠户辗转托人，故意将正元、兆康之票前来冲抵，非查明票底簿据，易涉混淆。似宜抄出账目，向该往来各家核对，如果符合，打一对字，限日呈缴。倘有不符之处，赶紧查核，毋使走漏。如是办法，则该庄所出之保证票，应收回者收回，应注销者注销，渐渐可以就绪矣。(《申报》1910年11月28日)

蔡前道①为交代事通禀电文（节录）

北京军机处、外务部、度支部、农工商部宪，南京督宪、苏州抚宪钧鉴：

连日准刘道转奉抚宪严催交代，惶悚万分。本年沪市困难情形早在列宪洞鉴，七成放款原奉商部奏准饬办，即存库三成亦均放在商号，曾于戊申年六月十八日巧电报明军机处、外务部、度支部有案。缘沪市收入款项止凭钱庄纸条，若道署提存现银，必至摇动全市。不惟情有不忍，抑亦势有不能。历任相沿，抵任时接梁前道交代，并无现银全盘交楚，为期已六阅月。革道抵任后，镑价骤贵，银根奇紧，不数月而元源、晋益升相继倒闭。故发商各款间取物业作押，不敢轻率。本年六月间正元等庄同时倒闭，源丰润、源基、德源风潮突起，牵动全市，道库正杂各款均放在市面。且源丰润等号与海关源通官银号同为严义彬所开，情形岌岌。商会总理带同严义彬到道哀恳挽救，又有浙江富绅刘道安泩作保，为市面计固不得不维持，为公款计亦不能不保护。彼时库空如洗，迫得向大清银行转借第一二次之救济，事有相因，势非得已。现在严义彬押款尚有二百四十余万未赎，另存四明银行三十万，存裕苏官银号十八万，存裕源长十万均因市面奇紧，未能即还。其已闭之信大为

---

① 即前上海道蔡乃煌。

粤绅刘道学询所开，则尚欠四十六万，收有价值百万之产作押，亦因市面萧索，未能售出。其已倒之元源、晋益升共欠十二万，则已收其物业作抵，去年禀明两院批准在案。至于将来变出不敷，则于七成解部息款项下十成拨一成分年弥补，亦经商部批准有案。其余分存各户共二十二万，陆续便可提缴，缘各家领存为数不巨，非有产业作押，即有保人可追。此革道交代，除已交过二百余万外，未交尚有三百八十万上下。（《申报》1911 年 1 月 9 日）

官局恃势赖款之反动力——佇看官场之回复信用

裕苏官银钱局上年六月间应解本埠裕源长、晋和源、吉干、康元等五庄本票银五万两，到期不付，时逾九月，历经各庄禀奉督抚藩司批饬追理在案。兹裕源长等复具禀词呈控，谓庄等执有上海裕苏分局本票五张，计共规银五万两，向收不付，藉词霸赖。迭经禀沐恩批，无如该分局置之不睬。此项票款以公理、行规而论，理应到期照付，以重信用。前已缕悉禀陈在案，徒以该局一面以狡词蒙督办之藩司，一面以官力欺愚懦之商界，坐使五万本息被其羁阻。呼冤无效，受累难堪。兹幸陆藩宪洞悉其弊，昨日各报告白，载有告示一道，已将坐办撤差，另委能员接替，收付、汇兑照旧云云，庶几复有得见天日之期。惟庄等受累最久，理宜首先清付，以苏积困而树风声。官场之回复信用在此举，裕苏之能否中兴亦在此举。商民未可屡欺，时局不容再误。庄等披肝沥胆，尚非为一己之私已也。伏乞大宪汇核，先令禀词迅赐，檄饬该局核算本息，即日先付，则众商悦服，保全匪矣！（《申报》1911 年 5 月 13 日）

冯子如苦求交保

厚大钱庄伙友兼道署帮账冯子如因亏空裕宁官银钱局公款，由江督札行沪道转饬上海县提案讯追，迭志前报。昨经田大令审讯，冯供亏欠属实，惟商人亦被陈姓转欠数十万两，求饬提追。大令谕曰，尔移挪巨款，任情挥霍，现奉上宪饬令监追，本当钉镣收禁，姑念苦求，格外从宽。惟尔能迅速设法以偿巨债否？冯供自当赶筹的宽，数日内先缴数成。惟一经羁押，势必不能调度，可否求恩交保。大令曰，如有殷实商号，其资本足抵欠款之数者，不妨人银并保，限期料理，否则未便保出。冯又苦求提陈到案，押追欠款，以资抵补。大令曰，上宪只饬提尔究追，本县未能代尔追欠，俾尔可以诿卸。倘尔可自行寻获解案，亦无不可。遂判将冯交差看管，旋由卢姓投案具保，未识能邀准否。（《申报》1911年7月24日）

江督取缔银钱各庄号条规——附江督行辕纪事（节录）

上海钱业裕源长等禀请谕饬裕苏兑还本票银两，昨奉制军（两江总督张人骏）批云：裕苏官银钱局为苏省公家所设，所有收存官商款项，行用银元钞票历来信用。现据呈称裕苏驻沪分局应还该庄本票五纸，共银五万两，到期未还，究竟是何情形？其中有无别项胶葛？仰候据情转咨苏抚部院，札饬裕苏官银钱局妥为清理，并札饬上海道就近查明禀复、核办。粘单。（《申报》1910年10月22日）

钱庄对付裕苏官局之手续

裕源、长晋、和干康、源吉、元康等五钱庄去腊为裕苏官银钱局不付本票事，禀请农工商部、度支部咨行督抚，严饬照付，原禀追录如下：

窃庄等本年六月间，执有驻沪裕苏官银钱局六月十九至二十二日等期本票五纸，每纸计银一万两，共计银五万两。当时到期往收该局，答称市面窘迫，约迟数日，准即照解。不料自此以后屡约屡爽，经庄等至沪道衙门一再控诉，均置不问。后经上控南洋商督宪暨江苏抚藩宪，恳予饬局迅速兑付。奉督宪批候转咨饬局妥为清理，并奉苏抚宪批饬苏藩司查复核办各等因。奉此。

乃苏藩司仅据裕苏分局禀复，指称该分局与协大洋货号向有往来。六月间该号向该分局更去银票十六纸，每纸计银一万两，共计十六万两。裕源长等五庄所收该分局票元各一万两，亦在其中。该五庄只言本票，绝不提明更票，实系意存朦混。

且限期均在六月十六以后，因有纠葛，已先于十五日开单交威金生律师，函请分局止付。并声明纠葛理由，候律师有信关照，始能照办。裕源长等五庄如欲该分局兑付票银，宜先向协大自行理直，协大承认付款，由威律师致函该分局，方可照拨等语。照会商务总会转饬遵照等因。

庄等聆悉之下，不胜骇诧。伏思裕苏分局为苏省公家所设立，平时收放官商款，行用银票、钞票，与各商号往来进出，实具有商业之性质。钱业规条凡庄号本票，除实被盗窃及水火不测，准其挂失止付外，其余一概不许止付。即使自受人愚，票落人手，但系有账可查，有根可稽，亦须如数照兑，故能保信用而资流通，使中外商人永久信守。即如本年六月间市面恐慌，洋人所执正元等三庄本票银一百数十万，悉系陈逸卿、戴嘉宝之更票，并无分毫拆票在内。然蔡前道（蔡乃煌）不恤，于保借洋款中准其扣除银一百四十万两，先还三庄票面，自系为保全华商本票起见。已倒之庄票尚赖扶助，况并未停贸之官局为历奉督抚宪、上海道出示担保之银票，竟可饰词更票袒护、指兑，是使华商本票从此尽成废纸，而一切利权概为外人所侵夺。关系之巨，何可胜言！

至于裕苏原禀既称与协大向有往来，是其信任协大已属显然。庄等所执裕苏本票既未注有更票字样，亦非庄等所代更，何能知为协大更票？其中是何纠葛，惟有裕苏自向协大理直，庄等何能过问？乃指为绝不提明更票，意存朦混，实属倚官欺商！况本票流行市上，与钞票无异。而更票即更现之谓，虽未到期，用票者固可先期抵用，所以必须注明日期，收银时须加盖由某庄某号收之戳记者，欲于票银付出后核算利息，有所稽考耳。

中国各银号钞票久为外人所吐弃，不肯收用。今堂堂官立之裕苏局于自出本票，竟凭律师、洋人一纸空函，听任止付，使洋商益加藐视华商，相戒寒心，丧权辱国莫此为甚！且外国律师只有为华洋讼案，代人辩护之责，并无干预华人商务之权。裕苏乃中国官局，协大与商等皆中国商人，该号胆敢贿买毫不相干之律师，出而蹂躏我官局付款之主权，使公家失其信用。而该局总办竟俯首听命，并不据理驳斥，尤骇听闻。经庄等据理续禀，奉商督宪批：此事攸关信用，无论如何，均应从速理楚。而苏藩司批反谓钱业不许止付条规，系指寻常本票而言，与此案情形似有不同。且指庄等所受裕苏之票，未与该局直接为词，一意庇护。不知本票为出票之家声名所系，到期照付，从无寻常、特别之分。全市通行，更无直接、间接之别。同业定章必停闭后，方将本票止付，仍于清理时先理票款，所以为保全本票信用计，至周且密。况商营钱庄，志在谋利，故有贴息、更现之习惯。然一经停付，本票即已闭歇。裕苏经营公款，贸易甚巨，乃因徇私更票，自受人愚，犹敢饰词延赖、捐兑，至今已将半载。不顾公家名誉，败坏商市大局，是官号尚倚仗洋势，丧失大信，商人更何所依赖？年关瞬届，各洋商惕于裕苏之事，凡华商本票挑剔日甚。各商号为自保声名、营业起见，公议裕苏本票如再不付。以后遇有裕苏本票、钞票只能概不收用，以免纠葛。此议如果实行，则裕宁必首受波累。而此外之各省官银号以及大清、交通各银行亦必受其影响，利权损失，谁任其咎？为此情急沥陈，并抄粘督抚宪批词及苏藩司批词，现（？）恳伏乞大人俯念事关沪市大局，恩准咨行两江督宪、江苏抚宪札饬苏藩司严饬裕苏驻沪分局，迅将庄等所执本票银五万两即日照付，并将到期后应付月息如数补还。一面自向协大清理纠葛，以恤商艰而昭大信。（《申报》1911年2月12日）

(5) 丰裕官银号①与义善源票号

关于丰裕与义善源之部批

商务总会总协理暨全体议董，前因沪道欲将丰裕官银号所欠官款责成义善源票号归偿，曾经禀请部院各宪分清界限，原禀经载前报，兹将该会奉到农工商部批词录下。

禀呈、节略均悉。所请义善源与丰裕各清各款办法一节，现据沪道查明呈复。丰裕官银号当袁升道详咨，设立时曾饬据海防同知查复，该号商李九皋系开设义善源、宝善源庄号，且义善源沪号总理丁维藩实为丰裕保人，又为丰裕号东代表，总理丰裕一切事宜。其平日主持号务，经做押款有丰裕号禀可凭。又查丰裕历年所派号友红账均以丁价记，名居首列。又丰裕号中司友每遇加薪，均由丁维藩亲笔批定。又查丰裕历年放出账款，其最大者如公和祥股票押银二十万两之类，均由丁维藩经手押做。凡此种种凭证，丁维藩之为丰裕总理确无疑义。至李绅培桢亏欠丰裕公款，已另由职道查明，该绅所有扬泰等处产业禀准饬地方官悉数查封、备抵。所有丰裕亏欠沪关公款及上年六月领借五年长期之维持

---

① 丰裕官银号为江海关所设海关官银号。

案款，除将培桢产业悉数封抵外，其余不敷之款应尽行责令义善源号东兼丰裕号东，及义善源总理兼丰裕总理妥速清理，照数缴偿。倘再有不敷，即责成保人赔补以重公款。等语。合行批示，仰即传知该号各户一体遵照。(《申报》1911年5月31日)

任锡汾刘体干通报各部各督抚立案呈稿——
清理义善源等号账款（节录）

至光绪二十一年四月，李右丞又与江苏洞庭山人席志前在沪创设义善源号，订立合同议约十三条。李出资本规元银二万两，席出资本规元银一万两，作为三股交周惠臣、焦乐山经理。是年冬月，李又加增资本三万两，席又加增资本一万两，连前共合成七大股，订立续议合同，以备添设支号，并历年公积银两陆续添设。义善源津号现系田征耀，即田亚卿经理。又设京号，现系王坤，即王小斋经理。又设粤号，现系王德成即王展卿，杨灿骐即杨瑞生经理。又令杨联绶即杨韵秋分设杭号，现系王濚即王鉴堂经理。镇江又设义善长镇号，现系陈鸿恩即陈锡山，周道谦即周益三经理。又于安庆添设义源皖号，现系束沂即束鲁山经理。汉口添设义源汉号，现系宋凤翔即宋宜章，刘继文即刘嘉琳经理。津号又在保定分设保号、京号，又在河南开封分设汴号并周口庄，粤号又在汕头分设汕号并香港庄，汉号又在长沙分设湘庄，均由各该号随时派友经理，而皆归根于沪号所开。合资义善源沪号即系总号，先系周惠臣、焦乐山经理。周惠臣久已身故，焦乐山即焦发昱于光绪二十八年（1902）年底为江海关丰裕官银号东。李九皋介绍于李右丞，附入四股。丰裕号事仍由李九皋派友经理。次年正月焦乐山自另营业，义善源号事始由丁维藩即丁价侯接手经理至今。其附在该号之义善源庄经理王兴仁即王厚存，于光绪三十四年（1908）正月由杨韵秋接手，现系唐开第即唐成之经理。(《申报》1911年6月16日)

任锡汾等为清理义善源等号账款事呈部院文（节录）

又闻江海关丰裕官银号与号纠葛，合同具在，并无此事。此丰裕官银号无论是否李氏，如何拼股，总与义善源号无涉。氏等不敢承认，合并声明等情，并呈合同两纸，凭折两扣。据此除将合同、凭折存案核办，就询其亲邻里族，并据在沪山帮同业吁请，所言均与相同，实无自产可破，无须再为行查取结，致滋骚累。一面婉切批复，并行太湖厅备案，仍饬该氏自赴该厅衙门具禀、备案外，理合据情附呈，仰祈宪台俯赐察核备案、施行，须至附呈者。(《申报》1911年8月3日)

(6) 湖北官钱局

九江（节录）

湖北官银钱局与九江晋康钱庄订立合同，本局所出官银钱票行用，到浔就近在该钱庄兑。(《申报》1905年8月29日)

鄂督饬查全省钱店牌号（武昌）

鄂督张香帅以湖北各属钱店常有倒骗情事，爰特通饬将钱店牌号查明禀报。凡开钱店必须五家互保，如遇倒闭，责令五家赔偿。其小城镇无五家互保者，须由妥实富商互保，否则不准开设。并闻有禁止各钱店私出花票之说，须一律行用官钱局所出之票，因之武汉钱业中人闻之，颇为危虑云。(《申报》1907年3月31日)

湖北官钱局致各银号行使新铸通用合例之一两银币简明办法四条（武昌）

一、凡遇中外商人以湖北新铸银币交纳税银，无论本地是何平色，统请贵号查明银币所铸湖北三六藩库平。一两合汉平估宝二四纹〔银〕一两零四分四厘，申算收缴，以昭画一。

一、收有湖北银币，如贵号暂时不能畅行，即将所收银币寄运来鄂，或向敝局兑取现银，或书敝局照条，兑交汉口官商，以及照数电汇贵号均无不可。总以敝局收到银币之日，按照来函办理，决不延误。相约以信，庶推行尽利，咸获公益。

一、一由轮船解运银币到鄂，每万两应须水脚若干。敝局有担任行使之责，未便累及贵号。一俟银币交到，即按照轮船运脚章程照数付给。

一、当此行用银币之始，取法不厌周详。倘有卓见，仍望时惠箴言，以匡不逮。(《申报》1905年3月3日)

汉口钱业之恐慌（汉口）

汉口钱价奇跌，银根过紧，兼有九九商捐风潮，是以各钱店颇不流通，著名之怡生隆、怡生和、怡和兴、怡和利、道生恒五家钱庄亏空共计三百余万，十五日乃系比期，周转不灵，相继倒闭。闻所欠均系官款，故警察局、夏口厅均派弁勇临场弹压，并由钱帮董将账目一并送交商务总会以备考查。当经卢总理详请督维持，陈小帅（湖广总督陈夔龙）即谕藩司李方伯星夜渡江来汉，向户部银行暂借四十万，分别开销，而商家仍异常恐慌，十六日凡用花票购物者，无论何项牌名均不敢遽行收用。

附记倒闭各钱庄欠款：

怡生隆欠款：天顺祥十八万、蔚盛长十八万五千、浚川源九万九千、中兴和三万五千、天成亨五万、顺义信四万、大德通一万二千、存义公一万、大盛川三千、正金一万五千、汇丰九万、麦加利一万、湘官钱局八万、汴官钱局六万五千。

怡和兴、怡和利、怡生和欠款：藩库十七万、荆川道二十二万、牙厘局十二万、北官钱局二十一万、南官钱局十四万、麦加利银行五万、正金银行一万五千、德华银行五千、法兰西银行三万、汇丰五十万零七千、大德通二万二千、大德恒四万五千、大盛恒四万五千、大盛川七万五千、天顺祥四万五千、合盛元九千、世义兴三万六千、中兴和四万、老成兴一万、晋祥四万、义源三万、永丰厚二十二万、度支部押款八万、交通银行押款十五万。

道生恒欠款未详。（《申报》1908 年 11 月 15 日）

官钱局放款维持市面（汉口）

汉口自怡字号三钱庄倒闭后市面即周转不灵，近因倒塌之店愈多，商情益形艰难。现经官钱局总办高观察将该局存款一百万两发交汉口商会转借各钱店周转，惟每家只以三万两为限；一面由官钱局、汉关道担保，商请各外国银行照常放款。并由关道齐观察函请驻汉四川、河南、裕宁、江西、湖南、天津、交通、大清各钱局、银号、银行经理委员人等于风潮尚未平靖之时，万勿收提存款以免牵动全局，闻各该钱局、银号等已复认可。又闻陈小帅（陈夔龙）以汉口市面交通既广，商务最大，兹虽拨款一百万接济，然转瞬年关，银根愈紧，若该款借拨以后仍形恐慌，鄂省实无财力维持，自非由度支部拨济巨款不足以纾困厄。闻已电请军机处代奏，预为筹计，以免大局动摇。(《申报》1908年11月28日）

汉商会请款维持市面（汉口）

汉口近日倒闭兴泰裕、万泰公等钱庄，市面岌岌可危。现商会总协理蔡文会君以本年三月汉市因银根吃紧，曾经公家在藩库、官钱局库合拨银五十万两转交商会借贷，以资维持。刻此款尚未收还，市面又起恐慌，其情形较三月间更形危迫。原借官款万难收回，是以具禀督院请予展缓两月，并请饬由官钱局再添拨银五十万，统交商会照原章转放。当兹公家财力奇绌之际，未审鄂督能照允否？(《申报》1910年11月11日）

汉口义源钱庄亦遭搁浅（汉口）

汉口黄陂街义源钱庄即合肥李氏在京沪所开义善源之支店，在商会注册资本三十万，声誉昭著，官绅信仰，存放该庄之款几三百余万。兹因京沪总号搁浅，汉口亦被震动，已于日昨暂停交易。闻人欠该号有三百余万，该号欠人只二百七八十万，两抵尚有盈余，惟存款以官场为最多……

此外欠有汉口造纸厂存于该庄购栈办料银两约三十万，湖北官钱局约十五六万，下余皆数万不等。二十六日闭门后，该号管事即将账据一切送至总商会，请蔡总理察阅，后蔡君当即渡江往谒鄂督及柯大臣商量办法。闻柯以公款为紧要，恳鄂督查封李氏在汉口房屋备抵。孰知邮传部已先有急电到鄂，谓京师义善源倒欠部款二百余万，内有抵押汉口余庆公司房屋基地股票二十五万两，请即迅饬江汉关道查封备抵，电复核办。(《申报》1911年4月2日）

(7) 四川浚川源银行

汇录江督行辕批示（节录）

江督张制军（张人骏）行辕昨日发出批示……如下：……上海浚川

源银行禀批,沪上市面之坏,实由于现银短绌,而钱业章程办理又多不善,以致信用愈失,彼此牵动,无策支持。本大臣莅沪后已订定取缔钱庄规则,札上海道督商妥办,期收整齐划一之效。至正元、兆康、谦余三庄倒欠各庄款目,亦经饬道查追、清理。该银行等被倒各款仰上海道一并设法追偿,俟追有成数,即行通盘核算,一律匀摊,以昭公允。禀抄发。(《申报》1910年10月27日)

(8) 豫泉官银钱局

各省财政汇志：河南

汴省豫泉官钱局向与钱商毫无联络,致彼此市价各不相谋,且复互相攘夺。近该局有见于此,拟招钱商设立外县分号,以免互为抵制,两败俱伤。至此项分号,不拘何人,均可承揽。惟须地方官出具印结,可称为官分号,并辅助其资本云。(《东方杂志》1907年第四卷第九期)

(9) 湖南官钱局

常德钱业倒闭几酿巨祸详情（湖南）

常德府各钱店向来行用钞票,其局面阔,大者动至百余万串之多。其票辗转拨用,不必兑付现钱,即无庸多筹资本。近因钱价跌落,禁革私钱,改兑铜元,多有持票取兑者,各钱店往往以周转不灵致受窘迫。二月十五日大河街德昌祥钱店因欠官钱局款项,无力应兑,店管杨澍芝诣武陵县,禀请陈大令代为转圜。大令峻词拒绝,杨遂改请官封大令,即于是夜三更时饬差将该店标封,并将杨暂为收押。次日市面闻传该店倒闭,持票往兑者纷纷踵至,道路为之梗塞。旋有北河帮船户多人相继而至,势甚汹汹,即以巨石撞开店门蜂拥而入,将所存现钱一万七千余串、外票三千串、铜元数百封、土药十余担,又该店本票拾余万串以及账簿什物劫掠一空。维时郡人愈集愈多,各钱庄皆为所牵动,大河街市面震动非常,除未曾出票之万泰衡及出票较少之晋昌源两钱店尚称安静外,其余各钱庄类皆纷纷拥挤,应兑不及。而尤以协成、怡兴两家为最甚。未几仁和裕钱店因兑票口角致起冲突,旋被抢劫,由是风声愈紧。合郡惶惶出票之家益复惊惧,乃无何。而益有荣钱店被劫矣,至波及于比邻之丝线店无何。而祥记钱店被抢矣，至殃及于后面之果糖行。此外如济泰恒等数家，虽局面较小，出票不多，亦复受其扰累。统计一日之内，抢劫至十余家，而倒闭者尚不在其内。官钱局所存铜元已为各钱店购买罄尽，直至昏暮各店兑票者尚络绎不绝。遂设法改由该处之财神殿分别兑付，三更后人始渐稀。是日起事之时，合郡文武官员均亲往弹压，城守营管带杨鲁生都戎因在益有荣钱店保护，致被瓦石击中面部，眼角受伤。是时人心惶惶，已有罢市之议。幸经提督曹军门志忠檄调驻常之"强"字二旗分投弹压，始得无事。又闻印委各员当场弹压时，拿获抢劫、滋事各犯共五六十人，解送武陵县收押，以凭讯办。（《申报》1906年4月2日）

钱局总办违背商律（汉口）

汉口义诚生钱庄倒闭，亏挪官民银十余万金，内有驻汉湖南官钱局银一万四千两。该庄执事谢立齐等与该局总办冯观察嘉锡素称莫逆，且因该局司事亦有股款在内，竟串同将义诚生之小股东粤人黄月萝掳索至局，逼偿现银不遂，送交夏口厅管押。旅汉各粤人大动公愤，以照商律合资营业应由执事者任其责成，今将张、谢二人置身事外，而向少数股东，从不过问店事之黄月萝勒偿，当开商会集议，咸以官钱局冯道此举有背商律，于理不符。爰移请夏口厅保释，公议摊偿巨金。司马畏冯势力，将黄押送官钱局请示，冯竟不允，仍饬送交礼智巡检署管押。各帮商董益愤不能平，遂遍发传单历述冯违背商律各款，并定期于念七日在茶业公所开会，拟稿在鄂督、湘抚处呈控。冯见众怒难犯，始往厅署嘱将黄交商会保释。现粤商尚未应允，仍决定开会与冯为难。（《申报》1908年12月24日）

刘德沛破产之下场（湖南）

常德刘隆庆钱庄自倒闭后案悬三载迄未了结，前经各债主纷纷具禀，各省宪悬予从速追缴。旋奉抚院批准札委苏大令兆奎前往常德，会同府县严行追缴在案。兹闻杨抚以此案延未了结，若不从严办理，不足以儆将来，特于日前奏奉谕旨，将该店主刘德沛职衔褫革（刘系候选道），其所有家产一律查抄，以便摊还各商。曾电饬该委员遵照办理，苏令奉谕后即会同府县及该处官钱局委员、武陵县典史、商务分会总理分途至刘德沛住宅及所开之义丰诚钱店、益智药局查抄，并将刘德沛改押班房。而各债主以此案虽将了结，因欠款太巨（月二十余万），所抄太少，且刘之兄弟、子侄皆各挟重资远贸他处，并未分拆，自应勒传到案，如数追还。闻尚拟再行具禀省台，一体追偿，以恤商艰。（《申报》1911年1月10日）

（10）广东官银钱局、永安官银号

永安银号倒欠数十万（广州）

粤省惠福巷永安银号乃运司官银号六家之一，系顺德人伍兰泉所开，素称殷实。近年因其子在城外自开一家，日前倒闭，致牵连永安同倒，共欠官私款项数十万。已经由盐厅将伍兰泉送南海县收押，并由南海县将永安号查封矣。（《申报》1910年7月14日）

粤省源丰润继续营业矣（广东）（节录）

粤省源丰润倒闭后所欠公私各款为数颇巨，迭经当道筹议，舍维持该号，准其继续开设外，实无良策。现藩司具详督院，由官银钱局借给现银十万两，交该号经理李锡恩作为资本，分五年清还。并由官银钱局提调坐办就近监查，以昭慎重。已禀由张督（两广总督张人骏）核准照办，并准其先行开设，毋庸听候部咨，以期早日清理矣。兹将禀定源丰润继续开设章程摘要录下：

……

（一）公记新业拟恳以号内现存房契、股票等物估值银二十万两，向官银钱局抵借现银十万两，作为资本，周年五厘计息，分五年清还。每年各还二成，即以欠户取赎此项房契、股票银两归还官银钱局。倘按年收不足数，则以新业盈余拨补，或将该房契、股票变价备拨。

（一）公记营业首重汇兑，所有本省京城饷款及各项洋款拟请分作十四成，以十成归诸各家银行、票号，其余四成归诸公记。应请先行立案，以免变更。至承汇各款，上海拟请驻沪广东官银钱号代理，北京拟由粤省各银行划解，以昭慎重。（《申报》1911年3月14日）

(11) 贵州官钱局

黔藩请追倒款续闻（汉口）

汉口同兴裕钱庄倒欠驻汉贵州官钱局分局银二万五千两，由黔藩沈方伯瑜庆电请鄂藩高方伯代为追价在案。兹闻高方伯复电云：汉口同兴裕亏倒本省官商各款，为数甚巨，业饬夏口厅并由商会调查财产备偿。惟汉口商号亏倒存款无论属官属商，数目多少均照追出财产匀摊，历年办有成案。盖以倒欠多有洋款，不能歧异，致为借口。贵省官钱分局倒款将来自应照摊，以归一律。（《申报》1910年7月16日）

(12) 裕皖官钱局

安徽：同康庄倒闭公款

皖垣西门外同康钱庄为吴虎臣、杨同新、宋玉田所伙开，嗣因吴虎臣接充官钱局管事，该钱庄藉资挪移，颇为商场所信用。不料吴虎臣突于前月身故，所有官钱局款项不能听其周转，该庄股东等亦竟不予维持，该庄竟尔倒闭。内有财政公所官款九千余金，皖藩吴方伯立即派员前往守提，限日交清，违则即将该股东宋玉田等严行押追。（《申报》1911年9月3日）

2. 与近代银行关系

天津志成银行禀陈开办注册经过及资本额
并附直隶省官商银行类别统计表
宣统元年八月十二日、二十五日
（1909年9月25日、10月8日）（节录）

据候选员外郎杨俊元等禀称："共筹资本银十五万两开设志成银行，并由天津银号拨银二十万两，权充护本，于光绪二十九年八月开张，禀蒙前宪①奏咨在案。复于上年在京设立分行。兹查照则例开具事由，并前定开办行规清折连同照费呈请咨部注册"前来。（天津档案馆藏天津商会档案）

---

① 指前任直隶总督袁世凯。

四明银行新屋之落成式（节录）

四明银行之新建屋在英租界宁波路八号门牌，已于昨日迁入。规模宏敞，屋宇轮奂。因尚在国制百日期内①，落成礼式且从简易，惟备具西式茶点及各种名酒以款来宾。兹悉是日各外国银行洋总理相率莅贺者，麦加利、汇丰、道胜、花旗、德华、正金、东方、荷兰、华比、义丰、利华十一家。道宪蔡观察、谳员宝明府、王李二委员亦莅止称贺。其余如通商、大清、交通、裕商、各华商银行，天津、两广、东三省、四川驻沪官银号及各帮票商，南北各钱业同行莫不莅止称贺。（《申报》1909年2月16日）

本埠新闻：纪银行公会初次集议

前晚由信成银行周舜卿、沈缦云二君发起，邀集本埠各银行领袖假座海天邨集议，拟设银行公会一事。到者大清银行席德辉君，交通银行李云书、王丽薇君，通商银行谢纶辉、顾永诠君，四明银行周金箴、虞洽卿、王玉山君，浙江银行孙恒甫君，裕商银行蔡吉安君，信义银行朱清斋君，裕宁官银号陈巨川君，广东官银号史润甫君，并信成银行办事董事刘葆良、王一亭君。席间由沈缦云君起述宗旨，略谓各国银行均有公会，诚以公会之为利，无事则声气相通，有事则彼此相助，免同业倾轧之嫌，则获利也厚；息外人猜疑之念，则防患也周。今中国银行日多一日，钞票流行日盛一日，而各自为谋，漫无稽考，设遇风潮，一家受恐慌，则余均袖手。岂知一家危，余亦同受影响。一家安，余亦不致动摇。苟欲免失败之患，求磐石之安，计莫善于公会矣。虽然公会固宜速立，而入会之资格不得不严。所谓欲人之信，我必先示人以可信之道。如暂拟简章中资本之调查，钞票之限止，现洋之备存，是盖一方互相监督以除弊，一方即互相协助以生利。今日银行家最要之计划也，愿诸公急起图之。述毕，李云书君起，谓公会之设，鄙人极愿赞成。请诸君认清章程中"维持"二字，是责己的，非求人的。尽一行之本分，谋公众之利益，则公会自不难成立。周金箴君起，谓各银行情形不同，办法互异，应将所拟草章印刷分送，互相研究，各抒己意，择期会合，以作

---

① 即光绪皇帝与慈禧太后相继离世。

公会之张本。虞洽卿君起，谓银行公会应知公例，须调查各国银行之公例，参酌中国银行之习惯，斟酌尽善，俾易遵守。于是议定先将公会草章印送各银行，然后择期会集，公订章程。（《申报》1909年5月11日）

公储局限制存款用银之不便（武昌）

湖北公储钱局与储蓄银行性质无异，现因各商号以钱款来局存放者有二百余万之多，该局放出生息，则须改用银两、银元，一经兑换，亏折甚巨。而部章又以各钱局印行钱票太滥，特行限制，将来官钱局钱票必少。城恐各存户一时来局领取钱款无以应付，是以公储局特向官钱局提出钱票二百万，示令各存钱之户赶将钱款全数领出，嗣后一律不再收存钱款，须以银两、银元交局方为储存云云。但公储局系为便利贫民而设，小民食力所入皆系钱款，今改章须以银存放，是何异禁止贫民存款乎？（《申报》1909年12月20日）

旅沪甬绅陆廷等致宁绍台道函（为四明银行事）（节录）

敬启者：

严氏破产①，亏欠公款，乡人同声慨叹，夫复何言？本埠四明分银行系公司性质，与严氏毫不相涉。乃本月初八晨，该分银行猝见墙上粘贴宪台关防，条示内开：此项源丰②官银号房产归浙海关收管等语。于是商民谣传，以为"是项"两字系指款项而言，遂纷纷到行提取储蓄存款，幸该分行平日素有预备，得免倾倒。不料在沪商民误会，佥称甬行被封，因而上海总银行同时受挤，争取储蓄。值此金融窒滞，每日支付至一二十万，倘若不敷，危险情形已达极点。旅沪同乡大怪，在籍绅商膜视分行受此无辜之累，掣动甬市，大局波及沪行，纷来责备。弟等查询当日情形，始知其时适值总理顾绅前赴金陵考览会务，当由分行书记面向吴委员鏊声明不能贴示，致有恐慌缘由。吴委员悍然不顾，声称奉有道谕，如欲启示，应请府尊作主。该书记即往府署面请府示，承府尊允饬委员揭去条示。而吴委员仍未照行，仅由该分行揭存条示一纸，

---

① 指严信厚所开源丰润官银号倒闭一事。
② 原文如此，疑少"润"字。

至初八夜半始有官役提灯揭示，而大错已成，无可挽救。是此次该分行风潮统由吴委员一手酿成，况值宪台公出期内，即有电谕，似应慎重，将事风闻电谕，仅系□□两字不能作为正式命令。乃吴委员任意妄行，致使分行储蓄一空，名誉扫地，势难再复，谁执其咎？且该分行颇为旅甬洋人所信，洋商、教会储蓄存款多至数十户，今亦风闻支取，并经询及官场如何维持，该执事等几无词以对。素仰大公祖体恤商情，有加无已，当此市面困难，无不竭力维持。今分行遭此损失，总行亦被摇动，而甬市复饱受惊慌。江北岸虽华洋杂处，向来尚称相安，若令操切从事之员置身其间，设为外人讥笑，何以彰宪威而孚舆论？应如何办理之处，大公祖自有权衡，无待某等诊缕也。兹总理顾绅回行，拟报告大众，开会决议，合并附闻。（《申报》1910年10月16日）

和大银行之劫后灰（扬州）

扬州和大银行自倒闭至今毫无眉目，但宁省零星洋币未兑，殊属不成事体。经劝业道与商会商定办法，权由裕宁官钱局，大清、交通、信成各银行担任代兑，俟清理后再行归垫，现已陆续兑出一万五千金。刻由劝业道禀请江督勒令地方官将各股东解省，饬令将未缴足之股本十五万元如数缴足。（《申报》1911年8月2日）

附：主要官银钱号规章制度

1. 天津官银号总章程（1905）

（一）确立为"维持市面，振兴实业"之宗旨

第一节　定名：本银号总号设在天津，因以天津银号命名。

第二节　宗旨：本银号之设，意在维持市面，振兴实业。

第三节　资本：本银号之资本，暂以二百万两为额，另筹备资本二百万两，此两项资本，或由本银号筹措，或在各局、所借拨，随时由总、协理禀请督宪批定。

（二）定人员，明职责

第四节　人员：

甲　总理：一员

乙　协理：一员

丙　董事：一员，为领袖董事兼查账员

丁　总商：一员

戊　副总商：一员

己　委员：无定员，分为文案委员、统计委员、调查委员、监理委员、庶务委员

庚　正商：二员

辛　副商：无定员

壬　帮商：无定员

癸　伙友：无定员

子　友徒：无定员

第五节　责任：

甲　总理责任：总理常川驻号，办理日行事件，有管辖本号之全权。

乙　协理责任：赞助总理，筹划号事，凡关于外埠生意繁盛之区立有分号者，应随时前往查看，调度一切。

丙　董事责任：年终账目结出，董事得有查阅之责。

丁　总商责任如下：

一、禀承总、协理命令，办理一切生意事宜。

二、对于总、分号各同事，有约束、调和之责。

三、统筹开庄，收放银款各事。

四、总核总、分号账目。

戊　副总商责任：凡总商责任以内之事，副总商皆有赞助之责，总商有事他出，则副总商代理之。

己　文案委员责任：凡一切公牍函件，归文案委员总司其成。

庚　统计委员责任：凡关于本银号之事，分门别类造列各种统计表，并附说略，兼复核月总、年总各报告清账。

辛　调查委员责任如下：

一、调查本总号、分号事件。

二、调查同业内容。

三、调查市面行情。

四、调查中外钱业大势。

壬　庶务委员责任：办理本号一切庶务。

癸　监理委员责任：每分号设监理委员一人，办理市面一切事宜，并与帮商商办收放银、款之事，所有分号人员、庶务，均有监察之责。

子　正商责任：正商二员，一总管银钱，一总管账目，皆驻总号，听总商指挥，行业伙友以下，有调和之责。

丑　副商责任：驻总号者，或管银钱，或管账目，听总商指定，伙友以下，有调和之责；驻分号者，受监理委员之监查指挥，办理一切生意事宜。

寅　帮商责任：受监理委员之监查指挥，参商筹划分号一切生意。

卯　伙友责任：听领袖各商之命令指挥，司其应办之事。

附：人员统系图如下：

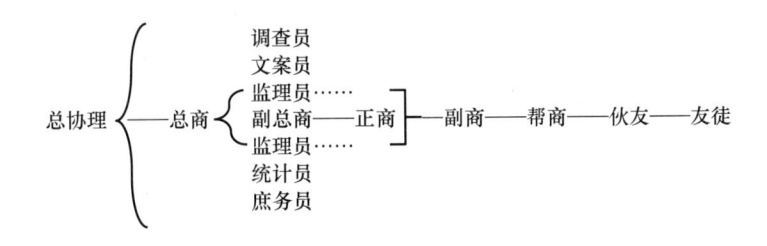

```
                         ┌ 调查员
                         │ 文案员
                         │ 监理员……
总协理 ── 总商 ──────────┤ 副总商 ── 正商 ── 副商 ── 帮商 ── 伙友 ── 友徒
                         │ 监理员……
                         │ 统计员
                         └ 庶务员
```

（三）明定各任职资格及选举与用人权限

第六节　各级人员资格

甲　总协理资格：

一、深明计学，办理本省财政卓著劳绩者。

二、兴办实业有效者。

三、在本号办事多年，熟悉情形，卓著劳绩者。

四、大学堂实业学生毕业，谙悉理财，于中国商情有阅历者。

乙　董事资格：凡于本号财政有关涉局、所，其总办、会办谙悉本省财政及商情者，皆有董事之资格。

丙　总副商资格：

一、熟悉银号情形，在他号管事有名誉者。

二、曾办实业，周知各埠商情者。

三、在本号办事有年者。

四、本号要员，有劳绩、熟悉银号情形者。

丁　委员资格：

一、精于钩稽者。

二、曾管理实业者。

三、熟悉各埠商情者。

四、大学堂实业学生毕业，商情有阅历者。

五、能办公牍，兼悉商情者。

六、充本号正商有劳绩者，并为副商、帮商卓著劳绩者。

第七节　选举权限

甲　总协理：由董事公举合资格者，禀请督宪札委。

乙　董事：由本号财政有关涉之局、所各总、会办中公举，禀请督宪札委。

第八节　用人权限

甲　总协理、董事：由公举，禀请督宪札委，与第七节甲、乙条参看。

乙　各委员：由总协理取合格者札委，并详请督宪立案。

丙　自总商以下，或由殷实铺户保荐，或由总协理、董事保荐，或由学生挑用。凡入号时，派充何职，给薪金多少，均以总、协理条示为凭。

丁　凡商人，或由总号派往分号任事，或由分号调回总号任事，或应酌加薪水，或应斥退，均由总商开具事由，呈请总、协理酌量条示。

（四）营业及经营各种款项

第九节　各种营业

甲　各种存款及放款。

乙　贴息更现。

丙　汇兑。

丁　兑换银钱。

戊　行使银洋各票。

己　永久不坏货物妥实押款。

第十节　经营各种款项

甲　每年公家应分官本所得息银，由督宪提用外，倘有不得已，必须筹拨之款，即在每年所存上年公家余利项下支拨，其余一切官本、护本、公债暨各项存款，专备本号营业周转应用，无论何项公用，永不能提支，以免恐慌，而固根本。

乙　无论公司、局、所、商号前来借款，须预先查明该公司、局、所、商号有无实在存款及收款，如股东殷实，或生意兴旺，或做品妥当，或有可靠亲属指还，方可应允，否则，概不出借。

丙　除本号资本四百万两之外，倘有官款存号，作为浮存，或令本号认息，应由本号酌量号中用项商办，不得勒派。

丁　所有本号息存、浮存各款及银票、银条、应时时逐细查明，按照存款数目，估定酌量生息，现银归库存储备取，不得尽数放出，以免周转不灵。

戊　各处所设分号，应由总号酌量码头大小，按照总号存款，查察市面，随时估定数日，抽调、汇兑均视估定之数为衡，不得过额。

己　使用银、钱各票，不得逾所定之数。

庚　抽调现钱，或令州县盐商搭解，或自行采买，总以较市价有盈无缺，方免贴赔，如有上宪批准贴款，不在此例。

（五）薪俸待遇

第十一节　自总理以下所订薪俸及花红

甲　薪俸：总理每月二百两，协理每月二百两，董事及查账员不取薪俸。

（总协理薪俸，遵八月十三日奉宫保札定，每月支薪俸银各二百两）

委员以下薪俸，分为职、功、资三等，委员职俸，每月四十两，如监理委员有功劳者，特许其食总商职俸，将来记功之后，即照总商加俸，初入号之委员，公事尚待学习者，每月职俸三十两。

总商每月职俸五十两，副总商每月职俸四十两，正商每月职俸二十五两，副商每月职俸二十两，帮商每月职俸十五两，伙友每月职俸十两以下不等。

从委员以下，凡有异常功劳者，分为一、二、三等，按等加俸，虽递迁他职，亦准其随常，谓之功俸。其职俸五十两者：第一等功俸二十五两，第二等功俸十二两，第三等功俸六两。职俸四十两者：第一等功俸二十两，第二等功俸十两，第三等功俸五两。职俸二十五两者：第一等功俸十二两五钱，第二等功俸六两，第三等功俸三两。职俸二十两者：第一等功俸十两，第二等功俸五两，第三等功俸二两五钱。职俸十五两者：第一等功俸七两五钱，第二等功俸四两，第三等功俸二两。职俸十两者：第一等功俸五两，第二等功俸二两，第三等功俸一两五钱，职俸三十两之学习委员与职俸九两以下之伙友，均无功俸。

员商职、功、资俸表如下：

员商薪俸表

员商	职俸	功俸		资俸
		等数	额数	
总商	五十两	一等	二十五两	三年未有过犯者，照原薪支足一年十二个月
		二等	十二两	
		三等	六两	
副总商、监理、文案、统计、调查、庶务等员	四十两	一等	二十两	同上
		二等	十两	
		三等	五两	
正商	二十五两	一等	十二两五钱	同上
		二等	六两	
		三等	三两	
副商	二十两	一等	十两	同上
		二等	五两	
		三等	二两五钱	
帮商	十五两	一等	七两五钱	同上
		二等	四两	
		三等	二两	
伙友	十两	一等	五两	同上
		二等	三两	
		三等	一两五钱	

凡任本号在事三年，未有过犯者，照原薪支给一年十二个月，谓之资俸。附，委员有寻常功劳者，分红时酌送三十两或五十两，有过

扣除。

乙 花红：每年年终，综计一年得利若干，分作一百二十分，以二十分存柜，作为公积之款，以五十分归公家提用，下余五十分，再作为一百二十分，分给总协理，董事、查账员共二十分，委员共二十分，由总协理酌量其责任之轻重，办事之劳逸、收效之大小，以定分红之多寡。其余八十分，摊作十成，以七成归商，别为五等，计总商得十分，副总商得七分，正商得五分，副商得三分五厘，帮商得二分五厘。其余三成，归众伙友，由总商分别优劣，开单呈请总协理核定每人应分数目，条示。

（六）结账

第十二节 结算：年终结账，应将本号出入总数、本年贸易情形、本年盈亏之数、拟派利息并公积、提红之数、本号现行资本及各号欠数，一一结载明白。

（七）查账

第十三节 查账：年终，账略结出，由领袖董事查账。

（八）会议

第十四节 会议：本银号应办事宜，每年正月未开市以前，由总协理、董事开会，会议一次，是谓定时会议。其有特别事件，则由总协理随时约集董事会议，是谓特别会议。

此外，还编订了天津官银号各项规则八十条，其中，《总规则》二十二条，《友徒规则》二十条，《分号规则》二十二条，《行使银洋票规则》十四条，《班期川资、假期时限规则》二条。严格号规、厉禁官场陋习，权责分明，力避涣散敷衍。如规定：自总理以至委员，概不准在号中浮借银钱，倘有藉端为难者，许总商查夺；总商以下亦不准浮欠并担保银钱账目，凡有往来之处，亦不准浮借、赊欠，并招摇生事。一经查出违犯铺规，即令出号。倘有亏欠，由总商着落保荐之人或字号赔补。自总商以下，凡在号者，俱布衣、布履，不准学奢华习气，遇有在外应酬，亦许更新数件，回号遂即换去。在号之人不准吸食鸦片，违者照犯规论，号中更不得设备烟具。又规定：在号办公时，以公事为主，不可与他人闲〈娱〉，即在休息时，亦不可高谈纵论，扰他人不安。友徒内有曾受过国家栽培者，如犯规开除出号，均须追缴从前在堂学费，以杜规避，而儆效尤。还规定：天津为总号，各处为分号。凡分号事宜，无论巨细，统归管事人专政，同人中倘有不听调遣或擅行专政，轻者当面申斥，重者与总号来信，派人替换。而分号遇有疑难之事及息借铺中银钱数至万两以上者，亦应知照总号定夺，或由电达，俟复准后，方可照办。（林春业、郝庆元：《天津官银号记事》，《近代史资料》第68号）

2. 四川濬川源银行章程（1905）

一，设立银行牌名濬川源，取开通川省利源之义。

一，银行系为维持四川财政而设，应由藩司主政，即委该司为督办，另派廉谨明干通达商务之人为总办，筹画专理一切事务。

一，刊给关防一颗，文曰"四川官银行之关防"，专备公文、造册、报销及股票、银票钤印之用。

一，银行拟在重庆、成都先设两号，俟根基稳固，再行展设京、津、沪、汉各分号及内地繁盛码头，以期流通无尽。

一，银行遵照新章，呈报商部，每年酌提若干，俟一年期满，酌定数目报效公家，届时详明咨报，应请照例保护。

一，银行作为官商合资有限银行，倘有亏折，不于股外另有摊派。以二十年为限，满期续作，随时声明。

一，现在户部奏设京师总银行，各省尚未分设。兹川省由官商公同合股开设银行，所有户部拟设之银行，应仍候该部另行核办。即使将来官股获利，或愿附入户部银行，其商股愿否随入，应听自便，不为抑制。

一，凡有行中应作之事，由总号执事商同总办办理，其关系紧要事件，仍应分禀总督、藩司核办。

一，银行既不沾染官派，总分各号均由总号自行刊用图记，不用关防。

一，川省每年外兑京协赔款各饷，拟以三成归银行，七成归各票号承兑，于挽回利权之中，仍寓体恤票商之意。

一，川省不论何处何项正杂公项巨款，银行但有就近济商用项，准禀商藩司饬拨；惟一经拨定，银行即应定期备款，代为交纳，以期官商交益。

一，川省派员在上海购办机器、军装、铜斤等件，所有汇申各款，分归银行分领汇存上海分行，俟该委员到申随时取用。

一，川省应解上海出使经费，如数交由银行领汇。

一，现在筹办铁路，将来存放拨兑款项，更与银行为辅车，所有铁路出入款项酌归银行分办，以免利权旁溢。

一，官商隔阂，势成冰炭，故一言合办，动色相戒。今银行商股，无论官商绅民均准入股，并劝令川省大小官员，酌量入股，以资提倡，庶商股可期踊跃。

一，银行虽系裨国裕商，而专作川省汇兑公款，固系公家自有之利权，然终不免夺票商之利。拟俟核定章程，仍约各票商承认商股，以示均利之意。如该票商实不欲与官家共事，再由银行自行招股。

一，向来各票号领兑公款，系分成摊派，如有某号停贸退领者，即以其应领之成数，或匀分各家，或改并一家承兑。现在银行领汇公款三成，尚有七成仍归各票号，按照成数公摊。嗣后如有票号退领公款，即将该款归并银行领汇，庶公利逐渐归公，而于票号亦无所损。

一，凡官家汇兑各处款项及存放公款，均应按照商号时市公平商议，不得以系官商合办，辄用官势压制。

一，无论官商股本，每银一千两作为一股，给票一纸，随息折一扣，按年五厘给息，以便到期凭折付利。如有将股票、股折遗失，暨转卖与他人者，寻保报明。

一，三联股票，以存根存总号备查，存藩库股票给股东收执，均盖用司印银行关防暨本行图记，以昭信守。

一，银行拟行用千两、五百两、二百两、一百两、五十两、二十两、十两、四两、三两、一两十种银币，通行本省。凡地丁、津捐、盐课、关税、厘金交库兑款，全准搭用，不拘成数，不及一成者不收。此项银票均准持赴重庆、成都两处随时支取现银。

一，银票发行，务期通行遵用。倘关所局卡官吏稍有阻挠，致碍便民之举，查出定即禀明惩处。

一，银行既行银票，应将股本专存开发银票之用，不准挪作他用，以昭信实。

一，不论总分各号执事人等，俱用殷实公正有妥保商人，不准瞻徇滥举。

一，各号账簿，无论流水总账，均由总办钤盖关防发给，不得私自更换。

一，出放各款，应以三月六月至一年为率，不得期限过远；即有以本号股票押借银两者，其息应照官息略加，至远亦以一年为限；逾限不缴者，股票扣留作为公股。

一，存款无论多寡，无论何人借款，或以货产作抵，或凭字号往来，到柜公平商议。不准用官势欺压，以期平易近人，通行无滞。

一，以一年为账期，所得利益，除报效官息支用外，分为十大股：以三股作为人力股俸，又分作十股，按照资格、劳绩，由总办会商总号派给号中执事人承股，仍可随时按以功过分别升降；以一大股作为公积；其余六大股按财股摊分，每股得利，准以七成提用，三成存号，存号之款二厘行息，以厚财力。如有撤股者，即将本息一并付清。

一，每年账期以三月十五日为定。

一，每至账期，开具四柱清册，每股得利若干，登诸报章，牌示号门，俾众共知。

一，股友每至账期，准其看账；有股本十股以上者，准其建议，善者必从，以期尽美尽善。

一，所定章程，如有随时变通，原可官商商办；倘改章不善，准股东随时撤股，官不抑勒。

一，股东如有用项，未到账期，执持股票支息者，亦可酌量支付，准照官息取利到期本息扣还。如股东远在他省，所得股利可由银行汇交，概不取费。

一，股东撤股，愿将股银移交他省者，亦可照办，惟须减付兑费，以示关顾之意。

一，银行开办之后，拟将重庆银元局归并银行兼办，以一事权而节糜费。

一，查户部议设银行原奏，因恐功废半途，仰恳天恩，主持于上。旋直隶拟办债票，复经奏奉特旨，作为永远定案，倘违章失信，从严治罪。诚以财政至重且要，商情易涣难孚，必须妥定章程，始终确守，方足以昭示大信，克底成功。

以上章程，应请鉴定后，敕下立案，俾资永远遵守。

以上各章，如有未尽事宜及前后情形互异，须略为变通者，均应随时斟酌损益，以臻完备。(《申报》1905 年 6 月 14 日)

3. 东三省官银号暂行规则

第一条　东三省官银号之设为活动三省金融机关，维持圜法，整顿市面起见，系由官本创设。

第二条　东三省官银号就原有奉天官银号推广开办，原有资本银陆拾万两暂不增加，候扩张贸易之际，再行禀请督抚办理。

第三条　东三省官银号设总机关于奉天、吉江两省，次第分设。其有商埠繁盛之区以及三省各府厅州县应设号者，得随时斟酌地方贸易情形，禀准督抚增设。或与殷实铺户行号订立合同，作为代办者亦应禀明立案。督抚如有视为应设分号之时，官银号应秉承命令筹设。

第四条　东三省官银号营业事项如左：

一、短期折息；二、贸卖荒金荒银及各国货币；三、汇兑、划拨公私款项；四、放出款项；五、经理公私各项存款；六、发行本省新铸银元、铜元；七、发行市面通用银钱票、银元票；八、倾销生银及代理商民镕铸银两。

第五条　东三省官银号所发市面通用银钱票、银元票，于度支部纸币法律未经颁布以前，凡东三省境内准其完纳钱粮捐税，呈交各项库款，流通市面，均与现钱无异。此项银钱票、银元票发行数目按月呈报督抚，准备数目一依度支部所定章程办理。

第六条　东三省官银号系由公家设立，所有官款出入以及紧要公帑，官银号当禀承督抚，妥为办理。

第七条　东三省官银号如遇地方银根紧急，市面恐慌之际，准其禀请督抚发款接济，仍由银号照章交息银。此外，有接济市面之营业，官银号奉有督抚命令者，亦可体察情形试办。

第八条　东三省官银号除禀准各项营业外，不得再营他业。

第九条　东三省官银号放出款项以抵押货款保证，货款为正宗。如无妥善、确切之抵押或保证，无论何人不得挪借。

第十条　东三省官银号设总办一员，会办一员，总、副商各一人，经理总、分号事宜。总、会办均由督抚遴选委充，总、副商由总、会办选品行端方，家道殷实，熟悉情形商人，取具切实保单，呈明督抚任用。其余各员视事务之繁简为增减者，有合同、保单，薪水及办事规则随时由官银号斟酌情形，自订详细章程禀明督抚遵办。

第十一条　东三省官银号办事人员履历按年造册，呈送督抚备查。

第十二条　稽查委员一人常川住东三省官银号，轮赴各分号查核票据、现金、账簿，随时可以其意见陈述于总、会办，俾可改良一切。督抚如视官银号有应行检查事，随时特派委员查核者不在此例。

第十三条　总、会办及各分号总办皆以五年为一任，总、副商以三年为一任。总、会办任满由督抚察查能否胜任。总、副商任满由总、会办加考禀明办理。如果办事妥慎者，均可接续任事。

第十四条　东三省官银总、分号每月小结一次，将营业出入及号中一切情形详细备文呈报督抚查核一次。所有盈余银两除开支人员薪水、各种营业费用及官本月息外，提二成五作为公积，以备填补资本亏耗之用。办事人员花红亦照二成五提给，其余五成作为余利候提用。

第十五条　银号执事各员每月于结账后应在本号会议一次，每年结账后分号委员、执事应齐集总号会议一次。所有议决各事项，大者禀请督抚批示，次者互相知照施行。其因临时发生事件会议者，每月一次或数次，不为限制。

第十六条　东三省官银总、分号应遵照度支部奏定通行银行则例，按期造具财产目录及出入对照表各二分〈份〉呈送督抚，分别咨部存案，以资稽考。

第十七条　东三省官银号有维持三省圜法之责，如有奸商、市侩抑勒、把持，危险及于市面者，官银号得以禀请惩办，酌中定价以图补救。

第十八条　东三省官银号所发各种银钱票为通行三省之用，如有持此项银票往已设各分号作汇，及此分号至彼分号或总号作汇者，均可一律行使。应收贴水准照市行办理。

第十九条　凡公家借用东三省官银号款项者，均一律收取息金，仍应明定归还期限。若值市面银根紧急之际，官银号可以禀明缓付。

第二十条　东三省官银号除为营业起见，应占用房屋、地基等项，此外不得将不动产买入。如有因账目抵折得有此项产业者，务须预估，价值相抵，方准承受。仍应迅速出售，以免积压成本。

第二十一条　东三省官银号附设官炉房一所，专为本号倾销银两之用。如商民愿将银两交官银号炉房镕铸者，亦可按照市面炉房一律交易，俟生银停用，即行停止。

第二十二条　东三省官银号总、会办，分号总办各人员，如有不能胜任及别项弊窦者，经督抚查明随时撤换，分别科罚。总、副商人等如有败坏营业情事，总、会办等不能查出或发觉者亦应一律论处。

第二十三条　本规则如有应行增改之处，随时禀请更改。（《东三省政略》卷七《财政》）

附东三省官银号哈尔滨分号暂行规则

一、本分号设立哈尔滨，拟定名为哈尔滨东三省官银分号。

一、官本二十万元，拟请由东三省官银总号备齐此款，暂存总号，俟开办时由分号具领提取。

一、银元票据四十万元由总号备有未编号及未签字盖印之新纸币，以便本分号另编号数及盖印、签字。

一、纸币上拟另盖"哈尔滨"三字图章以示区别。

一、本分号拟设在哈尔滨道内十二道街或十三道街。

一、本分号原为设立银行基础，外面形式必须稍壮观瞻。至号内一切规模，当格外从俭以节经费。

一、本分号拟租定洋式楼房一所，择房内严密之地自建坚固库房一所，以备存储款项。

一、本分号除纸币由总号备齐外，凡应用国徽、招牌、天秤、砝码、各种图记、账簿、折子、支票、汇票、单据、纸张均由本分号购制。

一、本分号所发纸币拟请督抚札饬吉、江两省各税捐局一概收用。

一、本分号既为哈尔滨东三省官银分号，凡哈埠地方公家进款拟请存储本分号或交本分号汇兑，藉以流通资本。

一、本分号开办之处，所有装修房屋、添购生财器具等银，均详细开单报告督抚注册，作为实银。至平日因何损坏、修理、添置，亦宜随时报告。

总则

第一节　本分银号虽系官本，宜纯用商家性质，所有一切贸易之事悉照各银行通行章程办理，不染官场习气。

第二节　哈埠为华俄商人转枢之地，金融机关向有道胜银行独占，今既设立官银号，亟宜联络华商通行纸币，以期挽救利益。

第三节　本分号发行纸币至十万以上，所有收入之抵当现款，可提出三分之一扩充营业，所余之数永远存储以备支付。

第四节　本分号既设立哈埠，凡官银总号已设立之各分号宜由总号通知，代为汇兑款项，不准延误，以昭信用。

第五节　本分号官本二十万元，官利按照定章常年四厘计算。

第六节　本分号每月有出入总结单，每半年有出入盈亏细账，呈送督抚查核。

第七节　本分号每半年结账一次，六月为小结，腊月为大结。每届大结获有盈余，按定章分作十成，先提二成为公积，下余再分作十成，以三成为任事花红，以七成为官本余利。惟须获有实在盈余现款，方可归入余利项下。其未经收回账目，应剔出另行登记，不得遽以余利计之。

第八节　每年结账所得实在余利，提公积及花红外，所有官本余利应将全数呈报督抚，并将本年四厘官利一并汇报，听候提拨。

第九节　本分号总办薪俸由号内发给，作正开销，不再由官利四厘内拨给。

第十节　分号每年应分花红数目，总办由督抚定之，理事长以下均由总办酌定，呈请督抚施行。

第十一节　总号已设分号之处，本分号暂不分设支号。如吉、黑两省地方有于本号交通便利之处，本分号宜就近分设。

营业规则

一、本分号专作收存、出放款项，买卖荒金，汇兑，划拨公私款项，拆收未满限期票及押汇货物等事。

二、本分号除营以上各项事业外，不得再营其他业，并不得将不动产买入。惟因清理欠款或由债主交付，或因抵当借款，由官断给者不在此例，惟须迅速出售，不得稽延。

三、本分号放款以抵押货款、保证贷款为正宗。若无妥善、确切之抵押或保证，无论何人，不得挪借。

四、本号库房铁门须用双匙，以一匙存于总办处，一匙归管库收存，非有二人不准开用。

五、本号应备双匙合开之大保险箱，以一匙存于总办处，一匙归管库收存，非有二人不准开用。

六、本号现银、现金、银元、钞票及质押之金银器件统归库内保管。

七、本号纸币凡三省设有分号之处一律通用，但可视路之远近酌收贴水。若在便利之地，亦可免收贴水。

八、凡官家借用本分号款项及各处汇兑，均须一律收取息金、汇费。惟借款仍应定明期限。若值号中银根紧绌之时，不得出放。

九、号中出入款项无论巨细，均须登入流水簿，每日一结。理事长须查看一周，于结数后签字，送呈总办查阅。

十、凡关于借贷及进出款项，理事长须商承总办酌定。

十一、本分号纸币非见现款不得发给，以昭信用。

十二、本分号纸币非经总办及理事长签字，不得使用。

十三、非号中应办事件，管理人不得用本号银两及本号出名，作各项贸易，且不得以本号出名，为人作保。违者立时辞退，并从重科罚。

十四、理事长、副事及司账人等，不得兼为他人管理生意，并不得自开店铺。其原有之自开贸易，准照常开设，惟不得以其字号出名在本号借款，以及为他人作保，向本号借款等事。违者议罚。若现银交易、汇兑，不在此例。

十五、如有于公事内私取用钱，及借公事收取贿赂者，立即辞退，并从重议罚。

十六、本分号收存各户存款按照外国银行通行章程，概不问其款之所从来。无论其款有何关系胶葛，非持有存款凭券，不得令人向本号查阅账目。

十七、杂务每十日结账一次，报明司账所有购入之物，经总办及理事长检明后，将该货铺之发货单及收到物价凭条合粘一处，于结账时，一并交司账核对。

用人章程

一、本分号理事长职司视总号之总商，以家道殷实，品行端方，曾在各银行任事无过者为合格，然必须具有切实保单。该理事长倘有舞弊、亏款情事，著原保人赔偿。

二、本分号理事长由总办选用，副理事以下由理事长选举，商承总办分别任用。除由理事长担保外，均宜取具切实保单。

三、本分号所用人员额数均按现时酌定。设日后生意开拓，事务繁多，再行随时酌添。

四、本分号中各项人等不得将行中现存款项及贸易情形告知号外一人，号中诸人均须遵守，违者重罚。

五、号中诸人在号内办事，虽无错误，而在号外有不顾声名，招人物议之事，究与号中用人、名誉有关，查实，应即辞退。

六、本分号同人概不准长支透用。此条为保全名誉，培植品节，杜绝外务、嗜好之要则，为益最大，诸人皆宜遵守。

七、本分号执事人员如有于开创之始，曾著勋劳，在号多年，始终无过错者，俟其退休之日，可将其经手期内公积项下所生之利，酌提若干以为酬劳，但不得逾本人薪费之数。如已积劳病故，亦可以此恤其妻子。惟此系特别之事，须临时由理事长商承总办议定。

八、本分号执事人员如有于开创之始任办事得力，可否连任应由督抚定夺、加委，以期有裨商业。如不胜任，随时撤换。

九、本分号理事长定期以五年为一任，任内无过可连任接办，以资熟手。如不胜任，随时可由总办禀请撤换。至于各执事，有格外勤奋，办事妥当者，亦可按级递升。

十、本分号各执事人有不住号者，除星期外，日短时，每日均须早八点到号，晚六点方散。日长时，每日早七点到号，晚七点方散。星期之前一日须将一礼拜内账目核算清楚，方准各散。惟账房、库房不得自便擅离，礼拜日亦应酌留管事数人，照常办事。凡号中各人，除有繁要私事可以请假，然每月不得过三日，此外不得托故不到。违者轻者酌罚薪水，重则径行辞退。

十一、本分号执事诸人不得招令亲友、闲杂人等在号内宿食。

十二、本分号中辞退，理事长限三个月，理事长自行辞退限六个月，将经手事件一律交代清楚。应将花红以辞退之日为止，照数给予。所有保单俟经手交代清楚，方可发还。倘有意舞弊，情形过重者，尚须另行议罚。

十三、本分号另设杂务一员，专司伙食及各项杂用，别立账簿，不与号事牵混。

十四、本分号外如推广、添设分号时，所用人员数目俟临时察度情形，再行酌定，呈候核办。（《东三省政略》卷七《财政》）

4. 吉林官银钱分号通行简章

第一章　总纲

第一条　各分号皆系由吉林官银钱总号推广而设，故定名曰吉林官银钱分号。

第二条　各分号以辅助总号活泼吉省银根，并维持市面，利便商民，隐杜外国货币流入为宗旨。

第三条　各分号成立区域，其在省界以内者，如榆树、延吉、珲春、长春、哈尔滨、密山、宁古塔、依兰共八处；其在省界以外者，如营口只一处，或租屋开办，或自建房间，其全部事务均直接受总号之总理。

第四条　各分号所营业务，无论与总号有无关系，均应随时报告总号。

第五条　各分号于就地商情，凡银价之涨落，外币之灌输以及市面之消息盈虚，应随时报告总号。

第六条　分号与总号普通通信期限，暂定为每五日通函一次，报告市面行情。如有特别要件，则不拘时日随时发信通知。所有往来信函须照总号所发笺函式样编列号数。

第七条　分号与总号遇有要事，寻常则用普通电局明码；密件则用总号所发永字密码，发电后须将电底抄录一纸，径寄收电之处。

第八条　各分号均由总号详请（各）颁发木质钤记一颗，凡日行文件及关于款项出入、汇报等事务须盖用本号钤记。

第二章　资本金

第九条　各分号资本金额：营口暂由总号筹拨新龙元银十六万两，长春、延吉、哈尔滨、宁古塔、珲春、密山、依兰、榆树，各拨资本官帖五六十万吊不等，如将来营业发达不敷周转之时，仍可电请总号酌量筹济。

第十条　各分号资本专为营业之需，无论何时不得拨作他用，并不得以此项资本私营他项贸易或兼营他项公司、行号，并轻易贷借等情。应由各分号于每月营业报册内，分款列明，随时由总号派员前往稽查，俾昭慎重。

第三章　营业得利

第十一条　各分号营业所得利子，无论多寡均按三节结算，除经常临时各用款作正开销外，其余尽数解交总号，归入总号余利中分成摊派。

第十二条　当三节结算之时，必须收到实在息金方能作为本届余利，其未经收回之账目，一概不得算入。

第十三条　各分号委员、柜伙，年节花红亦由总号开折，呈请帅宪批定数目，分别给发，不得自行擅拨。

第四章　职员及任务

第十四条　分号各设委员一员，主持号中一切事务。若遇有事体较重者，仍须禀承总号办理，不得擅专。

第十五条　各分号委员对于各该分号借贷抵产事宜，均应随时详细调查。如有受人朦混，款归无着时，该经手委员即已经离差，亦应担负清理及催讨责任。

第十六条　分号各设柜伙两三人，分任各该号一切营业事宜，直接受各该号委员之命令。

第十七条　各分号委员、柜伙均由总号委派，其任差资格均详于总号章程中。

第五章　营业

第十八条　各分号虽系官办，而营业性质则与商家无异，其营业事项得分为左记之四种：

（甲）汇兑；

（乙）存款；

（丙）贷付；

（丁）兑换。

第十九条　各分号如有互汇之款，均应先行知会总号函致彼处，将来方可由总号划拨。不论官商均须视汇款之多寡，照章收其汇费。

第二十条　各分号分设区域，即为各分号权力所及之处。无论公款、私款可以代汇。

第二十一条　各分号汇往各埠款项通用函汇。譬如，由甲地汇至乙地，乙地见信后，须令取保方可支付。如遇紧要公项，须用电汇者亦可通融办理。

第二十二条　各分号无论官商、公私汇款，均须先行收款，不得私相垫汇，以免纠葛。

第二十三条　各分号汇往各埠款项，道途远近不等，各地市面通用货币平色行价亦各不同，所有汇款、汇水时有涨落，应临时核定。

第二十四条　各分号收存官商款一切款项，均略仿大清银行办法，分为定期存款、往来存款、随时存款三种。

第二十五条　定期存款利息，依期长短为差别，照银行通例办理。三月以上月息三厘、六月以上月息四厘、一年以上月息五厘。

第二十六条　定期存款存期之长短与利息之多寡，均于存储之日订明。

第二十七条　定期存款照立存单交存款人收执为据。该存款及利息，统俟到期后一并清算，未到期之前概不支取。

第二十八条　各省商家惯例，凡暂时往来浮存，概无利息。各分号对于此种往来随时存款，无论为数多寡，亦概不得起息。

第二十九条　往来存款只能付至所存之数为止，不得透支。但存款人因有急需，欲于存款之外透支若干者，一切办法均照贷款之例商订，非有抵押不得私相通融。

第三十条　存款生息账目，每届期清算一次。须将本利一并清算结，如欲停止往来，可随时找算清楚。

第三十一条　各分号暂均专办有抵当之借贷，其保证借贷、信用借贷，暂行缓办。

第三十二条　各分号略仿商业银行办法，凡欲抵押款项者，不得以动产作为借贷之抵当。

第三十三条　凡有用产业到各分号抵押款项者，须按照定期偿还方法而贷付之。

第三十四条　凡至各分号押款者，其归还期限以六个月为率。利息多寡暂定为按月一分。

第三十五条　抵押产业，由各分号按临时市价估作若干成，价格百两者押款至多不得过五十两。

第三十六条　商家借款如在一千两之外，必须知会总号。

第三十七条　凡官家借款，不论公私巨细，均须详请帅宪批准有案，欠款有着，方可借给。如各分号私相通融挪借，见好于众，原本及利息均责令各分号委员照数赔偿。其余人名、堂名，一概不准出借，如违亦照此例。

第三十八条　押款到期不能清还，各分号得以质抵之产拍卖抵偿，除还押款本利外，有余则交回货主，不足则归借款人或保人照数赔偿。

第三十九条　各分号拍卖抵当品时，该货主及保人均可到场亲视，如不到场，卖价或有高下，与各分号无涉。又该货主到场时，不得于拍卖之产故意拦阻或预定价格，致该货不能速售。

第四十条　借主欲于未到期以前，将抵押产业全数赎出，或先赎若干仍押若干，均可通融办理，并将利息算至还款之日为至。

第四十一条　押款虽有产业可以为质，仍必须有连环图保方准抵押。

第四十二条　收缴借款，必须归还原物，借银币归银币，借钱币归钱币，借元币归元币，虽交现款不准抵收。

第四十三条　凡持有赝造总、各分号钞票来支取现币者，各分号查验确实，除将该券批废外，应询明来手送局究办。

第四十四条　凡持各分号发行之钞票，如有揉烂、模糊、字迹不清及私行涂改者，概不付给现币。私行涂改者询明来手，比照第四十三条办理。

第四十五条　买卖银两，均以实平交易，不必取平余之利。

第四十六条　存欠银钱均应实出实入，一概不准蹈空。

第四十七条　各分号上市与钱行一律讲行，惟散市后不得再行交易，以免市价参差。

第六章　簿据图章

第四十八条　各分号所有簿据，均须用总号式样，以归一律。

第四十九条　各分号所用簿册，均须盖用骑缝关防，并须将页数登记簿面。

第五十条　各分号除重大公件必须盖用钤记外，凡各部分中应分类刻用各项大小图章，便于经手人随时盖戳，惟不得代人作保。

第五十一条　各分号重要图章，应归各该委员自行收管。

第五十二条　各分号所刻图章、戳记，有非由总号颁发者，均须将式样送总号存案，并知照其余各分号。

第五十三条　借贷到期之户，如先交利或交本不足，即在原据注明收本若干，收利若干，不得转立新据，俟借款缴清即行撤销。

第七章　会计

第五十四条　各分号账目按日一小结，五日一大结，月终一总结。每于结账之后，须由各该委员亲自核算，以盖用图章为凭。

第五十五条　各分号每月报册及每季报册，届期详细造送三份，一并寄交总号，以便代转公署及财政局。

第五十六条　各分号月、季报表、册，统按总号颁发格式，分别填注。务期详益求详，不得稍有遗漏。

第五十七条　各分号借贷得利或往来之款，均应登入流水正账，不得暂行浮记。如各处有解交司库之款，应解由总号直交，不得先交商号再行解交司库。

第五十八条　各分号应支经常临时各项用款，均须实用实销，不得稍有浮冒。应于局费月报册内，逐条逐项一一列明，以便查核。

第八章　附则

第五十九条　此章宣布实行以后，各分号员司均有遵守之义务。如员司办事有违背以上各条者，应即分别轻重予以相当之处罚。

第六十条　以上所列五十九条系暂行规定，以资遵守。其未尽事宜，仍应随时酌量增改。

第六十一条　各分号委员、柜伙，应守规则即以总号之通守规则为

法，无庸另拟。（宣统二年）

吉林永衡官银钱号新设分号暂行规约

一、分号以流通货币，调剂地方金融为宗旨。

二、分号资本以总号详定之数为准。

三、分号组织以经理为主任，负一切完全之责。

四、凡现在新设各分号，应考察地方财政金融情形，陈准总号办理一切应有营业。

五、新设分号应照章办理存款。

六、新设分号应照章办理汇兑。

七、总号所有各项章程、规则、除暂行规约列有专条外，新设分号均有绝对遵守之义务。

八、新设分号一俟设立就绪，应编制预算，详候总号呈核准，方许开支。

驻津沪吉林官银钱分号试办章程

第一章　总纲

第一条　驻津、沪两处分号，皆由吉林官银钱总号推广而设，故定名曰驻津、沪吉林官银钱分号。

第二条　津、沪分号以辅助总号活泼吉省银根，并使各埠经济流通，商业发达，以隐杜外国货币流入为宗旨。

第三条　本分号草创之初，先行赁屋开办，一俟将来商业发达，并择有适宜地址再行建筑房舍。

第四条　津、沪号逐日所营业，无论与总号有无关系，均应随时报告总号。

第五条　分号与总号普通通信期限，暂定为每五日通函一次，报告市面行情。如有特别要件，则不拘时日随时发信通知。所有往来信函须照本总号所发笺函式样，编列号数。

第六条　分号与总号遇有要事，寻常则用普通电局明密；密件则用总号所发永字密码。发电后须将电底抄录一纸，径寄收电之处。

第七条　津、沪两分号应各请颁发木质关防一颗，凡日行文件及关于款项出入、汇报等事务，须盖用本号关防。

第二章　资本金

第八条　津、沪号资本金额，由总号拨银五十万两。如遇营业不足之时，仍可电商总号，得特别暂时补助之。

第九条　津、沪分资本，专为营业之需，无论何时不得拨作他用，并不得以此项资本私营他项贸易，或兼营他项公司行号，并轻意贷借等情。应由分号于每月营业月报册内，分款列明，随时由总号前往稽查，俾昭慎重。

第三章　营业得利

第十条　津、沪号营业所得利子，无论多寡均按三节结算。除扣除总号所筹拨资本金、本息为常年五厘，并该号中各项开销外，所余之数即为该号营业所得实利。按十成分摊，以四成作为补助总号资本金；以一成五报效归公家（以上五成五按节解交总号汇核）；以一成作为公积，该号遇有意外亏耗时，即以此项弥补；以一成为该号总办花红；以一成五由该号总办，分给该号理事人及柜伙人等作为花红；以一成提归总号并入得利项下，以补分派之不足。

第四章　职员及任务

第十一条　津、沪分号设总办一员。所有该分号应行筹备事宜，悉由该总办主持。该号应设理事各员，亦即由该总办酌量事之繁简，分别委任之。

第十二条　津、沪分号创办伊始，规模不大，理事人员暂不多延，所有开支均应力求撙节，以重款项。津号暂定公费银三百五十两，沪号暂定公费银二百两，将来营业发达不敷之时再行商酌，总号量为增加。

第五章　营业

第十三条　津、沪分号虽系官办，而营业性质则与商家无异，其营业事项得分为左记之数种：

（甲）本国各埠之汇兑；

（乙）存款；

（丙）贷付；

（丁）兑换。

第十四条　汇兑，凡与总号及各埠分号，来往汇兑巨款至万两以上，一月以内彼此均不计利，一月之外得彼此酌量认计利金，以免偏祜。

第十五条　以上所列营业事项，但举大概，其详细条目以及办法，另有营业专章以资遵守，并须随时将此项专章，供来往商号观览。

第十六条　吉林总号向以钱为本位，银本位实系虚设。若津、沪分号则以现银为本位，而各处平色不同，则出入交易须各按该地平色计算。

第六章　簿据图章

第十七条　津、沪号所用簿据式样，均须用总号颁到仿照大清银行簿式。

第十八条　津、沪号所用簿册，均须盖用骑缝关防，并须将页数登记簿面。

第十九条　津、沪号除重大公件必须盖用关防外，凡各部分中应分类刻用各项大小图章，便于经手人随时盖戳。

第二十条　津、沪号所刻图章、戳记，有非由总号颁发者，均须将式样送总号存案，并知照吉省各分号。

第七章　会计

第二十一条　津、沪号账目，按日一小结，五日一大结，月终一总结。每于结账之后，须由司账送呈总办检阅，以盖用图章为凭。

第二十二条　津、沪号每月报册及每季报册，届期详细照造三分〈份〉，一并寄交总号，以便代转公署及财政局。

第二十三条　分号月、季报表册，统按总号颁发格式分别填注，务期详益求详，不得稍有遗漏。

第二十四条　吉林、天津、上海三处，有汇兑收交各款应暂作往来，彼此按月录账互相查对。

第二十五条　吉林、上海、天津三处平色不同，天津即以行平列账，上海以规银列账，皆汇报总号。至如何折合，应由总号查照册报所载，加减合算以归一律。

第八章　附则

第二十六条　此章宣布实行以后，本号员、司均有遵守之义务。如员、司办事有违背以上各条者，应即分别轻重予以相当之处罚。

第二十七条 以上所列二十六条暂行规定，以资遵守，其未尽事宜，仍应随时酌量增改。（宣统二年）

吉林永衡官银钱号拟订各支号暂行简章

第一条 各支号系专办粮栈、烧锅、当铺、杂货、印刷、电灯等营业，与银钱分号性质不同，故名曰支号。均冠以"永衡"二字。

第二条 支号分设省城内外及德惠、磐石、宁安、伊通、长春、公主岭等处，共计十八号。一切营业事项直接归总号管理。将来营业发达或须添设，应由总号酌定。

第三条 支号设经理一人，负支号营业全权责任。由总号选派，但须有相当之保证，其保证法另订之。

第四条 经理人每届年终，由总号按其营业报告之盈亏，酌定去留。但遇有舞弊情事，仍得随时更换。

第五条 支号柜伙，由经理雇用。其额数由经理按营业范围酌定，报总号核准照办。

第六条 支号历年经费，务要力求撙节，不得因系公家营业，任意增加，致滋浪费之弊。

第七条 支号扩充营业或必须添设分柜时，均须预先商明总号。经总号公决允准后，再行办理。

第八条 支号于秋冬生意畅旺时拟乘机营业，均须于期前报告情形，由总号通盘筹划，核定准借数目，始准照领。所领之款，限次年五月内本利一并解还。

第九条 支号年终结账，存货俱照实价计算。须历年代扣一成，以扣至五折为止，以免有名无实之弊。并须将点货账照抄一本，随年单送总号存案备查。如因经理办理不善经总号开除时，由总号派人清点存货，倘有不实，定行送法庭追赔。

第十条 支号经理不准私自营业。如查有买空、卖空、私行倒把，暗蚀影射等事，除更换外，仍送法庭按律追办。

第十一条 支号分红办法，仍暂适用开办章程之规定。

第十二条 本简章俟总号章程修订后，或有何项修改之处，再行通饬照办。（宣统二年）

吉林官银钱总号营业章程

第一章　总纲

第一条　本号营业系略仿大清银行办法，参以吉省商务情形，斟酌损益以活泼银根，利便商业，维持市场为宗旨。

第二条　本号总号设在吉林省域，并于天津、上海、营口、长春、哈尔滨等处，以及各省商务繁盛之区开设分号处，以便流通经济，发达商业。

第三条　本号营业专办各埠之存款、贷款汇兑，并各种银两、银元钞票之兑换及纸币之发行。

第四条　现银出入，一律以本号平码为准，其在各埠者即以各该埠平码准定之。

第五条　本号各埠汇价以逐日悬牌为准。

第六条　凡银两、银元各款，概归银两核算以便登记。

第七条　凡与本号寻常交易等事，概由本号账房或本号外柜伙友接洽办理。但储存及汇兑巨款有须与总帮办直接者，得径至本号办公室直接筹商。

第八条　凡本号有收交款项及订定事件，均以本号通用图记及总、帮办鉴字盖章为凭。

第九条　本号营业时间，春分后以午前八钟至午后五钟；秋分后以午前九钟至午后四钟为率。凡遇有特别事件必须延长时间者仍可随时洽商。

第十条　本号恭逢圣节及端午秋节，均照例休息一日；元旦令节休息五日例。于当日辰刻悬牌门首布告，惟星期日则暂不休息以示利便。

第二章　存款

第十一条　本号收存款官商一切款项均略仿大清银行办法，分为定期存款、往来存款、随时存款三种。

第十二条　定期存款利息依限期长短为差别，照银行通例办理，三月以上月息三厘；六个月以上四厘；一年以上月息五厘。

第十三条　定期存款存期之长短与利息之多寡，均于存储之日订明。

第十四条　定期存款照立存单交存款人收执为据，该存款及利息统俟到期后一并清算，未到期之前概不支取。

第十五条　吉省商家惯〈例〉凡暂时往来浮存概无利息，本号对于此种存款，无论为数多寡概不起息。

第十六条　本号收进往来存款，当即发给存折。嗣后或续存或支用，均随时登折。

第十七条　往存款只能付至所存之数为止，不得透支。但存款人因有急需，欲于存款之外透支者，须得本号总、帮办之认可方可贷给，仍不得过若干数目，其利息照贷款章商订。

第十八条　随时存款其起存数目，银自五十两、银元自一百元、钱自二百千，现金与钞票一律收存，得由存款人随时支取。是项存款，由本号发给存折，盖用总、帮办章记为凭。

第十九条　凡存款账目每半年清算一次，届时本利一并算结。但存款人因有事故，临时找算清楚得以停止往来。

第二十条　凡有持现银银元及钞票储存本号，其数目过少先未订明者，一月以内暂不付息，一月以外分别期限长短按月照付。

第二十一条　本号收存官商一切款项，不论银元、官帖、羌帖，均须按照市价合银存储方可按银计息。

第二十二条　各项存款本号均有保护之责，无论该款有何关系纠葛之事，他人不得强向本号要求阅账致碍信用；惟官款不在此例。

第三章　贷款

第二十三条　本号贷款分为三种：

一、抵押贷款。本号贷款以抵押为主。凡以动产、不动产作抵押品到本号借款者，须邀同连环图保方得抵押。

二、保证贷款。凡欲保证贷款者，须预邀素有商业、身家殷实，为本号所深信之人，来号担负连带责任方可贷给。仍不得过一万两。

三、信用贷款。凡官家举办要政筹有的款缓不济急，具呈公署批准者，本号得贷给之。但官家以外之人名、堂名不得援以为例。

第二十四条　凡持有抵当品到号抵押款项者，须按照定期偿还方法而贷付之。

第二十五条　凡以动产或不动产，向本号抵押款项者须将货样数目原价（按随时市价计算），或房屋之红契等，开列清单交由本号查验。

认为确易销售及无他纠葛者，方可作为真实抵押品。

第二十六条　抵押物品内本号估量价值作若干成，价值百两者押款至多不得逾半。

第二十七条　凡至本号贷款者，其归还期限，统以六个月为率；利息多寡，暂定为按月至少以九厘为率。

第二十八条　凡以房屋向本号押款者须附有保险契约，否则借款不得过实值十分之四。

第二十九条　凡以房产向本号押款者，应由本号先按现时租价合算。例如有房屋一所每月可租钱二百吊文，以八厘计息则此房屋价值可得钱二万五千吊，再按本号值百借四之例，则此房产可抵押钱一万吊文。其临时高抬租金者，不以为准，应由本号比照市面普通租价核定之。

第三十条　凡以动产向本号押款者，其货物应由该货主卸存别家殷实货栈，由该栈出代存该货凭单交由本号收存。存货栈租及起卸脚力，概由贷主自给。

第三十一条　凡以动产向本号抵押款项者，其抵押物件，一须无论何时可以售出；二须其价值无跌落之虞；三须无损失、破坏之患。

第三十二条　凡以不动产向本号抵押款项者，其产业不得盗卖他人。如欲出卖时必须先行通知本号，本号应于期限前将所放款项本息，全数收回。但借主能以相当产业作抵者，不在此限。

第三十三条　借主欲于未到期以前将抵押货物或产业，全数赎出或先赎若干，仍押若干，可通融办理，但其利息算至还之日为止。

第三十四条　押款到期不能偿清，本号得以质抵之物件或产业拍卖抵偿。除还清押款本利外，有余则交回货主，不足则归借款人或保人照数赔补。

第三十五条　本号的拍卖抵当品时，须先通知该借款人及保人到场监视。

第三十六条　借款人或保人接本号通知后，须届期到场。如不到场，卖价或有高下时，本号不负责任。其有余不足仍准前条办理。

第三十七条　借款人或保人到场时，不得于拍卖之物，故意拦阻或预先高抬价格，致其物不能速售。

第三十八条　押款期内，该货如遇有火水及其余一切意外变故，虽未到期，本号可限期催赎；到限不赎，得照本章第三十条办理。

第三十九条　保证贷款之借款人，到期不偿还时，本号惟向保证人请求偿还。保证人不偿还时，本号得处分其产业。

第四十条　凡官家有向本号贷款者，得按照左列贷款之事实而区别其利息之多寡。

（甲）行政贷款　行政贷款为谋行政之发达而有，例如教育、警务、军政等事，皆为人民增进幸福起见。本号对于此项货款时得斟酌订期，明订偿还之期限，而酌收其息金。其能否借给之处，仍由本号酌夺办理。

（乙）营业贷款　营业贷款为扩充官营事业而有，例如省城官运局、官书局、电灯公司、林业局、造币厂等及一切官办事项，而具有营业性质者。本号对于此项贷款时得明订其偿还之期限，照按月八厘之例，而全收其息金。

第四章　汇兑

第四十一条　本号分设区域，即为本号权力所及之处，无论公款、私款一律可以代汇。其代汇之款，不论官、商均须视汇款之多寡，照章收其汇费。

第四十二条　本号汇往各埠通用函汇，照通常汇兑办法一律办理。如遇紧要公项，须用电汇者，亦可到号商酌通融办理。

第四十三条　凡有甲地至乙地办货之人，少带款项，可将该货提单及保险单，向本号在乙地之分号押款应用，即将所押款项就甲地交还本分号。

第四十四条　凡由甲地汇往乙地道途远近不等，各地市面通用货币平色、行价亦各不同。所有汇款汇水，应如何加减折算，均于临时在号面议。

第四十五条　押汇之息费及期限，均与贷款地之本号议定。

第四十六条　押汇之提单及保险单，由贷款地之本号代寄取货地之本号收存，以备押汇者依期取赎。

第四十七条　押存本号之提单及保险单，如逾期不赎又未转期者，本号得提货变卖。照第三章第三十四条办理。

第五章　钞票之兑换

第四十八条　本号发行银票、龙元票、官帖三项。券面金额：银票计分五十两、五十三两五钱、五百三十五两三种；龙元票计分一元、五元、十元三种；官帖计分一吊、二吊、三吊、五吊、十吊、五十吊、一百吊七种。在营业时间中，无论何时均可引换现货。惟钱票应仍照二成付现成法办理。又支店所在地不同，如甲地之银元钞票至乙地易其地现货时，其价值增减有别，应随其地之行情而增减之。

第四十九条　凡持有本号分号发行之钞票到号兑换者，亦可支付本埠通用银钱，但须视其平色相差若干，照本埠现行补水。

第五十条　凡持有赝造本总分号钞票，来支取现币者，本号查验确实，除将该券批废外，应询明来手，送局究办。

第五十一条　凡持本号发行之钞票，如有揉烂模糊，字迹不清及私行涂改者，概不付给现币。私行涂改者询明来手，比照第五十条分别办理。

第五十二条　凡持本号各种银两、银元、钞票到号兑换者，无论何时均需各按市价扣算，以本号逐日悬牌为准。

第六章　附则

第五十三条　各商家有与本号商办事件，为本号营业章程所未及规定者，可临时洽商办理。

第五十四条　以上所定，系本号营业暂行章程，嗣后如有应改之处，仍当随时修正，禀请帅宪批示遵行。（宣统二年（1910），以上均见《吉林永衡官银钱号》）

5. 甘肃官银钱局章程十九条

一、本局定名为甘肃官银钱局，暂借商品陈列所开设，候办有成效，再行另择妥地开局。

一、甘省银色最杂，有库银、纹银、街市银之别，实为商民同病。拟在本局附设公估局，审定各种银两平色，化验加戳记，不特平商民之争，亦期通省银色，渐归一致。

一、甘省钱荒银绌，自应二者兼顾，拟在上海石印三色套银钱各票，均仿照湖北。奏定钱票办法参用泰西各国银行草票之式，预杜假冒流弊，先造银票每张一两，计十万张；钱票每张一串，计十万张；每张五百，计十万张。如行使有效无弊，再行详请续造，候批准式样，电沪造运。

一、行使银钱各票，所有地丁钱粮，一切厘税并州县解款俱各照收，亦准在本局存放，并有为州县汇兑、解款权利。

一、银票注明兰平，钱票注明九二，系照省城通例，外府厅州县应各照向用银平钱串核算、照补，即于票背示明，以杜争执而利流通。

一、现因银价日落，时迫年关，商民俱困，赶印暂行钱票行使，俟石印各票造到，示期照换。惟现行钱票须印用本司印信，编列字号，以昭慎重而便收回。

一、现发本局现钱五万串，票钱五万串，作为官本，俟银票造成，再给官本。

一、本局用人、行事，调度银钱应由该坐办委员督率局中人员，相时办理。惟调度银钱所关甚重，宜随时禀明本司、职道等方准照办而免疏虞。

一、本局柜上凭银付票，凭票付钱，无论官民俱无拖欠。存放银两由该委员督同经管之人商酌妥办，不准官场借使，以示限制。

一、本局银钱价值酌定，牌示各钱行一体遵行，不得参差，致有争执。惟本局亦不得存私抬抑。

一、本局银两平色出进一律，以昭公平。银用十成足色，所定钱价即照足银计算。

一、公估局审定银色或经倾化，俱有戳记，官民凭信。

一、本局现在开办经费并印造各种银钱票工本，拟给借银三千两，分三年摊还，俾与官本划清界限。

一、本局每日进出银钱票三项，并开支各项编列日表，按月由本司、职道等造具四柱清册，随日表呈报。

一、本局自坐办委员以下，月定薪水按月开支，不准预借。

一、本局如有盈余，除开支以外，拟以五成归公，二成五令提存本局公积，二成五分赏局中员司，以示奖励。

一、本局务扫除官场积习，实行商界精神。本司、职道等随时到局，自委员以下执事人等，俱不准衣冠迎送站班。

一、本局会详公事，由坐办委员具稿，总、会办判行后立即缮清会印。该坐办委员如有应禀事件，即开具手折，用官银钱局图书随时呈递，以期简利。

一、本局另拟局规八条，俾共遵守，如有违背，无论何人，即由该委员回明总、会办，立时辞退。行使银钱各票章程十三条，备列告示之后，俾众通知。其有未尽事宜或须随时酌改之处，俱由该委员商同总、会办办理。(《开办官银钱局》，《陇右纪实录》)

6. 黑龙江广信公司章程①

计开：一、江省地处偏远，商力本微，经乱后尤为艰窘，加以钱法壅滞，非设法提倡疏通，不足以振兴商务，裨益地方。兹拟官商合股，设立公司，参仿官银行办法，开使纸币，汇兑银钱，存借生息，兼运输大宗粮货，用以疏通圜法，提倡商情。俾商民藉资周转，得以随意经营。庶风气日开，商务渐可通畅，地方因之富庶。

一、公司虽系官商合股，然既以开使纸币为基础，振兴商务为宗旨，即应名曰广信商务公司，以符名实。

一、定为有限公司，拟招股本银五十万两，因江省财力素绌，暂先招集二十万两，官商务半。每股银一百两，作为二千股，业已陆续招足。如此后商务畅旺，扩充办理。可先期邀集股友公议添招，免为财力所限，但招足五十万两，即作为永远定数，不再添招。

一、所招股本，无论官商，每股给股票一张，息折一扣。如有入股较多，愿合领一票一折者，听常年官息五厘，凭折支取。其付息日期，每年自冬月起，至腊月止，付讫即填注取息折尾。

一、股东如有将股票息折遗失，或遇变损坏，准随时报明公司，取具妥保，再行补给。若将股票转卖他人，亦须同至公司报明登簿，并将原给票折上注明某年月日转卖某人，以备察考。

一、开使京钱纸币，自一、二、三、五吊至十吊、五十吊、一百吊，共分七等，周流通省。无论官民，随时支取，均以银元或现银兑付，不得稍有留难。凡官府经征租赋捐税，准以此项纸币交纳，以广

---

① 该章程为黑龙江巡抚达桂负责制定。

大信。

一、此项纸币均由上海用西法印造，工料精致，取有承印字馆保状，以防作伪。此外如查有假造之人，应照私铸例从严惩办，以昭炯戒而杜流弊。

一、公司虽以开使纸币汇兑银钱为主，然既系商务，无论何项货物，均可任便经营，以广利源。

一、公司设在江省，无论总分各司出入款项，应均以江平计算，以昭划一。

一、公司既为疏通圜法，振兴商务起见，自应多设分司，以冀推布。总公司设在齐齐哈尔省城，其省属繁盛城镇，各设分公司，并拟于吉林、长春、奉天、营口、北京、天津、上海等处，派人坐办汇兑、购运等事，兼可探报行情，考察商务，以广见闻。

一、公司虽系官商合股，究属商务。其办事人等，应均用商人，官场习气，一概革除。惟须由将军、副都统派督察一员，随时稽察。凡公司之利弊，商情之旺衰，均有该员查明，禀请核办。应需薪水公费，由公司筹给。

一、公司既系商务，所有承办人等，均不用总帮办名目。总公司应用总董一人，副董二人。分司各用分董一人，主持公司事务。总、副、分董，均由官商股东公举，以昭慎重。其余分办各事，如司账、书札，以及诸执事人，则由总、副、分董量能收用，惟须取具妥保。总、副、分董及办事人等，均宜洁清自爱。除应得辛工外，不准透支分文，以重款项。如有舞弊及亏空情事，责令举主保人赔补。

一、总董如才不称职，或徇私舞弊等情，股东及副董可随时察考，据实剖论，公议去留。副董以下诸人，倘有不守规则，以及偷漏诸弊，由总董查明，轻者记过议罚，重辞退，或送官究治。

一、出入账目，按三个月结清一次，造具清册，呈请督察委员稽核无误，转报将军、副都统备案。至次年正月，将上年出入各款汇总结清，造具清册三份，呈清督察委员稽核无误。一转呈将军、副都统备案，一交省城商会，凭各股东公阅征信，一留本公司存查。

一、每届次年正月将上年账目算清，除开支辛工、伙食及一切用度外，如有赢余，应作为十成提分，计公积三成，股东余利五成，总副分董及执事人等花红二成，俾得利益均沾，庶几人知奋勉。

一、公司既系招股办理，宜集思广益，以求妥善。于每年正月结账后，定期知会各股东齐集公司，将应办之事悉心核议，应如何扩充利益，如何厘剔弊端，各抒所见，由总副董择善而从。并考核在事人等功过，分别公议，于应得花红酌量加减，以示劝惩而昭公允。

一、此次章程系属初创以后办理，如有窒碍，不得不随时变通，应由公司知会官商各股东会议妥协，公同改订，再行咨部立案。总、副董不得任意更张。

一、此次章程经奏咨立案后，应刊印多册，并附印股票息折款式，分送官商股东各一本，以备查考。此外商家如有愿取阅者，亦可送给，俾资参考而开风气。

（奉朱批：览，钦此。）（《东方杂志》1905 年第二卷第七期）

第三章　官银钱号与近代币制变革

一　试铸银元、铜元与加铸制钱

（一）社会各界的态度与反映

御史王步瀛奏统筹大计敬陈管见折（节录）①

一、银铜两币宜广铸畅行也。查天津户部造币厂所定机器每日止能出银元六十万枚，铜元亦只如是。非惟户部一厂不足供天下之用，即直隶、江苏、湖北、广东四局同铸，亦岂能遍及二十二行省？币制盈溢究待何时？应令每省各设一局，毋许多设，所铸银元、铜元平色务与户部造币厂一律。如此，则将来户部银行纸币亦易推行，而各直省亦无此疆彼界之患。

一、各省钱价应略为限断也。查市价不齐本系物情，然相悬太甚，官民交困，此岂压力所能强行。是以官收制钱而不愿收铜元，任意挑剔，民交铜元而不顾交制钱，藉端滋扰。欲一圜法，转以淆乱，殊为非计。应令各省于省城设一官钱局，限令每库平一两银元易足钱不得过一千五百文，仍每串以铜元、制钱各半使用。京城则新造当十铜元，与原有当十大钱各半行使，其一时确无铜元地方，准暂行全用制钱。倘使银元敷用，即停铸银元，铜元敷用，即停铸铜元，以时消息，务令钱价平定，即物价亦复均匀。

一、铸造铜元应专用紫铜也。查往日钱乏，私销在民，今日钱乏，私销在官，其故在于掺铸黄铜之元，销毁制钱无算。除从前所铸

---

① 参考《中国近代货币史资料》第一辑，《清政府统治时期：1840—1911》，第965页。

黄铜元，每当十一枚止准当制钱二文以杜取巧外，应令各省官钱局嗣后毋许再铸当十黄铜元，铸此以违制论。（《申报》1905年12月29日）

论划一币制不可缓（节录）

铸造货币宜取中央集权之制，而后可收全国通行之效。我国昧于此旨，各省分设造币局，所铸之币模式不一，且有某省造、某省官钱局造等之字样。即铜元之式，虽已一律，然仍附镌鄂、宁、浙、闽等字，以致各省不能通行，遂启市侩挑剔之渐。甚至明颁公文，严守省界，彼此不准往来。官为之倡，民和于下，同国之货币，不能通行于同国之间，尚复成何体制？

……

若必待度支部、币制调查局详为调查，妥定细章，一面再俟各省清理财政毕事。而后始谋及此，恐银价日贵，钱价日贱，而民间之往来交易益趋于恐慌。至恐慌现象已达极点，若欲藉划一币制以剂其平，恐亦难免抗阻之虞也。当局者其速谋善法毋迟。（《申报》1909年6月8日）

江苏绅士张毓英等上都察院请救铜元弊害公呈（二）（续）（节录）

丙、收回钱票。我国向患钱荒，故各省官钱局与挂幌钱铺①得以发行钱票，暂为流通。今则铜元之害现象已著，而官局、钱铺之制钱票、铜元票又从而附益之。是火已燎原，犹沃膏以长其焰，水已灭顶犹决堤以助之涨，无怪乎铜元之满坑满谷，病其太多也。为今之计，惟有饬令各省准备真货，将各种制钱旧票、铜元新票限期收兑，概令销毁，庶铜元行销之利藉以暂保，而充斥之患或可稍减乎！（《申报》1909年10月29日）

---

① 清代至康熙朝规定，京城钱铺以五家担保，每年纳税银五两，即可注册经营，后称之为"挂幌钱铺"，至道光朝时据称有511家。（参见彭泽益《鸦片战后十年间银贵钱贱波动下的中国经济与阶级关系》，《历史研究》编辑部：《〈历史研究〉五十年论文选——近代中国（上）》，北京社会科学文献出版社2005年版，第129页。

河南官银号①提调王令宰善禀抚院②划一币制谨陈管见文（附录）

敬禀者：

窃谓币制之良窳，关乎财政之消长；财政之消长，关乎国势之盛衰。伏读宣统元年（1909）正月十四日，军机大臣奉谕旨，度支部奏："币制重要，宜策万全，请仍饬会议一折，著交会议政务处妥议、具奏。钦此。"仰见朝廷慎重币制，不厌求详之至意。钦佩莫名。窃宰善负笈外洋，粗研计学，遍考东西各国之成规，默察我国现今之情势，欲整饬国事，当以清厘财政为第一；欲清理财政，当以划一币制为第一义。但当此财政困难之际，币制紊乱之状，非统筹全局之盈虚，不足以昭久远；非暗合民间之习惯，不足以利推行。不揣愚陋，仅就管见所及，胪举以陈。

一，宜定假金本位也。货币沿革莫不由铜而银，由银而金。其铜也、银也、金也，均应当是经济、社会之所宜。在宜铜之世，未必宜银；宜银之世，未必宜金。邃古之世，有以布帛、皮革为货币者。近世东西各国实业发达，生计日增，不得不用金币，亦世之使然。是以数百年后，或以白金为本位货币，亦未可知。按我国目下情形，各项实业均未发达，民间生计程度亦较东西各国为低，似可不必用金。然此但知国内现情，而未虑及国际往来也。我国历年赔款之镑亏，商界之耗折，莫不因金价之日涨。而受其影响，东西各国皆金本位。我国虽未定本位，而银实为用款大宗。以用银之国与用金之国往来，用金之国多，则金之销路广，而金愈贵；用银之国少，则银之销路滞，而银愈贱。泰西各国于是以价贱之银购金于东方，用银之国载银而来，易金而去。金银交易似无丝毫之损，不知一转移，则我国只有出口之金，而无进口之金。日积月累，势必将有金、有银之中国迫而为有银无金。迨我国之金既竭，势必视金愈贵。外国之金既多，势必视银愈贱。故以从前易得之银，购还原有之金，非倍蓰其价不可。即此一端，已足使我国坐困。加以每年进出口货物之不相抵，则金价愈涨，银价愈落。用金者获利愈多，用银者受亏益甚。故为国际计，非定金本位无从抵制矣！惟我国富饶之金

---

① 1904年在豫泉官钱局中增设河南官银号，二者并存，1911年合并为一。
② 即河南巡抚张人骏。

矿，尚鲜发见，若遽用金币，必购金于外洋，则漏卮反腾于前，不可不虑两全之策。莫如定一假金本位，仍以银为辅币，而定其金银之比价，则彼涨我亦涨，彼落我亦落。相同于国家之往来，不致受亏。俟将来矿金日多，即鼓铸金币以实之，不难收金本位之实效。所以宜定假金本位者此也。

一，宜铸七钱二分之九二银币为辅币也。我国银币之议，众说纷纭，未衷一是。主一两者有之，主七钱二分者有之，甚主五钱、七钱者亦有之。要之，行用国币全借国家之信用、权力。一两亦可，七钱二分亦可，五钱、七钱亦无不可。考诸货币流通之原理，有恶货币驱逐良货币之理，有信用习惯之关系。各省所铸银元及鹰洋、人洋①之流行市面者不知凡几。若欲使国币流行全国，必将各种银元不分中外，悉数收回，方足以昭划一而一事权。若照一两或七钱或五钱者之议，则当此收换之际，折算为难。按其重量而收之，则公家必受火耗之亏。按其成色而收之，则民间又受折色之亏。此项亏折，全国计之，其数额巨。当此财政困难，民力艰窘之时，使国家任此巨亏，是利未见而先受其害。使小民任之，则苦累有难言者，此中关系最为重要。故为两不亏折之道，莫若铸七钱二分之九二银币，则与市上所用之鹰洋、人洋及各省之龙洋重量虽同，而成色略减，以一换一，民间不觉其亏，公家实收其利。即使改铸，亦不致有亏折、火耗之虞矣。论者谓各省之银元均系七钱二分，何不即以此项银元为辅币，可省改铸之烦。不知货币发行之权应归政府，不宜操之各省。且省界之分早成习惯，有彼此不相通用者，有流通鹰洋、人洋而不通用本省之龙洋者。非改弦更张，无以使全国一律。此项国币祖模，均须由部颁发，铸明大清通用银币，而不加以省名。市面往来，非此不用；官府出纳，非此不收。不特国币得以流通，即鹰洋、人洋之来源，亦可借以抵制。此外之小银元，即按辅币之比例分别铸造，以便民用。所以宜铸七钱二分之九二银币者此也。

一，速定铜元与银币之比价也。自行用铜元以来，全国之银价日以增涨。其实非银价之涨，乃铜元价之落。凡均有需要供给之关系，需要多而供给少，则价增；需要少而供应多，则价落。此定理也。铜元本辅

---

① 即英国站洋。

助货之一种，亦系便民而设，各国均行之。惟本位货与辅助货之区别，以性质论，则有表面价格与实在价格之分；以功用论，则有限制与无限制之别。我国但知行用铜元，而不详究其性质与功用，无一定之价格，无一定之限制，宜乎？未受其益，而先受其害也。以近年之商务论，莫不因银价之落涨无定而暗受其亏。以各省之州县论，亦莫不因银价之日涨而不堪赔累。商务乃致富之本，州县为致治之原，而均以银价无定，受其影响，是有关于富国强民之道，岂浅鲜哉？所以宜定铜元与辅币之比价者此也。

以上三端乃划一币制之大纲，此外如生银之行用，外币之输入，商家之钞票，皆足以妨碍国币流通，均宜设法裁抑。至颁行国币之期限及收换旧元之办法，均宜详定细章，俾民间有所遵循。愚昧之见，是否有当，伏乞大帅察核、咨奏，请饬部酌核施行。（《北洋公牍类纂续编》卷九《币制》）

邮传部右侍郎盛宣怀奏呈各省督抚币制奏议摘要清单（节录）

光绪三十四年（1908）正月湖广总督赵尔巽电奏：近年铜元盛行，银价骤涨。各省公私财用，大受影响。今欲全国市价适中，必应定当十铜元百枚合银元一枚，从十进位，数最符合。且中国铜钱，不以斤两计，而以千百计。是以两计者，计数之通称。以枚计者，币制之特性。从前纯用生银，币本无制，不得不用两计数。今币既定制，旋将破除用两名目。至发放俸饷，完纳官款，已多用七钱二分之银元，折算收发，统归一律。又查各省已铸之银元七钱二分者也。户部银行及各省官银钱局发行之钞票亦七钱二分者也。今改铸一两银元，如收回另铸，既恐无此财力，若流行市面，则有两种银币，断无此制。至钞票，若照常通用，亦虞驳杂。收回另换，又失信用，此尤关系全局，不可不防。或谓各国货币，自有制度，何必转相沿袭？第货币流通，以习惯为常经，以信用为要旨。失此大义，必形窒碍。且恐立致市面荒象。查墨（西哥）元浸输，在中国铸银元之前为甚，既铸之后，内地交易多用龙元，惟与洋商交易，则仍以墨元为多。然彼此互换，不甚相差。是龙元之所以通行者，以商人心中已有七钱二分之墨元为先导，龙元分两相等，是以推行甚远，因而利用，不妨从同。改用一两银元，各国信用与否不可知。

独习惯行用之墨元，必不因此而绝。且查通行外来洋银，墨元而外，尚有别种。其重皆七钱二分。是皆各国专在中国地面通行而铸，实非其本国国币，因中国人民习惯信用，皆以为便。若遽行用一两，民间不习、不信，转使各国七钱二分之银元，益通行充斥，似非计之得者等语。(《东方杂志》1909年第六卷第七期)

（二）河南豫泉官银钱局

河南巡抚刘树堂折（光绪二十四年六月廿七日）

头品顶戴河南巡抚臣刘树堂跪奏为豫省制钱日缺，亟筹鼓铸以维圜法，试办大概情形，开炉日期恭折仰祈圣鉴事。

窃照豫省前因银贱钱贵，兵民交累，明知制钱缺少，鼓铸工本虽筹，未敢轻议。因设立豫泉官钱局参用钱票、银元，藉辅制钱之不足，经臣奏明在案。开办以来，官局钱票尚无滞碍，银元囿于习俗迄未畅行，仍以现钱为重，所恃为周转者。初令附近州县解钱入省，久则省外又有钱竭之患，钱源愈涸，银价愈难增长。欲图补救之方，惟有亟筹鼓铸。臣与司道再三商榷，悉心咨访，查有候补知县韩国钧①心精力果，办事结实，与之讲求，具有条理。因豫省非产铜之区，先行通饬各属并派员分投收买废铜，数月以来集有成数，并司库存有碎铜、当百大钱，久成磨弃，亦堪配铸。即委韩国钧总理其事，并派委候补县丞庞训彝、刘士燮帮同办理。爰就咸丰年间铸造大钱之宝河局量加补葺，修置炉座，购备器具，雇募工匠，于光绪二十四年（1898）五月初十日开炉试铸。钱质仿照浙江等省，铸重七分，非图节省铜本，兼可杜绝私销。铸出之钱，解交官钱局②分发搭用。现已开铸十炉，规模粗具。惟工匠皆系生手，尚难定准卯额及每卯铸钱若干。且须铜斤充裕，方免停待，废铜恐有时而尽。拟即派员采买洋铜配用，以期源源不竭。所需铜本现系查照前铸大钱，奏明成案，在于老牙活余新杂税项下动支，作正开

---

① 韩国钧（1857—1942），字紫石，亦字止石，晚号止叟，江苏海安人。1879年中举，后任河南镇平、祥符等县知事、铸钱局总办、武陟县知县、永城县知县、河北矿务局总办、吉林巡按使等职。民初历任江苏省民政长，安徽巡按使、江苏巡按使、省长、督军等职。

② 即豫泉官钱局。

销。据布政使额勒精额具详请奏前来。臣复查无异，除饬司督率局员，实事求是，认真经理，并将一切章程详加厘定，另行具奏，先将铸就样钱咨送军机处暨咨户部查照外，所有豫省鼓铸制钱，试用大概情形及开炉日期，理合恭折具陈，伏乞皇上圣鉴、训示。谨奏。

（朱批）该部知道。（《申报》1898年9月26日）

宫门钞

署河东河道总督臣任道镕、河南巡抚臣刘树堂跪奏为河工岁料无缺，钱法已设法变通，遵旨覆陈恭折，仰祈圣鉴事：

窃臣等于光绪二十二年（1896）六月初四日承准军机大臣字寄：五月十八日奉上谕：御史陈其璋奏钱价腾昂，有碍河工发项，亟宜变通办理一折。据称东河岁修之款，前经许振祎[①]奏定，每年工费不得过六十万两之数。近来钱价日昂，耗折甚巨，各料必不能多。请饬河道总督会同河南巡抚察看情形，或设法筹办银元，或仿照天津鼓铸制钱以资周转。并令河督严饬厅员多储料物，以济要工等语。河工购办料物全在制钱充足，方足以资周转。现在钱价既昂，工必多窒，拟应设法变通。着任道镕、刘树堂按照该御史所奏，或办银元，或铸制钱，体察情形，妥速办理。河工关系紧要。任道镕当督率厅员，将应用物料务于大汛以前一律购齐，不准稍有缺乏，致误要工。至所称民间应解钱漕，准其搭用银元一节，着刘树堂酌量办理。原折着抄给阅看，将此各谕令知之。钦此。

跪聆之下，仰见圣主慎工便民之至意，钦感莫名。伏查河工岁款经前河臣许振祎奏定每年六十万两，当将银价每两合制钱一千五六百文。自去冬钱漕骤降，至本年二三月间仅易制钱一千二百余文。河工用款事事需钱，统计以银合钱，诚如该御史所奏，几暗耗钱二十余万串矣。臣树堂于上年十二月兼署河督篆务，其时料价未昂，即严饬各厅于年前尽力赶办。臣道镕于本年二月到任，与臣树堂接晤，深知时事艰难，工用

---

① 许振祎：（？—1899），江西奉新人，字仙屏。清同治二年（1863）进士。他与曾国藩为师生关系，早年入曾国藩幕府，专为曾氏"襄军事、治宦书、起信稿、任书启"，深得曾国藩信赖。登第后，授编修，充国史馆协修。后出任陕甘学政，国史馆纂修，英武殿纂修等，河南彰、卫、怀道，任河南按察使，江宁布政使。1890年任东河河道总督，1895年迁广东巡抚。禁止闽姓赌博，建言停厘捐，节用民力。光绪二十四年（1898），奉调入京。不久，乞假归养。次年。逝于家。

支绌。一意汰除浮费，实用实销，亲历南北各县察看各工情形，稽查料物。所有七厅应办正杂各料，已于年尾、年初陆续办齐。因上南埽段绵长，复饬该厅添办秸料五十垛，并饬河防局于额办碎石外，添办一千五百方加宽。筹筑郑下汛十二、三堡堤工二百二十丈，又以黄沁厅拦黄埝情形吃紧，添碎石八百方，又办七厅积土四万余方，各汛兵夫，堡房复经发价修建。各厅员皆能洁己奉公，于四月底一律办竣。经臣道镕亲自赴工验看、体察入伏后现在河势与各工所存正杂、料物，所堆新旧石方，但望大汛期内水平。工料已可无虞缺乏，堪以上慰宸廑。各省制钱短绌，于商民生计攸关，非铸银元，设钱局不足以济钱法之穷。臣树堂督同司道筹拨银二万两，在河南省城于六月初二日开设豫泉官钱局，搭用钱票，与制钱来往周转。并先期筹银二万两，委员解交湖北附铸大小银元来汴，核定价值，由官钱局分发各典，互相交易，与制钱相辅而行。已于五月二十九日陈奏。日来银价亦觉相平。至该御史所奏河工所发款项，民间应解钱漕搭用银元，诚为目前补救钱荒之良法。惟河南向无银元，风气初开，未必遽能取信。臣等公同商酌，各省城官钱局银元果能日渐流通，民间乐于行使，仍当陆续赴鄂附铸，于工需、钱漕自可推行尽利。应俟三五月后，察看情形，再行办理。所有臣等遵旨查明河工岁料无缺，钱法现已变通缘由，谨合词恭折复陈，伏乞皇上圣鉴。谨奏。

奉朱批：知道了。钦此。（《申报》1896年9月6日）

（三）浙江官钱局

南屏晚钟（节录）

官钱局发兑新铸制钱，搭用银元，洋价逐渐加长，已至千文。后因往兑者日众，钱已换罄，刻下暂行停止。一面饬防军局员添派工匠日夜鼓铸，俟铸有千串后，再行开局，以纾民困。近日钱局停换，市上洋价又不无稍减也。（《申报》1896年6月15日）

武林官场纪事

浙省设立官钱局于藩署二门内支应局旁，兼换银元，逐渐加增。惟铸钱局前因铜斤缺乏，暂行停炉，而铸成之钱存留无几。虽定章每日准以四百千为限，而局既停炉，只得减换百千，俾资周转。刻下采办铜斤委员德大令恩于初一日由沪运到铜铅数十担，即派用挑赴防军局收纳，不日复行鼓铸也。（《申报》1896年7月19日）

杭州官场纪事

浙省官钱局兑换新铸制钱，搭用银元，届计已三阅月矣。市面因此一番周转，颇觉生色。洋价亦为之渐起，就现在而论，每元可易千文。局中易钱章程，每日初以四百千为限，后因铜铅不继，炉为暂停，遂每日减停百千，以三百千为限。本月朔日德大令由沪采办铜斤来杭，次日即行开工。并添雇匠人日夜鼓铸，出钱愈多。大宪即命每日准换五百千矣。惟所用铜斤仍不敷周转，尚须陆续添办。刻下德大令仍奉委赴申采购，并闻大令拟常川驻申，以免仆仆道路。其转运一节，另由防军局宪委候补府经杨参军蓬、徐参军文彬往来领解，俾资接济。两参军已于初十日禀辞就道矣。（《申报》1896年7月31日）

雷峰铃语

去年署南洋大臣、两江总督张香帅奏请各省通用银元，以济制钱之不足。浙省亦由广东运到大小银元若干，即出示晓谕。讵料杭地大小店铺深恐将来不能盛行，难免搁滞，悉摒而不用。若至钱铺兑换，则又任意压价。至本年三月间，龙方伯在署内设立官钱局，专兑银元，搭换新铸制钱。定着小洋每角贴水三文，进出一律。凡有一、二角小银元者，悉可赴局易钱，因此市上渐渐通行。初则疑信参半，近来各店友乐用银元。推其故，盖由杭地市钱，向多铁铅、薄皮砂壳，掺入柜上当买，因小钱争执者，时有所闻。而店中洋找必须提方尽将小钱贴净，其中暗蚀钱水，吃亏不小，转不若银元之免费唇舌也。至卖者喜其携带轻便，尤乐用之。闻省中大宪知现在银元业已盛行，拟就本省设局，开炉铸造，以免运解之费。此据官场传述如此，果未知其确否也。（《申报》1896年8月1日）

之江秋蓼

杭州自奉官准用银元以来已阅四月，民间喜其携带轻便，乐于行使。故官钱局出入、兑换业已日盛一日。惟市上所尚者，均系中国自铸龙文钱，谓其无假。有一种来自外洋及香港者，仍不通行，店铺买物，不肯将就。据称此银上钱店交易，店中必勒令贴水甚重，约只九折光景，故不得不如是也。(《申报》1896年10月13日)

浙省官场纪事

省垣自创设官钱局后，发兑新铸制钱兼换银元，银价因之由起色，每元可易钱一千零三十文。自本月以来钱根又紧，旬日间每元减去一百文左右。近日市上每元仅还钱九百四十文。盖因下忙开征，转瞬又届收漕，市侩居奇，预将制钱留存市中，钱文顿形缺乏，以故价今减而小钱掺和愈多。刻下防军局赶铸钱文，由沪上运解铜斤络绎不绝。并于六官巷口银元局添雇工人，每日自辰刻开工，至申正歇手。日来又委章大令铸驻局监工，已于十三日到达视事矣。(《申报》1896年11月27日)

炉局停工

杭州访事人函云：防军制造局设在报国寺中，现因岁阑在即，定于封印前一日停工，铸钱局亦于是日歇炉。监工委员徐刺史树渊于午前将所铸钱文逐一查点，集有成数，俱令勇丁挑赴藩署内官钱局收纳，以便兑换其零星之钱。及铜铅等一一封存，机器、炉模有损坏者，立命工匠移整，以备明正开工之用。(《申报》1897年1月30日)

浙省官场纪事

省中制钱缺乏，全赖银元以通贸易。刻下铸银局暂停工作，而官钱局待换制钱尤亟，是以铸钱日夜加工鼓铸，诚恐铜钱不敷周转，因委某员赴申定购。前月又派候补县丞费二尹家振前往运解，二尹奉札后即于八月二十六日起程。(《申报》1897年9月30日)

灵隐霜钟

浙省造铜元以补制钱之不足，洋银价值得以稍长，市上洋银一元可易铜元十二枚，若至官钱局兑换可得九十八枚。现因都中需用紫铜质铜元，行文来浙，饬局赶铸、筹解，因此将黄铜者暂行停铸，市中不敷周转，市侩因之居奇，兑价日渐短缩，每洋银一元仅能易铜元八十七枚。

(《申报》1903年10月31日)

商会补救铜元之策（浙江）

杭州商务总会为铜元事移呈抚、藩，略谓：本月初九日邀集各业商董开会集议，佥谓铜元之贱由于充斥，必究其充斥之因，始可筹挽救之策。铜元当十当制钱十也，制钱无不可通行之理。顾但行销于民间，其完纳钱厘税房捐等，虽零数亦不收用，此一因也。浙局积存尚多，闻闽省又运到四百万枚，又发给官钱局资本六百万枚，此二因也。邻郡多有私行，折作当九、当八者，即府属外县亦多贬价。省城朝夕往来，纵不有心牵利灌输，已日见其多，此三因也。有此三因，不筹补救，势必至于折减，一切物价、工价加涨无已，而民生益蹙矣。据众商意见，惟有由总会将实在情形上达层宪，亟为维持，以苏民困。（一）拟请将钱粮厘税房捐等项，数不及洋元者，准予一律收用或搭成缴纳；（一）拟请积存银元必俟洋价落至一百十枚以内，再行酌量发兑；（一）拟请发洋五万元交官钱局，收回发出之六百万枚；（一）拟请严饬外府县不得任民间贬价，定为考成；（一）拟请通饬各属卡严查，如有夹带外省铜元入境在若干枚以上，悉数充公。如此则商民无贱视铜元之心，疏通自易。惟钱价亏耗，商家力难持久，不得不改作洋码或暂增物价等语。敝总会参核众商所议，均系实情。惟查省城市面因洋价日贵，改用洋码者已居大半，即零贩肩挑，一切食物已贵至加无可加，以视七八年前为十与六之比例。居民只此进项，其何以堪？省城手艺、劳工何止数万，若不亟为设法维持，难免有争价、罢工之事。敝总会以为该商等所请第二、第四、第五各条收效略迟，恐犹无济目前之急，惟第一、第三两条最易见效。今日得一纸之文告明，日可必洋价之渐平而人心即可大定也。(《申报》1908年6月22日)

浙省铜元拥挤情形（杭州）

浙省铜元拥挤，商民交困，而邻省灌输，奸匪私铸仍层出不穷，市面愈形岌岌，各外府因折价闹事者屡见不鲜。前有某绅条呈抚宪请以后官款、税厘、军饷等项一律分成搭用。当经札饬司道会核，仍以种种窒碍，万难照行等情详复。闻前月闽省运来之铜元二百箱计共四百万枚，迄今堆存官钱局，增中丞（浙江巡抚增韫）迭据闽督松制军（闽浙总督松寿）一再商催，现已札饬藩司照会商务总会，定本月初四日招集全城商界大会决议办法。（《申报》1908年8月31日）

咨请退回闽厂铜元（杭州）

闽厂铜元二百箱运浙行销，前经杭关道扣留寄存官钱局。嗣经督抚宪一再咨商札行司道照会总商会，于本月初四、初十两期传集合城商董公同决议，咸以杭市铜元拥挤已达极点，若再益此四百万枚散布省城商市，何堪设想！即经总商会总协理会同城北商会移复藩司，据情转详抚宪咨行闽督，饬即如数装回，以维大局。（《申报》1908年9月12日）

（四）江苏裕宁、裕苏官银钱局等

不用铜元

前日上海县署接奉江苏藩宪陆春江方伯（陆钟琦）所出告示，饬各府厅州县一律行用新铸当十铜元。其全文曰：钦命江苏等处，布政使陆为出示晓谕事。照得苏省前因制钱缺少，民用不敷，奏明在宝苏局开炉鼓铸。数年以来，出钱颇多，赖以维持市面。无如铜铅价昂，蚀耗成本不少，当此时艰款绌，势难持久。而民困未苏，又不便立时停铸。苏抚部院聂（聂缉椝）体念民艰，熟筹变通之法，饬照闽、广两省行用当十铜元，以佐制钱之不足。复经本司电商闽省，将所铸当十红铜钱式样及章程抄寄到苏，悉心考校，议照闽省铸造二等铜元，每个当钱十文，凡民间完纳钱粮税厘以及买卖货物，一切交易均准行用，详奉督抚宪批准照办。一面由司筹备成本银两，解交江南银元局代铸。兹准造成解苏，除分发城厢各钱铺典当领用行销，并酌发官钱局[①]配搭兑换外，合行出示晓谕，为此示。仰全省军民诸色人等一体知悉。尔等须知此项当十铜元系为补救圜法，便民利用起见，铜质最高，制造精致，既堪经久，尤便取携，每个作钱十文兑换。银洋悉照制钱市价，出入一律，并无低昂、折耗。凡遇完缴钱粮、厘税，买卖、

---

① 该官钱局成立于裕宁、裕苏官银钱局成立之前，局名及沿革待考。

交易，概准与制钱配搭行使，毫无阻滞。倘有把持、抑勒、短作价值等情，一经访闻，或被告发，定即从严惩办不贷。其各凛遵毋违。特示。昨日县主汪瑶庭大令已饬地保差役分投粘贴，俾众周知矣。(《申报》1901年11月24日)

银元局停工（扬州）

裕宁官银钱局前因推广银元钞票，拟于扬城适中地设局鼓铸银元，并由督宪檄委某观察来扬，选定南门外隙地一方建造银元官局。周围画定墙基，立标为志，以待今春兴工。乃日前忽派人将墙基、桩木、标志等全行毁去。有知其事者谓，当道因省中业已设局，各埠需用大小银元尽可赴省购领，毋庸另设，故此举已经作罢云。(《申报》1905年3月27日)

代销铜元禀批（南京）

制钱缺乏，各处皆然，幸赖铜元以资周转。兹有职商孙士彤等投商五局禀称：

铜元虽补制钱之不足，外府州县惜未能畅行无阻，拟在扬州府仪征县属十二圩试设官钱局代庄一所，视销数之多寡陆续备银请领铜元，源源周转。上既可为省局疏通壅滞，下亦可为闾阎补救钱荒。如蒙恩准，当觅殷实保商备银赴局领运铜元钞票，一切办法并乞明晰批示。等因。当奉局批：该商愿于十二圩创设代庄，觅保备银来局领运铜元钞票以济市面，事属可行。惟查本总局及扬州分局、镇江代庄月销铜元为数甚巨，故添钞票以补不足。该商领运铜元钞票亦必相辅而行，庶总局得以周转。至一切详细章程，俟发领时再行核定。(《申报》1905年4月27日)

禀报沪上开设官银钱局（江宁）

上海为中外商务荟萃之所，市面需用银元、铜元甚多。署督周玉帅（署理两江总督周馥）曾饬沪道行知商会总董开设官银钱局，通行宁铸铜元。日前沪市商董严观察信厚由沪抵宁，晋谒督辕，禀报沪上官银钱局已于某日开办。(《申报》1905年5月4日)

江宁（节录）

省垣地方辽阔，户口繁多，仅恃裕宁官钱局一处兑换铜元，商民多嫌未便。刻经署周玉帅体察市面钱价日松，足见多铸铜元之效。现欲推广铜元销路，官钱局在五城各设分销铜元一所，以资畅销，俾商民均获钱价均平之利益云。（《申报》1905年8月5日）

续江宁商务局总办刘世珩会议广销铜元禀（江宁）（节录）

督帅批：前因各省钱荒，故铸造当十铜元以补制钱之不足，原应先销本省以资周转。嗣因争图余利，纷纷外运，遂致通都大邑铜元拥挤，银价日落，转运不灵，而偏僻州县尚未一律行使，是以各处钱价贵贱悬殊。现在铜元运销之路，各省互相拦禁，亟应扩张本省销路，使穷乡僻壤普律分销。该道（刘世珩）拟先会同司道电饬宁属各府州县将近日银钱市价分别开报，按其等级酌定销数，陆续运往。如铜元铸数不敷，并可搭用该局钱票，办法尚属周妥。惟无论销多销少，银贵银贱，总以速派员绅分设各州县兑换局为宜。至各属丁漕粮赋以及厘金、关税均准以铜元及该局现行钱票上兑。至铜元、制钱两项与官钱局钱票一律行使，无分高低，不准挑剔、折扣。司道关局州县各库一律兑收，以利流通。此外有无流通之法，仍随时议详，仰候分行遵照。至请发铜元母模四种并候咨部速发。（《申报》1905年12月6日）

江南铜元推广江北销路（扬州）

通泰海三分司所辖之各盐场广设兑换铜元处，俾各商民得以就近换兑。以宁省裕宁官银钱总局内添设总兑换，如江、甘两县则以驻扬官银钱局附设兑换铜元分处。各县每月先领一万，试销现铜元五千，铜元券五千，凡完漕粮、盐课、厘金等均一律收用，以广销场。前日扬郡地方官已奉到此项公文矣。（《申报》1906年1月8日）

苏省拟设铜元分局（镇江）

宁省裕宁官钱局设局镇埠，兑换铜元，生意颇旺，致镇江市面惟江南铜元充塞，而江苏铜元则罕有所见。顷闻裕苏官钱局亦欲仿照宁省章程来镇开办。（《申报》1906年2月27日）

纪苏垣新铸铜元形式（苏州）

苏垣铜元新旧两厂领到部颁铜模后，前日已照新模铸造，一面系"大清铜币"四字，两边分书"户部"两字，中间一小"苏"字，一面系"光绪丙午年造当十"等字。所有铸出铜币均发交裕苏官钱局分发销售，并闻嗣后两厂一切出入款项均须归藩署经理，是以新颁关防亦存藩署云。（《申报》1906年4月17日）

官钱局改良（扬州）

江南驻扬官钱局向为宁局铜元分销处，近因宁局减铸铜元，以致交易无多。该局司事丁仲仁特商准总办孙观察改良章程，照商设钱号办法，与运库暨场运二商往来，以期扩充。现孙观察已禀请赵都转核夺矣。（《申报》1907年3月27日）

请示验放大宗铜元（南昌）

九江道文观察上赣抚电云：前奉钧电禁阻外来大宗铜元进口，惟查裕宁官钱局在南昌及九江均设分局，向来由局装运铜元至九江或江西，内地均由金陵关发给护照，并详请督宪札饬验放，似与商贩不同。现奉督宪札饬验放，该局运赴九江、江西铜元共十六万千元，应否照旧验放，伏乞钧示遵办。（《申报》1908年11月20日）

江督维持圜法之法令（扬州）

江督（两江总督端方）札准运司文云：江苏候补道曾纪寿、丁忧知县施烽禀：奉宪台札准，湖广督宪陈（湖广总督陈夔龙）蒸电：鄂省银钱低落，商民交困，当即饬员查复禀称，武汉钱庄借口以孙道廷林但营小利，不顾大体，误用汉口仁太庄承办裕宁官钱局。时由江省装运大批，络绎而来，甫经出售，抛盘卖空，以至钱价有减无增，市面受害，请查究等情。

查各省铜元不得大宗贩运出省，致令他省有充斥之患，经财政处、户部会奏，依议钦遵在案。查买空卖空例禁綦严，该商故意减价出售，由敝处示禁汉口钱商不准买卖抛盘，如违究办。伏查近来钱价低落，各省相同。汉商会议请本省止铸，外省停运，以杜奸民私铸、贩运，而钱价仍不能平。据请宪台檄饬各关道局卡，在于海口认真查办，令私钱不得畅销，以塞其源，禀请核示等情。到本部堂。据此，除批据禀已悉。汉口钱商王大恺经理裕宁分局事务，既据该道等确切查明，从前运销宁省铜元按照市面通例，预先抛盘实兑在所不免，并无卖空之事，自属可信。况宁省铜元前准湖广督宪来电，已饬令暂不运往鄂省。汉口分局只专理淮盐收解汇兑各款及代兑总分各局钱洋、钞票，事务较简，无庸再派专员督理，以省浮费。惟该分局既属营业性质，与市面各商即不免往来交易，全在办理妥实，无碍江省官局名誉。仰候札饬裕宁官银钱总局，严饬该商务须遵局定章暨汉镇钱商大市贸易情形，一律妥慎办理，不得稍有弊混。至近来铜元充斥，各省皆然，实由于奸民与外洋私铸、私运源源不绝，受害最深。早经访闻，前已严饬查禁，候再查照另禀。分咨沿江各省暨通行本省各关局卡一体认真严查，务令有私必获，从重究惩，以正圜法。（《申报》1909年3月8日）

江督电请放行扣关铜元（武昌）

鄂督近准江督①电开：据裕宁官银钱局详称，近因汉口钱价昂贵，各埠商民纷纷持执大宗钞票，向驻汉分局兑付铜元，必须筹备运往接济。此次由镇江分局领有护照，交商轮分三批运汉，共铜元五万串，经汉关扣留。查该局转运铜元系接济兑票之用，与商贾贸利者不同，应请查照，转饬江汉关放行。至部章禁止大批铜元入境，自应饬令该局核议办理。请饬江汉关道遵照为盼。闻鄂督查汉市裕宁钞票流行甚少，现值铜元充斥之际，岂能任听外省大批运入？故复电江督只允放行二万串，其余请饬该局仍运回镇。并谓此系格外通融，以后尤当严禁。（《申报》1910年11月28日）

（五）直隶天津官银号、平市官银号、通惠官银钱号等

直督谕令②令行用银元示③

为晓谕事：

照得天津市面银价甚贱，商民受亏，良由制钱短少，亟应设法维

---

① 即湖广总督瑞澂、两江总督张人骏。
② 此处直督指的是王文韶。
③ 另参见《申报》1897年7月23日。

持。本大臣现经奏明，由机器局铸造银元流通行，使藉平市价，所有成色、分两一依东南各省①之鹰洋及美利加各种小银元为准，并无丝毫参差。以后各局所支发军饷并惠通官银钱一切用款，均以新铸银元②搭放，凡尔商民自宜一体行用，不得与鹰洋兑钱之数稍有异同，期济钱价之平，免受银贱之累。至奸民私铸银钱，定例綦严，倘有不逞之徒，胆敢作伪行使，一经发觉，定即严惩不贷。特示。（《集成报》1897年8月22日）

直隶津海关道蔡③禀复直隶总督整顿
铜元会议情形文并批（节录）

敬禀者：

本月十七日奉宪台札开案查前奉寄谕，饬令整顿天津、保定两处钱价，务期一律平均等因。当经分饬商会暨天津银号邀集钱商公议平价办法，严定规条，不准奸商抬价居奇，并派杨道会同天津道、海关道、巡警、探访各局督饬天津府县将私铸、私贩严密查拿在案。迄今多日，尚未据该商会、该银号议复办法。而杨道等如何派员查拿，如何分别商办银钱价值，能否就平私铸、私贩，有无拿获均未据禀报来辕。此系钦奉寄谕饬办之件，该商会、银号暨各该道局所地方官并不认真办理，切实筹商，殊属延玩。各遵照前饬，迅速妥筹，克日禀办，仍不得虚应故事，敷衍塞责，毫无实效。除照会并分行外，合行札饬，札到该道，即便遵照毋违，切切，此札等因……

署直隶总督杨（士骧）批，据禀已悉，仰仍会同领事④、督率员司随时认真查禁，勿稍疏懈，以清积弊。至所拟办法候行官银号、商会会议禀办，惟外省铜元既经禁止入境，若本省铜元如系出口，出境可听其自然，不必拦阻，亦毋庸给照以省周折，折存，此缴。（《政治官报》光绪三十四年（1908）三月十三日，总第164号杂录类）

---

① 《申报》此处有"行用"二字。
② 《申报》此处有"酌量"二字。
③ 即蔡汇沧。
④ 因私钱流入租界，易引起外交纠葛。

北洋支应局①银元局②会陈铸发铜元禀并批（1903）

敬禀者：

窃银元局现在鼓铸铜元，原为接济市面，以辅制钱之不足。必须宽筹铜本源源铸造，方足以广流通。惟查职银元局，自开办以来，并无的款，一切经费全由职支应局借拨，先后共银十三万五千余两，详明俟开办后照数拨还归垫。现在职支应局用款浩繁，来源告竭，额支饷项尚须设法腾挪，若不陆续筹还，深恐后难为继。而职银元局铜斤等项又不能一日缺乏，一旦周转无方，转致停工待料，两无裨益。现在职银元局业已铸成当十铜元一百五十万枚，禀明解交职支应局点收，并蒙宪台出示晓谕铺户、居民一体搭用在案。随后逐日鼓铸，陆续报解，自可源源接济。

司道等复经公同商酌，拟即会同平市官银号遴选殷实钱铺，取具连环保结，承领通用，按照五日内制钱市价酌中定数易银，即令该钱铺等解交支应局以备下批铜本。仍由职支应局将易银数目咨会职银元局按目结算。除还铜本及鼓铸经费之外，赢余银两即作为归还支应局前垫开办经费等款。似此循环周转，不致彼此支绌，方可维持久远。将来日暑稍长，工匠熟习，铸数当可加增，余利亦可渐裕。一俟清还垫款之后，并铜本亦可逐渐自筹，毋庸另行筹垫，庶军需要款不致日久虚悬。本司职道等一再筹商，意见相同。理合会同禀请鉴核批示祗遵。

督宪袁批：据禀已悉，该局铸成当十铜元，现拟会同平市官银号，遴选殷实钱铺，取保领用，仰即按照市价酌中定数，迅速发领，以广流通。余如所议办理。檄。（《北洋公牍类纂》卷二十二《币制》）

为设立公估局及发饷事致天津官银号函
（光绪三十四年（1908）九月）③

致天津海关道蔡④：

查街市银根奇紧，各号停滞，异常窘塞，岌岌殆有不可终日。职

---

① 即天津海防支应局，又称北洋支应局，负责津防练饷、海防经费、天津厘捐等饷项收支。参见《袁世凯奏折专辑》第5册，第1359页。

② 即北洋银元局。该局设立于1902年，是袁世凯试铸银元与铜元，影响直隶地区金融与币制的最重要机关之一。

③ 此函为天津总商会发函。

④ 即天津海关道蔡绍基。

会为众商领袖，亟应设法拯救。若开办公估，恐有意外之虞。职会集众筹商，未用公估以前，街市之用银色，仍按九九二色通行（？）。无论何色银两、洋元一体收用，以救一时之急。将来公估开办，再以验估照案（？）冲算，以资疏通。（后附有该会制定的公估局简章十三条，并请天津海关道晓谕各国领事与洋商）（天津档案馆藏天津商会档案）

天津商务总会、官银号详遵饬会议津海关道禀筹铜元销路办法拟请本省铜元任令运销出口出境并准以铜元交纳粮税文并批
（1908年3月）

为详复事：

窃职会职号本年二月二十四日奉宪台札开：据津海关蔡道禀称：筹销铜元平市利民办法是否有当云云。此札计抄折等因。奉此。并准蔡道咨同等因。伏查此项铜元壅积津埠，迭奉宪台札饬，并将遵议办法暨筹设银市，开立钱盘，并准商民运银收买铜元，运往行销各缘由，详蒙批示在案。兹奉前因，遵将该道所陈各节详细妥商。窃以铜元积弊由来已久，欲求整顿之方，自非杜浸灌、筹销路二者，表里并行，不足以收功效。所有私铸、私运，既奉宪台札饬一体严禁，谅不致再有弊混。其近日津埠市价，每银元一枚已跌至一百二十七八枚上下。职道等默察市情，铜元兑换价格虽较曩日稍平，然能否持久尚难预料。究其所以壅积之由，一原于存滞太多，苦于无处销售；一原于商民意存误会，深恐官铸亦在禁止之列。在平日所存积者，均欲设法赶售，在市面所流通者亦皆受其影响。市价不平，职此之故。该道所请将铜元出口、出境，乃系广筹销路之一法，应请通饬一体照办。

至交纳丁粮厘税一节，查铜元既系官铸，贵乎流通，如该州县厘卡向系使用铜元之区，自应准其交纳，不得格外挑剔，以期商民称便。倘在素未行用处所，似未便一体相强，应由该州县厘卡察看情形，酌量办理。似此通行既广，市面不平而自平矣，藉副宪台痌瘝民瘼、整顿圜法之至意。除咨复津海关道查照外，所有遵饬议复筹销铜元、平市利民办法、缘由，是否有当，理合具文详请宪台鉴核，俯赐批示祗遵，实为公便。再，此详系由职号主稿，合并声明，为此各有具详。伏乞照详

施行。

　　督宪杨批：据详并清折均悉。所拟均平市价，先行设立银市，开立钱盘，为平价入手之举，拟即暂假商会、地方，设法筹办。每日钱价皆须公同议定，以归一律。倘铜元仍有壅积，再由该号会同商会察看市情，酌量备资相机疏通，应准照办。仰即迅速、认真办理，并将市面情形随时具报、查核。至将来能否行用小洋纸币，仍会同商会妥议章程，呈候核夺。（《北洋公牍类纂续编》卷九《币制》）①

天津银号详复遵请探访局禀请准令商家来津购买铜元出境文并批（1908）

为详复事：

　　窃职号本年十二月十五日奉宪台札开，据探访局杨道以德禀称，窃因津郡铜元飞涨，百物腾贵，当经派员四出考查。查得上海市价每大洋一元易铜元百十五枚，烟台市价百二十枚，山海关、北戴河市价百二十四、五枚，秦王（皇）岛市价百二十一枚，唐山、芦台市价百二十九枚、三十枚不等。查沿海大小各埠铜元市价皆比津埠稍平，实因津埠谣传有铜元断使及折扣之说，以致商家遇有铜元进款，并每日所收铜元不敢存留，竟以大价兑换银元，市价愈抬愈高。内地铜元日多一日，存而不销，市价鼎涨，商民交困。我宪台前曾通饬：凡客商、行旅准带铜元两千枚，违者劝令运回，或扣留充公，以防弊端，无微不至。惟津郡市价较外埠皆昂，查吉林官钱局派弁由保定押运铜元一千九百余箱，保定市价颇得其平。而津郡虽商会议定行使零用小票，铜元搭零，然刷印小票一时未易成就。现闻外埠商家有带银来津购买铜元者，可否按照保定准官商向各银号购买铜元，外运销售，声明所购若干，运往何处，发给护照，俾便出境。如此则商家不易舞弊，庶市价不待定而自平，民间得苏此困。管见所及，是否有当，伏乞钧裁。等情。到本署大臣。据此查本省各属商家携钱来津购买铜元出境，原不禁止。至外省各埠，如禀明

---

① 另参见《天津商会档案汇编（1903—1911）》上册，第462—463页所收"天津银号天津总商会详流通铜元之区准以铜元交纳丁粮厘税文"一条。该文献之首称："详院：详复遵饬会议津海关道禀筹铜元流通办法，拟请本省铜元任令商民运销出口、出境，暨准以铜元交纳丁粮厘税由。"文献之尾另有"须至详者"。

地方官来津够远，亦属可行。惟其中有无流弊，应由该号核议、详办。合行札饬，札到该号，即便查照，迅速妥议具复，以凭核办等因。

奉此遵查津郡铜元壅积日甚，调查近日价值，皆比外埠见巨，其滞销情形已可概见。盖铜元一物，贵乎流通，积之则见其多，分之则见其少。该探访局请照保定办法，无论本省、外省见有商家携银来津购买铜元，准其出境，以苏民困，乃系釜底抽薪之一法。惟入境时，既持有各该地方官护照，购买出境时须领有津海关道护照装运，是于把注之中，仍寓稽核之意，尚不致再有流弊。职道等公同核计，所议尚属妥协，拟请照办，庶几市面、人心两有裨益，藉副宪台维持圜法，利用民生之至意。所有遵饬核议探访局禀请准商民来津购买铜元运销缘由，是否有当，理合具文详请鉴核，俯赐批示、祗遵，实为公便。

督宪杨批：据详已悉，既据核议明确，尚无流弊，应准照办。至计数若干，运往何处，不能漫无稽考。应于各商来津够远出境时，将数目、地处报由地方官，发给护照，以免弊混，此系指运赴本省各属而言。其行销出省者，必须彼省允许入境，方可运往，以符奏案。候饬天津道、津海光道、探访局、天津商务总会、藩司查照。檄。（《北洋公牍类纂续编》卷九《币制》）

（六）湖南阜南钱号官局、湖南官钱局

遵议湘省丁漕征收减提情形折（节录）[①]

以上分别办理各端，皆由司道等博访周咨，并证以各属禀牍，因地因时，折衷定议，俾令度支稍裕，共维时局之艰难，仍期日久相安，庶免官民之龃龉等情，详请具奏前来。

臣查湖南省钱价之昂，实自近年为甚。臣于光绪二十年（1894）到任，正值岁旱歉收，又因制钱缺少，民间生计愈艰。屡经臣谆饬各厅州县征收钱漕，凡系以银折钱完纳之处，各自为酌量通融，以纾民力，严劾不恤民隐之吏，以儆其余。又于省城开炉鼓铸制钱及设官钱局，藉资周转。并访有奸商私运制钱出境售卖、销毁情弊，复饬厘金卡局稽查

---

① 参见《申报》1898年3月19日。

严禁。两年以来，本省钱价较之他处尚觉稍低。是以虽当饥馑之余，除应行蠲缓外，各属征收分数视往年不致减色，固出湘民急公报效之忱，亦半由牧令之抚字催科尚无偏执自利之见。本年春间，恭奉光绪二十三年（1897）二月初八日上谕：御史彭述奏"湖南钱粮积弊请饬整顿"一折，饬将酌定征价一并酌量核办。等因。遵即饬司道转饬各属，将近日征收情形据实禀复。正在汇齐核办，旋准部咨议奏减提章程，即饬该司道遵照部章，各就地方情形悉心查核，往复筹议，具详前来。复经臣详加察核，所议似尚属周妥，除饬该司道等核明减收提解数目，逐造细册，另详咨报，并咨户部查照外，谨会同督臣张之洞恭折具陈，伏乞皇上圣鉴训示。谨奏。

朱批：户部知道。（《湘报》1898年第四十三号）

湘抚赵①札饬官钱局②核议铜币条陈（附录）（1903）

据有人条陈，中国币制以铜为本位，自汉唐以来，圜法迄无定制，逮至国朝币制尤紊。要而言之，顺、康、雍朝之铜币为一制，乾、嘉、道、咸之铜币为一制，同、光朝之铜币又为一制。泉源愈涸，币制愈淆，近且分铜币为数制矣。以致对于外界，受金融种种之消耗，对于部民，受市侩种种之盘剥。民财之乏，此其大源。今部议令各省加铸铜元，颁发祖模，以一币制，资取余利，以益度支。又分铸当五、当二铜元以便民用，利益之大，当道稔之熟矣。然利之所在，害即乘之。而又非铜元之弊，与铜元互为消长者之弊生，湘人也。

请就湘币言之。其币有二，一在钱色。湘中铜币有三，曰铜元、曰制钱、曰市钱③。钱价行市，市钱低于铜元，铜元低于制钱，高下均在百十文之内。小民持以贸易，制钱与铜元齐价，若市钱则又短于铜元二三成矣，其钱价之参差有如此。一在纸币。湘省纸币除官钱局及各钱店新票兑发铜元外，其旧用钞票原兑制钱后，渐兑以三七、四六成市钱，今则纯以市钱兑发矣。所谓市钱者，沙壳、鹅眼居其大半。设出入、通用，亦不必苛求，乃兑入之钱多半不能用出，乡民大受其困。于是掺用

---

① 即湖南巡抚赵尔巽。
② 即湖南官钱局。
③ 指分量较轻的民间私铸钱，其价值一般低于官铸的制钱，习惯称"钱"。

零票以辅助市钱，零票之多以利丰公司为最，总计在百万串以外。小店争利，仿而行之，由是纷纷倒闭，贻害实多。其纸币之纷滥又如此。要之，纸币之害即伏于市钱之中。欲一币制以维市面，非禁革市钱不可，虽然有难焉者。

湘埠市钱皆由贸易转兑而来，近各州县用制钱、铜元已久，故市钱悉萃于省会，其使用不能出湘、浏门一步。省商之辗转、兑用无怪其然，一旦禁革，谁能舍有著之本钱，化归乌有？然则欲革市钱，又非由官收买、改铸不可，盖其中有三利焉。顷部章通饬各省铸用当五、当二铜元，若由官收买、改铸，除沙壳、鹅眼不收外，即市钱轻重平均合计，以二文改铸当二铜元一枚，纵汰沙剔净，铢两不悬。经费相若，而钱币永无掺杂之虞，利一。查湘省前铸黄铜当八铜元相辅而行，民利其用。今外省用之，直与紫铜元相等，可知黄铜元固非不便于行也。今并请收买制钱，改铸当五、当十黄铜元，视前制或稍加扩大。以制钱铢两计之，每十文当能抵二三枚当十铜元之重。纵昂价收买，利在其中，而利权且无外溢之患。利二。币制既一从前行用之钞票，尽归兑发铜元，而纸币得收维持之效，利三。有此三利，而去其二弊，利国利民，两收其效，富国之基确立于此矣。虽然，此第就湘币言之耳。鄂省虽无纸币之患，而钱市流行，所在皆是。推之各省，当无不然。此为币制一大消长之机，不可不亟图整顿。抑生犹有所陈者，改铸市钱、制钱后，旧币悉除，个文乏用，仅以当五、当二铜元辅助之，尚多窘塞。应请兼铸一文铜元以利民用。至佐用六分重圆孔铜钱，目前未必无济。第久用之，必滋流弊。欲于流通中永杜掺杂，则行用一文铜元策，无有善于此者矣。且请通饬各属，商民禁造铜器，有违用者，加倍纳税。一切旧铜，着由官买，解局以资鼓铸，未必非补救铜元之助，等情。前来。除牌示外，合就札行。为此，仰该局即便酌核办理。此札。（《北洋公牍类纂续编》卷九《币制》）

湘省铜元仍须绅商运销（长沙）

湘省自南城外铜元新局开办后，恐出数日多，销路阻滞，除由官钱局认销外，复札委沈绅敬坝、陈绅奂奎等陆续承领、运销，西路一带数月以来颇形畅旺。月前由官钱局禀请大宪将各处一律停发，概归官钱局承销，以冀利权独揽。讵各处停发后，官钱局销数并不增加，致全省销场反至短绌。现在新添机器加增夜班，铜元之数较前益伙，自应设法筹销，何能任其短绌。闻总办裕太守拟仍招致以前各绅商，照旧承领、运销各埠，以期推广而便流通。（《申报》1905年12月24日）

铜元局札查弊窦（长沙）

日前湖南铜元新局札省城及各埠官钱局文，略谓：照得本局访闻，省外市廛行使铜元，偶有圆铜片或重大制钱杂在包内，朦混充使之谣。查本局设厂鼓铸，无时不精益求精，慎选妥实员司督率匠工及数钱工人等认真办事。故省内省外商民称便，尚无疵议。今之风传只云闻有人执假铜元向钱店觐换，究竟出于某省铜元包中，抑系无赖之徒私掺图诈或系无稽谰语，以讹传讹，均莫能诘。姑无论谣传是实是虚，而杜渐防微，实事求是乃本局与各官钱局应尽之义务，亟须留心查察市中行使铜元有无夹杂、冒诈等弊。至该局发出铜元务令商民当面按包拆封，看明过数，以昭大信云。（《申报》1906年3月9日）

湘抚奏请加铸铜元（长沙）（节录）

查湖南前因制钱缺乏议铸铜币以济圜法之穷，开办甫及年余即准部咨停止。虽照限定数目赴鄂厂搭铸运湘应用，每日仅得三十万枚，为数有限。现在省城及常德、湘潭各官钱局尚不敷周转，此外各钱铺以及各府州厅县镇市店铺更属难于购求，穷乡僻壤有欲兑数十枚铜币而不得者。市面艰窘异常，各项贸易减色，民间买卖惟凭商店所出纸票转转使用，并无现钱可取。又虑倒塌吃亏，商民交困，生计日蹙。转瞬铁路开工。夫匠工役实繁，有徒小民日趁佣值，必须付给现钱，尤非大宗铜币不足以济工需，故有在湘暂铸之请。若照部咨限定，日铸三十万枚，是与在鄂厂附铸无异，徒负虚名，于事无益。查鄂省铜币因市面不敷行使，业经督臣赵尔巽奏准照额定数目每日加铸二百万枚，共铸四百万枚，仰蒙俞允。湘省市廛钱荒较鄂尤甚，且铁路关系紧要，实非加增铸数无以济民用而顾路工。仰恳天恩俯念湘省额铸铜币不敷行用，准予每日加铸一百七十万枚，连额铸总以二百万枚为限以应急需。仍随时察看，如果各属市肆足敷周转，即行奏明递减，不使稍有壅滞。并严饬各属卡认真稽查，不准夹带出境，俾免充斥外省。除咨度支部查照外，谨会同湖广总督臣赵尔巽恭折具陈。

三月初五日度支部议奏：按京师铜元充斥，方将运交汉沪，则何不以此有余者补湘之不足耶？（《申报》1908年4月15日）

湘省大吏禁运铜元出口

湘抚杨中丞（湖南巡抚杨文鼎）以近来省内、省外各商埠每多倒闭店铺之事，核其事由，实因各钱店及各杂货店滥出票纸，又类多不备现钱，以致民间持往兑换，无以应对，动辄至于倒闭。加以各埠奸商每因贪图小利，私运铜元至汉口、沙市等处，不顾市面，实属非是。应即严行禁止，以资维持。爰即派委专员前赴岳州雷湾、花碗岗等处，一体截查。限至七月初十日为止，如各该商在初十日以内携有大宗出口者，由各该委员照数发给印票至汉口湖南官钱局汇兑处兑取，或至长沙官钱局兑换。如至初十以外，尚有大宗铜元出口者，即为有意渔利，应将所运铜元全数充公。至商旅携作盘川，亦只准在二千枚以内，过多照章处罚。闻已出示晓谕，一体遵照矣。（《申报》1911年9月16日）

（七）广东官银钱局

两广总督兼管广东巡抚事张人骏片
（光绪三十三年（1907）十一月十九日）[①]（节录）

再据广东造币分厂会同善后局司道详称：奉度支部札行议复考查铜币大臣陈璧奏考查各省造币厂情形，并核定划一章程。第二条内开，嗣后各厂行销铜币，省城以内无论官局、商号赴厂领兑，均须按照市价缴足现银，其外府、州县及裁并省份，官商持银领兑铜币，亦准其按照市价径行赴厂交易，官钱局不得从中垄断，稍涉把持。经此次改章以后，所有厂中一切铸造、行销事宜同归该厂经理等因。奏奉谕旨札行到粤……

---

① 另见《度支部议覆两广总督张奏粤厂铸造铜币请仍由善后局经理行销折》（《政治官报》光绪三十四年（1908）正月二十四日，总第116号折奏类）。

臣伏查粤省自开办造币以来，悉由该局（指善后局）厂分任权责，并无（官银钱局，著者加）垄断、把持之弊窦，有交相维繁之功。该司道等所陈系属实在情形，拟请准予照办①，以免更张而收实效。除咨度支部查照外，理合附片具奏，伏乞圣鉴训示。谨奏。

（朱批）度支部议奏。（《光绪朝硃批奏折》第九十二辑）

示平钱价

广州访事人云：粤省大宪以近日省垣钱价过昂，特设官钱局委员兑换，以平市价，由善后总局刊发告示编贴通衢。示云：照得粤省铜贵钱荒，银价日落，小民生计益艰。兹蒙大宪②垂念民瘼，饬令自铸龙纹银元行用，以济圜法而利民生。乃自开铸以来，发出铜元已不为少。而体察市面，尚未多见，必有市侩囤积图利。自应妥立章程，另设官钱局，札派委员驻局经理，并刊发官钱委员钤记，以昭信守。所有铸出铜元悉数发交官钱局，照定价兑换，以便商民。每七钱二分大元一个换小铜元一百个，单毫、双毫照此分算。每人只换至二元为率，不准任意多换，以杜垄断而平市价。兹查广州府前街为适中通衢，即在此街赁铺设局。除札派委员前往，按照章程妥慎开办外，合行出示晓谕。为此示谕。官吏、商民人等一体遵照换用，公平交易，庶行用广而市价自平。各宜懔遵勿违，特示。（《申报》1900年12月10日）

官钱畅销

香港《循环日报》云：月前广东省垣大宪以钱价日昂，民生受害，拟创设官钱局，鼓铸当十大钱，准民购换。现已由南海、番禺两县主持，定广州府署前旧泰兴银号房屋重加修葺，设局换钱。本月十六日为开局之期，持银往换者，其门如市，局中人应接不暇。未及半日，所铸大钱即已领罄。连日大宪饬局加工赶铸，以应民用，或有谓城厢内外各赌馆、赌徒争先购取，以致小民兑换维艰者。然使局中鼓铸日增，亦何忧不给乎？（《申报》1900年12月20日）

---

① 善后局原奏请照旧章办理，由该局会同造币厂负责银元、铜元铸造、销售等事。
② 此处所言"大宪"由上文可知设立官钱局，并试铸龙元的应为两广总督李鸿章。

维持圜法

广州访事友人云：职商王振昌目击近日省城所铸铜元行使市廛，颇堪便利，因具禀督辕，拟集资附铸，以广流行。督宪陶芷芳（陶模）制军批示曰：制造铜元，有关圜法，无由商人承办之理。所谓由商出本附入官钱局，督铸龙元，未便照准。惟官局所铸铜元，本因制钱不敷行使，藉资补救，现在局造铜元，商贾既均称便，自应陆续添铸，广为行销，以资周转。仰广东钱局会同善后局妥筹增铸，并将如何广为搭发，俾市面得以畅行，钱价逐渐平减之处，悉心筹议禀复、查夺。清折存，甘结发还。（《申报》1901 年 7 月 25 日）

（八）山东官银号

山东酌提当典息本鼓铸铜元章程（节录）

一、此次专提发商生息，原本作为鼓铸铜元经费，不必限定数目。应先由司局会衔通饬各属查明该处发商息本银各有若干，如何生息，开具详细清折报局存案。一面传集当商，饬令量力呈缴，由该县汇齐，解省交官银号①点收。

……

一、酌提此项官本，应以当商缴款止息之日为铜元局收款起息之日，免得各该县办理善举，中间忽有短绌。将来铜元局资本充足，发还各商。其接续亦视此例。如各当商不顾领还，即暂存官银号生息，留办他项要政。但届时无论办理何政，必须详明抚院批准，不得私自通融。

一、各处生息多系地方随时取用之公款，若俟各州县应用时再行来省具领，既恐缓不济急，且事涉繁琐，殊多窒碍。应俟提用后，由商务局开单，行知官银号，于应还铜元价内照下条酌定之期，按期扣还，专款存储。各州县需用时，应先行设法于外销项下筹垫，每年分四月、十月两次来省具领。

一、此项生息既归官银号代为收发，应令官银号每年立收支总簿一

---

① 即山东官银号，下同。

本，将提用各处息本收支数目分别、随时注明。按年生息者，分四月、十月两次收还。按季者于四仲月列收。按月者，一月一收。仍照章按月造报，并每届半年通结册报一次，以备查考。(《东方杂志》1904年第一卷第八期)

鲁咨议局议决推广龙元办法（山东）

鲁抚孙中丞（孙宝琦）前以大清济南分银行所拟推广龙元办法，协力维持龙元行市，期与鹰洋价值一律，及劝令各商家以银元计物价各节，事关通省商情，是否可行亟应体察情形，悉心核议。当即札行咨议局核议、声复，经咨议局常驻员开会协议，佥谓中国各种银元价值纷歧，故龙元市情未能划一。现在南省鹰洋价涨，龙元价落，以致德华银行借口不收龙元，即铁路公司及德华照常搭收龙元亦相形见绌，皆由行市不能一律之故，于中国币制前途大有妨碍。今据该分行所拟推广龙元办法，令官银号及各钱业协力维持龙元行市，期与鹰洋价值一律，均以湖北龙洋为标准，俾便分行及官银号发行之银元票便于推行，是于维持之中兼寓抵制之意，目下即宜实行为要。若劝令本地商家以银元计物价一节，原欲使需给日多，以养成人民用元习惯，用意非不甚善。但现在币制未定，东省银元尚未畅行市面，龙元不敷周转，骤令本地商家改变其旧日用银、用钱之惯习，概以银元计算物价，各州县情形不同，不惟于人民不便，且恐外国银元充斥市面，转碍龙元之推行。莫若由官银号及分银行首先推行，至以银计数，以钱计数之家亦暂时各听其便。俟币制确定后，凡官府一切收支俱用银元，然后推广于各州县，自可流行无碍。至如铁路车站收用分银行龙元票一节，既便商民又关主权，前经劝业道迭次与该公司磋商，已允实行。即德华横生阻力，不过因龙元价格低落之故。若中国湖北龙元能与外国鹰洋价值一律，彼亦无词可执。倘后日柏林总办复到，仍有异议时，拟请抚部院惠体商情，力为主持，总期事在必行。等语。当即公同议决，呈复抚院核夺。并闻柏林胶济铁路总公司已经应许，凡大清银行所出之一元、五元、十元钞票，铁路载货皆可通用，已由该银行布告各处矣。(《申报》1910年3月4日)

（九）新疆官钱局及各分局情况

新疆各局行用银币情况

（光绪）二十九年（1903）巡抚潘效苏饬照阿、喀两道①铸造银元，委藩经历鲁鼎绪择地安厂。是年八月即就经历衙署东后院拓地建厂，计铸厂三大间，匠工、司事、通事、局丁等住房八间，炭房、厨房各一间。除杂屋及旧有房屋不计外，大小共一十三间。其铸造银元即仿照喀什从前定章，每湘平银百两准除火耗五钱。铸成银元一百，实重以九十七两五钱为定，盈余二两津贴匠工等费。其制造银元轻重、式样亦照阿、喀两城旧章，分铸五钱、三钱、二钱三号，均匀搭用。最小一钱者，毋需仿造。银元阳面中铸光绪银元四字，右铸迪化二字，左铸几钱二字。阳面仍铸缠文光绪银元、迪化、几钱八字，左右铸花文环绕。每日以湘平银六百两为度，每月铸银一万八千两，以每银一百两获盈余二两计算。每月可余银三百六十两。新〈薪〉工、局费每月共需银四百六十八两七钱八分八厘，食粮在外，以盈余作抵，月仅短银一百八两七钱八分八厘。此项银元例支饷需均搭发使用，商［民］呈缴税厘、正赋概准以银元完纳。报解每银元百两仍准抵湘平银一百两，与官钱局钱票并红钱、银一百两一律通用。如商民持票至官钱局取钱，每票银百两准发银元一百两。如以银元至官钱局换钱，准发钱票及红钱一百两。若换纹银，每百须加水银三两。（光绪）三十三年（1907）五月藩司王淑枏详请就省城水磨沟机器局铸造银元，委员管理。六月初四日颁发银元局钤记一颗，先于初二日开局试铸，铸成五钱、四钱、二钱、一钱四种银元。每银一百两准火耗银七钱，铸成银元每银百两只有九十七两上下，余平银作为工费，公家每铸银一万两赔银四十余两，赔粮九石。其局用开支，委员、书识、丁役等共薪共银九十六两，匠工、伙夫共银二百五十四两，木炭、岚炭共银一十八两七钱八分，药料、钢铁、泥沙硅共银一十八两六钱。每月共费银四百八十七两，小麦十八石，可铸银二万两。计自三十三年六月开局起至三十四年七月止，除三十四年分停铸

---

① 即饬令迪化官钱局仿照阿克苏官钱局、喀什噶尔官钱局铸造银币。

四个月不计外，通共铸过银三十二万两。

按各省银元，其枚数轻重或七钱二分，或三钱六分，或一钱四分，或四分，取例于西人也。新疆之银元亦有数等，重五钱、重三钱、重二钱、重一钱，取例于天罡也，迩来二十余年矣。所谓银元者尚不能与各省之银元同归一律。而新疆一带居然指银元为天罡，指铜元为普儿〈尔〉，是诚然以先人之言为主矣。周书曰：既历三纪，世变风移，不其然乎？

……

光绪十九年（1893）阿克苏道黄光达以地方驻营较多，商旅辐辏，兵勇、细民日用所需零星者多，成整者少，且红钱奇窘，兑换维艰。银钱既不流通，交易因而窒碍，不免军民具困。官价每新平银一两换红钱四百文，市价每银一两、大平头银四分换钱三百七十文或七十余文不等。每逢放饷，钱价尤昂，甚至先一月交订银换钱，而届期仍难多得。因于是年冬在道署西偏厅房设炉鼓铸银元，委道库大使严章炳经理，由喀什噶尔调取熟习工作缠匠十名，黎明兴工。另派妥人入局督视搜检，轮流照料，严杜掺和等弊。先令制造铜模，每元重一钱、二钱、三钱、五钱，分为四等。一面铸光绪银元，几钱字样，另加阿城二字以示区别。一面铸花草，中译缠文。每银元一百两归九八平扣算，铸成内余银二两作为火耗、人工费用。先由司库借成本银五千两。自开办至二十年五月通共铸银四万余两，除开支外余银七十九两一钱。

……

（光绪）十九年二月，喀什道李宗实委通商委员曾广均兼办，试铸银元，添铸五钱重一项，合前项共为四等。一面铸光绪银元、钱数字样，一面铸花草，中译缠文，以资认识而杜剪边各弊。计每银一百两下炉倾泻，约耗银六七钱不等。工匠伙食、添补器具并火耗各项合算，每银一百两铸出银元，应需经费银二两，不由公家取办，由每银元一百两归九八平扣算铸出，并由道库借发成本银八千两。（《新疆图志》，卷三十五《食货·四》）

(十) 奉天华盛官钱局、奉天官银号与东三省官银号

文兴①等折（光绪二十五年四月初二日）

奴才文兴、晋昌②跪奏为遵旨整顿钱法，酌定银元准价并将期银、期钱弛禁以便商民，恭折仰祈圣鉴事。

窃查上年十一月十九日，承准军机大臣字寄，光绪二十四年（1898）十一月十三日奉上谕，有人片奏盛京新铸银元定价过昂，一经出城，价便跌落，皆由官钱局设谋渔利等语，著依克唐阿体察情形，认真整顿。原片著抄给阅看等因，钦此。遵旨寄信前来。依克唐阿当饬承德县出示，先减银元价值。一面派员赴沪购铜，设炉鼓铸，意在使现钱充足，银行可平。未及覆奏，因病出缺。奴才等接任后，体察情形，省城粮货腾贵，银价日涨，市面萧索，诚如原奏所云者。然其病在现钱短绌，帖钱壅滞，初不得专咎银元定价昂也，且亦商人自为之。而官钱局不得专其利，并不得擅其权。查依克唐阿原定章程，铸出银元随同各城银价涨落。如市平银每两价值东钱十钱，银元合市平银七钱四分三厘，即定价七钱三四百文。仍按照每月初一、十六两日，银行定价由地方官出示，并各铺面悬挂木牌，半月一换，俾众周知，业经奏明有案。是银元价虽官定，实与商定无异。近来省城银价较各外城为昂，银元出城，价便跌落，自为势所必然。银价既涨，物价随增，而居民因之受困，亦系一定之理。且官钱局所存系本省银元，而各铺所存多系洋元，间有各省龙元。目下省城行用洋元，并外来银元多于本省所铸者不啻倍蓰，半系奸商牟利贩运而来。如以新铸银元定价过昂，何以外运来者亦复一律定价？此实商人之争利，自失其利，而非官钱局之渔利，已确有明证矣！

奴才等细加酌度，本省所铸银元可以掺纳赋税，可以搭放薪饷。其行用与洋元不同，断不可使洋元同价，致碍销路。然当此银行盛涨，设银元定价过低，势必赔铸费而无余利。事关通省钱法，不得不博访周

---

① 时任盛京礼部侍郎，护理盛京将军。
② 时任盛京副都统。

咨，集思广益，以求妥善。当经传集驿巡道、各司协领并承德县知县及各局、处委员等商议办法，有请禁用外来银元兼平银行者，有请减银元成色藉以减价者，并有请停铸银元，专铸制钱者。其说纷纭，而终不如署承德县知县增韫所拟，定银元准价，驰期行严禁两端为最切要。据增韫禀称，奉天现银、现钱异常缺乏，从前官吏均听商民开设期行以资周转，行之今日历有年，所达〔远〕近，通行从无窒碍。自军兴以后①，商帖以现钱愈少，相率不开，专赖期行银钱，以撑市面。于是不肖奸商转得以无银无钱，藉词竟成卖空买空之弊。故前年另案兴讼，因噎废食，遂使期行亦从此停止。今铸银元，正好补苴。而风气未开，行使不畅，按日随银作价，商民苦于数目之烦，咸称不便。且价目时有长落，赔累堪虞。而各城银行远近不一，安望其能到处通行。因念商帖、钞票均系远近一价，无银行长落之虞。若将本省铸出银元仿照吉林章程，由省城官司酌定牢不可破之价，等诸钱帖、钞票之用，通省无论远近，一律行使，不准此多彼少，并准完纳税厘、钱款，务使商民易于信从，行旅乐于携带。至期银期钱亦请仍听商便，照旧开行。但令到期专以本省银元或以市面实银，按数开付，不准凭空买卖，以杜流弊。其别项银元仍作银用，如何作价听商自便。似此办理，庶例章无碍，钱法可通等语。其于商务、民情可谓体会入微，而于银钱壅滞之患亦复洞见症结。奴才等现已酌拟本省银元每元价值东钱六千六百文，合制钱一串一百文，以为定价，仍驰期银期钱之禁，严绝卖空买空之弊。俟试办一年后，察看情形，如果商民称便，不得轻事更张，以免纷扰。倘法未尽善，尚须稍事变通，再行奏明办理。

总之，期行有禁，商贾不前，则银元之销路难畅。银元不通，银钱两缺，则期行之过账仍虚。二者相辅而行，不可偏废，此合省之舆情，非一人之私论也。除咨部查照外，所有遵旨整顿钱法，酌定银元准价，并将期行弛禁缘由是否有当，理合恭折具奏，伏乞皇太后、皇上圣鉴、训示。谨奏。

（朱批）知道了。（《光绪朝硃批奏折》第九十二辑；另见《申报》1899年6月12日）

---

① 指甲午战争。

东三省官银号发行银元情况

东三省钱币之紊较内地为甚。查银钱总类有现银、有帖银，有过炉银，有大小银元，有铜圆，有制钱，有中钱①，有过码钱②，有屯帖③，圜法紊乱，汇兑阻滞。从前奉吉所铸银元成色太低，颇失信用。自遭兵燹，商市现银日绌，制钱则名存实亡。吉林之宝吉局亦已停铸，市面之赖以周转者各省输入之小银元而已。其余过码、过炉之类辗转寄划，并无母金。屯帖之滥并不能行于他屯。乃欲以三省行政费取偿于此，危险之象涸可立待。三省将军有鉴于此，于奉设官银号，于吉设永衡官帖局，于江设广信公司，乃得稍稍补苴，藉资周转。然成本有限，虚币累累，一出境即不能行使。又以银币价值操于市侩，官出之银元票无现银元付取。乃别出十角票以辅之。于是种类愈多，而三省各不相谋，流通不便，更无论汇划于他省。东清铁路告成，而俄之遂通行于路线所经，操纵财权。而俄帖之信用日溥，市间不见官币。日俄之役，日洋及军用手票、正金票、老头票之属又蔓延于辽沈。查战时发行之额即军用手票即一项已至二万五千万元，其他称是。近虽将手票陆续收回，而正金、道胜两银行之势力灌输发达，实骎骎有左提右挈之势。盖以蓄储既便，汇划亦灵，行于三省、内地。凡关于农商、工艺之取求，无不苦于官家之抑勒、周折，而乐为该银行之用。近虽分设大清银行，仍少抵制之力。其余将军所设之纸币发行所散漫、隔阂，更觉相形见绌，金融机关遂操诸外人之手。夫钱法之弊如彼，而财权之穷又如此，若不亟思变通，则三省势将坐困，而外力之竞进无已时，一切行政亦皆无所措手。世昌既奉令治东，窃维三省财政之困难，固由于无实币，亦由于官家之所设立机关不备，信用不孚，消息不灵，抵制无术。不惟大异于中央银行之性质，且尚不能如商业银行之流通。既得请于朝饬部拨镪余三百万两，以为东省一切经费，遂于天津造币厂代铸东省大小银各元若干万为准备金，而改奉天官银号为三省官银号，于江省及吉之哈尔滨设分号。凡储蓄、汇兑之属三省一致，以通交易。复于北京、天津、上海等处各

---

① 清末民初吉林铜钱以50为陌，称中钱，10陌为吊，一吊500个1000文。
② 是当时东三省钱商垄断钱市，根据簿记银币出入情况，对银价伸缩而定价格。
③ 是东三省民间市镇、村屯，根据商贸和人民生活、生产情况，在一定范围流通，为当地商民认可的通用纸币。

派经理人以谋外省流通之便利。初以东省银元由官家酌定价值，毋许涨落，一切钱粮、租赋、税捐、电费，普通收用，按值计算。而变通过炉银，禁止过码钱，限制屯帖。商民信用，市面乃稍稍见国币矣。嗣因价值有定，不能与外省输入值银元随市增减，钱市以为不便，以致有虚值而无实市，且税局荒僻之处无官银分号，以东钱、小银元折合官商互有亏损，乃随时价，而流通愈溥。至官帖局①、广信公司成本太少，发行无节，既不能骤行〔收〕回纸币以并入银号，亦惟有清厘、整顿，以俟将来。终拟由银号收回纸币，始能划一而无弊。经理逾年，而三省之储蓄、汇兑乃稍稍便利矣。夫东省财力空虚，纸币复杂，区区三百万两又皆为行政费用，以之兼顾币制，本不足改弦而更张。加以外币浸灌，有铁路以利运输，有银行以为根据，至掷金钱于我三省领土者，盖以亿兆。计是，以欲统一三省之币制而抵制两强之财力，惟有借国债以敷设银行，乃能操奇赢而决胜算。比年悉心体察，合谋图虑，屡请于朝。卒以事体重大，未及实行。仅恃此数，酌其盈虚，如遇有军兴工作及振兴一切实业，仍觉无所挹注他日者。国家币制既定，利源日开，则三省亦必有币制清厘之一日。将今之所谓过码、屯帖及东钱、中钱等名目必将一扫而空之。若专为三省币制计，则非设一大银行固无以廓除积弊，抵拒外强。两年以来，知财政之所由困，徒以款项支绌，仅得调剂于一时，而无以规久远之计，此则鳃鳃过虑而引以为疚者也。（《东三省政略》卷七《财政》）

奉省铜元改章（奉天）

奉省所铸当十铜元向作东钱一百文（即制钱十六文），现经财政局呈请改章，作为小银元之补助品，并出示晓谕略云：照得奉省铜元经前军督部堂增（前盛京将军增韫）奏定，每枚当东钱一百文，业经遵照通行在案。原因奉省煤炭、人工贵于他省，非当百不敷铸本。嗣查现在物价尤昂于前，由于制钱缺少，若通用铜元，仍照当百行使，于民间又多未便。是以本局复议改为当十，又恐民间贸易储积前项铜元，一旦改为当十，不免吃亏。遂预饬官银号先照当百收回，每十枚发给东钱票一

---

① 指吉林永衡官帖局。

吊文。现已时阅数旬，收回甚多，其存民间者不过零星，储积为数有限。本局悉心酌核当十、当百皆属不便于民，惟将奉省铜元改为小银元之补助品，每铜元十枚兑换小银元一角，其铜元价值之涨落即以银元之涨落为准，不另作价。自出示之日起，无论省内省外出入一律，并准完纳钱粮厘税一切官款。此系公家专为便民而设，故不惜厚赔铸本云。(《申报》1906 年 5 月 16 日)

奉省币制之计划（奉天）

东督（徐世昌）、奉抚（唐绍仪）以奉省钱法紊乱，不便官商，拟以银元为本位货币，凡官民交易均用银元计算，以期统一币制。日前向天津造币总局订造银元五百万元，已有二百万元铸成运到，其余三百万元正在赶紧鼓铸，谅年内必可运到。而两帅拟不以该银元存储于官银号以为抵〈底〉款，饬令官银号发行银元钞票五百万元以资流通，从前官银号发行之银元票逐渐收回，以归划一。该钞票目下在天津官报局订印，定于明年正月完成，大约明春可见通行矣。(《申报》1907 年 12 月 22 日)

奉省银币通行（奉天）

奉省与天津造币厂订造银币三百万元，并向北洋官印局订印银元票，自今春通行。闻度支司奉到两帅①札饬，自三月初一日通行，嗣后凡税捐俸饷及其余一切官款均须行用大元。而此等银元钞票每元均按照沈平银七钱三分计算，其现有之小银元及官银号之小银元票仍准照市价行使，俟大银元足敷，再行收回，以期划一。并闻两帅现与北洋造币厂订立合同，添铸银元二百万元，至银元运到之后，所有小银元票庶得一律收回。且奉省现有之银元局虽名曰银元局，实不鼓铸银币，惟铸铜元耳。两帅现经奏准，将来改设银元局鼓铸银元以便行用。(《申报》1908 年 4 月 6 日)

（东三省总督锡良）又奏请将官银号前项龙元改铸小元以便行用片

再据总办东三省官银号山西候补道周克昌详称：银号资本必须周转

---

① 指东三省总督徐世昌与奉天巡抚唐绍仪。

灵通，方能维持久远。查官银号库存前由北洋搭铸奉天龙元六十余万元，停积已及年余。因奉省向系惯用一二角小银元，以致行销多滞，刻值财源枯竭，官本既难周转，市面不能流通，实属官商交困。恳将前项龙元移送银元局，改铸小元，以便行用等情前来。奴才详加考察，委系实在情形，应请暂准变通办理。除咨部外，谨附片具陈，伏乞圣鉴，谨奏。

宣统元年（1909）四月十九日奉朱批：著照所请，该部知道。钦此。（《政治官报》宣统元年四月二十一日）

沈垣[①]金融又恐慌

奉天大清、交通两银行暨东三省官银号前当鄂事初起之时，即有多数中外商民持票兑现，以致金融界颇受恐慌，旋经赵督（赵尔巽）出示禁止现洋出境，钱粮厘税一律改收钞票，不须现洋，于是市面人心已经大定。近因东南纷告独立传来，一般人民又争向各银行钱号兑取现洋，来者无穷，势难接济。日昨省中大吏特邀集各行号总理，会同咨议局局长、商会、自治会议定限制取现办法，计自九月十九日起至十月十八日止，大清银行、交通银行、黑龙江官银分号每日各准递换现洋六千元，东三省官银号每日准兑现洋一万元，业经呈准赵督出示晓谕矣。（《申报》1911年11月17日）

（十一）云南官银钱局

云南官银钱局使用铜元、银元情况

造有成数，各署局、各同官掉换，即移交官银钱局搭换，易回银两，即作为钱本，陆续移还司库。光绪三十三年（1907）十一月，咨解司库钱本银七千两。三十四年二月，咨解钱本银四千两。五月十三日，咨解钱本银二千一百四十五两八钱八分五厘。均系新钱易回库、市平公估银……至光绪三十一年（1905），锡良移节督滇，查悉云南钱荒情形，始由四川运来铜元数千百驮，抵当制钱通用，市面颇形活跃。时

[①] 即沈阳。

则川、鄂两省铸出银币，数均充裕，锡督即分向换运大小银币，在省城设局兑换，藉以开通风气。至三十三年冬，云南造币分厂成立，遂自铸银、铜元，以资推广。银元有大圆、半圆、一角、二角数种，铜元有当十、当二十两种。未几，即行停铸。（《新纂云南通志》第七册卷158《币制考》）

（十二）湖北官钱局

湖广总督张宫保奏请试铸银币片

再，中国向来官民行用俱系生银，各处平码参差，并不一律遵用库平，其成色纷歧，名目繁乱，以致钱商市侩得以上下其手，操纵渔利，于商民均有窒碍。现与各国订立商约，均有中国自行厘定国家一律通用之国币一条，声明将全国货币俱归划一，即以此定为合例之国币，中外人民应在中国境内遵用，以完纳各项税课及别项往来用，惟完纳关税仍以关平核计为准等语。是厘定国币，为当今第一要义。惟查从前各省所铸银元，均仿照墨西哥银元之重，合中国库平七钱二分，因中国从前尚未有定化一币制之议，所铸龙元，专为行用各口岸，抵制外国银货进口起见，并未为厘定通用国币起见，本属一时权宜之计。臣前年与刘坤一会奏曾经陈明七钱二分重者系依傍洋银办法，现既与各国定约划一银币，近年来朝廷通筹博议，询及外人，毅然有考定币制之思，此诚通商便民之要术，一道同风之盛轨，自当别筹全国通行经久无弊之策。

溯查光绪二十五年冬间，京城正拟开设银元局，庆亲王奕劻、军机处、户部及盛宣怀，以银元应重若干，与臣屡电询商。上年臣在京时，财政处与户部复与臣询商及此。臣均持致用一两重银币之说，而议者或虑一两银币难于通行。不知各国币制皆由自定，彼此不相因袭。中国一切赋税昔以两钱分厘计算，地丁、漕项为数尤为至纤至繁，每县串票不下数十万张，每人丁漕多者几两几钱，少者几钱几分几厘几毫几丝几忽，畸零繁重，若改两为元，实难折算。折算较宽，则花户以为加增，必然滋闹；若折算过紧，则积少成巨，州县岂能任此赔补之数。种种窒碍，断难全国通行。计全国人民纳银于官者，以地丁、漕粮为最多，其人数为最众，其银数为最繁，丁、漕不改，是全国划一银币之说仍系托之空言。

窃谓今日铸全国划一之银币，自当以每元一两为准，出入均按十足纹银计算。查各国均自有币制，或用镑，或用马克，或用佛郎，或用卢布，不相沿袭，其本国境内人民及外国商人来至其国贸易者，无不遵用。但使国家定其程序，昭示大信，收发一律均作为十成，商民断无不遵用流通之理。如各省通行，共知新定国币出入均作为十成，明白简便，自然不愿更用生银。迨生银既废罢不用，此项国币其银色自无九成十成之分，若现定者既名为国币，然仍仿墨西哥银元成式，以库平七钱二分为率，则历年墨元已操积重之势，中国权力事势断难阻使不行。况币制既定，每年公家出纳及商民交易不止万万，而各局所铸至多不过数千万，我之铸数有限，而彼之来路无穷，是不啻转为墨西哥银元畅其销路。漏卮日广，流弊无穷，万万无此办法。

臣反复筹思，非实在试办，但凭议论悬揣，群疑众难，辩驳纷纭，莫衷一是。若财政处铸造行用之章程一定，颁行各省，设有窒碍，殊难更张，悔不可追。莫若先由外省试办，其操纵更正较为活便。查从前中国从未自铸银元，官款亦从未使用，系由臣在广东时奏明试行有效，始渐推行。兹拟即就湖北铸造库平一两重银币，先行试用，以观商情民情，兼体察各国商人情形，出纳利弊。行之而通，则奏请敕下户部戴酌推行，利在全国；行之而不通，则湖北收回另铸。所有赔耗工火倾镕之费，湖北任之，亏耗亦尚无多。而从此中国货币轻重之所宜，以及改换收发之难易，利弊昭然，可有定论。

兹拟试铸银币共分四等，最大者重足库平一两，其次五钱，其次二钱，其次一钱，文曰大清银币，照从前银元式样，清文居中，汉文环之。其余洋文及省名、年分、计重若干，龙纹花样均酌照从前银元式样。无论收发昔照湖北藩库平核算出入，均作为十成纹银，归官钱局经理收发，以杜吏胥挑剔需索之弊。凡民间完纳钱粮正赋及关税、厘金一切捐项，暨州县报解司道局库一切款项，均照藩库平一律折算，与向章并无妨碍。如有向章应解交平余火耗解费者，照旧补足缴纳。则一切官吏胥役，自不致多方阻挠，而在商民并无新加耗费。俟将来各省通行，此项银币应准搭解部库充饷。约计每元扣除工本火耗必可盈余数分，自当核明铸数，将所得盈余报解户部，以昭核实。至旧日各省所铸七钱二分重之银元，及墨西哥之银元，流行民间者，其数至巨，应仍听其行用；惟新铸一两重之国币，定价务取划一。而旧日银元既与墨西哥银元式样轻重相同，其平色高下易钱若干，自应仍随市价涨落，听其自然。则与新铸国币判然有别，行用各不相妨，各省银元局铸造亦并不吃亏，自可毋庸收回另铸，俾免商民疑虑致扰市廛。且如此则仿洋式之银与国家定制之币，轻重贵贱，大有轩轾，尤足为导引商民重视国币，畅行国币之辅助。除饬官钱局妥慎经理，先行试办暨行用情形随时奏陈外，理合附片陈明，伏乞圣鉴，敕部立案施行。谨奏。

光绪三十年（1904）八月二十九日朱批：著照所请，该衙门知道。钦此。（《申报》1904 年 10 月 22 日）

两湖总督张附奏进呈一两银币片

再，臣于本年八月十六日附奏：请就湖北铸造库平一两重银币，无论收发，皆照湖北藩库平核算，出入均作为十成纹银，名曰大清银币。先行试用，以觇商情、民情，兼体察各国商人情形，出纳利弊。行之而利，则请户部裁酌情形推行，利在全国。行之而不通，则湖北当收回另铸。所有赔耗、工火、倾镕之费，湖北任之。从此可知中国货币之所宜，以及改换、收发之难易。利弊昭然，可有定论等情。钦奉朱批：著照所请，该衙门知道。钦此。当即钦遵饬局妥慎办理。

窃维银币之行，料若划一，利国便民，独不利于胥吏、炉房之辈。其造言、摇惑，设计阻挠，势必无所不至。局外持论者，未经细心体察，辄不免辩难多端。或谓既铸此项银币，应即禁阻墨西哥银元，不准行用。不知向来部库及外省司道关各库从未收兑墨元。而民间流行日广者，以各省通商口岸、租界，外国银行林立，其与华商交易往来，多以墨元为便故也。此时中国之权力断不能强使外国银行之不用，即不能明禁中国商民之参用墨元。将来中国自铸一两银币日渐充盈，为中国商民所信用，则墨元将渐次销废，不禁而自绝。故此时改铸一两银币者，正为他日禁止墨元之地。

或又谓国币既以一两为准，则旧日各省所铸七钱二分之银元，当尽数收回另铸。不知旧铸银元，虽重库平七钱二分，而民间折算生银，系随市价涨落，仅作库平六钱，数分不等，与此次新铸银币收发，皆作库平十成足银用者，判然不同。试办之初，既不能骤废生银不用，则旧铸银元亦只列作一种生银，尽可听民之便，与新铸十成之银币行用，各不相妨，此后鄂省官局自无再铸七钱二分银元之理。至久已散在民间者，自无庸收回另铸，以省纷扰。

或又谓新铸银币，既名为国币，则但当以元计，不当以两计。不知国家一切赋税皆以两、钱、分、厘计算，则银币之为两、为钱岂可不明著其文，以杜胥吏之意为轻重，免致商民之耗折、吃亏。或又谓一两银币当明言值制钱若干，以昭划一。不知各省银钱兑换之价，到处不同，断非湖北一省之所能独定。倘使户部能定库平足纹〔银〕一两值制钱若干，通行各省，收发皆归一律，不准稍有参差，则此项一两重银币自有定价，其权固操诸户部者也。

总之，臣此次奏请试制一两银币，原为体验官民行用情形，是否称便，以为户部裁酌推行地步，铸数断不能多。一俟户部开铸，其数足以供各省之用，湖北尽可停铸；且湖北所铸银币，声明除工本火耗外，所有盈余悉数报介户部，于户部、财政处权力未尝丝毫有所侵损。一切办法皆再三审量而后定，试行数月之后，其利弊不难考见。果有窒碍自当立予变通。此时新币方行，设有阻挠摇惑之词上渎宸聪，应恳乾断主持，暂置勿议。兹已饬局将一两银币铸成，发交湖北官钱局先行试用，体察商情舆论，似当无所疑难，应俟试行三个月后，察看销数是否畅旺，咨报户都财政处，藉资考核。除通行司道关局，暨全省府厅州县，无论何项赋课税捐，一律均照库平足银收介，不准稍有抑勒，以昭大信外，谨将铸成银币十成，装成一匣恭呈预览。谨奏。（《东方杂志》1905 年第二卷第二期）

请严贷禁

武昌访事人云：鄂省向有不准贩运制钱出境之令。嗣因湖南青蚨缺乏，其禁暂开。近来本省制钱日形短绌，市中贸易周转不灵，官钱局总办高太守恝焉忧之，特禀请督抚两宪重申前禁，并请饬各厘卡一体严查，遇有夹带制钱者，即搜出充公以示之儆。现闻署总督端午桥制军（端方）业经批准，并札知各厘卡一体遵行矣。（《申报》1902 年 11 月 17 日）

各省财政汇志：湖北

鄂督张宫保近饬官钱局总办高佑诸观察（高松如）绘具图样，拟铸一两重银币，较通行银元略大。上铸"三六库平足纹一两"字样，俾商民完纳关税、钱粮，永免挑剔、克扣之弊。（《东方杂志》1904年第一卷第十一期）

鄂督札饬铜元出口（武昌）

鄂督张宫保札饬江汉关及善后、牙厘等局为验放铜元出口事：据湖北官钱局禀称：窃思铸造铜币，原以济民艰而补制钱之不足，欲其畅行无滞，务筹销路流通。惟制钱向有出口之禁，所以杜奸商采办、销毁等弊。今铜币料省工精，不虞销毁，与制钱有别。拟请迅赐通饬江汉关及各属卡，嗣后无论官商装运铜元，准与出口，免请护照，听其自行报明，查验放行，以冀畅销等情，到本部堂。据此应即照准。除行江汉关道照会税务司暨行牙厘总局通饬各厘遵照，嗣后如遇铜元装运出口，准其自行报明，查验放行，以期畅销，毋庸请给护照，致多周折。（《申报》1905年4月4日）

饷项搭放新铸银币（武昌）

湖北新铸重库平一两之银币，官钱局虽已发兑，而市上行用仍觉寥寥。现上宪拟自三月份起各营局饷薪均搭放银币五成，以资推广。（《申报》1905年4月12日）

认销兵工厂铜元（汉口）

汉阳兵工厂附铸铜元各情俱登前报，继以该厂亟须扩张，不便附铸，势须另建局厂。然工程浩大，骤难竣事。且鄂省铜元不敷销数，张宫保札饬兵工厂提调暂就该厂从速鼓铸，以资利用。俟新厂告成，再行搬迁，太守已遵开办矣。目下汉口官钱局已与该厂订交通之约，承认专销，所有账目向该厂结算，与鄂局不相干涉，以免支杂云。（《申报》1905年4月17日）

钱市受亏之影响（武昌）

鄂省自秋冬以来铜元充斥，银价日涨，虽经官钱局一再设法，仍属无济。目下铜币百枚只易银六钱二分，以致商界以银屯贩之货无不受亏，而尤以匹头店为最甚。闻年终不可支持者比比皆是，其余各业亦颇难获利云。（《申报》1906年1月13日）

湖广总督赵尔巽奏鄂省限铸铜币不敷行使请加倍铸造折

为湖北省限铸铜币不敷行使，拟请加倍铸造以济民用而利市廛，恭折具陈仰祈圣鉴事：

窃查湖北省铸造铜币原以辅制钱之不足，铸数之多寡须视市面之盈虚。行销疲滞，即日铸数十万枚，已见其多；行销畅旺，即日铸数百万枚，尚嫌其少。古人平准成书，贵在因时制宜也。鄂厂自经升任督臣张之洞饬由官钱局筹垫巨款，扩厂添机铸出铜币，责令行销。自开办迄今，尚无压搁铸本之弊，且收互相维持之益。光绪三十二年（1906）户部奏准限铸铜币咨行到鄂，当经升任督臣以湖北需用铜元，尚亟奏请由本省自行限制。盖以汉口为通商巨埠，贸易出入皆用钱盘，制钱缺少，全恃铜元为之补助。即前考查铜币大臣陈璧复奏，亦称武汉为长江枢纽，商务繁盛，行销亦属畅旺。鄂照限每日铸一百万枚，加至二百万枚，是鄂厂铜币畅旺情形为度支部所素悉。现在体察地方情形，遵限鼓铸，委系不敷商民行用。连日督同司道再四筹商，咸称武汉钱价迭经考察，每银一两易钱一千五百上下最为适中，太过则百物腾贵，不及则市情纷扰。官钱局自承销以来，若遇增涨则出售以平抑之，若遇跌落，则止售以抬高之，操纵有权，是以钱价尚属平稳。若令官钱局铜币缺与出售，仍恐有昔日银贱之虞。现在就湖北市面情形斟酌调剂，非照额每日增铸二百万枚不能周转。奴才当据情咨商度支部，旋准电复以各省铜币数目系属奏定，未便据咨率准等因。

在部臣统筹全局，惧殆他省口实，致启供过于求之弊。在鄂省目睹情形，需用孔亟，岂可坐令缺之而不为之？况货币原为济民用而设，若必予以限制，不准因时增减，是与工业有发达之机而资本不准扩充，故自阻进步者又何以异？查湖北自创办以来，所出铜币其数不为不巨，他省数减而壅滞时形，鄂省数巨而行销畅旺，节经考查，其故有三。汉口自京汉铁路告成之后，商务日见繁盛，昔之后湖书院荒土今已市廛鳞比，货物充牣。商业既盛，需费必多，其故一也；曩时制钱缺乏，价值奇涨，远方商贾每贩制钱来汉，藉图利益。自销铜币后，市价顿平，且携带甚便，于是铜币西至宜昌、沙市，北至襄樊、老河口等处未有转输以归者。有去无还，日形短少，其故二也；昔年汉口钱号每家必储钱万串或数千串以应门市兑换之需，自有铜币以来，皆赴官钱局随领随销，无须多储，虚耗息金。以武汉大小钱号一百四十余家计之，岂鄂厂日铸二百万枚仅合钱二万串之数所能遍给，其故三也。鄂省额定铸数较诸昔日减之又减，当时积有存款，尚足支持，迄今支兑一空，而上游各局复纷纷请取。况额铸数内又于本年七月分为始，接济湖南照章附铸三十万枚，其何以给？窃鄂厂加铸铜币行销仍在本省，他省不致短绌，亦断不至因之藉口。总之凡事当求本原，铜元之跌价，其弊在币制未定，制钱并行，子过于母。现值度支部考定币制，不日当见诸实行。而鄂省目前急需，势难停铸。合无仰恳天恩，俯念湖北额铸铜币实在不敷行销，除湘省每日三十万枚照章拨付不计，并另折陈明外，准由鄂厂照额定数目加铸二百万枚，仍由奴才随时察看，若稍有壅滞，即行停铸止售，以保市价而维圜法。所有鄂厂铜币拟请加铸缘由理合恭折奏陈，伏乞皇太后、皇上圣鉴、训示。谨奏。

光绪三十三年（1907）十一月十四日奉朱批：暂准照数加铸一年，惟不得充斥外省，如有窒碍，仍即减铸。该部知道，钦此。（《政治官报》光绪三十三年十一月十七日，总第54号折奏类）

兼湖督端奏扩充铸造挽回圜法片

端方片：

再，湖北省前因钱少价昂，商民交受其困，经本任督臣张之洞奏明设局鼓铸制钱以济民困。旋因铜铅价值增高，成本过重，亏耗甚巨，复经奏准暂停铸造。近来银价愈贱，钱价愈昂，市肆各钱店乘机多出钱票，动辄亏折倒闭，商民受害日深。至官铸之银元本为辅助制钱而设，乃民间持向钱店易钱，又每为奸商所抑勒，以致钱价日涨一日，终不能平。迭经张之洞与各前抚臣先后筹商，在于省城设立官钱总局，专派委员经理，而以藩司、善后局督率稽核，备价向日本购制钱票、银元票精加刊印，连板运寄回鄂，加用藩司印信，编立密号。钱票以制钱一千文为一张，银元票以银元一大元为一张，通行鄂省内外使用，准其完纳丁漕、厘税及支发一切官款。商民取携甚便，而又无钱店亏倒之虞，颇称通行无滞。上年秋间又经钦遵谕旨，筹拨工本铸造当十铜元，一切规制及字样、质地均与广东、福建、江苏等省毫无二致，惟于边上改銝"湖北省造"四字以示区别，饬发官钱局与钱票、钱元票相辅而行。近来铁路自汉口至河南信阳州、确山县一带业已开车通行，所有路工支用及商人赴信阳等处购货者，俱带鄂省官票、铜元前往。而洋楼幢、茶市、开庄商人入山办茶亦行用此项官票、铜元，均称利便。奴才伏查钱价之过昂由于现钱之缺乏。欲多铸制钱应用，苦于亏耗不赀。欲严禁抬价居奇，又虞商情不便。当此时势艰难，民穷财匮之际，自非广为设法变通，不足以资周转。兹鄂省制造之钱票、银元票，新铸之当十铜元与原铸之大小银元，业于鄂省及近邻各处一律通行，洵足济现钱所不足。至当十铜元一项行用尤便，现已由奴才饬令添购机器，扩充铸造，以维圜法而济民用。据湖北布政使翟廷韶、按察使李岷会同善后局司道具详请奏前来。除咨户、工二部外，理合附片具陈，伏乞圣鉴。谨奏。

奉朱批：该部知道。钦此。（《申报》1903年7月25日）

禀办官币分销局（湖北）

鄂属沔阳州新堤镇商务颇称繁盛，现有职商李逢春、郑纯青等纠集股本银一万两拟在该处开设官币分销局，专兑换湖北官钱局各种钞票、银洋以维持市面，刻已禀请官钱局立案请示保护。（《申报》1908年7月9日）

闰月薪饷改发铜币（武昌）

湖北造币厂去岁奉部文改铸宣统年号铜币，兹已铸成二十余万，亟应输出市面流通。昨陈小帅（湖广总督陈夔龙）特饬该厂将铸成铜币发交官钱局兑用，并饬善后局所有闰月份薪饷，均按照市价改发铜元，以资流通。（《申报》1909年3月26日）

官钱局输出铜元纪数（武昌）

湖北铜币局于今岁五月停铸，其时官钱局实存铜元二百四十余万，至秋间调查，该局已用去一百九十余万，仅存五十万零，近则不满三十万。设有大批纸币来局兑现，将难应付。故该局总办高佑诸观察请鄂督饬铜币厂遵照部议新章，开铸当三、当二铜元以资周转，闻现已铸就二十万送局存储，以备应用。（《申报》1910 年 1 月 7 日）

鄂省议合邻省开铸铜元（武昌）

湖北官钱局现遵部章将纸币逐渐收回，惟局中储存铜币无几，恐不敷兑换，该局总办署劝业道高佑诸观察（原兼造币厂总办差），体察情形应须开铸当十铜元四百万串，方足以资周转。现已禀商杨护督转咨度支部核示，闻杨护督以造币厂停铸日久，刻议开铸须重行招工，若仅铸三四百万则为日无多，而手续皆不可少，故有约合汴、湘等省在鄂厂搭铸之说。（《申报》1910 年 3 月 11 日）

鄂督坚请开铸银币之毅力（武昌）（节录）

湖北银元局前奉部饬停铸，而瑞制军（湖广总督瑞澂）因市面需用银元，曾电度支部请暂缓停铸，部议不允。复电云指日即派员来鄂开铸新银币，决不令鄂局久停，详情已见前报。兹瑞制军又电致度（支）部略谓：鄂省银元行销甚广，与他省情形不同。本省行使尤以此项银元为主，省外州县姑置弗论，即以武汉三镇而言，局厂林立，员司千百，工匠十余万人，他如政学军商各界一切薪饷、工资概发银元，需用甚伙，市面行用生银必大宗贸易，此外统用银元。历年所铸大都流入外省，本省所存无多。故从前每月必铸五六十万方敷周转，加以大清银行、汉阳铁厂、湖北官钱局发行之银元票甚多，必赖票本充足，始得有备无患，今停铸未及廿日，供不敷求，商民慌恐，已屡请照常开铸。（《申报》1910 年 6 月 24 日）

武昌官事片片录（湖北）：造币厂不日开铸

度支部新订章程，拟于鄂省设立造币分厂，所有银币、铜币、纸币三厂均并归该分厂管辖。日前派委本部员外郎张树勋来鄂调查，鄂督以官钱局专恃银铜二币及本局纸币盈余之款为挹注，现在铜银币厂提归部办，纸币又定限制，进款陡减，恐难持久，拟请部将纸币准予推广等情。张部郎回京后禀商泽公（度支部尚书载泽），泽公以事关奏案，未便更改，且恐贻他省口实，至奏派督办李经野、会办张树勋二君，则准于本月初十日左右来鄂开办。（《申报》1910 年 8 月 20 日）

（十三）江西官银钱号

画（？）栋飞云

本年江西各属钱荒为近数十年所未有。每银一两只兑足钱一千一百余文，每洋银一元只兑足制八百十余，以致百物昂贵，甚至持有钱票无处可兑现钱。大宪病之，饬制造厂赶铸当十铜元二十万枚，交官钱局转发官钱号行用。于是持钱票者始可取钱，钱价亦因之稍贬矣。（《申报》1903年5月29日）

示用铜元

江西访事友人云，月初某日江西布政使司陈廉访会同督粮兼南抚建道丁观察、总理江西牙厘统捐局司道出示晓谕曰：照得本总局现准派办政事处移，以制造当十铜元现已开工，每元计重二钱，一面用龙纹英字，一面正书光绪元宝，两旁平列宝昌清文，上书江西省造，下书当十，轮廓圆整，字纹光亮。将来鼓铸日有加增，均当按日发交官钱号，照十足制钱核算，合作市钱。应以当十铜元九十五枚作市钱一千文，通行使用，并准完纳漕粮税厘等项。移局饬令各府州县及各局卡一律营销等因。前来。除通饬各府厅州县各厘卡遵照一体行用外，合亟出示晓谕。为此仰商民人等一体知悉。尔等须知制造铜元原为维持圜法，利用便民起见。嗣后无论完粮纳厘，悉可赴本总局官银钱号按照市价兑换铜元，即与制钱一律行用，并无丝毫折扣。倘州县丁役及卡中司巡敢藉端需索，准即赴省控告，定即从严分别彻究，决不姑宽。其各凛遵毋违，特示。（《申报》1903年6月10日）

铜元厂改铸银元禀批（江西）

东乡县何令以今秋钱价愈低，银价愈高，各属征钱解银受亏不浅，拟将铜元厂改铸银元，禀请抚宪。兹经赣抚胡（廷干）批示谓铜元铸出日多，将来后患诚有如该令所虑者。惟本省民间实能销用铜元若干，殊难考查确数，安得考求相剂，称量而止？且各省心志不齐，万不能一律停铸。至改铸银元一节姑无论，前经奉旨禁止，即银本亦难筹措。然铜元流弊今已见端，穷则将变，自宜早为之所。究应如何妥筹良策，仰布政司迅即移行派办政事处、统税司、官银钱号、铜元厂、南昌府、南新二县各抒所见，切实禀陈，以备采择。并饬该县知照。（《申报》1905年12月1日）

（十四）秦丰官银钱铺（局）

财政总局详院陕省行使银币拟撰简明告示印入票背请示祗遵文
为遵批议覆详请示遵事：

窃于光绪三十四年（1908）三月二十日奉宪台批，本局具详会议陕省试行银币，暂附秦丰官钱铺，酌定简章，请核示缘由，蒙批：据详拟议试用银币，暂附官钱局兼办，并酌定简章十二条均妥善可行，仰即一面派员前赴津沪购回纸币，一面遴选谙练商情人员以备开办，并将详细规则妥议呈院，以凭核夺。缴。清折、票式存，等因。奉此。仰见宪台振兴商务，整顿币制之至意，钦佩莫名。本司道等伏查陕西自秦丰官钱铺行用钱票以来，官民交便，市面流通。现议仿行银币，系为开通风气，便益官商起见。既经恭奉宪批附官局兼理，自应逐渐妥筹先行试办。惟兹事造端宏大，不厌求详，须熟计兼权，方能推行尽利。现拟即由采买电话、机器委员顺便前赴津、沪选购精致厚纸五彩石印空白纸币三十万张，随镌各样图章，并购印色携运回陕，随时酌量填用。惟开办之初，恐商民未能信守，拟撰简明告示，刷印票背，俾有遵循。兹将告示开折恭呈宪鉴，俟核定后即饬委员带赴天津精印票背携回。除将详细规则另行妥议呈核外，所有拟撰简明告示，镌印票背缘由是否有当，理合具文详请宪台察核批示、祗遵，实为公便。为此具呈，伏乞照详施行。财政总局。（《陕西官报》1908年7月第4期）

（十五）裕皖官钱局

九江关扣留银元往来电文（九江）

皖抚为九江关扣留铜元，电致赣抚云：南昌抚台鉴：顷接据芜湖官银钱号电称，有商民携带敝省铜元千枚经过九江关，被阻扣留，请电达贵省，询及近今如何办法，以便遵行。查敝省前经通咨各省，凡铜元携带出省不得在二千枚以上，今贵省以一千枚不准通用，敝省万难遵循，务祈查核盼复。（安徽巡抚诚）勋印。江抚覆电云：安徽抚台鉴：来电敬悉。敝省近因银价日高，铜价渐跌，较邻省尤甚，拟定外省进来铜元在千枚以上，准其扣留。九江关并无故意抑阻情弊，今贵省以二千枚方在禁例，自当饬司通饬九江关照办，一体遵行。此复。（胡廷）干印。（《申报》1906年4月6日）

二 发行纸币兑换券办法、数量、种类及流通情况

（一）清廷与各界的主张、态度

论举行纸币以各省一律为宜

古之钱币，金、银、铜三品并用。后世以金为首饰，率用银，而济之以铜，用铜而济之以银。若夫纸币，则皆衰世库储支绌之时，不得已而为救急之需，人莫不指为弊政。不知当银钱无可周转之时，藉纸币以补其不足，且使民间便于取，非但不得目为弊政，当亦以为善策也。中国现在府库支绌，苟行纸币非但银钱周转较灵，取携较便，并可收回利权，诚一举而三善备者也。中国向用宝银，零星则用碎银，各处成色不等，平砝不一，往来折算既形不便。而又经市侩压平、压色，民久苦之。现虽大半改用银元，较银为便，无如民间咸喜行使外洋银元，而自制者行使反多疲滞。问其故，则皆以银行不收为辞。若纸币，则既无成色可以借口，自必市上通行，非一善耶？现在汇水之大为从来所未有，大抵皆因现银缺乏之故，若以纸币济之，则银根必宽。银根一宽，则汇费自小，转运自灵，非又一善耶？自通商以来，外人在□（？）设立银行，行用钞票渐推渐广，现几各处通行，放出之票盈千累万。此种利益悉溢于外，仅一中国银行不敌其百分之一。若各省改用纸币，即银行不收而只须取信于本国之人，利益收回亦岂浅鲜，非又一善耶？

鄂省钱票早已通行，惜无踵而仿之者。乃阅二十日本报纪直隶总督袁慰帅（袁世凯）拟设官银钱号，行用官钱票。现闻已刷印若干，不

日即当发出。二十二日录日本某报云，山东巡抚倩日本印刷局印造纸币若干，合银二百万两，刻已一律造成，派谭君奎翰、李君凤年往东京领取。可见各疆吏亦无不见及于此，欲以纸币救银钱之荒，此固当务之急。惟窃又有说焉，向来长江上下及北省钱票久已风行，尚无流弊。若洋银之票势不能仅行一方，必各处通行，方可有济。而中国往往各自为风气，试观近日所制大小银元，有某省所制，人皆乐用；某省所制，人不乐用者。究其成色、花纹、大小亦无甚高下，而人情好恶竟有不可解者。若创兴纸币仅行一省，则其弊必至与银元等。银元虽不能通行，究为实在之货。纸币一不通行，其弊何可胜道？故鄙意不行纸币则已，欲行纸币须通国划一，按照钱法之例，由户部奏请向外洋制造极精美之票，颁发各省行用。或以两计，或以元计。票即一律，自无挑剔之弊矣。说者谓无论现银与票，通商口岸周转最繁，必须银行收用方可。设或银行不收，势必市中阻滞，将奈之何？曰现在中国银行钞票，各银行无不收用，岂银行能取信于外人，而部颁之票反不能取信于外人？必无是理。若各省各办，则虽可救一省之急，而于大局仍无裨补。西人每言中国之弱由于人心不齐，人心不齐由于一切不能划一，钱法其一也。故欲整顿钱法，宜先整齐划一率笔书，此质之当轴，未知以为然否也？（《申报》1902年11月25日）

决议颁行一两龙元纸币（北京）

度支部决议改铸一两重银元，曾志前报。现闻该部已饬天津两造币厂从速鼓铸，自明正为始，所有官俸兵饷皆一律搭用。又饬令户部银行并咨行直督，转饬官银号均发每张一两之龙元纸币，以便流通市面，各省亦逐渐推行。（《申报》1907年12月30日）

禁向外洋购印纸币（北京）

度支部（载）泽尚书因各省所用纸币向皆购自外洋，现在本部印刷局不久开办，嗣后各官银号纸币不准向外洋购印，均由该局承办，以挽利权。（《陕西官报》1909年第20期）

度支部奏妥议清理财政办法折①（节录）

三、复奏称各省官银号所出纸票，应由公家担其责成，自应由部稽核，但须声明此举专为稽查票数成本起见，所有盈利仍归该省支销，并不提拨一节。查各省官银号发出纸票，其滥恶实过于日本明治初年之藩札。秕政日深，隐忧滋大，闻湖北、江苏等省为数尤巨。近外人以事关商务，曾照会此等纸票是否国家担认。各省既向不咨报，无从知其底蕴，实属难于答复。近日各商埠银根奇紧，危险迭出，滔滔之势，为害何堪设想？各疆臣既浚此利源，自当担此责任，筹本金，保信用，必已夙有权衡。而臣等私忧过计，做此未雨之绸缪，盖惧其害，非冀其利也。复奏谓由公家担其责成，且沾沾以盈利为言，均未深明此中弊害。应请旨饬下各省督抚，所有现开官银号，无论旧设新设，将开设年月及资本实数，现在发出纸票若干，预备金若干，经理、协理何人，限六个月逐一详细列表送部，以凭稽考而期核实。邮传部交通银行，亦一律办理。（《陕西官报》1909年第4期）

专电——电三（北京）

又奏官银钱号所发票纸，商请各省速行收回。商号票纸限五年收竣，以后所设行号概不准出票。（《申报》1910年7月1日）

新币与旧币之困难问题（北京）

度支部改铸新币现已聘请俄国工匠，其新币之颁发期当在九、十月之交（现在颁发各衙门及各省者系样式）。预算总额须造成六千万万左右始能敷用，拟先从北京行使，然后推及各省。惟此中尚有一极大困难问题不能通过，因度支部新币一经颁行，匪特大清银行现行之钞票宜一律收回，即各省纸币，无论官商号店所发行均宜一律撤废。商号以压力行之，当无异言。但万一银根周转不灵，摇动市面，亏倒必多，于商业前途不堪设想。至各省官银号纸币发行较商家尤倍蓰之，平日垫发本省薪饷及拨付公益之用，为数极巨，加之能完粮纳税，以致用途愈广，发行愈无限制。一旦迫其收回，无此巨款以为应付，其结果必至外币乘

---

① 参考《申报》1909年2月12日，《吉林官报》1909年3月2日。

入，无法可以抵制。若仍听其存在，流弊更无从究诘。闻泽公（载泽）亦虑及此事，现在尚无解决之良法云。（《申报》1910年6月24日）

京师近事（节录）

度支部改革币制各种困难情形已如前述，但此外尚有一问题，在各省官银号所发纸币即能一律收回。然数目之多少虽不一律，而内容之亏空则无省无之。此项亏空究归地方政府自行筹抵，抑归中央政府担任，尚无切实办法。盖其平日亏空之由，则多系地方行政或司法、慈善等费用所致，以中央财政集权而论，则断无又归地方填补之理。现度（支）部各堂司对于此事均瞠目相视，不知如何其可云。（《申报》1910年6月26日）

督抚有反对纸币统一者（北京）

度支部办理统一币货事近日方在着手，乃闻各督抚颇有反对此举者。军机处日前接到某省一电，略称统一纸币各督抚无不认可，惟各省官银号应否存废与统一币政关系最大，应请饬下度支部将此问题解决，然后实行统一等语。闻军机处已将此电译呈监国，发交度支部阅看。（《申报》1910年7月6日）

陆宗舆提议整理各省官银钱号纸币办法

内阁印铸局长陆宗舆奏：武汉事起，京城市面摇动，请饬度支部将大清、交通银行，与各省官办银行之纸钞，均由部库及省库担任偿还，悉令民间作法币通用，铺户买卖，不准不纳。暂时民间持票取现洋者，以二十元为限，以杜大宗现币之外流，而仍便小民之利用。惟须速定各省官钞简易汇兑之法，俾彼此均得通用，民间自无支取现洋之必要。一面仍令各官银行筹足准备，而现银应如何支取之法，亦宜酌定章程。得旨，著度支部按照所陈，迅速察核，妥拟办法具奏。（《宣统政纪》卷61）

伧父：十年以来中国政治通览（下编：财政编）

甲辰，户部开办银行，发行纸币之种类，一如通商。惟以两计者不甚通行，故市面流通之两银行纸币，均系银元之一种。其后邮传部交通银行，亦发行银元纸币。而各省官商银号，复陆续仿办。既无准备金之储蓄，且又相率滥发，漫无限制。己酉度支部拟定《通用银钱票暂行章程》，防止官商行号之滥发纸币，大致为分别种类、责成担保、限制数目、严定准备、随时抽查、限期收回等项办法。庚戌奏定《兑换纸币则例》，以发行纸币为国家之特权，由大清银行经理，分一元、五元、十元、百元四种，存储五成现银，以备兑换。从前商号所发各票，责令遵照《通用银钱票暂行章程》，按年收回二成；官号各票，及前次大清银行所发之票，则另行筹款，分别收换。

至辛亥秋，收换之举，尚未实行。以民军起义，银根紧急，各项纸币，大受阻碍，而以官号所出者为尤甚。（《东方杂志》1912年第九卷第七期纪念增刊）

（二）安徽裕皖官钱局情况

安徽行用纸币情况

（安徽巡抚诚勋）又奏请开办官钱局，刷印官钱票，行销本省，以维财政。下财政处、户部议。（《清实录·德宗景皇帝实录》卷55）

拟办官钱局抵制铜元余利（安庆）

皖省大吏以铜元余利均已拟定新政各项要需，明年骤停，大有难以支持之势。因急拟在省城设一官钱局，行用钞票以冀抵制铜元余利。已经司道会商，妥筹办法，一俟拟就章程即行举办。（《申报》1906年1月15日）

谕饬通用铜元钞票（安庆）

裕皖官钱局开办之初刷印铜元钞票三百万串，当经各大宪剀切晓谕通用在案。惟查该局自开办迄今，行销尚不及三分之一。综核皖省丁漕厘税等款每年所入不下三百万，如果皖属州县关卡收纳粮赋厘税一律行用，何致行销不畅？现皖抚冯中丞（安徽新任巡抚冯煦）因又刊发告示，通饬所属一体遵办矣。（《申报》1907年10月17日）

皖省创刷龙元票（安庆）

皖省裕皖官钱局开办之始印刷钞票三十万张，原为藉资周转而便商民起见，无如自开局迄今行销尚不及三分之一。上而江西、湖北，下而宁苏等省均行用银元龙票，较之铜币钞票商民，尤为乐用。今亦拟仿照办法刷印一元龙票二万张，五元龙票一万张，面用龙元，背用告示，只须编号、加戳，不用印信，以归简便，凡本完纳钱粮、关税、厘金以及商民交易均准一体行用。现经官钱局委员宋主簿维弼拟具龙票式样呈由藩司禀详抚宪核定，再行派员往上海南洋印刷局厂印造云。（《申报》1907年11月17日）

推行银元票办法（安庆）

皖藩以裕皖官钱局自用银元纸票，市面均已畅行。惟恐皖南北距省较远，难以一律行用，拟请发给各营新饷内搭放银元票三成，俾得通行流用，业已详请抚宪批准照办。（《申报》1908年10月30日）

札饬限制滥发纸币（芜湖）

度支部奏厘订专章限制官商银钱行号滥发票纸一折，业于宣统元年（1909）六月初七日奉旨依议，由部咨行安徽巡抚，转饬官银钱号并饬商会绅董转咨各商号切实遵办。现由皖抚朱中丞（朱家宝）札饬藩司通行一体遵办。芜湖关道李观察奉到省宪札饬，已照会商会遵照办理。（《申报》1910年1月25日）

（三）新疆各局情况

度支部奏遵议新抚电奏请由部派员携带国票来新分设银行等折

奏为遵旨议奏恭折仰祈圣鉴事。

本年闰六月初五日奉旨，袁大化电奏：新疆库存银仅十余万两，本年各省协饷未到，应发兵饷及行政费为数甚巨，请由部派员携带国票来新分设银行。如一时难以办到，乞准藩库暂制官票百万以济急需等语。著度支部请奏，钦此，钦遵。由内阁钞交到部。

查原奏内称新疆库存银仅十万两，本年各省协饷半年来一批未到，中秋节前应发兵饷及行政、司法、教育、巡警等费为数甚巨，挪借无门，危险万状。拟请由部派员携带国票来新分设大小银行，以顾边局。如一时难以办到，乞准藩库暂制官票百万以济急需。有省城及各属官钱局成本作准备，又准完粮纳税，尚可通行，并无窒碍。仍一而〈面〉筹设官立兴殖银行为全疆金融机关，俟筹定办法，再随时奏咨立案等语。臣等伏查新疆原属受协省份，协饷苟不接济，库款自必支绌。该抚所奏自系实在情形。惟请由部派员携票分设银行一节，查银行系营业性质，所出各票亦系代表现银，决不能凭空滥发，移作行政经费。即将来分设大清银行或新省自行筹设银行，均应遵照臣部例章办理，不能视为筹款之方。至称藩库暂制官票百万以济急需等语，上年该省变乱之后①，奏请增发官票，业经臣部议驳。惟念该省地处边徼，库存过于短绌，一时支放为难，拟请从权暂准增发官票五十万，以资周转。一面由臣部电催各省协饷迅速随解，一俟解到，即令将此次增发官票陆续收回。并由财政监理官将收发数目随时报部稽核，庶于变通之中仍寓限制之意。所有遵旨议奏缘由恭折具陈，伏乞皇上圣鉴，谨奏。

宣统三年（1911）闰六月二十四日奉旨：依议，钦此（《内阁官报》宣统三年七月初一日，第一号折奏财政）

伊犁内政腐败之真相（新疆）（节录）

伊犁外交之危迫，已据通信登载昨报，兹又述其内政腐败之情状云。伊犁为新疆之一隅，设有伊塔道员兼管通商事宜，其下又有伊犁府、绥定、宁远两知县，所辖有本地缠头②、回子，有陕甘客回、有土著汉民，均皆如牛如豕，不知地方自治为何事。所有一切要政地方官吏非置之不理即敷衍面目，惟日孳孳于宰割百姓。道员庆某愚庸，知府许某巧猾，宁令则徒袭新政皮毛，假事苛捐。绥令则形同木偶，一无所事。而道府二人又均为黑籍中人，终日酣卧于烟霞窟中，不问世务，因之烟禁不严，私膏、私灯到处。均有土棍勾串衙役群聚市中赌博，单双版九，喝雉呼卢，巡警熟视若无睹焉。学堂则有名无实，教育权操之腐秀才之手。惠远城之官钱局发行纸币超过本金三倍，加以历届局员之吞蚀，并所谓本金亦已空虚无着，偌大土地仅恃百余万纸币周转，市间用是，商界大失信用，银根异常紧迫，每两竟至加水二钱，尚不能兑得现

---

① 指革命党人杨缵绪、冯特民等在宣统二年（1910）于新疆创办《伊犁白话报》，通过伊犁同盟会发动反清革命活动。

② 指新疆维吾尔族居民。

银。(《申报》1910年1月19日)

各省财政汇志：新疆

疆抚联星帅①咨商度支部，拟在新省试行纸币，以资流通而裕财政。当经该部核准，并咨取章程存案备查。②（《东方杂志》1908年第五卷第三期）

新疆各局行用纸币情况

伊犁北路初行使制钱，嗣因制钱缺乏，复用天罡制钱③，制钱愈阻滞，伊塔一带竟至无钱可使。光绪十年（1884）改设行省，巡抚刘锦棠发放现银一万两，饬于省城设立官钱局行使红钱，并委员赴喀喇沙尔（焉耆）、库车、吐鲁番等地换运红钱解省，务使南北两路钱法统归一律，到光绪十五年（1889）十二月，共发成本二万五千七百两。十六年（1890）至二十三年（1897），先后两次由官钱局发行钱票一万二千张，每张值红钱四百文，此则创始官钱局之大致情形也。十五年十二月委知县陈启丰管理，即于是月二十六日开局，共发成本银二万五千七百两。十六年至二十三年两次制造印票一万三千张，每张红钱四百文，每月薪工、局用、大建月共支银一百一十九两，小建月共支银一百一十八两五钱。计自十五年起至二十七年（1901）止，以加水盈余抵补局中开支外，每年赔贴经费银一千一百余两。时因旧票破费，于二十九年（1903）制造印票三十万张，除换回旧票并缴存司库外，由局发行市面之票每年约多至五六万张。自二十八年（1902）至三十三年（1907），以加水盈余款开支局费、印票工料、补还赔垫、奖赏司事各项外，余银无多。计自十五年开办起，迄三十三年止，实在长余银四千七百九两一钱三分九厘四毫。

……

伊犁初无官钱局也。光绪十一年（1885）新疆建设行省，十四年（1888）伊犁设道府厅县。维时，俄元、俄普、俄帖充塞市面，伊犁府

---

① 即联魁，字星乔。
② 新疆试行纸币，由新疆官钱总局发行，由新疆布政使王树楠负责此事。
③ 维语称新疆当地以手工打制为主的银币为腾格，亦有译作天罡的。

潘守效苏禀请规复制钱旧法。时将军色楞额亦愤俄帖充斥，大为边圉漏卮，奏设官钱局，十五年五月户部奏为遵旨议奏事，伊犁将军色楞额奏伊犁钱法久废，现拟由官试办，俾资畅行一折。光绪十五年（1899）三月二十八日奉朱批：户部议奏，钦此。遵由军机处抄交到部……光绪十五年五月初八日经户部具奏，同日奉旨，七月二十八日准户部咨。开局之初，派训导袁之瀛、县丞葛润泗、守备周文魁赴精河、库尔喀喇乌苏、绥来一带采收旧存制钱，以潘守效苏管理钱局事务，在绥定南街折修钱局一所，计大小房屋铺面二十间，又在宁远东关修钱局一所，共计大小房屋铺面十一间，共用工料银三千九百七十五两四钱九分四厘。于十五年二、四两月先后开办，发成本银八万两，制造一千文钱票一万五千张，抵银三万两；五百文钱票十二万张，抵银十二万两；三百文钱票二万张，抵银一万二千两；二百万钱票二万张，抵银八千两。共计钱票十七万五千张，抵银一十七万两，其票以油布为之。又由甘州、凉州、肃州采得钱利二万四千串。以上三项辘轳周转，凡以银易钱者，每两换给钱五百文外，加水五分钱二十五文，实换给钱五百二十五文。以钱易银者，每银一两收五百二十五文外，加三分局费钱一十五文，计收钱五百四十文，加水五分随市也。外加三分作局费也。行之期年，民情踵洋帖之习，最喜轻便而厌重赘，不见踊跃。而制钱由官民采贩者络绎不绝，又改章以银易钱者，每银一两换给钱一千文外，加水银如前。以钱易银者，每银一两收钱一千零五十文外，收局费银如前。改章以后，制钱日见流通，洋帖不禁自绝。而公家赔累矣！盖出入钱价较往日加增一倍！则改章前采买制钱固须赔贴（前采制钱二万四千串赔银一万六百二十三零；续采制钱二万八千三百三十余串，贴赔银二万五千四百八十八两零），改章后民间旧日存钱亦须代赔（验得中俄商民存钱一万五千三百三十余串，代赔银一万四千六百余两）。计自开办起至十六年三月更章止，共贴赔银五万六千六百廿两有奇。虽此后不无盈余，而截长补短仍合贴赔银三万六千七百六十两。余利是欲救无穷之利源，即不能免目前之亏累也。是年改照南路行用红钱，详明定价收买制钱，每钱二串合银一两。库中存储及喀喇沙尔缴来者约计二千七百余串，巡抚魏光焘饬令悉数解交伊局行使。

十八年（1892）潘守效苏新修钱局一所，共计大小房屋铺面二十五间，在惠远新城，共用工料银三千零八十六两零八分五厘二毫。旋又制一千文新票十万张，抵银十万两。收回旧票，清底票而查假票也（于十九年（1893）正月初十日行使）。二十年（1894）将军长庚裁撤绥定局，并归惠远局办理以节糜费。二十三年（1897）将军长庚以伊犁九城地面辽阔，原日采办制钱苦无来源，日久渐形缺乏，每遇兑发钱票，筹收制钱，不敷应用，由省兑换红钱，合银二万两，伊犁始用红钱。十六年藩司饶应祺详请改定南北两路使用红钱价值，而值伊犁九城、锡伯、索伦尔爱曼及额鲁特、察哈尔两部不与焉。二十五年（1899）伊犁制钱日窘，将军长庚闻省城官钱局存有制钱，请尽数解伊。当由请饷委员解回制钱二千七百六十串（每制钱一千二百文合银一两）。二十九年（1903）伊犁、塔城、绥定、宁远、霍尔果斯等城所存红钱合银九万三千六百九十二两余，原定每两换红钱三百三十文，是时省中红钱缺乏，巡抚潘效苏电饬改价行使，于是每银一两易红钱三百八十文（行使后查此项存钱赔贴改价银一万一千六百余两）。三十二年绥定知县段子麟以地方行使钱票内多二寸、宽五寸白纸小条，上书凭条取制钱一串文或二三串文不等，盖用商民字号图记，通衢行使，官民均用，为数甚伙，详请自三十三年二月起，限三个月一律收回注销。

……

光绪二十八年（1902）八月江道遇璞禀请在温宿、焉耆两属创办官钱局（温宿委电报局委员罗令俊杰兼理）①，由司提发成本银三万两，并印发洋纸花票三万张（嗣又添印一万张共四万张），每张红钱银一两。旋又由省领用司印油布花票三万张，前后概作成本（三十年（1904）二月实存成本红钱银七万八千五百二十一两八钱三分八厘七毫）。设局之意第一以拨兑标营饷糈为要；次则各营署急需，暂时垫发通挪。此外商民求借资本，限期缴还，所谓济公便民，一举两得也。嗣因前项洋纸花票纸性大劣，于三十年（1904）一律收毁。三十三年潘道震以现存局之官票红钱三万两作为成本，发交津商聚与永承办，意在扫除积弊，流通市面。自三十三年（1907）二月初一日起，周年以一分行息，按季交库，五年为满。自第六年起分作两年归还，并由司续领

---

① 即阿克苏官钱局。

官票三万，另编字号，盖用司印及阿局①图记，以资周转。统计旧票三万张，新票二万张，其票本银以三万两为度。

……

光绪十四年（1888）春袁道尧龄禀请委员设立官钱局，②试用花票，由库储项下借发成本银五千两。所有局中应用薪工由各旗营帮补。十五年（1889）向道邦倬请将局用薪工由善后项下开支。又查得铸钱局略有盈余，亦拟全提归公，添补局员。委通商委员兼办，不支薪水。局中用司事二名各支出薪水、伙食银十四两，油烛纸笔墨杂项银十两，丁役三名，各支银三两六钱，伙夫一名，支银三两，毛拉通事一名，支银三两。大建月共支银五十七两八钱，小建月共支银五十七两一钱四分，岁共支银六百八十九两零。

……

复以迪化、伊犁、喀什间经济环境不同，形成省票、伊帖、喀什三种不统一之币值。(《新疆图志》卷三十五《食货·四》)

（四）直隶、顺天府情况

顺天府奏查禁架空钱票详定章程折（节录）③

奏为遵旨查禁架空钱票详定章程恭折仰祈圣鉴事：窃臣于本年三月初二日钦奉上谕：近日京城钱价仍未甚平，固由于铜元之充斥，亦由于私票之繁多。现在业经饬各厂铜元暂行停铸，而私票仍漫无限制，奸商但知牟利，并无实存铜元，任意开写钱票，片纸架空，为害更甚。若不设法整饬，恐银价终无平减之日。着责成顺天府迅即详定章程严立限制。等因。钦此。

臣当即钦遵详定章程，一面传集钱市经纪严切宣示，一面张示晓谕，商民凡并非钱业之家，查照向例一概不准出票。其已准挂幌之钱店，亦须查明照例出具四家殷实保结，所出钱票必须准备铜元之数，不得再行架空取巧害民。并将所出票张存根按月报明，由臣随时派员抽

---

① 即阿克苏官钱局。
② 即喀什噶尔官钱局。
③ 此折为顺天府尹袁树勋所上。

查。如现在铜元与票不符，定即分别罚办。自初四日出示张贴京城内外，凡钱业各家皆购买铜元为预备抽查之地。故银价日见减落，从前以银一两易钱二十千者，今则仅易十五千有奇。市面钱盘既定，物价遂逐渐平减。臣又遵旨推广平粜，派员分赴河南、奉天两省采购杂粮，源源接济。现在粮商不敢居奇，米粮一律平价，民困似已稍苏，市面亦甚平静，足以仰纾宸廑。惟经久之法仍须妥筹，现已设立官钱局，厚集其力以冀操纵得宜。除由臣会商署北洋大臣杨士骧妥筹办法另行具奏外，谨将详定章程四条另缮清单恭呈御览，所有查禁架空钱票及现在市面情形理合具陈，伏乞皇太后、皇上圣鉴。谨奏。

光绪三十四年（1908）三月十一日奉旨：依议。钦此。（《申报》1908 年 5 月 3 日）

津郡钱商公会申明加入钱商公会之五十四家会员钱庄所出纸币准其一体通用否则禁止流通文（节录）
宣统元年六月十四日（1908 年 7 月 29 日）

具禀津郡钱商公会，为据情复禀，恳请遍示晓谕，俾各业周知，以免混淆而保市面事：

窃本年五月二十八日，奉会宪示谕，津市行使银元票，实属庞杂不一，各外行小铺以及钱桌等类均出纸票支许，不付者有之，借端荒闭者有之，若不及早查办，将来酿成意外之虞，市面恐有摇动，饬敝会严定纸票章程等因。查敝会第十八条章程内载，曾等会宪谕饬未规复钱商公会以前，所有开写银条、钱帖、银元票之家，漫无限制，以致针市街端增小钱铺冒充银号，开写银元票，乘隙荒闭，各商吃亏甚巨。自此次规复钱商公会，所有入公会之家所出银条、钱帖、银元票，准其一体通用各在案。特恐各商未及周知，兹奉前因，自应切实办理。应请会宪遍示晓谕，除在钱商公会字号之各票准其一律遵行。兹将已入会之会字号缮单粘呈，以便刊入印谕，俾各业周知，以重纸币，实为公便。再已入公会字号，设遇搁浅情事，敝会系办公之所，应无担负之责。应援会宪立案章程，所有亏欠票款，应在官洋款以上首先严刑如数追缴。合并声明。上禀。

已入会字号

大清银行、天津银号、交通银行、公益银行、志成银行、厚德银行、义善源、大庆元……（《天津商会档案汇编：1903—1911》上册）

（五）山西晋泰官银钱局、山西官钱局情况

山西巡抚岑春煊片（光绪二十八年五月十九日）

再据署布政使吴廷斌详称：晋省各属制钱日缺，银价日落，市面万分窘迫。各钱铺无法周转，皆难支持，有一铺关闭，害及多家者。有以现钱匮乏，尽用拨纸①者，以致兵丁之易饷，商货之懋迁，民间之完粮、完厘无一不受其累。前经护抚臣何枢奏开：宝晋局铸造制钱，无如购铜为艰，工价太贵，每月出钱无多。现以铜源告竭，已饬暂停。欲图维持、补救，自非仿照湖北、陕西等省设立官钱局不可。拟先于省城设立晋泰官银钱总局，由司库借给该总局成本银二万两，拣派妥实商人经理，俟办有端绪，再行推及各属。并仿照湖北办法，由东洋刷印官局定制银钱、银元等票纸花纹，务臻精美。准民间以票纸完纳丁粮税课，俾利推行等情，请具奏前来。

臣覆查晋省钱法敝坏，至今而极。前已迭饬筹款，由湖北搭铸银元，以期稍济环阓之困。无如库储极绌，每次所筹搭铸之款，势不能多。且道远运艰，缓难济急。该司拟请设立官银钱局，行用票纸各节系为济圜法之穷起见，似尚可行。除批饬照办外，所有暂停鼓铸暨设立官银钱局缘由，谨附片具陈，伏乞圣鉴。谨奏。

（朱批）著照所请，户部知道。（《光绪朝硃批奏折》第九十二辑）

（六）四川蜀通官钱局、浚川源银行情况

行钞告示

重庆采访友人云，重庆府王太守、巴县郭大令抄奉督宪札发告示内开写示谕事：照得川省近年制钱缺乏，私铸充斥，致圜法大坏，民生日困。当经通饬严禁私钱，嗣因体察民间，仍有钱荒之害，是以与设官钱

---

① 是户部或地方布政司认可的官发，或官府委托钱庄、票号发行，可用于搭发俸饷，完纳钱粮、厘税的兑换券。

局，创行官票，先于省城试办，然后推行内属，远及通省。现察所行官票，省城业已畅销，成属州县亦具办有端倪。访诸舆论，悉具称便，亟应通行各属，以均利益而广销路。惟当此创办之初，诚恐行使官票之利未能家喻户晓，不免心怀疑贰〈惑〉，除檄藩司、盐道及官运总局分饬照办外，合行摘录章程，出示晓谕，俾众周知。为此示，仰合省诸色人等知悉，尔等详玩后开章程，即知举办官票，全为便民起见。抑且有利无害，行之日久，将见用钱不如用票，则钱价不期平而自平矣。其各一体遵行，切勿怀疑、观望，是为至要。勿违。特示。

节录推广钱票章程如左：

一、官票省城行销无多，亟应推行外属以广销路。今拟饬令成属州县、盐商承领官票若干张，代为行使。果能行销，随时请领，按月禀报。

一、各属之平大小不一，价值各异。今拟每票一张作九七平，纹银八钱，银钱互换，皆以八钱为准。

一、官票必须代筹销路，今拟饬令各州县征收地丁、津贴、捐输，搭收官票一成。

一、当商通民缓急，遇有以票赎当者，均须一律收用。其典当衣物，有愿用票者，亦即量给。

一、各行赴省买卖，每多携带银两，今拟劝令一体用票。带票进省，赴官钱局或代销钱店随时取换银钱，与币银无异。

一、盐店代销之票，任便民间调换，均须以银换票，按照九七平合算。不得以钱易票，以免清数之烦。

一、省外盐店每日售钱无多，诚恐当冲之处，大差过境，周转不开，无钱应付。应由该盐店禀请就近地方，设法通融。若猝不及办，应赴前途取用，不得抑勒。该盐店亦不得藉此推诿。

一、内属官票现用成都府印，如推行外属，拟请改用司印，以符体制。（《申报》1896 年 10 月 4 日）

钱谷腾贵

圜法自为私销所蚀，海内同患钱荒。渝城本年设官钱局，派商承办，其值每缗比市价略少一分，当存储万缗以供取给。数月以来民间贸易交兑，渐相孚信。刻闻省局暂停，渝局存票亦稀。持银往换者不克应手，而储积现钱之店家又隐操低昂之柄，遂使其值日增。至谷价，入冬亦起，西城里有每石售四两五六钱者。穷口（？）既嗟艰食，公廪难望足填民困，其胡以纾乎？（《渝报》1897年11月第四册）

四川总督鹿传霖创办官钱局发行钞票史料三则

1. 四川总督鹿传霖发行一两钞券

由于四川省铜钱缺乏，总督鹿传霖授权成都知府发行一两钞券，上钤府印，准其在该府各地通用。据说，此项革新办法颇孚众望。总督受到鼓舞，拟进一步使此种一两钞券通行全省。因此，为了博取四川商贾信任，此项新一两钞券将钤上川省藩司的大印，同时在该省各城市发出布告指示，人民可随时持券向成都藩宪衙门为此设立之特别官署兑现。[①] 除成都府所发行之地方性一两钞券以及准备由藩司发行通行全省之一两钞券外，其他钱票、银票均被官方认为非定偿券。鹿总督的此项概念，据说是从西方国家关于政府与财政的书刊译本中得来，而且从同一来源，他还有其他的计划，将在他的辖区范围内逐渐流行。（《北华捷报》1896年10月16日；引自《中国近代货币史资料》第一辑，《清政府统治时期：1840—1911》）

2. 又渝，有人奏，川省创办官钱票，勒令各州县代销，不准申解官款，绳以官法，民难相信，以致银价愈低，钱价愈昂，川省去秋荒歉，百物腾贵，官民交困，请饬抚恤补救等语。川省官钱票，究竟办理有无各项情弊，著鹿传霖查明妥办。（《清实录·德宗景皇帝实录》卷400）

3. （四川总督鹿传霖）又奏：前设官钱局，行销钱票，停截清算，确有盈余，均下部知之。（《清实录·德宗景皇帝实录》卷411）

（七）阜南钱号官局、湖南官钱局

行用阜南钱票告示（稿）（节录）[②]

用再集同官绅，议于阜南官钱局行用钱票，以五百文及壹千文为一

---

① 此特别官署即蜀通官钱局。
② 此文出自湖南巡抚陈宝箴。

张，每张盖用布政司印，凡属钱粮厘金并典质衣物各项贸易，概行收用。应补底者，照数补底，应交银者，按银价核算准折，俱仍照各处官商向行章规。此票即与实钱无异，不许另有"补水"等项名目。除通饬各府州县关卡、厘局一体遵行，不准藉词不收及稍有留难、需索外，合行出示晓谕。为此示仰居民、商贾各色人等知悉：自后无论城乡市镇，有持阜南钱局印票完纳丁漕、厘税，以及典当行户各项交易买卖，概准使用。(《陈宝箴集》(中册))

阜南官钱局、湖南官钱局流通钱票情况

在阜南官钱局开办期中，市票之发行正盛；铅丝银之滥铸尚未禁止；陈宝箴虽有整理之议，并未实行；官钱局又属创举，人民之信任官局，尚不及钱庄；故终阜南官钱局之世，官局虽居极有利之环境，竟未能有巨大之发展。惟其发行票币，实为官局发行票币之始，请略述之：

(一) 阜南官钱局除发行制钱票十余万串外，并发行银两票七八万两（确数已无从稽考)，不特为以后湖南官钱局发行银两票及禁铸铅丝银之张本，且为各商号发行银两票之先声。

(二) 为应付上项银两票之兑现，阜南官钱局曾铸有省平银一两重之银币，不特为各省所未有，且足以稍稍救济当时银色参差之秤量不一之时币，尤能适应当时交易之情形（此项银两币，旋即停铸)。

(三) 票币发行额虽不甚巨，人民对之信任亦不甚深，然阜南官钱局收束时，此种票币完全收回，且未跌价，实足巩固官方之信用，而为湖南官钱局之票币，立一确实可靠之基础。

吾人自种种方面观察，阜南官钱局开设之时期虽短，影响当时金融亦不甚大，然其存在，实为湖南官钱局之先驱。筚路蓝缕，以启山林，草创之功，为不可没。即后此湖南官钱局辗转造成之影响，亦未始不由阜南官钱局间接促成之也。

……

湖南官钱局之发行票币，即始于光绪二十九年 (1903)，计分银两票、银元票、制钱票三种，皆照票面所载，如数兑现。据当时在局服务人言，截至改组为湖南银行止，前后共发行银两票，约一百六十万两，制钱票约三百万串，银元票约七十万元（湖南官钱局开办时，

银元已渐流通，详见后），前后十年，信用卓著，穷乡僻壤，无不流通。

当湖南官钱局发行票币之时，前述各种金融现象，经数十年之激荡，咸已成为维护官票之元素。分别言之：当时现金缺乏，一也；银两与制钱不便行使，二也；铅丝银信用全失，乡人无货币可以储藏，三也；钱庄市票充斥，人民已养成使用票币习惯，四也；阜南官钱局之票币未尝失信，人民咸知官票更胜于商票，五也；凡此五端，在当时金融上之影响，虽各不同，其助长湖南官钱局之信用则一。故官钱局票币发行数目虽大，其声誉终能持久不堕。（胡遹：《湖南之金融》，曾赛丰、曹有鹏编：《湖南民国经济史料选刊》（1））

湘拟行钞

有客自湖南至汉口语本馆访事人云：迩来湘省制钱缺乏，上宪力筹补救，电驻日大臣蔡和甫星使，倩日本印刷局印制官钱票、银元票各数十万张，分批解湘发交官钱局行用。（《申报》1903年2月27日）

限制湖南官钱汉局发行钱票（汉口）

驻汉湖南官钱局及汉阳分局用出之钱票，计新旧两种，盖有戳记，与湘省各局在湘发行之票有别。近因湘省铜元价值较汉为高，奸商纷在湘省购票，至汉局兑钱，以致兑票者异常拥挤。当经江汉关道函致该局韦委员，以兑票者甚多，亟应限制以防意外。嗣又经关道札饬该局，以现奉度支部文、部章，前准官商各银号暂用银钱票系一时权宜，现限文到半月，各省官商银号不得再发行钞票，已发行之票逐渐收回，以示限制。该局奉文以限制之法，惟有将汉局用出之票照兑，其湘局用出之票归湘局兑付，概不代兑。惟已经到汉之湘票，自初十日起代兑三天，过期只兑汉票，用示限制而防意外。由夏口厅出示周知矣。（《申报》1909年7月5日）

湖南新政纪闻：维持票币之手续

湘省谭（延闿）都督准鄂都督黎（元洪）来电，鄂省所缺煤米嘱由湘省接济，湘省所缺银元、铜元则由鄂省造币厂随时解运接济等语。当即出示晓谕略谓：湖北、湖南旧有大清银行、官钱局①、裕宁官钱局，现已一律归入军政府，即属同胞公共之营业，尤宜互相维持。该行局所出银、铜洋各票币，两省境内均应照常流通，毋得稍有阻滞。凡湘省往鄂军士及贸易商人，尽管将湘省官票带往行用，不必妄生疑虑，鄂省官票湘省境内亦一律通行，不得疑虑、挑剔。（《申报》1911年11月22日）

流通票币办法

鄂省银元票币因在鄂价值较低，竟有奸商贩运来湘，希图渔利，以致湘省官钱局积至数十万元，有进无出，市面大受影响。现经谭都督（谭延闿）与黎副总统电商改良办法，除钱票仍照旧拨兑外，其洋钱票币只准作银七钱或兑票钱一千三百文，不得拨兑现洋及湘省银元票币，以防流弊而示维持。（《申报》1912年2月13日）

（八）豫泉官银钱局情况

河南豫泉官钱局行用钞票情况

汴省官钱局开办已有数年，现又添设官银号，并出银洋钞票。银票一两起，百两止；洋票一元起，百元止。（《各省理财汇志》，《东方杂志》1904年第一卷第十期）

河南官银号之风潮

河南官银号出票有限，是以屡有风潮，均就敉平。惟各钱店因用票难随其扣平、扣色之手段，故每遇小故，辄相戒不用纸币以相倾轧。又于九月二十二日各钱店齐约不用官局纸币，因之持票拥挤局门取现，甚为危险。幸官局储金尚多，未被挤倒云。（《申报》1911年11月24日）

（九）陕西秦丰、同心官钱局情况

陕省光复后近状（节录）

省城金融机关初甚疲滞，军政府于初三日即出示所有秦丰、同心两

---

① 此指湖南官钱局。

官钱局钱票,及大清银行纸币均准一律通用,市面始稍活动。后又据大清银行经理报告,知被抢纸币(该行于民军举义时为土匪所劫)有二十余万两之多,均已签字编号,而实在流用市肆者不过五万两左右。因将改行纸币暂行止兑,而别设军用银号,发行军用票及经理官钱票一切事宜。(《申报》1912年1月11日)

(十) 奉天官银号、东三省官银号

拟发行纸币(奉天)

奉省通行银铜元都是由天津造币局转运来的呀。现在度支司意思打算把所有银铜元收入官银号作预备金,由官银号发行纸币,这也是疏通市面一件好法。(《吉林白话报》1907年12月23日第七十二号)

通饬划一货币(奉天)

东督徐菊帅通饬各属云:奉省币制复杂,官商交困。前经本大臣咨请北洋造币分厂代铸东三省大银元三百余万元,并由官银号印造大银元票以资周转,业经通饬。嗣后凡税捐、电报、俸饷并一切官款一体行用,每元按照沈平足银七钱三分计算,出入不准增减在案。惟既以此项大银元为正位,货币自应随同分发补助货币,以备奇零找搭之用。业饬官银号将新造小银元及小银元票随同大银元票分配发给,出入照大银元价七钱三分合算。此项小银元系照大银元成色铸造,每角自应照沈平七分三厘行使,以为补助。但以九角为限,其九角以外则一律行用大银元暨大银元票,以归划一而便流通。(《申报》1908年5月7日)

(十一) 裕苏、裕宁官银钱局

钱弊宜除

金陵采访友人云:迩者市上钱荒日甚,龙银几烂贱如泥,持以易钱每元只值九百文之谱。说者每病铸钱局不肯将当十铜元发出,或更疑钱侩暗中藏匿,使孔方兄声价分外高抬。实则局中人图饱私囊,有以银百两投局领铜元者,必责令另贴火耗银二两。而门市兑出,殊难取偿于人,以故相率裹足不前。局中人不得已,累万盈千运往他埠,致省垣转

行使寥寥耳。日前在籍绅士叶孝廉廷琦纠约同志数人具禀督辕，请转饬上元、江宁二县主传谕钱业董事，平市价而利转输。顾虽经两县主苦口谆谆，而局中之弊不除，市侩终不乐于领用。爰拟申请护理两江总督、江宁藩司李芗园方伯（李有棻）筹拟库款创设官钱局，公平兑换，藉苏民困商艰。正筹议间，适张香涛制军由鄂莅省垣，方伯交卸督篆，此议遂未及上陈。或曰大吏拟将仿鄂省章程，印行官钱票。果尔，则亦利国利民之善政也。（《申报》1902 年 11 月 19 日）

官票将行

苏州采访友人云：苏省制钱缺少，市人转运维艰。当道忧之，议设裕苏官银钱局，购备机器，刷印官票，以济圜法之穷。札委苏州府知府及请补无锡县蓝云峰大令为坐办委员，近日机器、铜板、纸张业已购致齐备，因涓吉本月初三日在裕苏局鸠工开印，大约不久即可通行矣。（《申报》1903 年 11 月 24 日）

邗郡行钞

杨州访事人云：郡城左卫街裕宁官钱分局行使钞票铜元，由上宪札委黄、韩两大令来扬涓吉本月十三日开市。一面由金陵总局移咨两淮运司恩都转，略谓近年江南全省制钱短绌，市面周转不灵，当经详请督抚宪奏准在江宁设立裕宁官钱局，并自印钞票与铜元相辅而行，已于光绪二十九年五月二十日开办，并将钞票行使章程抄移在案。此项钞票上盖宁藩印信，并本总局关防，准其完本省厘课钱粮等项，俾铜元藉钞票以流通，钞票以铜元为应兑。开办以来，已将一载，商民称便。既有成效，自应逐渐推广各埠通行。兹先于扬城设立分局，并遴员驻办。惟查扬属向以盐米为大宗，诚恐商民未及周知，应请出示晓谕以广招徕。除移知淮扬海道暨扬州府饬属一体示谕外，合移贵司查照云云。刻下都转已札行淮南局员转谕各鹾商一体遵照矣。（《申报》1904 年 6 月 1 日）

札行纸币

镇江访事人云：镇江府知府祥遂安太守接奉江苏藩司效述堂方伯札开：市上制钱日短，圜法大坏，现经裕苏官钱局印有五百文、三百文、一百文等钞票通行各属发店行用。其钱粮、赋税、厘金项公款以及市面

贸易一概流通，毋许抑勒。仰即出示晓谕。等因。业已遵照办理矣。（《申报》1904年6月20日）

示用官钞

昨日上海县署由江苏巡抚恩艺棠中丞（恩寿）颁到告示数道，县主汪瑶庭大令立即饬役分投粘贴。其文云：为出示晓谕事，照得苏省制钱缺乏，商民交困，日甚一日。虽经铸造铜元，与制钱相辅而行，然钱价仍未得平，通省皆然。欲补救钱法之穷，莫如行用官钞票，俾资周转，业经本部院奏明准其完纳本省关税、盐课、厘金及一切公款在案。现在裕苏官银钱局购办机器，刷印银元钞票及制钱一千文、五百文、二百文、一百文之钞票，与铜元、制钱并行不悖，开局有期。据苏藩司详请出示晓谕，并通饬各关局营县一体遵行前来。除通饬苏省各关局遵照外，合行出示晓谕。为此示，仰军民、各色人等知悉此项裕苏钞票钤用司局印信实，与现钱无异。既便取携，毫无阻滞。通行既久，钱价可平，民困自纾。凡遇商民持票完纳关税、盐课、厘金以及一切公款，准其与现钱一体兑收。如敢藉词不收或有刁难、需索及借口补平、补色情事，准该商民赴辕呈控，一经查实，立即严行参办。各宜凛遵。切切。特示。（《申报》1904年6月20日）

各省财政汇志：江苏

江宁裕宁官钱局行用钞票，禀由江督（端方）札知镇关监督：遇有以此项票纸赴关报税者，一律照用，以冀取信商人，通行无碍。（《东方杂志》1904年第一卷第十二期）

邗江琐记

扬州访事人云：省中裕宁官银钱局司道以钞票虽已行使，而细察市情尚未十分通畅。铜角原补制钱之缺，而诉皆各处依旧钱荒。兹特拟就新章，于通省各埠，再行推广银元票券，定以一元、五元、十元三等，与铜角钞票相辅而行，一律准缴钱粮差税等官缺。凡用来局兑换上千者，用钞票以洋计者，用银元票而以铜角找零，不得大批兑换。江北除扬州已有裕宁官局毋庸另行设局外，其清江等拟先设分庄试办。目前已禀由两江总督兼南洋通商大臣李勉帅（李兴锐）批准，一面檄委候补道蔡观察炳礼为驻扬坐办。日昨观察捧檄到扬，闻留数日，尚须往袁江等埠察看情形，然后回扬开办也。(《申报》1904年11月1日)

江南商局咨请运司通行钞票（扬州）

运司恩都转接江南商务总局咨文云：江南裕宁官银钱总局于光绪三十年（1904）在扬州分设裕宁官银钱局，通行铜元，推广钞票，原为制钱短绌，补救钱荒，利国便民起见。乃行之已久，迄无成效。推原其故，未始非任事者重在领运铜元，图沾余润，向不实行钞票所致。兹敝局奉署督商盐宪周札委，以官银钱局关系商务，应归并商务局管理等因。敝局接办以来，悉心整顿，并于五月间亲莅扬州察看市情，另选管事。并将该局更名为驻扬官银钱局，禀详督宪备案。惟查扬城银钱出纳当以盐务为大宗，贵司库兼淮南局并通泰海三属二十三场，每年官放各项为数甚巨。敝道前曾面商蒙允，此后库发各项款目兑搭三成钞票，将来酌核情形由少而多，以期增进。惟贵司及淮南总局与敝分局同驻一城，或以钱兑，或以银合，自可按照时价拨付。而通泰海二十三场南北相距千里，往返拨兑，或恐市价参差，不便之处请饬属按照扬城时价，以银合兑拨解，以归一致而昭公允。再钞票原与现钱无异，准其完粮纳税，早经奏准在案。滨海之区或恐尚未周知、疑虑，请转饬所属一体示谕，实为公便。都转阅悉。刻已札行淮南总局，转谕场运各商一律遵照。(《申报》1905年8月16日)

裕苏官银钱局条呈推广洋票章程（苏州）

裕苏官银钱局提调苏州府许佑身坐办、补用知府李厚礽禀各宪，拟呈推广洋票办法章程十二条如下。

一、资本为取信标准。查各商设立巨号，正本外全恃附本存项为把注。卑局十二万正本不敷周转，今欲推广洋票，请再添领若干，分存各埠，以昭推广，行使信实。

一、藩道库放款、汇兑款并各局卡支放款请概归卑局经理。又各州县宪解藩道库，除地丁规复并道库漕项正款外，其余不倾镕各杂款可否亦发交卑局经理，俾交易益形发达。

一、卑局内容情形原与商号无异，惟名称官局，既关奏案，似难更易。今拟分别办法，本局仍照原定之名为官银钱局，而附设诸处请径称裕苏洋票分号，以示与商界直接，斯各项交易联成一气。

一、各埠如上海为互市中心点，镇江为长江咽喉，无锡为丝米巨镇，其余著名巨邑不一而足。拟联合各大埠殷实钱庄，附设分号，悬挂裕苏洋票分号牌号，择各庄经纪中老成、谙练，经管钞票账目。再由局延精明、熟悉市情数人，兼管分号，均按月给予薪水。既省经费又广营销，事半功倍，无过于此。此外乡僻外县各处，著名巨镇拟发交殷实典铺兼理，亦酌给薪水，令悬挂牌号，名为分兑。遇有支取票洋，均由邻近分号接应。至造报营销清册一节，分兑各处责任分号，每月初旬由阜局派精妥人赴各分号稽明、登记，仍由阜局归月报内，缮册注明各处分销数目呈报，以便查考。

一、推广省垣本处办法，亦拟多设分号，于热闹市面发交各现兑铺兼理。大致亦与推广各埠法略同。

一、阜局既列入钱业会中，其办法自应与钱业一律。查各钱庄往来极广，无论何业皆有交易。今拟仿钱业办法，与各商号往来汇划，不独市面藉以灵通，而搭放洋票，一切操纵由己，利权不至旁落。否则交通不广，一切利益仍不免假手于各钱庄，所谓生利者少，分利者多，计学家引为大戒。

一、阜局现行一元洋票，但比上海市上所通行版式、纸张，尚难方驾，似非商民所乐用，而且易于作伪。拟禀请改制版式，取其精巧、明细纸张定制，藏有暗志，务求与上海市上所通行一无轩轾。则既堪悦目，又杜伪造。并请添制五元、十元等洋票，除十成中之五成作为一元洋票，其余五成以三成作五元洋票，以二成作十元洋票，以备搭用大批款项，商民取携尤为称便。

一、请通饬苏省府州厅县并厘捐各局卡，凡征收、解兑各款，准行用裕苏洋票，不得挑剔。

一、请通饬督练公所及铁路工程，以后各营官弁兵夫饷项，并铁路各分段工资等项，均准行使裕苏洋票，亦足推广营销。

一、请仿湖北省等营销洋票著有成效办法，先由官入手，通饬全省各州县准摊派营销若干。查裕宁开办章程内载发票一条，亦称各属州县计所辖市面大小，饬令分别认领若干，曾经批准在案。夫分饬认领与饬令摊派事原一律，请即查照遵行，足以助流通而开风气。

一、请通饬各属府厅州县，切实晓谕商民一体行使裕苏洋票，以期周知而广营销。

一、各商号执事量才录用，无滥竽充数等弊。故不至人浮于事。今欲整顿一切，则撙节浮费，自应从破除情面始。

以上所拟十二条仅就管见所及，按现在情形，参酌商号办法，以期推广。是否有当，伏候宪裁训示遵行。（《申报》1906年1月2日）

官钱局印票滞销扬州

扬州官钱局开设五城巷内，与各钱侩勾串，涨落钱价，渔利朋分。又向持票兑钱者每票勒扣水脚钱十二文，如票面无扬州小戳字样，则诈索尤甚，以致不能畅行。（《申报》1906年2月8日）

铜元票畅销（镇江）

铜元钞票前经设局分销，任民兑换，价较钱店多二三十文不等，完厘纳税俱可通行，人颇便之。其发来之一万串业已销净，仍由驻镇官钱局请领二万串来镇认销。（《申报》1906年4月20日）

署苏臬朱详抚宪文（为仿印裕苏伪钞票事）（节录）

为详请事：

窃照光绪三十二年（1906）三月初三日，本署司在署潘司任内，据总办裕苏局李守面禀，上海分局来电，二月杪有何杏生持裕苏局行用洋元钞票，在上海大昌元石印局仿印等情。当饬该守电致分局，派人带同包探获王雨田、李渭卿两名就解，由英公堂收押。寻在苏州拿获何杏生一名，发府收讯，旁无质证，狡不承认。而王雨田等两犯沪捕房知为藩司饬拿，必须公牍方肯解苏。本署司立移上海道，并行公廨关丞、上海县汪令，将王雨田等两犯于是月二十六日押解来苏，发局一并质究。四月初四日据承审委员吴丞面禀，何杏生经王雨田等质后，无可抵赖，供有柯升同谋。柯升系署司之子景迈丁役，于本年二月底进署。其时署司之子拟入都分部，以该丁熟于北道，雇令随伺到京。据禀前情，即谕饬带同该丁南还，于闰四月初六日抵苏，即于初七日发局质讯。复由局员面禀，以提讯双方供词各执。柯升问以有何凭据，何杏生供有钞票样一纸，洋二十二元系柯升先后交付，可以为证，柯升供无此事等情。本署司因案关伪造钞票，有纪即应严惩，柯升究竟如何同谋，不能稍事徇纵，复经札饬切实究诘，赶紧录供通详。总之此案经署司饬拿，发府讯办。旋因供有丁役柯升同谋，亦发府质讯，均有月日案牍可考。昨阅各报记载印票一事，其大要情形未尽符合，虽于署司尚存曲谅之词，而谓署司之子预谋其事。道路哗传，啧啧称怪。溯自先人服官江南，迄于署司，已历三世。伯祖及故父均祀明禋署司，少秉彝训，从政吴下阅四十年，司榷算亦二十年，其举措是非难逃公论。署司之子读书无成，交游不慎，招尤招悔。大抵自取石印洋票一案，报载供词已具，而府开供单却无连及，不肖之语安知不代为之囗（？）。幸而不肖子现在署中，并未潜赴他省。不日新任朱臬司来苏受篆，恳请宪台檄发朱臬司，督饬苏州府提犯。复讯果有牵涉确押，应即送案从严惩办。署司若惜不肖子，遂宽此狱，则上挠国法，下坠家声，犹可执法以治他人乎？……再李守申报拿获图印假钞票人犯并大昌元石印局原信，一并录折附呈详两院。谨将裕苏官银钱局李守申报拿获图印假钞票人犯，并抄大昌元知会裕苏局信照录清折，恭呈宪鉴。

计开裕苏官银钱局为申解事：窃裕苏局自光绪二十九年（1903）开办以来，禀准行用钞票。原系自刊铜板，购办印机雇工在局督同刷印。且于票面盖用藩宪印信，并于骑缝处编列号数，加盖裕苏局关防，以杜伪造。三十一年（1905）十一月知府到差后，因钞票不敷行用，于十二月间禀奉藩宪批准，添印钞票五万二千三百张。亦系查照从前办法，雇上海藻文石印书局印工前来苏局，由知府亲自督同刷印，呈请藩宪盖印编号，加盖关防。又由知府于钞票内添盖暗记图章一颗，发市行用，以昭慎重，从无朦混、假冒情事。讵于本年二月二十一日突有何杏生持裕苏局行用钞票一纸，向上海大昌元石印局嘱为照样印做钞票五千张。当经该石印局函询上海裕苏分局，曾否派委添印钞票。由分局电知裕苏局，派人赶赴上海，向大昌元问明情由。随即带同包探至吉升客栈拿获图印假钞票之王雨田、李渭卿两名，就近督交上海英公堂收押。旋又于苏州拿获何杏生一名，均经先后奉饬发解苏州府提讯在案。除将大昌元知会裕苏局原信移请苏州府备查外，理合将拿获图印假钞票人犯缘由，并抄大昌元来信申报查核、训示遵行。须至申者。计抄信（略）

(《申报》1906年6月21日）

官钱局改行新票（镇江）

镇江裕苏官钱局因一元钞票销用日广，惟票式不甚精致，恐生弊窦，遂改用新票，所有旧票则但收不发。凡钱庄、货店情愿代销票币者，均宽让半个月银期，不须现兑云。（《申报》1907年4月15日）

江督通札行用裕苏官钱票

江督端午帅（端方）日前通札各府厅州县，略谓宁省各钱庄往往出立花票行用，商民以其便利，咸乐就之。然殷实者少，空虚者多，设遇倒闭，贻害商民殊非浅鲜。现丁商界战争之时，亟宜力加振作，剔除积弊。今裕苏官银钱局制有官钱票、龙元票两种，行用市面，曾具禀请通饬盐场关捐局卡，丁漕、厘课等项一体通用。如有不肖员弁司巡抑勒折扣，定即彻参究惩，奸商市侩亦不得过事挑剔，作短价目。并饬各属一体出示晓谕等情，除准予通饬外，一面又谕令该局酌设收兑，以便转换。等因。本县李大令奉文后，当即遵照示谕周知矣。（《申报》1907年5月3日）

各省财政汇志：江苏

江海关道瑞观察函致上海商务总会，略谓：现在各国在上海添设银行，广行钞票。我国公家自应仿办，力争先著。并将宁局所制一元、五元、十元钞票送交钱业，一体通用。计开办办法大要五端。一、本省通用；二、准纳全省钱粮、税课、厘金；三、发票处在上海、扬州、江宁、镇江、清江五处，由官银钱局经理；四、某局发出钞票若干即由该局提出局本若干，发庄存息；五、钞票、现银互相兑换，悉按市价面银洋市价计算，出入一律。（《东方杂志》1907年第四卷第一期）

扬州（节录）

江北刘军门（江北提督刘延年）以宁省裕宁官钱局行用钞票以辅铜元之不足，因于清江设立裕淮官钱局，仿照宁省办法准将官票纳完丁粮厘税，并准商民持票向江北所设铜元局取付铜元。复请督宪通饬各属卡、各州县遵照宁局章程一律通行。（《申报》1905年12月6日）

广告：江苏裕苏官银钱局推广钞票告白

本局现行一元、五元、十元钞票，业蒙各埠绅商信用，畅行有日。兹为推广起见，已在各埠次第设立分局，并在上海多设分兑处，以便随处皆有接应。为此广告各埠绅商，须知本局系本省前督抚宪奏准设立，此项钞票不论何项款目皆可行使，并无克扣、挑剔、贴水等情，请勿疑虑。且各埠多有分局到处汇兑，最为灵通。总局在苏州，分局在上海、镇江、清江、扬州、通州、崇明、常州、宜兴、无锡、常熟、震泽等处。其上海分局在大马路同乐里代理处，在大马路久大庄。虹口万义泰庄。法界协源庄。棋盘街源和庄。老旗昌恒孚庄。十六铺瀛丰庄。城内纯泰庄。南市吉祥弄立余庄。特此广告。裕苏局启。（《申报》1907年10月6日）

通饬缴纳收存票样（南京）

江宁裕宁官银钱局曾将各种票样分发各局卡、州县、盐场收存，以便各商民完纳关税、厘金、地丁漕粮、盐课、盐厘一体通用。近日江督访闻各州县盐场及局卡委员，于此项样票并不谨慎收储，竟有丁差胥役窃取，于乡僻市镇朦混冒用，实属贻害商民，且于钞票名誉亦属大有窒碍。又查上年钞票甫经通用之时，不得不将样票先行饬发，以资比对。现在行用既久，本无须样票再行核对，遂札饬各州县、盐场将原发样票于文到三日内封固呈缴，发局核销。其从前曾发样票处所现在无票缴销者，必系吏胥人等窃取诈骗，即责成该州县、盐场委员从严追究，勒限赔缴。闻各州县及盐场委员奉札后，已纷纷将样票如数呈缴矣。（《申报》1908年2月19日）

札饬通用官领钱票（苏州）

苏抚陈中丞（江苏巡抚陈启泰）札饬官钱局总办：嗣后官银钱票不分清江、宁苏各属，钱庄均应一律兑收，如再留难不用，即由地方官提案究惩，应先由该局晓谕苏属各州县商民诸色人等一体凛遵。一面复札清江等各处地方官出示晓谕。（《申报》1908年2月11日）

批饬追缴银币样票（南京）

宝应县近将银钱两币样票呈请江督核示，奉批谓：据申缴铜元、制钱、银元各样票四张，候先行札发裕宁官银钱局核销。惟查原发样票本系七种七张，前因访闻各署局卡有丁差胥役窃取、冒用情弊，贻害商民，是以通饬缴销，以便查考。乃该县此次缴到，仅止铜元样票三张，银元票一张，其余三张竟以发交业董，不知夹在何处等语，含混具复。查核所短之票内有五元、十元大票二张，铜元十枚小票一张，其为以大票朦混冒用，以小票藉为掩饰，情节显然。除小票勿庸深究外，应仍责成该县于奉批三日内，将五元、十元两票全数追齐呈缴。倘竟查无下落，即责令该县赔缴。一面仍将窃取之人勒限查明，从严究办。除行裕宁局知照外，仰扬州府转饬遵照。(《申报》1908年3月19日)

裕苏改良钞票将次发行（苏州）①

苏藩瑞方伯前据裕苏官钱局申称：案奉宪谕：续制改良一元、五元、十元龙、鹰各新票二百万元，现在将次完竣，陆续分批缴局，具文呈请印章，由局委员加盖图记，以杜伪混。其票式与从前制有照像旧票最易识别，花纹、号码较为明细、精致，仍暗藏水印江苏裕苏官钱局字样。兹当换用在即，深恐商民未及周知，应请通饬各属地方官一体明白示谕，一面照会商会遵照。并声明裕苏局为力图推广起见，商民人等须知此次裕苏局换制改良新票，与从前旧票一律凭票立兑现洋，票上刊明准完丁漕税厘一切官项，不得挑剔抑勒等情②。查核所请为改良新票通用推广起见，应准照办。昨特札府立即转饬所属一体遵照。(《申报》1909年2月1日)

行使裕宁样票之肇祸（扬州）

清江裕宁官钱局风潮此间大受影响，前日讹传本城驻扬官钱局已将倒闭，以致收藏该局钞票者咸各惶惶，钱业中人均不肯将该票收用，推其原因实由衙署行使样票之故。昨日商会特发传单声明其事，略谓驻扬裕宁官钱局之钱洋钞票系由南洋大臣订，向藻文局刷印，决不至有伪造等情。但发衙署局所样票各一张备案本不能用，日昨闻有样票一纸到局取洋照章不给，以致误会。惟既由各署将样票使用，商民不便受亏，刻

---

① 另参考《沪道移商务总会文（为改良裕苏钞票事）》,《申报》1909年1月17日。
② 1月17日所刊文中此处有"如有伪造，照私铸例治罪"一语。

已向该局直接商允一律收用。此外发行钞票其照常给发，自不待言。凡收有裕宁票者，幸勿为浮言所惑也。（《申报》1909年4月14日）

沪道担保裕苏裕宁钞票

沪道蔡观察（上海道蔡乃煌）昨日出示云：照得华商近因贪购橡皮股票，现银输出过多，各钱庄周转不灵，牵累倒闭者层见叠出，正在行文清理，设法维持，讵今又有人造谣，牵及裕苏官银号、裕宁官钱局，以致异常受挤。殊不知该银号等由公家设立，原为便民利用起见，所出钞票奏明准抵应纳钱粮、厘税，较之寻常庄票尤为信用，一切自有地方官主持。况商家庄号亏倒各账，本道尚且从中维持，裕苏、裕宁既为官设，例有保护之责，其市面行用之钞票，本道可以担任，决无意外之虞。合行出示晓谕。为此示，仰诸色人等知悉，所有裕苏、裕宁钞票自应照常信用，切勿轻听谣言，稍有疑阻，掣动市面大局。经此次告诫之后，倘再造谣生事，则是有意败坏商务，定予查拿，从重究办不贷。（《申报》1910年7月27日）

江苏咨议局开会事件：议案：裕宁裕苏继续质问案

去年本局议决裕宁、裕苏两局发行钞票之质问案，业于□月□日奉督部堂及抚部院先后批答，并各抄两局清折，札发到局。查两局清折所开各款殊多疑问之处，兹经本局议决，照奏定咨议局章程第二十六条呈请督部堂、抚部院，迅予照章分别批答，列款如左。

一、裕宁银元钞票预定发行额一千万元，截至去年八月底止，总分各局实已发出二百二万八千四百二十三元，制钱铜元钞票尚不在此数。未识裕宁现时实在资本总共若干，核与遵章呈报度支部册之注资本总数有无增减。

一、宁垣藩运库及支应、筹防等原发资本银不过二十五万两，申合银元约四十二万元。即以现时发行，仅及原额成之银元票数，相较已逾四五倍。未识裕宁总分各局所准备四成之现银及六成执有契券之放出之款，是否确可作为裕宁局所有资本。

一、宁垣司库道局所入均有抵支，似别无大宗储存的款。原发之三十五万资本银两是否另行提作专款，抑仍不备抵支别项行政费之用？又各司关局厂存银一百四十四万三千余两，虽可资以周转，然存银须备提取，实系借款性质，究与资本不同，何以连类而及？可概视为预储之票本。

一、度支部奏定限制各省官商银钱行号滥发纸币章程第八条称：本章程领发后只能照现在数目发行，不得逾额增发，此项章程尚自去年六月初七日奉旨允准，颁发已久，照章应即将现在发行数目划为定额，以后不再增发。然裕宁申称截至八月底止共发二百二万八千四百二十三元，除计尚余英龙元票三百二十一万六千二百七十七元编号在局，且称现正续编龙、鹰元票五百七十四万七千元，是否仍拟陆续发行，须满裕宁原额一千万元之数而止？

一、裕宁申称本局行用钞票于原定额数仅及二成，且票本分别存放，持票取银，即到即付。现拟俟度支部钞票颁发，即备资本金取部钞票，将本局钞票续换回。近查各国钞票畅行内地，本局行用钞票为挽回利权起见，已详请咨部立案云云。似部定限制滥发专章第八条及第十一条，裕宁不妨变通办理。然查度支部原奏曾称：臣部所属之大清银行现时所发通用银票，于五年之限期亦应一律遵守。又查度支部妥议清理财政章程折第三款，有各省官银号发出纸票滥恶实甚，湖北、江苏等省为数尤巨。近外人以事关商务，曾照会此等纸票是否国家担认等语。近更行文外务部，设法限制，各国银行五年以后亦不得在中国发行纸币。由此数事观之，恐五年以内按年收回二成之说未必于裕宁独允通融。所称详请咨部立案之处，究竟曾否奉有部准明文？□（？）右属于裕宁者？

一、裕苏银元钞票预定发行额一百万元，截至去年九月底止总分各局实已发出七十三万一千三百二十九元，制钱钞票尚不在此数。未识裕苏现时实在资本银数若干，核与遵章呈报度支部注册之资本总数有无增减？

一、苏藩库发存资本银不过十三万两，申合银元约十九万五千元，即以现时二行之银元票数相较，已逾三倍有奇。未识裕苏总分各局所准备四成之说现银，及六成货物、房产与放出各款，是否确可作为裕苏局所有资本？

一、苏垣司道局库年收五百万，额支五百三十余万。近年新增各项用款，又岁增二十余万，统计岁差将及五十余万。既出入不敷之巨如此，似别无大宗余存的款，司库发出之十三万资本银两是否另行提作专款，抑仍兼备抵支别项行政费之用？又牙厘、善后两局发存长期银八万两，各署局所活支存款三十六万三千余两虽可资以周转，然存银须备提取，活期尤甚，实系备款性质，究与资本不同，何以连类而及，可概视为预储之票本？

一、上年六月初七日度支部奉准限制滥发纸币专章，第八条称本章程颁发后只能现在数目，发行不得逾额增发。苏省自奉文后，饬据裕苏局开报，及由藩司会同财政副监理官亲莅盘查，均截至八月初七日为止。计实在流通在外银元票七十万二千一百六十三元，又制钱票四万九千一百四十四文，声明即以此数作为定额项目，报部以后不得再行增发。顾本局于去年十二月十二日奉抚部院札两局质问案抄交，裕苏局十一月十二日开报清折截至九月底止，各局共发七十三万一千三百二十九元，核与裕苏局前开及藩司会查报部截止之数，较多二万九千一百六十六元，是否于八月初七日截数以后仍陆续增发？右属于裕苏者。

以上各款事关全省财政及银根、市面，两局所开疑虑莫释，用取照章呈请督部堂、抚部院迅予分别批答。全体常驻议员提出。（《申报》1910年4月27日）

张人骏电奏四则

又谕，张人骏电奏，鄂省变乱，裕宁官钱局大受影响，持票兑现者，纷至沓来，应接不暇，宁省造币分厂，尚有造成新币一百余万，请饬度支部飞饬该分厂，尽数拨交大清、交通二分行，及裕宁总局，以备应付钞票行用等语，著度支部迅速酌核办理。

……

又谕，张人骏电奏，宁省现因鄂事，钞票失信，请援照广东成案，添铸旧制银元，由裕宁官银钱局筹备现银，交江宁造币厂即日代为附铸，随时发用等语，著度支部速议具奏。寻奏，应如所请行，从之。

……

又谕，电寄张人骏，据电奏，裕宁官钱局，交通银行，及商办银行钱店，均以持票兑洋，岌岌可危，迫不得已，饬造币分厂先拨新币五十万元，交裕宁总局、交通分行应用，以资补救等语，著该衙门知道。

……

又谕，电寄张人骏，据电奏，宁沪市面恐慌，前经奏准，由宁省造币分厂赶铸龙元，交大清分行及裕宁总局周转。复准币制局电知新币照旧有龙元价值，行用渐广，纸币已觉流通，并将银币由官局陆续发行，俾银根稍纾等语，办理尚属周妥。仍著会商度支部妥慎维持，以安市面而定人心。（《宣统政纪》卷61）

苏台亦受哪乱之恐慌

钱市苏垣自得武昌警报，商业金融停滞，银根日见窘迫，一时人心惶惑，纷纷提取现款，银洋因之缺乏。二十一、二、三等日，洋价由七钱一分飞涨至七钱三分有零，二十四日钱业有行无市。而驻苏某官钱局争持钞票向兑现洋者，几于户限为穿。商务总会闻信后，以钱市为商业机关，省垣系根本重地，业由各议董会议，公推总、协理面禀院宪（程德全），拟请暂借库款数十万拨商具领，俾资周转而救目前。想上宪顾全大局，必能俯如所请也。（《申报》1911年10月17日）

宁苏两局钞票问题

裕宁、裕苏两局钞票光复以后，因官局停闭，经苏州商会备具议案，呈由省议会质问都督，妥定结束办法。兹奉都督答复，省议会酌量决议，所有商会原请议案及答复书照录如左：

苏州商务总会请议案省裕宁、裕苏钞票行用各埠甚广，鄂变以后金融恐慌，各商家共体时艰照常收用，省城光复两局即已停付，各埠商民搁存此项钞票不付。现在中华银行闻已拟章开办，钱市可幸转机。惟对于前项两局钞票应迅妥定结束办法，不使商民受亏，庶于财政前途，发行新钞票时，必能流通昭信，请付公议。

裕宁、裕苏钞票结束办法答复书：查裕苏钞票陆续均已收回，除刘襄孙处整数八万元外，照账核算已溢出四千二十五元，似刘处所存钞票亦有若干用出在外。综计未收回者，洋票只七万五千九百七十五元，钱票只一万一千余文，欠人之款约四十万上下。该局放出账款、抵押款约共一百九十余万。再将无着之滥账剔除，从少以收回四成计，则归还欠款、兑换钞票之外，尚可归还公款若干，其办法须责成原办局务李厚初赶速清理，不难了结。惟裕宁系宁属设立，向不报苏属。该局资本若干，发行钞票总额若干，欠人若干，现存若干，苦于暗中无从摸索收束之法。只有将宁、苏、沪等处正、分各局总办经理人等严密访拿，全行提集到省，勒令将款项账簿交出，彻底清算，方有头绪，彼时即可仿照裕苏办法酌量办理。是否妥洽，请决议。(《申报》1912年1月14日）

维持裕宁钱局之手续

江督致本埠（上海）总商会电云：裕宁钞票已饬设法应付，各局钞票数亦无多。惟省库只存现银，现已饬造币厂开铸银元，一面发行新币，以资接济。各处分局所需现洋，当源源接济，无虞缺乏，并望维持。督感。(《申报》1911年10月19日）

各省财政汇志：江西

金陵裕宁官银钱局近在赣省设立分局处，专司西岸督销局厘课、严加汇兑等事。曾出示晓谕，内有印造一元、五元、十元三种银元钞票，又十枚、二十枚、五十枚、九十八枚、一百枚五种铜元钞票分发各处行使等语。经本省官银钱局总号查知，以赣省百文小票甫经禁绝，未便任令再以百文、二百文、五百文小票通行，致妨市面、商情，详经赣抚咨请江①督核办。闻江督已饬该分局将前项三种铜元票收回，并以后停发。以归一律。其九十八枚、一百枚铜元钞票，与本省每张一千文钞票相等，可与各银元票照旧分发行用云。(《东方杂志》1907年第四卷第十二期）

（十二）江西官银钱局

赣行钱票

南昌访事友人云：护理江西巡抚柯逊庵中丞奏请创设官银号，行使钱票以浚利源。廷旨韪之。中丞随筹议章程，布置妥贴。日前发出官钱票三十万张，每张足钱一千文，委员发解各县。计大县派三万张，中县

---

① 此时的江西巡抚、两江总督分别为瑞良、端方。

二万张，小县一万张，准民间持以完粮纳税。一面将款悉数解省，作为官银号本资。(《申报》1902年11月2日)

江西□（？）官银号

官银号自新巷中开办以来，自出九五钱票，颇能通行。闻自本年为始，所有各属丁漕银两亦解归该银号倾销云。(《大公报（天津）》1903年2月9日)

各省财政汇志：江西

赣省前因制钱缺乏，商家多以纸币代之，相沿已久，通行无滞。至行用洋元，皆系现兑。近因银根极异常紧迫，洋价日昂，经官银号由沪印造银元钞票数万张来赣行用，以补现银之不足。(《东方杂志》1908年第五卷第三期)

官钱设局

江西访事人云：省垣钱价日高，银价日低，实由奸商私运制钱出湖口各卡，因有私规纵令私运，以致钱荒日甚，不敷周转。春间抚宪李勉林中丞委员在沪特制官钱票三十万张，每张十足钱一千文，发交牙厘总局试行分销，准纳钱漕厘税捐款各官项，民颇称便。旋复添制七十万张，分发各州县一律流通。兹复经署藩宪陈鹤清方伯在牙厘总局开设官钱号，与民交易兑票、兑钱悉听其便，以济制钱之不足。惟私运既不能免，私熔又无可禁，势必制钱日少一日。官钱局虽能分各银钱铺无本之利，而于实在整顿圜法之道终难尽善尽美也。(《申报》1902年12月27日)

札饬不准行用九八铜元纸票（九江）

赣藩兼管官银钱局札饬各属略谓：九江府街市行用钱数历系九八出入，近来各店出具铜元纸票亦作九八，折合大钱行用。惟以官铸十足铜元民间九八行使，已足阻碍销路，况以商店而出官铸十足铜元纸币减折行用，更属侵损公家利益。应即出示严禁，不准行用铜元纸票，并饬将本省铜元每枚应作十足制钱十文行用，不准减折。如有市侩图利违犯，立即禀究。(《申报》1906年2月7日)

赣省理财新政（江西）

新任藩司沈爱苍方伯议由官银号刷印十两、五两、一两三种银币，通行市面，事在行，已申详抚矣。（《申报》1906年9月26日）

江西官银钱号纪事（南昌）

赣省自百文小票禁止后，市面颇称不便，上宪特饬官银号派员驰往江南，领到银角六万回省，以鹰洋一元准换十一小角，现已通行市面云。

江西官银钱总号因已迁移总镇坡地方，惟该号银钱买卖向由账房出入，殊多不便，现经设立兑换所一区，以便兑换，已于初十日开办。（《申报》1907年1月5日）

饬议行用小票限制章程（江西）

赣抚冯星帅（冯汝骙）以百文小票固利行用赣省，前因店铺不论殷实与否，竟出小票倒骗，时有所闻，大为民害，是以悬为厉禁。前据绅商熊锦澜等请，由官精制二百、三百文小票，而禁商铺等仿行，具呈到院。当经护院批饬商会，会同官银钱号速议复夺。迄尚未据议复，今据一再吁恳，自系确见。由官制用小票，与原有大钱票相辅而行，实足利市、利民，诚不能虑及商铺虚诈，因噎废食。本部院以为小票固便市廛，而不可不严加限制，应以体察市情，勉敷周转为主。札饬官银钱总号会同藩司悉心体察，妥议禀复。（《申报》1908年10月7日）

赣省银市恐慌（南昌）

赣省各小钱店向来春夏秋三季绰有余裕，仅冬季恐慌，各大钱店则常年宽绰，晋商票号尤宽绰有余。自去冬怡生厚、晋益升亏倒本省三四十万，复欠沪汉津宁各处二百数十万，牵动全局，大小钱店一律恐慌。幸彼时官银钱号发出钱票、铜元二三十万，大清银行发出申票、汉票又二三十万，各钱店复通用小票、大票数十百万，始得敷衍卒岁。不料本年正月济和安衣号亏倒数万，二月保太和木号复倒三十余万，目下调查账仅九折，现货仅二折，实有万难清理之势。因之各大钱店银根奇紧，恐慌尤甚云。（《申报》1909年4月21日）

（十三）吉林永衡官银钱局

吉林将军富顺报告吉林永衡官银钱局行用官帖情况

署吉林将军富顺等奏，吉省开使银元官帖，局中官本如数提还，划清界限，接续开使钱帖，官督商办，不动正款，得利先提三成归公，留七成积作资本，以期经久而维圜法，下部知之。（《清实录·德宗景皇帝实录》卷540）

吉林永衡官银钱号发行纸币情况

自俄人经营北满以还，吉省地利日开，商事日繁，通币不足，初由私商发帖济之。行用日久，流弊滋彰。永衡之设立，原以为救私帖之流弊，济通货之缺乏也。一八九八年开幕之初，所发行者为银元官帖，原以鼓铸银元，供不给求，故发此以补济之。上自官俸税入，下至民间日用，无不赖之周转。越二年，改发四种现钱官帖，分一吊、二吊、三吊、五吊四种，概予兑换现钱。后又添发十吊、五十吊、百吊各种。发行寝滥，兑现停止，价格乃日跌。迄于今日①，此种官帖已形成吉林全省最通行之通货。（《东三省金融概论》）

各省财政汇志：吉林

中国本无划一之圜法，而吉省尤甚。银元局所铸银元，成色极劣。前因欲平银价，故每元定价二吊五百文，永以为例。今银价已长至四吊四百，而银元价仍如故，每元仅值银五钱七分。是以市上所见者，皆小银元。所有大银元均为奸商销毁殆尽。其承办者亦原多毁，以便多铸，多得利益。铜币局更为可笑，吉省通用之钱，皆沙壳，其小至不能著一字。最大者，亦如内地之鹅眼。如此，则铜元似可通行，而市上不过偶一见之，盖有局而不鼓铸也。官帖局乃一绝大买空卖空之营业，而非裕国便民之官局也。以一纸易人之现银，迨人来以帖取钱，则仅予现钱二成，仍予以纸帖。商民虽怨，亦无如之何。若再不整顿，恐圜法败坏，必至不可收拾矣。（《东方杂志》1907年第

---

① 指20世纪20年代。

四卷第六期）

记载第三（中国时事汇录）：最近延吉之现状（节录）

其关于币制者，则日之老头票①通行延境，吾之现银被吸殆尽。虽有官帖，亦难抵制。且我之本币，如汇往他处，汇水甚贵。而以老头票汇往他处，则其价较低。于是中、韩、日三国人民，用之以通有无，皆惟老头票是赖。（《东方杂志》1910年第七卷第十期）

吉抚②奏请变通税契钱价（北京）

惟持现银投税者应以库平库色为衡，用纸币折交者，应以本国银行及本省官银钱号之纸币为限。其从前未经报税之白契，本系违法隐匿，若令其一律按市价折算，是从前遵章纳税者，反觉受累。而违去隐匿者，转为得计，揆之情理，亦欠公平。兹拟隐税白契，其成契在此次实行新章六月以前者，契中钱价仍按四三官价折算，并予限三个月饬令一律报税。逾限不税，照章惩罚，以杜取巧。如蒙俞允，再由臣通饬钦遵办理，即以奉准出示之日为新章实行之期。至民间交纳现银纸币，承办员司倘有藉端勒索，任意扰累等弊，由臣随时查察，切实惩办，以期实惠及民，仰副圣主保惠黎民之至意。

奉朱批：该部知道。钦此。（《申报》1911年2月6日）

吉林永衡官银钱号发行纸币情况史料五则

（1）吉林永衡官银钱号宣统二年（1910）六月钞票现款出入原存数目

谨将吉林官银钱号截至宣统二年六月底止，钞票、现款出入原存各项分别缮造表册送请鉴核。

计开：

一、钞票项下

原发行数目：

---

① 日本侵占朝鲜时期，中国东北地区对同朝鲜流入的日本纸币的俗称。因其票面印有一老人像，故名。

② 即陈昭常。

银票十万两

银元银票一百零七万两

银元票八十万零五百元

官帖七千一百四十一万三千六百三十吊

银元官帖五十四万一千二百吊

收回数目：

银票五万零一百五十两

银元银票一百零二万零七百八十两

银元票四十三万八千三百一十元

官帖四百零九万七千四百八十五吊

银元官帖无

销毁数目：

银票无

银元银票无

银元票无

官帖一千零一十一万二千四百吊

银元官帖五十三万七千一百八十一吊九百二十文

流通在外数目：

银票四万九千八百五十两

银元银票四万九千二百二十两

银元票三十六万二千一百九十元

官帖五千七百二十万零三千七百四十五吊

银元官帖四千零一十八吊零八十文

一、现货项下：

现银一百二十九万零九百三十九两五钱二分二厘

现银元一百零一万零一百一十元零五角七分四厘

铜元一百四十七万三千一百五十六枚

现钱一万一千五百六十吊

羌帖一十三万七千一百九十九元七角三分七厘

一、盈余项下（此项盈余系自本年正月起截至六月底止）：

积本钱二十四万六千零四十九吊六百八十一文

公积钱六万一千五百一十二吊四百二十一文

报效归公钱九万二千二百六十八吊六百三十文

一、存款项下：

银二十一万四千八百三十九两八钱二分二厘

钱三十九万吊

一、垫款项下：

市银三十四万八千四百六十两零五钱九分

银元十八万元

帖钱一千一百四十六万八千零八十七吊百二十五文

一、贷款项下：

有押贷出各款：

市银二千五百两

银元银二十八万四千五百三十九两八钱七分六厘

银元十一万二千五百元

帖钱六百十七万九千二百九十二吊五百二十六文

无押贷出各款：

市银四十三万二千零九十五两

银元银十四万五千七百零六两九钱

银元四十一万九千零六十四元三角二分

帖钱二千二百三十三万三千三百九十九吊八百九十三文

一、资本项下：

总号资本：

历年余利积本，帖钱三百三十万零四千零五十六吊二百七十三文

由度支司库息借官本，帖钱一百五十万吊

分号资本：

帖钱二百九十万吊

银二十九万两

银元银十六万两

吉林永衡官银钱号

（2）吉林巡抚为发行临时官帖晓谕通行

为发行临时官帖，晓谕通行事。照得此次火灾，延烧几及一日一

夜，尔居民身家财产，悉数荡尽。总由本抚院德薄能鲜，上干天和，实深内疚。尔居民自被灾以后，所受困苦，本抚院深知之，除业将此次灾情，电奏请旨发币赈济，并先饬由民政司赶办粥厂。临时施济，又指定城外各客商，收养流民，妥为办理外。本抚院复念尔居民财用维艰，而度支司及官银钱号两处所存官帖，适又同时被毁，市面存帖无多，难资周转。兹特发行临时官帖，分十吊、五吊、二吊、一吊四种。

此次所发官帖，与旧有官帖一律通行。俟新官帖发行之时，再行收回，照数另换新帖不折不扣。另旧有官帖仍照常流用，由度支司力任担保，决无变更。为此，示谕商民人等知悉。须知临时官帖系为暂时备急之用，与新旧通行官帖无异，遵行毋违。切切。特谕。

宣统三年（1911）四月十一日

（3）吉林永衡官银钱号开发新帖简章

第一条　官银钱号开发新帖，概按照本章程办理。

第二条　此次开发新帖，照宣统三年（1911）八、九两月度支部铣、敬两电，以五百万吊抵换破帖，以二百万吊专备赈款，概不拨作他用。

第三条　凡收回破帖，由监理官协同勾销，俟勾销积有成数，即由监理官点验焚毁。

第四条　凡新帖编号后，一律由度支司盖监理官章，以杜伪造之弊。

第五条　凡开发新帖之数与销毁破帖之数，由监理官册报度支司备案。

第六条　凡新帖自宣统三年（1911）九月十五日起非经度支司盖印、监理官盖章，不得发行。

第七条　凡新帖编号簿，另缮二份，一份存度支司清理财政局备查。

第八条　凡专备赈款之二百万吊，发行时由官银钱号、建业公司，按月每户名及其案由，册报清理财政局备查。

宣统三年（1911）九月一日

（4）吉林省度支司札府厅州县为官银钱号准部电发行新帖兑换破帖

兹查，市面破帖仍复不少，字迹既属模糊，奸徒遂易假冒。本司诚恐我商民或为所误，致亏血本。现复禀陈抚院电经部准，再开新帖五百万吊，专备换破帖之需，并于帖背加盖司印，庶奸徒无能伪造。此项新帖准于本年九月起编行，从前所发官帖但未十分破损，字迹尚能认清者，应仍照常通用，与新帖无殊。倘系破烂不堪，真假莫辨，准其来号兑换新帖，已饬柜伙人等，不许留难。自本年九月起，所发新帖如无司印者系伪币，切勿大意收受。惟该商民亦须择其实在破烂者持赴兑换，不得故为挑剔，徒为无益之烦扰。要知本省官帖久昭信用，此次开换新帖，系为便利商民起见，充实资本不至有蹈空之病。今又多开新帖，在商民所存破帖，可以随时兑换，便利实多。除详明抚院，并移商务总会查照外，合行出示晓谕。为此示仰阖省商民人等一体知照，务当共保使用，慎勿妄生危疑，以维治安而便交易。本司有厚望，特示。

吉林省度支司

宣统三年（1911）九月二十日

（5）永衡官银钱号勾销废帖章程

一、由库内提出之旧帖，须经专人验明有无假帖，即由经手人分别盖用红色戳记，发交勾销处。

二、勾销处每人每日经手查点破帖若干，按吊数分配整齐，绳订成份，须于帖背上书明经手人姓名。

三、绳订成份后，再由专人逐张验视，有无假帖或变造等弊。惟此项看帖之人与出库时看帖之人，不准重复。

四、经第三条所载，看帖之人张逐查验后，另由专人盖印作废戳记。

五、经第三条所载，看帖之人查出假帖或变造之帖，如盖有红色戳记，查明系某人经手，即由某人担任赔偿。如无红色戳记。即由勾销处经手人担任赔偿并送法庭，科以相当之罪。

六、旧有之勾销戳记作废存库，另刊文曰："此帖作废"。（以上五条均见《吉林永衡官银钱号》）

度支部奏议复东督等奏吉林财政困难情形折（节录）

以臣部库储匮乏，各省财力艰难，前次请拨边防经费六十万两已属无可腾挪。此时筹及常年用款三百余万两，更从何处挹注？且查原奏所列岁出各项如巡警、理财、教育、司法、交涉、实业、军政、边务、旗务、蒙务、交通、禁烟、筹办咨议、自治等费以及开办建筑活支用项均未列细数，无凭确核。至留东陆军第一混成协原饷七十余万两既据原奏声明三省分筹，而又列入吉林一省支数之内，是所谓岁出不敷三百六七十万两者不过约举大数，并非实在预算。至原奏称补救钱法一节，查各省官银钱号滥发纸票经臣部前于妥议清理财政办法折内，业令各省将各银号限六个月详细列表送部稽考，并声明官银号发出纸票，各疆臣既浚此利源，自当担此责任等语。吉林设立官帖局，历年发出、缴回、销毁各细数及积存成本数目未经报部有案。兹据奏称此项官帖已发至四千万串以上，为数太巨，自不能不亟图收拾。应即遵照臣部前奏清理财政办法，一面将发行准备数目，经理、协理衔名报部稽考，一面责成该省清查成本，追缴商欠，将此项官帖设法收回。其换用之银票、银元票，尤当妥为筹备，勿得任意滥发，致滋流弊。（《吉林官报》1909 年 7 月 8 日）

限制发行票纸

部颁章程各省官银钱号发行票纸，须将准备数目报部，不得逾额增发。此外商设行号如发有票纸，亦须备资赴部注册。刻由抚宪札行度支司转饬所属，查明商设行号未经注册者，限六个月赶紧备资赴部呈验注册，并札饬商会、财政局一体查照、遵办云。（《吉林官报》1909 年 9 月 5 日）

整顿圜法

官银钱号详称吉省官帖发行已滥，而宁古塔、榆树等处屯帖犹尚盛行。近来广成、济榆等号出帖太多，大有恐慌之象。现在本号以收回官帖为宗旨，自应改发龙元银票以为改行银本位之先声。拟请通饬各属无论地丁钱粮、关税、厘捐，凡公家收发，商民交易一律照向用钱法折合银元票。所有官帖亦准兑换银元票，出入之价相同，以期官帖逐渐收回。请札饬造币分厂多铸单角小银元及当二、当五铜元，俾小民日用，便于取给，则中钱之弊可以尽除等情。业奉抚宪法批准，通饬各属暨造

币分厂遵照办理矣。(《吉林官报》1909年11月3日)

（十四）福建官钱局

福建官钱局发行、流通纸币情况两则

（1）各省财政汇志：福建

闽省向无中国钞票，连方伯①以库款空虚，特与司道会议仿照湖北、江西官钱局章程，颁发钞票，自一元起至五元止，由财政局颁发各属行使，并谕厦厅转饬各商一体通行。凡纳税厘及地丁、公款，均各收用，不得阻挠。(《东方杂志》1907年第四卷第三期)

（2）各省财政汇志：福建

福建官钱局原设钞票通行已久，近议扩充办法。改良钞票以一元至百元为止，每元合台新议番银七钱，盖用藩司印信并加盖官钱局骑缝图章，以杜伪造。此项钞票无论完纳地厂钱粮盐课均准抵作现银。各属地方印委应照市价折收，不得苟难抑勒，以期畅行，至商民有提钞票向官钱局总号兑换洋银铜元，均照市价立时付给，毫无折扣阻滞，以昭大信。(《东方杂志》1907年第四卷第九期)

（十五）甘肃官银钱局

甘肃官银钱局暂行银钱各票章程十三条

一、开办官银钱局系为疏通市面，业经在上海石印银票、钱票，一俟运动，即行颁发，通省行用。

二、现在银价日落，商民俱困，本局筹备现钱，并先印造暂行钱票，公私行用，无论官商、军民，不准留难、阻滞。

三、现在暂行钱票一俟石印钱票造到，即行定期晓示，俾各来局照换。

四、行用钱票，钱数愈少愈灵。本局现造一千文、五百文两种，以便使用。

---

① 指福建布政使连甲。

五、现行钱票与现钱一律价值。

六、每日银价长落，由局照十成足银，定价牌示，一律遵照。

七、现行钱票并将来石印银票、钱票俱准官民通用。无论完纳钱粮厘税，一律照收，绝不勒扣。惟银用兰平，钱用九二，系照省城市面通行。如行使外府厅州县地方，应照各该处素行银色、钱色及平码大小核算照补。

八、现行钱票实为钱荒起见，不准军民人等囤积现钱，致碍流通，违者查出重办。

九、钱票、现钱匀搭使用，无论官商，来局兑换零银，或票或钱，各随其便。惟换银至十两以上，彼此商量票钱两搭。本局原取便民〔之意〕，并无成见，各兑户亦须共体此旨。

十、前经皋兰县传谕，各钱行每行准造成钱票三百千。现由本局照数发给，俾各该行换回自造之票，送局销毁。无论官商，由各钱行兑换银钱，俱应照本局办法，钱票、现钱一律行使；官商持票取钱，亦照本局办法。

十一、官商持票取钱，无论何项铺户，俱准照本局章程一律办法。

十二、本局出进俱用十成足银，所有平色即由公估局估定，以杜争执，进出一律，并无参差，以昭公平。

十三、公估局为商民审看银色及倾化宝锭，应偿工价，酌定开示局门，无论官商俱准照办。凡经公估局审定、化验银两，俱由公估局戳记，即可通省上下行使。（《开办官银钱局》，《陇右纪实录》）

（十六）广东官银钱局

请兴钱票

广州访事人云：近年粤东招练新军，摊偿赔款，协解饷需及举行一切新政，合计各项出款较之光绪初年，骤增数百万，罗雀掘鼠，筹措维艰。善后局坐办委员冯直刺嘉锡有见于此，拟请开官银钱局，仿行各省钱票，以资周转。开列章程，具禀大宪。大宪饬会议有无流弊，以定从违。（《申报》1903年12月16日）

粤行纸币

广州访事人云：粤东官银钱局现经大宪出示晓谕，大略谓完纳地丁钱粮、盐课厘税均准搭缴银票三成，其铜元由商民赴局换领，每包二千枚，不得零买。银票则官民通用，每元俱作七钱二分，两不相亏。如有私铸、私制者，均严行治罪。银票款式略仿外洋银币，上面刊印花纹，均极精致。惟币质厚而脆，不及外洋银纸之柔韧，刻已经善后局发交官银钱局行用矣。（《申报》1905年1月17日）

广东官银钱局发钞之始末

广东官银钱局开设于前清光绪三十年（1904）十一月，其时省城地面银根吃紧，银价低落。香港银纸流入日多，市廛既隐受其患，公家亦周转不灵，于是仿照湖北省办法发行官银元票，藉资周转流通。开办之始，在天津印造钞券三十万元。旋因印刷不精，未尽发行。嗣又由日本印造一元、五元、十元三种毫子纸币[①]一千万元，发行以来，颇博商场界一般之欢迎。每百元需加水二三元不等。至光绪三十四年（1908），续印钞券五百万元行用，旋经续行收回四百三十八万元，缴回藩司。至宣统三年（1911）三月二十九日广州之役，督署被焚，市面震惊，持票换银者纷至，计至九月反正时，收回银毫钞票八百余万元，流通市面仅百余万元。是为广东官银钱号改革前发行钞券之大略也。（《中华币制史》）

广东官银钱局发行纸币之效果

按：该局虽属营业，实握全省金融界消息之机关，当该局未开办之前，省城地面制钱日少，银价日低，而银根复枯竭异常。因之香港银钱流入日多，民间颇资信用，而权利从滋外溢，自该局开办，发行钞票日多，香港银钱流入遂少，是不特市面藉以周转流通，所以挽回利权实非浅鲜！（《广东财政说明书》卷七）

各省财政汇志：广东

粤省自开设官钱局后，纸币渐见畅销。初在北洋定制三十万元，日

[①] 毫子亦称"毫洋""角子""小洋"，是广东等地区对一角、贰角、五角等面值的小银元俗称。起初银元一元兑换毫子十角，后毫子贬值。

本定制三百万元。因北洋所制纸质太松，不能耐久，只出二十四万元，将剩余六万元注销作废。共出纸币三百余万元，本金二百余万元，多存放各票号生息。迩来信用日增，省外以梧州一埠为尤畅销，港澳两埠亦通行无碍。闻自丁未正月起，至八月止，已有溢利十万余金云。(《东方杂志》1908年第五卷第三期)

官银票护解回粤（广东）

粤省官银钱局票日来颇见畅销，大宪复向北洋定制十元、五元、一元各票共二十万元，现已派委盐大使张祖贤护解回粤矣。(《申报》1905年5月9日)

粤省银元票来沪行销

粤省官银钱局营销银元票币日益畅旺，兹又添销大银元票，由粤督派委知府史继泽来沪设局营销，并委知县丁有序稽核票务。现已咨由江督札行沪道，示谕各商一体行用。(《申报》1908年10月29日)

广东新银票运到（广东）

日前官银钱局以广东官银纸市面畅销，曾再赴日本定制此项银票二、三百万张，回粤行使。现三井洋行已将此项纸币运到，以五元、拾元之票为多，约下月即可发换商场，市面又多数百万周转矣。(《申报》1908年10月30日)

粤省市面之牵动（广东）

粤省官银钱局所出银纸，信用素著。自宫廷遭变后①，各洋行忽生一种异说，谓此项银纸将见滞销。故该局由上月二十五日起，竟每日收回银纸四、五万元，有入无出，与平日畅销情形截然迥异云。(《申报》1908年11月29日)

官银钱局收回银票之为难（广东）

粤督准度支部咨开：查银行通行则例第一条第二项，纸币法律未颁布以前，官设、商立各行号均得暂时发行通行银钱票等语，此系一时权

---

① 指光绪帝与西太后先后驾崩。

宜之计。现在本部筹办划一银币，此项银钱票颁发过多，恐于划一银币不无妨碍，亟应限期停发，以接到部咨之日起算，半月为限。凡各省官商行号未发者，不得再行增发；已发者，尤应逐渐收回，以示限制而归统一。相应飞咨贵督转饬该省官银号一体办理。等因。当以粤省开办官银钱票纸约七百余万元，所得票价除酌留应付票银外，余均发商生息，将息奏拨新军饷需。若将未发行之银元票不再增发，已发行之银元票逐渐收回，非惟顿窒利源，抑亦有失信用，民间一闻此信，难免不纷纷持票兑取现银。则存款势必全销，新军饷需亦将无着，恐于粤省大局不无窒碍。惟事关通行部章，究应如何办理，昨特札行善后局督同官银钱局委员悉心妥议，详覆察奏。（《申报》1909年8月15日）

请免官银钱局收回纸币（广东）

日前袁督①电咨度支部报告粤省官钱局所发纸币已达七百余万元，惟新军饷需向恃此款息项拨充，倘遽收回，所有亏欠饷需即至无着。若延不停发，则又违背部章。相应商请大部核示办法，庶几整顿币制，筹拨饷需，两有裨益。（《申报》1910年2月22日）

京师近事（节录）

度支部近电粤督略云：贵省拟将大元银票加盖戳记，改作毫票等因，本部现正厘定币制，此项票纸照章不得再行增发，希饬该局毋庸加戳改造。又上年本部颁发对照及发行钞票等项表式，令官银号填报在案，并希转饬，毋再宕延为要。（《申报》1910年4月15日）

粤督续奏路事紧迫情状（节录）

粤人因铁路国有一事，私行集议，谓政府已许商办，今又收为国有，显示失信于民，照此类推，则国家所发之钞票亦恐失信，故纷纷持票到官钱局及大清、交通两行索取现银。然就广东官钱局一家所发钞票计之，已达二千万左右，设持票者齐来索取，其势必将不支。十七日粤督第一电即系为此，谓此日内设无巨款接济，市面必致摇动，请饬度支、邮传两部设法接济，即日电汇银三百万来粤，以资维持。当日即有

---

① 指两广总督袁树勋。

廷寄饬该督妥为办理，并着速开阁议筹商办法。端午桥①侍郎本定十九日出京，因此尚须参与阁议，暂缓起行。(《申报》1911年6月20日)

度支部不忘收回纸币之定章（广东）

度支部咨行粤督云：通阜司案呈准两广总督，咨据广东官银钱局详送，自开办起至光绪三十四年（1908）底止历年钞票表，并自宣统元年（1909）正月起，至十二月止每月发行钞票准备数目表，以及出入对照、财产目录各表，详请察核等情，咨送前来。查该官银钱局造送各表，细核散总数目，彼此已均相符。惟历年盈利，原表仅列提存、公积数目，余利归何，动拨均未详细声叙。应令下届随表附送逐年余利动拨、辛红开支清册，以备稽核。再表列钞票至宣统元年（1909）年底止，实在流通毫子、大元各票共计合银七百四十七万七千九百十五两有奇，应令按照此数，遵照上年九月间部颁通用银钱票暂行章程，每年收回二成，五年全数收清，以符定章而维币制。再发行钞票表备考内，声明拨交驻沪广东官银号发行钞票，计大元三十二万元，应由沪号自行填报等语，亦应饬该局转催该沪号迅即遵照各种表式填齐，报部查核，以清款目。(《申报》1910年9月20日)

粤省官商维持市面现状（广东）（节录）

昨陈方伯出示略云：本省官银钱局行使官银元票，原为辅助现银起见。银元票内载明，此票准完纳钱粮、关税、盐课、厘金一切官项。现在市面银根甚紧，所有交纳官项自应照章搭用官银元票，以便流通而免窒滞。本省粤关税饷向收纹银，现拟改用官银元票，按照官银钱局定价核收，每纹银一百两加收纹水成元银一十二两，共成元银一百一十二两。如用官银元、毫子票，应照市价贴补元水，即与缴纳纹银无异。又示云：官银钱局所发十元、五元、一元、三元等票每元计重七钱二分，毫洋出入两不贴水，久为商民信用。乃闻近有不法之徒因源丰润停止收解，妄谓官局受其影响，鼓惑愚民将官局所发银元票以八九折价银揽收，因以牟利，且有故意推诿不收情事。不知官银钱局系公家设立，与

---

① 即端方，时以邮传部侍郎衔督修川汉、粤汉铁路。

源丰润商号判然两途，岂容市侩奸商罔利坏公。合行出示晓谕，如有持票向各处交易，敢有扣折及不收情事，准即指名禀究。（《申报》1910年10月23日）

粤省银市大恐慌始末纪

粤省此次银市恐慌，为数十年所未有，幸官商极力维持，风潮日渐靖息，一切情形迭详本报。兹特调查此事始末情形，汇而录之，以存真相。

（一）银市风潮颠末

省城此次官银钱局、大清、交通两银行忽起风潮，其发生原因众论不一。十二日香港已有此种消息，十四日有人遍收此种银票，历两日许，约得数十万携带来省，纷纷持往各行兑换，一时互相附和，遂成绝大风潮。十六日早八点钟前每员只低水三仙，午刻低水五仙，下午低水一毫，至十七日略为镇静。惟纷纷向官银钱局找换，该局以人数过多，请官派警兵、防勇到场弹压。复发出规则，取银者挨次放进，由局门入，由旁门出。各人争先恐后，至有骑膊马沿门拢以进者，后来者徘徊门外，不能拥进。惟见人人皆换到现银，亦或携回纸币以去。查大清银行纸币发行尚少，连日换者几尽，间有存者。访闻各店亦如常行使，昨日已无人往换矣。交通银行至十七日午后已无人往换，且后换者交给倍快，随到随交。独官银钱局出票最多，十七（日）持票往换者挤拥如故。总计三日内兑换之数，十六（日）兑银十九万余，十七（日）兑银十八万余，另由启昌银号代兑八万余，十八（日）兑银十六万余。以故官商对于此次风潮，尤为注重该局云。

（二）官商维持态度

此事于十四日在港发露时，省中官场已接探报，即集官商会议预备对付。统计三处所存现银及存付之银号尽可支持，张督①即晚电商度部，截留洋债数十万拨助，十五晚复电照准，又由大清、交通分电各分行预备接济。至官银钱局，此次大吏迭由藩库筹银十万两，运库筹银十三万两，财政公所筹银二十五万两解赴该局。仍一面酌拨纹银赴造币厂

---

① 即两广总督张鸣岐。

赶铸接济，以维市面而安人心。所有官商连日维持情形，节录如左。

督院 粤垣此次银市恐慌，十七日官银钱局兑换风潮尚依然如故。粤督又复出示晓谕，文云：照得本省官银钱局所发各种钞票，向准完纳各项公款，兹特重申示谕，所有本省关税、厘金、钱粮以及一切杂征饷项均先尽用此项钞票，作足九九七平上兑，不准丝毫折扣。倘有不肖丁役敢于揩勒，一经商民指控，立予尽法，严惩不贷。十八日张督因查城厢各处找换银钱等铺乘机折价贱收银纸，故意留难，不肯通用，其奸狡伎俩殊属可恶。特饬南、番两首县密派委员，遍到各钱铺明查暗访，遇有奸商折价收票，及留难通行等弊，着即严行拘办一、二，以挽刁风。并即日电商邮传部、度支部云，以铁路风潮牵动官银钱局，纷纷兑现，影响甚大，市面银根紧绌，务请设法维持，以防变生不测。

藩司 藩司因官银钱局风潮，通电各府厅州县文，云省城官银钱局现因铁路风潮，纷纷兑现，市面银根甚紧，务即迅饬各处传谕绅商，竭力设法维持。所有官银元票市面照常流通，勿令稍有疑虑，仍将遵办情形随时电禀。藩洽印。又有电通饬各厘厂一律收纳银票，不准稍抑时价，以资维持。

警道 巡警道示云：官银钱局发行纸币，准备额金缓急有济，持票换银，向无停滞。近闻奸商藉端牟利，贬价低收，显违定例，亟应查拿，以示风厉。谕尔人民勿堕奸计，款系决无亏累，共保商场，互相维系。倘敢故违，定行惩治。

劝业道 劝业道出示晓谕文云：照得货币之用，首贵流通。其中消长盈虚，实与商业市场有密切之关系。本省官银钱局与大清、交通两银行发行钞票均由国库担任，备足基本额金，随时应付，久已信用昭著，万无停滞恐慌之理。乃查近日谣言传播，商民纷纷持票赴各该行换领现银，尤以官银钱局最为拥挤。先经督宪出示晓谕，凡持票往领者须静候，挨次发给，并严禁匪徒煽惑滋闹。兹又重申示谕，所有完纳关税、厘金、钱粮以及一切杂征饷项均先尽用此项钞票，作足九九七平上兑，不准丝毫折扣。昨日七十二行、九善堂、自治研究社、自治各绅商团体大集于总商会公同议决，省城七十二行大小商店一律照常存储、行用官银钱局纸币，足九九七平，业已刊派传单通电港澳各埠。似此信用完足，官商合力维持，更复何庸疑虑。惟访闻此次谣言初起，即有藉端牟利者贬价低收，又转赴各行局兑现。无知愚民纷纷附和，而省城一种找换银钱店铺亦多减折收入，转兑现银，遂使市面交易周转不灵，凡百生理均受亏损。匪特有违定制，实足扰乱金融机关。现在已奉督宪饬行巡警道暨府县分别查禁究惩。本道为维持银业、商务起见，合行出示晓谕，仰商民人等一体知悉。尔等须知本省官钱局为国家营业，资本充足，原有大宗现款存储，源源接济，本不虑无以应付。即以行使而论，完纳公款既准尽先上兑，七十二行大小商店亦均一律通行，无论如何不虞无着。凡有此项纸币，务各照常存用，以利转输，万勿轻信谣传，争相换取，徒令自受亏损，影响及于商场。其各找换银钱等店，同为业中人，亦须照常兑换，共任维持，不得再行减折渔利，致干查究。其各凛遵毋违。

造币厂 造币厂锡总办昨以官银钱局银票商民纷纷携票到换，恐不接济，有碍局面，请以日工先开早半点钟，收工则迟半点钟，并开夜工，多铸龙毫以便接济市面等情电部，闻度支部已准如所请矣。

绅商各团体 当十七日风潮剧烈时，总商会七十二行九善堂、自治研究社、自治会各团体以乱后路事谣言纷起，连日向官银钱局提取现银，愈聚愈多。虽有现款预备兑换，但人多拥挤，应付不及。粤省人心浮动，虑生他变。由七十行会同各团体在总商会集议维持办法如下：（一）省城七十二行大小商店一律照常存储、行用官银钱局纸币，足九九七平兑足，分毫不得折扣，众赞成。（一）印传单二十万张分派本城商店及分寄四乡，众赞成。（一）通电港澳及各埠分会、分所，协力维持，众赞成。（《申报》1911年6月20日）

维持纸币文电录要[①]

一、督院张第一次示谕文

……[②]为出示晓谕事：

照得粤省自乱党滋事以后人心异常浮动，匪徒动辄藉端聚众肆行滋

---

① 参考《粤省官商维持银市之大恐慌》，《申报》1911年6月18日；《粤省银市大恐慌始末记》，《申报》6月20日。

② 《申报》1911年6月18日在此前有文称："粤路风潮发现后，已经张（即两广总督张人骏）督严厉取缔，靖息风潮。日来大清、交通银行暨广东官银钱号等处不知因何事故持票兑银者络绎不绝。兹接粤友函示近日官商维持情状，函录于左，以见原因之复杂云"。

闹。西关、长堤等处迭酿事端。日前佛山地方复有借口抵抗酒捐，毁拆民居情事，风气嚣凌，实堪痛恨！顷局大清、交通等银行暨广东官银号面称，日来商民持票换银者络绎不绝，应付稍迟，辄即喧闹，难保其中无匪徒混杂，希图藉端生事等情。查大清、交通两银行及广东官银号资本均甚充足，本督院复筹有大宗现款预备，随时接济各该行号所发纸币，不虑无着。第领取人数既多，兑付需时自须静候，挨次发给。凡属安分商民，岂肯有意生事。倘有不法匪徒从中混杂，希图藉端煽惑，无理滋闹，应即随时查拿究办。如敢倚恃人众暴动拒捕，并准格杀勿论，以遏乱萌。各该行号遇有持票领银者，亦应随时随付，不得稍有迟延，至滋借口。为此示谕商民人等一体凛遵，切切，特示。五月十六日发。

一、督院第二次示谕文

照得本省官银钱局所发各种钞票向准完纳各项公款，兹特重申示谕，所有本省关税、厘金、钱粮以及一切杂征饷项均先尽用此项钞票，作足九九七平上兑，不准丝毫折扣。倘有不肖丁役敢于指勒，一经商民指控立予尽法严惩不贷。除通饬各州县关卡一体凛遵外，合行出示晓谕。为此示谕官绅商民人等一体遵照毋违。特示。五月十七日发。

一、督院张通饬各府厅州县关卡厘局电

本省官银钱局所发各种钞票向准完纳各项公款，兹特重申示谕，所有本省关税、厘金、钱粮以及一切杂征饷项均先尽用此项钞票，作足九九七平兑，不准丝毫折扣。倘有不肖丁役敢于指勒，定予尽法严惩不贷，并将失察之员一并参处不贷。各宜凛遵。督。筱。五月十七日发。

一、广东藩司陈通饬各地方官电

省城官银钱局现因铁路风潮，纷纷兑现，市面银根甚紧，务即迅饬各处传谕绅商竭力设法维持。所有官银元票市面照常流通，勿令稍有疑虑。仍将遵办情形随时电禀。藩恰印。五月十七日发。

一、广东巡警道王示谕文

官银钱局发行纸币准备额金缓急有济，持票换取向无停滞。近闻奸商藉端牟利，贬价低收，显违定例，亟应查拿，以示风厉。谕尔人民勿堕奸计，款系有着，决无亏累，共保商场，互相维系。倘有故违，定行惩治。五月十七日发。

……

总商会传单①

即日官钱局突有多人持票换银，极行拥挤。查官银钱局历行银币，向为各界所信用，其预备基本各金及存放各银号为数甚巨，凡百生意均赖转轮，胡起猜疑，一旦致起争收，未免应接不暇，即商场亦大受影响。用特通行布告，如各行商存有纸币，尽可照常通用，随时找换，不必急于一时。幸勿误听谣言，致碍大局，幸矣。（《两广官报》1911年6月18日第二期）

广东：粤垣官钱局之内容

粤人前日忽起谣言，不用官发纸币，纷纷持票向官银钱局提取现款，一唱百和，致当时纸币兑换扣折低水，有一元折至八毫者。而桀黠射利之徒从中收买渔利，卒之无事自扰，市面因之愈坏。而私家因之亦受亏。粤人喜事盲从，此亦其一端也。兹据粤报有查，得官银钱局之内容者，阅之可以见风潮之无足虑矣。故亟录如下：

粤省向日流通香港银纸，利权外溢，自光绪三十年（1904）奏准开办官银钱局，仿照湖北、江西等省发行官银元，港纸流入遂少，不特足以补助银根，并足以挽回漏卮。自开办至今年有盈余。宣统元年（1909）结册获利多至三十九万六千一百余两，外间不察，以为该局资本仅得一百万元，亦未有的确准备金，发行钞票过多，难免危险。不知该局组织实与市面银铺性质相近，并非采用银行制度。定章请领票银，须银到交票，不得预借。售人票价，多半存付各银号生息。即以所得息项，先提二成护本。照去年清理财政局布告，官银钱局发行毫子钞票一元、五元、十元三种共二百一十八万一千零一十六张，计银一千零零七万四千五百二十九元。大元三种共四万零四百一十四张，计银三十一万一千四百六十六元，二共折合银七百四十七万七千九百一十六两四钱。收存生息票债银七百四十七万七千九百一十六两四钱，尚有寄存各行户银三十五万七千九百两零二钱五分五厘，足以相抵有余。况该司名虽冠以广东，实则列入国家官业，隶属于度支部。

奏案奏准商民完纳地丁钱粮、盐课、关税、厘金等项。现张督（即

---

① 《粤省官商维持银市之大恐慌》，《申报》1911年6月18日。

两广总督张人骏）复申明定章，是则国家一日未破产，该局银票一日可以行用，较之存储商行银票，尚为稳靠。彼轻信谣言，至酿成金融恐慌，暗受折亏，实公私两害之道耳。（《大公报（天津）》1911年7月8日）

粤省又添铸百万银毫（广东）

粤省官银钱局总会办司道昨日复禀张督[①]，再请拨款一百万购买生银，交造币厂鼓铸龙毫。顷已奉批，准再拨港纸一百万元，以资购银添铸龙毫，流通市面。（《申报》1911年8月11日）

粤省划一币制（节录）

财政部长李为通告事：现奉都督谕开，所有粤省纸币兑换毫洋两不贴水。又市场交易均以毫洋计算，不得再用两数，如违，定即严拿究办。等因。奉此。

查粤省纸币兑换毫洋两不贴水，系向日定章，市面行用相安已久。惟有（各）等奸商希图渔利，短额折扣，欺弄愚民。此等藐法营私，深堪痛恨。又查市场交易多用两数计算，而平码参差，又无一律，较轻论重，争辩滋多，阻碍交通，莫此为甚。

现在民国告成，与民更始，凡百陋习立予痛除。合亟通告：嗣后纸币兑换毫洋两不贴水，市场交易均以毫元计算，不得再用两数，仍前陋习。至有碎银及重印破面大元，许向官银钱局按照重量平换，决不令商民受亏。经此次通告后尚敢故违，准即指名控究，从严惩办，以儆效尤。（《申报》1912年1月20日）

（十七）广西官银钱号

广西官银钱号发行纸币情况

广西官银钱号筹设期间，已向上海订印兑换券一批。广西破天荒第一遭发行的银行兑换券，是凸凹版五彩石印空白凭证，用日本官造纸印成，有正联和存根，类似今日使用的支票形式，每百万张印费为24000

[①] 即两广总督张鸣岐。

元。运回后由书记填写发行行名，票面金额和编列字号，加盖藩司印信，于光绪三十年（1904）投入流通。

……

广西专用的省平，即当时省会所在地的桂林平，或称公码平，库平每100两大省平2两2钱4分9厘；如以银元伸算，银元每元折合库平7钱2分，折合省平7钱3分5厘。南宁专用的为邕平即九九二平，库平每100两大邕平8厘，邕平每100两大省平1两4钱。梧州专用的为筏平即九九二四平，库平每100两大筏平7厘，筏平每100两大省平1两3钱。柳州专用的为柳平即九八六平，库平每100两大柳平1两3钱4分4厘。其他各州县分别归属于这四个经济区域，不同经济区域间的银两往来，都要折换计算。

广西官银钱号开业时，鉴于省内通用钡两的成色和市平的大小颇不一致，因而在章程中有关于平色的专门规定："一、广西向用花银，进出统以花银作准，如有需用纹银之处，照市价加秤银水；二、粮饷、公费等项均照省平花银发给，以昭一律；三、各处解交银款，均照该处通用市平核收；四、各处市平大小不同，现已查考明确，另立平色表（内容如前）；五、商民兑用银两，出入各照该处平色。"

按照章程的这一规定，广西官银钱号发行的兑换券，面额以银两为单位，均以花银为标准成色，平色则照各该处市平核计。所有银两兑换券均以"宝藏兴焉"四个字为代码，宝字代表面额十两券，藏字代表面额五两券，兴字代表面额二两券，焉字代表面额七钱券。广西官银钱总号编就待发的兑换券有：宝字号十两券6000张，藏字号五两券6000张，兴字号一两券6000张，焉字号七钱券15000张。随后又加编纹银7钱3分5厘亦即相当银元一元的兑换券3000张，均以广西省平即公码平为准，共计花银108705两。

梧州分号以筏平为标准，编就宝字号十两券5000张，藏字号五两券5000张，兴字号一两券5000张，焉字号制钱一千文即一串券10000张，共计折合花银87200两。

南宁分号以邕平为标准，编就宝字号十两券3000张，藏字号五两券3000张，兴字号一两券10000张，焉字号券没有发行，共计折合花银55000两。总分各号发行的兑换券，票面金额名称虽一，由于各地平色不同，异地互相流通时，仍按各该地标准〈伸〉算。同时规定：桂林总号对本身发出和梧州、南宁分号发出的兑换券，一律随时如数凭票兑现，但梧州、南宁分号只对本身发出的兑换券，随时凭票兑现，异地发行的概不兑换。这一规定，直到广西官银钱号改组为广西银行，才予废止，改为总分支行均可通兑。

……

在政府严格规定下，广西官银钱号发行兑换券采取"不求生息，以利流通"的方针。并且始终坚持"凡商民来号购票，立兑现银，不准丝毫拖欠。至于司道衙门及各局处支放各款需用官票，非交现银即须有的款指拨，方能出票。总期存票少一两，必现银多一两，票与银数目相抵，庶免将来亏累"。这也就是说，发行的银行兑换券，要求有十足准备金作为保证。

实行稳妥发行的方针，提高了兑换券的信誉，受到商民的普遍欢迎。开业半年后的光绪三十年（1904）5月，发行额已达48000两。不料事有意外，由于各种面额的兑换券，都是出自同一印模，票面大小相同，花纹式样相似，只是书写的票面金额各有不同。所以，在发行过程中，发现有不肖之徒，将票面金额字迹擦洗干净，另行填写，以少改多，比如将原来的一两票改为五两票或十两票，蒙混使用，以假乱真，一时难以辨别。因而不得不在这一年5月暂停发行，进行清理。

清理期间，广西巡抚部院于光绪三十年（1904）7月向广西官银钱总号行文询问：究竟各埠分号应如何添设？钞票应如何推行？商情应如何联络？应迅速会同藩司拟议详细章程上报候核。

同年8月5日广西官银钱总号上报《奉饬拟就扩充官银钱号章程缮折呈请核示由》文："伏查钱之衰旺，视纸票之行否，商人以票为本，票出银入，源源输转，运动不穷。官号与商号同一办法，故此次扩充，以推行钞票为第一义。况省号自开办以来，本有一两、五两、十两、二元等票，流行市面，商人称便。今仍其旧而推广，当无窒碍难行之处。至于联络商情，乃本号应尽之义务，添设分号，亦拟次第举行。"

随文上报的《扩充广西官银钱号章程》计分：推行钞票、添设分号、联络商情等3章共18条，其中关于推行钞票的部分条款原文是：

式样：查从前开设省号，本有编就一两、五两、十两及七钱、一元洋元，并空白未经填写等票，其编就者共计票本公码平花银一十万两零八千七百零五两，现除零星未收回外，余均寄存司库。梧号编就票计筏平银八万七千二百两，邕号编就票计邕平银五万五千两，均经呈报在案。今奉发仿照湖北新色票样二种，描摹甚精，自应遵照刊行。惟前印存各票未填写者计有七大箱，现拟暂仍旧贯〈惯〉，各按市上行情，不拘元、两，取其便民利商者，斟酌试用，俟办有成效，再行更换新式。

行使：查本号原订章程第一条内载：广西水陆道途类皆险阻，运解银钱殊为不易，现于省城设立总号，并于梧州、浔州、柳州、南宁等处设立分号，刊刷印制银钱票，均盖用藩司印信，无论省城、外府、州县一律通行，各处分号票，亦随时照兑，完纳钱粮、厘税及一切官款，均照数核收，不准稍有抑勒等语。现在梧、邕两府已设分号，凡属该两府及两府附近地方，所有买卖及完纳钱粮，厘税并一切官款，自应出示晓谕，照章行使。其柳、浔两府，俟添设分号，即行照办。并准有分号各地，不拘省号、外号票，均能兑取现银，惟各府、厅、州、县应解库款，仍照章购买银票，每届堂期，由号备现银汇缴司库，以省周折。其余各局，处所应缴之款，均准以票抵银，一律行用。

防伪：查本总号现存票纸，系上海石印，刊刷尚精，外间不易摹仿。惟近有不肖之徒，往往在原数上洗去字迹，以少改多，偶一不慎，被其愚蒙。现在既用旧票，其用过者于原写银数外，另在纸票上、下、前、后加盖数目戳记，另加骑缝号数、银数戳，用油红或油墨印成。新编之票，照样办理，则字迹不能洗刷，改写之弊可祛。至省号、外号彼此遥隔，既经交易，流弊须防，现拟将原有票根为本号存查，复照票根上号数、银数，另置大部加盖骑缝号数，银数戳记，票与根部各存其半，挨号编列，作为外号报部。现在旧票背面盖用印信，无从补盖，拟仿照商号票式，在正面左、右两边，补添骑缝，即将票根发各分号收存，以备遇有可疑，取为核对之用。外号与省号同一办法，庶彼此均有可稽，而作弊者无所用其伎俩。

平色：查广西向用花银，进出统以花银为准，故不拘官票、商票均载明花银字样，其实以银毫作抵，此指省城言也。若梧州市面三成花银、七成毫，向系搭用，如用全毫须补银水，他府间有参差者。总之市面情形各有不同，现有流通票纸，自应于彼此互兑时，各按该地市面通用银毫，或伸或折，兑付现银。至各府、州市平大小不一，省城用公码，梧平较公码每百两大一两三钱，邕平较公码每百两大一两四钱余，均有轩轾。若持梧、邕票而付以公码平，谁肯受此亏折，自宜各照该处市平伸算，外号于〈与〉省号票亦照此办理，庶两得其宜，无偏枯之弊。

流通：查广西市面狭仄，省城为甚，欲使纸票流通，非搭放公款，恐销售无几。现拟于派办处照月支放各营饷银项下，先就省、梧、邕三处有号者每一次搭放几成，定为限制，并由派办处先期将现银拨兑来号，一面照数交票。梧、邕两号就近由该处转运局照办，如此周而复转，明知公款无甚生色，然就票论票，亦一条出路也。且与原订章程第一条内载，"不以生息为能，专以流通为主"二语宗旨相符。

筹本：查省、梧、邕三号开办以来，除由统税、统捐及两广合办土膏局拨来存款外，并无实在成本。而各局所存之款，遇有正用，即须动拨。此次扩充票纸，不得不预为周全地步。查商号发行票纸以票作本，票出银入，留为回收兑票之用。原不必另筹票本，但商号票纸有限，不过行于一隅，现在官票务期流通省、梧、邕三号随处可用，商人以银票到地取银，较带现银称便，将来愈推愈广，此项交易必致拥挤。现在通盘筹划，三号存款原可敷衍，但目前既经推广，必先预求专款，庶免尾大不掉。兹拟于派办处公款项下酌拨若干万两，分拨三号作为成本专款，俟办有成效，再行斟酌损益，庶根本固而枝叶茂耳。

限制：行票之法，大旨以表里兼顾为是。兹既力求进步，凡商民来号购票，立兑现银，不准丝毫拖欠。至于司道衙门及各局处支放各款需用官票，非交现银即须有的款指拨，方能出票。总期存票少一两，现银多一两，票与银数目相抵，庶免收来亏累。今拟省、梧、邕三号各以十万两票试办，原有之票足十万两者，姑仍其旧，不足者，陆续增补，俟办有成效，再行详请推广。

……

继续发行的兑换券，仍然使用原有票证，只是在每张兑换券正面和反面的上方和下方，都加盖红油墨数目戳记，务使字迹不能洗刷涂改，杜绝流弊。过去发出的兑换券，一律收旧换新。光绪三十年（1904）底发行总额增为65464两，比同年5月底增加17464两，计36.38%。

光绪三十一年（1905）2月，广西官银钱号又向上海加印五彩银元券一批，计面额十元券5000张，金额50000元，面额五元券10000张，金额50000元，面额一元券100000张，金额100000元，总金额200000元。接受上次教训，这一次的票面金额同时印刷，每张工价银洋8厘，印刷115000张，共计付费920元。并且定铸印盖钞票专用的铜质关防章和号码活字三付，代替过去书写号码的做法，防止涂改伪造。只是三种不同票面额的兑换券，式样太小，仍然相同，虽然还有缺陷，总算进了一步。这一年根据扩充章程，原有在柳州、百色、玉林三地增设分号，扩大兑换券发行的拟议，但没有真正付诸实行。当年年底，发行累计银两券93842两；银元券2940元折银2160两9钱，合计花银96002两9钱，比上年增加30538两9钱，计46.64%。

光绪三十二年（1906）5月27日广西官银钱总号上报《详本号现将各项银票移送藩司饬库点收存储以昭妥慎列折呈请察核由》文，报告桂林市面疲败，即使流通，亦无从生出丝毫利益，暂将银票、洋票只收不用，并将十两银票5700张，五两银票5900张，一两银票5700张，一元洋票2300张，连同七钱银票14995张，开列票数、银数、号数清单，移送藩司衙门点收存储。这一年年底发行累计银两券微增为100730两，银元券同上年一样仍为2940元，折银2160两9钱，共计花银102890两9钱，比上年增加6888两，计7.17%。

光绪三十三年（1907）内，由于南宁分号大量发行面额一两的银两票，货币流通量增加。这一年年底，全省发行累计银两券196722两，银元券760元折银558两6钱，共计花银197280两6钱，比上年增加94389两7钱，计91.73%。

光绪三十四年（1908）户部改称度支部，颁发《银行则例》，明文规定：官设商立各行号，均得发行市面通用银钱票。因而这一年2月，广西官银钱号曾远涉重洋，向日本订印兑换券一批，计面额十两券100000张，金额1000000两，一两券400000张，金额400000两，总金额1490000两。这一批兑换券与以前不同之点是：不仅票面金额同时印就，不必另加书写，而且面额十两券大于面额一两券，不再同一尺寸。7月27日运回桂林，仍由书记编写字号。十两券采用《千字文》的篇首50字和篇末50字共计100字，每字编列1,1000号，一两券采用诗韵平韵 30 字和仄韵 10 字共 40 字，每字编列 10，000 号。另行加盖藩司印信，陆续发行。为求发行工作的顺利开展，广西官银钱总号特地上报《详订印一两十两钞票两种现已编号行用请通饬出示一律遵用文》，并且抽出票样各 127 张，分发各府、厅、州、县及各统税局、卡和转运局、所，以期取得各级政府和有关部门的支持。

为了推动兑换券的发行工作，广西官银钱号还呈请广西巡抚部院于光绪三十四年（1908）6 月 1 日发出通告："省城创设官银钱号并制官银钱票以资周转，商民购买物件及完纳钱粮、厘税，均准照现银钱一律行用，不得稍有折扣。如持票到号兑取银钱，立即照付，毫无留难。所有军饷、薪水均可搭放，并准抵解库款。如有官吏及各店铺掯勒索补，许随时指名控告，立即严办。"

在这一基础上，广西官银钱号于同年 7 月 1 日向各衙门行文，并出告示：自光绪三十四年 7 月 1 日起，发给各项银两及经理、转运项下各营领支薪饷，均搭放银票二成，均照现银一律行用，以邕平核算，不得稍有折扣。经过一番努力，年底发行累计：银两券 481266 两，银元券 46746 元，折银 34358 两 3 钱 1 分，合计花银 515624 两 3 钱 1 分，比上年增加 818343 两 7 钱 1 分，计 161.36%。

以上发行实绩反映广西官银钱开号业以来，兑换券发行工作顺利进行，光绪三十四年（1908）底发行实绩，比光绪三十年（1904）底增加 450160 两 3 钱 1 分，计 6.87 倍。

……

《清理财政办法》要求各省官银钱号在 6 个月内将资本及发钞情况，如实上报。但到限期届满，只有湖北官银钱局呈送出入对照表、钞票发行数目表，北洋天津银号、广东官银钱局、热河官银号呈送出入对照表，广西官银钱号并未依限造报。宣统元年（1909）4 月 15 日度支部向广西巡抚部院发出咨文，催促按照规定表式填造上报。

同月 25 日度支部向广西巡抚部院发出咨文，指出各省官设商立各行号暂时发行通用银钱票，本系一时权宜之计，此项银钱票若颁发过多，对于划一银币不无妨碍，亟应限期停发。规定以半年为限，凡各省官商行号对已发行之银钱票，应逐渐收回，以示限制，而昭统一。6 月 12 日广西官银钱总号遵令上报《详查明各号开设年月及资本实数行用纸币各情形列表详请核咨由》呈报；当时发行额银两券1493500两，银元券110012元折银73508两8钱2分，合计银1497008两8钱2分，比上年增加981384两5钱1分，计1.91倍。这是历年来的最高水平。

……

当时，广西巡抚张鸣岐向以善于理财著称，加上广西官银钱号发行兑换券，原系采取十足准备金制，所以接到度支部通令后，果真立即办理钞票回收工作，并且以"一时全数收回"为目标。宣统二年（1910）2月向清廷呈报：总号原发钞票，只有400两尚未收回，梧州分号发行的全部收兑，无钞在外，南宁分号未收回的9546两，龙州分号来收回的38145两，全省已发钞票未收回的总计只有48091两，相当最高发行额的3%。

发放官员薪俸和士兵军饷时搭付兑换券二成，需要解决两、元以下的畸零尾数问题，广西官银钱号为此又发行小额票证，计有光绪三十年（1904）发行制钱券1185串，折纹银829两5钱；光绪三十二年（1906）发行铜元券3000文，折纹银2两1钱，宣统元年（1909）发行制钱券5串，折纹银3两5钱，随发随收，到度支部下令后全部收回。

但是，兑换券的回收工作，全国各省进度不一，宣统二年（1910）6月10日度支部尚书载泽奏报《厘定兑换纸币则例》中，一方面提出，纸币兑换发行统归大清银行管理，无论何项官商行号，概不准擅自发行，必须于纸币纷纭杂出之时，而立收集权中央之效。另一方面又承认既成事实，认为各省官银钱号所发各票，为数较巨，似不能不变通办法，不再重申限期全数收回的原令，允许变通办理。广西官银钱号又继续发行兑换券，到宣统二年（1910）3月改组成立广西银行时，发行实绩为银两券140000两，银元券110000元，并按上数全部移交广西银行经营管理，继续在市面流通行使。（《广西金融史稿·广西史志资料丛刊之一》（上册））

（十八）黑龙江广信公司与官银号

广信公司、黑龙江官银号流通使用纸币情况

（光绪）三十一年（1905）巴彦、呼兰城乡银元、制钱均各短绌，

交易壅滞，筹设广信公司，将军程德全饬令嗣后无论何项官款一律征收该公司官帖（即公司纸币，以吊为单位），不准掺用银元、现钱及他项钱帖（册档）。又程将军以银价继涨增高，银元又无来源，适逢部令，禁止银元出境，特饬各属人民不许专一以官帖换取银元，贩运牟利（册档）。三十二年（1906）吉江两省官帖原期互相通用，乃永衡官帖至江尚可行使，广信官帖一至哈埠，即将八九扣，吉省各属直不使用，此弊窦实由官家启之。即如哈埠之租赋厘金税捐各局，不收官帖，虽两省出示而不能行。官家首先阻挠，何怪商家视为具文？是故银愈贵，而钱愈毛。公司只图目前之利而多出帖，究竟帖毛则利愈多，而害亦愈巨。于是程雪楼（德全）留守遂即出示平抑银价，令广信公司收回借贷，专收官帖，并收永衡官帖。垦务荒价亦仿此行。先就官帖倡之使行，庶几官帖畅行，银价不致再涨。藉以抵制羌帖，以免转为羌帖益增其价。一面函告吉省达馨山（达桂）留守，以便查剔其弊，两省一律（程雪楼留守致达留守馨山论疏通官帖书）。将军程德全以入秋银价腾跃，较上年逾三分之一，其故由于来源告匮，销路过多，本省存储既少，富商大贾又运往境外出售，出示谕禁。自后不准私运现银出境，并派员严密访查，饬属一体严禁，以维圜法（册档）。

三十三年（1907），程雪楼中丞以本省银钱奇绌，体察情形，必须有多数银元回环周转方能稍济燃眉，已咨商奉天陆续拨解（约银元二百万元）以维市面。惟因各处钱法不齐，特传商会公平议定，现往市面通行银元每十角均暂作为江市平银六钱六分，使用仍随银行涨落，凡租税所入、薪饷所出先照此行使，并通饬所属出示商民（册档）。又以江省银根奇绌，急须设法疏通，虽由吉省电允接济铜元三千万，惟铺商交易究恃银元为正位，又电请吉省唐少川（绍仪）中丞拨给银元以资周转（程中丞复徐督部（徐世昌）书）。

（光绪）三十四年（1908）江省筹设官银分号维持市面，前已发交沈平银十万两，银元二十万圆，银元票五万元。徐督部、周中丞（新任黑龙江巡抚周树模）派委刘德全为银号总办，于是年（1908）四月二十七日开办（册档）。按该银号于民国九年归并广信公司，其开办章程不具录。前由度支司库存奉天运到银铜各元内，提拨银元五万元、铜元五十万元二次，又由司库拨发铜元五百零一万三千六百枚，先后发交广信公司以资周转市面（册档）。哈埠钱法紊乱，俄币充斥，徐鞠〈菊〉人（徐世昌）督部筹设驻哈官银分号，冀以活动金融，章程暨节略由周少朴中丞（周树模）发交江省银号查照办理。惟哈号所发纸币令江省税局一律收用一层，周中丞覆以江省岁入、岁出两相比较，不敷至一百余万，现在周转挪移全恃广信公司钱帖，度支司积欠公司已逾百万，将来必愈欠愈多。况该公司纸币一出，江省便失信用，仅恃本境通行。若税捐各局收用哈号币，势必哈号发达一分，公司减缩一分。该公司如缩减，钱帖范围则涸可立待，万事瓦裂。该公司组织本非完备，既无实力以变换之，惟赖该公司虚币维系一省财政。万一阻滞多端，商情不通，因之税捐减色，是哈号之利未得，而江省之害先形。（《黑龙江志稿》卷二十一《财赋志钱币》）

江省钱法之艰窘（黑龙江）

江省地处极边，银钱紧迫，当经程雪帅（程德全）与商会公议，开设广信公司，刊行钞票为全省财政枢纽，实款仅有百余万，所出钞票已至二十余万吊。自从公司总办传巨用亏空疑项百余万，设法潜逃后，商人与各股友都惶恐得了不得。一因该公司亏空不止一人，将来摊赔必多。一因各行商使用公司钞票，都是以现银兑换，万一倒闭此项钞票不是成了废纸吗？现在各行商已联名禀请程雪帅设法维持，不知雪帅有法子没有？（《吉林白话报》1907年8月18日）

各省财政汇志：黑龙江

黑省广信公司所发纸币自一吊至百吊，皆系钱数。近因钱价日低，银价日高，商民均称不便。该公司因禀准程雪楼（程德全）添用银两纸币，已由北洋官报局印刷一两至五十两纸币十余万张运回使用。（《东方杂志》1907年第四卷第九期）

俄盐与官盐竞争（黑省）

江省官盐俱由官设局销售，并准商家向局领盐售卖。惟价值除缴局价外，每觔不得过一二十文，余利秤仍照市权十八两为一觔。省东府州县于呼兰设总盐局，绥化及他处皆设分局，绥分局系派周委员，现寄设在二道街庆源店院内。盐价每觔定二百一十五文，行使江省官帖官银号银元票，若有持绥街市帖、银元条买者，照官帖、官银元币作价。官银元票每元现值一吊三百文，官帖每百吊照绥市通例，加绥钱六七吊。现闻盐局有拟不收市帖以省周折之说。其所定盐价，民尚称便，缘前此商家卖盐勋曾至三百六十文，故此际盐价犹觉从廉云。近日俄商由海参崴运盐数十瓦罐，在富拉尔基火车站出售，每斤定价中钱九十文。省中及各屯商民因官盐价值太高，均皆私赴富拉尔基购运，故该商之货日见广销，并有发给俄国执照之说。(《申报》1908年12月10日)

黑龙江调查表略（续）（节录）

银钱短少，龙元跌价，仅值银五六钱，因而市上无得见者。交易卖买均用广信公司官帖，然极低贱，官帖四吊六七百仅值银一两，出境即为废纸，不通行用，百姓多贱视之。而宝贵羌帖，各店多悬收买羌帖招牌，富贾多藏羌帖十数万者。呜呼！本国之制钱、龙元屏而不用，本省之官帖用而不贵，其所用、所贵者反在外人之寸纸。夫国家钞币之权，人贱我贵，人轻我重，则可制人。人重我亦重，人贵我亦贵，虽不能制人，尚不制于人。至人贵我贱，人重我轻，则制于人。其制于人也，将人之制之乎？抑我之自予人以可制乎？此虽商民知识之不开，爱国心之素弱，未始非经理之不善，计划不足取信有以致之也。(《申报》1907年7月30日)

江省官界之经济恐慌（黑龙江）

江省民政司支发各款向赖广信公司纸币，若纸币一停则度支立绌。近年以来司署已欠该公司帖款至六百万两，财政困难可称已达极点。去岁度支司曾遵照部章，饬令收回，嗣因民政司发款未果，并暂准出帖八百万吊，今春又准出八百万吊。昨经该公司呈请公署略谓，民政司欠款甚巨，若无限制，则兑换将无银给付，公司必大受影响。今春所准出八百万吊不敷司中二三月之需，当经请示少帅（黑龙江巡抚周树模）或请停发，或准再出若干万吊。少帅以事关部限，又关全省度支，甚觉为难，当延赵醴泉司使到署面商。赵谓若准饬该公司纸币停发，当先令其再发若干，藉济急需，惟必须奏咨立案。又闻江省驻奉官银分号电达总号，称近来商民聚众兑换银元票者日见繁多，分号存银甚少，实难应

付，请设法维持。总局当电请奉天官银号就近暂借数万元接济。(《申报》1910年5月26日)

黑龙江广信公司又出纸币八百万

江抚前拟遵照部章，将广信公司所发纸币停止，以期逐渐收回，咨请度支部设立大清分银行。部因各省设立分行尚未筹备妥善，饬仍照旧办理。该公司因去冬所出之官帖现已告罄，故日昨呈请江抚再出官帖八百万吊，以资接济。闻中丞已批饬照办矣。(《大公报(天津)》1910年5月3日)

东三省通信（节录）

江省金融紊乱甚于各省，前经商会条陈整顿办法，经周抚（周树模）交由咨议局核议，复经会议厅表决，日昨拟定简章十二条，通饬实行。大略以广信公司官银号所出之钱帖、银元票、铜元票，现拟以小银元一律收回，以为将来改行国币之基础。其未收回以前仍准使用，已经收回，随时批销，并不准续出。银元每元票定价三吊八百四十文，不准滥行涨落，以维市面。(《申报》1911年1月26日)

（十九）湖北官钱局

推广行用银元及银元票示（光绪二十二年（1896）十月初二日）

照得鄂省前因制钱缺乏，业经铸造本省字样银元，定价作制钱一千文，并刊发司印银元、制钱各票，准完纳地丁、漕粮、关税、盐课、厘金各公款，复在省城设立官钱局，支取钱文，兑换银两，以昭大信。本部堂、院叠经出示晓谕，并饬将样票札发各州县关局各在案，迩来附省各关局俱已陆续收解，惟外府各属州县尚未以此项银元票及本省银元，完纳丁漕等项，推原其故，必缘距省遥远，商民人等，来省兑取不易，致未通行。兹特将本省字样银元及银元票，饬令司局，札发各府州，分派各属承领，转发各钱店、当铺，宜昌兼发税铺，以期流通。各钱店、当铺承领，务照每元定价一千，公平交易，不准高抬姑宽，但商民人等兑换此项本省银元及银元票，除完纳丁漕等款外，设有别项应用必需制钱，应各就近各钱店随时取钱，或掉换花票，或改兑银两，均可各从其便。且查各钱店于他店花票尚可互相出纳，此项银元官票尤应一律收受行使，庶商民得以均沾利益。即或市面缓急相需，省城官钱局储有的款，不妨持票赴省支取，决不稍有留难。合行示谕通省军民人等知悉：须知此项本省银元及银元票以济制钱之不足，各钱店、当铺、税铺系奉公领用，稳定可靠，断不必迟疑观望。倘钱店、当铺、税铺以及各铺户不允支取、调换、赎取当件、购买货物等情，即属故为留难，准喊禀各该地方官，治以把持行市、阻挠钱法之罪。各宜懔遵毋违。特示。（《张之洞全集》第6册）

条示照录

汉口访事人函云：国宝源流至今日可谓源竭而流滞矣！各省缺钱，钱价日涨。鄂省为上下江关键，生意畅茂，素不缺钱。只以来路稀疏，又有市侩从中居奇，市面日坏。虽迭经省宪屡次示平钱价，无如言者谆谆，听者藐藐。否则各铺相率延期开市，隐隐挟制，致官法亦无如何。现在省宪创设官钱局，通行台票分厘，划定八钱，所有城厢内外钱店于本月初九日一律开张。今将官钱局兑钱章程照录于左：

一、善后收票也。查收钱、发钱向归饷钱所经理，然该所皆系大挑。兑钱之票，订期取兑，尚易招呼。此次悉系一串零票，随到随发，往来络绎，毫无耽搁。饷钱所员司无多，恐有延搁。兹改由善后局隔壁之官书处设柜，预将现钱、官洋酌量存储，以备支付。并加委善后局文案支收，及官书处之各委员督同司事妥为发兑，严为稽查。庶人手众多，互相牵制，可以历久无弊。

一、已收之票销号更换也。查此次官票准其完纳钱粮、关税、厘金，通行必远。其赴局兑钱，亦必历有时日。过手人多，恐有模糊、损破之处。然此次系官物，必须字号、印信历久如新，方能永远宝贵。兹司道公议，凡收票一张，立即截角涂销，另换新纸，重编字号，源源接续。其截销之票数，满一千张即由局移送藩署，由司派员销毁。

一、收票、销票各专责成，以昭慎重也。查善后局设柜后，每日派小委一员赴柜，跟同司事兑发钱洋。设立收票账簿一本，发洋、发钱簿一本。凡取票一张，登注号数后，立即送交官书处委员，截角涂销。每日晚间彼此查兑号数、张数，并由文案支收委员查看钱、洋之数是否相

符，按旬开具清折，呈报本司暨总办、道员，以备押查。(《申报》1896年3月30日)

初夏题襟

鄂省官钱局新出台票，有匪徒作伪等情曾登本报。湖广总督张香帅恶之，业已悬示局门，略谓：本局新出台票，勿论军民人等赶紧赴局兑钱，迟则尽成废纸。如或查出伪票，立即毁化，决不拘究。闻香帅初意，拟将台票悉更机器纸，嗣恐制运耽时，遂废前议。刻下已委善后局执事某君赴汉口黄陂街景庆义记石印馆订印台票二十万纸，旋即缴呈二万三千纸，余再陆续缴局。有见者谓：此次所印，明迹、暗号均极细密，或者能泯作伪之弊欤。(《申报》1896年5月11日)

汉江尺素

李瀛洲者，不知何许人，平时衣履翩翩，争逐于花天酒地间，良家子弟，受其害者，不知凡几。现因私用假票，缉访在案，并诬累现任武昌方守备裕顺之公子。昨由汉镇缉捕局传竹香太守麾下之干役徐升，在汉阳某处将李捉获，解县薛诚伯大令，立赏徐钱十串。堂讯之下，曲直攸分，当将方公子开释。复谓李曰：汝犯案不止一次，并有私充官钱局员，在外查收假票事，有大东阳火腿店等处为据。谕毕，饬暂行收禁，一面详申省宪，再行核办。(《申报》1896年5月28日)

汉泉解佩

据访事人递到消息云，湖北官钱局新制台票竟有匪徒胆敢造伪票，在市面混用，并公然到官钱局兑钱。嗣由官局察出伪票已有数十张之多，不得不据实回明。大宪以局员失于觉察，概行撤委，另委候补县王明府奎照为专办，候补县丞方二尹浚涣为帮办云。(《申报》1896年6月4日)

宪示录登（节录）

钦命头品顶戴、南洋大臣、湖广总督部堂张（之洞），钦命头品顶戴、湖北巡抚部院谭（继洵）为出示晓谕事：

照得本部堂、院前经奏明于湖北省城设立银元局，开铸银元通行各省。嗣因湖北制钱缺乏，将银元酌价，准其完纳丁漕、关税、盐课、厘金。旋经查明各省皆有银元，既准完纳本省公款，必须加铸本省字样，方免混淆、滋弊，业经示谕在案。本部堂、院慨制钱日坏，亟图补救之方，现饬司局于省垣设立官钱局，权衡出入。查湖北每年应收丁漕、厘金为数甚巨，而制钱之少，城乡一律。民间百计购钱，竭蹶输纳，情形亦属最苦。故调剂钱法之穷，必自公款始。银元所以代制钱，自应有划一之钱价，方便行使。兹规定每新制之本省银元一元，准作制钱一千文，该商民等照比价赴局购取，即照此价赴关卡、州县完纳，无丝毫增减，以昭大信。一面增购机器，添铸五开、十开、二十开小银元，亦加铸本省字样，其价照一千文以次递减，亦如制钱之零星使用。并刊发银元官票，加盖本省藩司印信，填注善后局所发加盖司印，每张一千之钱票相辅而行，以期转轮不竭。为此示，仰军民人等知悉。尔等须知制钱虽一时短少，而新铸本省银元及银元印票实与制钱无异。三项充足流转，民间自当商、大贾，以至乡曲编氓，凡持此项银元各印票赴官呈缴者，赋税可以早完，厘金可以速纳。如有照章缴银之款，即照银元定价之制钱一千文，核计市价高下，折见平色。取携既便，略无阻滞，则钱不足而自足。通行既久，钱价无有不平。现本部堂、院更风闻民间于丁漕、厘税各项，完纳制钱，官吏、司事不免有多方挑剔，甚至索取规费之弊，深堪痛恨！今既有此本省银元及银元印票，定为一千之价，又有一张一千之官钱印票，务令阅到随收，不准再有苟求。仍严札各关卡、州县如敢藉词不收或稍有留难、需索，准该商民等赴辕呈控，一经查实，立即严参、重办。此举乃整顿圜法、体恤商民之要政，法在必行，断不容吏胥人等弊混梗阻，各宜凛遵毋违。特示。（《申报》1896年6月6日）

札各属新制官钱票反面不准加盖州县印信
（光绪二十七年（1901）三月初四日）

为札饬事：

案据布政司、善后总局司道呈报："札发各属新制官钱票，准各州县于钱票反面，盖用印信，以资辨认"等语。查此票乃外洋制造，纸质坚厚，花纹精工，纸内藏有暗字，最易照认，正面盖藩印，及善后局关防，印色鲜明，足昭凭信。且正面、背面，均编有号数，各州县所发之票，自某字第几号起，至某字第几号止，该县所领系某号之票，皆可按号稽查，无虞混淆。官票原期全省流通，若于反面，由各州县再钤印信，一出该县，即不能用，畛域自分，实多窒碍，万不可行。该守、该牧，即飞饬各州县，于奉到此禀后，不得于背面盖印，若将官票盖印，定行罚赔，此事万分紧要。除先行电饬照办，迅即电复外，合就札行，札到该①，即便转饬遵照办理。(《张之洞全集》第6册)

添印台票

本口访事云：鄂省官钱局所创台票，居民咸以为便，风行一时，急宜添印若干张方敷行用。于是当事者又在汉口黄陂街景庆义记石印局订刷十万纸，想不日即可告成矣。(《申报》1898年3月5日)

鄂渚秧歌

官钱局印造钱票通行廛市，商民称便。近日匪徒伪造假票，到处混用，危害闾阎。督宪张香涛制军闻之赫然震怒，檄饬各属一体严拿。闻已在襄河一带缉获数名，并搜出票板，想当从严惩办矣。(《申报》1899年5月29日)

汉皋散策

湖北官钱局所出台票，准其完纳盐课、厘金。不料有奸徒仿刊私票。混行市上，贻害匪轻。嗣虽拘获数匪，从严惩办，而若辈仍憨不畏法，近日专在郧阳、德安、安陆、黄州各郡朦用。所冀鄂中大宪颁发示谕，务将伪票情形一一标明，俾外府州县一律周知，庶不知被其诓骗也。(《申报》1901年1月28日)

楚江春色

武昌访事友人云：鄂省官钱局制用官钱票远近通行，民间称便。惟票纸花纹不甚工细，匪人易于作伪，以致赝鼎流传。愚民无知，每为所诓。湖广总督张香涛制军体察情形，爰妥日本大藏省代造官票二百万张，十色五光，备极精致。现已加盖藩司印信，分发各处试行。惟大小

---

① 原文有空白。

形式与旧票迥殊，乡民未经习见，尚有不乐收用者，亦可见创始之难矣。(《申报》1901年2月24日)

汉江雪浪

湖北官钱局前倩日本印刷局制就银票百万张，运抵省垣添写号数。近已流行于市，人皆便之。(《申报》1902年12月15日)

银币票将次到鄂（武昌）

湖北官钱局总办高佑诸观察因湖北新铸库平一两重之银币畅用无滞，遂禀请督宪在日本印成银币票三百万张以资利用，经香帅允准已纪前报。兹闻此票下月可以到鄂矣。(《申报》1905年5月25日)

拟添纸币五十万纸（武昌）

鄂省官钱局所出钱票、银元票信用不衰，民咸乐用，闻总办拟乘此机会禀请上台再添印五十万纸以广行使。(《申报》1906年2月3日)

官钱局钱票畅销（湖北）

湖北官钱局总办高松如观察现因新印钱票仅在本局发行，难期销畅，日昨特派人至汉口钱业公所发售，闻每日可销五六万之谱云。(《申报》1907年8月3日)

官钱局添印钞票（武昌）

湖北官钱局所出钞票，每张仅限定钱一千文、银元一元，刻该局总办高松如观察已禀准鄂督，添印钱五千、十千，银元五元、十元四种钞票，共五十万张，不日即编号颁用。(《申报》1908年2月21日)

官钱局添印纸币二百万（武昌）

湖北官钱局发行之银铜元纸币总计不下千余万，现该局总办高观察松如因铜元纸币尚不敷用，特在日本定印铜元百枚纸币二百万张，业经印就抵鄂，送往藩署盖印，不日发行。(《申报》1909年1月31日)

官钱局纸币封存藩库（武昌）

湖北官钱局历年发出钱一千文钞票约近三千万，前经度支部限令收回三分之二以免意外之虞。兹该局已遵将各票收回，只留一千万在市面行用，又提出一百五十万交公储钱局以备存户支取。至去岁因灾振〈赈〉需款添印之纸币二百万串，则定于本年冬间一律收回注销。所有收回存库之票业经财政监理官前往验明、封固，禀由鄂督饬移送藩库存储，并咨报度支部查照。（《申报》1910年3月8日）

铁厂收回纸币之原因（汉口）

汉阳铁厂前因发放员司、工匠薪水、伙食，每月必须铜元数十万，特用该厂储蓄处名义发行钱一千文之纸币，以资周转而期便利。然自发行以来，颇得市间信用以故流行甚广。日前该厂经理李一琴部郎具禀鄂督，拟请咨部立案注册，给予发行纸币执照。鄂督瑞制军①因该厂纸币在武汉流行，有碍湖北官钱局钞票行销，爰据部章批驳。饬令将纸币收回，一律改用厂券，只准在厂内行使，以示限制。而署劝业道兼官钱局总办高观察并恐商民未及周知，仍旧收用，特抄录此案督批，札行武汉、夏口厅、两县出示晓谕矣。（《申报》1910年11月26日）

湖北官钱局纸币流通河南情况

又谕宝棻电奏：湖北官钱局钞票流行豫省，昨得武昌警报②，商民纷纷取现，司库存款，军用甚急，万无余力兼顾。请饬度支部、邮传部暂令大清、交通各分银行将现在豫省行用湖北官钱局各钞票设法担任兑汇等语，著度支部、邮传部分别酌复办理，以维市面而安人心。（《宣统政纪》宣统三年（1911）八月下）

译电（节录）

汴军一千已由开封抵此，北京之军明日可到③。湖北官钱局钞票每元仅值钱六百文。（以上《文汇报》二十一日汉口电）（《申报》1911年10月14日）

---

① 即湖广总督瑞澂。
② 即武昌起义。
③ 此间武昌起义已经爆发。

要闻一（节录）

又搜获地图一页，上载武昌为革命军根据地，其蛇山、龟山等处均须添建炮台，架炮驻守以便射击江中兵舰。此外如田家镇、湖口以及某镇、某村，凡属要害之地皆用红点标出，以便派兵屯守，其计划甚为精细。尚有调查簿一册，则凡武汉各署秘密之件胪载无遗，如督署驻兵若干，道库、藩库、官钱局存银若干，均详载其数目，可见该党划谋已非一日矣。

……

现闻汤化龙已被举为湖广总督，高松如（劝业道）则被举为度支使，专理民政。革命军入官钱局见有遗存钞票，一律焚毁。其散放在外者则出示禁止行用，另发军用新钞票代之，其票淡红色，上绘双龙，下刊"中华银行""通用""准完一切税厘"字样。闻革党初议旧式银元、铜币皆不准用，嗣以党中并无新铸银铜币带来，恐市面不便，故暂准行使云。（《申报》1911年10月16日）

专电（节录）

盛宫保（宣怀）有私款三百万两存于湖北官钱局及某某银行，已派人潜往提取，惟闻此款大半已为革党所有。（《申报》1911年10月17日）

革命军起事纪（八）（节录）

又出示云：湖北官钱局发行之钱票、银元票，又户部通商、交通等银行之钱票、钞票仍准一律照常使用。倘有刁商、胥吏借故阻扰，一经本分府①查出立即严办不贷。尔商民人等各有身家，万勿以身试法。（《申报》1911年10月22日）

（二十）山东官银号

收回官商号纸币之计划（山东）

鲁抚孙中丞（宝琦）以劝业道萧应椿等详称案，奉札开：准部咨厘

---

① 湖北军政府分府。

订专章，限制官商银钱行号滥发票纸印刷，原奏章程咨行转饬遵办，当由职道移知官银号及济南、烟台各商会遵照去后。旋准济南商务总会函称：东省除生银外，纯用铜币，民间因不便取携，专恃钱票一项为流通市面之用。今官银号首先遵章停发新票，市面非常震动，恳请设法维持。等因。又据德华银行面称，泺口桥梁公司月须易换银元二十余万，如果官银号不发纸币，当由该行发行，藉便周转等语。职道查官银号所发钱票因商民信用，散布百余州县，几至有往无来，若遽行停发，必致运转不灵。现截至六月底止，计已发在外之钱票、京钱一百七十六万零一百七十串。曾经行用，陆续收存之钱票、京钱二十七万二千三百三十串，共京钱二百零三万二千五百串。拟请删去二千五百串零数，将此京钱二百零三万之数全数行用，不得再增，庶于通融之中仍寓限制之意。至将来币制，已定五年之内必可将所发钱票悉数收回，不致再有窒碍。此外各商号可否一并酌展期限，统俟币制厘定，通用银元，再饬令收回，免致牵动市面等情。咨奉部覆：山东官银号原发成本既已尽数提还，现行票纸又皆钱票，几至有往无来。虽云一时信用殊不无可虑之处，据称截至六月底止，作为现在发行实数，核与部章第九条虽有未符，自可暂准通融办理。惟部章第十一条，自宣统二年（1910）起每年须收回票数二成，五年全数收尽，仍当切实遵照，并按月填表报部查核，毋得藉端因仍，致于币制前途有碍。相应咨复查照云云。除分行外，当即札饬劝业道转饬各属一体遵照。（《申报》1909年11月26日）

第四章 官银钱号与清末财政

一 官银钱号成为清末新政时期地方主要财政机关

（一）总体情况

各省官银号代理公款汇划情况

光绪二十五年（1899）以后官银号、钱庄和银行与票庄竞争承汇公款逐渐厉害……江西的款项差不多是江西官银号一手包办。安徽的银号也是重要……招商局、厘捐总局、官钱局也往往代汇公款。（《山西票庄考略》）

中国度支（采伦敦《东方报》）（节录）

各关税项每以为具解北京，而不知其犹未尽然。因监收关税者并非北京专派之官，系由该省大员兼办。至税务司并不收税，仅稽核税之已付、未付是其职耳。税项往往付于官银号，既付之后，始由税务司发给关单，准其开行。即监督海关之员亦非径自造报北京，但具报于该管之督抚，再由督抚咨报户部，亦与咨报寻常入款无异。至于此款如何分解，如何拨用皆归督抚区处。所以各口海关所收之税即系该省入款中之一分，而在巡抚亦不以海关税项为伊之专司，因虽有大分〈份〉拨归省用，然均须由部格外核议，俟其准行，方能动拨，实非巡抚固有之权也。（《渝报》1897年12月第五册）

（二）湖北官钱局情况

湖北官钱局成为湖北省库史料五件

1. 札北善后局将饷钱并归官钱局兼管（光绪二十三年三月十九日）

为札饬事：

照得鄂省官钱局，乃今日便民要政，必须现钱充足，方可期官票畅行。现经本部堂督同司局详加酌核，应将饷钱所更定章程，以后该所只管兑收，不管支发，所有向由饷钱所支发一切杂项钱款，统改由官钱局支放，以免分歧。应饬北善后局即将饷钱所并归官钱局兼管，饬委驻局专办委员、补用知县王廷珍兼管，该员原于薪水毋庸再支，只每月给夫马钱四十串。（《张之洞全集》第5册）

2. 札铁政局等所领官款只存官钱局不准存钱店（光绪二十五年（1899）八月二十三日）

为札饬事：

照得武汉各钱店，常多闭歇，以致倒塌。官款追究无著，或以产业作抵，变价不过得半，官款仍属虚悬。查省城本设有官钱局，各项官款存交官钱局，自臻稳妥。何以经手之员，辄与各钱店银钱交易，难保非将官款私存钱店，贪图生息，藉可自向通挪。迨至亏倒，仅能责成钱店缴还，该经手之员，转得置身事外，殊堪痛恨。嗣后无论何项局、厂、学堂，所有各项官款，应令尽数交官钱局存储，随时提拨应用。断不准将官款私存各钱店，致有前项情弊。倘仍蹈前辙，存放钱店，一经倒塌，官款或有亏欠，定即勒追经手之员，照数赔缴。除分行外，合亟札饬。札到该局、学堂，即便懔遵办理，仍将遵办情形具报查考。勿违。（《张之洞全集》第5册）

3. 札委高松如为善后局①总办文案兼收支事务（光绪二十七年（1901）九月初十日）

为札饬事：

照得湖北设立官钱局，原所以济善后要饷之需，必须加意维持，

---

① 湖北善后局成立于太平天国运动时期，是湖北地方"一半独立、半专业式的省财政收支总局"，以经收牙税和厘金为主。（参见苏云峰：《中国现代化的区域研究·湖北省（1860—1916）》，中研院近代史研究所1987年版，第195页。

使官票流通，民间咸知宝贵，始能周转不穷，用舒财足。两局亟应一气贯注，酌济盈虚，彼此无隔阂之虞。凡有京饷、洋债等紧要之款，官钱局自不能不腾挪济急。而善后局必须将腾挪之款，预先筹定指款，陆续归还官钱局，俾得以随时应付官票。其官钱票，发至各州县及宜、沙两局行用者，其收来之银，必应仍缴归官钱局以资周转，方不致官钱局并无收回宝银之益，转受多票取钱之累。其宜、沙两局，即作省城官钱局分局，其领票缴银，一切统归省城官钱局酌核饬办。两分局委员，即归省城官钱局管辖考核，禀请委用。盖善后局为筹款之来源，官钱局为运动之枢纽，两局迭为接济，取用不竭，则官票日贵，饷源日宽。至商民有赴官钱局购买官票者，尤须坚持定见，务令钱价与市面钱价划一，不得减让分毫。万不可图一时之应急，致受无穷之亏折。且免奸商乘机倾挤，以致官票壅滞，有害饷需。兹特专札加派官钱局坐办高守松如，为善后局总办文案，兼收支事务，与现在善后局总办文案委员周令谷生，会商一切，将两局事宜，分计统筹，联络一气，彼此腾挪接济，悉有裨益。除分行外，合亟札委。札到该守，即便遵照札行事宜，会商周令，认真办理，以副委任。（《张之洞全集》第 6 册）

4. 札北官钱局等嗣后凡收各款只收官票现钱，不准收用银条（光绪二十五年（1899）五月二十五日）

为札饬事：

案据专办官钱局兼饷钱所赵守毓楠禀："近来各州县解局多系银条，甚至支展兑期，各厘卡解所，亦多系官票，现钱甚属寥寥。缘汉口市面现钱易银及购官票，均有沾润，皆由管解家丁及司事从中渔利。此端一开，该所既来源不旺，卑局亦展布不开。恳饬司道局通饬各州县厘卡，仍遵旧章，凡应解饷钱所、官钱局者，收银解银，收现钱解现钱，收官票解官票，不得概以银条、官票作抵，庶官票日见畅行，现钱得以流通"等情。当经本部堂、院分饬北布按二司、督粮道、牙厘局通饬各州县厘卡遵照。嗣后征收钱漕厘金，凡遇应解官钱局、饷钱局者，务照定章，收银解银，收现钱解现钱，收官票解官票，不得任令管解家丁及司事从中渔利，以所解现钱在汉兑易银条，并购官票作抵，以致官钱局、饷钱所难于周转，有碍支放在案。亟应饬令官钱局嗣后即照定章，凡遇各州县应解钱漕，及各厘卡应解厘金，只收官票、现钱、现银三项，如有以汉口钱店银条上兑者，一概不准收用。并查明各州县厘卡如有将现钱解省应即将现钱交局、交所，不准司事家丁从中渔利，将现钱向各钱店换购官票，解交局、所。倘有此等情事，即由官钱局查明彻究，交县惩办。合亟札饬，札到该局，即便转饬遵照办理。(《张之洞全集》第5册)

5.《湖北通志》有关记叙

查藩粮关库经征各款，常年收支尚可随时周转。而善后局向商号挪借均系重利，与其公款搁置，官库坐令商贾得子金之利，不如变通办理，以公济公。湖北官钱局开办以来信用尚著，平时与司道各库均有交易，而与善后局尤相维系。拟请与藩粮库提银四十万两，江海关提银三十万两，发交官钱局存储，月息四厘。善后局转向官钱局借用，以善后局所有武汉相值之地基、房产作为切实担保，务使公帑有著。如该司道等有特别用项，准其暂行提取。在该局认息稍轻，不无裨益。而各署得此月息，亦可凑拨要需，此又一策也。(《(宣统)湖北通志》，志五十三"经政"十一"新政"；另参见《申报》1909年10月21日：《湖广总督陈夔龙奏善后局收不敷用筹拨办法折(续)》)

汉皋杂钽

鄂省银元局前因经费不充，殊形掯腕。近经督抚宪会同商议，饬将官钱局存款通融接济，俾不至有中辍之虞，是亦维持、调剂之道也。(《申报》1899年7月23日)

严饬各州县不准钱店代收官款(武昌)

近因庆泰钱店倒闭官款甚巨，鄂督特严饬各州县以后不准将官款交钱店上兑，统由官钱局办理，以防流弊。(《申报》1906年5月9日)

廉俸折洋

昨接湖北访事人来函悉：湖北藩宪王芍棠方伯牌示云：本督部堂札开：鄂省铸造大小银元以补钱法之不足，利商民之行用。前经奏准交纳，支发官款，一体按照市价核算、支放。所有藩司嗣后应发大小文武员弁养廉，一切杂款饬令按照汉镇英洋市价折合，向来平色一律，改发银元以广流通。等因。奉此。当查汉镇银元市价,时有增减。仿照汉镇每月初一、十一、二十一等日三期英洋市价,折合银元支放,除报明两院既〈暨〉分别移行文武各衙门,并饬官钱局访明英洋市价,申报本司衙门外,兹据官钱局开报二月初一日汉镇英洋市价,每元折合库平库色银六钱六分六厘,合库平荆沙银六钱七分三厘,折合长平沙银六钱九分八厘,等情前来。所有司库应发文武养廉及一切杂款,自应按照开报之价一律核发,以昭公允。合亟牌示晓谕,仰各衙门领银差弁丁役人等查照遵行,毋违。特示。(《申报》1897 年 3 月 14 日)

鄂督批奖劝公所(武昌)

鄂属施南府施纪云太守日前具禀鄂督请拨劝工所款,旋奉张香帅手书"山乡乐利"四字奖之。并批示云:鄂省现在公款支绌,官钱局能否照数筹拨,应饬该局酌量情形禀复核夺。除将新制各物行销武汉、宜、沙等处,于五年内暂免厘税外,仍当随时招股,相机扩充。将来实业发达,令施南人民咸归美于该守。绸曰施绸,锦曰施锦,漆曰施漆,不亦善乎云云。(《申报》1907 年 5 月 19 日)

借拨存款以助学费(武昌)

鄂省各学堂均定于望后开学,刻提学司高泽畬文宗以学务所存款无多,所有各堂开学均须请领款项,急宜预先筹备,特与官钱局总办高松如观察会商。拟借拨该局存款十万两应用,闻高观察答复须奉鄂督明文方能照拨。(《申报》1908 年 2 月 19 日)

(湖广总督陈夔龙)又奏提款解赴善后局转存官银钱局片

再前以湖北善后局艰窘难支,经臣筹议补救办法,恭折奏明。在藩粮库提银四十万两,江汉关库提银三十万两发交官钱局存储,由善后局向官钱局借用。嗣准度支部电称:已议,准复奏。奉旨依议,钦此。等因。即经转行遵办在案。兹据湖北汉黄德道、江汉关监督齐耀珊详称,遵即在于所征洋税项下动支估平估实银六万两作为第一批存款,委员解赴善后局查收,转解官钱局存储等情,详请前来,除咨度支部外,谨附片具陈,伏乞圣鉴。谨奏。

宣统元年(1909)十月二十一日奉朱批:度支部知道,钦此。

(《政治官报》宣统元年十月二十四日，总第759号折奏类）

湖广总督张奏定购快炮艇鱼雷艇并自造浅水兵轮折（节录）

窃照近年来时艰孔亟，事变难知。湖北居南北水陆之冲，素为上游重镇。自开埠通商以后，长江门户几已尽撤藩篱，各国兵轮以护商为名，得以常年驻泊。然从前各国上驶兵轮不过一二只，尚有限制。近则一国师船并驾而来者，多至四五艘，甚或指定内湖地方为操炮之事，屡经向各领事商阻。每以寻常游历，并无他意，事属水师，无权过问为词，任商罔应。近年各国更特造浅水兵轮，为游弋长江之用。在平日暂来暂去，固已相习而安。设有民教偶启衅端，或地方略有他故，但可藉口，兵轮纷来，阳托保护之名，阴作示威之计。事多棘手，措手恒难。若本省自由炮艇、雷艇，足与相抵，则外人意有所慑，诸事便可和平商办。而在我则有备无患，不受挟制之威。体察情形非多备炮艇、雷艇无以为建威销萌之计。三年蓄艾，事亦嫌迟。及今不图，后将无及。鄂省财力本不宽舒，近更认筹解京巨款及本省练兵、兴学诸要政，需用浩繁，原有竭蹶不遑之势。然为固圉保疆、防患未然大计，实不敢专顾目前，自忘后患。经臣督饬司道设法腾挪，竭力撙节，每岁可匀出的款五十万余两，以为构造炮艇、雷艇之用。

......

一、前项快炮艇六艘、鱼雷艇四艘分年付价，约计共合库平银三百二十万四千九百五十两。查盐道库每年所收川淮盐练兵新饷正杂款约计库平二十三万两内外。又湖北官钱局近两年经理得法，岁有盈余不下二三十万两。兹拟每年动拨盐道库练兵新饷库平银二十三万两，官钱局盈余库平银二十九万两，共提拨库平五十二万两，以六年为度，共得库平银三百十二万两，以之分期汇付前项船厂本利，所差无几。以上办法业经议妥，饬令善后局司道与驻汉口日本领事官永泷久川吉，川崎造船厂委员四本万二订立合同，彼此签押盖印存案。（《东方杂志》1905年第二卷第二期，另参考《申报》1905年2月21日）

修改厘局解饷办法（武昌）

鄂属各厘局报解税款大率以银元、铜角运省，向钱店易银上兑，以致时有被倒情事。兹经陈小帅（陈夔龙）谕饬牙厘局总办黄叔庸观察通饬各厘局，嗣后解款均交官钱局收兑，掣取印收交付牙厘局，自行往取，以免误事。（《申报》1908年12月4日）

警务经费支绌情形（武昌）

鄂省警察总局自改为警务公所分科治事后，每月经费计多需银五千元，并未筹有的款，均由正任巡警道冯启钧挪借济用。现在举办冬防，每月又增经费银二千元，汉市银根吃紧，筹借为艰，由代理巡道金峙生观察禀准鄂督，饬由官钱局按月暂拨银一千五百两，俟冬防事竣再行停拨。（《申报》1908年12月6日）

官长设立（湖北）（节录）

又闻筹办处刻拟在大贡院空地改造咨议局，业经绘就图式，呈请督院核定。昨日陈小帅（陈夔龙）率同藩、学、臬三司暨咨议局坐办周世臣观察亲诣贡院勘估工程，计需银十二万金，当即札委官钱局总办高道松如、武昌府黄守以霖为建修咨议局监督，日内即须招人投标动工兴建。（《申报》1909年4月10日）

筹还建筑审判厅经费（武昌）

武汉各级审判厅修建费系由官钱局借款五万两，夏口厅向三井洋行息借银六万两济用。其三井借款已经夏口厅指款分期归还，官钱局之款则由鄂督饬藩司、盐道在库存杂款内分任筹还。盐道马积生观察奉文遵在库存外销之淮盐局商捐杂款项下拨银二万两解交官钱局查收，其余三万则俟藩司设法筹还。（《申报》1909年7月6日）

湖广总督陈夔龙奏筹办刷印大局大概情形折（节录）

所需经费除原有铅字印机三副外，现经添购各种机器十余副，及印石、照字镜、水锅、车轴、皮带、一切配副等件约共需银一万三千余两，添购地址、增建厂屋约共需银一万五千余两，另备活本银二千两作为购办纸张材料之用。计共拨用官本银三万。不敷仍暂向官钱局息借，藉资周转。（《申报》1909年8月24日）

鄂督请拨武昌警政经费（湖北）（节录）

鄂督陈夔龙奏湖北省城开办警察实始于光绪二十八年（1902），视各省较早。初仅照拨原存保甲经费三万六千余串文，创办衙署捐、房捐、铺捐则二万八千余串文，并由善后局每年措拨他项捐款五万余串文，综计各项约十二万串文之谱。其时事属创始，勉植初基，局用既不甚多，钱价亦尚未落，以收抵支，不至十分竭蹶。继由省城推及汉口，则就地筹款，其多数皆捐自商民。嗣因推广汉口警政并经划租界附近官地商捐，力有未逮。光绪三十二年（1906）六月经升任督臣张之洞奏准援照上海成案，由江汉关税款项下每月酌拨警费四千两，按年报部核销，藉补商捐之不足。汉镇赖此官拨的款，近年加派巡队，添布局区，警务渐有起色。省城则仍系原拨保甲经费，及前筹之衙署捐、房捐、铺捐。其向由善后局借拨各项捐款或改拨他处济用，或已奉文停收，原有指用之款大半无着，以钱兑银之数折合尤低。后虽续拨人力车捐一款，为数无几，仍形支绌。臣莅任以来综核该公所报册，省城内外五局十五区，现在月支总数以捐拨之数相抵，实在不敷过半，其不敷之款由官钱局暂时拨借或向商号息借，积累日重，筹还愈难。（《申报》1909年9月25日）

张文襄死后之悲观（北京）（节录）

张文襄督鄂二十年计亏空藩库、官钱、银铜币、签捐等局银不下二百万，前去两年计已弥补百余万，其余七八十万自接南皮噩耗后，藩司暨银铜币、签捐各局总办等连日集议，谓如许巨亏，岂一时所能弥补，决计遴委妥员假赍送祭品入都，就商于张四公子，祈示办法。至一切私款则业由官钱局高松如、巡警道冯熙钧、江汉关道齐耀珊、陆军统制张彪、签捐局卞綍昌、两湖师范监督刘聘三等分任摊偿。（《申报》1909年11月8日）

鄂藩拨给咨议局经费（武昌）

湖北咨议局自开幕以来尚未领到经费，一切用项均由议长借款垫给。兹因开会在即，由吴议长函催藩台杨俊卿方伯请速拨付。杨方伯因现值新旧交替，司库尚未盘交清楚，未能动支。而该局又需款甚亟，爰向官钱局暂行借银一万两，移送该局以济要需，其余应找之款俟接收库款后找拨。方伯并以部章凡系开支正款者，均应核扣六分减平，咨议局经费系作正开支，自应照章扣减。因恐各议员不悉其事，昨特函致吴议长请其代向各议员说明，俾知并非司署私行扣发云。（《申报》1909年11月30日）

新旧制府之举动（武昌）

调任直督陈制军①原拟于十八日交卸督篆，嗣因交代赶办不及，且经手待完之件颇多，故改于二十四日卸篆，二十六日乘车入京，眷属则随径赴天津，并不赴京勾留。所带随员有邵太史章、宗主政鹤年、杜道预、张道预、杨道懿年、周牧鼐、文令廷直等十余人，皆督鄂时所奏调来者。所有鄂省候补人员之求调赴直者，制军咸以部章为辞不允。至杨护督②现尚在臬署办公，将来接护督篆后亦只每日入署治事。目下所以不迁藩署之故，因高署藩以就各本衙门办事方能便捷为言，须俟瑞制军③到鄂，各司道回本任时，杨始迁进藩署。连日各属州县撤任调省者有十余人，皆系杨护院在臬任时查得疲玩不力之辈。新督瑞制军闻有电致三司及善后局金道鼎、官钱局高道松如，询问张文襄枢相现尚亏空鄂款若干，湖北全省岁入若干，岁出若干，出入两抵约计不敷若干，刻已由杨护院查明电复矣。（《申报》1909年12月4日）

政界金融机关之阻滞（武昌）

湖北各局厂所从前遇有经费不济之时，往往禀请在官钱局拨借，大有取之不尽，用之不竭之势，历年以来各处积欠官钱局款已达四百数十万之多。现值清理财政，官钱局发出纸币均限于五年内收回，亟应预储票本以备应付。刻该局总办高观察以各局厂所欠款皆属票本，自应催令归还，特将款目开呈督院请即札饬筹还。闻所开欠款清单内以善后局为最巨，约有二百余万之多。此后各局厂如再需款非实有抵押，官钱局必不再借，政界、金融机关将日见窘迫矣。（《申报》1910年3月15日）

---

① 指原任湖广总督陈夔龙。
② 指湖北布政使杨俊卿。
③ 指新任湖广总督端方。

鄂省出品协会请拨经费（武昌）

湖北出品协会系为协赞南洋赛会而设，其开办时仅有去岁武汉劝业奖进会余存之银四千两以作经费。现因南洋开会在即，湖北建筑别馆及转运等项，需款甚巨，通盘核算即十分撙节，亦需万金。刻由委办协会高佑诸观察等详准督院，暂在官钱局借拨银六千两以济应用。（《申报》1910年4月7日）

鄂省各属学费之恐慌（湖北）（节录）[①]

是此三年中一切建筑、开办常年经费约而计之，其数总在十五、六万元以外，而师范、专门、实业高等原有各学堂应添班招生经费尚不在内。以言出款递年如此增加，以言入款则逐年如此减少。本署司何敢有五日京兆之心，置九年筹备之事于不问？可否仰恳俯念学款奇绌，筹备为难，准将签捐局每年原拨经费札饬藩司、盐道、关道及官钱局合力通筹，以免中辍。闻瑞制军[②]以鄂省学务正须设法扩充，自应合力通筹，设法抵补。当批允，札饬该司道局会同妥筹酌款，详复核夺，以重学务。（《申报》1910年6月4日）

官界金融机关之阻滞（武昌）

鄂省各署局所近年每遇急需之款，即向官钱局挪借或以实物抵押，总计历年被各署局所挪用者约三百余万，其中以学务公所为最大之债户，实欠至六十余万之多。现官钱局因奉部文，所出银铜元钞票须逐年收回，亟须储备票本，特将各官家所欠之款开具清单呈院请示，奉瑞制军谕赶紧勒限催还。至学务公所蒂欠之款则分为五年摊还。并饬以后各署局所自向该局借贷者，均不准拨借，非奉有特饬，不能作算。一时官界、金融机关遂大为阻滞矣。（《申报》1910年8月16日）

鄂省预算不敷数目[③]（节录）

湖北预算宣统三年（1911）分财政表册业经办齐。惟查鄂省光绪

---

① 以下内容为湖北提学使马吉樟上湖广总督瑞澂呈文节录。
② 指湖广总督瑞澂。
③ 参考《申报》1910年7月19诶第13450号第4页、《国风报》1910年7月27日第一年第十七期第111页。

三十四年（1908）暨宣统元年（1909）所造报册每岁约不敷银二百数十万两，加以历年积欠银四百余万两，此后宪政推行愈广，用费愈繁。旧累未偿，新亏转剧。欲求收支适合，殊为困难。现鄂督奏送表册附陈繁难、委曲情形约有三端：一、收款日绌。鄂省原有岁入一千五六百万，然近来大宗进款不可恃者。如土税膏捐，自禁烟实行后，收数骤减。从前月拨十万，现仅拨银一二万两。签捐从明年（1911）起定议减销三分之一，分作三年减尽，约少余利三十万元。加以官钱局收缩纸币，银铜币局改归部办，原有盈余或久已全无，或渐至减少。拨补盐厘一项，无着甚多，蒂欠尤巨。综计以上少收之款不下一二百万。印花税开办未久，尚无成效可言。若就官业以图补救，如武昌之商场，汉口之城垣、马路以及后湖荒地，经营不易，出售无期。即或变价一二，只可凑还旧债，无益经常之需。且迭遭灾祲，民生凋敝，厘捐、赋税无即议加，即令设法清理，所入无几。（《国风报》1910年8月15日）

革命军起事纪（九）（节录）

革军占据财政局后，局务皆归军政府统辖。前日黎元洪、汤化龙等磋商统一办法，藩库、盐库、官钱局、造币厂四处为全省财政总机关，业已派员清理，将有头绪，特咨行该四处，专任新军饷需，其军政府则一意筹划军事。（《申报》1911年10月23日）

（三）豫泉官银钱局

宫门钞：粮苑笙歌

汴省官钱局存有当十铜元四十九万余枚，近由局宪札发铁路经行之处，每县四万枚，准其纳税、完粮、赎当，毋许抑勒阻挠。（《申报》1904年5月14日）

（四）热河官银号

热河都统廷杰奏春季出入款项依限编成报告册并办理情形折（节录）

奏为本年（1909）春季热河出入款项报告册依限编成，谨将办理情形恭折具陈，叩祈圣鉴事：

……其库存放款目仍用四柱旧式，分园庭库、旗库、热河道库、财政局库，附以营务处、官银号共六项为一册；又各仓米石数目为一册以备参考。共汇编春季报告……册，呈请奏咨前来。（《申报》1909年12月24日）

（五）山西晋泰官钱局

民国二年（1913）十二月五日山西前晋泰官钱局总理渠本澄呈都督民政长陈明清理手续将本局注销以为结束文[①]

窃本局在前清光绪二十八年（1902），先后收入藩库银共九万五千有奇。作为资本，以图营业。开办之后，又支出河东分局，使渐扩充。每年年终结账一次，迭有余利，随账如数解交藩库，历经报告前清抚藩各官厅备积在案。至去年（1911）阴历九月八日晋军起义，省垣光复，夜间土匪乘间作乱，将本局所有现存银钱暨一切账目、字据并局中器具、什物以及证折与伙友衣物等件，抢掠殆尽，又付一炬。河东分局，于去冬晋军光复河东后，已由河东代理民政长王派员接收。民国既成，秩序大定，乃招集旧伙清理一切。业于五月十号将去年土匪焚掠所失及河东交代情形，并招集旧伙清理旧事一切手续，以及恳请设法维持信用各缘由，分呈大都督、民政长、劝业道查核在案。当蒙大都督（阎锡山）批"既据分呈，听候民政长，劝业道查核示遵。此批"等语。民政长，劝业道尚未蒙批示。原呈粘后，付呈备考。本局自焚掠后，账簿字据，损失净尽，一无可考。数月以来，派各伙友分头调查，一面登报声明：凡执有局存款字据者，定以期限，先来挂号存记。存记之后，以外欠、欠外，两相核计，凡欠外之一切贷款存款，暨来往折据，并凭条浮记、各零星，凡经在声明定期内存记之款项，较以现能收回之外欠各款，尚可支持归付。业经陆续收付以昭信用。惟现在官钱局存有本局票据一张，计银一千两，本局因现时收款无着，无从清还，未便以多费日

[①] 此文是渠本澄致阎锡山报告辛亥革命后，山西官钱局清理一事，从中可以看出清末晋泰官钱局在山西所起到的省库与省财政中枢的作用。

用，长此久候。应请财政司，将实存项下所列外欠各项收回后，如数补还，此外除前咨议局来往，希知照外，如清理财政局，督练公所，常备军。粮饷局、地方审判厅、检察厅、实业学堂等，来往公款，由本局所欠者，多寡不同，无从稽考。刻下既无力清还，只好拟作罢论。此本局对于欠外之项清理之情形也。至外欠各项，本局执有字据，而焚掠失落，今尚能据以本家账目如数归还者，本局已分别呈报商务总会存案并登报声明。如有此等字据出现，无论归入中外人手，均作无效。其调查确实而未能收回者，已将此数列于实在项下。其所欠现在山西官钱局银一千两，即请财政司由此项下补还。此本局对于外欠之项清理之情形也。再本局所出之银钱钞票，在前清已遵照度支部划一币制章程，至去年六月已截数收清，业于前清在清理财政局禀明立案。惟钞票收回后，因上宪面谕，暂缓销废。去年民军起义后，被土匪焚掠一空。本年已登报声明。凡持此票者，无论归入中外人手，全作无效。以上各节，数月来清理一切手续大概如此。查本局原本九万五千有奇。在河东分局，已交代九万余两，所余本银五千余两。暨去年九月以前，应会赢利，已全数损失。外欠者又未能如数收回，欠外者自未克设法还清。进行既不可必，延欠亦多耗费用。惟有将本局前后情形通盘设计，仅事交代，将本局注销，以为结束。兹将河东分局交代民军之项，暨此间外欠之各项，并清理一切情形，另造四柱清册，呈请查核。伏候批示，以便将本局名目作为取销，此后实存项下，所列外欠之各项，应直接交还财政局，并请将本局欠外之官钱局一款，即由此项下交还，以期完案。所有本局损失后，清理外欠，欠外情形，造具清册，呈请批示注销本局名目，以作结束各原由，理合呈请鉴核示遵。(《中华民国史料丛稿·阎锡山和山西省银行》)

(六) 奉天东三省官银号

东三省：公款出入饬交官银号经理

官银号为全省财政机关，故前任督宪特行拟定简章，通饬各属凡公款出入均由官银号经理在案。兹闻该号日前禀呈督抚宪，略谓设治垦荒，公中借垫多取借该号。资本既微，全赖维持。若求其通省力助，势固难能。查现在省城司道局之公款，与银号往来者只有度支司一。惟虑而又欠垫甚巨，其余交易更属寥寥。拟请宪台通行司道局所关道暨各府厅州县，嗣后公款出入悉交银号经理，庶挹注有资，而能得维持之实际等情。督抚宪准此。日前特重申前议，通饬各属一律遵办，毋再观望。凡有存放、汇兑各事，宜与该号联络、办理，以资挹注。(《大公报（天津）》1909年9月17日)

（七）吉林永衡官银钱号

吉林永衡官银钱号代理省库情形

永衡设立之初，代理省库即为目的之一。凡省政府官款之出纳，悉由永衡经管之……当前清末年，吉林以禁地乍开，富源甫辟，特以贫瘠著称。光、宣之际，长斯土者，外则仰给于协款，内惟取财于纸币。辛亥以还，协款中断，库藏益竭，则益藉发行官帖为弥缝救济之策，于是省府之财政与永衡之官帖，遂形成一种不可分离之关系焉。(《东三省金融概论》)

吉林永衡官银钱号为地方政府垫款情况

宣统元年（1909），吉省大水为灾，饥民嗷嗷待哺无已，又由官银钱号垫付平粜款二百余万吊，洋价因亦随之涨大，最高价为三吊五百文。二年因防疫，及添招陆军，该号又垫出二三百万吊，洋价涨至四吊上下。三年，阖城大火，商家几尽付一炬，无力自振〈赈〉，又由该号垫借各商户官帖五六百万吊，以资接济。此项垫款后虽由各商家按期归还，而官帖流通额数并未减少，因是洋价有涨无跌，最高价约在四吊五六之谱。历年复加以垫用军民政各费，其发行额计达七千万吊之巨。(《东三省经济调查录》)

银票发行处纪要

吉林银票发行处。总督徐、巡抚朱[①]于光绪三十四年（1908）二月，饬度支司就永衡官帖局附设发行钞票，代解官运、盐课、盐本，并

---

① 即三省总督徐世昌、吉林巡抚朱家宝。

代收各税局款项。刷印银两、银元两种钞票盖用吉林行省关防出示晓谕商民人等，凡领买官盐、完纳地租钱粮、关税厘税，一切应纳官项，均准行使。由司库提银钱若干，银元局提银元若干。充作成本，于四月十六日开办，其坐办委员为江苏候补知县汪令德薄云。（《吉林公署政书》第一期，光绪三十四年（1908）六月）

政界纪闻：舌头经费之难筹

宾州厅李司马日前电禀公署，以该厅审判经费尚无的款，现虽与绅商筹议车粮各捐，断非一时所能筹定。而目下审判用款支绌万状，迫不及待。恳请饬由官银钱号暂借官帖六万吊发给审判经费，按月认息，一俟车粮各捐筹妥，即尽先归还。庶审判可以支持成局，不至随弃等情。当经公署电复谓：地方审判固属新政之要，必须设法支持。至经费为难，各属皆然。若统仰公家官银钱号，何以为继？况现值清理财政，催收借贷綦严，势难照准。该属素称富庶，既有短〈欠〉办法，不日当可有成。审判按月额支有限，并无大宗用款，仰再自行另筹，以维要政云。（《吉林官报》1909年12月23日）

东三省通信（节录）

吉林度支司署被焚，所有一切公文、账簿均付一炬。近闻张贞午司使详细调查，该司银库尚未全数燃烧，现银十六万余两依然无恙，兹已发交公署暂行存储。惟陆军粮饷局之公款向存官银钱号，被焚去票银一万六千余元，又银票一万一千九百十五两，全归无着矣。（《申报》1911年6月21日）

吉省创立官报以通舆论（节录）

今将各衙门局所之机要文字，若折奏、若禀详、若批答悉数登载，庶使中外皆知其况瘁艰难，而流言为不足信，此以官报为陈情之属也。一省公事以督藩两署为统汇，余则此郡之事，彼郡不知；甲局之事，乙局不悉。每兴一役、建一议，同省同官且莫详其底蕴，何怪外论之纷呶乎？如厘金局、财政局、官银钱局筹款者也，则疑其亏公而便私。学界、军界、警界及一切新法耗财者也，则议其浮靡而寡效。今将财用之出入，政事之兴革，宪法之预备，申详之准驳一一宣明而刊布之。有疑吾私者，吾豁然示以公；有攻吾短者，吾欣然受其赐。同寅诸君，咸得所观摩而尽祛其壅隔，此以官报为四达之邮也。（《吉林官报》1909年3月12日）

（八）广东官银钱局

粤督奏请新军饷需立案（广州）

粤督张人骏片奏略云：窃维练军宜先筹饷，足食而后足兵。约计一协岁需薪饷及开办之营舍、械装等费，暨各学堂所支销，需款浩繁。当经督饬督练公所在事各员熟审详筹，分期计划，并饬藩运二司及善后关厘等局分任协拨，以期无误要需。随据该司局等详称：粤省新军饷项，先经前督臣岑春煊札行筹拨，指定每年六十万两，现今竭力筹商。拟由善后局拨银七万两，并在官银钱局余利项下拨银七万两，关务处拨税项银五万两，运库拨银二十万两，厘务局拨厘金银五万两，共银四十四万两，以备第二期之需。至炮工辎各营开办经费与夫添修营舍，置办军械服装一切支销，以及第三期所需款项，复多至百数十万。当此库储支绌，实难指定的款按期应付，惟有再由关务处预筹银一十五万两，运库厘局各项筹银十万两，并在官银钱局余利项下预筹银五万两，共银四十万两等情。臣伏查粤省近年举行新政及筹解洋债赔款，并钦、廉等属匪乱，用兵需款浩繁，库储已极支绌，近复大水为灾，各属基围多被冲决，早稻失收，饥民极众，筹款赈恤，罗掘俱穷。该司局等仰体时艰，通力合作，现在筹拨饷需至八十四万两之多，委系竭力经营，以期众擎易举。内有运司丁乃扬筹银三十万两，即系劝谕盐商报效之款，先经臣另讫奏明在案。兹据置广东布政使胡湘林等详请奏咨立案前来，除分咨度支部、陆军部查照外，谨附片奏陈。

七月十五日奉朱批：该部知道，钦此。（《申报》1908年7月28日）

广东官银钱局铜元接济广西军饷情形

粤省官银钱局铜元每包值银二十元。每百值银八钱。揆之当十之义，本有违悖。只以封禁小闱姓后，即将此款作抵。且西省军饷全赖挹注，亦万不得已之举。现西事敉平，钱局日出铜元至二百万余，较前更

臻发达，销流亦更畅旺。故大吏拟俟此项再有盈余，即将番摊①封禁云。(《各省财政汇志》，《东方杂志》1905年第二卷八期）

广东官钱钱局拨款建筑花园

查岑前部堂②任内曾据广府会同朱祖艺禀，请仿照外国的创建公家花园，任人游览，酌收些园费。勘得川龙口的地方有荒地数十亩即可以修建，共需银十六万两，请在官银钱局暂拨应用，待将来筑成后将所收的园费归还，当经岑前任批准在案。前经亲往阅看，该〔处〕应当像博物院的制度可以任人游览，开通平民的智识，勿应设置娼寮、酒馆。现又查该处地方甚为繁盛，当该改作商场，公园再寻好些地方快来推广筹办呢。(《官话报》1907年3月14日）

移知整顿藩库平色（广州）

日昨善后局四司道移知各局，略云：法码为收支款项标准，司库、局库时有解款往来，即局中支发各项亦时与司库交涉，必须名目划一，方始慎重。查本局法码本照司库法码铸造，系九九六五平，现与市面通用平码比较，实得九九六四，所差仅及一分。又与官银钱局九九七平码比较，每百两计短八分。又与西号三家九九七平码比较，每百两计短九分。是局码较之官银钱局、西号之平，虽仅得九九六一二左右，然准之市面通用平码，几及九九六五原平。且藩库法码由部颁发，自应仍照藩库平为准。拟即移请司署较准司平，照章代铸法码三付送局应用，嗣后统称藩库平，将印花九九五平字样改正，以免参差，似于出纳益昭慎重。是否有当，理合具文详请宪台察核，俯赐批示立案，实为公便。为此备由具呈，伏乞照详施行。奉批云：法码为收支款项标准，所有平色名目自应司局一律，方足以示公平而昭慎重。该局所用法码既由藩司衙门铸给，乃沿九九五名目，致与司平名色稍有参差。现当换铸之时，应照部颁司库法码以九九六五平为准，仰即备移藩司衙门较准司平，照章代铸，送局应用。嗣后统称藩库平，将印花九九五平字样更正，以归划一。(《申报》1908年7月13日）

---

① 一种赌博游戏，清末两广地区征收闱姓，有专门针对此种的税捐。
② 指前任两广总督岑春煊。

粤督①奏复整顿赌博情形（北京）（节录）

原奏又称，纸币一项发出已数百万，所存实银自当是移缓济急，尽堪支搭一节。查纸币开办数年，系由官银钱局发售。据报售出银元票纸约七百余万元，所得售价除酌留数十万应付票银外，余均发存银行、商号生息，作为保证金，以备商民换领，向不动拨。市间因而信用，日见畅销。至存款所得息银除开支薪夫局用，并岁底提存护本及分给员司花红外，余均解缴善后局，凑拨新军饷需。若将票价移抵赌饷，无论数百万元断难持久，且保证金无着，商民必致惊疑。倘纷纷持票兑取现银，其将何以应付？市面摇动，影响必多，实于官民均有妨碍。（《申报》1909年7月31日）

广东官银钱局为广东武备学堂拨款一事

粤省武备学堂现行章程本系参仿日本中央幼年学校及士官学校办法，实具有陆军中学堂之资格……并由柴、胡两大令认筹开办经费万金，又于土丝厘金岁收项下，按年拨给银三千两，关务处及官银钱局按年拨给银一千两，以作常款而垂久远……（《教育：各省教育汇志》，《东方杂志》1905年第二卷第九期）

署两广总督袁②奏禁广东缉匪花红请永远裁革
以苏民困而清吏治折（节录）

诚有如前督臣陶模所言者，是花红之无益于缉匪，适以懈缉匪者之责，而长地方豢匪之风。日使无所控告之民，强者散四方，弱者转沟壑。立法之不慎，上背朝廷蠲缓之意，下益乡里鱼肉之资。此弊不除，非特不可维新，抑亦不能守旧，可长太息也。近年以来此项花红已提存省城官银钱号，缉获有匪，随时由水师提臣行文支取，以免各属官绅隐吞之弊，办理亦颇具苦心。然访闻省外营县，习染相仍，尚有借口于花红名目以自饱其欲壑者，正本清源，非一律永远革除不可。（《申报》1909年12月23日）

---

① 即张鸣岐。张鸣岐奉旨奏报广东禁止赌博，停征闱姓并设法弥补其原额一事，但拒绝将官银钱局余利用作拨补款项。

② 即袁树勋。

张督①札复咨议局质问官银钱局借债办法文
督院张据东咨议局呈询官银钱局借债办法缘由答复照文

为答复事：

案据广东咨议局具呈，质问本省官银钱局借债办法，请照章批答前来。② 本督院查此次先后由司向日本台湾银行订借日金一百六十万元，又向英国汇丰银行订借港纸五百万元，均经分别奏咨有案。此项借款计归官银钱局者港纸四百万元，归财政公所所借港纸一百万元、日金一百六十万元，是为借债之总额。及司局分占之数目，官银钱局历年发行钞票，所收票本分存本省银行、银铺本无亏空。本督院前于咨议局临时会当场答复议员，该局基金充足，即系根据事实而言。此次风谣骤起，持票兑现，拥挤异常。若提还票本，以供应付，则票本分存本地银行、银铺，一经提取，数巨期迫，必至牵动商场，亏损甚大。故为保全本省市面起见，宁息借外款，使官银号受一时之亏，而决不提还票本，贻商场莫大之累。初非因票本不足始借外款，亦与本督院前次答复议员之语并无背触。且此项借款属于营业范围之内，将来即由营业余利项下归还本息，既可保市面之安宁，又不遗人民以负担。区区苦衷，自问可告无罪于粤民。此官银钱号借款之理由也。本年（1911）禁赌，政费不敷二百一十四万余两，③ 虽经咨议局议决加筹药丝捐、屠捐两项，定额为六十万两，而现时仅能收烟丝捐三十五万元。除原缴厘金经费九万四千余两外，仅增一十五万八千余两。而变乱之后屠捐摊还，加抽迁徙之余房闻尤难整顿，是原案不敷之数尚有一百九十余万两。而禁赌、善后所需之款尚不在内，财政之困难至此，就令安常处顺已属支柱为难。况增兵、清乡需饷尤巨，收款锐减，支款骤增，若不急谋救济大局，溃裂何堪设想？前据咨议局具呈，原请将赌饷不敷之数由官厅暂行筹借，此次财政公所所借港纸一百万元、日金一百六十万元略足抵赌饷不敷之数。而现拟大举清乡为善后，所需经费④尚不与焉。至此项借款或属于国家行政经费，或属于地方行政

---

① 即两个总督张鸣岐。
② 此句为《申报》《国风报》未录。
③ 《国风报》中此处有"况增兵清乡需饷尤巨"一语。
④ 《国风报》中此处为"而清乡经费尚不与焉，至此项经费"一语

经费，将来列入预算自可由①资政院及本省咨议局分别议决，此又财政公所借款之理由也。合就答复，为此答复咨议局查照②。须至札者。（《两广官报》1911年7月9日③）

督院张批东藩司详遵饬筹拨银两移解学司查收备用文
（附件一）（节录）

据详已悉，仰即知照，仍将预算案内不敷银两酌量缓急，分期筹解，以济要需。此缴。六月十三日发。

原详：

为详复事：现奉宪台札开：据东学司折呈，窃照粤省教育经费宣统三年（1911）分预算，经沈前署司于宣统二年二月以限造报计，正预算收入合计洋银六十二万三千八百余两，支出合计洋银一百五十五万九千九百余两，嗣经一再磋商，分别递缓核减洋银四十二万九千一百余两，实计支出洋银一百一十三万零七百余两。又追加预算收入合计洋银五万一千一百余两，支出合计洋银一万六千二百余两，以收抵支，实不敷洋银四十七万一千九百余两，当以前项预算经藩司会同清理财政局通盘筹划，将教育费不敷之数就全省款目统计，收支系属适合，早经录齐造册报部有案。本年（1911）实行预算，曾将不敷数目详悉列表移请藩司查照指拨。一面按照定章编造支付预算表分送发款各衙门备查，并遵饬将是年预算案详加修正，分别呈报宪辕暨清理财政局查照各在案……

又准官纸印刷局开单内载：第八结盈余，除存源丰润、宝源官银号，未收银三万八千四百九十六两二钱五分四厘，外应欠解学务公所银一千七百四十七两七钱三分一厘……

司库同一困难，委实无从挹注。惟目前学费既极支绌，不得不统筹兼顾，实力维持，似应由司先行设法筹垫银八万两，内潮汕厘金项下尽

---

① 《申报》此处为"列入借款之理由"。
② 《申报》与《国风报》内容至此。
③ 另参考《张督宣示大借外债之理由》，《申报》1911年7月4日，后加"言之亦娓娓动听者"数语为本文所没有。另参考《国风报》1911年6月7日，原文开头有"因日前粤省有抵制官银钱局纸币，张督借债维持一事特具呈问"一语。

先拨解银三万六千八百两筹抵。赌饷项下垫解原基铺商票报效，自三月起至七月止，连闰共六个月七二兑洋银六万元，伸合银四万三千二百两以济要需。奉札前因，除饬收支股科员照数筹拨银八万两移送提学司查收备用，并将本年预算案内学务经费不敷银两会商提学司酌量缓急分期筹解外，理合具文详复宪台察核批示、祗遵，实为公便。(《两广官报》1911年7月30日第八期)

(九) 广西官银钱号

派生赴英学习矿务（广州）

桂抚张坚帅（鸣岐）现派工业毕业学生黄士谦前赴英国学习矿务，所有川资已饬梧州官银号拨银八百元为留学之费，该号即遵照拨汇来东，转饬该生收领矣。(《申报》1909年2月13日)

广西巡抚柯逢时奏设广西官银钱号经理本省财政
（光绪三十年（1904）正月）

柯逢时奏广西匪乱由于吏治不修，然吏治之所以不修，非尽官之不肖，实由缺之不均，甘苦相悬，趋避不免，中材以下，大抵皆然。广西如太平、泗城、镇安等所属州县，道路既远，水土极恶，可入之款，或不及三千金。往返用资，动耗其半，所出或且倍之。任斯缺者，无不视为畏途。负债难清，求还为幸。于是多方推诿、敷衍，终年日求受代，安望其尽心民事，整理地方？颓靡相仍，祸乱遂伏。又如临桂、苍梧等县，地居冲要，供亿繁多，体察情形，不得不予以调剂。于是优瘠之缺，例有更替，而皆不可以久居。用人者不惟为地择人，且不能不为人择地。又较优之缺，所有平余入款，大半皆在冬漕。若以漕交卸，则赔累滋多，不均尤甚。至于道府各款，除兼管关厂税项者，经费尚充，其余如左右江道、柳州、思恩、南宁、太平等府皆清苦异常，供张节寿之资不得不仰给属吏，遂至贤者无所养其廉耻，不肖者遂得肆其贪婪，勾稽钻营，无不由兹而起。即如巡抚、学政、藩臬两司衙门，支入之款，养廉而外，亦俱琐屑。不经名称决有未安，取与均属非义。惟有用度较巨，供亿繁多，自宜宽筹，藉存体制而免滋他弊，以肃官常。臣与各寅僚再四商酌，惟有将通省院司道府州县各衙门，视缺繁简，道途远近，按月酌定公费，即就各衙门本有入款均匀支给，养廉亦归入计算，照章匀支。定章以后，不准于公费之外，另立名目，收取分文，违者以赃私论。各州县地丁项下，向有坐支、佐俸、役食、祭品、廪粮等项，照旧留支。臣顷在桂林设立广西官银钱号，收发司局外款。拟于梧州、浔州、南宁、柳州等府一并设立分号。凡各官公费准其在附近官号支领，各缺入款，亦均解交官号收储抵用。综计每年共应支银五十九万四千两，各缺原有入款，约共银六十八万三千五百两。通盘合算，尚属有盈。广西通行花银，每百两较库银少十两有奇，拟一律以花银拨给。留此余款，以备偏灾之不足。又各州县开垦入款，如有名目不正者，尚须核明禁革。遇有应办差使，查明果系因公，亦准由官号支付。各官到任之始，并准另给一月公费作为资斧及置备什物之需。上司到任，不准丝毫累及州县；州县到任，不准丝毫累及商民。凡封船只、索夫马、购器具、送酒席尽行革除，总令缺况相均，足敷所用，虽边远之地，亦可久于其任。庶任事者无所藉口，自爱者亦有所资。自各激发天良，勉图称职。奔竞营求之弊，可不禁而自治，于吏治或有起色。下部知之。（《光绪朝东华录》；另见《申报》1904年3月18日）

广西官银钱号代理省库情况

广西官银钱号业务范围，主要是经理公款的收付、汇解。包括：省城内收解支付一切官款，所有本省解部款项，并省内省外收解支付及往来汇划之官、商各款，以及小量放款业务。其中以经理公款收付为根本，相应派生公款汇解业务。少量发放贷款，则是为了维持开支的需要。

宣统元年（1909）广西巡抚部院《批镇安高守禀天保县浮收税契并请令土属地方并征税契文》中指令："该府所属各缺，距省遥远，专丁批解税契，甚属为难。请改解官银，邕号转汇晋省号中，不另收汇费，事属可行。惟此等情形，不惟该府一处，将来通令各属就近解交邕、龙、梧各官银号。"一纸命令，给予广西官银钱号以经理国库的任务，增加了一项业务内容。（《广西金融史稿·广西史志资料丛刊之一》（上册））

（十）江西官银钱号

江西官银号成为地方主要财政机关情况

（护理江西巡抚江西布政使柯逢时奏）窃照江西筹解奉派新定赔款，光绪二十九年（1903）第二期银两发交官银号汇解。

……

（江西巡抚胡廷干奏）江西道库动支三十一年（1905）漕折银五万两作为三十二年（1906）第四期赔款发交官银号汇交江海关。（《庚子事变清宫档案汇编11——庚子赔款筹付卷》）

柯逢时片（节录）

再前准户部咨议复漕运总督松椿奏：徐州一带兵力单薄，拟先募四营填〈添〉防，并请拨饷项以济要需一折。光绪二十六年（1900）六月十八日具奏。奉旨依议。钦此。钞录原奏，飞咨遵照。计单内开：援案在于江西粮道征存漕项水脚津贴项下，每月拨银二千两，自二十六年六月起，每月如数解交，专供漕标新军饷项之用。等因。业经行据粮道将二十六年（1902）六月起，至二十八年（1904）四月止，连闰共解过二十四个月军饷银四万八千两，先后详经奏咨在案。今据署督粮道丁乃扬详称，于道库漕项内动拨银八千两作为光绪二十八年五六七八等月分〈份〉漕标军饷，于本年（1902）八月二十九日如数交江西官银号，汇赴漕运总督衙门交收，并另给汇费银六十四两。理合详请奏咨等情前来。（《申报》1902年12月9日）

柯逢时片（节录）

兹据署督粮道丁乃汤详称：于光绪二十八年（1904）漕折项下动放银五万两，并随解关平补水银八百二十一两五钱，一并发交江西官银号具领。限十月二十四日以前汇赴江海关道衙门兑收，作为漕折第十一期偿款银两，交官银号汇沪。缘由理合附片具陈，伏乞圣鉴。谨奏。奉朱批：知道了。钦此。（《申报》1903年1月14日）

议赣抚柯奏汇解第九期新案赔款片（初三日）（节录）

柯逢时片：……兹据署布政使陈庆滋详称，动放丁漕加价银十一万六千六百六十六两六钱六分七厘，随解关平补水银一千九百一十六两八钱三分三厘，并另给汇费银九百三十六两八分五厘，限八月初一日以前由官银号汇至江海关道衙门投交，作为第九期银两，详请奏咨等情。前来。除分咨外，理合附片具陈，伏乞圣鉴。谨奏。奉朱批：该部知道。钦此。（《申报》1903年10月15日）

江西巡抚夏奏奉拨新案赔款设法解清缘由片（初七日）

夏时片：再江西奉拨新案赔款，每年银一百四十万两，业将光绪二十八、九两年及三十年第一年应付之款设法解清，先后奏咨各在案。兹据署布政使陈庆滋详称，动放丁漕加价银十一万六千六百六十六两六钱六分七厘，随解关平补水银一千九百一十六两八钱三分三厘，内扣除浙江运司解存江海关浙盐加价银六百九十三两五钱。又江西赈捐余存银一千一百二十四两四分，尚应找银一百九两二钱九分三厘，限十二月二十一日以前由官银钱号汇至江海关道衙门投交，作为光绪三十年第二期银两等情，详请奏咨前来。臣复核无异，除咨户部与外务部外，理合附片具陈。伏乞圣鉴。谨奏。

奉朱批：该部知道。钦此。（《申报》1904年3月19日）

江西巡抚夏奏奉拨广西协饷设法腾挪汇解片（初七日）

夏时片，再广西抚臣柯逢时在前护江西任内片奏：广西应办一切善后事宜需费不资，请每年于江西土药捐项下筹拨银八万两，膏捐项下筹拨银四万两，汇解广西，以济饷需。奉朱批：户部知道。钦此。钦遵在案。现准柯逢时电：拟趁冬大举挪借明年协饷，两月交汇来桂。等因。行司遵照。兹据署布政使陈庆滋详称，年内库款奇绌，本难筹解。惟广西军务紧要，自应移缓就急，以赴事机。兹于土药膏捐项下设法腾挪银二万两，为奉拨江西应解广西省光绪三十年（1904）正、二两月协饷，移交江西官银钱号，于二十九年（1903）十二月初六日汇至汉口分号，转汇广西抚臣衙门，转发藩库兑收，掣批回销。并于厘金项下放给汇费银一百六十两，详请奏咨等情到臣。除咨户部外，理合附片具陈，伏乞圣鉴。谨奏。

奉朱批：户部知道。钦此。(《申报》1904年3月19日)

江西巡抚夏奏为今据督粮道锡恩详称前项协饷
自光绪三十年 (1904) 起改为按季汇解片 (十六日)

夏时片：再查前准户部咨议，覆漕运总督松椿奏，募营填〈添〉防，请拨饷项以济要需一折。援案在于江西粮道漕项水脚项下，每月拨银二千两，按月解济。光绪二十六年 (1900) 六月十八日奉旨：依议。钦此。恭录咨会。等因。业经行据粮道将光绪二十六年二月起至二十九年十二月止，连闰共解过四十五个月军饷银九万两，详请奏咨各在案。今据督粮道锡恩详称，前项协饷自光绪三十年 (1904) 起，改为按季汇解。兹于道库漕项内动拨银六千两，作为三十年春季分漕标军饷，于本年 (1904) 六月初四日发交江西官银钱号汇赴漕运总督衙门交收，并另给汇费银四十八两。详请奏咨等情前来。除咨户部暨漕运总督臣查照外，理合附片具陈，伏乞圣鉴。谨奏。

奉朱批：户部知道。钦此。(《申报》1904年9月17日)

护理江西巡抚周①奏为前准户部咨每年应还英德本息
奏明指拨江西地丁等款银两按期如数解交片②

如数解交，详明奏咨各在案。兹据署布政使陈庆滋详折，现于司库动放丁漕钱价平余银四万三千七百五十两，作为光绪三十一年 (1905) 二月第一批拨江西应解英德借款银两，移交官银钱号具领，限二月二十四日汇赴江海关道衙门投交、兑收。并由司发给汇费银三百五十两，详请奏咨等情到收。并由司发给汇费银三百五十两。详请奏咨等情。到臣复核无异，除咨户部暨外部外，理合附片具陈，伏乞圣鉴。谨奏，

奉朱批：该部知道。钦此。(《申报》1905年7月12日)

---

① 即江西布政使周浩。
② 此折在《申报》1905年7月5、12日连载。以下为12日内容。

江西巡抚胡奏为前准户部咨新案赔款江西省每年摊派银一百四十万匀作十二次先期解沪片

六十六两六钱六分七厘，应在土药统捐项下动支银五万四千四百七十两八钱七分五厘，新加盐价项下动支银一万五千六百三十四两七钱三分，粤盐口捐项下动支银一万六千五百九十三两八钱四分七厘，丁漕加价项下动支银二万九千九百六十七两二钱五厘，并在厘税项下动支关平补水银一千九百一十六两八钱三分三厘，汇费银九百四十八两六钱六分八厘，一并发交江西官银号，限光绪三十二年（1906）二月初一日汇交江海关兑收，作为江西应解三十二年（1906）第三期新案赔款等情。详请奏咨前来。臣复核无异，除咨户部暨外务部外，理合附片具陈。伏乞圣鉴。谨奏。（《申报》1906年5月1日）

赣抚札饬条陈筹款办法（九江）

日前赣抚吴仲帅（重憙）札派办处饬属妥议筹款，略云迭据该司等面陈，每年入款数在五百万两以上，出款约在六百万两以上。加以近日银贵钱贱，厘金收款向以钱计，亏耗又在数十万两等语。则支绌情形可以想见，应由该藩司会同各道各局处将近三年出入款项分别内外销，统开两单，十日内开呈本署查考。至各项收款内有无可以整顿、剔厘，支款内有无可以裁减归并，另具节略，条举以告。此外如厘税局之征收能否酌加，比较官银钱号之钱如何推行尽利，铜元之营销如何操纵得宜，以及应否仿照各省举办牙帖、捐签捐等类，一并条议，以便本部院覆加核酌，饬该司道局处次第办理。（《申报》1906年6月9日）

南昌江贤令给领恤银（南昌）

原任南昌县江云卿大令出殡一事已纪前报，兹闻上宪悯恤故员，给予恤银三千两，由官银号交付公子辈具领，始得治装回里。并闻当日灵

---

① 此奏折分两部分刊登，一部分登载1906年4月29日《申报》第十六版。其内容如下："胡廷干片：再前准户部咨新案赔款江西省每年摊派银一百四十万匀作十二次先期解沪。等因。业将奉拨银两设法解请。至光绪三十二年第二期止，先后奏咨各在案。兹据布政使周浩详称江西应解三十二年第三期新案赔款银一十一万六千六百。"

枢经过西大街、书街、中大街等，绅商士民皆为流涕不置。（《申报》1906年7月19日）

江西洋务局派办政事处曾详赣抚瑞鼎帅①文
（为南昌教案议结购定医院地址请送驻沪巨总领事并咨外部事）
二续（节录）

再查此案添购地基，据该二县续行垫用各费，共钱一千八百二十四千八百八十文，开具清折禀请核发。拟请仍由官银号先行拨给、具领，再由本藩司另行筹还。其补助拆迁之费，已由本洋务局另款开支，不再请领。（《申报》1907年2月7日）

赣藩购买机关炮已到（南昌）

赣藩沈方伯春间与奥商潘振铎订立合同，议购最新、最快机关炮数尊。近接奥商电信言炮及子药均已照合同送运到沪，请派员验收等语。方伯接信即派熟悉炮学妥员前往验收，并电驻沪官银号俟验明后照数汇兑。（《申报》1907年9月4日）

饬司筹拨教案赔款（江西）

赣抚瑞中丞（瑞良）近札藩司，略云：现接俞道暨赣南王道先后电称，赣约五条内载教堂、教士一切损失，偿赣平洋银六万千六两，年底交二万，余分四季，明冬偿清。教民二百三十六户恤洋三万元，现付南康洋式教堂两所，并女堂育婴堂及教士损失各物，共偿赣平洋银七万两，分五期筹付，本年腊月付一万四千两，余分四季，明冬付清。全境教民死伤损失共恤洋九万二千元，月内付二万，十二月付三万二千元，明年三月付清。除由赣盐捐内拨银一万两，赣、康两邑地丁内拨洋一万四千元外，余无款可拨，恳饬官银号电汇付赣等语。查赣康教案赔恤各款为数甚巨，自应预为筹划。除由官银号将本年（1908）应付各款先行电汇拨付外，至应如何认筹、汇划之处，由司筹议详复。（《申报》1908年1月3日）

---

① 即瑞良。

批准库款改给现银（九江）

江西造币厂自停铸铜元后，官银号存积无多。日前藩司沈方伯具详赣抚略谓，嗣后凡属动放库款，如需搭放铜元者，一律改给十成现银，以免周折。业已奉瑞中丞（瑞良）批准照办，并转饬九江常备军炮台营一律遵照矣。（《申报》1908年1月12日）

度支部奏速议江西巡抚电奏财政奇窘请饬部
电沪分行先借银两来赣等折（节录）

臣等伏查近日大兵南下①，支发饷项均需现银，部库空虚，势甚岌岌，各埠市面动摇，官商银号同时受挤，银根奇紧，筹拨为难，洋款关系外交，数巨期迫，沪关力难筹垫。迭经臣部电催各省迅速筹解，力顾大局。该抚②所请借拨现银拨解库款赔款各节均属碍难照准，江西居武汉下游，防务又形畸重，值此日记危迫，不能不借箸代筹……（《内阁官报》宣统三年九月十三日，第72号折奏财政）

江西巡抚冯汝骙奏为司库仍前支绌拟将原借裕宁官银号
暨汉口交通银行银两准展六个月归还事

再赣省财力艰窘，通盘计算，年内不敷约一百数十万两，前向大清银行借银五十万两以资接济，业据司详奏咨在案。并复据布政使刘春霖详称，年内应解京饷各饷、各关债款与夫本省一切用项所短尚巨，现经商借裕宁官银号之银五万两，议明按月付息八厘五毫，自十一月二十三日借银之日起，对期六个月，本息如数归还，立借券交收。又向本省官银钱总号陆续借用库平厘封银五十万两，议明按月付息六厘。于宣统三年（1911）十一月本息一并归还。又由官银钱本号向汉口交通银行借用汉估平银三十万两，议明按月付息八厘五毫，自十一月三十（日）借银之日起，对期六个月，本息照数归还，详请具奏前来。臣复查无异，除咨度支部外，理合附片具陈，伏乞圣鉴，谨奏。

宣统二年（1910）十二月二十五日奉朱批度支部知道，钦此。（中国第一历史档案馆藏档）

---

① 指武昌起义后，清廷调派军队南下镇压。
② 指江西巡抚冯汝骙。

奏报江省预算成立（节录）

岁出共库平银五百八十一万余两。但其中有由民政司经管者，有由地方官绅及官业各局厂公司经管者。预算民政司经管之款岁入共银二百八十八万余两，岁出共银四百一十六万余两，约不敷银一百二十七万余两。拟酌提官业余利三十万两，并借入广信公司官银号三十六万两以资弥补，仍不敷银六十一万余两。（《申报》1910年8月20日）

江西巡抚冯汝骙奏应还裕宁官银号等本息请推展六个月片

再江西为前因财政困难，藩库各款入不敷出，于宣统二年（1910）十一月二十三日商借裕宁官银号规元五万两，并于十一月三十日由官银总号向汉口交通银行商借汉估平银三十万两。均经议明按月付息八厘五毫，自借款之日起对期六个月，本息如数归还，当经奏咨在案。兹据布政使刘春霖详称，本年五月为应还裕宁官银号暨汉口交通银行本息之期，司库仍前支绌，一时委难措筹，不得不暂请转期，藉纾财力。现经该司商准汉口交通银行暨裕宁官银号，将原借银两按照应还日期推展六个月再行归还，所有五月内应还两项借款息银均由官银号如数拨付。除将原券分别取回涂销并另立借券交执外，详请奏咨等情前来。臣复核无异，除咨度支部外，理合附片具陈，伏乞圣鉴。谨奏。

宣统三年（1911）六月二十九日奉朱批：度支部知道，钦此。（《政治官报》宣统三年闰六月初二日，总第1343号折奏类）

息借公款维持留学之伟举（江西）

赣绅谢远涵、谢佩贤、黄大坝、刘凤起、叶先圻、宋名璋等日前具呈抚院，以本省留东学生公费向由各县申解学务公所汇收汇东，近因积欠太多，以致筹垫无术，奉文改归各县汇付在案。惟海外留学寒士居多，旅食所资胥赖学费，一旦改向各县直接经理，微特内地汇付机关诸多不便，倘各县或因此更章，稍涉误会，停费之举亦在意中。言念前途，至堪惋惜。迭经公同筹议，拟恳由学务公所暂向本省官银钱号商借二万金，陆续支取，以备先行垫汇之用。仍札令各该公费、学生本籍迅速筹解新旧各款归垫，一面再由绅等通函各县公团竭力劝催，以期款归有着。庶本省公费、各生亦藉得竟其学业，以为他日效用之阶。当奉赣抚冯中丞（汝骙）批云：来牍阅悉。所请于本省官银钱号息借二万金，垫汇留学公费一节，现据提学司据情详请到院。自应准如所请，俾资接济，希候札饬官银号查照。来呈暂行息借，并希通函各县公团竭力劝催，以清垫款，毋任再延。（《申报》1911年4月5日）

电八（北京）

赣抚冯汝骙奏，赣省应还裕宁官银钱局本息，因财力支绌，难以筹措，请展限六个月。（《申报》1911年7月26日）

九江失守时安静之状态（节录）

赣抚冯汝骙前数日曾电江西驻沪官银号，筹办枪弹一百万，该号商之各洋行以各国业已宣告中立，不允代办。复转商制造局，当为照数办就。惟外国商船严守中立，皆不肯代装，招商局船亦不敢装载。现闻九江已经失守，故此项军火亦不复运往矣。（《申报》1911年10月27日）

赣省新猷种种：银行办法

赣省财政局决议开办民国银行，以为活泼金融，兹将条陈办法录下：（一）由军政府派队官一员、兵士四十名、保卫银行开市。（一）请都督饬政事部，照会张季煜（军事参议）为银行总办，李某为帮办。（一）请速刊民国银行图记。（一）请晓谕居民、铺户人等，除军界外，暂缓十日兑取铜元。惟兵士向银行兑换银钱，须由各营官长盖用图记、凭条，以便照兑而免纷扰。（一）军界粮饷兑换处暂设铁路银钱号内。（一）暂筹现洋五千元以备兑换。（一）请都督晓谕军民、铺户人等，所有以前官银号所出银票、洋票、信票候公同开会议决，再行宣布办法。（一）请都督命令钱业，有各行业等所有铜元与收票、市票，一律平价，倘有不遵，一经查出，即以军法从事。（《申报》1911年11月17日）

赣省金融界之恶感：开会之情形

赣省军政商学各界于初五日遍布传单，定于初六日在百花洲开特别大会。是日会场到者千余人，首由叶和伯演说开会宗旨，并宣布张元懋、曾秉钰、龚士材、邹安孟四人之事实。大致谓曾等与张元懋狼狈为奸，焚烧官银号一切簿据等语。次舒交光演说财政之关系，谓现在军务吃紧，饷源易绝，非将各项财政认真经理，后患何堪设想。邹、曾、龚三人所欠之款为数已达四十余万两，今军政府不追缴欠款，徒从事于募捐，是何道理？仆谓宜将邹等存款提出，暂济军需，不足再行募捐。大众鼓掌。舒君说毕后，有余心之登台演说，声明账簿存官银号，并未焚毁，所烧者官钱票耳，极力辩白邹、曾、龚等之无罪。于是大动公愤，同声喝打，余见势汹汹，恐遭不测，遂抱头鼠窜而去。次胡嘉猷演说办法，略谓官银号簿据烧毁与否，姑勿具论，而此项存款理应追缴，以佐军需。切要办法莫若各界公举代表专办此事，据鄙见宜派人将邹、曾、龚等先行拿住，暂交军政府押缴存款。倘已逃走，即派人查封该商产业，总之无论如何，我银号款项万不可丝毫损失，任彼奸商倒骗。诸君如以为然，即请举手表决，于是到会诸人几无一不举手者。当时举定代表六人，军界胡嘉猷、张宗杰、胡棣山、何云章，学界龚自沅，商界涂秉忠，当场宣布，遂摇铃散会。（《申报》1911年12月3日）

（十一）新疆各局情况

伊犁将军志锐奏请准伊犁官钱局拨款以维财政事

伊犁将军志锐奏：边防危急，财政艰难。责任虽专，事权不一，欲期整顿，必须变通。查伊犁协饷，每年不过五十余万两，而所练一协与各营兵饷，各公司支销，每年总在八九十万两，方能敷用。无米何以为炊？遂由所设官钱局开票支发，年复一年。开票愈多，赔累愈重，现在钱局票存已过百六十万。每年只得此五十余万现银，倘票存统归俄人所得，持以索银，则国际交涉何法能结？此钱局交涉亟宜变通、弥补，另定章程也。伊犁所设皮毛公司、制革公司，原为兴利，无如匆遽创设，规则不周。况制革一厂，销路无多，俄人又加税，并亦制革以抵制之。兼之皮毛公司以压力，蒙、哈减价收来，增价售去，致俄人有垄断纳税之照会，到部饶舌。此公司交涉，亟宜变通，另定章程也。伊犁将军除管兵外，毫不得干预他事，即附城之镇道府县，无论如何优劣，无法去留。以致遇有交涉，将军无权以处之，此又事权亟宜变通，另定章程也。伊犁紧邻俄界，练兵为亟，无如孤悬西北，器械则转运为艰，召募则驰驱不易。拟在锡伯一营，挑选教练，总期先成一镇，再作后图，既可省费，又易成军，此与旗兵生计，与化除畛域，均能各受其益。此练兵亟宜变通，另定章程也。以上四端为今日急务，必须速为办理。

得旨：伊犁地方重要，著志锐到任后，认真筹办，随时奏闻。（《宣统政纪》宣统三年（1911）三月下，实录卷51）

京师近事（节录）

新任伊犁特军志锐奉旨后，多所要求，延至日前始行请训。其所以迟迟之原因，外间揣拟不一，兹闻个中人云，该将军最疑虑者实有三事。第一即为前任长庚、马亮两将军侵蚀富勒铭额以来公积之款二百万以上，又官银号及军饷项下约三百余万，以致伊犁财政困难百端，此请部拨给巨款之所由来也。第二则为添练新军问题。第三则悚于萨钦使之密电报告俄人图谋新伊情形，故与政府屡次筹议，预定交涉方针，始敢就道云。（《申报》1911年6月22日）

（十二）黑龙江广信公司

署黑龙江将军程①奏陈添改江省各官缺折（节录）

一、筹学费。新设厅州县暂时不设教官，曾经奏明在案。查舆〈举〉贤育才近以学堂为急务，江省大乱甫平，无从筹款，尚未举办。今拟由荒价项下提银十万两发交广信公司作为股本，以每年所得红利拨充省城学堂经费。惟边地荒陋，师范无所取资，拟多设蒙养学堂，开民才智，此项经费亦属不赀。（《东方杂志》1906年第三卷第二期）

兴东道筹边十策（黑龙江）（节录）

兴东道庆仁庵观察前上江抚条陈筹边十策，兹探得大纲，一开办东郵经费宜早筹拨；一已修办事公所名实宜定；一道属厅州县设治分别添置；一变通放荒新章；一购轮；一安设电线；一金厂设法开办；一道路桥梁之开通；一煤矿亟应开办；一沿边仍须添卡联络边情。黑

---

① 即程德全。

抚周少帅①据呈，当饬民政局核议详覆。兹据覆称，该道所陈各节均系筹边至计，无一事不应办者。

惟江省财政困难达于极点，即现在一切行政经费已虞不足，若骤添二十万巨款（按即指第一款条陈）从何筹措？然筹边为方今急务，但有请抚帅主持奏请部拨，或广信公司借垫两端可以设法云云。少帅刻又将此案交行政会议厅编入议案，公同讨论。（《申报》1910年7月6日）

（十三）四川浚川源银行

护道禀江督电（为拨解息借余款事）

息借百万，除先经垫放各款，及现又找付洋例平色铜价利息等项外，实余规银五十一万五千余两。准月杪拨交裕宁分局，本月底川铜价乞电饬该局径拨浚川源商号，转交陈道。谨陈。（《申报》1907年6月11日）

川督电汇枪弹银两（汉口）

川督赵次帅（赵尔巽）前饬汉阳兵工厂赶造七密达九口径步枪二千枝，无烟弹药一百万粒。该厂总办蔡观察核算，枪须银三万八千四百两，药弹须银三万三千六百两，因厂内无款垫付，电请次帅电汇银二万两以便购办原料，赶紧制造。昨奉复电已由浚川源票号汇汉矣。（《申报》1909年5月20日）

（十四）江苏、上海裕宁、裕苏官银钱局、源通官银号

给息届期

去年倭人犯顺，增兵购械，需饷浩繁，爰有称贷于民之举。上海筹饷局息借各款系照部章，以六个月为一期，分作五期，限两年半还清。第一期还利不还本，以五月初十日为还利之第一期。昨接饷局友人函告，现定于本月初十起至二十日止，即在三马路源通官银号②内户部筹

---

① 即黑龙江巡抚周树模。
② 该银行为上海江海关的海关官银号。

饷沪局按票给付，所有各业承借之款可于此十日内持票赴局，核取息银矣。(《申报》1895年5月31日)

饷银过沪

江苏藩司陆春江方伯札委候补县萧明府督解京饷银四万两，于前晚到申，昨日将银起入源通官银号，候轮船开行，附之北上。(《申报》1901年6月5日)

铁良奏查明江宁司库局所进出款项折（节录）

善后局当军务初平时，为筹办善后诸务而设现，承平已久，所司本地方应办之事，局用似属虚糜，且支销各款亦复迹近浮滥。厘捐、木厘、米厘、茶厘各局近两年收数大致不甚悬殊，惟开支局用经费多在定章九厘以外，且闻江北各厘局时有勒索商民情事，所用员司往往徇情委派，流弊滋多。江宁房膏捐局开办至今，捐章屡改，故收数未能尽一。徐属膏捐及土药统捐均系另设专局，上年（1904）收数尚旺，较历届稍有加增。官银钱局以制钱缺乏，因设是局行用铜元钞票，以维市面而救钱荒。核具开办章程，尚属详细。如果经理得宜，商民信服，于公家亦倘有裨。银铜元局从前弊窦甚多，核计历年应得盈余，具归中饱者数亦不少。二十九年（1903）冬间经前督臣魏光焘更定新章，积弊稍革。上年（1904）夏间共设三厂铸造铜元，获利较厚。现该局总办尚在整顿办法，以期涓滴归公。(《申报》1905年6月16日)

革牧罚款充小学（南京）

卸署泰州黄革牧以前在泰州任内提充僧田改断情形，未叙明白，致奉查究。现黄牧愿缴洋一千元，具禀藩署，恳请收发完案。当经继方伯详奉督宪批示：该革牧所缴洋一千元，仰由裕宁官银钱局汇交泰州，转发官立小学堂照收具报。该州稿案周季安务饬该革牧迅速交出，归案讯究，毋得听其玩延。(《申报》1907年4月28日)

江督不允复旦公学请加津贴

上海复旦公学前由江督拟拨开办经费六万两、逐月津贴二千元已两志前报。现监督幼陵观察①调查堂中常年出入各款，仍苦有绌无赢，因又禀请江督查照严原议论每月准给银二千两，俾可从容布置。旋接午帅②函复，谓：江南财政支绌，即此每月津贴二千元已觉竭力，然使学堂日有起色，亦当力任其艰。现只得仍照原拨二千元之数自正月起至四月止，共四个月计八千元，已札饬财政局如数筹拨，交由公堂庶务长具领。嗣后即在上海裕宁官钱局按月支领，以省周折云。（《申报》1907年5月21日）

江督札饬开办专卖烟膏总局（南京）③

江督端午帅札行密藩司暨孙道廷林，略谓：前据江南财政总局详复筹办官膏专卖章程，暂请官督商办，由省城逐渐推行。当经批饬随时体察妥议禀办，并于金陵省城设立禁烟并稽征官膏总局在案。兹查财政局原详系招商承办，惟此项禁烟钦奉明诏限年戒禁，圣谕煌煌，何等严切。若竟招商承办，诚恐展转推延，难期速效，自应仍由官筹资本，设局收买药土，煮膏发卖，以期渐有限制。应即将稽征官膏局改为江南戒烟筹办专卖官膏总局，派委藩司督办并委该道总办局务，由裕宁官钱局筹备官本银五十万两，从金陵省城先行开办。此外扬州、镇江等处繁盛地方禀拟酌设分局，渐次推广。凡已经设有官膏局处所，无论居民、铺户、烟馆一概不准自行煮膏，违者均以私论。其官膏局应如何收买药土，如何煮膏发卖，并缉私、戒烟各办法，局用员司各数目，即由该司道等会同商酌，妥定章程，禀候核办。应用关防并由司撰拟满汉合篆，刊刻呈送，转发、领用云云。（《申报》1907年6月30日）

禀请核减库款生息（扬州）

运司赵都转前曾禀准江督添招缉私三营、炮船四十艘，其经费由运库存储项下提拨银三十万两，发交各钱庄与官钱局存领生息，以备饷需。现闻各钱庄以利息太巨，于日昨联名禀请核减。（《申报》1907年7月9日）

---

① 即严复。
② 即两江总督端方。
③ 另见《江督为官膏专卖事札淮扬海道徐州道文（南京）》，《申报》1907年7月20日。

江宁藩司续收江北赈捐各款清单（节录）

一、收两淮运司在盐政公费项下划拨督宪端春季养廉捐振〈赈〉银一千五百一十三两；一、收江南盐巡道朱之父朱昌琳加捐银一千两；一、收各署局一成薪水助振〈赈〉银五百一十九两八钱二分九厘；一、收天津小小慈善会捐洋八十元；一、收淮北六岸局悍募捐洋七十二元；一、收江西袁州府经捐并募集英洋五百元；一、扬州堤工局何道经募捐款各数；一、周绅扶九先捐钱五千串（已由裕宁官钱局汇解）。（《申报》1907年8月26日）

札借垫解初限报效银两（扬州）

淮运司赵渭卿都转札饬淮南总局略谓：查鄂湘西皖四岸运商公认报效银一百万两，前经酌定分四限，由各岸督销局按期收解。现在初限届满，各岸均未收缴，除由司库将各岸应缴初限报效银二十五万两先行设法筹垫，于九月十九日发交驻扬官钱局具领汇交江南财政局收用外，其逾限未缴各商由各岸按引筹借垫缴。将来由欠缴之商认息归还，即于售盐发价时按数核扣。初限既逾，二限又届，值售盐发价之时，应将初二两限一并核扣，仰督销局转饬遵照。（《申报》1907年11月3日）

盐商报效公借案近闻（扬州）

淮南运商应缴初限报效银二十五万两已由运库筹垫解宁，将来仍归岸局在盐价内连同息利按引扣还。兹各商畏其利大，禀请淮南局转详运司，准予在扬呈缴，业已由局拟呈收，照式样详送运司核夺颁发，以便给商收执请奖。

又闻公借八十万，初限应缴银二十万两，现已限满，各商仍有四万余两未缴。业经淮南局谕令官钱局及各钱庄分认垫缴，以济要需。（《申报》1907年11月21日）

筹募南洋劝业会经费文牍（节录）

江南商务总局移上海商会文：淮总办江南公园候补道陈移开：案照敝道折呈南洋劝业会办法并详稿章程等，奉督宪批开折呈四件均悉。南洋劝业会经费前经议定官商各半分筹，沪商款既招股足数，官款自应指项拨定。应在息借淮商款内拨银十万两，又拆卸贡院材料，原估作价十万元拨充办理南洋专门大学堂之用，现大学堂尚未开办，应将此项材料估定价值发借应用。惟综计贡院材料原估虽有万十元之数，现除剔出数处不拆外，再行核实续估，断难足十万之数，此时不过约举成数而言，俟估定后共值若干方能作准。然约略计之，总不过六七万元，今姑以七万元为约数。先既筹有十万两，复益之以七万元，所短三四万元，届时即在裕宁官钱局拨借应用，事竣清还。（《申报》1908年11月2日）

禀准拨还安庆石牌河工款项（安庆）

江督端午帅①批秋操总理司长孙道等禀云：据禀淄口至石牌河道浅滩甚多，饬由董事董阳初等劝集沿河灾民按日挖河负纤，既利舟行，兼可以工代振〈赈〉，所办甚是。其支用钱二千九百二十八串，应准饬由河南振捐局在于振〈赈〉捐息款内如数拨交，裕宁官钱局归垫。（《申报》1909年1月4日）

上元筹建监狱习艺所（苏州）

上元县高大令以奉饬改良监狱并建设罪犯习艺所。等因。业经勘定县署大堂西偏有空地一方，督匠划界，拟造男监十二间，女监五间。即在其中兼造习艺所并讲堂、仓库、账房、看役所、厨房及分别男女浴室、养病所一切各房共三十八间，并四周围墙一道，详细绘图，估得统共工料银六千六百六两四分五厘。可否请由藩库或官钱局、财政局暂行拨借银五千两以便先行开工，不足之数由县设法筹补。所有拨借银两本有前县禀明金川门外地价专指改良监狱之用，俟各户缴价收有成数，再行解还。倘再不敷，另有城北基地由县勘丈给民，缴价承领，即以此项价银抵补等情，昨已通禀请示矣。（《申报》1909年8月1日）

前江督端②奏陈办理商业学堂情形折（节录）

窃照江宁省城创办南洋高等商业学堂附设银行专修科及税则、保险各科等情经奴才于光绪三十四年（1908）三月二十七日附片奏明，奉朱批：学部知道，钦此。嗣准部咨饬令照章办理，自系为划一学制起

---

① 即两江总督端方。
② 即前任两江总督端方。

见。奴才惟银行、税则、保险三科饬诚为商科大学专门，际此商战时代，三项学科实握全国财政、实业最要之关键，中国于此项人才最为缺乏，现在竞争剧烈，需用尤殷……一切所有经费分饬财政、商务、厘捐、官钱局随时筹拨济用。此高中两等商业学堂合并办理之情形也。兹据该道详称，遵将高中两等商业学堂妥为归并，筹设各专修科，兼办教员讲习所，分别延订教员，陆续添招学生，按照表例科目分班教授，并将各项章程、课程表一并详送。所有高中两等归并、开办费银二千九百七十两，添建校舍工程银六千五百两，添置校具银八百六十两，又高等常年月支经费银二千一百五十余两，中等常年月支经费银一千三百四十余两，请准照案筹拨，作正开销并予奏咨立案等情前来。（《申报》1909年8月6日）

专电（电八）

赣抚奏报解款短少，现向裕宁官银号借款济急。（《申报》1911年2月2日）

赣省又借巨款接济政费（江西）

赣省近年财力异常艰窘，上年（1910）终通盘计算约不敷银一百数十万两。前向大清银行借银五十万两业已用罄，而年内应解京协各饷及各国偿款与支出一切用项所短尚巨。复经商借裕宁官银号规元银五万两，议明按月付息八厘五毫，自十一月二十三日借银之日起，对期六个月，本息如数归还，书立借券交收。又向本省官银钱总号陆续借用库平厘封银五十万两，议明按月付息六厘，于宣统三年（1911）十一月本息一并归还。又由官银钱总号向汉口交通银行借用汉估平银三十万两，议明按月付息八厘五毫，自十一月三十借银之日起，对期六个月，本息照数归还。当经冯中丞（汝骙）于上腊十二月二十五日专折奏陈。

奉朱批：度支部知道。（《申报》1911年2月16日）

江苏咨议局预算审查会报告书（节录）

该校①积欠之款有：宣统二年财政公所借拨湘平银五千两，系建造

---

① 指江苏高中两等商业学校。

商品陈列所之用；裕宁官银钱局息借湘平银二千零八十七两七钱三分，系开办银行实践室之用。据称两项均报销有案，惟声明借拨，随后筹还云云。查学堂无筹款之权，且正当办法总宜实报实销，不应为还欠地步，听其浮领。况查岁入册经常门第六类第三款，归还官款金本无此项。此关于经费者也。(《申报》1911 年 3 月 23 日)

定期汇解湘饷（南昌）

赣省上月应解湘饷库平银二万四千两，因库款支绌，尚未筹解。现又经江督端午帅（端方）电催以济饷需，故林方伯特行如数筹足，定期二十八日由库动放发，交江西裕宁官银号汇交江宁督辕汇解矣。(《申报》1908 年 6 月 24 日)

江督批准商业学堂合并办法（南京）

江南商务局日前详请将南洋高等商业与江南中等商业学堂合办，兹奉江督①批云：详及清折均悉。中等商业学校原有校舍可以酌量扩充，并借用商会、工艺局房屋，足敷归并高等商业学堂之用，可省建筑之费。教员及各项仆役均可量事之繁简酌量兼并，可省薪资之费。该局本有商品陈列所，有图书样本、理化器具可以互相通用，藉此考求，可省购物之费。所省之费既多，管理又能统一，所请两校归并应准照办。查阅学科细目均照学部奏定章程，高等预科所增理财通论及德、法、日、俄各语之一本科，所增破产法、商事行政法；德、日、俄各语之一中等本科，所增商业文、英文打字机均属有用之学。如与主要科目无碍，应准照表教授。惟银行、保险、关税三门，查奏定章程商科大学始有此项科目，高等商业学堂所附设之专攻科亦系高等，毕业者尚欲专攻其已习之学，特设此科使精究之。非习商科大学科目而有银行、保险、关税诸专修科也。以上三项人才目前需用甚急，中国现少高等商业毕业之人，自难胶柱鼓瑟，不得不变通办理。察核所订课程大致遵照高等本科科目，加以各专门主课尚不与定章大有出入性质，略近选科，亦与日本东京高等商业学校附属之银行专修科办法相合，应即照准。惟银行、保

---

① 即两江总督端方。

险、关税三科学理深邃，非延聘一东洋著名高等商业讲师不能胜任愉快，即以拟聘。作正教员之留学日本高等商业毕业生三人为之翻译，应几相得益彰。至保险、关税两科寄宿舍亦应设法于商务局内建设布置，庶几完全管理亦见周妥。

又请附设商业教员讲习所，查与奏定章程相符，亦与日本所设商业教员养成所相类，系为造就商业师范人才起见，应准照设。各学堂现已归并，隶属商务局。自应以该局总办王道燮兼充高等商业学堂监督，就近主持一切。孙道廷林现派外差，应改为高等商业学堂名誉监督，遇有重要事件仍当商酌维持。胡教谕元佽办事热心，深明学务，应派充高等商业学堂提调兼庶务长，得以稽查课程，整理庶务。除分别札委外，余均如详办理。第凡可以归并、裁减之处，仍应随时酌核，禀请饬遵以省縻费而昭实用。所请开办费银二千两，每月经费银五百两应由财政局照数筹拨。其原有高等商校费每月银七百两应由官钱局按月致解，统候分札饬遵。（《申报》1908 年 8 月 17 日）

京师近事（节录）

度支部日前行文江督略谓：现在币制既经厘定，亟应专归总厂铸造。宁属造币分厂已在裁撤之列，所有出入款目、一切机件由监理官会同点验、造册、呈部相符。惟欠存两项尚未清结，前借筹防、制造两局库平银一百一十余万，应将现存宁藩司及官钱局并铸本生息、废铁变价、银条边屑、房宅抵押、筹款尽数划拨。其余不敷之数，将所存铜铅煤炭、杂料即变价归还，能否相偿，有无尾欠，即请核明报部。（《申报》1910 年 12 月 26 日）

苏垣近事片——税务公所之开办

苏州城内开办税务总公所，后经江民政长派委李希白君为所长，于昨日开办。兹将江民政长示于录下：照得奉文开办货物税务总公所，业就阊门中市、裕苏官钱局故址内设立总公所，所中派委专员经理。凡有税务公牍、票件即往该所呈递，听候酌核，转呈本民政长审定办理，其有公布事件亦在该所揭示。为此谕，仰税务人等一体遵照。（《申报》1912 年 1 月 9 日）

新苏州咫闻尺见（节录）

苏城货物税捐总公所以裕苏官钱局旧址为办公所，业已委员于十一月初一日开办。（《申报》1912年1月15日）

（十五）浙江新关官银号、浙江官钱局

刘树堂片：

再准部咨：北洋旅顺炮台工程原拨杭州新关税银二十万两，奉准改为新募中军饷银之用，行令如额协解。等因。所有光绪二十五年（1899）分〈份〉应解前项银两前已解过第一批银六万两，经臣奏咨在案。兹据署杭嘉湖道监督杭州关万福康详称在于征存税款项下动支银六万两作为二批，备具文批，于光绪二十五年（1899）六月初二日发交号商裕通官银号①解京城中军粮饷处兑收等情，具详请奏前来。臣复核无异，除分咨查照外，理合附片陈明，伏乞圣鉴。谨奏。（《申报》1899年10月2日）

奏疏汇录（节录）

头品顶戴署理浙江巡抚湖南布政使臣余联沅跪奏：为杭州关报解光绪二十七年（1901）分〈份〉第三批新募中军饷项银数、日期恭折仰祈圣鉴事。

窃照北洋旅顺炮台工程原拨杭州关税银二十万两，改为新募浙军饷银一款前准户部电开：所有光绪二十七年（1901）分〈份〉前项银二十万两分批解往山东。等因。遵即先后解过银六万五千两，经臣奏明在案。兹据代理杭嘉湖道监督、杭州关郭集芬详称，前项军饷兹再在于税款项下动支银三万两，备具文批于光绪二十七年（1901）四月二十六日发交号商裕通官银号，汇解山东藩司衙门兑收，以济军需等情。详请核办前来。臣复核无异，除分咨查照外，理合恭折具陈伏乞皇太后、皇上圣鉴、训示。谨奏。（《申报》1901年9月13日）

---

① 裕通官银号为浙江新关官银号。

浙江巡抚聂奏为杭关报解光绪三十年（1904）分第三批直隶协饷银数目日期折（廿八日）（节录）

头品顶戴浙江巡抚臣聂缉椝跪奏：为杭关报解光绪三十年（1904）分〈份〉第三批直隶协饷银数目、日期，恭折仰祈圣鉴事。

窃照北洋旅顺炮台工程原拨杭州关税银二十万两，改为新募中军饷银之用，前准部咨饬令改解直隶，业将本年头二批共解银七万两先后奏报在案。兹准北洋大臣电催，当经饬据杭嘉湖道监督杭州关崔永安详称，在于税款项下动支银四万两，作为本年（1905）第一批直隶协饷，填具文批，于本年九月十三日发交号商裕通官银号，汇解北洋淮军银钱所投纳等情。详请具奏前来。（《申报》1905年1月20日）

浙抚①饬议设立财政机关（杭州）

浙抚张中丞札饬司道略谓：泰东西各国银行事业有中央与地方之分，中央即所谓国家银行，地方银行则有国立与私立之分。国立银行即所谓官立银行，私立银行则寻常储蓄等类，可听商民为之，其大较也。现在度支部已就京、沪等处设立银行，独各省地方官立银行尚未兴办。惟江、鄂等省均有官钱局以为财政机关，多有成效。浙省藩运道各局所岁入丁粮税厘等款为数甚巨，遇有拨解、汇划仅赖商设票号、银号代司出纳，平水、火耗，汇费虚縻殊多。每当京协各饷及各国赔款汇解到期，设法腾挪，时形竭蹶。而举行新政，筹款尤艰，实缘机关未备以致周转不灵。本部院深维制用之方，自应从设立财政机关着手。惟应否开设银行抑或先设钱局仰布政司会同盐运司、杭关道、督粮道、厘饷局核议办法。银行、钱局何者为宜，官本如何筹措，章程如何厘定，遵照奏定商律，参酌本省情形克日拟议详办。事在必行，毋稍迟延。（《申报》1907年6月8日）

申斥龙泉县被倒公款（杭州）

龙泉县陈大令海梅日前具禀省台，略谓卑职于本年（1907）六月间筹备现洋并公文等件，托温州裕通官银号转解藩库地丁、漕项、耗

---

① 即浙江巡抚增韫。

饷、契税等款洋六千十九元。现被倒闭，屡次电催，延不缴解，藉称由杭州庄主丁和甫兄弟设法筹解，实属有意抗误，应请檄饬仁、钱两县严提追缴，以重公款等语。兹奉喻方伯批斥云：漕项、钱粮、契税、房捐例应筹备现洋，移拨兵差，妥慎管解进省。该县并不遵例办理，又不考询殷实与否，辄贸然托裕通银号代解，致被倒闭，系属自误。乃不另备银洋批差补解，复敢禀请提追，岂长官衙门为属吏代追欠逋耶？仰处州府即饬照数补解，立等兑收拨用。至倒闭款项自应向号商提追，或移县查追，不得藉词延宕，致干未便。(《申报》1907年10月17日)

浙抚复江督电①

南京端制台鉴：洪急电敬悉。浙省月解洋款饬据藩司查复，腊月之款提前冬月早汇，正月之款亦早筹备，交大清银行、官钱局承领。除知照银行赶速汇沪交兑外，嗣后仍循案提前筹解。谨此电复。韫印。(《申报》1909年2月5日)

北洋官报②

浙江藩学两司会详浙抚略云：案奉饬议裁撤官书局，归并藏书楼。等因。窃见浙省官书局开办数十年，刊布图书百数十种，嘉惠士林诚非浅鲜。年来停止刊刻，专事印刷，工本加昂，销流渐滞，月支经费仍需七百元之巨，诚如宪谕未免以有用之款耗于无用之地。现在学部定章注重图书，湘鄂诸省皆已次第设立图书馆，浙省自未便独后。值兹风会大通，欧籍东渐和文译本津逮尤广，倘藉阁本之美富，附以新译之瑰奇，宜无不同深忭颂。如蒙裁决，拟请俟扩充官银号，改良盐务，挹注有资，即行切实组织。一面先请行查湘鄂等省，抄取图书馆章程，将常年应支官书局经费，并以后出售图书价，陆续汇存购取中东西载籍为基础，旧有之藏书楼似可一并附属图书馆，用昭美备。(《四川教育官报》1909年5月第4期)

---

① 即浙江巡抚增韫致电两江总督端方。
② 参见《藩学议决组织图书馆（浙江）》，《申报》1909年1月27日。

北洋官报（节录）

浙省选派学生游学欧美一节经冯中丞批司核议后，兹已由藩学两司议定章程六条，会详细抚院请示，一俟核准后即行知各学堂暨教育总分会、旅沪浙会学切实保送，听候定期试验……

至此项游学欧美学生原议二十名为额，现既严格试验，一时或不足额，则任缺毋滥。姑以二十名平均预算，每年需费约银三万两，如能奏请于地丁项下作正开销固善，否则由司暂时挪款筹垫，或指示官钱局所得利息借支，俟筹有大宗的款，再行归补云。（《四川教育官报》1908年12月第11期）

浙省第末次拨助中国公学经费（节录）

查中国公学原拨经费银三千两，前据教育总会呈请，匀拨一半移助中国新公学，嗣据中国公学监督禀请仍照原助常款支给，先后批札行司并案核议。等因。本司当以库储万分支绌，无款可支，惟以教育攸关，自应设法暂请在官钱局解存官股公积余利项下筹提银三千两，二校各半匀提，每校各解一半银一千五百两作为补助宣统元年（1909）两公学经费。业经前司于十月初五日札库分别动支银一千五百两，发交商号源丰润汇解中国公学查收，取有收据。（《申报》1910年3月21日）

质问钱粮厘税应否收受铜元之批答（浙江）

浙省咨议局以本省征收钱粮厘税应否将铜元一律收受，备具质问书呈请增抚①批答。昨奉复云：呈悉。当饬据藩司复称，铜元为币制补助品，钱粮厘税原无不收之理，早经通饬有案。光绪三十四年（1908）七月会同厘饷局、官钱局详复杭州商会补救铜元流弊条陈文内，以厘税、房捐等项均为洋债、防饷要需，久经核定洋价通省征解一律，铜元时有涨落，若令搭收铜元，结算至为纠葛。将见缴诸公者，铜元成数必多，收之民者，搭收成数必少，无益于民，而有弊于帑。盖深虑徒为胥吏所蒙蔽，而上下皆无所利，系指一时一事之情形而言，初无成见存于其中。而局中铜元积存二十余万元，不肯轻易发兑，无非为维持商情

---

① 即浙江巡抚增韫。

计。现在征收方法正拟改良，州县平余行将改革，一俟规定，自当悉变旧章，积弊自除等情。应即据情答复云云。（《申报》1910年5月31日）

（十六）阜南官钱局、湖南官钱局

岳麓书院月课改章论（节录）

一、改章伊始，分列诸门。书院多人，才质各异，未必皆能讲求。且时文试帖，功令不废，原毋庸尽出一途。住院诸生或非愿学，听其自便。

一、算学额定五十名，译学额定四十名，均以三年为一班。查照校经堂学会之例，愿学者速赴监院报名。每名预缴学钱二十串文，算译兼学者，缴钱四十串文，半由学斋交存官钱局，二年期满退还，于报名之日缴定，领取收条为据。（《集成报》1897年8月22日第十二册）

实业学堂校舍落成

（湖南）省城高等实业学堂前因今年须开办高等本科，而原有房屋过于窄狭，不足以资展布，特于去年（1908）十月收买附近民房甚伙，由官钱局举发银一万余两饬工建造，刻已粉饰完毕，灿烂一新。日昨复呈请学务公所派员验收，大约本月底即可定期开学。（《陕西官报》1909年第4期）

湖南长沙关禀鄂督新订发审兼会审章程文（代论）
（续十九日稿）（节录）

附：长沙商埠巡捕局章程

……

查办洋商或洋商雇用之人，或在洋行内居住之人，督捕宜先函请领事官发给印票，始可照章查办。其界内华人犯有事故，即由巡捕局督捕移请发审局出票查办。或有殷实正〈证〉人指报犯法者，虽无印票，捕勇亦当即时拘拿。或捕勇眼见不法之人，或确知是犯法之人，虽无印票亦当即时拘拿。若此等犯法之人眼见捕勇追赶，逃入人家，即应跟踪追入，登时将其拿获。逃入洋商行栈内，亦应通知该行栈守候，将犯交出，送交发审委员审办，以免转折潜逃。再如些小之事，或应传之人内有体面之人，查照各通商埠章程该人愿出银抵押者，督捕可以随时商明发审局酌放。俟就审时，该人一经到案即由发审局先还原押之银，后审所犯之案。倘该人逃案不来没则其原押之银即行罚充入官。又当应出押银之时，设或不便，准其请保，仍立册报。查此等罚办银两，应交官银号收存、汇报监督备拨。（《申报》1905年12月18日）

筹借学款（长沙）

湘省明德学堂自开办至今已历六年，成效大著。惟经费向来拨用官款每年八千余金以资津贴，此外尚有各官绅捐助之款，现尚不敷。遂由该校监督胡绅元倓向江督端午帅（端方）筹借八千金以济急需，约于本年（1908）九月归还。业已由裕宁官银钱局拨汇到湘矣。（《申报》1908年7月14日）

改定解项新章（长沙）

湘省近日拟定解项新章，由藩司会同善后后、官钱两局出示晓谕略谓：本省各厅州县应解藩库钱漕等银，向来凡官钱局各项银钱票币以及铜元均准上兑。兹改照湖北办法，所有铜元及各项票币需赴官钱局易银倾镕，盖用官钱局戳记方准完纳藩库钱漕。其补包加平等费悉仍具旧，至倾镕火耗前，各厅州现缮具清单，每解款银一千两，支银六两。或有不及六两者，兹酌中改定每千两支银五两，归官钱局收兑，其银价以解赴到局之日照市核算。即于十月十八日堂期起，如无本省官钱局戳记，概不收纳。（《申报》1908年11月14日）

湘省军事录志（湖南）

湖南常备军现在编成一协两标并炮队一营，去岁添招工程两队、辎重一队、骑兵一队前由岑抚①迭准、陆军部电催。刻岑帅拟续成二协，札委参谋处曾君率同两标熟谙测绘人员前往小吴门外阿弥岭附近地方察看一周，测绘图式呈请核阅以为建筑二协兵房之计划。常备军杨协统晋于去岁春间谕令，各营兵目每月各留饷银一两存放省垣官钱局，议息五

---

① 即湖南巡抚岑春蓂。

厘，惟五、八、腊三月全数发出。久已实行，现在扣至本年（1909）二月已届一年，昨由官钱局如数发给各营兵目认领。混成第二十五协协部事务殷繁，现已添设副军需官一员、书记长一员、司事生一名、司书生二名、护兵八名、伙夫二名，业由杨协统禀请抚辕批饬遵办。（《申报》1909年4月7日）

湖南实业学堂改办路矿本科（北京）（节录）

湘抚岑春蓂奏：……

至该堂进办本科须添筑图书、讲堂、化学分析、物理实验及东西教员住宿各室，并增购物理、化学实验器械及各种药水用品，需费不资，经臣批饬官钱局借拨银一万两作为本科建筑开办经费，常年预算。除原有预科额款外，照本年（1909）遇闰核定岁支，不敷一万七千余两，亦经详定加拨，均由司督率该堂监督撙节支用，核实报销。

七月初七日奉朱批：该部知道。（《申报》1909年8月31日）

出品协会筹款办法（长沙）

湖南协会、南洋劝业会、出品协会总理龙研仙观察以湘省各属土产出品，现据各地方官绅先后呈报，品类繁多，自应一一征集为运赴南洋陈赛之预备。惟所需价目为数不资，一时未易筹集，爰拟定官商各半办法。一面呈请抚部院，就湖南官钱局拨借洋银五万元作为官本，一面招集商股五万元作为商本，统俟赴赛后即将所得售价按股均分，其官钱局款亦系届时如数归还。昨奉岑中丞批令将筹还办法详明条议，呈候核夺。（《申报》1910年1月7日）

湘省财政之困难（长沙）

湘省财政所有出入款项向由善后局总其大成。近来新政繁兴，无论军学警界常年经费悉由该局支给，而每岁进款不能额外加增，实属入不敷出。历年以来，早有亏欠。然当拮据之时，往往向官钱局筹借；而官钱局亦无实在资本，所恃以周转者在发行纸币而已。现在官钱局为善后局历年垫解江海关道新旧偿款、克萨镑款、加复俸饷等项多至一百九十万金。官钱局发出之纸币已达一千万之谱，未便再行加多，其对于善后局即不能再行筹垫。闻日前善后局已将一切情形禀知杨抚①，请予设法筹措，否则应自七月起，凡学堂、警察、陆军等经费一律停支，似于大局极有妨碍。杨抚无可如何，当电商度支部请予筹拨一百万金，暂顾目前。未奉复电允准，不识现将何以处此也。（《申报》1910年7月22日）

建筑审判厅之预备（长沙）

湘臬周廉访前经勘定长沙协衙门作高等、地方两审判检察厅地址，曾札委首府两县为工程委员，其所需款项已由司库项下拨银六万两，存放官钱局应用。兹臬司以筹备宪政限期迫切，亟应即时兴工，爰特札行首府戚守饬令即日前往估计工程。所有协署左右各民居，均令克期迁徙。（《申报》1910年10月21日）

湘省请免协饷仍不准行（北京）（节录）

湘抚杨文鼎前奏湘省财政困难，奉拨甘、新、广西各省协饷暨云南铜本银两仍请暂予停缓，另行筹拨一折，当奉朱批：度支部议奏。兹经度部核议复奏云：据原奏称……查协饷等项虽关紧要，惟本省入不敷出每年至二百余万之多，即明年（1912）应办宪政预算经费尚不在内，现计欠官钱局及湘汉各行号银约计三百万两，无术筹偿……无如经费艰窘，各省皆同。苟原协之省不勉任其难，则改拨之省亦恐终成无着。徒繁文牍，有误要需。相应请旨饬下该抚将应协甘、新、广西各饷暨云南铜本查照历届成案数目，除已解外陆续按数清解，毋得蒂欠。所请停缓另拨之处，应毋庸议。

十一月十八日奉旨：依议。（《申报》1911年1月2日）

（十七）陕西秦丰官银钱铺（局）

财政总局移藩司请将同州府官钱局挪借公项款目查明详咨以凭核办文

为移咨事：

宣统元年（1909）正月初十日奉抚部院恩②札开：光绪三十四年

---

① 指湖南巡抚杨文鼎。
② 即陕西巡抚恩寿。

（1908）十二月三十日准度支部咨通阜司案呈：光绪三十三年（1907）正月二十三日内阁抄出陕西巡抚曹（鸿勋）奏请将同州府官钱局委员钱苇革职一片，奉朱批：著照所请，该部知道。钦此，钦遵前来。曾恭录朱批咨行陕西巡抚遵照。并将原奏内所称该官钱局挪借该府县公款一节以及究系何项公款，数目若干希饬查明追缴，声复到部，咨行在案。兹历年余利尚未见复，相应再行咨催，即希转饬查复，以凭核办。

又本部于本年（1909）三月间以统计开办所有各省官钱局一切出入款目及所出银钱票若干，均应核计编纂，六月间按照银行通行则例详订注册章程，九月间以注册限期将满，及各官钱局须将通用银钱票发行数目、准备数目、财产目录造具出入对照表呈部查核，均经咨行在案。惟历时已久，尚未见呈报前来。相应咨行陕西巡抚转饬该官钱局按照以上各节迅即呈请，转咨报，部毋再宕延可也。等因。到本部院。准此，合就行知。为此仰该局官吏查照。准咨内事理即便按照所指各节迅即查明声复，详请咨部毋违。等因。到局。奉此。除行秦丰官钱总铺遵照前奉部定通行则例、注册章程，迅将该铺及各分铺银钱发行数目、准备数目照册表录齐、呈局详办外，拟合移咨。为此合咨贵司请烦查照部，将前同州官钱局委员钱苇捏借何项公款、银两数目查明、详咨，望切施行。财政总局移。（《陕西官报》1909年第3期）

陕西光复余谈

旧藩库存银四十余万两，官钱局存银二十余万，又有官钱票子，金融机关尚属活动。惟渭北三原县向为大布、药材荟萃之区，以受四川、湖北影响，现银极为缺乏，此财源之大略也。（《申报》1912年1月6日）

陕西改革征收钱粮办法

一改设局所以便稽核。查折色定价经此次订定章程，则出入有常，须有收发之处。现既裁撤官粮铺，另设均平粮柜、公所一区，委佐班一员，调用官钱局伙数人专管收发粮价，照章核算，不得增减运延。即由财政局司道总会办、提调、文案稽核，各员专司其责，并添派省城年高望重之正绅。（《陕西官报》1908年4月第1期）

（十八）安徽裕皖官钱局

酌提警局薪水助赈（芜湖）

芜湖巡警总办黄润九观察日前接藩司来文略云：皖北水灾，各局薪水自正月起至六月底止，一律扣提二成以资赈济。因即传谕局中，自总办及巡官，凡薪水在二十两以上者提二成，二十两以下者提一成，按月扣缴、汇解，以便转交裕皖官钱局汇解云。（《申报》1907年3月17日）

拨汇内务府经费（安庆）

安河奉拨三十四年内务府经费一万两经皖藩沈方伯查照奏拨之案，在库存地丁项下动拨银五千两发交裕皖官钱局，限期汇部交纳，以供应需。（《申报》1908年5月6日）

详请增拨警察临时川费（安庆）

巡警道会同藩司禀皖抚文云：九月初八日奉宪札饬预备办理秋操、临时巡警，蒙饬照料处拨发曹〈漕〉平银三千两以资应用。查秋操、临时巡警已据各该县次第开办，前因请款急迫，由道商借官钱局银二千两，每县发给银五百两。今奉拨前款，除还官钱局外，仅银千两发给各委员并巡长、巡弁川资，及各该县续请经费实属不敷分布。又上海所订巡长、巡士呢衣裤并外套共五百套，专备秋操巡警之用，每套八元，合计须洋四千元。此外如雨衣、雨帽、指挥刀及一切杂用均在迫不及待，别无闲款可筹。再四思维，惟有仰乞宪恩，俯念警务吃重，再行续拨银五千两，以便发给各属及一切急用。（《申报》1908年10月20日）

皖抚批驳自伐其功之警道（安庆）（节录）

巡警道卞柳门观察禀皖抚文略称：省城警察自本年（1909）五月间设巡警道、立警务公所以后，迄今半载有余，财政支绌，以致规模终不能完备……斯时①巡警之登陴守御者需人，巡逻稽查者需人，闻警调遣、因事奔走者又需人，竭三昼夜之力幸获敉平无事。乃事过追思，寔

---

① 指的是安庆前不久发生的马炮两营暴动与东门失火。

后跋前，实形竭蹶。目前匪首尚未就获，人心虽定，谣诼难除。拟请将警察之未尽周妥者设法改良，未尽完善者竭力推广。所有移设区所添立岗位，余如探捕、巡逻、马巡及安设电灯、电话均为警察上不可缓之事。但经费为财政之母，若不预为筹定，终无发达之一日。统计旧有不敷及此次推广经费，每年非添银七万两上下，安河警察不能起色。拟求宪台分饬藩司、牙厘局、官钱局、支应局、筹议公所通力合作，无论如何，勉筹前数银七万两上下作为每年定额，随时拨用……

查阅以上各条……均待商酌，仰再确实妥筹，另详核办。（《申报》1909年1月11日）

筹解京师学生经费（安庆）

皖省每年奉筹京师法律学堂经费银二千两，历经藩司详咨筹解在案。兹值本年（1909）分〈份〉应解前项经费银两经沈子培方伯如数筹足，上详抚宪缮给文批，饬令裕皖官钱局承领汇解限，期赍投京师法律学堂交收，以应要需。（《申报》1909年4月30日）

皖省经济之一斑（安庆）（节录）

皖省陆军小学堂开办之始，所需经费系由筹议公所在于赔款案内抽收米厘盈余项下按月拨接、接济。现该公所所收米捐亏短甚巨，该所无从筹拨，该堂四五两月分总□（？）以至差役薪工均未发放。迭经该堂汪总办莹详请筹款接济，无如饬司议复，万无可筹。闻节前已由该堂收支员向裕皖官钱局暂借银五千两以济眉急，说者谓恐将来不免半途停办之虞云。（《申报》1909年6月29日）

朱中丞①巡视堤之赏罚（安庆）（节录）

惟至魏家嘴一带，（朱家宝）见堤埂低洼，风狂浪涌，将堤冲缺。幸经巡防营统领刘利贞严督兵士将该处茅屋三间拆倒，令兵士下水将圩缺处堵住，始免冲溃之虞。有兵士一人落水，手膀损伤，当经朱中丞瞥见该兵士劳苦，即饬官钱局拨钱二百串以作犒赏之资，一面嘉许刘统领。（《申报》1911年7月26日）

---

① 即安徽巡抚朱家宝。

再志尹允阶不认吞款（节录）

驻沪皖军筹备处周星若代表该省财政局，在公共公廨控告清六霍茶厘总办尹允阶侵吞公款，业经公堂判尹交十二万两，人银并保，着将解款印结呈案。并令原告呈出藩库清册，再行讯核。嗣因尹无人作保，暂时收押在案。昨晨复讯……据尹供未交卸时曾有银六千五百两，解存六安州署。另有盐款银九千余两及解款印。均存该处官钱局，有折可凭。余款存在同康钱庄，并不挪用。复据周代表声称所存同康之款系用尹自己名义，他人不得而知。聂襄瀛商之德副领事祜君判尹改交十万两，人银并保，仍次印结呈案，于下礼拜六复讯。（《申报》1912年3月10日）

（十九）山东官银号

太子少保北洋大臣直隶总督臣袁世凯跪奏（节录）[①]

为遵旨查明道员被参各节，据实复陈，恭折仰祈圣鉴事：

窃臣承准军机大臣宇寄，光绪二十九年（1903）九月二十九日奉上谕：有人奏，山东候补道朱钟琪贪污性成，素行浮荡，为周馥所信任，要差多归兼领。[②] 该道纵贪淫无所不至，奉旨停罢杂税，仍复举办，请饬严密确查。等语。着袁世凯按照所参各节认真查办，毋稍徇隐。原片着钞缮阅答。等因。钦此。臣伏读钦遵，当即遴委存记即选道冯汝骙驰往山东，严密访查。该员遵即束装就道，驰赴德州、周村、济南各处悉心咨访，并调查卷宗，证以见闻所及，参稽互印，均得其详，逐一禀覆到臣。

……

原奏又称该道创立商会名目，每月敛钱以供私费，其至戚萧应椿亦系局中帮办，经该道私借以公款以十余万金，不知作何开销。而且设赌局、开戏园皆腼然为之。等语。查济南商会议定公费计分六等，以行业之大小分等差，共二十三行七百八十家，岁收制钱六千余串。现办商会月报、商会小学堂以及公所经费每年约需银八千余两，公款公用，尚属

[①] 此折分两部分，前一部分刊于《申报》1904年3月3日。
[②] 以上内容载于3月3日。

不敷，自无从供其私费。至私借公款十万余金一节，查筹款局经收银钱，均系随到随交官银号收存，定章积至五万两以上，即行移交藩库。商务局本无的款，如有用项，指请划拨。该两局向无积存公款，安有十余万金可以任意动用。(《申报》1904年3月4日)

(二十) 天津官银号

内务大臣之新旧观——吃斋者去受戒者来 (节录)

内务府自本年 (1911) 正月以来，迄未将各司处垫办差款及护军太监等口粮开放，以致办差人役无不哗然。查该府财政困难之原因，并非无款，实因官款被历任官吏侵吞、挪用甚巨。每遇需款惟有向官银号①及大清银行借贷，适值今年该府筹定皇室经费，并将改革官制，官银号等以该府所贷之款纯系历任官吏以个人名义出面，并无印信、合同，将来新官制实行后此款势必无着。故年前恒利等号屡请封门，地方官深知底蕴，未能允准。嗣经该府尤为速还，故本年各省所解之款除弥补官银银号亏款外，尚归还大清银行本利六十万，各项差款因之遂无着落云。(《申报》1911年5月24日)

二 办理地方财政的主要手段

(一) 经收关税、厘金、官业余利等收入

1. 对关税收支、保管

(1) 上海源通、丰裕、源丰润官银号

宪示照登 (节录)

钦命二品顶戴、署理江南海关分巡苏松太兵备道、兼管铜务加十级记录十次刘为晓谕事：

案奉督抚宪札，准户部咨江南司案呈：准北档房传付，所有息借华

---

① 应为天津官银号。

款推行各省及海外各埠，酌拟章程五条一折，又片奏所有息借华款，各该省关果能认真举办，将劝捐绅董首事酌奖一片。均于光绪二十年（1894）八月二十三日具奏。奉上谕：户部奏息借华款，推行各省及海外各埠，酌拟章程一折，所拟戒抑勒、去壅蔽、立限期、定平色、准扣抵各条即着该部知照各直省督抚实力奉行，毋滋流弊。片奏如集款至一百万两以上者，其善堂、会馆请给匾额并将绅董首事酌奖一二人，以示鼓励，著照所请。原折片均着抄给、阅看。将此谕令知之。钦此。钦遵。等因。传付前来，相应抄录附片，恭录谕旨飞咨两江总督钦遵办理可也。计单等因。札饬遵照办理。等因。

奉经本道酌定条款，拟在官银号设立筹饷沪局，禀准办理借款。现拟筹集五百万，惟印票既准华洋抵兑流通，必须税务司签字，加印配用西文，俾可取信洋人。又经禀蒙署南洋商宪张电奏，十一月十三日奉谕旨：著照所请办理。即由总理衙门饬令总税务司转饬沪关税司遵行。钦此。电饬钦遵在案。上海为通商总汇，商贾辐辏，绅富聚居，不乏急公慕义之人，合亟出示晓谕。为此示，仰官绅商民人等一体遵照。尔等须知海防吃紧，需饷浩繁，如愿凑集资本借给官用者，准赴筹饷沪局呈明数目，将银缴呈，即行填给印票，注明归还本利数目，限期照数按期归还。收发之际并无需索留难，况还款定期不爽，本息丝毫无亏，实乃体恤至周，名利兼收。尔等食毛践土，具有天良，务各踊跃集资，多多益善，赶紧呈缴，听候解备充饷。填票给执，按期归还，不必持款观望。所有本道禀定条款摘录，开列于后，其各遵照。特示。

一、上海筹饷公局即在江海关银号内，名曰户部筹饷沪局，专办劝借给票各项事宜。其银两出入，统由官银号一手经理，并无丝毫规费。（《申报》1894年12月27日）

道批照录

江南分巡苏松太兵备道余晋珊观察批职员杨兆玺禀：

查湖丝到沪定章，凭栈商簿完税过卡，至出口时仍凭原栈印簿赴银号完税盖戳，铺号均有根底可查。此项舞弊漏税之丝既系宏记、丰记号客收来，而该丝究在某栈挂号，该栈并无来历查明，辄予通融代售，纵非串通伪造，而各该栈平日不遵定章，致滋弊窦，实已咎无可辞。至官银号只有掣给号收，并不经收，号收何能立时查出？该职员又岂能因此诿过？所称宏记、丰记是否即系交付伪收之徐晓春、姚柳江，自应责令该职员交出讯究。仰会审委员翁丞、张丞传谕遵照。该丞等仍遵前檄迅速办理，毋稍徇隐。切切。此缴。原禀批发。（《申报》1899年11月26日）

沪汉金融机关（节录）

官银号

官银号云者主以掌海关税及轮船、税饷之出纳为业，一种特权银行。而于各通商埠设有一二家，其东家皆有巨万资产，信用确实者也。上海南北两市各有一行，在北市者曰源通，在南市者曰丰裕。

设立官银号要北京政府批准，对于政府有功劳者，非无得此特权，大都纳金巨万以购之，然道台之信任为得批准之必要条件。现今上海之官银号如何而得特权也，虽不详，其在北市者闻之道路，距今十数年前，用金巨万，百方运动之结果，始得其特权云。

官银号由出纳关税所受之利得属于秘密，外人不易知之。据三井物产会社员石田清直氏之报告，官银号所收纳之税金或以日为限，许融通。主贷与于确实之钱庄，由此所生利子为其收益。而其贷与金若仅三四十万两，其利息全归官银号所得。若七八十万两以上，则利息之九分五厘纳之道台，官银号所收五厘而已云。

纳税方法，纳税者纳税金于官银号，得其领收证以呈之于税关，然不必定要现金，承受汇划庄致于官银号之庄票，（汇划庄对于有信用之顾客预交付致于官银号之空白庄票帖，纳税时使顾客自行记入金额，以省一一往来之烦云。此际顾客宜通知其所付之金额于汇划庄，自不待言。）以之纳付，亦不妨，而后者以便于处理，故用此法者多。钱庄发行庄票，时当日午后四时为止，交付现银于官银号。然由金融情况，实际不交付现银，往往即转账为由官银号之借用金云。

道台支出关税金时，致提条于官银号，官银号对之发出，即付银票。

官银号向钱庄之贷与，通常二日为期，利息照当时之拆息（钱庄间贷借谓之折票，其利子称拆息）而定，不别征担保，全乎信用贷〔与〕。

而每贷与时，例应出庄票。对于普通商人之贷与，一切不营之。

官银号内部之经营虽不详，与钱庄同。财东所支出之资本，设本银及附本之别，又称官利。由年年之纯利益内扣除公积后，以一定之率。对于本银支付利益，残余则惯例东家及经理以下相分。财东之责任无限，而倒产时没收其私产。（《法政杂志》1906年5月14日）

道（上海道）批三则（节录）

土商郑义兴祥丰等禀批此案，前准税务司复函：常以关签拘获私货，向来必给货主以洋文小票，俾有凭证。若此值价较贵之土，只凭来人面述即准承领，则经手扣货之巡扦既知本案内容，所言必能符合，何难从中舞弊，遣人冒领。驳查去后。兹准税务司复称：经将该商原禀饬由副税务司查据，关栈洋员禀复，此原禀确系土商所具，并自认派伙来关讨货，惟不认出货及罚款银两之事。如果所言属实，则似当初判定罚银之后，其原禀必系外人所窃取阅悉情形。故能如罚定数目之银票，照常至官银号上兑，取到号收，急速至关呈缴，换领放行单，再凭以赴栈取货而法。至其原禀究因何故落在外人之手，或即为原主交给，抑他人私下看偷所致，应向该用人查究。但前项放行单究系何人持以来栈，出货碍难指出，据本栈听差人云，似一年约三十岁之福建人来栈取去等语，正核示间。据禀前情，姑候再行致关，根究经手发货之人及查询有无保结可也。此批。（《申报》1908年11月21日）

预定接办银号之办法（杭州）

上海职商严义彬电禀浙抚谓：宁波源丰润官银号若有人接办，恳恩令循照沪、汉、闽、甬敝号历办成规，酌出预款，藉裨公项，戴德无涯。现由增中丞①分行各关司道遵照矣。（《申报》1910年10月26日）

经理税银

沪上自光复以来，百货厘金俱已裁减，而关税则暂归税务司执管。兹闻民政总长业已与财政总长、沪军都督商定，征税办法委派叶某经理源通官银号事务。（《申报》1911年12月4日）

---

① 即浙江巡抚增韫。

(2) 浙江新关官银号（裕通官银号）

杭州口各国商船进出口起下货物完纳税钞及各项开口试办章程（节录）

第七款 凡商船欲起货者，自备报单（一英文、一汉文），详细开载某字号、某货件数、斤两及估价数目等情。新关发给起货单，将该货起上新关码头，以便查验、征税，俟查验后，即发给验单以凭。该商持赴银号①照单完税，掣取号收持回，新关发给放行单，方准将货起去。惟洋药于发给起货单之后，必须直运新关洋药栈房，听候查验及并征税厘。（《近代浙江通商口岸经济社会概况：浙海关、瓯海关、杭州关贸易报告集成》）

浙省开关续志

杭州采访友人云，此间新设洋关于八月二十五日开办，征收税项悉照定章。凡由他埠运货来杭者，须将税单呈验，候税务司派人查察方准起岸。其由杭运至别埠者须完纳出口税，给发凭单，查验无讹，然后装载出口。倘有不遵定章及匿报情事，即将货全数充公。当开关时，关中吏役暂借官银号设筵畅饮，传杯弄盏，意兴甚豪。（《申报》1896年10月15日）

廖寿丰片

再准部咨：北洋添购炮弹拟由杭州新关征、存关税项下，先行拨给银十万两解赴北洋。并先接准部电令，于杭州新关上年（1897）所收税厘项下提银十万两汇解。等因。当以杭关上年税厘除已奏明拨抵宁关外，仅可拨银六万两，遵令尽数先行汇解北洋，余俟收数若何再行筹动。电复去后。一面札饬杭州关遵照动解。兹据调署杭嘉湖道杭州关监督陈允颐详称，遵于光绪二十三年（1897）所收税厘项下动支银六万两发交裕通官银号，汇解北洋大臣衙门投纳。详请奏咨前来。臣复核无

---

① 即杭州新关官银号，该银号设立背景较特殊。光绪二十二年（1896）依据《马关条约》，杭州开埠为通商口岸，当年八月二十五日杭州新关建立，该关与浙海关、瓯海关一样附设官银号一所，遵照定章，负责本关税课征解事宜。

异，除分咨查照外，理合附片陈明，伏乞圣鉴。谨奏。奉朱批：户部知道。钦此。(《申报》1898 年 4 月 27 日)

奏疏汇录（节录）

兹据署杭嘉湖道监督、杭州关李辅耀详称，奉山东护抚臣胡廷干来电，东省应解冬月英德洋款四万六千八百七十五两，饬在杭关应解武卫军饷项下照数截留解沪。等因。查杭关欠解武卫军饷备只二万四千五百两，现奉饬解洋款，当即在税款项下如数动支，于九月十三日发交号商裕通官银号汇解江海关道衙门兑收，作为杭关应解本年第七批中军新饷。①（《申报》1902 年 1 月 14 日）

浙江巡抚聂奏汇解直隶第四批协饷折（十四日）（节录）

头品顶戴、浙江巡抚臣聂缉椝跪奏，为杭州关报解光绪二十九年（1903）分〈份〉第四批直隶协饷银数、日期，恭折仰祈圣鉴事：

窃照北洋旅顺炮台工程原拨杭州关税银四十万两，改为新募中军饷银之用，旋准部咨，饬令改解直隶，将本年（1903）头二三批共银一十二万两均经先后奏报在案。兹又接准北洋大臣电催前项饷需，当经饬据杭嘉湖道监督、杭州关崔永安详称，再于税款项下动支银二万两，作为本年第四批直隶协饷填批，于本年九月十三日发交号商裕通官银号，汇解北洋淮军银钱所投纳等情，详请奏咨前来。臣复核无异。(《申报》1903 年 12 月 25 日)

纳税须知

镇江访事人云：月之初六日镇江关税务司雷乐石君接奉常镇通海兵备道兼镇江关监郭月楼观察来函，遵即出示晓谕，略谓：现准本关监督函开：案照各关通商章程部文内开：凡各国商人完纳税钞，应由海关招募殷实、熟悉关税情形铺商，开设银号，以凭各商人赴号完纳税课。镇关初设之时，因收税甚少，无商承认。经黄前道札委员司经理，循办有年。本道莅任后即据职商尹允熊禀称，情愿以裕通牌名开设镇关官银号，收缴各商税课。当经本道禀奉督抚宪批准，咨请户部立案，由道发

---

① 此奏折为浙江巡抚任道镕所上。

给执照，准其开张，收缴税饷。函请通谕各商一体遵照，自一百七十四结起，即归该银号接收，以专责成。所有该号铺屋已饬赶紧觅租。惟接办之始，仍拟在本关暂借房屋一间，以重税务。等因。准此。合亟示谕各商知悉。此后完纳税钞，自一百七十四结，西历一千九百零四年正月初一日，即华历本年十一月十四日，即在本关裕通官银号完纳可也。切切。特示。（《申报》1903年12月31日）

浙江巡抚聂奏为杭州关报解光绪三十一年（1905）分〈份〉第二批直隶协饷银数日期（节录）

头品顶戴浙江巡抚臣聂缉椝跪奏：为杭关报解光绪三十一年（1905）分〈份〉第二批直隶协饷银数目、日期，恭折仰祈圣鉴事：

窃照北洋旅顺炮台工程原拨杭州关税银二十万两，改为新募中军饷银之用，前准部咨饬令改解直隶，业将本年（1905）头批五万两批解奏报在案。兹据署杭嘉湖道监督、杭州关李鹤皋详称，查是项军饷最关紧要，应再在于税款项下动支银三万两，作为本年第二批直隶协饷，填文于本年四月初九日发交号商裕通官银号汇解北洋淮军银钱所投纳等情。详请具奏前来。臣复查无异。（《申报》1905年11月29日）

电六（温州）（9月17日午后九点三刻）

温州裕通官银号倒亏关税十八万，官款二十万，号主丁立诚将查抄备抵，保人王梅伯先行押追。（《申报》1907年9月25日）

裕通银号倒亏公款事要电（温州）

温州府县局卡各官禀抚藩电：

瓯裕通官银号执事人史姓猝病故，各县局卡汇解公款多被压搁，贺道力为维持，并无办法，号东丁立中瓯（原文如此）亦毫无布置。各县局卡向催款项一味□（？）约，旋即回杭，濒行仅至道署。并闻呈有存欠清账余公未面，但云在杭筹款应付。嗣有函来瓯，谓款难□（？），已将家产开单呈明杭、瓯两关道，派委查明备抵，尽先税项。询之贺道，则云委验禀函，未据丁君递到，已电询上海，有刘君派人来温。如此时逼令倒闭，于彼此公款无益。昨有自沪来瓯冯、施两人，径至道署密议，外间传说承接裕通官银号，专管道署、海关公款，其余各衙局公款概不予闻。复询贺道，函复冯、施两人系刘道学询派来，请接银号公款，未清准接与否，尚在未定。闻丁氏已将家产禀呈抚宪，备抵各款，道署款亦在内。再询贺道，所言公款专指道署抑统各处而言。据复，刘道请项官银号并非接开，裕通现从缓议。窃思裕通因系官银号故，温、处两郡衙局均与往来，今该号东丁立诚、立中所欠官款置之不理，运动刘道营求贺道承接银号，有改裕通为泰丰之说，则人言恐非无因。各员愁急万状，公款无着，处分甚重，将来恐有身家性命之虑。仰乞宪恩可否将丁〔立〕诚等所有产业一律查封，准抵公款。若刘道承接银号，须将官款一律认缴，方准接开。大局攸关，能毋上达，幸速示复，不胜迫切，并求鉴察施行。职道寿松、阜府纶、各县局员同叩。删。

瓯关道贺元彬禀浙抚电：裕通官银号亏欠税款约十八万元零，现已倒闭，乞迅饬该号东丁立诚、保人上海信大庄王眉伯从速清理。职道元彬。谏。（《申报》1907年9月28日）

总办急求交卸之原因（温州）

瓯关裕通官银号亏欠倒闭等情，迭志前报。兹闻督销局总办李观察瓜期已届，所有公私款项已于节前解交该号，数逾十万，今乃受此拖累，焦急万状。现拟火速赴申，向该号保人理论，一面电禀署院请饬温州府暂权篆务。兹将原电录下：杭州抚宪钧鉴，职道咯血，胁痛加剧，瓯无良医，急思到沪就医。而李道尚未成行，乞恩电饬温州府锡守暂代，卑职道即日交卸。商轮一十四日到瓯，拟赶趁此船，务求矜全，并求速电示职道。寿松叩。养。印。（《申报》1907年10月5日）

温处道致浙抚电（为裕通官银钱号倒闭事）

抚宪钧鉴，祃电敬悉，裕通倒闭，亏欠税款甚巨，府县欠税款、公款亦被欠不少。丁绅虽有抵产之信，未见明文。公款所关，岂能听其无着。曾饬县会员先行清查产业，欠户以税款进出繁琐，该号所报数目不符，司账丁、张二人适被逃避，无可清查。特将该二人提道调簿，派员督同算明，仍发县看管，以便各存户向其清算。此心可以共见，乃外间不察，谣言纷起。虽蒙洞鉴，而职道无以取信寅僚，抱愧无极。此后惟有切实查办，随时禀承宪示，俾遏浮言，实所感幸。职道元彬叩。（《申报》1907年10月6日）

温州裕通银号倒闭再纪

温州道禀浙抚电：抚宪钧鉴：元电敬悉，自当遵办。惟俄法两国偿款银二万两解限到期，无从筹措，失信外人，关系非浅。兹有刘慎余请充瓯关官银号，拟改名泰丰，认垫解款。事在眉急，应否准充，乞迅赐电示。职道元彬叩。啸。印。

浙抚复电：温州贺道台鉴：啸电祗悉。瓯关官银号有刘慎余接充，是否殷实可靠？关款既允代垫，其余裕通所倒各署局公款能否一律垫解？应否接充？即由尊处妥酌确核，详办可也。信。勤。印。

浙抚批丁立诚弟兄禀：该职商于光绪二十八年（1902）开设温州裕通官银号，先后不过五年，若非蓄意倒骗，何竟亏欠公私各款多至七十余万？杭裕通非该职商所开，何亦牵连在内？现呈备抵产业清单，核有先已抵押于人者，其余能还几何，无从悬揣。在该职商自称约值六十万元，并另有可收之款足以相抵，着速变价催收，偿还公款重要，万难短少分文。慎勿宕延图吞，致干参办。切切。此批。（《申报》1907年10月30日）

（3）湖北沙市海关正兴官银号

开关盛典

沙市采访友人云，此间与日本通商以后，官吏就洋码头一带营造监督关署及沙市税关，粗具规模，未经美善。关上税务司为聂君务品，于八月中浣抵沙，旋接奉总理衙门札文，定于八月二十五日开关征税。先数日关道俞君实观察与聂君会商一切，洋关委员魏大令宏先恭迎而入，一切如仪。及期关上悬挂全红鞭爆，燃之以火，声彻层霄。关旁正兴官银号系宜昌职商饶景光承办，江边泊有关船一号，高揭绘龙黄色旗。至巳牌时，观察以一羊二猪行祭江礼，宜昌府舒太守及张大令、张别驾、李少尹均衣冠敬贺。既而牙厘局、电报局、缉私局、川淮两盐局、洋药局、兑课局、保甲局各委员先后驰至，关人皆款以早点。日本领事官率同通译官，随以巡捕一人西式挂刀，诣聂君处谒见聂君，款以碧酿，尽醉而归。旋至领事处答拜。午刻固陵轮舟自宜昌至此停轮查货，及返也固陵放汽筒以送之。二十七日快利轮船抵埠载芜湖米四百石，系天成亨票号所办者，此为开关第一次起货云。（《申报》1896年10月26日）

沙堤衰柳（节录）

沙市开关后，福建帮瑞和昌拣选河溶粉数十包，指口上海，其税在关之旁廨正兴官银号完纳。瑞和昌到炉房帮补银水，炸成足色纹宝上关完纳，以为当无阻滞。讵知该银号故意挑拨，借端索补。为税务司所闻，当将银号董事传来申斥，嘱令瑞和昌遍晓商民，以后纳税不必现银，即钱店计兑均可，本关并无抑勒留难等事。瑞和昌欣然称谢。（《申报》1896年12月5日）

荆沙雁帛（节录）

沙市访事人云：正兴官银号向系宜昌府人饶某开设，饶因所开之和兴玉倒闭，银号亦因之歇业。现在银号已改为沙市关收税所，先拟归沙市关委员康某办理，后因康本有沙关文案差，不能兼顾，故须另行委人矣。（《申报》1901年11月30日）

（4）安徽太平府（芜湖）常关、新关官银号

榷栈纪事（节录）

金柱关在太平府治西，为钞关所分五税口之一。税员巡检王采芹少尹已届差满，榷宪详请以未入流、现办官银号兼保甲文案朱少尹接办，约在日内履新。《申报》（1897年11月5日）

芜关筹解云南军饷（芜湖）

度支部因云南匪警，电饬上海、镇江、芜湖、宜昌等关分别协解军饷，曾纪前报。现悉关道文仲云观察已饬新关官银号，在洋税项下筹拨六万金，交由商号汇解上海转解滇省，以济要需。（《申报》1908年6月5日）

（5）津海关裕丰官银号

津海关道蔡绍基发布行平化宝银色低潮
各商纳税必补足九九二色方准兑收的告示
光绪三十四年正月十三日（1908年2月14日）

为出示晓谕事：

案据裕丰官银号职商陈永康禀称：新关税项，向例收足九九二化宝。计应完税关平银一百两，折收九九二色行平银一百零五两，历办在案。乃近来化宝日见低潮，职号亲自落炉熔化，扯计不过得九六五成色，于税课亏累甚巨，叩求鉴核等情。

本道查近来市面银色，日见低潮。该银号所禀，按照九九二足色化宝交收，系遵向章办理。商家无甚吃亏，自应准其所请。

复据该银号拟具利便商人，通融办理章程四条前来。除函致新关税务司墨查照外，合行出示晓谕。为此示仰华洋商人一体知悉：自西历一千九百零八年三月一号，即华历本年正月二十九日起，一律按照后开章程交纳税银。懔遵勿违。特示。

附开章程四条：

一、凡应完纳税项关平一百两，折九九二色行平化宝银一百零五两。此系向章办理。

一、如各商无九九二足色化宝，或交足色白宝亦可。计关平一百两折收行平白宝一百零四两二钱。如此折收，亦是按九九二色计寸。两不相亏，似乎平允，各从商便。

一、如过路客商，未知津地情形，无足九九二化宝，则洋元亦可将就收用。向日每元作行平化宝六钱九分计，今仍照章核计收用。

一、凡商人完税，若以交现银为不便，则无论各银行炉房支取银条，均可一律收用，惟必要声明，交足九九二化宝者。

附：潮建广三帮四十一家商号联名上书反对津海关道
关于行平化宝亏色银由商家补足文及批文（节录）
光绪三十四年二月九日至三月十六日（1908年3月11日—4月16日）

具禀潮建广三帮等　抱禀馆①丁高祥

---

① 原文如此。

为公同叩恳恩准谕饬各炉房化宝配足成色，并求转请关道宪照旧收纳税银，以安商业而维市面事：

窃商等昨读关道宪告示内载：据官银号裕丰禀称：近来化宝成色，日见低潮，只有九六五。将来以化宝报关者，尚须补足九九二成色等因。商等伏读之下，殊为惊骇。查熔化化宝，出自炉房。成色低潮，弊即在炉房，与各行家各商号毫无干涉。现官银号既称化宝成色不足九九二，应责之炉房化银之家。况九九二之化宝，为全球共认之成色。九六五者，乃炉房掺假之成色。掺假不禁，任其自由，今日可九六五，明日即可九五五、九四五不等。随意掺杂，银色日低一日，则市面不堪设想矣。且商等三帮所交之银，均系照章买市面通行九九二之化宝，并不敢贱价买九六五之化宝。所以关道宪谕示，嗣后交化宝者，尚须补足九九二成色，商等公议，万难共认。揆之于理不合，商情有碍。

伏思商等三帮，自开埠招商以来，约计二百余载。查市面通行化宝，系九九二成色，已数十年之久。现在天津化宝，不惟京埠一区通行九九二，即各行省各商埠，以及外洋，所有汇兑款项，无不均认化宝九九二为准的。倘有低潮，关系重大，商等再四筹思，惟有叩恳商务局宪大人恩准，迅速传谕各炉房银号，熔铸化宝，须按九九二成色配足，不准再有低潮情事。并求一面转请关道宪，务要照旧纳收税银，不可迫令华洋各商化宝之外，再加补足九九二成色。又第二条、第三条所称，或用白宝，或用洋元。洋元只作行平六钱九分。此两条亦均系令各行商吃亏，碍难遵办。惟有令各炉房配足九九二成色，庶远商得以安业，商等三帮幸甚，各商幸甚。为此叩乞商会局宪大人恩准施行。实为公便。上禀。

附件：潮建广三帮四十一家商号名单（略）

津海关道蔡（绍基）批

据禀已悉。查上海豆规银办法，系属空有其名，并不与色相干，行于天津，诸多窒碍。

本道此次整顿银色，本为便商起见。今该炉房公裕厚、新泰等号，既以高升低补为便，亦可照准。惟升补成色，究以何项银两为标准？何者应升？何者应补？均未切实声明。无凭核办。仰即转饬会同妥拟升补详细办法章程，禀候核夺。此缴。（以上二则见《天津商会档案汇编

（1903—1911）》上册）

麦加利银行买办徐诚陈述华账房与裕丰官银号历年兑交解库情形文
民国六年四月（1917年4月）

具说帖商民徐诚

为陈明艰难状况，恳恩体察下情准予援案，以所呈地亩两段、房产七处，抵偿销案事：

窃商前经理麦加利银号账房，于光绪三十二年（1906）专代裕丰银号顶换十足白宝，向无遗误。因辛亥民军起义，牵动各省，彼时商实欠该号银十二万两，立有存单六张，每张两万两。乃该号竟于是年（1911）九月十一日，正值市面银根奇窘，需款解库甚急，恳商筹措现银八万两，以济急需。此时商虽疲困已极，惟思该号经理与商谊属世交，故竭力设法，始凑得现银八万两，以应该号之需。商自与〈于〉该号筹银后，兼以全市停止交易，银根紧迫，壬子兵变，津埠又被抢一空。两次浩灾，商均亲受其害，财产荡然，以致周转不灵。商于辛亥年（1911）十月间搁浅，随将欠内、欠外各款一律开单，呈请贵会①代为清理在案。

查商自光绪三十二年（1906）至宣统三年（1911），共与裕丰银号往来五年零九个月，统计为该号出息银九万六千余两。除已交之外，商欠该号息尾银四万零三百余两。此项息银尾款，曾蒙贵会屡将商困难情形，向前升任徐道代为诉明，曾蒙徐道宪允准，以所呈产业抵偿欠款。并蒙贵会将商所呈房地各产估价，值银四万零五百两，核与商欠款数目相符，曾经转咨地方审判厅知照各在案。则是商困难情形，早在贵会洞鉴之中，故屡为代筹办法，商殊深感激。然贵会既体恤商艰于前，仍请维持于后，不得不恳乞允准，再予转恳关道宪俯念商艰，恩准依照上年（1916）九月一日大总统批准，裕丰银号倒欠津关公款，援照源丰润欠沪关公款成案，以五成抵偿欠款，余款免于追缴办法办理。查商所呈各产曾估价四万零五百两，即与欠该亏息银款尾数合计相符。惟乞援案将商所有各项产业收抵，并请将存单六张发还，以恤商艰而解讼累，实为

---
① 即天津商务总会。

德便。谨呈天津商务总会公鉴。

历年所付该号之息细数开列于左（略）（《天津商会档案汇编（1903—1911）》上册）

津海关道为裕丰官银号亏欠库款七十余万两事详北洋大臣稿
宣统三年十二月（1911年12月）

照录详北洋大臣陈①稿

为详请核咨事：

窃查职关收税裕丰银号短欠税款一案，前准税务司函请票拿，业经职道查照办理。详奉宪台批开："据详已悉。查裕丰银号欠交税银七十余万两之多，自应严行勒追，以重库款。应即分别查传，认真追缴。此项税款均系现银，现在需饷孔亟，尤不得任令竟以产业作抵，致涉延宕。至要。除分咨度支部、税务处外，仰即遵照，仍将查追情形随时具报。此缴"等因。遵即转饬该号商遵照勒限呈交。一面遴委妥员提齐该号簿据，核算欠数，开单呈送前来。职道查核单开外欠该号之数连股票等项并计，共银七八十万两。而该号短交关库除各处未交足各款尚未查齐外，截至现在止，连存条号收并计共欠银七十万七百余两。就数目而论，相抵尚有盈余。惟单内所列外欠，以中裕厚为最多，该商父子、兄弟所挪用者次之。中裕厚亦系该商父子开贸，是所谓外欠者仍系该商自行亏挪，无论为关库追税银及为该号追外欠，均应惟该商父子是问。

正核办间，据该号商禀：窃商号经收税款，因市面停滞，各家欠交之款未能依期缴纳。于十一月初五日具禀历陈账款难归，要需莫应各情，恳请批示祗遵。未蒙宪谕。正切恐慌，旋于初六日蒙唤经理陈文海留署，并承面谕，限令三日呈交外欠清单，并房地契等件。惟以经理被留，未能将房地契遵限呈上。至外欠清单共计银七十余万两，业经开呈，并商号账簿亦着伙友带署，经宪委查核并无错误，早在仁明洞鉴之中。伏念各家所欠商号之账均系应交库款，现在需要紧急，商号虽竭力催讨，彼等终以停市为口实，延宕不交，以致商号无从筹解。惟有叩恳宪恩严追各家，迅将应交商号款项务必克期悉数清还，俾得解缴，以免

---

① 即直隶总督陈夔龙。

贻误。为此具禀，伏乞津海关道宪大人恩准施行等情。据此，职道现据委查该号账目汪守洗淬等所呈清折，职道逐加查阅，外欠该号之款以中裕厚为最多。中裕厚系该号所开，岂有自开银号，所欠之款号东催讨，亦敢延宕不交耶？所请由道代为严追外欠固属可行，惟汪守等折开尚有该号东珍记孔伯、瀚波、典初名下之款，共银洋十余万金，并非外欠，应由该号迅即先行措交，不得借延，致蹈监守自盗之咎。仰即遵照办理，毋再违延干咎，批饬遵办在案。讵该号商奉批，迄未遵办，而传署看管之陈孔伯亦未据取具妥保。

前准商务总会照称：现据裕丰官银号投称：……①。

职道当查此案系由税司函请提追，今准商会照请交保，不得不知会税司查核。旋新关税务司于接函后来署面称：裕丰老号东陈子珍自奉票传请予给限清理，讵逾限仍无办法，拟请将该号东押解来津追办。职道当以税司既拟如此办法，自应照行。乃该税司于回关后即准函开：前于本月二十五日趋赴贵署面商裕丰银号一事，本税司回关后，旋奉总税务司电称：裕丰号东大约香港置有产业，惟尚未查清，饬先转致暂免提追等因。奉此，并昨奉函同前因，相应函致，即希贵道查照，一俟接奉总税务司来函，究属有无产业，再为函达可也等因。准此。职道查此事一切办法，始终皆系新关欧税司禀承总税务司命令，一力主持。前请出票拿人，继清〈请〉解津追办，现请暂免提追办理，当已有把握。再四筹思，惟有仍听该税务司随时操纵，俾得归来有期。惟事关号商亏短税款，职道既经派员查账出票拿人，自应将现办大概情形先行详情宪台查核，分咨外务部、度支部、税务处立案，嗣后职道权力所能办理之事，仍当随时会商税务司妥为追办，以重库款而期了案。除陈孔伯取具妥保出外，勒限交款并分咨查照外，理合开具委员查呈该号账目清折，具文详情宪台俯赐查核，分咨立案，实为公便。为此备由具详，伏乞照详施行。

计详送清册四本（略）（《天津商会档案汇编（1903—1911）》上册）

---

① 此略，详细内容可参看第一章《裕丰官银号历陈武昌起义波及天津该号终于倒闭文》一条第一、二部分，见本书 61 页。

天津海关税务司欧森致总税务司安格联的信（1911 年 10 月 29 日）

……大清银行很不稳固，疯狂地向外国商行借款，以大清银行股票作抵押。所有本地银行已经完全没有现款了。海关银号①的款子已经被政府提空，有倒闭的危险。如果它发生了事故，我建议商得监督同意后，临时由汇丰银行代收税款。……（《帝国主义与中国海关资料丛编之九：中国海关与辛亥革命》）

（6）福建永丰官银号

厦岛官场纪事（节录）

厦门海关所征货税向归永丰官银号承收，现闻镇闽将军崇右庭留守拟改为官办，不日将委员前来矣。（《申报》1903 年 12 月 11 日）

闽督奏陈整顿关务情形（福建）（节录）

闽督松寿奏云：闽关洋税为福州、厦门、三都，各口向归税务司征收，委员自征者仅泉州、铜山、涵江三口常税而已。但关务夙称弊薮，即就洋税言之，从前委办各员开销浩大，其间所报书役名数不无浮冒。厦关批解税银，每年报销解费五六千两，其实由号汇省，毫无汇费。福州口属之林浦，验卡办事无人，尤同虚设。均予分别裁减，以上三项可节糜费一万一千余两。又福、厦二口官银号，先经前任将军派委江苏候补知府陆宗游办理，年支工伙银一万三千两。该银号于应解之款非压存生息，即任意侵挪，业于上年澈查严追。一面收回官办，改名关务分局，委员办理，向有出息，全数充公，每年约共九千余两。（《申报》1908 年 12 月 9 日）

（7）广东官银钱局经理粤海关关税

轮船由澳门来往广州府内不通商各埠专章（节录）

所有应完税项可在趸船以现银输纳，或以官银号银票输纳，以期便捷。（《申报》1905 年 2 月 17 日）

---

① 指天津海关银号，天津海关银号创办于 1878 年，根据这一史料可知其至辛亥革命爆发后应仍存在，而且业务并没有向其他海关官银号一样移交给大清银行。

岑督①以海关纹银票改归官办（广东）

粤海关向征之税银均用足成关纹〔银〕，各商家先〔向〕成信号等六家购买此项纹银，方准交纳。岑督查悉此款各票号获利甚丰，特饬将粤海关官银号兑收关税纹银改归官银钱局出售，已出示晓谕矣。（《申报》1905年9月8日）

广东官银钱局经收粤海关税收情况

粤海关额设大使一缺管司出纳。近年关税改拨京饷、洋款数巨、期迫，随收随解。每有垫解之数，存库者少，库官责任已等闲散。此次奏裁监督，改归总督兼管，已在督署设立关务处，管理商人输纳税课，并由官银号经收上兑，各专责任。而原有关库，远在城外，稽察难周，库官缺分更属赘疣。兹经粤抚张安帅（人骏）奏请裁撤，以节虚糜而昭核实。（《各省内务汇志》，《东方杂志》1905年第二卷第六期）

新增报效开办清单（广东）

粤省新增报效十万两，定期初一日开办。兹将会议新额、报效章程开列于左，计开：

一、出入口各商人凡报关时，将各货觔两、件数开列一单，到报效局呈报，以备存底、稽核。倘不遵章漏报，即作走私论；

一、新报效银项，照饷银每百两加十五两，与饷银一并交官银号兑收；

一、旧报效赤白糖饼、油、豆照旧章价目，亦与饷银一并交官银号兑收；

一、完饷若无报效联单，便系漏报，官银号暂将饷银停收，即知会报效局查究；

一、洋行代报出入口之货，由行家完饷时须开列报单，呈报报效局，即领联票到官银号呈缴；

一、洋货未到报效局呈报者，由官银号见关单，查明货件觔两、估本若干，咨知报效局暂挂号头，另由下家买客到报效局报明，照新报效

---

① 即两广总督岑春煊。

规章完纳抵销此款；

一、出口货有卖与洋商者，洋商未到报效局呈报，由卖客到报效局报明，即领联单，照新报效规章如数缴交官银号兑收；

一、米、麦、洋药三件无容照缴报效；

一、郡城草白纸、竹、木报效，已在郡抽收。如在汕完正饷时，可以免再缴报效；

一、入口洋糖亦照新报效规章，正饷每百两抽报效十五两；

一、十二月初一日奉宪示开局公议，定十二月初二日征收银两，合并通知。以上新章十一条如有未尽事宜，候再续议。又报效旧局现移合新局一律办理，两行四业商号应照新章具单呈报，并即日在官银号缴项。计开：一、白糖每包三分；一、赤糖每包二分；一、豆子每担一分四厘；一、大豆饼每百片七厘；一、小豆饼每百担一两二钱六分；一、油（前章计明大中小散舱分别登收），今归银号经理，议一方便之价，作为每担五分六厘。（《申报》1906年1月4日）

税务处等会奏议复整顿粤海关税务折（节录）

查洋关罚款向系分作十成，以四成归税司办公、以三成解外务部，余三成系归监督。现粤海关监督缺裁，总督兼管关务，每年已定有公费银三万六千两，尽敷办公。此项原归监督之三成罚款银两，自应提归公款，列入收款项下造报，以昭核实。又原单内支销经费宜分界限一条，度支部查粤海关大小各关口，从前监督任内，每年额支洋税经费、津贴等银十三万二千八百余两。常税经费银二万三千四百余两，二共支银十五万六千二百余两。今该督请将关务处及不经手征税各关并各关官银号等处经费在各关额支经费、津贴内动支，每年约计银四万五千一百九十余两，各属总分各口经费就各该口所收税内动支，每年约计银十万二千二百四十余两。（《东方杂志》1907年第四卷第十二期）

（8）云南腾越海关官银号

云贵总督丁奏为云南腾越关额支经费万难删减
恳请仍照原定数目支销以示体恤折（节录）

丁振铎跪奏为云南腾越关额支经费万难删减，恳请仍照原定数目支销，以示体恤，恭折仰祈圣鉴事。

窃查腾越关额支经费，前腾越同知兼管关务原定每月额支银一千四百八十六两一钱……又由道管关务造报每月额支银一千七百三十四两五钱，均系迭经善后总局司道力从撙节，大加核减然后定额，不独毫无浮冒，且尚不敷开支。盖腾越关概系陆路，山径纷歧，若不多设分关查卡，则各商必俱绕越，以图走漏。正关仅扼一途，难免不同虚设。关卡既多，则用人自众，则费必增，此一定不移之理。况原设关卡之外，歧路尚多，尤需选派员弁带领巡丁随时梭查、截堵。此项员弁、巡丁薪工，以及官银号委员书役薪资均尚不在额定开支之列。（《申报》1906年8月17日）

（9）湖南长沙海关长丰官银号

计票不做外用（长沙）

湘省长沙关所设长丰官银号专理本关税银，所有征收税款均由各公司及报关行缴到，转送官钱局收存，该银号并不另出银钱票据。嗣因各公司及报关行应交税务司处押关等项未便行用现银，商请该银号暂出计票，当即禀经关督照准在案。现该银号以此票系专交本关公款，不作外用，于票面盖用戳记，以免外人误收，并复禀关督请予照会英日领事暨税务司转饬各洋商知照矣。（《申报》1908年3月9日）

（10）江汉关协成、有成官银号

湖北官场干没巨款（湖北）

江汉关道缺，况向来每年得五六万之谱，以税款存官银号，其息归关道者也。桑铁珊观察宝苾任后，查知官银号存此项关税获利甚丰，乃自设银号营运此项税款，故款骤增至十万。及齐观察耀珊接任，此项亦在交代之列。现为监理财政官查出，已禀明度支部，将此项归入大清银行经理。监理财政官又查得某道有挪用公款二十余万情事，即行文催请缴出。不意该道从前私营轮船之事业，托名代许姓办理，而实则挪此项公款所办，嗣后递相移补，亏累转增，此时实无可以挪移之处，欲将私置地皮押与银行，而皆不允。故至今尚未理结。（《申报》1910年3月

30日）

汉关税款之暂行法（汉口）

江汉关所收税银向由协成官银号经收，存放汇解。兹因协成停歇，汉关道齐观察委派陈、曹两委员驻扎协成银号经收税款，每日收楚，即交大清、交通两银行收存。（《申报》1910年10月24日）

银号房屋发封（汉口）

汉口协成银号与源丰润汇票号均一东所开，故两号同设一处。前因源丰润搁浅，协成遂连类牵倒。然两号总共欠汉市存款不过十余万，故市面不致震动。当两号搁浅时，汉关道因协成向来代收关税，特委员驻该号经手收兑。兹因关税已议定统归由成官银号经收，爰将协成房屋发封，以备抵债。（《申报》1910年11月4日）

（11）江西九江新关官银号

派员监收关税（江西）

赣省九江新关官银号向由永昌顺记股东粤人郑纪常为总理，每日承收税银，五日一缴道库。乃于六月间延不照缴，并请其同乡叶道绳司马至关道保久山观察处说项，请将六月份税银八万余两划分九、十、冬、腊四月措缴。当经保观察令其将契据呈署信押，讵迟延至闰月。保观察又令其改章，按日呈缴。该号仅于初一、二两日遵办，以后又复拖延。保观察因关款重要，恐被倒欠，爰于初八日札委大关委员赵某、新关委员方某、陆某到该号监收税款，逐日交库，并将该银号欠解巨款从严追缴，以重公款。（《申报》1911年8月13日）

（12）有关国家银行、官银钱号经管关税的评论

盛宣怀奏呈自强大计附片（1896年11月1日）（节录）

议者谓国家银行，当全发帑本，简畀大官，通行钞票，由部造发，如英、法等国财赋皆出入于银行，是户部之外府也。然中外风气不同，部钞殷鉴未远，执官府之制度，运贸易之经纶，恐窒碍滋多，流弊斯集；或欲委重西人，取资洋款，数千万金咄嗟立办，其词甚甘，其权在

彼，利害之数未易计度……

臣惟银行者，商家之事，商不信则力不合，力不合则事不成。欲慎始而图终，必积小以成大。拟请简派大臣，遴选各省公正殷实之绅商，举为总董，号召华商，招集股本银五百万两，先在京都、上海设立中国银行，其余各省会各口岸以次添设分行，照泰西商例，悉由商董自行经理。

臣前在上海与开设粤、闽、浙、沪、江汉各海关官银号之绅商、候选道严信厚议及银行之事，严信厚顾全大局，情愿以其独开之银号归并公家之银行，使其气局宽展；并照汇丰银行规制，以精纸用机器印造银票，与现银相辅而行，按存银之数为印票之数，以备随时兑现。各省官司向银行借贷，应照西例，由总行禀明户部批准，以何款抵还，方能议订合同。欧洲国债数千百万，皆由银行筹办，印发借券，应收年息归行取付，大信不渝，集事自易。嗣后京外拨解之款，可交汇以省解费；公中备用之款，可暂存以取子息；官造银元尚不通行尽利者，可由银行转输上下，官得坐收平色之利。银行用人办事，悉以汇丰章程为准则。合天下之商力，以办天下之银行，但使华行多获一分之利，即从洋行收回一分之权。并照西例，俟有余利，酌量提捐归公，预定章程遵守。商民既交得其便，国家即阴收其益。俟将来官商交孚，内外政法变通尽利，再行筹设国家银行，与商行并行不悖，庶几早见措施，以免空言无补。（《盛宣怀档案资料选辑：中国通商银行》）

马寅初论海关银号对清末关税征收作用

（海关税款）向存海关官银号，听候政府随时指拨。官银号即能利用此项巨款，以流通市面，金融得以周转，实业藉此发展，于国民经济大有裨益。（《中国关税问题》）

赫德论汇丰等外国银行从海关官银号手中夺取关税保管权

如果说，以前的丽如银行只是经管海关收入中的经费提成，那么，现在汇丰银行已经开始取代海关官银号的地位，在部分口岸，经管海关的全部税收。例如，九龙拱北关的税收就全部由汇丰掌管。单是经管这一关的税收，汇丰手中就经常有大量的流动资金。例如，在1890年，它就曾经达到四十万两。(*The I. G. in Peking*, *Letters of Robert Hart*, *Chinese Maritime Customs*, *1868—1907*)

2. 经收厘金、土药税、盐税等

(1) 天津官银号与土药统税征收

运司详抵补药税四文加价划留本省一半之款碍难提拨短征土药统税请咨部查照文并批 (1910)

为详请事：

案准筹款局开：案查本年（1910）十一月二十六日奉督宪①札开："为札饬事：案查接管案内，宣统元年（1909）十一月十六日准度支部咨开，管榷司案呈：'本部议复前直隶总督端（方）奏，土药税款无著，筹款局额征短缺，请将新案盐斤加价，按年照数截留抵拨一折，宣统元年十一月初六日具奏。本日奉旨依议。钦此。'相应抄录原奏，恭录谕旨，咨行直隶总督遵照可也。等因。到前护督部堂，移交到本督部堂。准此。除分行外，合行札饬。札到该局，即便查明详办。此札。计粘抄单。等因奉此。"遵经查明，直隶新案盐斤加价，每斤四文准以二文解部，余二文除解河南、销盐省份外，尚余银三十余万两，以之照案拨补土〔药〕税，所盈实多。敝局详请拨抵，自系专指此项，与解部及解归销盐省份各款无涉等情，详请咨部立案。兹于十二月十八日奉督宪②批：如详办理，仰候咨部立案，仍由该局移会运司查照，此檄。等因。奉此。查敝局额拨土药税款每年共库平银十二万二千五百二十二两八钱八分，自光绪三十四年（1908）七月初一日起，奉准停拨，经敝局详准将应解天津银号公债抵款照数扣解，迭准天津银号移催，复经敝局复以'俟详准盐斤加价解到后，即当照数补解。既奉部核定，由敝局声明立案。'所有自上年（1909）七月起至本年底止，敝局共少收土药统税拨款银十八万三千七百八十两三钱二分，自应遵

---

① 指直隶总督陈夔龙。
② 指直隶总督陈夔龙。

请贵司照案，由新案盐斤加价内如数拨解敝局，以凭移解天津银号抵还公债要款，拟合移会，为此合移贵司。请凡查照施行。计抄单（度支部原奏略）。蒙此。

查抵补药税四文加价划归本省一款，前奉宪台（端方）札准，度支部奏拨永定河加培堤工经费银三十七万四千八百七十两零，分作三年，自宣统元年起至三年止，每年应拨银十二万四千九百五十六两。又修求贤坝、金门闸，并挑挖、减河工料银九万二千九百八十九两，一并在于长芦盐斤加价划归本省留用一半款内核示、动支……复查此项盐价，本为抵补土〔药〕税而加，度支部原奏以一半解部，一半划归产盐、销盐省份，匀拨济用，即系抵补土〔药〕税短征之款。既无按局拨补明文，自未便率行拨补。且折内业经声明，如各省疏销不力，以致旧日课盐等项或有短绌，即将应拨该省此次一半加价先行提补课厘等项，原额有余，再拨给各省应用等语。是加价银两，纵有盈余，亦应留备提补短征、解部课厘等项，况已拨用无余。且有不敷之款，须待续收弥补，更属无款可解。本司详加察核，该局所拨、提拨之处，应毋庸议。除咨复并迳详督办盐政大臣外、理合详请查核咨明度支部查照，并请行知筹款局另筹办法，实为公便。

督宪陈批：据详已悉，仰候咨明度支部查照，并行筹款局另筹办法，此檄。（《北洋公牍类纂续编》卷五财政）

（2）裕宁、裕苏官银钱局等经收江苏盐税、牙税、酱税等

俯恤商情

江省来芜添抽下游米厘三道，每石纹银一钱。经粤商禀蒙方、袁两观察，详准张香帅一百五十斤为一石，关平改为漕平用，芜市通行，二七实兑缴。又各米栈前此堆存之米六万余石，概免厘金一次。此宪恩高厚，出诸望外者也。所有收缴细章现经两观察悉心勘定，即就官银号设局，另派委员二人坐局征收，俾各米号于完纳新关，出口米税时即拨原数，就便完厘，无须臾之稽迟。至方观察办公总局，昨已禀蒙抚宪批允，将前此牙厘总局假予居住，可免局促如辕下驹矣。（《申报》1895年12月16日）

两江总督端方江苏巡抚陈启泰奏查明牙税酱捐情形妥筹办理折（节录）①

奏为遵旨查明江苏牙税酱捐情形分别妥筹办理，恭折复陈，仰祈圣鉴事：

窃臣等承准军机大臣字寄：光绪三十三年（1907）十月十六日奉上谕：有人奏，江苏牙税加倍苛扰已甚，暨酱业加捐久议未决一折，着端方、陈启泰体察情形，妥筹办理，原折着抄给阅看。钦此。臣等当即会委前调补奉锦山海道、署理江宁盐巡道朱恩绂、江苏候补道王仁东按照原奏各节确查，具复去后。旋据查明禀复前来，臣等复加考核，悉心筹酌，谨将查明各节及现议办法为我皇太后、皇上缕晰陈之。

如原奏内称：筹款所道员朱之榛自出新意，将牙户年税创为十倍加收之法，如上等部帖岁完二两者，责令加为二十两。其他酱、布、米、猪以次递降，下至灰粪一行，操业秽贱，向只完五钱者，今已加为五两。民力未逮，迄于无效一节。查苏省牙帖向分四等，上等岁纳税银二两，二等岁纳税银一两五钱，三等岁纳税银一两，四等岁纳税银五钱。光绪三十二年（1906）间，前藩司濮子潼、署臬司朱之榛以举办新政，无款可筹，请将牙税一项援照光绪三十二年（1906）典商加税，部章增收九成，所有从前各项规费及每年府县派委例差一概革除，详经前任督抚臣会同附奏，由部议准试办。嗣以设立筹款所，即将牙税拨归该所征收。开办以后，虽各属牙户未能一律遵缴，而一年期满，收款亦有数万两，节经该所详请咨部立案，赓续接征。旋准农工商部咨据各商会禀请酌减征数，复由该所议详三十二年（1906）税项，开征已久，碍难议减，应请自三十三年分起，按照牙户大小等项，一律改为加收五成。如上等牙税帖岁纳二两者，则加征十两，共征十二两。二三四等照此递推，亦经咨部查明各在案。

臣等伏查加征牙税，其议虽创自朱之榛，而考其缘起，则有典税成案可援。核其章程，未尝不于筹款之中兼寓恤商之意。况已改九成为五成，亦足以纾商力而洽群情。至灰粪等行，既本在纳税之列，而加数亦随额递减，为数无多，均应仍照前议办理。又原奏内称朱之榛严札各州县勒限追取，州县恐干（柴）撒在星火，传提如捕寇盗，因之闾阎骚

---

① 参考《申报》1908年7月28日。

动，鸡犬不安，罢市、逃亡，屡见报纸一节。查苏、常、镇、太等属牙行约有一万余户，以原加九成核算计，应征银九万余两，朱之榛恐各州县假手吏胥，致滋流弊，准各牙户径缴省城官钱局兑收、转交，限于四月底截止。逾限不缴，即发饬照札各州县分别催追。在该所查有欠缴，不得不照章严催，在州县既已奉文，不得不转行饬缴。细访尚无骚扰、罢市情事。第各牙户散处四府一州，赴省缴捐或非所愿。已饬该所嗣后将收照分发各州县，就近征收，仍照定章以现银完缴，概免耗羡、浮费。如有不肖书差巧立名目，额外需索，准其指名具控。设有闭歇之户，查明扣除免追，以恤商艰。（《陕西官报》1908 年第 13 期）

江南商务局详江督文（为茶业整顿厘卡留难索费事）
接二月廿六日稿（节录）

引银宜归划一也。查引银向用大通、和丰盐课，实近年以来和丰盐课无处购办，

即得以他处盐课请引，而茶卡藉端讹索，耗平、耗色每两约计只完引银四十五六两。嗣后商等请汇齐完之银交裕宁官钱局，发给银票，持票请引。否则即请批准无论何处盐课皆可请引，不拘限和丰、宝平色，不至耗折，商等庶少吃亏矣。（《申报》1905 年 5 月 4 日）

（3）湖北官钱局与厘金征收

鹤楼题壁

官钱局所出钱票本准完纳税厘，近闻抚宪于次棠①中丞以各局报解厘金皆用钱票，以致现钱不敷周转，因檄饬各局嗣后一律改解现钱。说者谓官钱票创行已久，一旦厘局停收，商情不无窒碍，不知维持圜法者将何以善其后也。（《申报》1899 年 5 月 29 日）

（4）安徽裕皖官钱局等与厘金、盐税征收

淮南鹾政

扬州访事人云：两淮运食各商呈缴税课向以足色纹银交由官银号，

---

① 即湖北巡抚于荫麟。

以原银代烊一半银锭，按卯兑交运库，复由库发交银号改烊平面拱心、二八足色錾字对宝备解京饷。嗣经淮南各局员公同筹议，即以商缴之足色原银上兑，无庸代烊银锭，以省糜费。俟按卯兑解运库后，再由库发号改烊饷银，传谕各号在案。兹者郡城复茂聚、盛顺兴、庆同裕、宝康等官银号联名禀复，大旨谓运食各商应税课银两无庸代烊一半银锭，全以原银兑交宪库，再由库发出，改烊饷银云云。与其复领原银改烊，曷若于商缴时即由号烊成平面拱心二八足色錾字对宝，按卯上兑，其间非惟节省重烊火耗辛工，且免迟延，又无展转。恳请转详酌定贴数，即可遵照办理等情。局员查核所禀尚属简妥可行，因即据情详请宪示两淮运司江蓉航都转，俯如所请。饬自本年（1899）正月为始，照此举办。惟上兑时银色是否相符，须由公估局认真估看。倘银色稍有低潮，即须随时发换，否则解部后或有挑剔，惟公估局是问。至火耗辛工，自应较钱粮银锭酌加，每百两准由司库发给贴银三钱以示矜恤。至各岸来银发号改烊。仍照原议每百两贴银一两一钱，已由库厅许蹉尹转谕各号及公估局矣。（《申报》1899年3月16日）

米商抗捐

芜湖访事友人云：皖抚王芍棠中丞（王之春）前因添练武卫湘军十营，所需饷项议就芜地抽收出口米厘，以资挹注。及委员庋止，初拟比照江省章程，每石抽收纹银一钱，嗣以粤商不允，改为五分，仍无成议，乃减至三分三厘。奈粤商坚守成见，只肯报效饷银六万两，分三年缴清。虽责以大义，依然置若罔闻。委员以限期早届，岂容任意玩延，径即照议禀复中丞。旋奉回批，准如所请，即以三分三厘为率，名之曰落地捐，由关道照会新关税务司，归该关官银号代收。并出示晓谕①，以六月初十日为始，凡轮船载米出口，必先完纳此项厘捐，始准□（？）放。讵料粤商始终抗违，届期即相约止购，并挟制各米行及司斛工头一律把持，不许私相交易。适闽省大宪委员采办平粜米一万石，各米行恐拂粤商之意，竟无人为之承办，闽省委员无可如何，败兴而去。相持旬日，仍无动静。粤商乃联名通禀道宪及新关税务司，请新关

---

① 原文此处模糊难认，此字为推定。

代收厘损实违通商约章，且□（？）名落地，顾名思义，自应设卡抽自卖米民船方合办法。况值北省乱耗方炽，道途梗塞，各处销路不通，如必认开抽，亦应俟北事敉平，市面稍定，然后次第兴办，或即以广商为倡率亦可。若即此一纸空文，即令认捐，殊近抑勒，心实不甘。又谓委员不将抽厘改为报效之禀，申详大宪，朦蔽之意，词甚狡执。未识道宪如何批示也。（《申报》1900年7月21日）

通饬关卡永禁白厘名目（安庆）

督办裕皖官钱局冯方伯以省城设立总局，业奉抚宪奏明开办钱票，并颁发示谕通饬各州县关卡一律通用在案。兹恐地方辽阔，商民未及周知，特又出示晓谕云：

查各省钱票无不通行一省之内，鄂省钱票且可完他省之厘税，其故在示民以信，民自坦然怀之而不疑，而钱粮关厘实其枢纽。皖省甫经开办，先于省城设立总局，行用钱票，与铜钞相辅而行，凡完纳本省钱粮厘税盐课均准一律通用。惟是完纳厘金向有白厘名目，现在制钱缺少，白厘更不多得。各厘卡借用白厘名目种种抑勒，殊非体恤商民之道。本司现将白厘名目革除，通行钱票以惠尔商民，诚恐地方辽阔，商民未及周知，致生疑阻。又恐有奸商把持，及州县柜书、关卡司抖从中阻挠，有碍钱票销路，为此合行示谕，仰商民人等一体知悉。凡遇柜书、抖手作弊，巧假名目短作，随时控诉，定行严办不贷。（《申报》1907年1月11日）

（5）奉天官银号、东三省官银号与奉天、东三省盐税

奉省盐务调查（奉天）

赵次帅[①]奏请派史都护督办东三省盐务一折，已奉朱批：户部议奏。钦此。盐厘七局各就盐滩出运要口，建筑盐坨以备屯买、堆积之用。前月史都护赴田庄台接收督销局时，即札委多员限期赶筑，为开办督销基础。刻经各员呈报，约六月内可以一律筑成云。前办督销局章幼樵观察征存未解之款共银一百二十万两之谱，刻均由各商号陆续汇交官银号解

---

① 即东三省总督赵尔巽。

省，交财政局查收。(《申报》1906年7月11日)

东三省总督徐世昌为吉省实行官运商销盐政折（节录）

统计章程

……

官运局为便于解课购盐起见，一切款目可交各处官钱局及官银行或殷实商号周转汇兑。惟各官运局与各钱局银行铺号银款往来，仍须各清各账。每收发汇兑一款，尤须专案呈报公署，不得丝毫含混，以重公储。(《清代吉林档案史料选编：上谕奏折》；另参考《吉林官报》1909年7月27日)

(6) 永衡官银钱号对吉林盐税征收影响

详送年终会计表册并沥陈先后办理情形文（附各表）

为吉省官运年终会计造册具详事：

窃查吉省自光绪三十四年（1908）三月间创设官运厘订章程，是年七月始行开运，历经本司率同提调各员竭力经营，并将用人筹课一切办法随时详报在案。

兹查官盐开运已届半年，其间筹措之困难，因应之纷繁，累寸积锱，幸收效果。谨将年终会计及先后措置情形为我宪台缕晰陈之。查东三省幅员辽阔，户口日繁，从前产盐之区仅仰给于辽海一带，提纲挈领，举办盐政本不为难。自日俄战后，金州貔子窝及旅顺附近各盐滩均为日人占据，大批盐斤装运汽车直灌奉吉两省。铁岭、公主岭、长春一带，为日盐囤积之区，秤足价廉。居民争购，而东省盐权遂不能完全无缺，此为吉省官运第一阻力；自海参崴外属后，华商联合俄资创立福记公司名目，盘运长芦及俄属沿海盐斤，乘东清铁道之便运销吉省珲春、延吉、宁古塔、阿什河等属，并由哈尔滨灌入黑省。从前吉林饷捐局征收盐厘尚不敢公然过问，收归官运交涉颇难，此为吉省官运第二阻力；奉省盐务虽已划岸招商，分界办理，以限于商力迄今并未实行，各属囤积食盐官私参半，商无定商，岸无定岸，私盐漏课，价值极廉。吉属伊通、长春、桦甸、漾江、长岭一带毗连奉省，绵延极数百里，冬寒地冻，大车运私，随地侵入，既无险要可扼，又难遍布勇丁。私运广销，官盐必滞，此为吉林官运第三阻力；吉省采办盐斤解缴盐课均须汇缴奉、营两处，现在吉银禁止出口，虽官款不在禁例，而大批拉运，银市必昂，于商务殊多窒碍。若交官钱局及商号汇兑，每元汇费贵至钱余，官盐定价既不能高，获利只在纤悉，成本稍重，营运为难，此为吉省官运第四阻力；吉林商贾往来，以官帖为本位，官帖出省即难流转，购盐缴课全恃银元，银价低昂，旬日之间相去霄壤，售盐收价不得不专用银洋，而荒僻之处洋元极少，核本定价既需求利又恐病商，函电往来筹商无策，此为吉省官运第五阻力；他省整顿盐务，均有基础可循。吉省系属创办，微特认岸诸商未知盐政，即地方官吏索解者亦复无多，民间之疑虑，州县之膜视，虽盐法志定有处分，各属毫无警觉。绳以法律未免过严，听其玩违必误大局，文告谆谆，尚难尽喻，此为吉省官运第六阻力；吉省未办官运以前，阖属绅商凡家道稍殷者无不囤积盐斤，备数年之食用，铺户存销尚不在内。官运开办之初，商店盐斤虽派员补征，略加限制，而民居储积，查问则邻〈临〉骚扰，羼卖又碍官销，此为吉省官运第七阻力；吉林初设行省，凡新立各局，公家必先拨帑本以资动用，官运局开办之始，未请公款分文，仅以一纸空文补征盐课，悬分引地，酌收岸银。计自三月开办起至十月底止，修造省局、长局，建筑省仓及长春总仓，并开办省内外官运、采运大小分局，运销盐斤至三万余石，约二千余万斤。工程、特别各费，薪津、局用、盐本、载资各款悉取之，于是，无米为炊，竭蹶万状。去腊（1908年1月）始由官帖局借钱二百万吊，而限期迫促，转瞬须偿。盐务经营全恃察看滩价市情，贱入贵出，藉收余利。成本未宽，则贱无可入，贵无可出，多财善贾徒有虚名，此为吉省官运第八阻力；至其余私贩之横暴，教士之鸱张，见诸公文殊难悉数。

署司创办以后，惟日兢惶，幸赖宪明暨东三省盐务总局辅助，首与南满洲铁道公司订立运盐合同，收回缉私权利，堵绝日盐，而崴埠俄私除存盐派员收买外，已由五站税关永远禁绝，国际问题首先解决。一面详明将奉省加耗盐斤作为正盐发卖，汽车运费订明减价一成。去冬自红蓝旗厂一带，装运大车直达新榆、双城、吉林各岸，议价亦尚俭省，且可为各车户留一生计。核本发商幸无亏折，各属旧盐虽伙，而官销价贱，尚易流通。创始之时，缉查私贩虽未便遽而从严，而所设长春缉私总卡及小城子、三道冈、白龙驹、新安镇、烧锅甸各卡查获私盐,为数亦颇不少。采运局装盐麻袋迭经密查,明谕每只价值已由三角六分减至二角八分,盐斤由滩运站,由站入仓,车力亦陆续议减。吉省汇营银价一再磋商,亦较原估为省,成本运资渐归核实。备分局委员初办有不如法者次第撤换,包商筹销不力者分别退办另招。于是,省内外各岸规模渐定。至各属盐价,按照市情,官帖、洋元参合收售,总以裕课便民为宗旨,并由局编成白话告示,将创兴官运情形详细刊登,俾全属人民家喻户晓,知此举有利于国,无损于民,购食官盐者日益繁众。

现计自去年(1908)三月开办,七月开运,九月开秤起,截至十二月底止,会计总分各局银、盐两账,除去盐厘、盐课及一切开支,计算应净得赢余吉钱九十八万零零六十五吊四百一十九文,约合洋银三十万零五千余元。虽未大竟全功,略已稍收成效。在署司职总理财,何敢稍存矜伐。惟局中提调以下及总分局办事各员,任劳任怨,徒手经营,实已心力俱瘁,除仍分饬将筹运、筹销各事精益求精,毋稍松懈外,理合将吉林官运总分各局年终会计银款盐斤,造具总分表册,附列赢余比较备考表折及先后办理情形,备文详请宪台察核,俯赐批示祗遵,实为公便。为此备由,呈乞照详施行。须至详者。

计详送:总册一本、盐册一本、分册八本,以上三项共册十本装一帙:

清折一扣,表一本。

一详　奉天、吉林公署(《吉林官报》1909年4月1日)

(7) 广东官银钱局与本省盐税

粤省议定缴提盐饷办法(广东)

粤省承包盐务,筹抵赌饷问题迭志前报。兹悉日来已将筹抵办法议定,凡商人所缴按月盐饷,应按期缴由官银钱局照收,以某月为起饷,即以某月为停收赌饷期。并先一月将承饷、抵饷、停饷各事由大吏核示,遍谕全省各属,一月后即行照办。约在明年(1911)正(月)宣布,二月初即一律实行。至原日赌饷,其番摊饷系由善后局支给,拨充缉捕巡防经费。山铺票饷由劝业道各处支给,藉充支解各费。现既筹议禁赌，所有此项抵饷应由运司总理，按月在官银钱局提出，照数分解道局各处收用。又部提加价二文全款，亦并由运司按提，照案递解。（《申报》1910年1月20日）

袁督决计承办盐捐（广东）（节录）

粤督牌示云：

照得盐务疲弊，近奉谕旨整饬，以兴利除弊为亟图。粤省于盐务一弊之外，又多赌饷一大弊，两弊并清非切实改良盐务不可。前经本署部堂电奏，奉旨：该部知道。嗣准度支部电，谓如有把握，即分别奏咨再行核办。上月下旬始据运司转详该商陈宝琛等，所拟章程及大清分银行、官银钱局申报，收到该商等按饷票银二百万两。声明俟奏准开办，再行提用。本署部堂遂据以上各情，分别奏咨。并将外间借箸之词，不切情事者逐一解释。（《申报》1910年1月25日）

署粤督袁①奏改良盐务充抵赌饷实行一律秦赌折
（附章章程（续））（节录）

一曰商人取具殷实保结，并所缴按饷分存官银钱局及大清分银行，以资证信也。查该商等所缴按饷已由运司详称，于十一月二十四日据官银钱局申报收到该商等票银二百万两，会商大清银行分存等语，并声明此单俟奏准后提用。盖商人以诚信为主，此系按必须奏准，奉行之后，方兑现银。按饷之外另加殷实铺号保结，亦已由运司详送前来。此饬商承办之规划五也。（《申报》1910年1月31日）

运司饬包盐章程（广东）（节录）

至于盐价一项，现经查考历来市肆售价，业与宪台酌中衡定，以省城为本位，如至盐缺价昂之时，至贵每斤不得过银五分六厘，以为限制。其各处即以道路之远近，运费之轻重，按此类推。平日仍各照时价，期于商民两不偏倚。所有杂缴按饷即日分存大清银行、官银钱局各一百万两报查，并备具章程、切保各结等项，禀请宪台，详候奏咨核办。着即遵照办理，毋违。此批。等因。

---

① 即两广总督袁树勋。

……

嗣于十一月十八日奉督宪札发：该商等第三次禀呈章程，饬即遵照。等因。在案。前据禀叙督宪批示，核与前奉行知相符，其章程亦与札发粘抄无异。惟禀首商名陈宝琛、蔡文轩、林干材、梁瑞荣四人外，其余孔宪相、邱鉴源、苏秉权、萧颂澄、苏秉纲、黄植森、苏秉保、洪寿等，均与奉发第一、二次禀列承商之萧颂清、李世桂、杨彦瀛、黄瑞森、冯应晋姓名互异。正在核办间，据官银钱局禀称十一月二十四日据盐商先后交到票银二百万两，票内注明"此单系商承盐通纲按饷，俟奉奏准后任请提用"字样。除申报督宪暨会商大清银行分存外，申报察核等情。惟大清银行已否收存，尚未据报到司。本司查该商等承办两广盐务，所拟办法、章程业奉督宪饬商一再酌核添改，其按饷银两亦既据官银钱局申报分存，自应遵照详办。惟章程第七、第十九、第二十六等三条尚应声明酌改，除分别加具按语，照缮清折，检同切〔实〕保结各一纸，具详督宪察核外，合行札饬。札到该委员，即便遵照。(《申报》1910年2月2日)

(8) 湖南官钱局与本省盐税、房铺捐征收

禀请廓清盐务积弊（湖南）

湘潭县城厢内外暨各都绅学商民于日前会议，以为盐斤加价固由商本昂贵及加入各项捐款，此犹通省一律，无可减免。惟潭邑则又有浮收汇水之积弊，以故格外加昂。查盐课商本原定库平足纹〔银〕，潭邑督销分局藉收湘例九九五纹银，每银百两除申四两二钱库平八钱二分省平、省色外，又申汇水三两二钱八分。近日省银毫无汇水，前六月间经督销总局改为七百，申昨又电饬潭局改为六八申。除库平等项五两零二分，每银百两尚浮收汇水一两七钱八分，并入牌价，以致格外增加。查潭邑厘局现定章程统收官银钱局省票完厘，并无汇水名目，督销潭局自应一律仿照办理。何以至今每百两仍浮收汇水一两七钱八分？昨已发布公启，拟即禀请各大宪，将应缴盐课商本仿照潭厘局章程，均缴收官银钱局省票，不得浮收汇水，以苏民困而重盐政。(《申报》1910年1月15日)

开办房铺捐之提倡（长沙）

湘省警费支绌，前经咨议局议决开办房铺捐以资挹注。现因办理伊始，民间未免观望，经抚院面谕巡道，谓房捐事属创始，应由各署堂所分别认捐，以资提倡。巡道当即移咨各处请认定数目，从速见复。现闻已经认定者为长沙协署、盐道署及高等巡警学堂、财政公所、法政学堂、官矿总处、官钱局、禁烟公所等十数处，均已先后咨复矣。（《申报》1911 年 5 月 16 日）

（9）江西官银钱局与本省厘捐征收

厘差改委

九江访事人云：江西湖口县系商贾往来要道，向设厘卡抽收竹木、瓷器等捐，历经上游札委候补府办理其事。及柯逊庵（柯逢时）中丞巡抚江西，饬将各厘卡撤回，改征统捐，以便商旅。而湖口一局，尚仍旧惯，需次者咸目为优差。日前夏菽轩（夏时）中丞改委道员杨筱某观察接办湖口，增雨龙观察接办九江，兼办官银号土药分拨差，已于十月二十七日抵浔矣。（《申报》1904 年 12 月 15 日）

商界不允加捐开办习艺所（南昌）

九江习艺所因经费难筹，迄未开办。前由德化县陈典韶大令邀集各商界，劝令于警察费中酌加二成，以期早日开办，乃各商均不认可。日昨又会同该所委员汪令承豫傅集众商，到官银号再三开导，闻各商仍不赞成此说云。（《申报》1908 年 1 月 7 日）

3. 彩票、捐纳、捐输

（1）湖北有成官银号与发行彩票

奏办湖北续捐彩票章程

一、此票额设二万张，每张售银元六元，每张分十则，每则售银元六角，共售银元十二万元。中彩之票共二千零五十二张，计九张有零中一张，发彩之银元共九万七千九百六十四元，计八一六成有奇。发彩计开红彩银数暨票数。头彩一张，计银元五万元；二彩一张，计银元一万二千元；三彩一张，计银元五千元；四彩一张，计银元一千元；五彩一张，计银元六百元；六彩四张，各二百元，共计银元八百元；七彩五张，各一百元，共计银元五百元；八彩五张，各八十元，共计银元四百元；九彩十张，各五十元，共计银元五百元；十彩二十张，各二十元，共计银元四百元；十一彩四百张，各十五元，共计银元六千元；十二彩一千张，各十二元，共计银元一万二千元。头彩上下附彩二张，各五百元，共计银元一千元；二彩上下附彩二张，各二百元共计银元四百元；三彩上下附彩二张，各一百元，共计银元二百元。凡与头、二、三彩末尾二字相同者共五百九十七张，各银元十二元，共计银元七千一百六十四元。

一、此禀发彩之银元既多，中彩之额亦广，实较各处彩票为优。

一、二月后如能畅，再酌加三万张或四万张，其彩亦按票增加，如开至半年，即照吕宋票加开双彩。

一、此票得彩者，俱由江汉关官银号有成一律照兑，以昭信实。

一、此票按月开彩，一次初开二万张。至开彩时无论所设之票已否卖完，卖票之银是否敷彩，一经开彩，中彩者仍是一律照兑，给现银元，决不失信。

一、查江南各彩票承销者，俱以九五扣用。此票格外从优，均以九二扣用，以示鼓励。

一、承销此票者须以现银，元票不欠分厘。

一、开彩之日，江汉关税务司一同到场，帮同料理稽察。

一、此票总局设在汉口，凡承销票者俱由总局荄发，不售零张。（《申报》1902年2月3日）

(2) 丰裕、源通、源丰润官银号与苏沪等地的彩票发行

江督批沪道禀陈江南彩票情形（金陵）

上海道袁观察以江南彩票廯员无暇兼顾，银号碍难担保，并请饬捐善堂、马路经费等情，禀知江督。兹得批示云：据禀会审委员事务较繁，且距彩票公司甚远，不能兼顾，尚系实情，应准免其前往。即由道督同上海县，按期亲临监视，以后每月一次监视，并不为繁。应饬该县偕同马路工程委员就近监视、查考，以昭大信。此外上海参将、海防同

知并其次守备、佐杂等官，亦可分班监察，候行许道酌提酒食犒赏等费，免致别有索需。至源通官银号出入均系公家款项，不便令其担保，应如禀改由严道（信厚）自开之源丰润等号具保。其广济公司原捐之上海各善堂及南马路工程局各项捐款，候行司转行郑道、梁道等遵照，即在所提一成半经费内酌量筹拨、分给，仰分别移行遵照。（《申报》1905年6月15日）

公益彩票易人担保

江督端午帅①据江南振〈赈〉捐公益彩票职商朱炯、宋佳章等禀称，江南公益彩票改归商办之初，所有彩银一切原由丰裕官银号经理蔡廷熙担保。兹蔡因年老辞退丰裕经理，是以另请上海敦和钱庄经理沈承暄、余大钱庄经理宋献章等二人担保禀请立案等情。业奉批示谓：据禀，该票商出结担保之丰裕官银号经理人蔡廷熙现因年老辞出丰裕，与原结所书职业不符，现已另觅敦和、余大两钱庄经理沈承暄、宋献章保结，仍令蔡廷熙一体列名等情，是否殷实可靠，仰江南财政局核明详复，饬遵云云。财政局奉批后，以敦和、余大均在上海开设，是否殷实无从查悉，爰特移请沪道查明核办。（《申报》1908年4月23日）

（3）天津官银号与劝办国民捐

国民捐府批照录（天津）

天津府中学堂内全堂教员、学生等公同会商，各解囊金，名曰国民捐，具禀于凌太守②。兹将太守批示录左：据禀，本堂学生因功课余闲，讲国民必读一书，激发义气，捐款备还国债。该监督、教员等因亦慨然乐输，集银二百八十余元，系出于爱国热诚。批览之余，良足嘉慰。即此一事，可以教忠，可以合群，由一堂而推于各堂，由一府而推于各府，由一省而推于各省，人人如此，我国立刻便能自强！何必忧时念乱，作新亭、伧父之泣耶？本总办亦国民之一也，思古人毁家纾难志焉而未逮，感念学生之意，且喜且愧，自捐廉银一百两，汇同前款交官

---

① 即两江总督端方。
② 即天津知府凌福彭。

银号存储。俟各处学生闻风兴起,捐有成数,再行禀请学务处转详督宪核示遵办。现勿庸登报,以见此国民捐乃靖献之忱,而非噉名之意。如禀立案,仰即遵照。此批。折存。(《申报》1905年10月9日)

(4)广东官银钱局举办国民捐

粤省截止国民捐(广州)

粤藩出有告示略谓:奉督部堂札开,胡国廉等创议开办国民捐为日已久,各处捐得若干,未据具报。此事原因中国新旧赔款为数甚巨,国债一日不清,财政困难,为害无穷。故思各尽国民义务,以维大局。但必须众情乐输,不得稍有折勒。即逐一查明,毋论有无捐款,统限文到三个月内,将原发捐册、收单按照粘开清单内数目一并照数解缴藩司注销。已捐者连银并缴,由司发交官银钱局存储,详请奏明惠拨赔款之用,不得挪作别项。其未捐者,即行停收。合就札饬,仰司即便移行遵照。等因。奉此。除分别移行遵照办理外,合出示晓谕官绅商民人等一体遵照云云。(《申报》1906年12月11日)

(5)上海官银号办理捐输、捐纳

劝各省绅商踊跃输将说(节录)

试以上海一隅而论,凡事经官府胥吏、仆役勒索多端,欲壑未满,皆能上下其手,狼狈为奸,尽有明目张胆,需索陋规以为衣食,于官非此则无以为生财之道。今银两出入统由官银号一手经理,并无丝毫规费,则勒索之弊尽除,便于民者。(《申报》1894年12月24日)

告示照登(节录)

现值倭人肇衅,要挟多端。各绅民食毛践土,当必义忿同深。且此项饷捐①可以指捐实官,非仅顶戴荣身可比。一经上兑批解,接济饷需,俾添防各军士饱马腾,同仇敌忾,地方赖以安全,未始非旅居绅民之福。除闽粤、厦门、宁波等处派员分往劝办外,合行出示晓谕,为此示,仰士民人等一体知悉。倘有报效情殷,力图上进者,望即开明详细

---

① 指两江总督张之洞奏准户部举办的新海防捐。

履历，并指捐何项，连同正项饭照银两赴新关后源通官银号或赴盆汤弄丝业会馆，或赴六马路仁济善堂分别上兑，即当填发实收，先行交执，一面造册咨送宁局，立即按月报部给照。(《申报》1895年3月27日)

(6) 江苏金裕官银号举办捐纳

军饷充裕

金陵金裕官银号财雄力厚，凡有军饷以及官场款项，悉归号中经理。据个中人云：盐捐、典捐、绅富捐自劝办以来，只有一、二百万，近由香帅筹集别项巨款，有七百万之多，存入号中。刻奉电传上谕，着协济台湾军饷一百万两。可见江南地大物博，筹款非难。此时外府州县绅、当捐、各业捐尚未解来，而号中已存千万之谱。香帅盘盘大才，筹饷不遗余力，即此可见一斑。(《申报》1895年3月11日)

(二) 举办地方公债与举借外债

1. 举办地方公债

(1) 时人对官银钱号举办公债的评论

沧江：公债政策之先决问题（续）（节录）

公债必以信用为基础，此至浅之理，中智以下所能知也。我国当局亦有感于是，故经息借商款之后（此甲午战役时所借也，其数凡一千余万），知民之不吾信也，则特标其名曰昭信股票。经昭信股票之后，知民之益不吾信也，计无复之，则思为种种方法以自明其必信。于是农工商部之富签公债，则声明由大清银行作保。邮传部之京汉赎路公债，则声明以铁路作保。而直隶、湖北、安徽三次所募地方债，皆指明的款若干项存于官钱局以作保。其意谓似此当足以明大信矣。而不知所谓财政上之信用者，实不在是。传不云乎，信不由中，质无益也。譬诸私人然，苟其人本属素封而信义夙著者，偶有借贷，则一诺而假千金，不难也。而不然者，虽信誓旦旦，重之以质剂，而莫或应矣。国民之对于国家，何独不然？夫惟财政之基础稳固，予天下以共见，人民知国家万无破产之患，而贷母取子，其可恃莫过于国家，则不待劝而共趋矣。东西各国，所以每募债一次，而应者恒数倍乃至十数倍，凡以此也。而不然者，财政紊乱之状，已暴著于天下。此如式微之家，其子弟饮博无赖，而欲称贷于人，虽有抵押品，而自爱者决不肯与之交涉明矣。且如农工商部之富签公债，云由大清银行作保，而大清银行，民又能信之耶？其内容之腐败飘摇，有识者早窥其隐矣。又如直隶、湖北等省公债，指明若干项的款以作保，而所指之款，民又能信之耶？彼固言无论何项要需不许挪用也，而挪用与否，民安从而稽之？藉曰果不挪用，而能保政府之必得此款耶？他勿具论，即如直隶、湖北两省所指之款，皆以铜元余利为大宗。当其募债之时，固明明有此的款可拨，初意固非欺民也，而一二年来，铜元局已无复余利矣。颁定币制之后，则直隶、湖北并铸铜元之权而无之矣，则此款又安著者？又如湖北作保之款，则签捐彩票余利亦其一也。今彩票亦议废矣，而此款又安著者？是知财政之基础不立，则虽现在所有之款，实乃不知命在何时。而欲假此以立信于民，民之必不信如故也。此仅举一二以为例，他可推矣。（《国风报》1910年6月27日）

沧江：论直隶湖北安徽之地方公债

自前直督袁世凯奏办直隶公债后，前鄂督陈夔龙因其成法，办湖北公债；皖抚朱家宝又因之办安徽公债；今直督陈夔龙又将办第二次之直隶公债矣。此近年来诸显宦唯一之财政政策也。是以《国风报》载笔者比而论之。

一、内债过去之历史

吾国之内债，实至今未能成立也，而为掩耳盗铃之策，谬托于成立以自欺而欺人者，则自袁世凯之直隶公债始。初光绪二十年八月，中日战役方酣，司农仰屋无计。户部乃请息借商款一千万两，月息七厘，偿还期限八年。当时举国人不知公债为何物，其无应者固不待问，卒用强迫手段，勒令盐商报效三百万两，北京四大恒（北京四大钱铺，其铺名皆冠以恒字）合共报效二百万两，再益以官吏廉俸各报效三成，犹不足额。明年复募之于各省，于是广东以闱姓及其他赌饷等，名义得五百万两，江苏一百八十四万两，山西一百三十万两，直隶一百万两，其他各省，十万两、二三十万两不等。合计其数亦逾千万两，然无一不出于强迫。光绪二十三年，右中允黄思永再奏请借内债，于是昭信股票出，定总额为一万万两，据置十年，年息五厘。恭忠亲王首认二万两，特旨奖励以为天下劝。而民卒无应者。内外官吏，用尽手段以行勒案，经年余而仅得四百万。（最多者江苏，百二十万。次安徽，五十万。河南、奉天各三十万。山东二十五万。湖北十万。其余不能悉记。）除勒令官吏及富商报捐外，人民绝无应者，此事殆消灭于无形之中。其后用之以移奖官阶，然后民趋之若鹜，然于公债之性质，则背驰已远矣。及光绪三十年，袁世凯创募直隶公债四百万两，其奏折中极陈前此公债办理之失宜，谓以利国便民之政，转为误国病民之阶，今当由公家严守信义，使民间利便通行，方足挽浇风而示大信于天下，且有挽回民心、恢张国力皆在此举之语，盖毅然以矫积弊、开风气自任，其意气有足壮者，此实后此各省地方债之模范也。今先述其条件，次乃评其得失。

二、直隶公债办法及成绩

直隶公债办法大略如下：

一债额　直隶公债四百八十万两。自光绪三十一年二月初一日起至八月初一日止，每隔月收银一次，凡四次，每次收百二十万两。

一利息　第一年七厘，以后每年递增一厘，最后之年增至一分二厘。

一偿还　自光绪三十一年起，每年带还本利，六年还讫。利息则自第一年之三十三万六千两，至第六年九万六千两，合计为百四十五万六千两。

一偿还财源　偿还财源以下列各定款作保：一、直隶藩库提存官吏中饱每年三十万两；一、直隶银元局余利每年四十万两；一、长芦运司库提存新增盐利每年三十五万两；一、永平府以下七处盐利银每年十五万两。以上合计一百二十万两，专储备偿此项公债，本息无论如何，要政不许挪用。

一其他条件摘要　一、债票分为两种，大票每张百两，小票每张十两；一、凡本省之田赋、关税、厘金、盐课、捐款皆得以满期之债票交纳；一、债票任辗转买卖；一、债票持换现银不许加减克扣；一、许持债票至官钱局抵押现银；一、持债票五万两以上者，准其每年十二月初一日赴官钱总局调查存付之作保款项，或约各票主凑成五万两公举一人亦可；一、经手官吏如查有留难侵蚀等弊，分别参革监禁，仍将侵蚀之款加二倍照罚。

此种条件之是非得失，当于下方别论之。惟袁氏之初办此债也，其意气盖不可一世，以为以彼之威望，此区区者必可一呼而集也，乃结果反于其所期。奏准之后，袁氏亲邀集天津豪富，劝其担任，而应者仅得十余万，卒乃复用强逼之法，硬分配于各州县。令大县认二万四千两，中县一万八千两，小县一万二千两。官吏借此名目，开婪索之一新径。时甫经团匪之后，疮痍未复，怨声载道。至第二次收银期届，应募者犹不及一百万两。袁氏坐是为言官所劾，计无复之，卒乃向日本正金银行借三百万两以塞责。犹有不足，则强上海招商局及电报总局承受之。此直隶公债办理之实情也。袁氏于正金之三百万，讳莫如深，其扬言于中央政府，则曰此四百八十万两皆由直隶人民及各省行商所应募。而不知其暧昧情形，固历历在他国之方策也。（直隶公债由正金银行承受三百万两之事实，详见日本东亚同文会所辑《支那经济全书》第一册第八百九十页至第八百九十三页。）而后此邮传部办京汉赎路公债，农工商部办劝业富签公债，以及湖北、安徽等省办地方公债，其奏折皆极诵美此次直隶公债，谓为成效卓著，可谓梦呓。不知其为于此等实情未有所闻耶，抑明知之而姑为此以相涂饰耶？

三、湖北、安徽公债办法及成绩

至宣统元年（1909）九月，鄂督陈夔龙以湖北历年筹办新政，息借华洋商款，已三百万，偿期已届，而费无所出，善后局常年经费，收支复不相偿，则奏准借公债二百四十万两。宣统二年正月，皖抚朱家宝以安徽年来因担认海陆军费及崇陵工程费以至筹备各种宪政，岁出入不敷者百余万，乃奏准借公债一百二十万两。此湖北、安徽两种公债之所由来也。

此两省公债，其条件悉依直隶公债，如陋儒之墨守其师说，故不必别举。惟举其债额及偿还年限、偿还财源如下：

湖北公债

一、债额二百四十万两。自宣统元年十一月初一日起至二年四月初一日止，每月收银一次，凡六次，每次收四十万两。

一、偿还期及利息：

年份	偿还本银	利率	利息
宣统二年	四十万两	七厘	十六万八千两
宣统三年	同上	八厘	十六万两
宣统四年	同上	九厘	十四万四千两
宣统五年	同上	一分	十二万两
宣统六年	同上	一分一厘	八万八千两
宣统七年	同上	一分二厘	四万八千两
合计	二百四十万两		七十二万八千两

一、偿还财源：一、湖北藩库杂款每年六万两；一、湖北盐库练兵薪饷每年十万两；一、江汉关税每年六万两；一、新增税契项每年八万两；一、官钱局盈余项下每年二十万两；一、签捐局盈余项下每年三万两。以上共计每年五十三万两。

安徽公债

一、债额一百二十万两。自宣统二年三月初一日至八月初一日，每月收银一次，凡六次，每次收二十万两。

一、偿还期及利息：

年份	偿还本银	利率	利息
宣统三年	二十万两	七厘	八万四千两
宣统四年	同上	八厘	八万两
宣统五年	同上	九厘	七万二千两
宣统六年	同上	一分	六万两
宣统七年	同上	一分一厘	四万四千两
宣统八年	同上	一分二厘	四万八千两
合计	一百二十万两		三十八万八千两

一、偿还财源：一、每年由藩库拨十四万两；一、每年由牙厘局出口米厘下拨十五万两，共二十九万两。

盖湖北、安徽公债办理章程，实不过将直隶章程照样誊写一通，所异者，惟直隶之四百八十万两，湖北减其半，安徽又减湖北之半而已。

至其成绩如何，则湖北今方募集满期，安徽今始交第二期，详细情形，未及周知，要之，其结果必更在直隶之下，可断言也。

四、公债条件评

此种公债条件，实为全世界各国所未前闻，吾无以名之，名之曰袁世凯式之公债而已。试举其反于公债原则之诸点如下：

第一、此种为定期、定额偿还公债，（公债偿还法之种类有三，此其一也。详见论筹还国债会文中。）而无据置年限，此一奇也。据置年限者何？定募债后若干年乃行偿还是也。其在永息公债，政府可随时任意偿还，故不立此限，未尝不可，若在有期公债及定期定额公债，则未有不设据置年限者。其据置多则十五年乃至二十年，少则五六年，此各国通例也。盖凡国家之借债，必其有临时特别之需费，不便加税，不得已而出于此策也。其所借之债，若用诸生利事业（如铁路及其他大工程），则以将来此事业所生之利为偿还资。而生利不能骤也，恒迟诸数年或十数年以后，故据置年限不可以已。若用诸不生利事业（如战费及扩充军备费），则将来以增收之租税为偿还资。租税增收有二法：一曰以新添税目或新加税率而增收者。（如向来无印花税而今新办之，则为添税目。如盐斤加价，则为加税率。二者皆名曰加税）二曰自然增收者。（如关税、厘金等不必加抽，但以商务发达，货物来往频繁，即收项有盈余，谓之自然增收。）夫自然增收，必当俟产业发达之后，不能骤也，而现时所以不加税而出于募债者，则必其民负担已重，加税则妨害产业之发达，必俟民力稍苏乃能议及也，故据置年限亦不可以已。今此袁世凯式之公债，上半年方行募集，下半年已事偿还，他国据置年限将满之时，在彼已为偿还清讫之日。然则借债之目的果何在？岂非天下本无事庸人自扰之耶？

第二、内债而指定财源以为担保，此又一奇也。现在欧美国债，无所谓内外之分，绝无有提供担保者。日本当日俄战役时所借之外债，以海关税作担保，日人引为深耻。然其他之外债仍无有也，内债则更无有也。今袁世凯式之公债，例须列出担保款项，虽有不得已之苦衷，然在世界中，固已寡二少双也。此更于次段别论之。

第三、公债票可以为完纳租税之用，此又一大奇也。公债票之性质，与股份公司之股票同，而与货币绝异。凡完纳租税，必以国家所定之法币，此天下之通义也。各国虽有以公债息票代纳租税之例，而不闻有以公债代纳租税之例。今袁世凯式之公债，乃竟以之代货币之用，其政策之是非得失，姑勿具论，要之为万国所无也。

第四、公债之息率，每年递增，此则奇中之最奇者也。各国凡同一种类之公债，其息率皆始终如一，如是然后债票便于市场买卖，而流通始无窒碍，此向来之公例也。最近则英意两国借换公债，创行息率递减之法。英国前此借换"康梭尔"公债，原息三厘，借换后五年内减为二厘七毛五，第六年以后，减为二厘半。意大利当1916年，将全国公债八十万万"里拉"（约当我三十万万两）悉行借换，自1906年六月至十二月，息率四厘，1907年正月至1911年十二月凡五年间，减为三厘七毛五，以后则减为三厘半。此法既出，各国之财政家莫不赞叹，谓其能适于金融变迁之大势，且直接减轻国库之负担，而即间接减轻国民之负担也。今袁世凯式之公债，乃适与之相反，人递减而我则递增，且年年而增之，六年而倍于其旧。不谓为二十世纪之新发明，不可得也。

其他可议者，如额面之太少也，（日本额面最少之公债为二十五圆，学者多议其非，今小债票每张十两，则更小矣，盖收息不便也。）派息期之太疏也，（各国公债每年派息总在两次以上，此仅一次。）偿还之定期、定额也，（公债以永息者为最善，有期者次之，定期、定额偿还者无伸缩力，最下。）偿额之不用抽签法也，（各国皆同，惟此无之。）皆其缺点也。而其恢诡可诧，犹不如前举四项之甚。要之，合此种种条件，乃成为"袁世凯式公债"之特性，为我国将来永劫之财政史上添一谈柄。其尤可异者，则效颦之徒，乃日出而未有已也。

五、募债失败之原因

袁世凯式之公债，虽其条件种种诡异可笑，要之皆为债权者之利也。夫借款与政府，仅半年一年而受其偿，此与各国之度支部证券无异也。其受偿最迟者，亦不过六年，而息率至一分二厘，最有利之公司股份票，不是过也。而复有确实之担保，且其票可以代货币之用，使在今日东西各国，而有此等条件之公债出现，微论其数仅区区数百万也，即欲募数十万万，吾信其朝发募而夕满额矣。然以袁世凯当时之威望，一鼓作气以图此举，加以威逼，而所得仅乃三之一，卒不得不以此种极优之利权畀诸外人。湖北、安徽之成绩，虽未深悉，然其失败更甚于袁，盖在意中矣。即使幸而满额，亦不过杀越人于货之类耳。然则我国人民应募公债之风气，终不可得开，而吾国内债，遂终古无成立之望乎？曰：是又不然。

吾以为欲公债之成立，其必不可缺之条件有五。一曰政府财政上之信用孚于其民。二曰公债行政纤悉周备。三曰广开公债利用之途。四曰有流通公债之机关。五曰多数人民有应募之资力。五者缺一，则公债不可得而举也。所谓财政上之信用者，谓财政之计划得宜，财政之基础稳固，岁出岁入，皆予民以共见，人民深信政府必无破产之患，而所借出之款，决不至本利无着。有资财者与其冒险以营他业，毋宁贷与国家，安坐而享其息。是故应者若鹜，其信政府也。信之于平日，而非以一时募债之有担保与否为断也。今袁世凯式之公债，亦知前此之失败，由于无信用，故特列出偿还财源，声明不许挪用，且许债主以调查财源之权，其用心盖良苦，而不知恃担保以维系信用，则其信用之所存者亦仅矣。故财政学者谓凡有担保公债之国，即为其国财政无信用之表征，盖善参消息之言也。今直隶、湖北、安徽财政之竭蹶，天下共知，即其奏请募债之折亦明言之，而将来之财政计划，又未有丝毫使人民安心者也。督抚之隐衷，人民早窥见矣，而仅恃此指定之数项的款，谓可以博信用，信用果如是之无价值乎？况其所谓的款者，又绝不可恃，即如直隶、湖北两省所指定，以铜元余利为大宗，而今者铜元价落，更安复所得余利？若币制颁定，造币权集归中央之后，则此款之无着，更不待问矣。又况其所谓不许挪用者，原不过姑备一解。今日摊缴赔款，不敢不应也。明日催练三十六镇兵，不敢不应也。又明日催认缴海军费，不敢不应也。又明日筹办某种某种宪政，不敢不应也。而其不可告人之款，不待追索而自然挪用者，更不可以数计。曰不许挪，其谁信之？彼亦知人之决不吾信也，乃曰：若汝不信，试来调查。曾亦思人民安得有一人而持五万两之债票者？又谁有此闲情，到处访问、约会，凑齐五万两而往调查者？即曰有之，而官吏之所以钳其口者，岂患无术。彼办此公债者，明知其如是也，故不妨许以此权，人民亦明知其如是也，故毋宁不应募免交涉之为得计，彼此皆相喻于隐微中矣。昔昭信票之初办也，识者目笑存之，谓信而日昭，则其本无信可知。彼袁世凯式之公债，亦若是已耳。今直隶公债本息，居然还至第五期，行将清讫，论者或以此为信用不渝之显据，吾以为直隶公债，亦幸而有正金银行应募之三百万耳，苟非尔者，则其成为昭信股票也久矣。此非吾逆诈亿不信之言，盖政府愚弄吾民之惯技，实如是也。此第一条件不具也。

所谓公债行政者，各国之发行公债，其募集、登录、派息等，皆有种种机关。凡全国之银行，全国之邮政局，皆效其用，务使债权者极其便利。（其条目繁多，不及备举。俟他日论公债政策时更详之。）今仅恃一官钱局，而局中人于公债行政，无丝毫之学识经验，又未尝有公忠之心以任此事，以债权者为刍狗而已。此第二条件不具也。

所谓公债利用之途者何也？凡物皆有效用然后价值乃生，此生计学上一大原则也。狐裘诚美，持以入热带群岛，则无人过问。宋版书诚精，持以入蟹文诸国，则一钱不售。何也？以其无用也。无用则无价值，无价值则不能为生计上交易流通之一物品。夫欧美、日本诸国之公债，实生计界交易、流通之一物品也。彼其生计社会，必须公债以为用之处甚多，（其种类，他日更详举之。）故其商民之视公债，如布帛、菽粟之不可一日离。苟政府一旦将所有公债而扫数清还之，则全社会之机关且立滞。故民之购买公债者，其目的非待政府之还吾本也，姑收薄息而利用此物以为商业上种种便利计耳。若不需用之时，则适市而售之，不患无人承受，而现银可以立得。彼国之所以以薄息而能募多数之债者，皆此之由。今吾民之购公债票者，则何有焉？微论政府无信用，或反丧吾本也。即不虑此，而吾以现银购此债票，不过以藏诸箧底，以待将来之收回老本。其周息虽云自七厘以至一分二厘，较诸外国公债息率，优异数倍，而吾以此现银在本国营业，或以贷诸可信之人，则何处不得此七厘乃至一分二厘之息者，何必担惊受恐以与官场交涉也哉？其不愿应募，固其所也。此第三条件不具也。

所谓流通公债之机关者，凡人民持有公债票者，若忽然需现银，则必须立刻可以转卖或可以抵押，然后为事便利而无所于阁。欲求转卖之便，必赖有股份懋迁公司；欲求抵押之便，必赖有银行。苟缺此两种机关，则公债利用之途，决不能圆满而无憾也。今袁世凯式之公债，虽曰许持往官钱局商议抵押，然民之惮与官交涉久矣。此仅具文而已，若夫转卖之机关，则全国更无一焉，然则民之购之者，非坚持至定期偿还之时，老本决不能回复，谁则乐之？此第四条件不具也。所谓应募之能力者，盖公债之为物，实国民资本之结果也。人民一岁所入，除仰事俯畜所费外，而犹有赢余，则贮蓄之以为资本，以图生利。而此种资本，或以之自营农工商等业，或购各公司之股份票，或以购公债票。自营业及购股份票，获利或可稍丰，而折阅亦时所难免。购公债票，息率虽微，而为道最稳。民或趋彼或趋此，惟其所择，而要之非先有资本不为功。而募集公债积少成多，尤必赖国中有资本之人居多数，然后应募乃得踊跃。我国十年以来，久已民穷财尽，大多数人民，并衣食且不能自给，安所得余裕以应募债？原宪向黔娄称贷，虽爱固莫能助也。此第五条件不具也。

夫吾固言之矣，此五者缺一，则公债之成立，盖不可期。今乃悉缺之，则无论其募债章程若何完善，权利若何优异，而民之不应如故也。彼袁世凯倡办伊始，笑骂前人之办理不如法，自以为若用吾谋，事且立集，乃敢于为大言曰："挽回民心，恢张国力，在此一举。"殊不知为彼划策之人，殆不过一知半解之新学小子，于生计学、财政学之大原理，瞢无所识，以至演此笑柄。演笑柄犹可言也，而遂展转效尤，流毒无已，袁世凯所谓利国便民之政，转为误国病民之阶者，彼自当之矣。夫今日所谓凡百新政，皆此类也，又岂独一公债乎哉？

六、募债目的之当否

直隶、湖北、安徽之公债，皆终于失败，不待问矣。就令其果能成功，而彼三省果宜募此债与否，又我国民所亟当研究也。夫募公债者，凡以补岁入之不足也，然就财政学学理论之，凡因行政等费加增，以致经常费年年不足者，则其补之之道，宜加租税；凡因临时特别费加增，而本年内偶然不足者，其补之之道，乃募公债。今请溯彼三省募债之目的而论之。袁世凯之在直隶，其时全国练兵费，咸集北洋，恣其挥霍，其募债似非出于穷无复之之计，度不过为功名心所驱，欲举前人所不能举之业以自伐耳。此可勿深论。至若鄂、皖两次之募集，则其目的具见原奏，固明明借以补每年不足之经常费也。夫既已年年不足，而仅恃借债以弥缝，则安有所终极？譬诸私人生计然，苟为置产营业之用，则借债可也，将来产业所收入，或可偿债而更有赢也。若夫日常米盐之不给，终岁事畜之所缺，则惟当殚精竭虑胼手胝足，别求可恃之常款以抵之耳。求而不得，则惟有节衣缩食以待之耳。不此之务，而日思举债，随举债随即耗尽。明年所入一如今年，其苦不足固已与今年等，而所出者则加以前债之息是不足之坎陷，益加深也。及明年复举债以填之，再明年而不足之坎陷愈益深。如是辗转相引，不及数年，必至尽举其一岁所入，专偿债息而犹不足。故谚曰：一度借债，终身为奴。正谓是也。

夫政府之财政亦何以异是？且如湖北，今固以年年政费不足而借债也，而缘借债之故，年年反须割出现有之政费五十三万两以为还债之用。安徽固亦以年年政费借债也，而缘借债之故，年年反须割出现有之政费二十九万两以为还债之用。其在借债之第一年，收入二百四十万两而割出五十三万两，收入一百二十万两而割出二十九万两，诚丝毫无所苦。第二年以后，则将如之何？稍审事者，而知其道之必终穷矣。然则倡办公债者，将并此事理而不审耶？曰：何为其然？此种公债之贻无穷之患于本省，尽人皆知之，即倡办者宁独不知！知之而犹办之，则以于倡办之人有所大利耳。吾今年任甲省，募得数百万傥来之公债，供我挥霍，资我运动，明年吾调乙省，偿还之责任，岂复在我！所谓精华已竭，褰裳去之。此后甲省人民，年年代我负担数十万之债务，其苦痛非所恤也。谓余不信，则试问现今之直隶公债，曾否劳袁世凯以筹还。试问现今之湖北公债，曾否劳陈夔龙以筹还。而将来安徽公债，又岂劳朱家宝以筹还也哉！所最难堪者，则直隶、湖北、安徽之人民，如负碑之龟，永世不能弛此重荷耳。嗟乎！人民无监督财政之权，此如一家生计，而家不得与闻，虽陶猗之富，可数岁而尽也。观三省公债，可以鉴矣。

七、结论

嗟夫！今者内而中央政府，外而各省，何一非穷空极，匮罗雀掘鼠而无所为计者？而群盲、群骏，犹复日日假筹备新政之名，益泄之以尾闾。大火之燎，瞬息及焚，而处堂燕雀，熙熙然乐且无极也。而其所以资乐之具，则既已竭，自今以往，非年年加税，年年募债，则其乐将并一刹那间而不能继续。夫募债与加税，其厉民虽一，然其效力有强弱，政府不敢悍然多议加税。故一二年来，内外大吏所心营目注者，惟在募债一途。此三种公债之外，复有邮传部之京汉公债与农工商部之劝业富签公债。虽屡失败而犹不惩，将来继起者正未有穷。而各省之踵鄂、皖后尘，亦意中事也。虽然，吾敢以一言正告诸公曰：中国政治机关，苟非为根本的改革，则自今以往，公等其无望能得一文之公债也。何也？前举五条件不具之国，断非能募内债者，而今日中国之政治机关，则无道以使此五条件能具也。若必欲得之，则惟有强逼。夫既曰强逼，则何不竟持刀以入民之室，绥其臂而夺之，而何必更以污公债之美名也。虽然，即曰强逼，而其势仍不可以多得，此又征诸直隶、湖北、安徽之已事而可知也。然则无已，其仍出于加税乎？夫必人民尚有纳税力然后可得税，今者举国之纳税力，则已如羸夫举鼎，行将绝脰矣！再加不已，舍饿死外，岂有他途？民皆饿死，税更安出？更无已，则其惟借外债乎？则数年以后，度支部大臣一席，非让诸碧眼儿红髯者而不止也。故现今政府之财政政策，无论作何计划，而无一非以速亡。呜呼！政府诸公亦曾念此否耶？国民亦曾念此否耶？（《国风报》1910年6月7日）

(2) 天津官银号与直隶公债

试办直隶公债票酌订章程折
（光绪三十年（1904）十二月十五日）

奏为饷项竭蹶，筹备为难，拟试办直隶公债票，酌定章程，缮具清单，恭折仰祈圣鉴事：

窃维时艰孔亟，事变纷乘，直隶当海陆要冲，布置筹防，刻难暂缓。第搜讨军实，备用浩穰，非有大宗的款，不足倚以集事。现在财政支绌，京外略同，一旦欲骤集巨金，舍贷款外别无良策。惟募集洋债，利息轻重，常受挟持，镑价涨落，复多亏损。查外洋各国遇有军国商要，率皆临时募债，不分本国、外国而踊跃输将，常逾定额，固由国民急公效义使然。而最要关键，尤在上下相孚，绝不失信。中国历来办理公债，半由官吏，不务远图，鲜克践言，以致民闻公债，辄多观望不前，即或勉集巨资，亦率视为报效，不敢希冀偿还，只求取办一时，而于国民维系之机，相去甚远，利国使民之政，转为误国病民之阶。臣诚私心痛之。今欲开募债票，宜自公家严守信实，俾民间便利通行，方足以挽浇风召天下。然示信之道，非可空言，又宜预筹的款，备偿本息，无论何项不得挪用。又准其交纳本省库款、关税各项，随处皆可兑用，信如四时，令如流水，既易筹集，尤便推行。在国家无利源外溢之虞，在商民得子母流通之益，维挽民心，恢张国力，皆在此举。经臣详酌中外章程，以取信用为宗旨。就本省筹款，岁可得银一百二十万两，计可贷公债银四百八十万两，第一年按七厘付息，逐年递加一厘分六年还清，以所筹之的款备付本息，有盈无绌。其期限、数目、章程及筹定款项，另缮清单，恭呈御览。

抑臣更有请者，此事系属创行，计在久远，一或蹉跌，继后为难。中国积习，往往始事者备极艰辛，而当新旧代易之交，辄鲜后先规随之美，不以纷易定章为才，即以推卸责任为事，号令不行，官民不信，断由于此。此项公债票，如蒙俞允试办，拟请降旨作为永远定案，并责成臣及布政使、盐运使并继任之督臣等，倘有违改定章，失信于民者，照误国、病民论，予以应得之罪。庶天下士庶晓然，知朝廷于公债一项，实力信行，断无愆改，方足以裨助国用，收集利权。

愚昧之见，是否有当，理合恭折具陈。伏乞皇太后、皇上圣鉴、训示。谨奏。

光绪三十年（1904）十二月二十日奉朱批：另有旨。钦此。

光绪三十年十二月十八日阁抄，奉上谕：袁世凯奏，拟试办直隶公债票一折，外洋各国遇有军国要需，临时募债，无不闻风踊跃，独中国办理公债，辄多观望不前，良由官吏不能践言，民信未孚之所致。兹据该督奏称，开募债票以取信、便用为宗旨，洵为扼要。所陈筹有的款，按年付息，分年还本，发给票据，准其交纳本省官款、关税各项，并随时皆可兑用，拟具章程尚属周妥，著即准其试办。仍责成直隶总督及藩、运两司无论现任、接任各员一体认真经理，实力信行。经此次奏准之后，作为永远定案，断无改易。倘该官吏违章失信，仍蹈前辙，或启弊端，定行从严治罪，决不姑宽。钦此。

（附件）谨将拟订贷还公债期限、数目、章程及筹定款项，缮具清单，恭呈御览。

计开

（一）贷还公债期限、数目

一、直隶公债共募集银四百八十万两。

光绪三十一年（1905）二月初一日，第一期收银一百二十万两。

光绪三十一年（1905）四月初一日，第二期收银一百二十万两。

光绪三十一年（1905）六月初一日，第三期收银一百二十万两。

光绪三十一年（1905）八月初一日，第四期收银一百二十万两。

一、前项公债共银四百八十万两，分六年还本，第一年七厘行息，第二年八厘行息，以后每年加一厘至第六年还清为止。

光绪三十二年（1906），第一年应共还本银八十万两，随付七厘息银三十三万六千两。

光绪三十三年（1907），第二年应共还本银八十万两，随付八厘息银三十二万两。

光绪三十四年（1908），第三年应共还本银八十万两，随付九厘息银二十八万八千两。

光绪三十五年（1909），第四年应共还本银八十万两，随付一分息银二十四万两。

光绪三十六年（1910），第五年应共还本银八十万两，随付一分一厘息银十七万六千两。

光绪三十七年（1911），第六年应共还本银八十万两，随付一分二厘息银九万六千两。

（二）贷还公债章程

一、此项公债票每大票库平足银或行平化宝银一百两整，每小票库平足银，或行平化宝银十两整，各注取本期限，每票主一人，按甲、乙、丙、丁、戊、己分号列收。

一、由藩司、运司盖用印信。

一、由天津官银号汇总收发、拨兑。

一、凡本省地丁钱粮、关税、厘金、盐课、捐款，均可以库平足色期满之票交纳，并将本期内应得利息加算，均由承收署局向天津银号兑现。

一、各地方官分局员，均得以此期满票解本管库局，统由天津银号兑现。

一、此项公［债］票，作为现银按本有平色兑收，不许留难加索。

一、如在内地及他埠不便向天津银号取用本息，可以期满之票，在官银号指定代收局号兑取现银，其在本省地方可向地方官衙门及筹款分局取现，该署局即用以抵丁粮、税捐正款解库。

一、凡在天津各票主，准其按三个月赴银号支息一次，即在票上注明支数。

一、此项公［债］票无论何人，均准其转售转兑，认票不认人。

一、收存公［债］票在五万两以上者，准其在每年十二月初一日赴官银号查验备付款项，如收存公［债］票不及五万可约集各票主凑成五万两，公举一人验票后赴查。

一、此项公［债］票如经手大小官员、差役不遵定章，有留难侵蚀等情弊，一经查实，官员参革，差役监禁十年，仍将侵蚀之款加一倍追罚。

（三）还公债本息的款

一、直隶藩库提集中饱等项，每年银三十万两，查此项前经奏明按年提作兵饷之需。

一、长芦运库新增盐利，每年银三十五万两。查此项自署运司陆嘉谷抵任后，竭力整顿，自三十一年（1905）始，每年约可增盐利银三十五万两，容另专案奏明。

一、永平七属盐利，每年银十五万两。查永属盐务废弛甚久，曾委道员张镇芳切实整顿，自三十一年（1905）起，每年约可增盐利银十五万两。

一、直隶银元局余利，每年级四十万两。查此项前经遵旨推广鼓铸，现已加造厂房，增置机器，自三十一年（1905）始，每年约可提余利四十万两。

以上每年共银一百二十万两，专备还债之需，此外无论何项紧急用款，不准挪移动用，合并声明。（《袁世凯奏议》下册；参考《申报》1905年2月7日）

本埠天津官银号榜示照录

为榜示事：照得本银号代办直隶公债，所有二月初一日第一期各处订购票数及本期收银填发债票、号数开列于后，须至榜者：计开订购大票百套者五十，一分，合银三百六万两；订购大票七十套者一分，合银四万二千两；订购大票五十套者，二分，合银六万两；十套者二十二分，合银十三万二千两；订购大票两套者，五分，合银一万二千两；订购大票一套者，八十二分，合银四万九千二百两；订购小票一套者一百二十二分，合银七千二百两。以上订购债票者共银三百三十六万二千四百两。除本期收银一百二十万两，内填天地元黄宇宙字第一号至三号共银十八万两……以上本期共收银一百二十万两，其余分归第三四期兑收。（《大公报（天津）》1905年3月10日）

官银号榜示

为榜示事：照得本银号代办直隶公债，所有二月初一日、四月初一日、六月初一日各处订购票数及是期收银填发债票、暨除收下，余续一百二十万两归第四期兑收，分晰榜示存案。兹届八月初一日发行第四期债票，所有各处订购票数及本期填发债票号数、地名开列于后，须至榜者。计开洪荒日月盈昃字三十三号至四十三号合银六十六万两，闰余成岁律吕字三十五号、三十九号合银三万两，夜光果珍李柰字七十八、七十九号合银一千二百两，露洁为霜金生字三百三十号至三百六十八号合银一万三千四百两，让国有虞陶唐字一百五十一号至一百九十五号合银二千七百两，又由上海招商局、电报局填发债票合银四万二（？）千两，济南电报局填当债票合银一千一百两，烟台招商局填发债票合银三万两，朝阳县填发债票合银七千九百八十两，永七盐局填发债票十万二百两，各州县填发债票合银三十万一千五百两。以上本期共收银一百二十万两，其余已填未交之银概不兑收。计原定募集公债四百八十万两现已募足，嗣后一律停止。（《大公报（天津）》1905年9月4日）

直隶督宪陈①奏准接办公债票并贷还期限数目章程
（宣统二年（1910））②

查直隶从前因饷项竭蹶，筹备为难，于光绪三十年（1904）经前督臣袁世凯奏请，试办公债票，募集银四百八十万两，并请按年备还的款一百二十万两，分六年归还本息。第一年按七厘付息，逐年递加一厘，至六年一律还情。原定章程于保守信用、预防流弊之处极为详备，仰蒙特旨允准，并责成现任、接任督臣及藩、运两司一体认真经理。此

---

① 即直隶总督陈夔龙。
② 时间为编著者加。

项债票至宣统三年（1911）本息即以还清，历年所办均能恪守定章，毫无流弊，商民悦服，信用已昭。现在办理新政，需款浩繁，而此项原筹备还公债的款一百二十万两，除银余利于四十万两，现已无著。按年尚存的款八十万两拨，仍就此项原指之的款数目。查照前办章程，于宣统三年（1911）再行接办债票一次，募集银三百二十万两，自宣统四年（1912）起，仍按六年分还，于要政所需，不无裨补。其贷还期限、数目、章程暨原案筹定的款，另缮清单恭呈御览。似此照案接办，商民既得以子母流通，公用亦可以藉资挹注，洵属两有裨益。其按年筹还之款，均系前督臣奏准原案，此次接续筹办，一循旧章办理，并未另拨他款。如蒙谕允，仍请饬下度支部立案，并责成臣暨布政司、盐运司及继任之督臣等认真经理，倘有违改定章，失信商民，即从严参办，庶可以昭大信而资久远。

宣统二年（1910）二月二十五日奉朱批：著照所请，该部知道，单并发。钦此。

接办公债票贷还期限、数目章程及原筹款清单（附）（略）（《北洋公牍类纂续编》卷五财政）

（3）湖北官钱局与湖北地方公债

度支部奏议覆鄂督奏湖北财政支绌援案试办公债票折

奏为遵旨议奏，恭折仰祈圣鉴事。

湖广总督陈夔龙奏湖北财政支绌，拟援案试办公债票一折，宣统元年（1909）八月二十四日奉朱批：度支部议奏，单并发，钦此，钦遵。由内阁抄出到部。原奏内称鄂省历年筹办新政，用项浩繁，积欠华洋商款至三百余万两，亟须次第清偿。督同司道再四筹商，惟有试办公债，庶集巨金，藉纾涸辙。但求公债之信用，必先备的实存款，俾应付不至愆期。查近年订购舰艇经费系在盐道库练兵新饷、官钱局盈余各项下筹拨，本年（1909）即可还清，业经奏明自明年起拨归善后局在案，以上两项可共拨银三十万两。此外藩司、关道、善后、签捐两局约可共拨银二十万两，统计每年五十万两。按照直隶分年清还办法，计可贷公债银二百四十万两。现经议定，即以此数作为的款，专备偿还公债本息之需。无论何项用款，不得挪借公债。集有成数，专款存储。遇有前借商款到期，即以此项随时拨还，饬据司道关局将贷还期限、数目章程及筹定款项分别拟议，开局清单等因。

臣等伏查募集公债为近日东西各国通行办法，日本大藏省至特设国债整理局以经理其事。盖货财为用，主乎流通，苟诚信之交孚，自咄嗟之可办。前年直隶创办公债，颇称信用，虽利率略高，较之息借洋款，利权究不外溢。当初定章准完纳地丁钱粮及各项税课，实为扼要办法。此次该督以鄂省善后局积亏太甚，亟待清偿，拟募集公债二百四十万两，借债偿债，自属势不获已之举。所拟章程核与直隶办法大致相符，自应准其试办，一俟集有成数，应令专款存储，早清宿累。不得以募集较易，任便挪用。各国募债大率用之于生利事业为多，此次填补亏累，自系为一时权宜之策。至章程内备还本息各款，应以无碍京协各饷为要，应请饬下湖广总督饬司认真经理，以维久远而坚民信。所有臣等遵议缘由理合恭折具陈，伏乞皇上圣鉴，谨奏。

宣统元年（1909）九月十三日奉旨：依议，钦此。（《政治官报》宣统元年九月二十三日，总第 728 号折奏类；参考《申报》1909 年 11 月 12 日）

湖北公债章程

第一条　湖北公债共募集银二百四十万两。

第二条　此项公债共分六期收银如左：宣统元年（1909）十一月初一日第一期，收银四十万两；宣统元年十二月初一日第二期，收银四十万两；宣统二年（1910）正月初一日第三期，收银四十万两；宣统二年二月初一日第四期，收银四十万两；宣统二年三月初一日第五期，收银四十万两；宣统二年四月初一日第六朋，收银四十万两。

第三条　筹还公债本总年限如左：第一期本银四十万两限一年归还，照付利息，周息七厘；第二期本银四十万两，限二年归还照付。第一年周息七厘，第二年周息八厘；第三期本银四十万两，限三年归还照付。第一年周息七厘，第二年周息八厘，第三年周息九厘；第四期本银四十万两，限四年归还照付。第一年周息七厘，第二年周息八厘，第三年周息九厘，第四年周息一分；第五期本银四十万两，限五年归还照付。第一年周息七厘，第二年周息八厘，第三年周息九厘，第四年周息一分，第五年周息一分一厘；第六期本银四十万两，限六年归还照付。第一年周息七厘，第二年周息八厘，第三年周息九厘，第四年周息一分，第五年周息一分一厘，第六年周息一分二厘。以上六年共还本银二百四十两，息银七十二万八千两。每期应得息银均须扣足一年，方能付给。

第四条　此项公债票每整票库平足银一百两整，每零票库平足银十两整，各注明取本付息期限，每期字号按照甲乙丙丁戊己六字依次分填。

第五条　由藩司、善后局、官钱局盖用印章。

第六条　由武昌省城官钱总局汇总收发、拨兑。

第七条　本省地丁钱漕、关税、统捐、盐课、捐款均可以库平足色期满之票交纳，并将本期内应得利息加算，均由承收署局向官钱总局兑现。

第八条　各地方官及经收统捐各分局，均得以此期满票解本管库局，由官钱总局兑现。

第九条　此项公债票作为现银，按本有平色兑收，不许留难加索。

第十条　如在外省及他埠，不便向官钱总局取用本息，可以期满之票，在官钱局指定代收局号兑换现银。其在本省地方，可向地方官衙门及各税捐分局取现，该署局即用以抵丁漕税捐正款解库。

第十一条　凡票主到期即向官钱局领取本息。

第十二条　此项公债票无论何人均准其转售、转兑，认票不认人。

第十三条　各票主如有急需，准其持票赴官钱局抵押银两，但抵押办法临时向官钱局面议。

第十四条　收存公债票在五万两以上者，准其每年十二月初一日赴官钱总局呈验债票后，许以调查、存付款项之权。如收存不及五万两，可以约集各票主，凑成五万两，公举一人。亦准其赴局调查一切出入款目。

第十五条　此项公债票如经手大小官员、差役不遵章程，有留难、侵蚀等弊，一经查实，官员参革，差役监禁十年，仍将侵蚀之款加一倍追罚。

第十六条　筹备公债本息的款如左：一、湖北藩库杂款每年银六万两；一、湖北盐库练兵薪饷，每年银十万两；一、江汉关每年筹拨银六万两；一、善后局汉口清丈暨后湖清丈局整顿溢收税契，每年银八万两；一、官钱局盈余项下，每年银二十万两；一、签捐局盈余项下，每年银三万两。

第十七条　以上每年共银五十三万两，专备还债之需，无论何项紧急用款，不准挪移动支。

第十八条　各署局每年认筹备还的款，须于每次应交之期提前两个月如数交官钱局存储，以免临时贻误。（《东方杂志》1910年第七卷第一期；《申报》1909年12月12日）

（4）湖南官钱局与筹办地方公债

杨文鼎奏湖南办理公债情形

湖南巡抚杨文鼎奏：湘省财殚亏巨，惟有援照直隶、湖北成案试办公债票，但须指项的实，足以取信于人。各属矿务办理有年，而常宁县水口山之砂尤为地产大宗，一年约得银五六十万两。除用费外，可获余利三十万两，兹按照鄂省折半计算，募积公债一百二十万两，即以售砂利银作为偿还专款，本息分摊，六年足敷抵拨。每年提出售砂利银二十六万五千两，另款存储，以备按期照付本息抵款。所有递年加息及收付办法，酌照鄂省成规，归湖南官钱局经理。下度支部议。（《宣统政纪》宣统二年七月下，实录卷39）

度支部奏遵议湘抚奏湘省财力弹竭积亏过巨请援案
试办公债票折（节录）

奏为遵旨议奏恭折仰祈圣鉴事，本年七月十七日湖南巡抚杨文鼎奏湘省财力弹竭，积亏过巨，请援案试办公债票一折，奉朱批：度支部议奏，单并发，钦此。由内阁钞出到部。原奏内称：……所有递年加息及收付办法一切酌照鄂省成规，湖南官钱局妥为经理。据藩司、官钱局、矿务处拟定贷还数目期限章程，谨缮清单，仰恳俯准试办并请作为定案，遇有交替移交接办，不得挪移更改，稍有违误等语。臣等查该省本年迭遭火灾，重以匪乱，用款过繁，入款又绌。……惟该省当兵荒之后，财政万分匮竭，势处其难，不得不姑允所请，俾纾眉急。嗣后各省如非兴办实业，概不得援以为例，以重财政而杜虚糜。如蒙俞允，拟即咨行遵照。所有遵议缘由，理合恭折具陈，伏乞皇上圣鉴，谨奏。

宣统二年（1910）八月初二日奉旨依议，钦此。（《政治官报》宣统二年八月十三日，总第1036号折奏类；另参《申报》1910年8月29日，《国风报》1910年8月25日）

湖南试办公债章程（节录）

第五条、由藩司、官钱局、官矿处盖用印章。

第六条、经理此项公债本省由长沙省城官钱总局暨湘潭、衡州、常德、洪江各官钱分局，外埠汉口、上海两处均由湖南官银号收发、拨兑。平照长沙四两库平银色，以二七估实为准。

……

第十一条、凡各票主到期即向官钱局领取本息。

……

第十三条、各票主如有急需，准其持票赴官钱局抵押银两。但抵押法临时向官钱局面议。

……

第十六条、筹还公债本息每年需银二十六万五千两，指官矿处、水口山铅矿余利项下如数提拨。此项官矿余利现既经指还公债，无论何项紧急用款不准挪移、动支，每届应还本息之期，官矿处并须提前两个月将银数①交官钱局存储，以免临时贻误，致失信用。（《申报》1910年8月30日）

（5）裕皖官钱局与试办安徽地方公债

度支部关于安徽巡抚奏请试办公债奏折

度支部谨奏为遵旨议奏恭折仰祈圣鉴事：

安徽巡抚朱家宝奏库款奇绌，援案试办公债票一折，宣统元年

---

① 原文此处模糊不清，此为编者推定。

（1909）十二月二十八日奉朱批：度支部议奏单并发。钦此钦遵。由内阁抄出到部。原奏内称：窃查皖省通年入款，向在五百万两上下，而出款则在六百万两以外，历年出入收支本已不敷。嗣后添练陆军，增认海军经费、崇陵工程，益以冬春赈抚及咨议局、审判厅、劝业等经费，并九年预备事宜，一切用款均著重在一二年内即须支出，预计又岁须一百余万。此际若欲骤集巨款，舍贷款外别无良策。惟募借外债，其利息之轻重，既常受其挟持，而镑价之低昂，又复多所亏损。筹思再四，只有募公债为弥补之计，尚无流弊。尝考日本明治三十九年度，入款五万万元，而公债七千九百万，占全体十分之一而有余。财政家言，则以公债为临时收入之专门与经常租税各款为对峙，既足昭国家信用之资，仍不增国民担负之累。法治之国，不轻加税，盖恃此以为转输也。近岁各省逐渐仿行，直隶则创办于前，湖北则继募于后，均经部议核准有案。皖省事繁款绌，计为援照直隶章程，并参酌湖北办法，开募债票，以济要需。兹经饬司通盘筹划，岁就司局两库筹款，约可得银二十九万两，计可贷公债银一百二十万两。拟定大票每张库平银百两，小票每张十两，以六张为一套，按甲、乙、丙、丁、戊、己六字列号，分作六年还清。第一年按七厘付息，每年递加一厘，加至第六年一分二厘为止。即以所筹之的款，备付逐年之本息。应请作为永远定案，责成臣与布政使并继任抚臣等妥慎经理。遇有更替，专案移交一体遵守，不得违改定章，失信商民，各等因。

臣等伏查光绪三十年（1904）十二月间，直隶首行奏办公债票，当经奉旨允准。上年九月间，湖北援案试办，又经臣部奏准各在案。此次该抚以安徽库款奇绌，拟援案试办公债一百二十万两，原奏章程核与直隶，湖北办法大略相符。所筹抵款，亦属有盈无绌，自应准予试办，以资要用。窃维近今理财，本不讳言称贷。然各国募集公债，大率用之于生利事业为多，间或因特别要需，藉此为一时转输之用。近日风气渐开，各互相仿办，而求其募集之故，直隶则筹备饷项，湖北则弥补积亏。此次该省又以通年出入不敷为言，取办一时，舍此固无他术。然以常年不敷之款，辄恃公债为弥缝，若长此因循，殊非善策。各省疆臣均有直接理财之责，现当宪政始基，不能不量入为出。嗣后当竭力撙节，务求预算适合为度，不得以募集公债视为常款，稍涉靡费。应请饬下安徽巡抚实力统筹，以维永远。至所募公债，饬属认真经理，务坚民信，是为至要。所有遵议缘由，理合恭折复陈，伏乞皇上圣鉴。谨奏。

谨将安徽省筹办劝募公债票章程缮具清单，恭呈御览。

计开

第一条　安徽公债共募集银一百二十万两。

第二条　此项公债分六期收银。如①：宣统二年（1910）三月初一日为第一期，收银二十万两。宣统二年（1910）四月初一日为第二期，收银二十万两。宣统二年（1910）五月初一日为第三期，收银二十万两。宣统二年（1910）六月初一日为第四期，收银二十万两。宣统二年（1910）七月初一日为第五期，收银二十万两。宣统二年（1910）八月初一日为第六期，收银二十万两。

第三条　归还公债本息、年限数目如左：宣统三年（1911）第一期应付七厘息银八万四千两，并随还本银二十万两。宣统四年（1912）第二期应付八厘息银八万两，并随还本银二十万两。宣统五年（1913）第三期应付九厘息银七万二千两，并随还本银二十万两。宣统六年（1914）第四期应付一分息银六万两，并随还本银二十万两。宣统七年（1915）第五期应付一分一厘息银四万四千两，并随还本银二十万两。宣统八年（1916）第六期应付一分二厘息银二万四千两，并随还本银二十万两。

以上六年共还本银一百二十万两，息银三十六万四千两，每期应得息银均须扣足一年方能付给。

（第四条至第十三条略）

第十四条　筹备公债本息的款如左：安徽藩库杂款，每年银十四万两；安徽牙厘局出口米厘项下，每年提银十五万两。

第十五条　以上每年共银二十九万两，专备还债之需。无论何项紧急用款，不准挪移动支。

第十六条　各署局每年认筹备还的款，须于每次应交之期，提前两个月如数交官钱总局存储，以免临时贻误。

---

① 原文如此，疑少"左"字。

奉朱批：览。钦此。（《东方杂志》1910年第七卷第二期）

皖藩详请募捐公债（安庆）

皖省财政困难甲于他省，故凡举办新政莫不因之阻碍，藩司沈方伯筹措各款，实已煞费经营。现拟向民间募借公债，以一百二十万为率，按照六年本利摊还，将加抽出口米厘及藩库筹拨，每年可得二十万两提交裕皖官钱局存皖，专作备还公债之资。昨已上详皖抚奏咨立案，以便通饬一律实行矣。（《申报》1910年1月7日）

皖抚派员来鄂调查公债（湖北）

皖省财政奇绌，朱经甸〈田〉中丞（朱家宝）拟仿湖北办法，试借商民公债若干万，以应急需。因事系创办，无所依据，特札委水路巡防营统领孙观察多祺于日昨来鄂晋谒杨护督，询问湖北试办公债章程及其奏案、公牍等件，当奉护督谕由经办公债之官钱局，将此项卷宗抄录一份交该道赍回安庆，以便仿办。（《申报》1910年1月23日）

皖饷又需请拨公债余银（安庆）

皖省财政局困难情形已达极点，所有军需一项计共陆续拨用公债库平银五十八万七千七百七十余两。现值应发防陆各营四月分饷项，财政公所因亏短甚巨，无可通挪，只好仍由公债余银六万两项下由官钱局如数拨付，以济饷糈，刻已呈请皖抚核示祗遵矣。（《申报》1911年6月3日）

（6）裕宁官银钱局与筹办江苏地方公债

中国时事记录：江督请办公债记事

江督张制军（张人骏）前有电致军机处云：宁省财政从前出入尚能勉强相抵，间有短绌，亦可设法腾挪。自奉提厘金抵还洋款，拨补多属虚悬，顿形竭蹶。加以近岁征练新军，举办文武学堂，推广一切新政及加拨海军经费、崇陵工程、咨议局、劝业会等项经费，为数甚巨。而大宗进款，如铜元余利等项皆成无著，入数锐减。出款迭增，库储久空，应付无术。且水旱盗贼，意外用款，尤复层出不穷，支绌情形，势难终日。人骏抵任以来，迭经竭力撙减，惟缩寸盈尺，无补于事。大抵近岁用度，几以甲年出款，预支乙年进项，罗掘既尽，益以称贷。如丙午灾振〈赈〉，所借正金银行之款尚欠五十万，无力筹还。由财政公所展期转借。上年（1909）江北遭水，今春各属缺水，迭办赈粜，复先后借用大清银行、江安粮道、裕宁银钱局筹款共不下七八十万。虽平粜亏耗奉旨准予作正开销，而正款既已无余，则亦无从弥补。且军饷、新政无一非急要之需，若不设法筹维，贻误何可堪想？思维再四，惟有援照直隶、湖北成案，试办公债票，以资挹注而补积亏。现拟就江南财政公所暨裕宁官银钱局两库岁筹银五十七万两，作为抵还之项，计可贷公债银二百四十万两，酌定大票每张库平银百两，小票每张十两，各按甲乙丙丁戊己六字列号，分作六年还情。第一年按七厘周息，每年递加一厘，至第六年一分二厘为止。即以所筹的款，付逐年之本息。此项债款收入后，以一百九十万两抵还历年借款及济饷需、政费之不足，以五十万两筹付劝业会，为振兴实业之用。拟订章程十六条，大致与直、鄂、皖各省办法相同。总以辅助度支，维持商民信用为宗旨。据江宁藩司、劝业道详请奏办前来。人骏查核所议各节，尚属周妥。当此财力万窘之际，舍此别无补救之方。合无仰恳天恩，俯准照办，宁省幸甚！谨电陈，伏乞代奏，请旨遵行云云。闻其后部议，卒未准行。（《东方杂志》1910年第七卷第九期；另参考《国风报》1910年9月24日）

移请给发公债票（节录）

商务总会移复沪道文云：案查本月初二日接准大函，以原奏通用官债票但言所余之息，并入还华洋欠款之用。是此项债票必须收足现银三百万，俟抵借放出之后，再将所入余息弥补华商所执三庄倒票，意义甚为明晰。今改为提出票本，代偿倒票五成，贵署无案可稽，嘱备印文移知，以便详请两院宪核示。即照日前洋务局官商会议情形而论，领票应缴现银，改以产业抵借，亦当由会齐集应押二百二三十万之实产，先行送道估收，方可将全分〈份〉三百万债票送交派给押户及所执倒票之户。若先偿倒票而不兼筹其余债票之出路，则所垫公项将来从何归补？殊与前议不符。等因。准此。

查此事系六月间正元、兆康、谦余三庄同日倒闭，全市恐慌，洋商所执三庄倒票被在汇丰借款内扣除银一百四十万两，而华商所执三庄之票丝毫无着，商情愈形愤激，市面又极奇窘。贵前道因于无可设法之中，拟办上海通用债票三百万两，除付给华商所执三庄倒票五成，约须七八十万外，尚余债票二百十余万。原议拟分给各钱庄及各华商银行、各官银号，分别买领其银，即仍交存买领之庄号，由公家照章给与债票，利息四厘，由存银之家缴还，存息九厘。似此两相抵除，每年可余五厘，以六年计算，约可得银五六十万。其余不敷若干，即在三庄股东应认垫款及收回欠款内拨补，此即所余之息并入还华洋欠款之意。先由贵前道禀呈商督宪电奏，由道担放债票，以资周转情形，奉旨：照准，另详议大纲、范围、性质、效用、限制各节，刊入债票，共资信守。嗣因市景萧条，所缴现银仍存原缴之家，势已难行。又经官商会议，改以产业抵借，然必须照会各国领事，转饬各洋商银行通用受抵。并照会大清、交通、通商暨华商各银行、各省官银号以及钱业董事，务使华洋一律通用，方克有济，藉救被累众商之眉急，兼筹其余债票之出路。此即在洋务局会议办法，面禀商督宪允准之情形也。应请贵道察核、移复，以便转致各商，将应抵产业妥为预备。（《申报》1910年11月21日）

(7) 永衡官银钱号与吉林拟办地方公债

中国纪事：吉林拟募千万公债

吉抚以吉省银价日昂，市面凋敝，多因滥用官帖，现银缺乏之故，亟宜维持圜法，改钱本位为银本位，拟由官银钱号先发行银元票二千万元收回官帖，以期渐次变易。惟发行纸币须筹的实资本方足以应支付而昭信用，故拟就本省商民募集公债一千万元以作票本。前于咨议局开会时提出此议，嗣据该局会议，以本省商民交困，欲募此项公债诚恐不易募集。莫若招徕邻省富商兴办局业，广集公司股本，扩充彩票庶可吸收外币以资补助。吉抚之意大不谓然，已令该局于下次开会再为切实商议。（《国风报》1910年6月7日第十二期）

(8)广东官银钱局与广东地方公债的筹办

督宪张①据会议厅审查科案呈审查东咨议局议决募集地方公债
筹设殖业及储蓄银行一案尚有应再改订及难于遵行缘由
行东藩司遵照文（附件）（节录）

为札饬事：

据会议厅审查科呈称：案奉宪台发下咨议局议决募集地方公债、筹设殖业及储蓄银行一案。等因。奉此。查原呈内称：案奉督部堂札发募集地方公债、筹设殖业及储蓄银行一案交局会议，遵于二月二十五日开第一读会，当即通过，并决交股员审查。嗣准报告前来，复于三月初二日开第二读会，初十日开第三读会，公同讨论，意见皆同，已得多数之可决。是此案经已完成，理合录案呈报察核，伏祈裁夺施行等由。科员等遵即公同审查，佥以咨议局将原案起募公债大纲十三条修正五条，加入一条，组织殖业银行大纲四条修正为十一条，所议尚属切当。惟其中尚有应再改订者三条，难于遵行者一条，谨为宪台陈之。

如起募公债加入之第十二条云：此项公债得由制台查明所属官吏所入薪俸，酌令购买此项公债、证券。查公债、证券人民既用自由购买法，如必查明属吏薪俸，酌令购买，亦属繁琐难行。拟改为此项公债、证券，总督得酌令所属官吏一律购买。又殖业银行修正之第四条云：广东殖业银行查账权及监督权应归广东咨议局责任，其所附设之储蓄银行亦同。查咨议局原可监察本省财政事宜，不独银行为然，查账名目亦嫌与司律相混。拟改为广东殖业银行每年预算应列入特别会计，交咨议局议决，其所附设之储蓄银行亦同。又修正之第六条云：广东殖业银行年报每年九月由总理移送广东咨议局常年会查核，查咨议局议定事件皆直接于督抚，所称银行年报由总理移送，似未允协。拟改为广东殖业银行每年决算由总督查，取于每年九月交咨议局常年会查核。以上三条均应改订者也。又起募公债修正之第八条云：公债之偿还由广东全省岁入税项，每年划出六十万元储存藩库，定为偿还

---

① 两广总督张人骏。

公债本利基金，至偿讫止，期内无论何项行政要需，均不得挪用。查此条原属可行，惟本年预算已定，势难划出六十万元以为基金，既无此六十万元之偿还基金，则公债与银行均难即行着手开办。此难于遽行者也。

总之此案在原案之主张以银行为募债之主体，初由官厅募债以设银行，即由银行自行偿债，地方官厅不过酌予担保。在咨议局之主张以地方官厅为募债之主体，地方官厅特起募一种公债为设立银行之基金，募债、偿债均属地方官厅责任，此其根本差异之点。科员等再三会商，拟请札行（广）东布政司即将此项基金六十万元列入宣统四年（1912）地方行政费预算，俟九月常会时呈候交议。至现改订三条，于九月常会时一并交令复议，俟议决呈复，再行分别核办。并先札复咨议局查照所有，遵奉。申查咨议局议决募集地方公债，筹设殖业及储蓄银行一案缘由，是否有当，理合呈候查核裁夺、施行。计呈缴咨议局呈文一件，等情到本督院。据此，应如议办理，合就札饬，札到该司即便遵照。将此项基金六十万元列入宣统四年地方行政费预算，俟九月常会时呈候交议。至现改订三条于九月常会时一并交令复议，俟议决呈复，再行分别核办毋违，特札。五月初二日发。

咨议局原呈修正募集地方公债筹设殖业及储蓄银行案

广东经济困难，起募地方生产公债可以赞成。但本案组织系募公债以为殖业及储蓄银行资本，即用银行资本以为兴办各项实业资本未免根本错误。盖公债必有偿还义务，查议案甲类第七条"公债之本金自第四年起，按年偿还十分之一，以十年偿讫"。而下文指定之担保四十万元，其总额只能支付利子，未及偿还本金。然则本金必归银行担负偿还无疑，不知银行以资本为信用，由银行资本拨还公债本金，自第四年后，十年银行资本立罄，异常危险。如谓第六条说明，将来银行事业发达，尚可按照则例发行债券，以资周转或相机另募低利公债以为借换。然发行债券则例定有制限，若藉此偿还公债，必至发行过度，与资金不相应，谁肯行销？是债券不足恃也！信用未孚，财政支绌，谁肯应募低利公债？是借换又不足恃也！况欲以银行为营运机关，举办开拓琼崖、开辟黄埔商埠、大沙头商埠，振兴沿海渔业，拓殖东西沙岛各种举动其可得乎？前次审查报告经议会表决再交本股修正，合将修正条文提请公决。

甲　起地方公债

（原草）二　公债之总额款定为五百万元。

（修正）二　公债之总额假定为五百万元。但此次举债，专为筹设殖业银行及储蓄银行之用，募集过半时，银行即可开办。

（说明）人民未有公债思想，恐一时募不足额，而经募之款即须起息，若存放各银行所得之息不足相抵，暗亏甚大。应由官厅酌定开募、停募期。募集过半即行开办银行，以免牵掣。

（原草）五　公债利息定为周年八厘，每年派息两次。

（修正）五　公债利息定为周年七厘，每年派息两次。

（说明）稍高其利事尚可行。债以信用为要，素非高利所能诱致。查现在市场利率付家存放，银号周息五厘至六厘，故于公债利息改订为七厘。

（原草）七　公债之本金自第四年起，按年偿还十分之一，以十年偿讫。

（修正）七　公债之本金自第四年起，按年偿还二十分之一，以二十年偿讫。

（说明）试办地方公债不能不采用定期偿还法，然偿还之期愈促，则每年偿款之额愈巨，恐难觅此大宗基金。

（原草）八　公债之担保指定电灯公司、自来水公司两项官股余利十万元，堤工局每年地价二十万元，本省官银钱局余利十万元，共四十万元，永不挪用。

（修正）八　公债之偿还由广东全省岁入税项每年划出六十万元储存藩库，定为偿还公债本利基金，至偿讫止。期内无论何项行政要需，均不得挪用。

（原草）十一　由地方官查明各属地方长存生息之公款，购买此项公债、证券。

（修正）十一　此项公债以任意为原则，听人民自由。但地方行政长存生息之公款及各地方团体长存生息之公款，得由官厅查明酌令购买此项公债、证券。

（说明）查广东长存生息公款属之官厅者已多至二百七十余万元，

此外各地方团体所在多有其性质。在求利子之巩固，购买公债最为适宜，且有此公款巨额，足以助起人民购买债票之趋势，与债票价值之增长尤为公私两利。(《两广官报》1911年6月11日)

(9) 江西官银钱号与筹办江西地方公债

赣抚筹办公债交咨议局议决文（南昌）

案照赣省岁入不敷，岁出上年计借银行官银号六十万两，本年更须加借，始可勉支。而宣统三年军政、新政扩充进行，目前约计所短已一百数十万两，旧债新增，递年累积。计惟有仿办公债之法，此事各省久已通行。查直隶创办公债四百八十万两于先，湖北继办公债二百四十万两于后，皖省、湘省次第仿行，各一百二十万两，分期收集，利率递加，六年还清。成章可按，是中国公债风气渐开，国家已着信用，民间免增负担，指定有着之款应付，无虞愆期，法治良规，此居其一。指款之法，拟以所征统税每月提出五六万两以供偿还本息，尽六个月募集三百万两，分六年本利一并归清，悉照各省定章办理。论本省财政之困，三百万犹嫌其少；而虑民人应募之迟回，则酌减亦无不可用。特照会贵局交议公决、见复，以凭奏咨、请旨遵行。(《申报》1910年11月20日)

2. 支付、举借外债

(1) 湖南官钱局

湘抚庞奏湘省应解新案赔款第五十九期银两片

庞鸿书片：再查新案赔款 湖南省每年原拨银七十万两，又部拨漕折银两自光绪二十七年（1901）十二月第一期起，三十二年（1906）九月第五十八期止，均经依限解清，先后奏咨在案。兹据布政使英瑞会同盐道暨善后、厘金各局详称，现值光绪三十二年（1906）十月第五十九期应解教案赔款，在于新筹款内动支盐斤、口捐加价银四万八千三百三十三两零、税契银九千两、土药加抽银一千两，凑足一月偿款银五万八千三百三十三两零。又漕折银一万三千三百三十三两零，连前共七万一千六百六十六两零，复加关平补水银一千一百七十七两，发交湖南驻汉官钱局汇兑处承领，限于十月初一日汇交江海关道兑收，守候批照回销，以期迅速而免逾期等情。详请奏咨前来，臣复核无异，除分咨外，谨会同湖广总督臣张之洞附片具奏，伏乞圣鉴。谨奏。

奉朱批：该部知道。钦此。（《申报》1907年2月18日）

湘乱①赔款交涉办法②

湘乱赔款迭经杨抚③暨长沙关道与各国领事磋商，大约不出一百万金。闻杨抚决计由官款提拨，分作三股，就官矿总处余利项下提拨一股，官钱局余利项下提拨一股，其余一股则由部承认。④（《国风报》1910年7月27日）

筹议提前汇解英德偿款（长沙）

湘省司道会议以认还英德一款遵照摊派并加拨，宣统二年（1910）八月限期应解银四万三千七百五十两，拟提前一月在于加抽茶糖百货二成厘金、司库裁兵节饷新案减平项下动支，汇解江汉关道转行交纳，刻已议决。详请两院核准，发交湖南驻汉官钱局汇兑处汇解前往矣。（《申报》1910年10月7日）

湖南又借轻债还重债矣

湘省因财政困迫已极，上年冬间由官钱局出名，于汉口正金银行息借银五十万两，周年八厘行息，限一年归还。兹以政费浩繁，预计终岁所需出入相衡，短绌甚巨，本年七月底又须归还大清银行第一期借款本息银四十九万六千两，现该省司道各员筹商仍由官钱局出名，向汉口礼和洋行息借银七十万两，周年七厘行息，限五年摊还。两次借款均以公债票暂作抵押。查筹还公债票本息章程，指定于官矿局水口山等处矿砂余利项下如数抵拨，现在公债办法稍有变通，每年应仍由官矿总处照案拨解财政公所银二十六万五千两以便应付。闻已由司道及官钱局总办会

---

① 指的是湖南抢米风潮。
② 参考《申报》1910年7月4日。
③ 指的是湖南巡抚杨文鼎。
④ 《申报》此后内容为："惟官场尚无明文"。

详湘抚，请示立案矣。(《申报》1911年9月19日)

(2) 山东官银号与青岛谦顺、谦益丰官银号向德华银行借款

山东巡抚孙宝琦咨外务部文——谦顺、谦益丰[①]官银号向德华银行借款维持市面（宣统三年（1911）十月二十八日）

案查上年秋间源丰润银号倒闭后，市面恐慌，银根奇紧，烟台、青岛两埠影响所及，几不能支。谦顺、谦益丰两号皆系著名殷实，且海关税项历经存储有年，若不设法维持，不惟市面攸关，且恐公款无着。因饬前劝业道肖道应椿前往该埠，会同东海关道徐道世光妥筹补救。旋准两埠商会环求官代借巨款，以不动产作押，俾救危急等情前来。本部院当即电商度支部，请大清银行迅筹拨借。倘该行实难周转，拟在东设法暂向洋行挪借，可否，请速裁示。三次电商去后。于十月初五日准度支部电：以大清银行维持京、沪市面，已属不遑，更难兼顾。惟殷商以产业暂借洋款，商借商还，自可照准。等因。电复前来，当即分别行知。旋据劝业道肖道应椿详称：青岛谦顺银号亏累甚巨，影响所及，全埠恐慌。固〈故〉向德华银行息借上海规元银四十万两，每月七厘行息，以六个月为限。该号出具借券，并将所存天津地方地皮文契一百二十九张，原借据七纸，呈交劝业公所收存，另将劝业公所前存津浦铁路债票一千二百六十张，胶济铁路股票三百五十七张，暂付德华银行作为抵押，由职道出具合同，由抚院加盖关防，交付德华银行收执，以资凭信。等情。到本部院。据此。正核办间，又据东海关道徐道世光会同劝业道肖道应椿详称：烟台市面危急，成记各庄相率歇业，谦益丰银号岌岌不支，因又向德华银行代借上海规银十五万两，极迟以十八个月为归还之限，每月利息七厘，由职道等与该行订立合同，由抚院加盖关防。至抵押之件，仍以劝业公所存储津浦铁路债票三百七十张暂付收执，并由该号将相当产业契据呈交职关代存，以昭核实。等情。到本部院。据此。当即分别批准，未及具咨立案。本年九月间，又据劝业道童道祥

[①] 1905年5月经山东巡抚杨士骧的批准，烟台谦益丰和顺泰钱庄合资成立谦顺银号，代理山东官银号在胶海关的税款征收、保管、解拨等职责。参见青岛市档案馆编《胶澳租借地经济与社会发展：1897—1914年档案史料选编》，中国文史出版社2004年版，第82页。

熊、官银号王道德钟会禀称：官银号为全省财政枢纽，现值武汉事起，市面银根奇紧，藩运两库款亦支绌，无可维持。而官银号发行银钱钞票，流通在外，为数甚巨，急须多储准备金，以资周转。现由职道等向德华银行借济平银十万两，按月七厘起息，以三个月为期，由职道等订立合同。即以前押该行之溢出津浦铁路股票，暂可抵押。等情。到本部院。据此。查维持烟、青两埠市面，由公家代向德华银行息借规银五十五万两，官银号向德华银行息借济平银十万两，均系救济市面，不得不随时照准，以应急需。惟青岛谦顺所借四十万，官银号所借十万，现均到期。该号等无款措还，已经劝业道商明该行暂行展期。一俟金融活动，仍由该道等届期严催归款。除分别批示外，相应将合同底稿三份咨明。为此合咨贵部，请烦立案施行。（中国第一历史档案馆藏清外务部档案，卷总号01—1—762；《清代外债史资料（1853—1911）》）

附：山东借德华银行款合同

立合同山东官银总号、山东劝业道童、济南德华银行，为借款事订议合同如下：

第一条　德华银行借给官银号济平银十万两正，言明三个月为期，届时或愿转期，再行另议。该借款按月每千两以七两起息，其息银三个月并交，至交款与还款均以足色济平为准。

第二条　此项借款本利之信据，即以已经存押于济南德华银行之津浦铁路股票，计英金二万三千镑；及存押于青岛德华银行之津浦铁路股票，计英金四万六千镑溢出之票作为抵押。此项所抵押之股票，曾由山东劝业道奉山东巡抚部院命令所订定，俟银款清讫，其所抵押之股票立即缴回。倘去年商人在济南借去规元四十万两，在青岛借去规元十五万两两次借款先还，应留一万四千镑津浦铁路股票存行作质。此项借款，三个月内，无论何时，均可交还，其息即算至交还之日为止。

第三条　此项借款，原系官银号所借，除抵押外，由山东官银号担认承还。

第四条　此项合同，缮具华、德文各二份，彼此执华、德文各一份，以德文为准。（中国第一历史档案馆藏清外务部档案；参考《清代外债史资料（1853—1911）》）

(3) 裕宁、裕苏官银钱局

东京电（江督筹借洋债）

江督端方已与三井洋行订借日本洋一百万元，译字林报①记者按此借款系江督筹办江北工赈，委派孙、景两员向日人（或三菱公司）借定，计日币一百万元，常年息六厘，由裕宁官钱局担保。闻已立据、画押，限月底交款。（《申报》1907年4月5日）

盐城拒款会致苏路函

敝会发起于法政讲习所，由本所学员赵君桂霖在沙沟镇开会演说，三数日间已实招定千股，随于昨日将第一期股洋一千元交裕宁官钱局经收。（《申报》1908年1月26日）

控追票款

比商华比银行控裕苏官钱局驻沪分局经理解理庵即解履安不理票款一案，昨奉公堂传讯，经孙襄谳商之美海副领事，判解仍交候，订期会讯。（《申报》1911年1月11日）

(4) 湖北官钱局

官钱局拨交日商赔款（汉口）

汉口摊户滋事，所有受损之日商各店曾经关道会同张镇军与该国高桥领事估计偿银三万二千余两，清单已录前报。兹悉鄂督已札饬官钱局总办将偿银如数拨交日本高桥领事，以便转发各日商了结此案。（《申报》1908年6月5日）

倒欠汇丰洋款议结（武昌）

汉口三怡钱庄共倒汇丰银行银五十余万两，久未议妥摊赔办法。兹悉业已磋商就绪，以三怡所置地产作抵银二十二万两，其余之款由鄂督向汇丰行借银一百万两，五厘行息，期限五年摊还。此次所借之款转发官钱局，作八厘行息，其盈余之三厘息则代三怡抵还汇丰欠款。（《申

---

① 即《字林西报》。

报》1909年1月9日）

鄂省整顿财政三策（湖北）（节录）

鄂省清理财政局因本省财政支绌，开源无策，惟有节流一法，拟从整顿、清厘着手。前日条议办法三项，详请瑞督①酌核施行……

一、经营产业。（甲）汉镇城垣马路。此项官地系善后局原有之产，现归官钱局拨款填筑，汉口商务日有增长，后城一带之地销售尤易。拟请饬官钱局迅速布置，以之抵还旧债，弥补新亏二三百万之价，当不为难。

（乙）比国租界。从前赎回颇费力量，计成本有八十余万，系由官钱局借贷正金银行之款，年息八厘，期届三年。本利已属不资，公家如有余力经营，自属上策。然究非一时所能为，及早变价，较为合算。（《申报》1910年11月10日）

鄂省又议借债充作政费（武昌）

湖北财政近来支绌已极，常年不敷二百余万，加以积年旧亏，为数殆近千万。既无可开之源，又鲜节流之策，管财政者殊为棘手。前经清理财政局议定拟将各官业、民屋、官地一律招商承买，约计可得价银四五百万。惟现值市面恐慌，银根甚紧，一时无人承受。而库款业已空虚，待支之款急于星火，官钱局又为部中限制不能擅挪，鄂藩高方伯日处窘乡，异常焦急。日前禀请鄂督拟向汉口英商某银行贷款二百万金以济急需，指定烟酒糖税作抵，现正磋议息金分数及偿还年限，不日即可成交订约矣。（《申报》1910年11月16日）

（5）广东官银钱局

粤咨议局之两大质问——又放马后炮了（节录）

粤省咨议局日前提出质问书两件，呈请督院批答，兹据粤友函述，揭录如左：

官银号借债问题：本省官银钱局发行纸币通用有年，突于月之十

---

① 即湖广总督瑞澂。

六、七等日，持票兑现者络绎于途，以讹传讹，几致酿成金融恐慌。查官银钱局属于官营业范围，其基本金确实与否，于国家信用、社会经济自有绝大关系。故本局于本年临时会时，曾为虑及。业经当场质问监督，蒙赐明答基金充足，万无危险。本局正为粤省财政庆，乃此次风潮据报纸记载，计连日纸币兑换不过百万有奇，何至即形支绌，与监督所答言大相径庭。矧复因此商借外债五百万两，虽现时借债以利转输，将来履行债务决非责成粤民共同担负。然粤民仍多过虑，日昨省中各团体竟以此次订借外债五百万两，日后如何筹还？是否由粤共担？有无交局议决等词，贻书诘问本局。职司舆论，代表人民，既有疑义，自应遵照局章第二十六条，具呈质问，藉释群疑。为此呈请督院察核，乞迅将此次官银钱局基本缺少之故，与商借外债一切办法详为批答。再前由藩司商借日本正金银行六十万元一款，经由本局请示用法，迄未奉复，并请一并宣示，实为公便。（《申报》1911年6月29日）

广东大借外债之真相——或云三百万或云一百六十万（节录）

广东借债开始于袁海观（树勋）前在两广总督任内，曾由财政公所向日本台湾银行借款五十万元。后增将军（祺）署理督篆时曾与该银行交涉，一律偿还。自张制军（鸣岐）到任后，因广东禁赌岁入减少，乃由官银号发行纸币以资救济。且更因整顿酒税及国有铁道问题，经济界时起恐慌，乃又向台湾银行借款六十万以资通融。后因广东商民反对铁道国有，争持纸币向官银号兑换现银，又向该银行借款二百万，年利六厘半，以广东财政公所之田房契税及硝石、硫黄专卖税为担保。同时又借四十万为整顿酒税之用，计共三百万元。然此项借债缘为一时救急之用，故粤人尚未十分反对云。（《申报》1911年7月28日）

五百万大借款之用途

广东曾于夏间揭借洋款五百万元，兹查确系分向汇丰、东方、德华三银行分借，自七月初九日起，至十一月初九日付清，每月交付一百万元。第一次之一百万元系财政公所收用，余四百万元归官银钱局收用，藉资周转。其第一、二两期借款已如期照交起息矣。（《申报》1911年10月27日）

三　官银钱号与财政统一、国库统一问题

（一）清廷与社会各界之态度、主张

中国财政改革私议
（译自日本《国民经济杂志》第二卷第二号日本商学士根岸结著，
李侃译）（节录）

中国财政现状如此，其所谓预算者不过奉行故事，于国家施政究无补益，直谓之无预算可也。其每年收入与支出虽各有一定之额，而支出之费多为官吏把持，以计从中渔利之便。而各处出纳事务，虽使国库与银行连络，等于欧洲，然未有中央银行为之枢纽，出纳之事焉能划一。故户部则由户部银行，布政使则由藩库、官银号，海关则由海关银号，盐运使则由盐运使、官银号。同一国家之出纳，而其经理者乃分为数十银行，散漫而无纪。而此等银行又皆孤立而不相连络，如运送官金之时，则不得不转托于汇兑庄，或使兵士护送，于是财务因之以停滞者，又不知其几何矣！（《中国新报》1907年4月20日）

薛大可：财政改革与国会（节录）

第三　制度之紊乱　各国财政制度大都有中央财政与地方财政之分别，中央财政者关于发达国家全体之行政各费，其特质须全国均一，非可因地而使有负担轻重之不同，又非可使因地而利害厚薄之各别。如海陆军费及其他发达全国之实业、振兴全国之文教、维持全国之安宁各费是也。地方财政则限于其一地方之事业，因地方情形之差异，其财政之状况亦自不能强同，故收支、出纳任地方自为之。中央政府不过负监督之责而已。至于中央财政则必须有整齐划一之制度，而后会计方无紊乱之虞。各国之中央财政皆统辖之于度支一部，全国之收入官吏，自租税之使、海关之吏以至专卖之官，凡经手税务者莫不直接隶属之。又设国库以保管收入之泉币。国库之制虽有预金组织与金库组织之不同，而其一国只许有惟一之一机关，则一凡官衙所收入之公项无不归纳之。于是支用之际，则须照预算案之所定，向国库支领，固非可自由收入之而自

由支出之也。

中国以行政不统一之故，中央财政与地方财政之界限全然不分。一存款也，政府提之而督抚争之。一余款也，政府搜之，而督抚秘之。遇强而有力之督抚，则中央之财政权缩小而地方之财政权扩张。遇懦弱无能之督抚，则地方之财政权缩小而中央之财政权扩张。时伸时绌，时彼时此，纷乱淆混，莫可名状。中央财政与地方财政之关系既如此，收入之机关亦自无所统一。有称为钦差者，有称为实官者，有称为委员者。有隶于中央者，有隶于督抚者。制度不齐，监督不备，故税吏之中饱、诛求成为习惯。且中央之国库制度不立，各部自由筹款而自由支出之；各省自由筹款而自由支出之，各局所又自由筹款而自由支出之。而又无会计检查之制以综复其后，故欲查国家之岁计，纷如乱丝，几如入五里雾中而摸不着端绪也。度支部虽原有部库，然所贮者不过钱粮及其他数款，居岁出入十分之二三耳。近来度支部及各省虽有银行及官钱局之设，然亦并不联络其组织，仅类一旧日钱店之规模，且其目的亦仅在计财政上之收入者，故不足论也。（《中国新报》1908年1月12日）

度支部奏遵设统计处请饬内外衙门迅速办理折（附章程）

奏为遵设统计处，恭折奏闻并请饬下内外衙门迅速办理事：

光绪三十三年（1907）九月十六日内阁奉上谕：朕钦奉慈禧端佑康颐昭豫庄诚寿恭钦献崇熙皇太后懿旨：本日宪改编查馆奏请饬各省设立调查局，各部院设立统计处各折片，统计一项宜由各部先总其成。著各部院设立统计处，由该管堂官派定专员，照该馆所定表式详细胪列，按期咨报，以备刊成统计年鉴之用，等因。钦此。钦遵到部。

臣等窃维统计之法，纲纪庶务，弥纶万有。而施之财政，尤为经国之要图，预算决算之始基。恭承明诏，应即钦遵设立统计处，遴派司员经理其事。惟是财政统计必须总括全国全年一切出入款目，勒为一编，而后名实乃可相符，盈虚乃可具见。今臣部纂辑财政统计，拟自光绪三十三年（1907）为始，而各省例定各项奏销有限次年到部者，有限又次年到部者，有临时展限者，且每届奏销又非必均自正月初一日起至年底止也。于此而欲就其现在报部之案零星凑集，则年限不能截清，势必参差错杂，不合体裁，其难一也；又各省出入款目有正项、有外销，外销之款向不报部，即正项奏销亦有多年不报，任催罔应者。光绪二十九年（1903）政务处奏定内外钱粮格式，经臣部将出入款日开单飞咨各省，限一个月查复，至今亦尚未复齐。三十二年（1906），臣部议复御史赵炳麟奏制定预算、决算表折内请饬各督抚据实开报，先之以公牍，继之以函电，现计咨复到部者，仍寥寥无几。盖内外隔阂，久成习惯，不独各省收支实数不可得而周知，即其款目亦不可得而尽闻，其难二也。综此二难而欲编纂财政统计年鉴，是非严定期限，内外通力合作，不能早蒇厥事。拟请饬下各省将军、督抚等，恪遵谕旨，速设调查局，各将该省光绪三十三年（1907）全年出入款目迅速查明，除按照例限奏销外，所有该年该省一切收支款项数目，无论正项、外销，均即分门别类逐一造具表册，并于表册内加以凡例，申明各种款项案件事由，限文到三个月内送部，至迟不过五个月，毋得延误。并将所派调查局员职名送部存案。凡关于财政事项，臣部即可径行札饬该局调查。如有逾违，即将承办之员移咨吏部照钦限事件迟延例议处，以儆玩泄。如咨报之件仍循从前旧习，不实不尽，臣部惟有请旨，派得力司员分往调查。并请饬下在京各衙门，各将该衙门光绪三十三年（1907）全年经费及所管一切出入款目迅速造具表册，随时送部编辑，至部中现有案牍，臣等即督饬司员先行分类甄录，以资考核。所有臣部设立统计处缘由，谨恭折具陈，伏乞皇太后、皇上圣鉴、训示。谨奏。

光绪三十四年（1908）二月十七日①奉旨：依议，钦此。

度支部统计处章程（节录）

第一章　总纲

第一条　本部统计处以统计全国财政为主务，按照本部职掌，分别门类，详列各表纂辑全国财政统计年鉴。

第二条　本部所办财政统计一切款项，按照各衙门及各省造报数目，据事直书，编成年鉴。至应准、应驳，仍由承办各司处于报销案内核办。

第三条　本部所办财政统计年鉴，从光绪三十三年（1907）出入款目为始，嗣后均以一年款目为一册。

---

① 原文月、日具体时间无，此为编著者参阅《大清新法令》而加。

第四条　本部各厅司库处局所，应按照职掌事项，就各科员中派定调查员，依统计表式每月填注一次，送至统计处。

第五条　各部院现设统计处由本部咨明各部，每年春季将上年经费并所管一切出入款项、统计各表，除咨呈宪政编查馆外，应备一份咨送本署。

第六条　各省现设调查局，由本部咨明督抚转饬该局，每年春季将上年财政统计各表及调查报告等类，除送宪政编查馆外，应备一份径送本部。但有关于财政特别事，本部得径令各省调查局调查，一切随时申报本部。

……

第三章　办事细则

第九条　统计处各员应常川到署办事。

第十条　统计处办事纲领分为十八类如下：（一）租赋类：地丁、漕粮、屯粮、旗租、土司贡赋等项；（二）课税类：盐课、茶课、矿课、参课、芦课、鱼课、土药税、烟酒税、契税、牲畜税、印花税、落地税、牙帖税、杂税；（三）关税类：常关、海关、府关；（四）厘捐类：货厘、盐厘、粮捐、房捐、签捐、膏捐、杂捐；（五）捐输类：常捐、赈捐等项；（六）官业类：铁路余利、矿山余利、银行余利、邮政余利、电政余利、造币厂余利、印刷局余利、造纸局余利、各项官设局厂余利；（七）临时收入类：荒价、养廉减成、扣建、减平、截旷停支、报效、国民捐、官款生息、内债、外债等项；（八）杂收类：除以上所列各类以外，其款额较少者入此类……（十二）临时支出类：河防、赈恤、工程等项；（十三）杂支类：凡款额之最小者入此类；（十四）银行类：大清银行、各种银行、银号、官钱局①；（十五）国债类：借款、偿款、铁路借款、矿山借款、内国公债；（十六）货币类：银币、铜币、纸币；（十七）库储类：部库、旗库、藩库、道库、运库、局库；（十八）仓储类：京仓、省仓、道府州县仓。

以上各类约举大端，其中详细款目，应俟在京各衙门及各省调查局报告到日逐一查核，如有遗漏、变更，再行随时增改。

---

① 此处泛指各省区所设官银钱号。

第十一条　编订统计年鉴时，应于各员中派数人为总纂，以专责成。

第十二条　统计处设图算生二人。

第十三条　全国财政统计年鉴成书后，每年除咨送宪政编查馆一份，留存本部若干份外。其余概发书肆出售，以资研究。（《东方杂志》1908年第五卷第七期）

会议政务处奏遵议度支部奏清理财政明定办法折（节录）

奏为遵旨会议，恭折仰祈圣鉴事。

本年（1909）十一月二十八日钦奉谕旨：度支部奏清理财政宜先明定办法一折，著会议政务处妥速议奏。钦此。窃维清理财政为立宪大纲。财政不清，事皆无从修举。国家幅员广大，财赋殷繁。理财之权，外以责之疆吏，内以统之部臣。前人立法不为不周，而今昔异宜，势难墨守，非统筹全局，扫地更张不能除旧布新、实事求是。查该部原折所称统一，分明二义，洵为握要探源之论。所拟办法六条，亦大抵切实可行。臣等悉心参核，窃谓统一之本首重乎通，分明之源莫先乎信，何以言之？度支部为全国财政总汇之区，宜乎内而各衙门，外而各直省所有出入款目无不周知矣。而今竟不然，各衙门经费往往自筹自用，部中多不与闻。各直省款项内销则报部尽属虚文，外销则部中无从查考，局势涣散，情意暌隔，此不通之弊也。各衙门款项尚属无多，若各省之财即全国之财也。何可漫无统纪？然外省于财用实数每隐匿不令部知，故部中常疑其相欺而内不信外；而部中于外省款项，每令其据实报明，声言决不提用，及至报出，往往食言，故外省常畏其相诳而外不信内。此不信之弊也。由不信故不通，因不通弥不信，而欲统一分明难矣。今欲内外上下相通而不相隔，相信而不相疑，必也部臣、疆臣开诚布公，互相体谅。外省知内部综核之难而不朦以虚辞，内部知外省办事之难而不绳以苛例。凡事内外相商，通力合作，彼此皆专以国事为重，均不稍存畛域，略设成心，庶几可望财政清明，一洗历年积习，足为宪政之始基。该部所陈办法六条，臣等公同商酌，拟请悉予照准。而于其中稍有未尽之处量加变通，谨逐条拟议为我皇上陈之。

……

三、各省银号宜由该部随时稽核一节。查各省官立银号所出纸票应由公家担其责成，自应由部稽核，以昭核实。应如所议，请旨饬下各直省督抚，所有该省现开官银号无论旧设、新设，将开设年月及资本实数、现存发出纸票若干、预备金若干、经理协理何人，限六个月逐一详细列表送部，以凭稽考。但须声明此举号为稽查票数成本，以期核实起见。所有该银号赢利仍归该省支销，并不提拨，以免外省疑虑隐饰。邮传部所开交通银行亦应一律办理。

四、各省关涉财政之事宜随时咨部以便考核一节。查度支部于全国财政有考核、准驳之权，各省关涉财政之事自应随时咨部筹商，遵照部议施行。而历来外省积习皆有外销款项目自筹、自用，向不报部，且有时遇有急需无款可筹，不得不挪用正款，无暇咨商。每即径行动用，殊于统一分明二义均多未协然……拟请嗣后各省关涉财政事件，除遇有非常变故外，如平时有变通成法之处，须先咨部筹商，内销之款未经度支部核议，概不准行。外销之款亦必将如何筹办，如何支用情形据实报部，不准丝毫隐饰。部臣于外省筹商之事，必当曲体其办事为难情形，可准则准，不轻苛驳。仍照本年七月臣等议覆御史赵炳麟奏统一财权整理国政折内所陈办法，令各该督抚先将该省出入各项通盘调查，并将何项应入国家税、何项应入地方税，详拟办法，咨部会同臣等汇拟章程分期照办。如虑各省外销之款一律核实造报，则各疆臣遇有特别议办之事不能措置裕如，不妨俟清理款项之后酌留若干，以备各省特别之用。惟是此节于部臣、疆臣权限关系甚重，其中曲折，臣等所拟恐尚有未尽之处。应请旨饬下各省督抚，每省遴派明于财政理法熟于该省情形之员一二人，限三个月内来京，赴度支部与该部堂司各官面为筹商，按臣等所拟办法详加讨论，酌行厘订。由部臣会同臣等奏明请旨，再行切实施行。

五、直省官制未改以前各省藩司宜由部直接考核一节。查现行官制，外省财政以藩司为总汇之区。现在各省巡警道、提学使、劝业道皆直接民政等部藩司，事同一律，自可援照办理。惟藩司所管财政往往正杂寄存，互相挪移，交代领扣，胶葛不清。若每报督抚之件，皆令随时报部，未免过烦。叠床架屋之册报、缮造者固不胜其苦。而二十二省之册萃集一部，阅者条条过目，字字校对核算，亦恐难于实事求是，日久徒成具文。应请嗣后各省藩司凡遇关涉各该省财政事宜，除禀承该管督抚办理外，每季造具简明大纲清册径报度支部查核。度支部如查有可疑之事，尽可不时派员前赴各该省稽查。其委用征收厘税各项人员，亦均按季汇报度支部备查，以期内外相维，消除隔阂。

六、造报逾限宜实行惩处一节。查各省奏销向有定限，逾限例应议处。近来相习迟延，允宜惩儆……应请将旧日报销册式一律扫除废弃不用，令各省各就该省情形将应办各项销册，按照实在用项逐一拟具程式，先行送部，由部核准，此后奏销即按此程式造报。其中倘有不能不遇事变通之处，准其随案声明，但不准稍有虚捏。部中即据此核销，不加苛驳。然后如该部所议，明定造报之日期，严加逾限之谴责。请旨饬下吏部会同度支部将奏销限期酌量展宽迟延，处分酌量加重，庶可认真办理，不等具文。

以上六条，挈理财之纲而仍不掣办事之肘，屏除旧日虚伪之习而亦无过高难行之端。拟请旨饬令内外臣工按照所陈各节切实遵行，以仰副圣明理财、正辞、循名、责实之至意。如蒙俞允，臣等即通行各处一体遵照。谨奏。

光绪三十四年十二月初十日奉上谕：已录。（《陕西官报》1909年第4期；《申报》1909年1月16日）

齐御史奏陈财政四事（北京）（节录）

御史齐忠甲奏财政困难，亟宜开源节流，以裕国帑一折，内分四纲……（一）京外之岁入、岁出宜均归度支部综核。查从前内外销数，公私用款，未能量入为出，亦无表册可稽。今既为整顿财政起见，京署之可裁者裁之，冗员之可去者去之，其余每署共享款多少，每员之廉俸津贴太优者酌减，太少者酌加。员有定额，款有定数，各署长官考其优劣勤惰，而甲乙之庶奔竞可息，而款不虚靡。外省之局所可裁者裁之，闲差可去者去之。每岁共入若干，共出若干，赢余者由部提用，不足者由部照拨，均宜造册列表，奉为常经。一切之银币、铜币、纸币，统归度支部铸造，将各省之有官银号、官帖局者悉行裁撤，各省均设大清银行。递解之款悉由银行，而银行之总司其事者，由度支部派妥人经理，按功过以定赏罚，各省抚藩亦有查账之权，庶财政统一而出入有节。（《申报》1909年1月16日）

刘议员审查预算说（续三十四号）（节录）

近来新政繁兴，各省历年亏空见之奏章者不一而足。今年年关未过，而各省纷纷以亏空闻有向大清银行借款者，有向其他商人借款者，其亏空殆不知凡几。加以各省官银钱局发行无着之钞票，多或数千万，少亦数百万，其亏空又不知凡几，此等亏空皆未列入预算案内。转瞬明年所有借款半须偿还，又将何款支付？能无牵动全部预算案乎？已筹虑及之否也？（《国风报》1911年1月21日）

财政部之银行计划——附财政部致各省都督电

各省都督鉴：查旧设官银钱号大都存有公款，而外欠亦不少，既归尊处自理，应请责令原经手人迅即收还，专备兑换。该管银号从前行用之钱票俾昭民国信用，而免商民吃亏，是所盼祷。财政部。哿。（《申报》1912年3月25日）

度支部复议办理清理财政办法

度支部奏：清理财政要义有二：曰统一；曰分明。本此二义，于分年筹办之初，而为（臣）部职权所应及与现在急当整理者有：外债之借还，宜归（臣）部经理；在京各衙门所筹款项，宜统归（臣）部管理；各省官银号宜由（臣）部随时稽覆；各省关涉财政之事，宜随时咨部以便考覆；直省官制未改以前，各省藩司宜由部直接考覆、造报。（《宣统政纪》附录卷之三，实录卷340）

（二）湖北官钱局有关情况

委派清理财政局总会办（武昌）

鄂省清理财政局各员昨经陈小帅①委定，兹将名单录下：

总办：藩台李岷琛、臬台杨文鼎、学台商凌。

会办：盐法道马吉樟、江汉关道齐耀珊、巡警道金鼎、劝业道邹履和、善后局总办金鼎、牙厘局总办候补道黄绍第、官钱局总办补用道高佑诸、签捐局总办钱绍桢、提调武昌府知府黄以霖、汉阳府知府曹

---

① 即湖广总督陈夔龙。

允源。

文案：候补知县周谷生、吴应丙。（《申报》1909年2月20日）

湖北清理财政情况

宣统元年（1909）总督①陈夔龙先就湖北善后局设立清理财政局，酌派员司拟定入手办法十二条，于二月初一日开办。旋准度支部刊发奏定各省清理财政局办事章程，咨行到鄂，陈夔龙复查部章，奏派布政使为总办，提学使、按察使及巡警、劝业、盐法、江汉关、荆宜关各道，牙厘局、官钱局、签捐局各总办为会办。又以善后局总办为驻局坐办，分设编辑、审核、庶务三科……二年四月奏遵旨裁撤各局所，归并藩司，设立度支公所，分机要、行政、田赋、税捐、俸饷、会计六科，各科派委科长、科员分任职掌……

附录总督瑞澂奏略……此外，管理财政各局所，臣到任后督同藩司详细考查，要以善后、统捐两局为总枢之区，余如官钱、签捐各局，或为营业性质，或系权宜筹款，与专司出纳者情形不同。现在急求统一，应将善后、统捐两局依限裁并……加以官钱局收缩纸币，银、铜币局改为部办，原有盈余或久已全无。（《（宣统）湖北通志》，志五十三经政十一新政）

湖广总督陈夔龙奏设立清理财政局遴员开办情形折（节录）

奏为遵旨设立清理财政局，谨将遴员开办情形恭折具陈，仰祈圣鉴事：

窃臣于宣统元年（1909）正月十三日准度支部咨开、具奏，妥拟财政章程一折单一份。奉上谕前据宪政编查馆议复度支部奏清理财政章程，当以财政关系重大，不厌求详，仍饬度支部妥筹、具奏。兹据度支部奏称，该馆核复章程，增益条文，益加周密、妥善可行等语。方今财政艰难，内外交困，必以廓清积弊，确定预算为先，全赖臣部、疆臣和衷共济，各饬所属共矢公忠，按照所拟章程，实力奉行，认真办理，用副朝廷慎重度支之至意。单并发，钦此。刷印原奏、章程咨行到部。臣仰见我皇上统一财权，实事求是，下怀钦感，何可名言？当即檄行省城

---

① 为湖广总督陈夔龙。

各司道暨关于财政各局钦遵，妥晰筹议。先就湖北善后局内设立清理财政局，酌派员司拟呈入手办法十二条。随于二月初一日开办，经饬刊给湖北清理财政局木质关防，即日启用，以昭信守。旋又准度支部刊发原奏各省清理财政局办事章程，并恭录谕旨咨行，钦遵照办等因。由臣详加披绎，首将该局应设各员照章分划派定。札委布政使李岷琛为总办，提学使高凌蔚、按察使杨文鼎、巡警道冯启钧、劝业道邹履如、盐法道马吉樟、江汉关道齐耀珊、荆宜关道吴品珩、牙厘局总办候补道黄祖徽、官钱局总办候补道高如松、签捐局总办特用道钱绍桢为会办，善后局总办候补道金鼎为驻局会办。饬即择用相当房屋，迅将该局迁移，分设编辑、审核、庶务三科，遴员派充各科科长、科员。选聘议绅，招用书记，务求组织完密，机关敏活。所有遵章规划及执行事件，冀可收振裘挈领之功。兹据该司道等遵报到差，妥慎拟议办理，详请奏咨前来。臣伏念……朝廷锐意图强，出款愈形繁多，几骤过从前数倍。既不敢迁延，以误国计，亦何能操切以蹙民生？目击艰窘情形，殆将日甚一日，亟应综核常年之收入，统筹全省之支销。先以截清旧案为纷丝就理之谋。即以遵率新规，策涓滴归公之效。庶几内外勿忧其隔阂，后先得剂其盈虚，庶政之经纬，万端或不至茫无所措。是清理财政固为今日第一要图。而于鄂省治忽所关，尤属刻难再缓者也。维兹事体大，头绪纷赜极矣。臣应督饬该局各司道不辞劳怨，不畏繁难，查照部章应行措注事宜，次第刻期举办。一俟正副监理官抵鄂，即当和衷商榷，实力推行，用期忱悃交孚，扫除粉饰、欺蒙积习，以仰副圣主慎重度支，孜孜求治之至意。除饬局开具员名清单，拟定办事细则及开办常年经费数目，咨部查照立案外，所有湖北遵设清理财政局，派员先行开办缘由，理合恭折驰陈，伏乞皇上圣鉴训示，谨奏。

宣统元年（1909）四月初十日奉朱批：度支部知道，钦此。（《政治官报》宣统元年四月十二日，总第569号折奏类）

度支部试办宣统三年（1911）各省各衙门预算
总说明书（七续）（节录）

抑本部更有请者，鄂省因公帑支绌，动向官钱局借拨款项。查官钱局系营业性质，须保信用，岁入余利。作何动用，应由藩司复定。余利

之外，不得动用分毫，庶于清理稍有成效。此复湖北省预算之大略也。（《申报》1910年12月19日）

藩司统一财政大权之虚名（武昌）

湖北藩署设立度支公所，归并财政各局，所有各项正税杂捐概由藩司收放，俨然有统一财政之大权也。乃日昨马署藩忽奉督院札饬，自本月奉文后三日起除丁漕、国课例应存储司库现款，仍由藩司收纳外，其余各项正杂捐款均由缴款员司持赴官钱局上兑，挈取该局印收，送交度支公所会计科收执。如度支公所需用之时，即向官钱局拨付，以资流通而便财用。闻马藩以如此办理则藩司徒拥掌握财政之虚名，于行政上颇有不便，但目下不过署任为难，亦无多日以故，允遵照办，毫无异言。（《申报》1911年3月14日）

（三）裕宁、裕苏官银钱局有关情况

电驳宁省预算之含混（北京）

苏省宁属预算案前由清理财政局造具表册，详由江督咨报度支部查核。兹度部各堂以江宁财政素称紊乱，且糜费过巨。而所造册表又款数不符，半多含混，恐其中有不尽不实之处，特于日前电致江督张安帅（人骏）及监理官管京卿等。文云：查预算岁入册内江南船坞收款较之元年少列十三万余两，米谷、厘金比较共减七万余两，扬子盐栈卤耗元年收七千余两册中未列。硝磺余利岁可得三万余两，今仅开得半之数。茶课、税厘既盛称其利，何以减一万六千？契税收入既称必更加多，何以减二万余两？官银钱局余利应逐年增加，何骤减五万余两？杂税、学租等项州县未列者甚多，漏开之数亦复不少……应请通筹切减，事关奏限，务请从速酌核，切实电复。（《申报》1910年8月15日）

江苏巡抚程德全奏统一财政开办度支公所情形折（节录）

查江苏夙称财富之区，丁漕以外关涉财政局所。除筹款所业于上年（1909）七月裁并，裕苏官银钱局本隶藩司直辖，无庸更张此外，向有苏省厘局、淞沪厘局、善后局、房捐局四局，其岁出、岁入款项纷繁，自应钦遵一律裁撤，统归藩司职掌。即就藩署西偏隙地建筑房屋，设立

度支公所一区。(《申报》1910年8月25日)

裁减苏省行政经费（节录）①

　　苏省宣统三年（1911）预算表册经已咨部，惟不敷之数甚巨，故度支部拟定减并裁三项办法以资酌剂。查巡警道经费比各省加半，拟减二千两。警务公所经费增数浮多，拟减五千两。沪巡警费倍于省局，拟减三万两。学务公所靡费本巨，增数益浮，拟减一万两。各级审判厅经费逾他省几半，拟减二万六千两，绿营饷项行将全裁，先按四成计算，拟减三万五千两。农工商局职务甚简，拟减三千两。官银钱局减入增出无此理由，拟减一千五百两②……以上十六项均拟裁撤，共节二十五万一千三百余两，通共拟裁减六十八万六千四百余两，以之抵补不敷之数，尚短二十余万云。(《国风报》1910年8月15日)

拟定宁省减并裁三项预算（节录）

　　度支部因宁省预算收支太相悬绝，特电致江督谓宁省三年份预算不敷颇巨，而本省支款竟达一千四百余万两，靡费实甚。今拟减并裁三项办法藉资补救，其拟减者计督署经费十万两，洋务局经费一万两，巡警局经费三万两，粮道公费二万两，运司公费六万两，缉费二十万两，厘捐总分各局经费七万两，茶税局经费一万五千两，徐州道湖田经费四千两，财政局经费一万四千两，学务公所经费一万两，模范监狱经费一万二千两，四路炮台薪饷四万两，督练公所薪费二万两，南洋差轮经费二万两，江南机器制造局经费十万两，江南船坞经费十二万两，官银钱局经费四万两，陆军营薪经费十四万两……以上各项约计不下一百五十万两。如能照拟办理，则收支庶几适合。至各该款拟可减裁归并诸理由多半见季报驳案，务请于十日内酌核。(《国风报》1910年8月5日)

度支部奏查明江北粮饷局截旷款项折（节录）

　　江北陆军粮饷局历年积存截旷银至三十五万五千六百三十余两之多，既未陆续造报于前，又不遵截清旧案期限，补报于后，殊属不合。

---

①　参考《申报》1910年8月4日。
②　《申报》拟减数目为六百两。

唯既据查明此项截旷系由该局分存官银号及商号，生息有月报提署副册可稽，息款亦系补助公用。迹虽近于隐匿，究与侵蚀公项者有间。所有前提督王士珍及历任各提督并前粮饷局总办朱照各员，可否免其置议之处，出自圣裁。（《申报》1911年1月20日）

江苏巡抚程德全奏裁并机构统一财政事

江苏巡抚程德全奏：江苏夙称财富之区，现拟筹办统一，丁漕以外，关涉财政局所。除筹款所业于上年裁并，裕苏官银钱局本隶藩司，无容更张。此外苏省厘局、淞沪厘局、善后局、房捐局出入款项纷繁，自应一律裁撤，统归藩司。设立度支公所，分设总务、田赋、筦榷、典用、主计五科。下分设十三课，机要、文书、库藏、庶务、稽征、勘覆、苏厘、沪厘、税捐、经理、支放、稽覆、编制。分委科长、科员，并于筦榷科设总稽查二员，统由藩司董率各员分任。拟于六月开办，下度支部知之。（《宣统政纪》附录卷之三十八）

（四）源丰润、丰裕官银号、浙江新关官银号（裕通官银号）有关情况

票号经理的江海关官银号由银行接管

通阜司呈。为咨行事，据江苏江海关道等禀称："前奉部电：'源通（官银号，源丰润票号股东经营）经收税款自三月初六日起交由大清银行经收在案。丰裕（官银号，义善源票号股东经营）交代，业经展缓两月，应饬从速交归沪行办理。等因。'查丰裕经理海关税款，现商部存放生息之款，尚存该号库平银二十八万五千七百余两。宣统二年（1910）六月丰裕承领维持借款（指橡皮风潮中上海钱业向汇丰银行借款）规平银三十万两，除以丰裕抵进押产作抵外，业经职道先后查封丰裕股东李培积一切产业，及查明丰裕股东即义善源号东，禀准扣存义善源估值十万两之押产。三项并计，核抵所欠沪关税款银二十八万五千余两，有盈无绌。唯丰裕于上年（1910）六月间，另有领存维持款银三十万两，核查原具领状，声明五年为期，现义善源号既倒，丰裕亦奉饬归并银行接办。查丰裕账面除抵存道库押产，其余外欠尚多，暗亏亦复

不少。现唯有仍照禀定原案，责成丰裕号东追偿，将上三项抵件变价，尽先抵偿丰裕所欠税款。如收抵有余，再行留抵维持借款。一面并责令该号经理将所余之丰裕外欠赶紧催收，以凑还维持借款；如再不敷，应由丰裕股东李右丞经楚归补足数，并责成丰裕保人暨经理人等补偿，以符原案。至丰裕归并银行后，仍应按照归并源通时银行与沪关会同禀准章程办理，并将收抵产件三项，分晰开抚陈请批示立案等情。"……

查该道等所禀丰裕经理款项归并银行清理各办法，并呈收抵产件三项清折，办理尚属妥协，应准先予立案。唯核计所估产件银数，除抵税款二十八万余两外，再行抵还维持借款不敷尚巨，此项维持借款关系重要，应责成该道赶紧督饬清理归款，毋稍委卸……并将归并按收日期报部核办。相应咨行两江总督、江苏巡抚转饬遵办，并札知江海关道、大清总银行转知上海分行、江苏财政监理官遵照可也。(《度支部通阜司咨文》宣统三年七月，《度支部档案》卷号17；另参考《山西票号史料（增订本）》)

监理官盘查关库之筹备（杭州）

各海关经征华洋税钞，照章由官银号（即裕通官银号）零收，倾熔汇纳，因此并无实银储库。自财政监理官示期盘库，关道即传知官银号，由该号商电沪运到宝银六万。又适值杭关近日大批旺解，如崇陵工款二万，淮饷三万，赔款三万，防饷二万等故，所备之数绰乎有余。据银号中人云，监理官等临号盘查，当不致如运库之现象。(《申报》1909年8月12日)

大银号搁浅骇闻（杭州）

源丰润银号为甬中巨富所创，分设各省及著名商埠，机关交通，久为此中巨擘。其分设之官银号系承办江海各关税款及英、德、俄、法赔款，势望尤宏。此次上海道蔡观察（蔡乃煌）获谴，市面益形恐慌，该号首当其冲，周转不灵，申号突于初五晚搁浅。杭号得信亦即宣布收账，综计全国总分号十七处同时停市，收付约二千万金，出入尚不甚相悬。兹据同业传述，该号应付之款以粤海关为最巨，计需六百万。汉口次之，需四百万；沪关需三百五十万，其余各埠均数十万不等。而以杭州为最少，计藩库铜元存款、平粜米价等六万余，杭州府交解十月分四国赔款镑亏等三万余，均有实款可抵净不敷，存户另款约五六万余元。风声传播，全市颇为恐慌。现闻该号经理人朱虞臣恐有他变，已电致号东转电藩司决于初七晚先行发封。闻宁波分枝源隆两庄亦由甬道发封，执事费姓已经看管，杭州分枝某颜料及茶号两家亦岌岌可危云。

按本埠源丰润搁浅，本馆初六晚已得消息，杭垣亦有专电报告。因恐摇乱市面，未经登载。今市面已败坏至此，亦惟有付之一叹而已。（《申报》1910年10月11日）

（五）天津官银号与直隶办理财政、国库统一情况

直隶财政局拟定顺直各衙门局所编造月报例言二十条
（节录）（1909）

第一条　顺直文武大小各衙门并各局所，自宣统元年正月起，经手出入各款逐一查明，按月造报管、收、除、在详细月报册，送局核办。

第二条　月报中所列各款以国家财政范围为准则，凡有关公款之项，无论内结、外结一律造报。其无关公款者，如各衙门之规费等项，统俟另行调查，月报内毋庸列入。

第三条　各衙门局所办理各埠新政，如警务、学务、卫生、工程及一切公益事业，其支用经费大率出自商捐、民捐，其中由官综理者，即属公款，应一律造报。倘由绅董自行管理，其收支之数官不过问者，毋庸列入。

第四条　各府厅州县报捐各款，其性质与民捐、商捐无异，应一律造报。

……

第六条　全省款目繁多，头绪纷杂，清理伊始，必须详考沿革，根查冤案，方能逐项梳栉，渐归明确。正月分册报内出入各款，应将来源、去路详细声叙……

……

第八条　领解各款均须叙明领解处所及起解、领入日期。

第九条　出入各款无论内结、外结、经收、支用，均应声叙造销处

所……

　　……

　　第十六条　四柱册式以上年余存或不敷数目为旧管，以本月新收之数为新收，以本月解支之数为开除，以本月余存或不敷为实在。如某一柱无数可列，则填无字。此定法也。然各项款目性质殊异，编造月报难以强同，区其大纲，约分五类，而五者之中又各有其特异之处，兹为举其大要并编造之法详列如左：甲类，浮收之款……乙类，承转之款……丙类，收发之款……丁类，支用之款……戊类，营业之款。各衙署局所经营营业事件者，有专纯营业、附属营业之殊，而两种之中，或为商业，或为工业，或为工商相杂之业性质。复各不同，惟撮其大纲，亦有可以相同之处，如现款、如往来账、如资产、如薪费，此四项皆必不可少，应以每项为第一册。如银号则有行用之钞票，如农业则有收种之品种……己类，垫借之款……

　　第十七条　顺直文武大小衙门所多至一千五六百处，本局汇编季报碍难以一衙门、一局所为一册，必须款类归并。惟办理月报之时，若不预为之地，势必头绪纷纭，无从措手。分类之法不外大小相属，而出入款项使其以零归总，尤为重要。……

　　各衙门局所出入款项，留（？）支款之衙门局所，并非附属，或发款之衙门局所并非主管，若仅按大小相属之办法，势难合总，应另以款项为主，由主管银钱之衙门局所另造细册。除径送本局以外，均分送主管银钱处所，汇入总册。

　　……

（《北洋公牍类纂续编》卷五财政）

直隶正监理官刘参议世珩副监理官陆主政世芬上度支部说帖[①]
（节录）（1909）

　　窃查直隶清理财政春夏秋三季季报，三十四年（1908）年报均已依次到院，咨部均皆就事言事。此后复查以及改良统一更当先事预筹，而以今日财政上之困难，又莫如不明出入之界限，出入之界限不能定，

---

① 刘世珩、陆世芬为度支部派往直隶的清理财政正副监理官。

则重复多，彼此之例案不相顾，则统一难。因此二者，而册报纠葛无非账目之性质，而于财政毫无裨益。查清理财政章程必编造预算时，令分国家行政经费与地方行政经费，候部核定。又于说明书中令分国家税与地方税，候部核定。诚以出入二部分各自分国家与地方，则收入、支用之途已有范围，届时预算实行，旧例自可删除。惟当过渡之时，办法固宜斟酌次第。亦有缓急。仅将所见条列如左：

一曰财政机构宜分为三类也。

第一类，征收机关。征收机关应有专司，不得有用财之权，分配之权，此财政上之公理也。今制丁粮、租税由州县征收，是兼地方行政之职而为用财之官也，又有责令就地议款之职，是兼有分配财政之职矣。又有承领、承发之责，是又兼承发之职矣。至州县以外佐贰杂职往往有征收之事，权限不明，莫此为甚。惟此系官制问题，未敢骤议更张，而实行预算计划，则有三事亟应研究……二，洋常各关以及厘捐局、筹款局、捐务局、渔业公司皆系征收机关，而往往兼支发、分配之职务，今为暂时变通计，应各就所便，悉数交存大清直隶省银行。于省银行中别设一省库，而皆报与藩司或经交藩库，统由藩司全数列款。凡属国家税者，列于国家经费收入册内；地方税者，列于地方经费收入册。其经收各关局，应支之费用，仿照前条州县之留支办理。其向来应协、应拨之款项，则由藩司照案分别支发。如是，则一省之岁入与一省之岁出，统于一处，而后可以与预算相合矣……

第二类，支发、存储机关。支发，存储机关不过一有司之职，除遵章支发、存储以外，不兼他职，与各库之大使绝相类也。然旧制藩库之外，有运库、有关库、有道库。军兴以后，复有各局之局库。与库既不相通，而分配、支发之权又纷歧而错杂。故一省财政之出入问诸一库，不能悉也。至日本之清理财政也，初亦设库、设官，屡经改革而后，令国家银行中特设全库，分订专章。今我国似可借他人阅历有得之法，师其意而仿形之，与各处设省银行，复于省行中别设省库，一切收入之款悉交银行收入。省库存储解款之时，可用银行票，赴该管衙门投交。……

惟我皇上真知独断，深明财政机关不相统一之弊。窃谓欲求财政统一，莫如于省银行别设省库，上之中央总银行别设国库之一法。不但各

局所已也，一切兼司分配、支发之机关皆当归并。①（《北洋公牍类纂续编》卷五财政）

端督②定期会查局库（天津）

度支部奏定清理财政章程，该局开办时，由督抚督同该局总会办及监理官亲莅司道局库，盘查一次，将存储实数查核，明确造册报部。兹闻直督端制军示期于八月初九日盘查津海关、支应局各库，初十日盘查天津道、银钱所、账抚司各库，十一日盘查盐运司、天津官银号、粮饷局各库，一俟清册造成，即当送部汇核。（《申报》1909年10月1日）

顺直咨议局议决厅州县设立理财所章程（附直督宪札复）
（节录）（1909）③

窃维行政各有常年之经费，而理财贵有独立之机关。查直隶各厅州县自办学堂、巡警等新政以来，因账目不清，财政淆乱，致兴讼狱者不可胜数。推其原因，盖由办事之人兼任理财、存款、用款归于一手。其不肖者出入自由，固易于营私舞弊。其贤者，嫌疑莫辨，亦或受谤招。尤且讼狱一兴，无论其行政上成绩如何，罔不窒碍横生，阻其进步。欲袪此弊，非清理权限，使财政独立不可。查日本地方制度，各府县有出纳吏，专司财政。本地各项行政经费，皆由出纳吏经理，其行政各机关任理财。用款时以三联单法向出纳吏支取。揆其立法之意，盖为行政、理财各负专责，不致以出纳之得失累及事业。其便一。专设理财机关，可以稽查各机关用款之当否？使不致舞弊。其便二。有此二便而无一害，诚属意美法良。拟略仿其制，厅州县各设理财所一处，专司财政，凡本厅州县学堂、巡警、自治等各项新政之款项皆属之，其出纳、存储一仿日本办法，以谋统一之便，而除旧弊之端。谨拟简章十七条，拟请通饬各厅州县遵照、试办。其各项行政尚未筹有底款，无财可理者，准其缓办，以防操切之弊。所有拟请设厅州县理财所缘由业经公同议决，

---

① 这一建议后来对于直隶省设立大清银行分行、代理省库，而将天津官银号改组为直隶省银行影响极大。
② 即端方。
③ 此为熊希龄所上。

呈候公布施行。

附理财所简章十七条。

……

第五条、于本地方择官钱局或殷实钱铺商一二家为存钱之所，凡各新政机关之款皆存其中，理财所惟存底簿，不存银钱。按各新政底款多寡不同，彼此恒不愿混合，兹可暂仍其旧，分别存储。以后如须彼此通融之处，候自治预备会与各机关协议。

第六条、凡财政出入用三联单办法以资对照而便稽核。按三联单办法，凡入款时，先由纳户一面，将数目报明理财所，一面存储银号或官钱局，再由银号填写执照三份，一交纳户，一报理财所，一作本银号存根。凡领款时由用款机构（如学堂、巡警局等）填写执照三份，一报理财所存储，一交理财所盖印后转付银号取钱，一作本机关存根。（《北洋公牍类纂续编》卷五财政）

北洋财政问题之种种（节录）

直隶财政机关最重要者为支应、练饷、银钱、筹款等局所，现已将该局所裁并于财政总汇处，以藩运两司总其成，实行统一财权之策。惟总汇处管理全省财政，款目繁多，必设立金融机关以资存储。现已札行天津官银号总理刘道丙炎，会同藩运两司将该银号认真整顿，改办直隶银行，俾与国立银行互相联属。（《申报》1910年5月23日）

天津官银号改组为直隶省银行以符统一财政要求有关史料

现值改良收支，应先于财政上拟定完全统一办法，特一省之大，款目纷繁，若收支存储不归一处经营，则机关不一、事权不专，亟应筹设直隶省银行，而以省库附之。查直隶本有天津银号，颇见效用，应即就此基础妥筹扩充，即会同筹议，酌量办法，妥订章程，呈候核夺等因。奉经遵即会议，拟请将天津银号改为直隶省银行。凡本省行政应发款项，由藩库暨财政总汇处一体随时发交本行存储，凭文支放，将来推行尽利，即可兼办省库，收全省出纳总一之效。拟既将天津银号改为直隶省银行，不发行新纸币，仍以天津银号原发之银票、银元票照常行用，不论津埠、外埠，如须取现，即至直隶省总银行或就近向直隶省分银行随时照付，以昭信用。所有天津银号原办存放章程，一概照旧办理，以资遵守，业经详蒙批准。今遵于九月初一日改为直隶省银行，先换关防、图章，另行择日悬挂招牌，特先登报声明。（林纯业、郝庆元：《天津官银号记事》，中国社会科学院近代史所近代史资料编辑室编：《近代史资料》总第68号）

（六）奉天、东三省官银号有关史料

通饬统一财政办法（奉天）

东督徐菊帅（徐世昌）以奉省百政待兴，全视财力之盈绌为断。自改设度支司以来，规模粗具，但核计常年经费，出入不足相抵，垦务、税务两项积弊最深，必须彻底清厘，然后可收实效。其东三省盐务局、官银号、铜元局各自分立，若无统辖之区，机关既不灵活，检察亦难周到。前特派周、钱两参赞将所有东三省盐务局、官银号、铜元局及奉省垦务、税务概归督饬办理，亟应设法简省，切实整顿，以期廓清积弊而统一财政。现闻已将一切情形通饬各府厅州县既各局所一律知照矣。（《申报》1908年4月2日）

东三省监理财政官熊希龄筹酌议清理财政办法应请度支部核示文（1909年10月29日）

敬禀者：

窃希龄、守纲①等前于五月到差任事，均经电呈钩鉴。惟因奉省财政复杂，较之各省规制不同，希龄等初到此间，茫无头绪，未敢呈报办法情形。现经两月有余，各署、局、堂，所册报到局虽只十分之二，而于奉省财政大概略窥一斑。其难于清理者不外两端：一、关于会计出入，向无规定、章程、簿据以为限制；二、关于新政改革，亦无划一款项、名目以免纷歧。历查旧案，仅已故提学使张鹤龄所（定）会计之章程，条分缕析，深合夫东西各国会计法之要旨，惜只限于学务一端，未能推及全省。此外提法司、民政司所属各署、局陆续移送表册，均尚

---

① 即奉天省清理财政副监理官栾守纲。

详析靡遗，足资编辑。其余或失之笼统含混，或失之敷衍简率，几于驳不胜驳。现虽由财政局总、会办呈请督、抚严定期限，以七月为各署、局册报到局之期，以八月为本局与各署、往返签驳之期，以九月为本局汇编册表报部之期，究未悉各署、局、堂、所能否不至贻误。此近日清理困难之实在情形也。

又查各署、局、堂、所造报各表册，诸多不合龄、纲等初拟定一通行册式，旋因各署、局、堂、所性质既多不同，而各地方财政出入名目亦复不等，若示以一定之式，恐官绅有所误会，填报亦多遗漏；不如仍循旧惯之例，待第一次册报到齐，依其性质名目，分别编纂，发还各署、局、堂、所照式造报，庶不致于参差歧异。龄、纲等现将从前所办湖南磁业学堂、南洋印刷工厂、苏州农工商局等预算决算表册排印成书，又将奉省西安县所呈光绪三十四年（1908）册报，依其名目，改编决算表式，一俟各署、局、堂、所册报到齐，审核更正后，即将以上刊印各式随同顺〈颁〉发，以备各署、局、堂、所有所仿制。但将来呈报钧部时，是否改用新式表册以昭划一，容即另禀请示饬遵。此近日清理办法之实在情形也。

惟是事繁期追〈迫〉，龄、纲等固不敢不恪守部章，稽查督催，以尽职务而副期望。但默察奉省财政之源，有国家税性质者，如丁粮、税捐、盐务各项，岁约收入五、六百万金，而有地方税性质，如警、学、亩捐及各项杂捐，岁亦收入四、五百万元。即以辽阳一州、海城一县而〔言〕，每年亩捐等款竟收至二、三十万元之数，实腹地各行省所罕见之事。目前清理册报，虽属要图，而一切整理之法，似亦不能不同时并举。前读钧部奏财用窘绌，举办新政宜力求撙节一折，内有"恐九年之预备未成，而府库之财用已竭"两语，洵为目前各省财政最为紧要之旨。龄、纲等窃以为奉省清理办法，分别轻重缓急，统筹全局，细按部章，其中有应行变通先后次序之处，谨陈大端。其凡关于本部章程所未载拟请加入者有二，关于本部章程所已载拟请明示者有二，关于本部章程所载将来办法拟请提前先办者有四，关于本部奏章所载统一办法拟请逐渐实行者有二，均另缮具清折，条陈于左。

一曰清查各署、局财产，饬令造册补报也。查东西各国会计规则，分银钱、物品为两项，物品中又分存储、消耗为两项。凡建一衙署，购一物品，置一机器，皆将其数量、价目编号记簿。作为官有财产，按月按年定例检查，以昭慎重而免遗失。故其编制预算表时，经管财政官亦得核其存储、消耗之数，而决其开支多寡之准驳。希龄等统观奉省各署、局、堂、所册报，于制器、修缮两项几于无月无之，而交涉司三十四年（1908）册报，竟有每月置买铺垫等器具额销至七百余两之巨，当经驳令分别开具清单在案。盖大宗物品均系开办时所置备，此后随时修理添补，所费无几，断未有月月新制之理。良由各署、局、堂、所向无定章，亦无册簿，易一官长则添一器具，甚至有前任携之而去者，亦有不加爱惜听其朽敝者，此项积少成多，虚靡实属可惜。惟部章以光绪三十二年（1906）为旧案，以光绪三十四年（1908）至宣统二年（1910）为现行案，案中册式虽列有旧管一条，大率只记银钱有无余存之数，而于各署、局原有财产如房屋、机械、图籍、仪器、家具、物料等项，属于光绪三十三年（1907）以前所置备者，均未造具册报。论其性质，此类既系存储而非消耗，亦应列于旧管之列。否则，财政局无从溯其源委，不独将来编制预算表时，于活支一项无所限制，且恐旧管物品已存复失，已失复购，其耗费亦不可得而节。何况不肖员绅往往借工作采办以为利薮，流弊不可不防也。希龄等现于本局厘定物品出纳章程，以为各属模范，所制表册附陈钧鉴，可否仰乞札饬奉省各署、局、堂、所，另将光绪三十三年（1907）以前所存官有财产造册补报，俾便核查而资参证。

……

一曰各署、局造册奏销，应与本局报告表册一律核办也。查各省向来开支款项造册奏销，多牵就旧日定例以免驳诘，名之曰融销。融销者，以甲移乙凑合总数也。今清理财政，既令和盘托出，不追已往，则从此无一文不报部之款，即无一款不正销之理。龄、纲等到差以来，传述钧部德意，至再至四，而此间官吏往往疑为一时诱劝之谈，恐将来真账呈报钧部，必以旧例相绳者，龄、纲等几无实证以昭其信用。查增订章程第七条有前项现行案，除由清理财政局将光绪三十四年（1908）分〈份〉调查报告，宣统元年（1909）、二年按季报告外，仍由该管司道详请督、抚，将全年出入款项分别造册报销，等语。细绎章程之意，似此项报告财政局之清册，即可一律奏销，无有区别也。但本部清理财政处系属创设，无例可援，各省所呈核实册报，自必无所驳诘。而第七条所云之销案，仍交各司，司中既未变通新例，即不免于指驳同部中或司或处，彼此互相矛盾，无以昭划一而释群疑。可否仰乞钧部批示办法，俾便祗遵。再，此间传闻，近年报销册籍到部，尚有需缴部费者，恐系书吏在外招摇，亦应请一律严禁，以杜各省之借口。

……

一曰各署、局试办预算法，藉资练习以期实行也。查部章，各省文武衙门自宣统二年起编造预算清册，即于宣统三年（1911）一律遵照预算办理，年限之中复寓慎重之意，自可实行无滞。惟预算之理，视其国家之所定政策以为消长，非仅已办之事量入为出。即一切待兴之业，关于国利、民福者，亦必预为规划，款若不足，付之议会，此预算之法也。然初办预算，诸多困难。龄、纲等前在江南办理局、厂，曾用此法，往往有应用经费为预算所不及者，乃以预算已定，不便加增，办事遂不免有所迟滞，良由中国各种行政机关不甚完全，非预算所能定也。今拟令奉省各署、局、所先于年内编制预算表册，一面交由财政局照章汇编报部，一面即于宣统二年（1910）正月起试办预算，此后所支经费，一依预算项目而行，不得溢于预算范围之外。果有事实确为必需而预算未能及料之处，准其声报情形，转陈钧部，则于宣统三年（1911）之预算编制不无俾补。可否仰乞钧示饬遵，以收循序渐进之功。

一曰特设各署、局收支员，垂为定制，以专责成也。查部定章程第十六条，财政局应调查该省各项征收惯例，拟订丁漕、盐课、关税、厘金及其他杂税等项改良征收章程。奉天各署、局、堂、所惟省城规模略备，各项征收虽无详章，而收支之法，尚设有收支委员专管其事。独至省外府、县衙门，及税捐、盐务各局，均由各该管官吏自委其私人经理，名曰账房，一切出入，操之其手。该官吏差任交卸后，此项账户及所有流水账簿，随之而去，荡然无存。后任即欲清查，亦均无据可凭。盖会计官吏乃收支之根本，苟无专责，纵有征收良章，亦何所传？从前，曾、胡创办湖南厘金，任用士人，凡有厘局，皆以委员专管行政，以绅士专管收支，故至今尚无大弊。希龄前在湖南西路师范学堂及醴陵磁业学堂，均禀请抚宪迳札收支委员，使有独立性质。去年办理江苏农工商局，亦改从前账房名目为会计委员，故虽已交卸，该委员仍继续担其责任也。今奉天各府、厅、州、县征收所入，如丁粮、契税及车捐等杂税，款近数万，警、学、亩捐亦归综核，职任不可谓不重也。而论其事实，则仅一不负责任之账房司之，无怪款目之不实不尽，流弊滋多也。案光绪三十二年（1906）庆亲王等奏定续订直省官制一折，各府、州、县应设会计员一员，立法具有深意。应请援案先令各府、县官署及盐务、税捐各局特定收支委员，或由度支司酌委，或由该管官吏禀请加委，均须以殷实绅商出具保结为限制，使其有官吏之资格，而无私人之性质。可否仰乞钧裁，以清根本而专责成。

一曰印发各署、局收支簿，列入交代，以垂久远也。查部定章程第十五条，清理财政局应遵照清理财政章程第四条第四项，拟订各项收支章程，并各项收入流水簿式、支出流水簿式、收入流水总簿式、支出总簿式送部复核，咨由督、抚颁布施行。奉天各署、局，仅省城度支、提学、提法、民政各司署及其所属局、所关于收支簿据尚有成案可考，惟省外各府、州、县及税捐各局，非独历年簿据毫无留存，即前后任之间求一交代总簿尚不可得，遑论流水？求一详细公账尚不可得，遑论私出？故目前各属报告册虽有条目毕具者，若欲按之事实，核对流水，甚恐难也。希龄前在南洋印刷官交卸时，曾将前后任一切簿据及发单等件编列号数，呈请立案。此次到差后，龄、纲等会同总会办商定，先将本局银钱、物品两项会计规则以及银钱收支流水簿、分类簿、总结簿、存储物品编号簿、供用物品存查簿、消耗物品出纳簿、邮费电费簿、物品请领单、经费请领单各项簿表，详细编制式样，交承管科课，按照规则试办，以为各署先声。但各署、局、所既已相习简率，若非速于收支簿据改良新式，垂为定案，则即清理就绪，转瞬仍无依据。龄、纲等拟以此次本局所定簿式，由度支司刷印万本，盖用司印，移札各署、局来省备价领回。从某月起一律查照办理。所有会计之法，检查之例，另由本局详拟暂行章程，可否仰乞钧部批准。则此后宣统二年各署、局出入之账，要皆有籍可稽，或不致如前之渺茫也。

……

一曰各署、局收入各款，应汇解度支司支发，以期划一也。查本年（1909）三月本部奏，各省财政宜统归藩司，以资综核，而专责成一折，奉旨："嗣后各省出纳款目，除盐、粮、关各司道经管各项按月造册送藩司或度支司，其余关涉财政一切局、所，予限一年，次第裁撤，统归藩司或度支司经管，等因。钦此。"奉省未改制以前，各项税捐向由民、旗各衙门自行征收，毫无统一，商民交困。自赵将军到任后，设立财政局，始将民、旗各衙门收税之权，概行归并于省局。及徐总督①奏改财政局为度支司，而官银号②与盐务局分而独立，不令隶属于该司，又添设东三省粮饷局支应处，以分管财政，度支司仅有各属丁粮及税捐为其职掌，于是民政司、提学司、巡警公所、银元局、仓务局皆各有其收入，亦各有其支出，仅只报告于督、抚，度支司无从闻问，财政之事，至不统一。故此次清理勾稽，遂生种种困难。但盐务关系三省全局，理应统筹兼顾，似一时不能归并。且查照部章，若以各税局用人行政全责之于度支司，亦恐一时难以做到，拟请变通办理，先令经管收入各局、所行政办法仍循其旧，惟以所收入之款随时将全数汇解度支司，不再留储应支之款；除本局坐支外，一切皆由度支司支发，庶几财政统一，可免自为风气之患。而各局、所仅以收入支出归之该司，并于行政之权无所掣肘，当不致有异议。可否仰乞钧裁，以符前奏而期实行。

一曰官商银号出入各款应仿照大清银行簿式，以便核查也。查本年（1909）六月初七日，本部奏定限制官商银钱钞票章程第十五条，凡官设行号，均由本部随时派员抽查。又第十六条，凡官设行号，由各地方官随时会同商会派员抽查。嗣于七月初三日龄、纲等复奉钧札，盘查官银号所有钞票，订造发行、收回、销毁、存库各数目等项清单，业经盘查清楚，等因。在案。龄、纲等窃观奉省官银号办理尚能切实，惟一切账簿出入循用商人行号旧式，概行滚结，未将各项出入性质分别刊立簿式，不独盘查者一时难寻其头绪，即管理之职员亦无从知其何项为亏，何项为盈，一年赢绌多操之于总商、副商之手，甚为阙憾。查大清银行办法，行中设内外两柜，账簿则外柜用华式，内柜用洋式，先以华式登记后，以洋式汇录。有按月总结簿、长期存项细账簿、押款细账簿、借款细账簿、付出利息细账簿、各户往来欠细账簿、收进升耗平色细账簿、应结各存户利息细账簿、总行分别往来细账簿、收进汇水细账等名

---

① 即东三省总督徐世昌。
② 即东三省官银号。

目，条分缕析，一目了然，循派调查，针孔相符，深合东西各国簿记之法。今奉省官商各号账簿既未能一律，则虽按章抽查，亦属困难。可否仰乞钧部颁定式样，饬令设法改良，不独便于稽核，而官商各行号亦从此有本固利赢之望。

以上系本部奏章所载统一办法，拟请逐渐实行者。案前项所呈各节，龄、纲等本拟按照部章稍缓时日，次第议定收支各项章程，以及一切应兴应革各项事宜，由财政局总会办呈由督、抚泊请钧示，核准颁行。惟因赶办年季报告，事繁期迫，而目睹奉省现在之财政岌岌不可终日，应以整顿为当务之急。若仅清理册报而不注重于根本，正恐痈疽之溃，损及身命，虽有医药，难以奏效。迨至浩费无节，补苴乏术，恐无源之水不足以持久也。用敢先为陈请，除将刊定本局各种簿式及附印学堂、厂、局表册禀呈外，是否有当，伏候钧裁，不胜悚惶待命之至。东三省正监理官熊希龄、奉天副监理官栾守纲谨禀。（《时报》1909年10月29—31日连载①；另参考《吉林官报》1909年10月24日）

东三省总督锡良遵旨考察东三省情形裁并差缺折②（节录）

又原奏奉省之官银号，吉江两省之官帖局均成本无多，纸币甚伙，官场之取携甚便，纸币之应付殊难，急宜彻底澄清，及时补救，改设大清银行，而滥用亦可消息。总之宪法之准绳必视民情之向背谋其利，必防其弊求其实，不骛其名委任，首在得人。不以官多为贵，变通当期尽善，不以粉饰为功。关外自改设行省，务为搜括，民气未免大伤，亡羊补牢已嫌其晚，若不大加淘汰，养此闲员复百计取盈，以求达其目的，将以安民之心致成扰民之举矣。

又原奏："奉省之官银号，吉、江两省之官帖局，均成本无多，纸币甚伙，官场之取携甚便，纸币之应付殊难，亟宜及时补救，改设大道举行"一节。查东省现银缺乏，半恃纸币，以资周转，本金太少，出帖太多，殊非所宜。然目前若遽阻发行，无现银为之接济，官款既穷于应付，市而亦立见恐慌，非仅恃设立大清分银行所能补救。奴才此次巡历

---

① 熊希龄与栾守纲时为东三省财政监理官。本文献另见《吉林官报》1909年12月23日。

② 参考《吉林官报》1909年8月26日。

吉、江，已分饬澈底清厘，限出票。应俟统筹办法，再行奏明办理。（《锡良遗稿·奏稿》）

东省清理财政大会议（奉天）

奉天财政正监理官熊秉三（熊希龄）京卿以东三省财权紊乱，势非统一，难期扶助宪政之进步，当提出预算议案十二条，先行函请奉省司道及各署派出之议员共相研究，定十二日再行会议。闻十二日会议时各员对于此项议案唯阿称诺，惟调查局总办李兰舟观察颇有陈说，于原议全省财政权应统一于度支司一条尤为赞成。但谓该司只可专司稽核，至存储处所当仿各国国库之制，以大清银行为归，原设之官银号应即撤销，其余言论亦多持之有故。另一访友函云，奉天各司道于十二日午后在法政学堂会议预算事宜，临时举议长一员、记事报告四员。先由报告员宣告请议长提议，倘得多数赞成即为通过。闻临时度支司与财政局意见多歧，微有争执。（《申报》1910年2月4日）

奉省政界裁薪之恐慌（奉天）

奉天各局所近奉公署札饬，除盐务、巡警、粮饷三局总办薪津照旧外，其余内而各科参事，外而各处总办每月薪津在三百金以上者概减为三百金。闻此事原动力起于度支司齐司使，去岁李兰洲观察接充调查局总办差使，计薪津五百两，齐司使为裁去二百两，经李观察力争，始复旧章，但自是不无意见。及腊月清理财政会议，李观察纵论统一财权，当以大清银行为归宿，应裁撤官银号，并云出纳款项既由公署批准，由银行直接办理。则度支使系属冗员，应即裁撤。齐司使云此缺系奉旨特简，关系至重，岂能以一人之言为重轻，两公遂起冲突，提议各条亦因之作罢，当时不欢而散。现在减薪之案既发表，公署度支科参事徐君子宏并未与闻（徐因此辞职，临行对于锡帅[①]言辞极为决裂），其余各科亦不惬意，大有解体之势。外间亦啧有烦言，谓省内外各局所总办薪津在三百金上者本属寥寥，即使裁减，何补大局？而盐务总办八百金，乃反不裁，殊非公平之道云。

[①] 即东三省总督锡良。

按东省边务如此之急，需款如此之多，而各局所总办有五百金者，有八百金者，或不裁，或不肯裁，起视边事，则窳败如故也，国事尚可为哉！（《申报》1910年4月4日）

东督请款有着（北京）

东督锡清弼①此次来京待商诸事，除外交外，以财政为最重要，连日与泽公②磋议，力请协济巨款，而泽公坚不应允。初二日锡、泽同在政务处会议，彼此涉及币制事宜，泽公谓新币制既已颁定，将来各省官钱局纸币宜一律收回。锡督忿然曰东三省纸币实一时难以收回，此中原因复杂，度支部不能知其万一，还以不干涉为宜。泽公谓我做度支部尚书如何不可干涉，锡督谓必欲干涉，度支部须代东三省担筹五千万银元，庶可以着手整理，否则我立刻可辞此席，以避贤路。卒未解决，各忿然而散。锡督退出后以东省财政万分艰窘，度支部既不肯协济，又欲肆其干涉，中央如此掣肘，以后如何办事，故坚不肯回任。然对于泽公牢把财政，毫不放松，虽不满意，而亦无甚恶感。常语人曰，泽公治财固极专制，然其人谨严持正，非其他诸公之油滑反复者。彼度支部若另易一人，则全国财政必益紊乱。

闻初四日枢臣奉监国面谕催锡督回任，锡督以来京一次所商要政尚无眉目，与其徒手而归，不若不来之为，愈故坚不肯回枢府。因又力商泽公请为拨济，泽公亦知东省财政支绌已极，未便过于拒驳，致令锡督为难，已允先拨一百万两。如东省应举各政实系万不可缓者，亦允由部担任一半，以轻东省负担云。（《申报》1910年9月12日）

（七）甘肃平市官钱局与甘肃财政清理

陕甘总督长庚奏筹备宪政分别已办接办情形折（西安）（节录）

因限期迫促，一面电咨，一面严饬新委总办署布政使陈曾佑、会办兰州道彭英甲多派员司认真钩稽。复经臣督同该局③总会办及正副监理

---

① 即东三省总督锡良。
② 即度支部尚书载泽。
③ 即甘肃清理财政局。

官亲诣藩库道库及统税局、官银钱局逐细盘查，于本年（1910）正、二、三等月，据该局将光绪三十四年（1908）一岁出入款目总数，并宣统元年（1909）四季报告及两届盈亏比较，各局库实存款项数目先后造具册表，呈送前来。（《申报》1910年7月20日）

（八）湖南官钱局与湖南财政、国库统一问题

湖南清理财政办法（长沙）

湖南巡抚岑春蓂奏称：伏查湖南岁入各款以丁漕盐课厘金为大宗，长沙、岳州两新关所征税课次之，辰州、宝庆两关税又次之。长沙关税奏明拨作接办商埠、炮岸、马路工程之用；岳州关税征数多归还开关垫用经费，尚未完竣。所有京协各饷并本省防绿各营兵饷、文武廉俸及一切杂支之款历来均赖丁漕盐货各厘供支，嗣因筹备偿款，初议加收茶糖烟酒各厘，迨各项搜罗俱穷，于是始抽盐斤加价口捐，并加征田房契税，勉强支持，本属竭蹶。自光绪二十九年（1903）起，彼时因粤西匪乱①未平，筹办边防，添募兵队，近复举行新政，增建、开办各项学堂，遣派学生出洋，编练常备新军，起造营舍，办理巡警等项要务费用繁多，系挪移垫支，日积月累，致成巨亏。虽将办矿盈余并官钱局余利挹注、补苴，而杯水车薪，无济于事。

臣于三十二年（1906）秋间到任，彻底考核每年收放各款，以入抵出，不敷甚巨。惧非经久核实之道，是以将一应用款竭力裁节，厘金契税认真整顿。核计年来进出之款虽不致如前数年之相去悬殊，而前亏既不能弥补，岁支亦尚不免支绌。以事关筹办新政，只能力求核实，势难概从裁停也……

上年（1908）八月间，准内阁会议政务处咨议复御史赵炳麟奏统一财权、整理国政案内，行令将入各款通盘调查，并将何项应入国税，何项应入地方税详拟办法咨部会拟章程，奏请饬办。即经檄行布政使庄庚良会同善后局总办、署巡警道赖承裕，官钱局总办、候补道朱祖荫，牙厘局总办、候补道胡得立在于善后局内遴员筹办在案。前准部咨当以

---

① 指该年广西会党起义。

事关宪政筹备事宜，即饬设立清理财政局，以布政使庄庚良为总办，添派长沙关监督朱延熙为会办，会同赖承裕等督饬原派各员，遵照部定章程通盘筹划，切实办理。已于宣统元年（1909）二月初八日开局。此事为预算、决算预备，应以调查为入手办法，旧案报销应照前次奏案并部章第五条。截至光绪三十三年（1907）年底止分别开列清单，于本年（1909）十二月以前并案奏请缴销。所有本年应行编造全省文武大小各衙门局所按季出入各款报告册，及三十四年（1908）分〈份〉全省各项收支存储银粮确数详细表册，现经该局分别移行各署局赶紧查复，一经调查明确即当照章编造。惟司库出入各款关于州县者为多，前准会议政务处咨行后，当由局拟定岁入岁出各表式，饬发各州厅县查照。岁入表分为二种，一系丁漕、驿站、税课等项，一系近年就地筹集之警务、学务一切新旧公款。岁出表分为三种，一系应列交代之款，一系署中应解、应用、自行清理之款，一系地方公用之款，分别填实。惟查各属所赍表册现虽已到一半，察复所造，复实合式者甚少，即经逐一驳换，仍不免笼统造赍。应俟各属造送齐全，由局分别详复，派员调查确实，汇总造报。

四月初七奉朱批：该衙门知道。（《申报》1909年6月1日）

（九）江西官银钱总铺（局）有关史料

停止搭放官票之原因（江西）

赣省清理财政以清查官银号为入手办法，而官银号为经营银钱总汇之区，款目繁多，不易清查。所有前定推行官票办法，于各处请领款目项下搭放三成官票章程，现经刘方伯会商该号总办张观察，决议自八月朔日起为实行停止搭放官票之期，业由当道移饬知照。（《申报》1909年9月8日）

度支部电商增减赣省岁出入各款（江西）（节录）

又出款尚有量为裁减之处，税契兼支应局、税务总局照章应归并藩司，拟节经费三万两。本省发审经费重出，拟删二千六百余两。警务公所薪费冗滥，拟裁减一万两。又巡警道公费重出，拟删二千六百余两。

抚院操赏费重出，拟删五百两。行政、杂支、内协济等三项费本属闲冗，惟事关善举，姑免全裁，应减二万两。官银号杂用比较沪号视薪工三分之一支额，总暨汉、九、景、吉、河、吴六分号共减一万八千两。财政局经费视各省通例，仍照元年支额，拟减一万三千三百余两……军塘驿站以近来邮电发达，驿递较少，拟减经费三万两。息借大清银行及官银号两款列入公债，本未惬当。查核省元年（1909）冬季册报内称结存银二百五十三万余两，若将正款归还，借款计可少列五十八万九千五百余两。（《申报》1910年8月27日）

赣抚冯中丞①复度支部电文（节录）

电开息借大清银行、官银号两款，归还可少列五十八万九千五百余两，预备金无庸虚设，可少列二十万两，均照办。以上遵照电指各款，共计裁减少列银一百零六万九百余两。《申报》（1910年9月18日）

赣抚裁减行政经费续闻（节录）

惟现在提议将官银号归并大清银行，各属批解地丁钱粮均归银行验收，则是该衙门（指布政公所）广济库厅无事可办，亟宜裁撤。（《申报》1911年6月22日）

（十）广东官银钱局有关史料

饬查新设司道出入数目（广东）

粤督袁制军（树勋）以粤省财政向归各司分掌，而提学、劝业、巡警等缺虽为新设之官，然皆有岁出、岁入之数。其余官银号、铸钱局亦财政出纳之一宗，统核并筹，已属入不敷出。而部拨新增款项，且日出不穷。虽文电磋商，沥陈困难情形，而拨派方增未已，自应趁此试办预算，将一切警、学、实业等款确切据实查明。且监理近在咫尺，款项不难融销。以后岁入、岁出部中既灼知此中艰难，办事自较便利，而预算、决算之基础亦视乎此。昨特将前情札饬各司局，迅速列册详报，听候核夺。（《申报》1910年9月5日）

---

① 即冯汝骙。

（十一）广西官银钱号有关史料

广西巡抚张鸣岐奏司署遵设财政公所筹办事宜折（节录）

又桂省交通不便，向来营属领解款项，皆就近由分设之转运、饷械、支应等局及代发薪饷之统税卡、官银钱号辗转抵拨，原为便于边远营县起见。乃机关以多而益散，归结以分而愈难。

本年清理财政，任举一项，欲求岁入、岁出之总数，皆非调齐月册及积年旧案，逐细推求，不能真确，无论于预算、统计，固为困难。即随时应付，亦苦纠纷。今拟于省外各属就近适中之地，分设机关八处，另订妥善章程，仍拟由从前代办收支之局号经理。其余零星局卡概不准代收、代支，逐渐归并，当亦不难。惟拨抵各款向以司库为最繁，现在奏销之案仍不能免，自应暂仍其旧。其他营署局所取便抵拨，以省周转，固可通融。然究应一领一解，截然分为两端，不可联为一牍，以为办理报告预决算、统计之基础。此筹办司署分科治事及归并省内外财政机关之大概情形也。（《申报》1910年3月11日）

第五章　官银钱号与省区实业发展和人民生活

一　各省区官银钱号经营的附属企业

（一）天津官银号

天津官银号详筹办抵押货物官栈拟送章程文并批（1906）

为详请事：

　　窃职道等前奉宫保面谕，筹办抵押货物事宜，当与招商局周道长龄，详查向来各国银行办理抵押办法，业将详细章程禀明宪鉴在案。惟抵押货物必须筹设官栈，查招商局现有紫竹林栈房一所，由兴记货栈包租五年，月租一百五十两，可以商酌转租。职道等与周道再四熟商，即将此房租赁，建设官栈，暂立一年合同，此项租金拟即由职号按月出支，兹拟于九月初一日开办。至管栈用人，拟设稽查委员一员，月支薪水银五十两；管栈司事一人，月支薪水饭食银五十两；司账司事一人，月支薪水饭食银三十两；翻译一人，月支薪水津贴银三十两；管货工人等五名，月支薪工饭食银四十八两，共月支银二百八两，亦拟由职号按月出支以资办公。惟官栈设于紫竹林，与职号相距颇远，照料恐有未周，且栈房收发各事亦须有熟手经理方觉稳妥。周道办理招商局多年，于津地货物出入情形极为熟悉，可否由宫保札饬札管官栈事宜，以专责成之处，伏乞钧裁。其余未尽事宜，容职道等随时禀办，以昭详备。除将委员司事人等遴选委派以专责成外，拟合将筹设抵押货物官栈情形，并拟定抵押章程，及开办日期，具文详请宫保鉴核，俯赐批示祗遵，实为公便。为此备由具呈，伏乞照验施行。须至详者。

督宪袁批：据详该号拟订章程筹办抵押货物官栈，并请札委招商局周道长龄代管官栈事宜，应准照办。候将章程札发该道妥为办理，仰仍另检章程一份呈送备案。此檄。（《北洋公牍类纂》卷二十《商务》）

天津银号官栈抵押货物章程（1906）

一、凡有客人愿将货色存入官栈抵押银两者，须先将关税缴清，备具抵货清单，将轮船公司提单送至本号验明，面议银数、利息、期限后，由本号加盖号章准押，一面知照官栈照收，一面即由客人将提单送至官栈照收货色。

二、官栈见提单后，即换给客人收条，以便按照提单查验货件。如单货相符，即提入官栈存储。扛力等费由客照出。

三、官栈管栈员司，于验收货物时，务照提单逐细详视该货箱皮是否与寻常此货之箱皮相符，其包皮铁箍、麻绳等物有无残损，并查明是否原箱、原包。如有不明，可以酌量开验，以免吃亏。验明后，除填写清单存查外，即照缮入栈，凭单送银号查核留底，转交客人收执，取回官栈所给收条，交还官栈查销。

四、客人赎货时，须先赴银号将押款本利各项费用算明付清后，由银号填写官栈提货凭单，交付客人。此单系属四联，除存根外，以一纸交客，以一纸连同根照送官栈核查，俟提货凭单与入栈凭单由客交栈核对相符，即将货照付，将根照填注，送还银号存查。如分次提货者，仍将入栈凭单注明，交该客收执，若系全数提取者，立将凭单注销。

五、官栈于客人提货时，务须细心核验。若客人大批货色分次提取，尤须逐次查核，毋得错误，致有单货不符之弊。

六、货物入栈后，客人须将货保火险，取火险单送至本号，方能付款。

七、货物抵押成数，须看销行之迟速以为成数之多少，临时酌量商议。

八、押款利息，临时斟酌市面情形酌定。

九、押款货色至多以三个月为限，至少以半个月为限，临时与客酌议。如满三个月后，仍不取赎，即由号将货拍卖，抵偿押款本利及各项费用，如有余存，照数发还客人，取回入栈凭单；如以时价跌落，致有不敷，仍须向客人追补。

十、押款货色如甫经抵押，旋即取赎者，至少须认银号半个月利息，半个月以后即按日算息，不再多取。

十一、货色以原包原件为准，若有拆动改换痕迹，详查无讹者，注明验收货物，清单仍可照押。若有以低货冒充高牌，希图多押等弊，一经查出，必须从严究罚，以保信义。

十二、以上各款作为暂行章程，如有未能详备之处，随时可以酌改。(《北洋公牍类纂》卷二十《商务》)

(二) 吉林永衡官银钱号、黑龙江广信公司附属企业情况

永衡囊对附属业务之经营，最为积极……吉林、长春、哈尔滨及吉长沿线、东铁①南线与南满北线各城市，均有永字联号营业，其为大规模营业者四十余家，字号之上皆冠以"永衡"二字。为小规模营业者，更不可以屈指计之。客有旅行吉林省城者，谓沿街商店，以"永衡"名者，弥望皆是，日人至称之为"永衡王国"。营业种类，有钱庄、有油坊、有粮栈、有当铺、有绸缎庄、有杂货店、有各种工厂。各附业藉永衡银号之财力与势力，竭力扩张其营业，恣所欲为，就大体言之，营业皆甚发达。

……

广信公司对于附业之经营，最为积极。各种附业凡二十余家，以呼海铁路投资最多。凡哈大洋五百万元，占此路股份之半。余事，若油房、若火磨、若粮栈、若钱庄、若当铺、若金矿、若煤矿、若电灯厂、若轮船公司，应有尽有，营业均极发达。每年总公司由此种营业中，所取盈利，为数颇不在少。(《东三省金融概论》)

(三) 苏州宝苏官钱局

遵章饬验

前者苏州宝苏官钱局以宝苏小轮船机器损坏，来沪修理事，为江海关

---

① 即中东铁路。

税务司所知。函致苏松太兵备道兼江南海关监督袁海观观察，请俟修竣后赴关报验机器是否坚固方能给照驶行。宝苏不遵，遽回苏省。税务司查知，已函请观察速饬关，听候查验矣。（《申报》1904年12月19日）

二　扶助农工商业等发展情况

（一）天津官银号

周学熙呈袁世凯文（1906年8月）

窃查职道等奉委收回唐山洋灰公司自办，以挽利权，曾将迭次拟办情形，禀蒙宪鉴在案；本月初六日，即届西历八月二十五号之期，应即于是日收回。现拟一面就老厂逐日照常出灰，一面购地订机，另建新厂。按扩充增至十八万桶，预估房屋、机器各项约需坐本洋银五十万元，该款即照前议，在银钱所提拨，至所需行本，拟由天津银号，随时息借应用。谨将新厂估单呈请钧览，可否照办，伏候宪台批示祗遵。

计呈清折一扣

光绪三十二年（1906）七月初五日

周学熙、孙多森谨呈

（批）"即照办"

（后附设立新厂估单，略）（启新公司档案第1号卷）

周学熙等禀直隶总督陈夔龙文（1911年11月11日）

总理启新洋灰有限公司周、代办协理启新洋灰有限公司孙①谨禀：

大帅钧座敬禀者：溯职公司收回自办，南前津关税务司德璀琳，向开平英人磋商出力，曾索职公司酬劳银二万两，当禀奉前督宪谕：俟开平交涉了结后，如无亏损，即可量予酬劳。嗣于上年五月，因该税司来函，重申前请，经总理呈手折，可否照给两万元，抑或先给一万元。奉宪台批示：准先给一万元等因。遵即在直隶省银行②备存该税司酬劳款内，先行提给一万元，由该税司具领，并经禀复在案。现据该税司函索

---

① 即启新洋灰公司协理孙多森。
② 宣统二年（1910）九月，天津官银号奉令改组为直隶省银行，亦称直隶银行。

此项尾款，词意甚切，并云于事件不无裨益等语。总协理伏查开平之事，近日与滦行协商颇主和平，似该税司不为无力，拟请宪台札饬直隶省银行，将前项存洋一万元照数拨回职公司，以便转给具领，而清胶葛。是否有当，理合禀请大帅俯赐核饬批示祗遵，实为公便。前肃寸禀，恭请钧安，伏维崇鉴。谨禀。

宣统三年（1911）九月廿一日

（附）钦差大臣办理北洋通商事宜都察院都御史直隶总督部堂陈批：据禀已悉。该税司酬劳尾款，是否由银行备存候拨，仰候札行直隶省银行查案详夺。此檄。（启新公司档案第1号卷）

天津官银号与启新洋灰公司订立购煤合同
（光绪三十三年（1907）八月二十日）

为会详立案事：

窃照天津银号，前经详奉升任北洋大臣督宪袁批准，在滦州开采煤矿等因。伏查洋灰公司归并唐山旧厂，购置地亩，创建新厂，拟订章程，历经详报升任北洋大臣督宪袁查核咨部核准各在案。惟是洋灰公司扩充工厂，添设机器，出货日增，需煤尤巨。曩以前津关税务司德璀琳，与开平英公司商订借款，并未禀案，本司学①叠经磋商，始于上年七月间，与开平公司划清界限，收回自办。该英公司每遇洋灰公司需购煤斤，故意抬价居奇。窃思洋灰公司烧制砖灰，全恃煤为命脉，若煤价过高，成本过重，实非挽回利权，维持商业之本意。是以本司学前经呈奉升任督宪袁面谕，将滦州煤矿，定为北洋官矿，虽集商股开办，而宗旨以接济中国官商制造及航业、轮路等事之需为主。现在滦矿业经开办，将来需用洋灰等项亦广，本司道等公同商酌，为彼此保全利益起见，特先议定合同，互相辅助，以维久远。除由天津银号与洋灰公司议立合同，盖用关防，分执存照外，所有天津银号与洋灰公司订立合同缘由，理合照录清折，具文会详宪台查核，俯赐批示立案，实为公便。为此备由具呈，伏乞照详施行。

今因天津银号详请升任北洋大臣督宪袁批准在滦州开办煤矿，洋灰

---

① 即时任直隶按察使的周学熙。

公司所需煤斤，滦州煤矿所需洋灰，为彼此利益起见，订立互相辅助办法。兹将所议各款，条列如左：

计开

一、洋灰公司原拟自开煤矿，现因银号既已开办滦州煤矿，特愿联约，自立此合同之日起，洋灰公司应允不另开煤矿，而滦矿亦应允不在北洋地方另开洋灰相类之工厂。

二、此项所立合同，倘将来有所龃龉，不能执行，应仍准洋灰公司自行另开煤矿，或另予以特别之利益。

三、银号允俟滦州官矿出煤后，所有洋灰公司常年需用煤斤，由滦矿随时供给，不得稍有延迟缺乏。

四、滦矿售煤与洋灰公司，应酌减价值，不得过于开平市价十分之七。

五、滦矿常年需用洋灰，应由洋灰公司随时供给，不得稍有迟延、缺乏。

六、洋灰公司售灰与滦矿，亦应予以利益，按照定价，除扣足成本外，将余利减去十分之三。

七、此项合同，照立一样两纸，由彼此总协理签字，盖用关防，各存一纸为据，并粘抄合同，会详北洋大臣督宪立案。

八、此次议定合同，系为保全彼此利益起见，以后彼此股东均应承认，永远遵守，倘有实在意外不便之处，应仍由彼此会商，意见允协，方可会详更改。（《启新洋灰公司史料》；另参考启新公司档案第25号卷）

袁世凯札饬天津官银号令招股筹办滦州煤矿[①]
光绪三十二年十一月初二日（1906年12月17日）

为札饬事：

据关内外铁路总局详称："窃照职局于本年九月初四日奉宪台札：据工艺局禀称，中国煤矿惟开平为最著。查前准造币厂移送石佛寺地契，该处矿苗甚旺，曾派矿师往勘数次，其南北二三十里，如无水庄、

---

① 此时天津官银号督办为刘炳炎，会办为周学熙、陆嘉谷。

白道子、马家沟、半壁店等处，苗线相连，随在皆是。若就该处一带择地开采，确有把握。如蒙允准由职局主持筹办，拟一面派员会同滦州添买地亩，一面从前开平所用华矿师妥拟办法。至成本银两约需百万，若先尽开平现有之华股东附入，人必乐从。此外再由官商合筹，尚不甚难。理合禀请示遵等情，到本大臣。据此，除批：据禀已悉，查前据矿政调查局来禀，以煤为日用必需，近年商旅日增，用煤益巨，来源稀少，购觅为难，洵非多开煤矿，不足以资民用。拟请铁路局迅速派矿师，在于铁路附近滦州、丰润等处逐加查勘，择其煤脉最佳之矿，即迅速筹款开办，用济煤荒。业经饬据铁路局详复，拟俟秋后再行查勘，并经批准如拟办理各在案。据禀前情，仰仍商同关内外铁路局周道、吴道，迅即查勘开办，以挽利权而维工业；并候札行该局查照。檄。挂外发，合行饬局查勘开办具报等因。奉此，并准工艺总局移同前因。当经职局饬知矿师摩拉赶紧前往查勘。去后，兹据禀复，将查勘开平一带矿苗情形，并酌拟开挖煤井所需款项，及预算出煤获利各数目，分别开折绘图呈送前来，职道等查复无异，理合录折并照绘图说，具文详请查核，俯赐酌夺示遵，实为公便。"等情，到本大臣。据此，除批：据详井图折均悉。该局前已勘定新邱煤矿将来可供铁路之用。此次查勘之矿，应作为北洋滦州煤矿，即由天津官银号招集商股、妥订章程，觅选熟谙矿务工程员司，迅即筹办，并候分行遵照。檄。挂发外，核行札饬，札到该号，即便遵照筹办具复。此札。计抄折并发图一纸，仍檄。（开滦煤矿档案第一号《天津银号筹议滦矿开办事宜并章程股单息折请发执照卷》）

天津银号详开办滦州煤矿拟呈办法章程交附再禀并批
光绪三十二年（1906）十二月

为详请事：

窃照光绪三十二年（1906）十二月奉宪台札开："滦州一带煤矿。经铁路总局勘定，饬令迅速筹议招股开办。"当经职号将选派员绅前往购地筹画开采各节，先后详蒙宪台鉴核批示各在案。窃维富强之道，以开辟地利为先，而矿务尤为天地自然之利。近年北洋商务日盛，海舶轮车，运输既便，人烟繁庶，用煤益多。而官家水师、制造等事，尤以煤为命脉，迥非开平、林西两矿井所能敷给。现遵饬勘定滦州一带煤苗地亩，业经择要购买，并拟于马家沟先行借款开采，一面招集商股。惟事关公益，必须妥定办法章程，以维久远。本司、职道等公同商酌，谨拟订公司办法并招股章程，绘具矿界图说，呈恳宪台察核，并将招股章程、矿界图说各备一分〈份〉，仰祈转咨农工商部，俯准立案。另由职号照章径缴照费，承领开矿执照，理合备文详请宪台核夺示遵。为此备由具详，伏乞照详施行。再查部章，每矿不得过三十方里，惟此矿系为北洋官家用煤便益而设，与他矿事体不同，自宜稍事区别。其矿界特为宽展，嗣后他矿不得援以为例，合并陈明，须至详者。

敬再禀者：窃查开平煤矿，当日初开唐山煤井之时，曾经唐道廷枢禀蒙北洋大臣李批准距唐山十里之内。不准他人开采。并订明"如煤价过于二每斛东钱八百文，即仍准民间开矿"等因。迨后添开林西煤井时，并无"十里内不准他人开采"之案。此次英公司移交约内，虽有半壁店、马家沟、无水庄、赵各庄等地名，系指开平局曾在该处买有民地数段而言，并非有批准开矿之案。此不过同民间耕种完粮之地亩，一律管业而已，与开矿无涉。况该地亩，至今并未税契，亦未在滦州地方官衙门过割立案。张道翼前在英公堂即以此辩论，英官颇直之。所以前年开平洋人在半壁店、马家沟等处打钻，经杨道善庆率同滦州知州禁阻，该洋人即将钻停撤。又上年郭连山请领商部执照，在白道子、陈家岭、马家沟等处开矿，开平洋人并不过问，此开平移交约内所载地名不足据之明征也。至此次职号所定矿界，系按照距唐山十里以外，作为西界边线。其东界并酌距林西六里以外，因林西并无"十里"成案。兹按照商部矿章，预留三十方里地步，实已仁至义尽，彼无可言。纵彼将来强词争较，而我亦理直气壮。至职号将来开井之处。现已购买民地，足敷应用，并不占开平原买之地亩。此则各管各业，更不能越境阻挠，尤不足虑。此职号现订矿界并无与开平干涉之情形也。总之矿产与地亩系属两事，人人皆可买地，不得人人皆得开矿，此中外通例。开平距唐山十里之外，即非其矿界，无论是何地主，非经禀奉地方官批准转请商部执照，不得开采矿产。此即开平至今在华人之手，亦应如此办理。何况开平原买地界外地亩，至今并来移交清楚，亦未呈明地方官过割立案，是其地亩管业之权，尚为中国官所不承认，遑言开矿耶？以上各节，本司学熙曾充开平总办有年，知之甚确，故言之能详。窃恐以后年久，无人知其原委，爰缕细陈明，伏乞宪台查核立案。并饬行矿政调查局暨滦州一体遵照备案，实为公便。肃此具禀，恭请钧安。伏乞垂鉴。

督宪袁批：据详已悉。所拟开办滦州煤矿办法并招股章程，应准如拟办理，仰候分别奏咨立案。至此矿系为北洋官家用煤而设，与他矿情形不同，所请将矿界方里量为宽展之处，自可照准，他矿仍不得援以为例。至另禀现订矿界所经白道子等处，实与开平矿产地址毫无交涉，并准立案，仍应分饬矿政调查局暨滦州一体遵照备案。图折式单存。此缴。（《北洋公牍类纂》卷十九《路矿》）

天津官银号详呈开办滦州煤矿有限公司办法
光绪三十三年（1907）三月

一、请咨部立案以凭注册也。查此项煤矿在滦州地方，拟集股次第开办，名为北洋滦州煤矿有限公司。现已绘具图说，拟请咨部查照立案，并请发给开矿执照，俾资遵守。

二、刊刻关防以昭信守也。查公司禀牍往还及收款股票，均应盖用关防。拟请北洋大臣刊发木质关防一颗，文曰"北洋滦州煤矿有限公司关防"，以昭信守。

三、宜定矿界以免事端也。查此矿坐落滦州地画，计东自范各庄起，迤西无水庄、白道子、石佛寺、杨子岭、陈家岭至马家沟、半壁店止。其北依山脉为界，南至开平、洼里、古冶等车站，并八里庄、杨家套、于家庄为界，东西约长四十里，南北约宽十八里。现拟先在马家沟开采。其余以次扩充，陆续举办。此矿系为北洋官家用煤便益而设，与他处商矿事体不同，其矿界故较部章三十里特别宽展，并定明他矿不得援以为例。应请饬知该处地方官出示晓谕：所有此矿指明地界之内，不准他人私行开采，以杜争端。

四、招集商股以彰公益也，查此矿产煤极富，地面甚广，自须宽筹资本，以期扩充。拟招集商股，按天津行平化宝银二百万两，分为二万股，每股银一百两。定于注册之日，先收银五十两，即给收条。限至六个月后，再交五十两，即行换给股票。自收银之日为始，先行发给官利六厘，俟出煤后，办有余利，再按照第十一条分红章程办理。

五、集股宜有限制以保利权也。查此矿系为振兴中国商务，并接济北洋官用煤斤起见。所招股分均系华股，概不附搭洋股。凡入股者，务将姓名、籍贯及寄居处址注明，以便常通信息，易于调查。如有外人冒名附股，本公司概不承认。或有华商所买股票转售洋人情事，亦即作废，以免纠葛。

六、酌借本银以早开办也。查购买矿地、定购机器及开挖井口、建盖房屋，现已起手部署。拟由天津银号暂行主持借银开办，按月起息，俟股本集有成数，即行归还。

七、明定事权以专责成也。创办之初，款由银号筹借，事即由银号主持兼办，并禀委监督一员。驻矿经理一切，仍遇事秉承银号示行。至矿内应用矿师及司事人等，由监督酌拟细章禀核。

八、选举董事以维久远也。俟股分集齐后，应照公司章程，由股东中选举总董一人，正董二人，副董四人。总董、正董常川驻局，专司查账、议事。副董非届大会议可不到。如正董出缺，可由副董选补。此三项董事，首期以五年为限，以后以三年为限，限满另举。惟首次限满，须留正副各一人，缓更一年，以资接续情形。总董、正董给薪水，副董不给，惟至期会议给川资。

九、撙节经费以昭核实也。查此项公司，全按商规办理。所有官场习气，一概屏除。所用之人。亦照生意规矩，须一人得一人之用，不得瞻徇情面，以致人浮于事。薪水须酌量才干及办事多少为准，每月按定数发给，不得挪移挂借分文。至应酬一切，不准开支，以重公本。

十、详稽簿籍以防流弊也。所有出煤、售煤及各项银钱出入数目，每日均有流水簿，每月有小结，每年有总结，并将四柱清册，刊刻成本，分送稽核。如股东在二百股以上者，准其派人来厂察看细账，以昭大信。

十一、结账分红以示公允也。每年结账一次，刊刻分送有股之人。惟第一年，总须见煤后十二个月为期，即将每年所得余利，除提官利六厘外，其余做十成分派。内提办事花红一成，公积二成，报效二成，下余按股均分。

十二、划一税厘以免歧异也。查开平煤矿与此矿相近，所完税厘必须援照开平成案一律，庶无畸轻畸重之弊。此拟禀请奏咨通行立案。

十三、明法律以资约束也。查矿厂工役人数众多。难保无争斗情事，应另订章程，严申禁约，以免滋事。倘有违犯，轻则由矿惩罚，重则送交地方官究办。并应预行饬知地方官，随时弹压保护。至工役人等遇有水火不测之事，应查照开平成案，拟具恤赏章程，另禀核定。

以上十三条，系创始办法。此外未尽事宜，仍随时请示遵行。（《北洋公牍类纂》卷十九（路矿））

袁世凯札天津官银号文
光绪三十三年正月十七日（1907年3月1日）

为札饬事：

光绪三十三年（1907）正月初八日准农工商部咨："案查职商郭连山等请办滦州白道沟［按即白道子］煤矿并请发给探矿执照一案，前经咨准贵督查复。郭连山租定王景萌矿地二顷六十余亩，调验契据，与原禀均属相符，毫无纠葛违碍。续集华股，亦可敷用，核与部章尚无违背。其四至界限与所呈图说，亦属相符，本部业经发给探矿执照在案。"兹复准光绪三十二年（1906）十二月二十八日咨称："据天津银号'详称：据李直牧士鉴①等禀称：在滦州白道沟丈量地亩。见有土井二眼，约有十余丈，询之土人，皆云此井系职商郭连山所开；又云郭连山已将洋股招妥，倚势压人，并不租买地亩。继至唐山，复访得郭连山在陈家岭批准民间开挖煤井四眼，出煤十成，郭连山抽捐一成六厘；马家沟亦开煤井二眼，到处招摇，并有勒索钱财等事。当与经滦州耿牧检查卷案，郭连山原领执照系属探矿字样，并无开采、抽捐各节。据此，查郭连山遇事生风，实为地方之害；且恐致起交涉，贻害大局，应即详请严办。除饬滦州牧从速彻究并移会矿政调查局外，理合详请咨部，先将郭连山探照撤销，饬州认真查办。等情，据此。除批示外，相应咨会贵部查照核办。'等因。前来本部。查该职商郭连山妄自开采多井，擅招洋股，并不租买地亩，核与原查租定王景萌矿地，既属前后不符，且又随意抽捐，种种不合。所领探矿执照自应撤销，以肃矿政。相应咨请查照办理可也。"等因。到本大臣。准此。除饬滦州转饬该商遵照外，合行

---

① 李士鉴，系滦州矿务公司股东与董事，周学熙的主要助手。

札饬，札到该号，即便查照。此札。（开煤滦矿档案第四号《天津银号据滦矿委员禀郭连山擅采招摇撤销探矿执照查办卷》）

周学熙、刘炳炎上袁世凯禀文
光绪三十三年三月十三日（1907年4月25日）

窃职银号于上年（1906）十一月初三日奉宫保札谕："北洋滦州煤矿经铁路总局勘定，饬令招股筹办"等因。职银号遵将遴派员绅前往购地，筹画开采各节，先后详呈宫保察核。迭蒙批示各在案。伏查招股一端，近来风气不开，人皆视为畏途。此次集股办矿，似非先行开采，实业昭彰，难期商情踊跃。职银号公同筹商，拟于通惠商款内借拨开办经费，以树公司先声，俟将百万股银招齐截止，即将借款照数归垫。如此从容筹画，庶附股商人知有的款挹注，并非徒事招徕，则巨股争投，不至为外人觊觎、影射矣。理合拟具招股章程并矿界地图，呈请宪台核示后再行详请咨部立案给照，俾资信守。（开滦煤矿档案第一号《天津银号筹议滦矿开办事宜并章程股单息折请发执照卷》）

北洋海防支应局致天津官银号移文
光绪三十三年三月初六日（1907年4月18日）

为移会事：案查光绪三十年（1904）四月间奉督宪袁札饬："以津海关道禀：'磁州矿务局前欠泰来洋行借款，并订购小机器、吸水机器价脚共行平（化）银二万三千余两，因该矿亏累停工。拟请暂由支应局拨还，一面派员查封该矿产业，以抵公款，请示遵'等情。行局核议具复。"等因。奉此。当经本局核明，详奉批准分次拨还清款具报在案。现奉督宪面谕："拟将封存磁州煤矿机器。提交天津银号运往滦州一带试开煤矿应用。"等因。复经本局函准津海关道梁［孟亭］照抄磁州详送查封该矿局所存物料清册一本，并声明："该矿局存有骡马车辆，因喂养看守人等工食无款拨还，批饬该州变价抵还，如有赢余，存备拨用，清查照办理。"前来。自应先行派员会同磁州按照册开各项物件，逐细查验点收，禀复到局，再请贵银号设法提运。除将送到抄册札委李直牧士鉴前往点收并详报外，相应备文移会贵银号，请烦查照施行，须至移者。（开滦煤矿档案第七号《天津银号派员点收磁州煤矿机件清册

并筹订储存处所卷》）

天津官银号详呈滦州煤矿公司招股章程
光绪三十三年三月（1907年4月）

一、本公司开设北洋滦州地方，经北洋大臣咨部注册，名为北洋滦州煤矿有限公司，并颁发关防一颗，所有收款股票均盖用关防，藉昭慎重。

二、本公司招股处即在天津北马路天津银号。外埠如北京、上海、汉口、保定、张家口、唐山等处，均有天津官银号分号，愿附股交银者亦可就近缴款，填给股单。如无分号之处亦可由票庄商号汇寄天津银号，惟汇费须股商自付，不得在股本内扣算。

三、本公司招股数目按天津行平化宝银二百万两，分为两万股，每股一百两，以招足两万股为额，逾额附股不收。

四、本公司收股银色无论各处平色不同，总以申合天津行平化宝银为准，俾臻划一。

五、本公司招股期限，定于注册时先收银五十两，即给收条为据，限至六个月后再交五十两，即行换给股票。自收银之日起，按长年算先给六厘官利。

六、本公司股银收条须俟第二期银数交清再将收条撤回，换给股票。倘已到期不能如数交银，照章于十五日后通知，逾期不缴，再展限十五日，若再不缴，则按其已交银数悬存公司账内，不给官利，将未发股票另招他人接受。

七、本公司招股权限专为华商附股，概不搭入洋股，如查有托名华商希图影射情事，此项股票当注明作废。

八、本公司股票本银不得藉端提取，只准转售于人，以资挹注，惟须报明公司注册方能作准，亦不许售与洋商，致违本章。

九、本公司股商挂号须将姓名、籍贯、住址、职业，及交银地处、某年月日均详细开列，以便公司注册编次字号填给股单，庶免讹误。

十、本公司股商列名凡数人合购一股，及一人承购十股、百股，均听其便，惟应得权利本公司只认出名之人承受。至缴纳股银不能应期交足，亦惟此出名人是问。

十一、本公司股商荐人，须满二百股者准派一人到公司司事，其能充何职任，应受薪水若干，由公司监督酌定；若其人不称职，或不守本分，当由监督辞退，仍请原荐人之股商另行改派，以免误公，并准该股商来公司考查辞退原由，俾昭公允。

十二、本公司股商议事权限，须有股本全数百分之一以上方可与议；凡各股商欲举行特别会议，须有全数股本三分之二股商知照本公司，方可举行，并须将请议事项及缘由逐一声明，经公司监督复准，当于十五日内定期开议。其公司遇有更改事件，须招集各股商会议，亦须于十五日前通知，并登报布告，其知单告白中应载明所议事项。

十三、本公司股商查账，如附股在二百股以上者准其派人来公司查看细账，或纠合二百股股商内举一股商作为众股商代表人；亦准与二百股以上之股商一同调查账目，以期集思广益。

十四、本公司股商分红，除将年总刊刻清册分送股商备查外，所得余利每年结账一次，附刻清单，布告有股之人。惟第一年总以见煤后十二个月为期，将每年余利先照章提付六厘官利外，其余作十成分派。内提办事人花红一成，公积二成，报效二成，下剩按股均分。

十五、本公司股票存本实为有利无害，公司遇有意外亏累情事，当照有限公司律章不得向各股商追补。

十六、股票失事，如实系遗失、被窃、火毁等情，须向公司呈报缘由，由失票股商将字号、日期、银数先于地方衙门存案，并广登各报声明。俟一年结账后，无人支取息银，准取具殷实绅商保结，方能补给新票。倘查出捏冒情弊，当将票根涂销。

十七、本公司附股人等，不论职官绅商何项人等，皆得入股，署名股单，所应得权利一律享受，无稍偏倚。

十八、本公司招股章程，凡入股各商无论股数多寡，一经附搭股份，即应遵守公司所定章程办理，不得故意违背。（《北洋公牍类纂》卷十九《路矿》）

袁世凯札天津官银号文
光绪三十三年五月十三日（1907年6月21日）

为札饬事：光绪三十三年五月初二日准农工商部咨："光绪三十二

年四月二十五日接准咨称：据天津官银号详呈北洋滦州煤矿有限公司办法并招股章程、绘具矿界图说等因，前来。查该官银号开办滦州煤矿，系为官家用煤而设，自与他矿情形不同。所订招股章程及矿界图说，均经贵大臣批准，应即先予立案。惟该公司既系招集商股，一切应遵照商律办理．以昭信用，相应咨复查照施行可也。"等因。到本大臣，准此。除分行并附奏外，合行札饬。札到该号，即便查照。此札。（开滦煤矿档案第一号《天津银号筹议滦矿开办事宜并章程股单息折请发执照卷》）

杨士骧札天津官银号文
光绪三十三年十月二十六日（1907 年 12 月 1 日）

为札饬事：准农工商部咨开："光绪三十三年（1907）九月二十日，接据委办北京玻璃公司前福建候补知府蒋唐祐等禀称：'卑府蒙委办玻璃公司，开炉制造，日需烟煤浩大，非唐山所产不合用，核计购用，成本更重。查有滦州长山前白道沟地方民人王景萌山地二顷六十亩，自该地起，遵照矿章定界三十方里，前经郭连山等禀请采办，后因办理未善，将执照撤销在案。访闻该矿苗佳煤旺。邀同矿师亲诣勘验，据称与唐山矿苗相仿，因与吴京卿懋鼎、郭道文森筹议集股开采。吴京卿现办制毛厂，购用煤斤颇受挟制，将来制造玻璃，需煤尤多。矿师估开该矿，约需银二十余万两。现已集成，先将矿山绘具图说，禀请察核。倘蒙俯如所请，即与速呈保单，验款给照，以便开办。'等因。前来……兹据蒋守唐祐等禀请开办，复有郭文森具名，该商是否可靠，此项矿地可否准令承办，相应咨行贵督饬属查明声复本部，以凭核办。"等因。到本署大臣，准此。

查郭文森前办滦州白道沟煤矿，因有私招洋股、借端招摇等项情事，经前大臣咨准撤销执照。此外，尚有他案牵涉郭文森之事，恐非妥实、可靠之人。且白道子矿地，现已归入北洋滦州煤矿有限公司界内，业经前大臣据禀将图说、章程咨准立案。所有蒋守等请办该处煤矿，应请无庸置议。除咨复并分行外，合行札饬。札到该号，即便查照。此札。（开滦煤矿档案《天津银号奉督宪饬知蒋守唐祐等请办白道沟煤矿经部批驳卷》）

自来水公司呈文（1908年5月17日）

为咨呈事：窃本公司前奉照会，以奏准筹办京师自来水大概办法一折内开，公司筑池、建厂、购机、安管需款浩繁，拟专招华股，暂以洋银三百万元为额，由直隶所设天津银号担任招股事宜。等因。奉此。兹谨拟具招股简章二十二条，相应照录清折，呈请核定，俟奉准后再行刊布，并移行天津银号代为招集股本，以资办理。须至咨呈者，右咨呈农工商部。

（附）自来水公司招股简章（节录）

六、本公司议先集股本龙洋三百万元，分作三十万股，每股十元，官利长年八厘，以收到股款之次日起算。收股处由北京、天津、上海、汉口等处，天津银号代为经理。

七、本公司暂与天津银号议定，先行借款开办，并由农工商部筹定专款，每年十五万两，作为本公司保息，以昭大信。（《北京自来水公司档案史料》）

织染缝纫公司[①]章程（节录）
第2章　资本

四、以上场屋机械三万五千元为坐本（现系约计大概，俟房屋器械办齐后，始能定坐本之准数），材料一万五千元为行本，坐本自开办第二年结账后，应每年照二十分之一折旧，由余利内提存，以便随时修配添补房屋器械之用，至行本如有不敷周转之时，准南经理商明督理、总董向银号[②]息借，其借据应由督理、总董会同列名签字，倘未经签字即系私借，与本公司无干。（《北洋公牍类纂》卷十八《工艺》）

[①] 此公司创办于1904年，为官督商办企业，由周学熙负责的直隶工艺总局与天津商会协理宁世福等共同发起、创办，宁世福为总董，天津著名商人何炳莹为督理。（参见甘厚慈辑《北洋公牍类纂》卷十八工艺。）

[②] 即天津官银号。天津官银号于该公司创立时，以五厘低息将淮军银钱所存于天津官银号的一万五千元作为补助官本（参见《直隶工艺志初编》，志表类卷下《津郡各工艺要略表》，第23页）。

磁州矿局禀请筹办情形请拨官款提倡文并批（节录）①

前经禀明，将该窑实在所有之煤井、地亩各项，机器并采存煤斤实数一切应用器具，按值估计行平化银八万六千两，呈册备案，以四万五千两为官本，当由请领之官款项下如数发给。其余四万一千两仍为该窑商股，各等情。均禀奉宪台批准在案。职道业将该窑详细调查。收回以来已有起色。以本年三月初一接收之日起，截至十月底，调核各账，尚有盈余，虽属土销，销路甚畅。目下寅夜采至二三百吨之谱。容候年终结账汇总、册报，再准赵道移交。前奉发官本，由官银号②领到公砝化宝银五万两。除奉准收回薛村煤窑，支付官本行平银四万五千两，西佐购买矿地用价二千两，再除赵道十个月薪水，及职道十个月夫马费五百两，奉准作正开销。除将详细数目另册详报外，所有职道奉办磁州官本公司，历勘、调查情形、通筹办法、请领官本提倡各缘由，是否有当，理合据实禀陈大帅查核、批示、祗遵。肃禀，恭叩崇绥。伏乞钧鉴。

督宪陈③批：据禀磁州煤矿宜立基础，并请筹拨官款各节候饬天津官银号、淮军银钱所、支应局会同评议，详复饬遵。至薛村矿产销路既甚畅旺，仰仍认真经理，并将出煤、收支各款数目详细具报、查核，仍候分行矿政调查局查照。檄。（《北洋公牍类纂续编》卷十八《矿务》）

天津银号为各商号如期归还官款七十万两事致商务公所函
光绪二十九年十月十五日、三十年正月二十日
（1903年12月8日、1904年3月6日）

督理天津银号为谕知事：

查津郡市面凋敝，荷蒙督宪④俯念商艰，前有本号借与各钱行银七十余万两，仅取五厘薄息，冀以周转流通，订明分期本利归缴。乃到期如数归还者不过数家。其余多未如约，迭次禀请展缓，幸蒙督宪一再恩准。惟思此等借项均系拨挪各局库待支之款，上关国帑。丝毫不容拖

---

① 磁州矿务局由前直隶总督端方在1908年批准立案，由商办改为官商合办。此前杨士骧同意拨给官款二十万两，另招集商股四十万两开办。该局在呈文中称商股招集困难，而前期勘探已陆续举行，目前急需款十五万两。

② 即天津官银号。

③ 即直隶总督陈夔龙。

④ 即直隶总督袁世凯。

欠。现在各局所异常支绌，需用孔殷，一旦奉文提拨，势不得不向各商催缴，稍有延宕，即难免官府之追呼。督宪虽加意恤商，亦岂能长此展缓，置库款于不顾乎？！此固诸商之共知也。夫拖欠官款，律例綦严，国家著有明条，当为诸商所深悉。惟其所以迭次请缓者，只以到期巨款难筹，不免暂顾目前之急，未暇计及后来之患。似此日复一日，终非长策，恐将有累及身家者。

本督办等每念及此，蹙然于心，不能不为诸商虑也。今于无可设法之中，筹一委曲求全之计。凡欠款之家，不必到期，譬如借银三千两者，每月能抽一千两即归还一千两。登时于票上注明收还本银一千两，即照数停息。其所交多或二千两，少或五百两，皆可照此办理。又借本五千两以上者亦照此办理。此法于诸商计有数便：不拘多寡，随时归还，免致存银待期，一便也。还若干即减若干之息，二便也。还若干即轻若干之累，三便也。国家正当讲求商务之初，官商本有休戚相关之谊，在诸商但能措缴者，无待于言；其或贪一时官款利轻，遂不顾终身大害，窃愿熟思而预计之。本督办等上体宫保予惠之初心，下为诸商筹融通之办法，苦心苦口，诸君幸勿河汉斯言。切切特谕。

附各钱行欠款

天聚成，已交银四千五百两。仁兴茂、瑞兴泰、瑞承泰，以上三号已交银两万两上下。郭庆长、和盛益、永顺成，年终还。公裕厚，推缓一年。中裕厚，近者年内、远者一年归还。瑞林祥，腊月归还。德信厚、洪源号，推缓一年。裕源达，一年归还。德余厚、宝丰源，推缓一年。汇源号，一年归还。信泰成，同前。胜大号、德昌厚、立泰成，推缓一年。德义厚，一年归还。裕盛成、敦瑞合，推缓一年。义成乾，一年归还。裕丰成，近在年终、远在一年归还。同聚成，一年归还。新泰号，年终还。嘉惠号、天吉厚，一年归还。嘉瑞号，推缓一年。恒隆号，年终还。桐达号，推缓一年。永利号，年终还。桐华号、厚记号，推缓一年。

商务公所台照：

日昨承嘱钱局到期之事，业已回过。总办既云：现未开河，各行货物滞销，钱商收款甚难，目系实在情形。重以鼎言有力者归款，无力者暂行付利换票，推缓半年，以副雅命。专此肃复，敬请台安为福。

天津银号拜（《天津商会档案汇编（1903—1911）》上册）

请饬磁州矿局另招商股（天津）

直督前据海防支应局、天津官银号、淮军银钱所详称：奉宪台札：据磁州矿务局马道具禀，磁州煤矿富饶久为外人觊觎，亟应速为开办。除已领过官款五万两外，请再筹拨官款银十五万两先创基础。等情。除批饬天津银号、淮军银钱所、支应局会同筹议，详覆饬遵。等因。奉此。伏查振兴实业，固为挽回利权要政，自应极力维持，以资提倡。惟磁州煤矿赵道于创办时，曾经禀定共筹资本银六十万两，计官股二十万两，商股四十万两。旋复禀准，饬由职号在于职所原存通记项下先拨银五万两以资开办，核计所拨官款已及四分之一。按照禀定原委，应俟商股招有十万两之数，官股再陆续筹拨，商股亦陆续接招，彼此相辅而行，自不致于竭蹶。今马道又以该矿必须先立基础，仍请拨发官款十五万两实与原议不符，职局号所一再筹商，现值库储万分支绌，委实无款可拨。应请责成该局仍遵前议，赶招商股以济要需，一俟商股四十万招有四分之一，届时职局号所无论如何为难，自应设法续行筹济，以符原议等语。当即批饬磁州矿局遵照。（《申报》1910年2月27日）

扩充专利欧美豆腐有限公司招股章程（节录）

二十九、本公司售股收银地方在天津、北京、上海三处大清银行、交通银行、天津官银号及北京殖业银行、天津芦纲公所（东门外南斜街）、上海通运公司（二洋泾桥）。（《申报》1910年8月29日）

天津官银号对其他企事业的贷款

（1）光绪二十九年（1903），津郡绅商在城内户部街朝阳观内，兴办初等工业学堂，为开"兴学"风气。该银号从号存银元局余利中，为其每年无息无偿垫拨常年经费银二千两。

（2）为设厂制机，"以立工业之基础"，周学熙于光绪三十二（1906）四月，从官银号存款中为北洋劝业铁工厂的创立，直拨成本银二十万两，按长年五厘行息，以应开办之需。

至光绪三十三年（1907）十月，仅年半之内，就生产制造出有：锅炉、汽机、汽剪、汽锤、汽碾、车床、刨床、钻床、铣床、起重机、抽水机、石印机、铅印机、压力机、织布机、制火柴机、制皂机、榨油机、磨面机、榨棉籽机、喷道水车等。

（3）光绪三十四年（1908），周学熙奉召进京，主持京师自来水公司之建设，拟专招华股银洋三百万元，分三十万股，每股十元。惟恐股额难筹，周指拨先由天津官银号借垫资本银五十万两，息率仍为五厘。结果，因交股踊跃，不仅原招股本三百万元迅速招齐，而且还商由天津银号退还三十万元。（林纯业、郝庆元：《天津官银号记事》，《近代史资料》第68号）

（二）湖北官钱局

湖北官钱局投资兴办湖北制皮厂

光绪三十三年（1907）湖广总督张之洞在省城保安门外，南湖傍岸建造厂屋，购机开办。嗣经总督赵尔巽饬令湖北官钱局筹拨资本银五万两为购料、开工之需。（《（宣统）湖北通志》，志五十三《经政》十一《新政》）

兴办电灯

汉口访事友递来鱼素云，日前有人在江汉关禀请招股开办电灯公司，嗣经瞿庚甫廉访批示谓，有现银二十万两存放官银号处，方准开办。等因。均登前报。兹闻又有某巨商纠合洋商合办，已在乔〈硚〉口左近购买地基，以为发轫之处。至机器一切，亦已倩人赴沪购办，想世界光明，楼台炳耀，当指日可睹矣。（《申报》1897年9月8日）

各省工艺汇志：湖北

又鄂省候补道程观察祖福招股百万两，先收五十万两开办水泥、榨油两厂，名为清华实业公司，业已禀准农工商部，各予专利年限，以挽利源而资鼓励。又鄂省广艺兴公司经理黄佑先观察以洋伞为日用必需之物，购自外洋，漏卮甚巨。爰筹集股本五万元在白沙洲设厂开办，以期挽回利权。又白沙洲官立造纸厂近已开办，以高佑诸观察为总办，一切经费均由官钱局开支。（《东方杂志》1907年第四卷第十二期）

川汉粤汉两路鄂省股本之调查

湖北川汉、粤汉鄂境路线股本,前经张中堂①责成官钱局承招在案。兹经调查该局经收川汉股款六万七千余元,前次截存铁路彩票换股计五十九万七千八百余元。粤汉股款除由该局承认之四百万元,经收股款六十二万余元,较原估经费六百万元所差尚巨,而川汉之期望更属无期。(《陕西官报》1908年第13期)

湖北官钱局参与川汉、粤汉铁路筹款事宜史料

1. 日本驻汉口总领事水野幸吉致日本驻华使馆报告书(1906年7月17日)

其修筑费用约六百万元,计划将股票出售于市场。湖北官钱局已承受四百万元,其余二百万元准备在汉口及其它商埠出售。以当前市场情况言,金融局面恶劣,官钱局所承受之四百万元不能在市场销售。湖北官场设立之官钱局此次照承受四百万元之故,大致如下:

官钱局实际上等于湖北省立银行,素来发行纸币,其发行纸币之准备金存有巨款。自去岁以来,汉口市面不振,利息低落,官钱局已逐渐收回其对于汉口各钱庄票号之贷款。目下官钱局所藏现金颇有余裕,故准备以此准备金承购股票,将来路利发达,股票价格提高,则拟随时将股票卖出,以充当准备金。(《中国近代铁路史资料:1863—1911》,第二册)

2. 日本驻汉口代理领事山崎馨一致林劝助报告(1907年5月6日)

本年(1907)二月水野领事与张总督会见时,谈及现任正金银行总裁小田切万寿之助。总督提及与彼交谊笃睦,并表示切望彼来鄂。讯以望彼来鄂用意,总督含笑,仅答以欲商谈原口博士之事。窃唯鄂境粤汉铁路资金,日前原欲募集六百万元,因此路工程较易,有利可图,应募者较多,大抵已无问题。然而,鄂境川汉铁路……原欲募集二千万元,虽取与粤汉同样募集方式,且附以彩签,而成绩恶劣,至今应募额仅及三、四十万元。此等资金皆由湖北官钱局募集,亦由该局管理……虽云粤汉六百万,川汉二千万,实除工程所需则决不止此数。川汉应募

---

① 指前任湖广总督张之洞。

额则仅及百分之一，故事实上资金之不足，不待言矣。

敷设铁路的实际措施，自去年五月原口博士应聘以来，曾督促其部下的工程师及技术员，勘测了粤汉、川汉各线。今各线路勘测已经完了……

小田切氏与总督间之借款交涉，已于日前叠次电报申报在案。小田切氏上月十七日抵汉后，即趋访官钱局总办高松如等，彼时高氏露出总督有借款一千五百万两之意。二十日与总督会见，借款额复改为二千万两，双方同意采取公债形式。小田切氏以为若单由我一国贷款，恐能力不足，毋宁以"湖北兴业公债"名义于伦敦发行，总督亦表示同意。小田切氏遂一面与汇丰银行商谈，一面与湖北官吏协商，并与总督作了二次长时间之会谈。其结果，大致为：借款总额二千万两，在伦敦募集，折合三百万英镑；折扣九五，年利五厘五，十年后开始偿还，偿还期十年，以湖北善后局收入年约三百万元为担保。（《中国近代铁路史资料：1863—1911》，第二册）

3. 两湖总督张奏称收回粤汉铁路自办折（1906）

窃臣于上年（1905）二月间，访闻承办粤汉铁路之美国合兴公司，并未知会中国，私将公司底股三分之二售与比国公司，董事亦大半易置比人。查比与法通，法又与俄合。京汉铁路已由比、法两国合办，若粤汉铁路再入其手，则中国南北干路地权，全归比、法等国掌握之中，与俄人所造东三省铁路钩连一气，既扼我之吭背，复贯我之心腹。而借款本息太巨，年期过久，限满后断无赎回之望。其为中国大患，殆有不忍言者。臣探询既确，焦灼万分，立即电致湘省官绅，并电致督办铁路总公司大臣盛宣怀，痛言利害，竭力争持，以合兴无端违背合同，亟应据理责言，废弃前约。

自臣创此议后，湘、鄂、粤三省绅民渐次传播，始知有粤汉路约不善之说，议论、推敲，群思补救。无如合兴公司既异常狡执，美国富商复遣合兴之党柏士来华运动，自称系华丰公司愿借给中国巨资，助我与合兴废约而另订合同，将此路归其承办。其实华丰无异合兴，然而术诡言甘，于是被其煽惑者忽倡以美接美之说。众议纷纭，大为所动。臣以合兴公司违约失信，覆辙在前，后仍听以美接美，是直以移花接木之计愚弄中国。一切权利仍落他人之手，中国丝毫不能收回，与所以筹议废约之故，自相矛盾，遂电沪力阻。柏士因亲至京师，介其公使向外务部要求。外务部函令来鄂就臣商办，其驻汉美领事复多方为之游说，臣面告以此约必废无可商议，柏士到沪后复三次来函揽办路款，均经臣严词峻拒，坚不允行。由是袒美者咸嗒然失望，而怨谤纷来，阻挠百出，筹议废约之事益形棘手矣。

迨上年（1905）十一月初三日，臣承准军机大臣字寄光绪三十年十月二十一日奉上谕：御使黄昌年请挽回路政一折，粤汉铁路关系紧要，现在合兴公司正议废约，应即另筹接办，著张之洞悉心核议，妥筹办理，以挽利权，原折著钞给阅看，将此谕令知之。钦此。臣自奉明旨责有专归，乃益抱定宗旨，不敢为异说所摇，然为难之处不一其端。臣初意以盛宣怀为与合兴公司订约原议之人，系铃解铃，贵资一手，故开诚布公往复电商，深冀其相助为理。不意筹商累月，盛宣怀因宿疾缠绵困卧，不能办事。正当吃紧之际，臣去电兼询查不得复，偶有病问答复，而精神未能贯注，终不得此事要领。此时盛宣怀病势甚剧，屡濒危殆，无怪其然。而湘中官绅之派赴上海者，一则主张订借美款，几为柏士所愚；一则径自聘用律师，直令赴美与合兴涉讼，经臣飞电力阻追回，其事乃已。群议纷歧，轻举妄动，几误大局，此其为难者一也。臣以事机危迫，稍纵即逝，不得已始径电出使美国大臣梁诚，密商办法。该大臣复称，中国废约之说喧腾报纸，美公司已豫为之地，由彼富商摩根将比国股票重价收回一千二百分〈份〉，以为事权仍在美人之手，即与合同不背，不能再言废约。美政府极力袒护，屡饬其驻京使臣柔克义向外务部干涉，声言美政府断不允废此约。合兴总办惠惕尔因出使大臣梁诚持正力争，辩诘甚紧，遂拟撇开梁诚自行来沪，设法把持此事。经臣闻知，切电上海总公司转告惠惕尔，彼即来华，无论改何办法，臣断不承认，嘱其飞电阻回，此其为难者二也。臣往复与驻美使臣梁诚电商，直言废约或致有碍国家交涉，改为赎约，则仅系商业往来，事出和平，彼政府自无从干涉。该大臣因就此意与合兴公司反复磋商，彼延前美国兵部大臣路提、前美国按察司英格澜为主谋，梁诚乃延聘前美国外部大臣福士达、铁路专门律师良信等与之抗争。路提等以美国国体、东方商务，种种关碍为词，语意坚决。福士达等再三辩诘，始认定原合同之疏漏，合兴办事之含混，允听中国政府修改合同，收回权柄，由美国政府担保永不转替，而赎约则坚不允许。经出使大臣梁诚痛切开导，力陈三省之舆情、中朝之意旨、微臣之定见、大局之利害，路提等甫允开议售让办法。而合兴索价浮冒，初开七百万金元，继又索公司酬劳二十五万金元，借票余利四十余万金元，利息在外。经与驳减，彼即以股东未曾议定，经月迁延，不允遽决。比主复遣其亲信至纽约，极力阻止，事几中变，此其为难者三也。迨后议定赎路全价六百七十五万金元，另给利息，甫将草约彼此签字，而比政府竟电美外部强行干涉。比主复面晤摩根，唆使悔议，并介美总统之友美国上议绅比洛迟转告美总统，力翻此案。美总统适接其驻华使臣柔克义电，误会我政府无意废约，且疑臣与出使美国大臣梁诚均非我政府授权经理之人，遂欲挑剔废约两字，借端以废草约，危机顿逼，几几功败垂成。臣于七月十三日电奏内已详晰陈明，此其为难者四也。幸荷圣明昭鉴，俯准施行。外务部亦悉力主持，一再照会美使，声明臣与梁诚实有办理此事之权，美总统尚知慎重邦交，转圜允许，其事乃定。而鄂、湘、粤三省绅民骤筹此六七百万金元，约合华银千余万两，断断无此力量，假使款不应手，非但立误事机，抑且贻羞中外，此其为难者五也。

臣自奉旨筹议粤汉路事，即屡次分电湘、粤官绅，公议切实筹款之法。嗣准两广督臣岑春煊十二月十一日来电云：此事必须备有赎路的款，方能争论。而粤绅涣散，倡议者无钱，有钱者不管。绅力断不足恃，官力则艰窘已极，更无担任如此大宗之力。且果使废约，立须巨款应付，即有别项筹款之策，亦缓不济急。愚以为宜由鄂、湘、粤三省合借洋款若千万，分年匀摊认还。此款借成，约废，即以赎路，不废，立时付还，虚縻利息亦尚有限等语。而湘绅函电，亦无立筹巨款之策。臣体察湘、鄂、粤三省，情形既属相同，不碍已始定借款之议，一面电商湖南抚臣转询湘省各绅。湖南抚臣复电云：与诸绅熟商，均应遵办。遍加询访，惟英领事所开利息较轻，借款交付实镑，不须折扣，惟于粤省别有要索利益之事。臣婉辞推谢，致借款之议久悬不定。迨本年（1906）八月初二日，猝然接到出使美国大臣梁诚电：合兴股东已将草约批准，第一期款美金二百九万八百六元零，应于西元九月七号，即八月初九日，在纽约交兑。计期已近，务请合三省全力，迅即筹足，于西元九月七号以前，电汇到美，免致变局。等语。臣电致梁诚，恳其展期

第五章 官银钱号与省区实业发展和人民生活 617

十日，以便赶筹。复电云：第一期款商缓十日。福士达谓，前遵尊电，将赎款备齐，悔约索偿各节，警告摩根，正约六号签押与否，视此期交款为从速，若再生变，万无挽回。务祈如期电汇。等语。盖合兴之意料，如中国贫窘，断不能于旬日间猝筹数百万巨款，故其总股东于草约定后已将三个月，多方推宕，延不批准。此事成否未定，以致筹不能筹，借不敢借。直至届期前七日始电告中国批准，立索交款，若款不能集，则此约全翻，转将讥我无款自误。此谋至狡至毒，蔑以加矣。其时英领事先期赴庐山避暑，臣逆料急而相求，要求必甚，且议订合同亦需兼旬以外，而应付合兴之款若愆期一日，全局俱翻。当此之时，既不能乞缓于外洋，复不能求助于他省，以关系中国南疆全局之大举，特旨饬办之要政，议论两年，全球皆知，若徒以无款之故，竟致不能收回，自弃草约，不惟利权永弃，而且将令各国讥笑中国办事者皆空言无实之人。以后一切邦交，种种窒碍。此七日之中，臣忧煎万状，绕室彷徨，此事结局如何竟不敢预料，此其为难者六也。

幸湖北官钱局信义素著，尚为各国银行所信，臣召集司道剀切筹商，均以大局利害所关，同心担任，立即一面饬官钱局设法担保，先向汇丰银行息借银三百万两，官钱局凑集银二十余万两，竟如期电汇，已到美国，实非臣意料所及。当即将赎路正合同电由军机大臣代奏，请旨画押，钦奉俞允，一面电招英领事回汉商定借约。英领事见臣处第一期付款已能暂行自借应付，而赎路事关系大局，愿意助成盛举，于是前所要求者不再提及。合同条款悉照光绪二十六年（1900）八月湖北因保护长江、筹备饷需向汇丰银行息借五十万两成案办理，业经将合同咨明外务部在案，此项借款与铁路权利固丝毫未尝有所假借也。借款既定，应付合兴第二期款遂于中历九月十二日全数交清，合兴即于是日分电沪、粤两处公司洋人，将在沪存储之图表册籍，在粤已修之铁路及机车房栈，一切备用材料，悉数点交中国委员接收，经臣派员分别接收清楚。查此次合兴所订售路合同，载明中国政府可将合兴公司在中国所有产业、已成铁路、材料、测量图表、开矿特权以及在中国所有权利，材料、测量图表、开矿特权以及在中国所有权利，无论明指暗包，一概全行收管等语。玩（味）开矿特权及明指暗包之言，可见从前所失权利之大，实无穷尽。今幸得全数赎回，从此永断葛藤，消弭巨患，此皆仰赖朝廷威德，暨枢部诸臣同心匡助，三者绅民协力图维，出使大臣梁诚才识兼优，忠实为国，规画、辩论，妙协机宜，故此事克底于成。

现已议定修路之款由三省官绅合力筹集，决不再借洋款。惟款由本省绅民集股，止能各筹各款，各修各路。大纲必归画一，而办法不能尽同，与他处铁路之借款兴办者迥不相侔。绅民办事全赖地方官相助为理，似须责成本省督抚督饬司道及地方官吏暨绅士商民，因地制宜，设法筹办，庶情形不致隔膜，工程亦免延搁。谨奏。(《东方杂志》1906年第三卷第七期)①

附：湖北承办粤汉铁路招股简章

第一条　本章程系官商入股之章程，其工程建筑事宜则归铁路总局筹议。

第二条　粤汉铁路收回自办，联合三省分筹款项，催赶建筑，以期速成，官民受福，中外咸钦。惟鄂境路线修费暨建筑码头、车站等事，约计龙银六百万元，自应设法筹办，及早观成。拟由官钱局承办招股事宜，使地方公益，商民均沾。如六百万元尚有不敷，再行禀请续招。

第三条　官钱局既已承办招集鄂境路线，全数股款应于本局内设立湖北粤汉铁路股票总收发处，办理收股、发款一切事宜。

第四条　股票以龙银一百元为一整股，五元为一零股，二十零股即作为一整股。

第五条　凡附股者，其缴款分为三期，以六个月为一期。第一期自光绪三十二年（1906）五月初一日为始，扣至十月三十日为止。每股收银十分之二，零股收一元，整股收二十元。第二期扣至三十三年（1907）四月三十日止，第三期扣至三十三年（1907）十月三十日止。每股收银十分之四，零股收二元，整股收四十元。第一期与第二期各股东所交之银先由官钱局付给收条，俟第三期股本交足，一律发给股票息折，俾各股东永远执据。

---

① 该折另见《清代外债史料（1853—1911）》上册。以下内容为该折最后部分，为前收录文献未有内容。"是否有当，伏候圣裁。兹准出使美国大臣梁诚将合兴公司所订售让合同暨收回未售金元小票、已付息票，并派员在粤在沪接收各件，先后邮寄册报到臣，谨缮具清单，会同署两广督臣岑春煊、湖南抚臣庞鸿书合词恭折具陈，伏祈圣鉴。

奉朱批：外务部、商部知道，单并发，钦此。"

第六条　各股东所缴股银，无论已未开工，均按照常年六厘起息。十五以前交银，月半起息；十五以后交银，即于下月初一起息。股折未发以前，各股东应得利息即凭官钱局所发收条，每半年（六月底、十二月底）至官钱局取息一次。俟发给股票息折后，则须按每年年终结算，次年正月定期登报统发。

第七条　此项股票遵照部文，无论整票、零票，均只华人自购，不附洋股。设有股票转售他人之手，本局概不承认。

第八条　商民所购股票，如有需用，准其持票到官钱局抵押，并准内地官民自相转售。惟不准转售外人，抵押洋债。倘有此等情弊，该股票即作为废纸。

第九条　凡有转卖股票者，应由股东将股票息折呈验官钱局，报明转售人姓名、籍贯，由本局查无纠葛，方准更名、注册。

第十条　鄂境铁路开车后，所得行车之利，除开支公司薪水、工食、局用及养路经费，拨还赎路借款本息，核给股本、息银，酌提公积款项外，所余净利应酌量仿照外国铁路公司办法，以若干报效国家。应纳营业税，亦查照外国商办铁路公司章程，参酌办理。此外一切浮费，概予删除。净余红利，全归股东自行议章分派。在事人员应得酬劳若干，由股东议章分派时酌定，一切仿照广东商办章程，以免两歧。

第十一条　凡属股东，无论官绅士商，其入股利益概系均平一律。

第十二条　官钱局内既已设立湖北粤汉铁路股票总收发处，所有股东会议即于本处办理，其一切条件，另行请宫保宪核示遵行。（《东方杂志》1906年第三卷第九期）

4. 湖北官钱局借款（1907）

日本驻汉口领事水野幸吉致外务大臣林董报告——张之洞与正金银行借款

（机密第十六号）明治四十年（1907）九月十日

前次张总督与正金银行借款二百万两之交涉，已达成协议，并已于四日正式签订合同（如附件）。起初，当张总督接到去京之命令，即派其部下来谈，希望从正金银行借款二百万两，能否同意。如愿意，当即提出条件、利率和用途。随即命正金银行电询总行，正金总行回电，可试与进行商谈。乃将此意告知对方，要求利率为年息八厘，看来对方实际情况相当窘迫，对利率要求立即同意。对方并提出以湖北盐厘增加额（前年已作为英国担保部分以外之增加部分）为担保。我方提出除由官钱局从中保证外，还将湖北省政府所管的大冶矿山列入担保。对方以张总督正将赴京，如以上述矿山做为担保，恐将引起舆论物议，将影响总督去京后之地位，希望无论如何一定要撤回此意。对方恳切表示，对出售大冶矿石之事，待将来适当时候，再行续议，此次希望不提。再者将矿山列为担保订入合同中，看来非常困难，这已在第九十七号电报中上达，并已接奉第五十八号来电训示。兹经数度商议，对方同意在合同中加入一句："如到期不能照付本息，以归湖北所管之大冶矿山并保。"但对方提出附带条件："外国人不得自己开采"，"将来湖北省自行开采时，正金银行不得阻碍"。上述条件，无非张总督怕引起物议，一种画蛇添足之举，但对担保的性质及效力，毫无任何影响。因此，我方将试要求加入一条但书："在本利全部归还以前，正金银行对所开采之矿石有优先购买权"；或"矿石不得卖与正金银行以外之商家"。但此时正当张总督即将出发之时，该项借款有必要迅速达成协议之形势，对上述要求，不愿接受。在大连之小田切万寿之助来电称：英中公司之濮兰德不日将去北京，应作出一些让步，使此次借款在张总督出发之前，达成协议为要。还有从正金银行总行方面亦有指示：必须不使张总督感到困难，迅速订立合同。而我方提出之但书要求，亦非绝对必要。像中国这样国情的国家，将来在债权担保名义下，有充分余地可以作出任何措施。且在张总督方面，如后所述，虽希望此次借款很快成立，但并非在上京前一定要收到金元，所以在焦急之中，还有几分余裕。如再有所踌躇，一旦与外国银行接头，事情就要麻烦。正如在第九十八、九十九号两电报中所陈，终于收回我方要求，达成协议（如附件）。对本人上述专断决定，闻外务省及有关方面表示不满，本人当然应负其责。

再关于借款用途，如使用在铁路事业方面，因有英国关系，恐要引起很大麻烦，在合同中注明不用于铁道方面，而用于新设机器、呢绒、针钉等四个工厂。但其实际的用途，传闻因总督此番上京，清廷向来惯例，对权贵之门要进行赠馈，可能这方面有所使用。但以张总督之人格，恐怕绝不作此用途。据探询结果，目下湖北兵工厂约有四十万两之购买煤炭的货款未付，在总督出发之前，急须整理。此外，上述四厂，还需六十万两之费用；下余一百万两，如发生调任之事，以此做为后任来此接事时办理交待之准备金用。再从川崎造船所所制定之炮舰、水雷艇等之代价，过去一向从湖北之一定公款中支付。此番张总督上京之后，万一留在北京，上述炮舰及水雷艇等，自然很可能要由湖北之手转归中央政府直接管理。而其已付代价，固不用说，其未付部份亦必须依然要由湖北省继续担负。万一出现这种局面，对湖北很不好应付，因此万一这种情况发生时，则提出此次借款，用以抵充。其用意恐即在此。按目前情况，二百万两左右，从官钱局的资金中完全可以融通，反而向外国银行，尤其是向正金银行进行借款交涉，且同意年息八厘之高利，可能说明其中意图矣。

兹将经过大要汇报如上，并附合同抄件，请查照。

再合同中所规定之年息八厘，正金银行到手的只是七厘五，还有五毫是归经手的清国人所得。

　　　　附志：湖北官钱局借款合同

湖北官钱局今奉湖广阁督部堂张饬向汉口正金银行借到洋例银二百万两整，并将应还本息日期及议明各条开列于后：

一、借洋例银二百万两整。

一、借定十年为期，先三年还本，每年按六个月付息，后七年每年还本一次，其息亦按六个月照付。

一、利息长年八厘，按数结算。

一、此款月内先付银五十万两，其余一百五十万两，三个月陆续用清，按提款之日起息。

一、款归四厂用，不归铁路用。

一、以武昌善后局所收盐厘要政加价项下，每年进款四十万两作抵。

一、此项二百万两借款，言明以湖北盐厘要政加价项下每年四十万两作抵。如到期不能照付本息，以归湖北所管之大冶矿山并保，但只以作保，不能由外人擅自开采。如鄂省派员自行开采，正金银行不能干预其事。

一、借券请湖广阁督部堂盖用关防。

一、归官钱局作保。

此项合同用华文缮写五份，由湖广阁督部堂盖用关防，并盖用官钱局关防及善后局关防，一存湖广阁督部堂衙门，一存官钱局，一存善后局，一存日本领事，一存正金银行，分别收存以昭信实。

大日本驻汉领事官水野幸吉

横滨驻汉正金银行总办武内金平

湖北后〈候〉补道官钱局总办高松如

湖北善后局总办齐耀珊、高凌蔚

大日本明治四十年（1907）九月四号

大清光绪三十三年（1907）七月廿七日（《中国清代外债史资料：1853—1911》）

各省商办路事汇录：川汉路（节录）

查该路估资约需三千万两左右。前拟先招股本洋银二千万元之数，其后所办彩票及发票换股计收洋银五十九万七千八百余元，又认股共洋银五万九千余元，两统共六十五万六千九百余元。系该路现有之的款。除已开支购地、买料等费，共洋银二十一万六千八百余元。实存四十四万一百余元，均存放官钱局①按年六厘生息。其路局费用及学堂经费、不动股款，先由善后局赈粜捐项下动支，俟开工后，得有余利，再行拨还。现已支过银一万九千九百余两。此该路进支款大概情形也。（《东方杂志》1909年第六卷第四期）

官钱局承办铁路（汉口）

粤湘鄂铁路共分三段，湖北则为北段。经张香涛宫保札饬官钱局筹款兴修，设有不足再行招股。（《申报》1906年5月16日）

官钱局扩充粤汉铁路股票总收发处（武昌）

日前官钱局总办奉鄂督面谕，在该局内设立粤汉铁路股票总收发处，承办招集鄂境路线全数股款，已纪前报。兹已订定简明章程十二条，并在该局左右圈购铺房多间，以便扩充居址办理路政。（《申报》1906年6月15日）

---

① 此为湖北官钱局。

武岳铁路定期开工（武昌）

张中堂（张之洞）入京以前，曾经派员将武昌至岳州铁路经过路线勘定。嗣因中堂行期匆促，铁路总工程师原口亦他去，致未开工。刻下原口工程师已返鄂省，当由粤汉铁路详请李护督示期于十八日先行开筑第一段路线工程，已饬官钱局拨款发给用。（《申报》1907年9月22日）

拨解铁路购地款项（武昌）

鄂省川粤汉铁路汉阳武昌一带路线前已由善后局、官钱局发款购买，现两路股款已集有成数，赵次帅①特饬铁路局将购地之费在路股项下拨解归还，以清款目。（《申报》1907年11月27日）

督批饬筹粤汉铁路股款（武昌）

湖北官钱局总办高佑诸观察会同铁路局总会办具禀：鄂督赵次帅略谓：粤汉路股现已勉认四百万元，川汉实难兼顾等语。当奉批示云：官钱局既认粤股四百万元，曷胜欣慰。现在应先造粤汉武岳一路，购料一层应俟工程估单，购地一层只须路线简图即可先办，已另札饬知照。惟官钱局所认之款亦系公款，将来俟铁路支用若干，即照数填给股票若干，与商股一同起息，以便路成后同享商股之利。而公款亦不至因挪移铁路之用，致有悬架不清之弊。至商股招徕之法，高道②于商界名誉极好，信实过人，仍应设法招徕以辅官力之不足。如应参用公司律例，亦可斟酌条陈。总之既认开工，则股款不得不设法预备将来工料开标各事。赖高道情形熟悉，务须会同路局总会办，切实料理，其川路股款亦应从速招募，本部堂有厚望焉。（《申报》1908年1月10日）

官钱局禀拨粤路股款（汉口）

粤汉铁路鄂境路线股款由官钱局拨入股洋四百万元，所有从前设局购地各款即系此项内拨用，业已由该局会同路局禀报鄂督查核矣。（《申报》1908年1月14日）

---

① 即接任张之洞、湖广总督赵尔巽。
② 即官钱局总办高松如。

粤汉铁路川款之分配（湖北）

鄂督赵次帅札粤汉路局文云：两湖振〈赈〉巢米捐本为补助粤汉铁路之用，前因各处纷纷挪拨，业经分饬善后、官钱局将收支数目造册呈报，并饬将挪用各款赶紧筹还在案，兹据该局等呈齐清册前来。查此项米捐既为补助经费，凡有造路应归股本开支者，即不得动用官款。其有应归官款补助者，亦不得动用路股，以清界限。应由粤汉铁路局将发去清册两本详细确核，分别改正，另造妥册呈送备案。以后即照呈定册式，按月开支造报。（《申报》1908年3月12日）

官绅会议修建川汉铁路（武昌）

张中堂（之洞）近日电致鄂督（陈夔龙）转商湖北官绅两界，略谓：鄂境川汉铁路轨线冗长，修筑之费共需银二千余万。粤汉路线较川汉仅及四分之一，只须银六百余万，现由湖北官钱局担任，认股四百万元加以外招股款，已敷修建之用。但粤汉利微，川汉利巨。粤汉线外便于水道，川汉江狭滩险，将来路工告竣，行车其利较京汉等路尤有把握。现该路所招商股不及百万，动工无期，刻拟由邮传部借外债一千五百万，部借部还。其余则招集商股，先修川汉一路，余力再图粤汉云云。（《申报》1908年10月1日）

鄂人争修川汉铁路之结果（武昌）（节录）

鄂督昨接邮传部电略云：

川汉铁路之汉宜线①当川汉路之起源，于西南大局所关实巨，实为国家行政必应速修之路。三十二年张中堂奏请将该路归官督商办，由官招股，声明无论官绅商民，凡入股者一律作为股东。路事固可速成，而股东均沾利益。嗣鄂省同时筹筑粤汉两路，线长工巨，并顾为难。近据鄂省铁路局禀称：汉宜一路官钱局无力承认。据本部调核所及，鄂省所收款项除支止存四十余万元，此自因一隅财力抱注较难，致不能同时并举。然该路关系重要，本部职司所在，不能听认股者悠悠之口，置要线于不问。汉宜一线应由本部倡率主持，庶较鄂省兼营为易。本部财政虽

---

① 即武汉至宜昌间。

绌，然逆为筹划，暂时尚可力任其难，现拟先行筹款，核定路线，估单即行兴工。一面由本部遵照奏案接续招股，嗣后凡已交之股一律作为股东。俟商股缴有成数时即将部拨之款一律作为股分〈份〉，按照张中堂前奏办法，但视其股分〈份〉之多少，不论其为官、为绅、为民，俱作股商一律看待。(《申报》1908年11月24日)

时评：粤汉铁路之借债（节录）

鄂省路工，当初仿皖省彩票招股之法，派官钱局承办，鄂人熟视若无睹也。近年大吏煌煌告示，广劝招股，鄂人亦熟视若无睹也。盖鄂省之粤汉路，纯乎官办性质，而鄂人不早设法争回，致成此次之借款。此非鄂人之羞而谁之羞？(《申报》1908年12月15日)

张相①电知鄂路借款修筑情形（武昌）（节录）

武昌鄂境粤汉铁路招股迄今已有四年，绅商共认股银一百余万，赵前督②曾饬官钱局在积存项下认股五百万元。兹督办粤路大臣张中堂以湖北官钱局拟认之股不能实拨，十六日已奏准订借英款（奏折略见昨报），并奏派湖北提学司高凌霨、施鹤道曾广铭为议办借款专员。除曾道在京引见，无庸电调外，高学司已由张相电致鄂督转催晋京。闻高提学已定二十二日由汉乘车晋京，所遗学篆委首府黄伯雨太守代拆代行。兹将张中堂致鄂督电文录后。

……惟臣工要政自以筹款、用人为第一要义。鄂局所集股款仅有此数，官钱局所认之款本难轻拨，目下武汉市面情形更不可稍有牵动，鄙人七月谏电切嘱缓办，正为全款无着之故。(《申报》1908年12月18日)

发给第五次路股息银（武昌）

鄂境川粤汉铁路所招商股定章每次半年发给息银一次，现届腊月，应付第五次息银业由官钱局出示，准于十二月初一日起至月杪止，逐日验票付息。(《申报》1908年12月23日)

---

① 即张之洞。
② 即前任湖广总督赵尔巽。

鄂路房租派股之改章（武昌）

湖北商办铁路公司自得志士陶熏臣等赴各属劝集股款，人心遂为大振，缴股者日见踊跃，业经铁路协会呈奉鄂督核准，将商办公司成立日期据情具奏，以固基础。并将援照湘省随粮摊股、按租派股、照薪提股成案随折声明。惟是抽收租股一项，原议各处房屋无论自住、租人每年酌提一月租金入股。现在公司各董事意见以如此办理，恐民情不愿，公决将一月改为半月，日昨将更订派股简章呈请鄂督核明更正，已奉批允，咨送邮传部立案。至官钱局前经招之路股一百余万元，闻鄂督已允移交公司接收，合之商办公司。所招共有二百四十余万现股，故总理黎大钧决计即行购地动工，以为抵制部办之计。但现在四国借我修路之款已将另约签押，如进行迟滞，亦不足杜绝部办之口实也。（《申报》1911 年 5 月 10 日）

委查鄂路现有之股款（武昌）

鄂督近准邮传部、度支部电咨，请查明鄂境川粤汉铁路现有股本若干、材料若干，迅即电复查核。当以鄂境川粤汉路刻下尚未开工，所有招股办法前系官钱局经招，后经鄂省士绅组织商办公司，所收股款若干自应派委查明。爰札饬劝业道即日前赴汉口商办铁路公司及川粤汉铁路驻鄂分局，分别查明已收股款若干、已用若干、现存材料及股款银两各若干，务将各项总数先行查明禀复，以凭核电大部查照，一面再造清册三本赍送，咨部备案。（《申报》1911 年 5 月 26 日）

邮部裁并川粤汉路局（武昌）

湖北川汉、粤汉两铁路局合设在甲栈，自前督办大臣张文襄薨后，两局已归邮部接管。昨瑞制军①准邮部电开，顷据驻鄂粤汉铁路分局详请拨给铁路股款一千两，三佛车利四千两归局支用，希即转饬湖北官钱局查照办理。再者川粤路开工无期，已电饬两局总办并为一局，将闲散员司工生人等大加裁汰，以节靡费，合并奉闻云云。闻川路提调庄太守钟溥等业遵部饬销差矣。（《申报》1911 年 1 月 12 日）

---

① 即湖广总督瑞澂。

督办粤汉川汉铁路大臣端方等奏鄂境铁路收归国有并议接收办法折（节录）

……

查鄂路股款约分四项：一曰官招粤汉商股；一曰官招川汉商股；一曰官办川汉彩票股；一曰商招商股。内官招粤汉商股共收银四十七万二千五百九十七元，官招川汉商股共收银七万五千三百五十三元，先经奏明，统由湖北官钱局经理，均属真正商股，所收皆系实银。应即钦遵谕旨，凡仍愿附股者，一律发给国家铁路股票，给息分红；不愿附股者，发还现银……

此项川汉彩票与普通彩票截然不同，购票者如不得彩而作为股本，是以设彩甚轻而购票踊跃。名虽等于签捐，意实同于劝股。计发行三次，除折半给彩外，实得股款五十九万七千六百六十二元五角。当时极力劝派，正与湘省之房股租股办法略同，且早经官钱局按户还给股票，逐次付息，未便因路归国有，遽令向隅。拟恳一并按照商股办法，给与分利、分红股票，以昭信用。（《申报》1911年10月17日）

鄂省商场分段赶修（武昌）

省城外设立商场近已分为十三段，开阔码头，起造官房，以期振兴市面。由上台委张虎臣总戎为专办、葛子杰为总监工、冯少竹司马为提调，周嵩甫太守核估，刻期兴修。其一切需用款项在官钱局先行拨给，俟落成后再订章程招商酌收费用，至外间传为自开通商口岸之说，尚未有确实消息也。（《申报》1906年3月2日）

张中堂致湖北官钱局电（为官商合办四厂事）

湖北官钱局总办高观察鉴：前在鄂札行开办铁路、机器造纸、毡呢、针钉四厂，应需款项在官钱局陆续拨给各在案。查该四厂开办经费所需甚巨，从前面谕一面在官钱局拨款，一面招集商股作为官商合办，如此方合本旨。札行时漏未叙入，合亟补电，希即转告该四厂总办，将此电补入备案，届时拟定章程首须揭明此旨。该官钱局迅即与四厂总办会衔具禀督辕，请批定立案，是为至要。（《申报》1907年10月22日）

鄂督致湘抚岑中堂①函（为拨款炼锑事）

昨据湖南久通矿务公司经理杨绅度、王绅铭忠、梁绅焕奎等呈称：湘省每年所产锑砂为数甚伙，现因洋商把持，货滞不销，湘商为之大困。英、德、日各商又各谋在湘省及上海、汉口等处设厂提炼纯锑，湘省完全无缺之矿利恐难保存。非改生货为熟货，直接销售，别无挽救之策。议就益阳久通板溪锑矿公司创设纯锑炼厂，并托矿学士王宠佑、留学英美矿学专门梁焕彝百计在巴黎购得赫仑士米会社提炼纯锑新法专利权约，并购有锅炉机器，共费法币二十万佛郎克之谱，合华银五万两以外。近接王梁电称，约定签字之期届满，迟恐捷足。现在湘省招集新股，限期未届，事机甚迫，请息借官款五万两存在汉口外国银行以便汇法，随时付价，务于一年之内陆续清还等情。

查湘省锑矿成效卓著，若令受制于人，败坏可惜。且该公司系属借款，并非请附官股，一年之内陆续清还，为期尚不甚缓。湘鄂两省虽库储支绌，然此事关系颇重，不能不合力资助。拟由两省共借给官款银五万两，存于汉口银行，专为汇法购买炼锑新法专利权约及锅炉机器之需，不得挪移别用，利息从轻酌定，限于光绪三十四年（1908）一年之内本息全数缴清。已饬湖北官钱局遵照办理。除嘱该绅等亲自赴辕禀恳外，用特函告。尚祈尊处即为筹银二万五千两，汇由湖北官钱局并发给领。事关公益，想台端无不乐观厥成也。（《申报》1908 年 1 月 27 日）

针钉厂禀报开工（武昌）

汉阳设立针钉厂由鄂督陈小帅②奏请立案，原折已录前报。现由陈小帅在官钱局拨款五万金，饬令该厂总办黄观察厚成迅速开办，刻已雇就工匠于日昨动工建厂。（《申报》1908 年 9 月 22 日）

毡呢厂免税三年（武昌）（节录）

鄂督陈制军（陈夔龙）片奏：升任督臣张之洞于上年秋间定议设立毡呢厂，委员与造纸、针钉各厂同时开办。臣履任后改委湖北试用道严开第会同官钱局候补道高松如妥商、饬令。查照张之洞原议，该厂应需

---

① 此函为湖广总督赵尔巽致湖南巡抚岑春蓂。
② 即湖广总督陈夔龙。

款项一半由官拨给，在于息借商款项下动支，一半招集华股按照商律股分〈份〉有限公司条例办理。兹据禀称厂基业经勘定，与德商信义、礼和洋行订立合同，购定新式织造毡呢机器、电灯各项机件，均全官本，业经照拨。一半招收商股，陆续募集，尚称踊跃，尽十月内可以建厂兴工。（《申报》1908年11月22日）

湖北筹办博览会之规划（武昌）

鄂督陈小帅①拟在平湖门外乙栈筹办博览会，饬劝业道妥拟规章禀复核夺，已纪前报。兹悉劝业道邹元汴、善后局总办金峙生、官钱局总办高佑诸已会议数次。以湖北商务繁盛，物产丰饶，亟应提创赛会以资比较。但初次开办，一切设备多不完全，范围不能过大。拟先就武汉销行内外各国商品，并此外本省商务较繁口岸，如沙市、宜昌、樊城、老河口、武穴等处所销行品物一并附入，开一劝业奖进会，业经会拟简章十五条，并出品商人报名规则八条先行禀奉鄂督核准、批饬。劝业道移行各衙门、武汉等处商会，并移请江汉关道照会各国领事转谕洋商知照，一面由劝业道出示晓谕，商民人等一体知悉。（《申报》1909年3月26日）

武汉水电进行之一斑（湖北）（节录）

招商设立水电公司，电灯必虑亏耗，特咨复商部拟只招商专办全城自来水，其电灯即作为官家营业。查有造币厂内电灯机可装灯六七千盏，现由该厂发脉接线长街各处，无论公馆、店铺一律代装，并令官钱局专司经理其事。凡报装者以五盏起码收费，较汉口既济公司略轻，以开风气。刻下挂号愿装者已有一百余户，商店居其六，公馆住户居其四，不日即可装竣开灯云。（《申报》1910年12月28日）

毡呢厂近状之困难（湖北）

湖北毡呢厂系官商合办，额定资本六十万元，官商各半。现在开办一年有余，制成粗呢惟能行销于本省军警各界，以致成货颇多，资本不敷周转。现经该湖北毡呢厂总办严道开第禀恳鄂督谓，商股难以招足，

---

① 即湖广总督陈夔龙。

拟请饬下各署局厂将拨作该厂股本，或将官钱局从前承招之鄂境川粤汉路股移作该厂股本，以资维持……闻瑞制军①以该厂商股三十万元所收既未及半，自应设法招足以充资本，现在各署局厂同一困难，究竟有无不动积储之款可以提充厂股，即由该道会商劝业道妥筹商办。所请川粤汉路所招鄂境路线股款移作毡呢厂股一节，查路股款项系属铁路专款，他项万难移拨，今若一旦改移，诸多窒碍，未便照准。(《申报》1911年2月27日)

毡呢厂有借官款特权（武昌）

湖北各署局厂所从前偶一周转不灵，即向官钱局挪借，与该局营业前途大有危险。现经度支部咨行鄂督饬各署局，以后不得再向官钱局挪借，业经通行遵照在案。昨闻毡呢厂总办王道潜刚具禀督院谓，该厂系属营业性质，资本有限，全恃挪移、息借为周转，与他项局所之借款消费者不同。若与官钱局断绝往来，恐至周转不灵，致受巨亏。闻瑞制军②已准其与官钱局照旧办理，以资维持。(《申报》1911年5月8日)

（三）湖南官钱局

常德新开商埠杂志（湖南）（节录）

常德商埠经关道韩古农观察禀准抚宪，委员勘明在郡城外沙湾以下至皇经阁止，沿河一带辟作商场，定于五月十一日开关征收货税。现已出示晓谕，并招股实妥商，承充官银号，以便存放款项，汇解银两。(《申报》1906年6月7日)

湖南粤汉铁路总公司暂定简明章程（节录）③

第7条　股银由股东径交本总公司暨湖南官钱局及余太华盐号、义

---

① 即湖广总督瑞澂。
② 指湖广总督瑞澂。
③ 在1909年订立的《湖南粤汉铁路总公司招股简明章程》中，第五条规定："股银由股东径交本总公司暨湖南官钱局及余大华盐号、义丰祥钱号、裕源长钱号、朱乾益盐号、吉顺祥盐号、达顺钱号、百川通、新泰厚、日升昌各票号核收，均立给收条。其本省各府厅州县及各省繁盛埠头，距省辽远均由各地方官或托官钱局，或遴举殷实商号代收，其官息仍由各代收处核发，以省周折而取便利。"参见《申报》1909年12月13日。

丰祥钱号、裕源长钱号、朱乾益盐号、吉顺祥盐号五家核收，均立给收条。其本省各府厅州县及各省繁盛埠头均另派有妥处代收，容另列名登报。（《东方杂志》1907年第四卷第五期；参见《申报》1907年4月20日）

商部札湖南商务总会文（为存放路款准予立案事）

接据详称：湘省铁路现据各股东陆续缴款，自应妥为存储以备筑路之用，并应照章生息，庶无亏折之虞。用特禀恳抚部院饬湖南官钱局代收股款，由卑会与官局委员彼此商定收银起息办法，并订立合同以资保守。至招股简章所载本省吉顺祥等四家，均系殷实商号，并令分收股银，照章存放官钱局。所订合同办理其未立公司以前所需各项费用，悉由卑会协理、坐办、会董等筹垫，不动股本。理合将合同原稿照抄，详请察核批准立案等情。到部。

查阅该商会详文各节并合同折稿，自系为保持路款月息起见，既经禀恳湖南抚部院饬由官钱局并该省殷实商号代收、存放，应即照准立案可也。（《申报》1906年10月9日）

仲遥：所望于新任川督赵公①（川汉铁路问题）（节录）

（乙）保护恐公司势力薄弱，辅之以官力而利其行为，是为保护说，分子、丑。

（子）保息公司通病莫甚于无息可发，移母作子，以欺饰一时而败坏全局。故美国于民有铁路之幼稚时代，莫不汲汲设法与公司以保护之利益。湘鄂以官钱局作公司保息，即其例也。四川以灯捐一项供公司杂用，于义亦近。然界限未清，诸多混淆。且戒烟之令在所必行，此项旋归削减，是不可不另筹的款以保其后，庶商民信用益坚，公司基础益固。（《新民丛报》1906年第20号）

记事：湖南铁路公司报告长洙路工近状（节录）

湖南铁路总公司于张中堂（张之洞）未薨逝之前，有电上督办大臣暨各部院，电云：长洙〈株〉一段去年（1909）十一月初九日分电呈

---

① 指四川总督赵尔丰。

报，将长沙北门外首段路线及厂栈基地开筑。查首段地极低洼，层累而上，有高二丈外者，已填十四万三千七百余方……约已筑线念〈廿〉许里。顷来秋稼已登，洙〈株〉洲低处均已涸出。若不趁此赶办洙〈株〉工，明年春水生时，势难工作，开车必致更迟。已在长沙工次，分班前赴洙〈株〉洲，于七月十一日辰时开工兴筑……其长洙〈株〉一百余里路线悉已购入成交，约共价银十一万余两。现收股款一百余万元。扣至六月止，除购地及筑首段工程，约共动支银十三万余两外，余具分存官钱局及前项报明之各号点，丝毫未动。公司各项杂支经费，均不在股款内开支。总、协理及总议绅从未开支薪水、夫马。（《东方杂志》1909年第六卷第十期）

湘路公司之声明（长沙）

湖南铁路总公司近因外闻，人言啧啧，责以不遽兴工。爰由总理余尧衢参议拟就公启分发声明，略谓：本总公司定于三月二十七日掣换股票，先期预备齐全。届期各股东持收条来公司请换者至七八万元之多，本总公司皆立予核发三月底以前息银，并换发部颁关防股票。连日旧股东换票，新股东买票者纷纷不绝，商情极为踊跃。各报所载湘路又起风潮，毫无影响，实属传闻之误。

……

至本总公司总协理、总议绅历来均未开支薪水，不在公司使用一钱，并无分毫干薪规费。在公司承办收支文案、电报、股票十余人，月支津贴菲薄已极，且均在另款开支，一应薪工、伙食、房租、油烛纸笔、杂用月不过三四百金内外，毫无虚糜。亦均在另款开支，不动股款。赎路保息亦另有米捐、盐款略可相抵，亦不在股款动用。所有新旧股款一概分存官钱局及各大商号，至今丝毫未动。议定非购地、办料、开工，断不支用。并经查照浙江章程，在巨商中暂行先举名誉董事八人担任招股，每逢初二、十六两日齐集公司，同筹公益。因不知本总公司底蕴者，仍时有风说附此，一并表明云云。（《申报》1908年5月23日）

湘省铁路最近消息（长沙）

湘省铁路洙〈株〉昭直线问题自盛侍郎①允归湘路公司筑造，已经电达张中堂、陈尚书②请为复奏，约以八个月告成。自奏准之日起即行开工，故近日湘路公司甚形忙迫。覆勘路线，栽钉桩标以及接续购地，筹办木料、铁轨并各项机械在在需款。所收股银二百余万现已存储备用，不能移作他项。故目前应缴之赎路银两虽期限迫促，不得不另行设法暂为挪垫。闻日前已由该公司总理余参议商请藩司庄方伯及巡警道赖观察（缘观察兼充善后局坐办），由藩库、善后局暂行挪借，俟将来米捐、盐捐项下收有成数，即应随时归还。闻庄方伯与赖观察以事关湘路大局，而米、盐各捐又确有抵款，已允筹借四十万金，业由官钱局及达顺钱庄于日前拨解，作为赎路款项。并闻湘抚岑尧帅③以各处铁路所需机械及木材、铁轨等项均经部议，允准三年内一律免税，湘省开办路工事同一律，特援案奏准概予豁免。（《申报》1908年9月25日）

湘路公司定期发给股息（长沙）

湘路总公司日昨发出广告云，本总公司历年所④铁路之股款，定章每年于四月初一日起发给官息一次，业经发至宣统二年（1910）三月底止。兹届宣统三年（1911）发息之期，应自宣统二年四月初一日起，截至三年三月底止，照付周年不计闰六厘官息……

本省各府绅商暨各官钱局代招股分〈份〉。各股东因道远未能赴本公司取息者，请由各经手代招处及各厅州县、地方自治、劝学各所就近代发官息。其持息折、息单径来公司取息者，亦即核明照发，各听其便。（《申报》1911年4月21日）

关道禀商开埠事宜（湖南）

湘省常德府自开商埠，设立新关，所需商场地方迭经先后勘验，迄

---

① 即工部左侍郎兼铁路公司督办盛宣怀。
② 即张之洞与邮传部尚书陈璧。
③ 即湖南巡抚岑春蓂。
④ 原文如此，疑少"集"等字。

未定议。今年复经陈筱帅①便道诣勘，即与湘抚岑尧帅②往复商定，在皇经阁上下划明界限以便及早开办。关道周镜渔观察以兹事体大内，而商务、外口（？）、交涉一切敷布必得有所禀承，爰于十四日由常莅省，暂寓官钱局，即日面谒抚帅商禀一应事宜。（《申报》1908年6月24日）

（四）四川浚川源银行

整顿火柴（重庆）

重庆火柴厂共有六家，彼此争揽，无不亏折。近因无可支持，相与集议，禀请商务局公立一火柴公司，不复贱卖，以为利益均沾之计。一面并商浚川源官银行，如再滞销，不敷周转，准与通融接济，以维商业。（《申报》1906年10月24日）

邮传部奏查明川汉铁路款目酌筹办理折（节录）

奏为派员查明四川川汉铁路公司出入款目，并酌筹办理情形，恭折仰祈圣鉴事：

……收款以各州县报册并票根证之，支款以每月报册、督批准销印文证之。存款以成都、重庆各票商、当商、盐商存放息折证之，宜昌、上海距川路远，均以近月报册暨道员沈致坚、绅士施典章电文证之。自光绪三十年（1904）开办之日起，截至本年（1907）五月止，综计所支官股、票股、租股暨灯捐、土厘各项，除调任督臣锡良文调灯捐、土厘银六十余万两，抵作铜元分厂亏短外，实共收库平银七百五十七万五千七百八十九两有零。支款以各州县局用解费、扣息、奖赏并出洋留学、调查、铁道学堂等项为大宗，勘路经费并工兵月饷之修造购备各项又次之，局用又次之，计成都、重庆、宜昌三处一切共支七十四万三千四百五十六两有零。存款则成都、重庆、宜昌、上海四处实共存六百八十一万一千九百三十九两有零。至有无挪用一节，查调任督臣锡良创办伊始，奏定路股无论异时有何项急要，绝不提挪。惟三十一年（1905）

---

① 即新任湖广总督陈夔龙。
② 即湖南巡抚岑春蓂。

以后岁收票股、租股约在三百余万以上，年息四厘，筹保息之法，彼时开工无期，故将公司前后所收股银陆续存放各商号生息，省、渝、宜、沪所存款项以票庄为最巨。此外借拨及挪用如戒烟总局二十万两，制革公司四万六千一百三十余两，浚川源官银行股本二万两，湖北水泥厂股本二万两，商务局纸厂公司一万八千零八十余两，皆一律认息，与存放之款无异。惟重庆铜元局挪用款至二百余万两，系以公济公，意在获利，与别项朦混不同。（《申报》1907年12月6日）

（五）吉林永衡官银钱号

各省铁路汇志：吉林

吉林至长春之铁路计长二百四十里。原议由中国自办，曾于乙巳冬间设立公司，由官帖、银元两局垫发银六万两、京钱一百五十万千置备材料，并将路线勘定。嗣因中国赎回奉新铁路，日本得有此款，急欲置之。吉长遂议中日合办，闻已签押矣。（《东方杂志》1907年第四卷第十期）

永衡官银钱号拨款筹办电报局

安东局系宣统元年（1909）闰二月间开办，今已用话机六十副，由东边税捐总局筹拨。吉林、长春开办之款系由吉林劝业道禀准由官钱局拨银三万两，交电报局办理，现正在筹办，尚未通话。（《交通官报》1909年第4期）

官钱局拨款开办吉长电话[①]（节录）

吉长通话每次收洋一元，以五分钟为度，逾时照数递加。豫计进款安设电匣二百副，可收洋千元，每日通话十次，每月可收洋三百元，合计每月入款约洋一千三百元。按七钱合银约九百两之谱。现在官钱局息借银三万两，每月应付利息银二百十两，出入相抵尚可得毛利七百两之谱。

续议息借官钱局市银三万两，原折但声明每月应付利息，未提还本

---

① 另参考《禀准开办吉长电话（吉林）》，《申报》1909年2月9日。

年限，拟请除付利息、开支外，每年扣还本银五千两，以六年分次清偿，并俟借本清还后，再行妥议公积、花红成数。（《交通官报》1909年第4期）

请设农产公司

西南道颜观察世清具详公署略称：长春一埠出口货物以粮豆为大宗，近来日人在彼把持粮豆之行市，提高日币之价值。每当粮豆收获，日本三井、正金各银行因我农民需钱紧急之时，贱价购买，转售英美各商，是华民农产物品一岁之经营，而一举手间，悉为彼国所让。兹拟设法挽回，在商埠界内创立农产公司，由吉林官帖局借贷资本四百万吊，凡遇农民运粮到长，有抑价过低难以出售者，即由公司稍丰其值收买。一面招徕西洋各商令其来长，或直接与农民订购，或由公司代办，俾农民粮价即无抑勒之虞。而洋商交价概用现银，日后归还帖本，则官帖局纸币亦可化虚为实，帖价自高，日币无从操纵云云。

奉批：该道拟办农产公司收买粮豆，抵制洋商抑价，请由官帖局借钱四百万吊以为资本。查官帖局现已改设官银钱号，正在筹划收回官帖，骤借四百万吊未免周转为难，惟有随借随还办法，定一限制，借帖若干即还银若干。但使所借之数稍浮于所还之数，自无不可通融。农产公司既免银价低落之虞，官银钱号亦无官帖虚拨之虑，庶为两全之计。候饬官银钱号酌量借贷，一面将拟办情形详请奏咨立案可也。（《吉林官报》1909年10月24日）

（六）东三省官银号、奉天官银号、华盛官钱局

东三省官银号对东北实业发展的作用

其为公家担任义务者，如公园之成立，硝皮厂之兴办，商埠界内房屋之收买，图什业图王旗之接济，以银号为维持，得以不劳而集事，亦改章以后采用银行主义之效果也。（《东三省政略》卷七《财政》，《附东三省币政·纪官银号》）

又奏请准体恤当商片

增祺片：再上年兵燹之后，所有被灾商民拟确实查勘，分别蠲缓、

赈贷，业由奴才增祺会奏预筹善后事宜折内先行陈明在案。兹据知县李景祥禀，据省城当商丰隆当等四十七号呈称，上年猝遭变乱，土匪、溃兵乘机烧抢所有衣物，银钱被抢一空。前由将军衙门共领过生息制钱陆万六千串，银一万两，由府尹衙门共领过生息制钱一万六千三百九十三串，零小数钱六万五千吊。共借过华盛官钱局小数钱九十四万吊，以及该商等自出凭帖收典衣饰等项，实系无法措办，均请免其追偿。当经奴才等饬交善后局会同详查，尚系实情，惟所欠华盛官钱局借款，仍须分限归还、抵发、收回凭帖，其余所欠生息各款以及收典衣饰，原出凭帖等项均请奏恳免其追赔，以示体恤等情。禀覆前来。

奴才等覆查上年变乱之后，各商均已复业，惟各当商委因被抢一空，再责令赔还，诚属力有未逮。且兵燹之变非寻常被灾、被窃者。比其不能保全之处，情尚可原。除所欠官钱局各款仍令分限归偿，以便抵付凭帖外，合无仰恳天恩，俯准将该各当商领借过各衙门生息银钱以及收典衣饰，原出凭帖均免赔还，以示体恤。出自鸿慈，如蒙俞允，奴才等即刊刷告示，俾令周知。至生息各款向为各衙门办公之需，统计不过银六万余两，为数原非甚巨，将来拟由新收东流围荒价内照数酌提，另行发商息以资办公。所有省外各属当商情形统俟善后局会同各地方官确切查明，再行核办。理合附片陈请，伏乞圣鉴。谨奏。

奉朱批：著照所请分别办理，户部知道。钦此。（《申报》1902年3月31日）

东三省官银号、吉林永衡官帖局支持东北大豆出口贸易

又东三省总督锡良等奏：东省出产土货以粮豆为大宗，自日俄战后，各国洋行群集采购，尤以日本三井、正金各商为最巨。每值夏秋之交辄以贱值向农民预先订买，并取民地契作押。冬间粮食涨价不能交货，该洋商等或没收地契，或赴乡追索，纠葛纷纭，屡滋交涉。日久积重，各属田地势将悉归掌握。其用意实与英人设立东印度公司办法相似，贻害大局，实非浅鲜。臣等公商在长春设立农产公司，并会同东三省官银号及吉林官帖局筹集资本，由官付给农民，订明收货时交还粮豆，俾免受洋商预购之苦。至各国洋商来东三省购买粮食，即由公司及官银号间接订卖，藉广招徕，并与交涉实多裨益。仍劝导华商集合公

司，一俟成立，官府即行停办。(《清朝续文献通考》卷三百九十二，实业十五考十五)

禀复试行辽河轮船（奉天）

宋槐禀陈辽河行轮一事已纪前报，兹奉天商务总局禀覆赵次帅①云：查辽河下通营口，上达辽源，转运畅行。不独分铁道利权，抑且使商民省费。下游通利，上游水浅之处亦在二尺以外，尚堪行驶。惟同江口相近有石坎一道，又水浅之处不免淤沙，须购刷沙、铲石船只、器具时为修理，又开办之初建筑码头、船坞在在均需经费。原禀仅估购船之费约计不过三万两，深恐不敷应用。又原禀内称创办行轮其利有四，所论不为无见。至所称或由官办，或由商办，但为提倡，无不立成等语。查官办、商办究以何者为宜，及如何提倡之法，原禀亦未指明。奉省库储奇绌，风气未开，官办、商办均属为难。前据职商全琦等四人禀设保商小轮公司，已据情呈请在案，开办虽属无期，究未便另行招商集股。所虑商办招股，未能限以时日。而权利所在，不容稍缓须臾。应否准如该员禀请由官办理之处，请查核施行。旋奉次帅（东三省总督赵尔巽）批示云：查各种应兴实业，必使商民广集资本，合力兴办，乃足收振兴商务之实效，而诱掖、劝导之责任，则端在官府。前据职商全琦等呈请开办辽、浑、太子等三河航业，曾饬所有创集股本银二万两暂提存官银号，以昭核实。仰即令该职商等妥速筹款，克日兴办。宋槐所禀但言此事应办。股尚未集，自应先尽全琦承办。既云公司，宋槐有股亦可附也。(《申报》1906年4月27日)

东省铁路近状：安奉铁路

自去岁奉天交涉司委廖大令楚才办理安奉铁路巡警事宜，设总局一、分局四，办法甚善，原以保存我国警政主权。乃日人有意挑剔，屡起冲突。近日往往有我国铁路巡警入轨路工事之旁者，立即驱逐，稍与争执，鞭挞随之，故该巡警大有进退维谷之势。又闻安奉线工程正在开筑，劳佣之工人日见聚集，本溪县令王焕文特向官银号借款五万两，由

---

① 即东三省总督赵尔巽。

奉天购粮运至本溪平粜，以防粮贵病民，供给不敷之患。不料该邑因有日商群起反对，以铁道沿线卖买权为日本人专利，王令何得攘夺，起而抗议，要求罢辍。（《申报》1910年3月17日）

东三省近事（节录）

本溪县煤矿中日合办之议，去年始磋商就绪，组织局所当派总理一员承办局务，先由交涉司向官银号借银五千两为开办经费，原议将来股款筹齐即行归还。刻下该局经理以开办以来股分〈份〉尚未筹有眉目，而借款业已告罄。兹当天气日暖，矿师、丁人毕集，待款孔亟，恳请交涉司再向官银号借用银四千以资接济，共银九千两俟筹齐股本，一并归还。现闻交涉司已代转禀钦帅①，札饬官银号如数照拨。（《申报》1910年5月15日）

（七）陕西秦丰官银钱铺（局）

陕西西潼铁路章程（节录）

设银号

一、大工既兴，一切官捐、民股宜有经收、储存之地；采办、转运宜有拨兑、提动之所；局费、工用宜有支发、腾挪之区。是铁路银行之设诚不可缓。然陕省风气未开，商情未洽。既无如许勤妥之人以资分任，复无如许厚重之本以便恢张。拟先就各票庄内择两三家资本丰厚，足可持久者，与之订立议单，书写折具，作为西潼铁路兑收银款之所。责成该铺董于收银、兑款、拨息、查账各节妥派干事人，切实经理，确定赏罚，以昭激励。铺董如系一手经理者，应于路工完竣后优奖或重酬，均听该董自择，要以实在、妥靠、得力为主，不准丝毫徇情。一面仍咨鄂、蜀等省，查抄设立官银号章程，或电委员孙牧在鄂就近抄录，以便将来有所依据。

一、绅商民人等所入股银交票庄暂存者，须由票庄给票，俟银行设后再认给官息。外埠票庄亦宜如此办理。

---

① 即锡良。

二、本省会垣自宜择各号商兑收银款，此外如汉则地居枢纽，如沪则埠居要冲，如京、如津则亦有采运、招集之需，并须与各处选定号商各两三家，以便储存、拨兑，俾与本省兑收银号气脉贯通，藉资周转。

三、公款如盐价、土捐、义谷、差余、股款，如官商民社皆系就各府厅州县附近收银，既乏汇号可存，亦鲜妥商可靠，拨公款均俟收有成数。如在银行未设以先，仍解归该管总局汇齐，移解股款，则迳由各府厅州县寄交省垣银号①查验、兑收，以免弊混而归统一。（《东方杂志》1908年第四卷第一期）

（八）黑龙江广信公司、官银号

黑龙江将军程德全奏请设立鱼场公司（北京）

呼伦贝子〈尔〉城所属河泡产鱼极多，珠尔毕特暨巴彦察罕等泡出盐尤旺，该处旗丁惑于鬼神之说，向以捕鱼悬为厉禁，且重在游牧，于他项利益素不讲求。近以铁路畅行，自应及时经营。曾经前署将军达桂、现任黑龙江将军程军帅派员前往查勘属实，因署副都统苏那穆策麟上年创办一成货捐，颇知体要，因应得宜。故于赴任切嘱设法开办，勿再因循。兹程军帅已据复称，业已亲往各处周历，详查鱼、盐而外，尚有木植一宗切实经理，岁入不下巨万。拟设总分各局先行试办，并请由善后局借垫银一万两，自向广信公司息借市钱十万千以便开办而资周转等情。上月十八日奉朱批：该部知道。（《申报》1905年12月31日，另参考《申报》1906年3月21日）

东三省要政汇记（节录）

航业：黑抚周少帅（树模）见江省土地宽广，地质沃饶大然，物产极其丰盛。只以地僻山险，航业又未振兴，所出物产咸皆闭置于内，殊为可惜。现与官府某君议定，饬广信公司拨款五十万，再饬各商会招款五十万吊，购买新式飞水快轮，并修河（？）器，兴黑龙江航业公司。

---

① 即陕西秦丰官银钱铺（局）。

以兴实业而便四民。(《申报》1909 年 8 月 26 日)

东三省近事(节录)

哈尔滨渡江迤北至呼兰、绥化一带,开辟最先,人烟稠密,粮食出产实为江省之冠。大车装运豆粮南下,终年不断。然值春冬之交,雨雪载道,车马难行,各货常为阻滞,实于商业交通两有窒碍。上年江省曾经提议数次,兴修铁道,后因筹款维艰,未能决议。刻闻江抚周少帅已商准锡督①,拟由哈尔滨松花江北岸起线,直达绥化府城,共二百四十华里。先行建修后,再展修至海伦等处。所需工料、款项议由官盐总局并广信公司暂为筹垫,刻已札饬民政司会同咨议局妥议办法,一俟稍有头绪,即行部署开工。(《申报》1910 年 3 月 26 日)

甘河产煤改归商办(黑龙江)

甘河所产之煤连省销售,向由提学司派员转运。周少帅②以实业本属商务性质,如归商办,则销路自必畅旺。故日昨札饬由广信公司认真接办,以维实业。闻该公司昨已定雇船只于开江后即行转运云。(《申报》1910 年 4 月 25 日)

东省筹划交通之现状(奉天)

由哈尔滨渡江北至绥化、海伦计四百五十余里,去岁即经提议筑一轻便铁路以便输运粮石。迨去腊大雪梗阻,粮商亏折,益图赶办,藉便交通。兹闻已经勘估,每百里估需银百万两,约共需银五百万两之谱。内三百万业在江省筹有眉目,由广信公司及官银分号、交通银行三处分任,其不敷之二百万两则拟招集江省巨商股款,可敷速成。至外间谓呼兰、绥化、拜泉、海伦四属筑造轻便铁路,由广信公司红利提充等语,大约即系此事之误。(《申报》1910 年 5 月 18 日)

俄币果能抵制乎(黑龙江)

黑省民政司以库尔马河金厂僻处东北,密迩强邻,凡沟中应需货物

---

① 即黑龙江巡抚周树模与东三省总督锡良。
② 即黑龙江巡抚周树模。

无不购自俄境，外币乘虚侵入，几有非此不可之势。彼以一纸罗布（卢布）易我金砂而去，厚利日削，诚可叹惜！我若自有通行国币及信用纸币，何虞不可挽救？今我以国家完全之领土而通用外人之纸币，失利、损权实为各国所未有。日昨特呈请公署饬令广信公司多带银元及钞票，前赴该处发行国币，收买金砂。准该公司设立转运所，将货粮售之矿丁，以资接济而期抵制。已经少帅①批饬广信公司核议。（《申报》1910年5月27日）

广信公司对黑龙江粮食贸易的影响

广信公司自改组为纯官银行后②，贷款营业中止，骤然失掉生利之大道，于是遂转注全力于粮石之买卖。历年秋冬，于黑省内地及东铁沿线，市无大小，均设有采购粮豆栈关。一俟集中哈尔滨后再行转输大连出卖。当收粮时，所出之代价为官帖，迨出粮时，所出之代价为金钞。一转移间，一纸换现之戏法成功，计其利息平均至少在五分以上。较之曩日之贷款营业，绝不见绌。故粮石之买卖，实为今日广信公司最主要之营业云。（《东三省金融概论》）

广信公司、黑龙江官银号拨款开办黑龙江太平山煤矿一事

又奏③：江省附近东清铁路一带煤矿甚多，亟应及时开采。查有省西太平山煤矿一处，距东清铁路车站约十七里，经前署布特哈总管纯德等集资开办，设立隆平煤矿有限公司。嗣因商股迄未集有成数，饬司先行垫银二万元，广信公司、官银号各垫银一万元。俟办有成效，再行续拨。又胪滨府属察汉敖拉卡伦，原有煤矿一处，距东清铁路十八里，曾经商民集股开采，嗣以财力竭蹶中止。现由胪滨府请发官股提倡，以便招集商股，接续开办，定名曰察汉敖拉煤矿有限公司，饬司拨发银一万二千两，羌帖三万元，俾资应用。查以上两处煤矿，均在东清铁路附近，主权、利权，关系均极重要，无论库款如何支绌，自应兴办。均下部知之。（《宣统政纪》附录卷六十六）

---

① 即黑龙江巡抚周树模。
② 指的是1908年改组为黑龙江官银号。
③ 此折为黑龙江巡抚程德全所上。

东三省近事（节录）

呼伦贝尔道宋观察莅任后颇注重农林实业，现拟招募吉、奉两省农人二千名来伦开垦古尔纳河一带荒地。其办法系照商部新定农林专章推广，并拟由省中官银号借拨银十万两作为开办费，现已呈请少帅核夺。（《申报》1909年12月2日）

呼海路筹款之困难（节录）

至目下最要之者，首在筹款，来牍所议分官股、商股，齐昂铁路押款按亩付股，就事入股五端，就事入股之法，以路线所经地亩就令付股，征诸民情殊多不便。又以在事员工薪资按成入股，为数无几，徒于用人一面多所妨碍。江省地旷民稀，正以招徕抚恤为急，如照所议，大户尚不为难，小民受累已甚。况地方百费胥取于民，断不可更加担负，致涉苛扰。齐昂铁路业务尚未发达，养路乏资，广信公司、官银号皆为营业性质，自未便令以流通资本抵押呆物，致有赔累之虑。爰盘筹计，惟有官股、商股二层较为实在办法，即先修呼兰一段，未为不可云云……

又闻江省呼海铁路一议，系公署行政议事厅所发起。计自呼兰达绥化，由绥至海伦共长七百余里。其时有某议员议复，由本省官银号垫拨银三十万两作为官股，首先提倡，俟路成后指余利为归还。近闻此议又经议事厅议驳，略谓江省官银分号为提倡各项实业而设，所议未为不可。惟该号创办伊始，资本仅四十万两，今若提出三十万两，该号未免空虚，恐所出之银元、铜币风声所播，益易受挤，决难照办云。（《申报》1910年6月23日）

（九）山东官银号

直督陈夔龙鲁抚孙宝琦奏续请济南商埠经费归还商股本息折（节录）

奏为续请济南商埠经费归还商股本息，恭折会陈仰祈圣鉴事：

窃照山东济南城外暨潍县周亭村等处，于光绪三十年（1904）奏准自开商埠，预算济南一埠约需开办经费七八十万两，常年经费十万两。经前督抚臣三次陈请，先后接准部咨，提拨胶海关征存洋税共银三十九万一千五百两作为开办经费，嗣后请款只能由该关六成税银项下酌量提用，其常年年需应由本省自行筹措。等因。均经转饬遵照在案。维时升任抚臣周馥以东省风气初开，利源未辟，饬前农工商务局会同绅富招集商股为提倡实业之预备。光绪三十一、二年间陆续收银十五万二千两，常年六厘行息，由筹款局拨存官银号届时支付。济埠规画粗定，百废待兴，请将此项商股银两移缓就急，悉数拨归商埠局备用，详经升任抚臣杨士骧批准。自光绪三十三年（1907）起匀分十年归清，息亦随本递减，统计共库平银二十万零二千一百六十两。其第一、二、三期已还本息银七万零二百二十四两，四期以后应还银十三万一千九百三十六两，本年十月第四届偿款到期，应即早为筹备。东省款绌用繁，久在圣明洞鉴之中，当此统一财政实行清厘之际，界划分明，委无闲款可资挹注。（《申报》1910年7月10日）

各省财政汇志：山东

羊角沟商埠近颇发达，周村官银分号委员李君敬修因具农工商局，请于该处分设官银号，以便商民而通交易。即在周村分号酌拨司事数人，前往试办。并请增添资本、现银票各一万两，京钱票一万串俾资周转。当蒙该局批准，分饬寿光县、官台场一律出示保护。（《东方杂志》1908年第四卷第九期）

（十）江苏裕宁、裕苏官银钱局

江督调员办理商务（南京）

江督端午帅以南洋各埠现值振兴商务之际，亟须调员差遣。查有向在旧金山留学之张康仁考求商务夙有心得，遂饬调回听候委用。又因该员自经地震被灾后，必须筹济资斧方能成行，特饬官银钱局筹垫银若干两，电汇应用。（《申报》1907年6月9日）

裕宁官钱局支持参加国际赛会情况

比国黎业斯赛会会期，外务部特电催江督迅饬商务局购备赛品，以便汇运会场等因。当由商务局详准江督[①]饬拨官钱局赢余项下银一万两，

---

① 即两江总督端方。

交局采购精美物品，附寄至比。并奉手批：粗劣货物，万勿购办，亦毋庸特派专员移送，一节靡费云。（《东方杂志》1905年第二卷第七期）

息借海州开埠经费（镇江）

海州开埠需用经费曾由周玉帅①札饬筹款局筹拨二万五千金以资应用，嗣因该局款项支绌，一时难以照拨，而海州饥民众多，急需以工代赈。当由办理开埠事宜之窦守以珏禀请江督端午帅②另拨济用。现经午帅饬由该守向裕宁官钱局息借三万金以便迅速开办云。（《申报》1906年12月16日）

电四（北京，三月十五日亥刻）

南京碑亭巷至下关之电车铁道江督决意兴筑，已委定商务局王观察司工程，官钱局孙观察司筹款。（《申报》1907年4月28日）

清江大丰机器面粉有限公司续招股广告（节录）

本公司前招股本十万两于丙午五月开车，所出麦粉风行远近，其股息业于今春付讫。惟所出之货不敷销售，爰遵原定章程推广扩充，添购机器，将出售增至一倍，则获利更操左券。兹续招股本银十万两，仍系每股规元一百两，尽本年截止。有志附股者，请向各收股处取阅章程可也。

收股处：上海裕长庄、成德银行……南京裕宁官钱局、裕源祥庄……扬州裕宁官钱局、清江西坝各钱庄。（《申报》1907年8月26日）

江南商务总会移沪道文（为大生纱厂新股余利事）（节录）

奉督宪端札据上海县劝学所职董姚文枏禀：……惟查此项新旧官股，只有官息一项，每年额收规元银四万两为有定之款，其余利则无定数，须视厂务盈缩为转移。而常年代支各款除敝局原领经不敷局用，动支银一万余两外，尚有奉拨之实业学堂经费每年银四万余两，水师学生

---

① 即前任两江总督周馥。
② 即时任两江总督端方。

在英舰肄业学费每年银一万余两，又商业学校预科经费每年银一万五千两，均系额支项下必不可少之款，加之刘前道因公借用司局各库共银八万余两。现在商业学校筹备本科，添建房屋，购办书籍、仪器等项约需银一万余两，均经先后禀准由官机息款项下分别解还、支用，统计本年非十七、八万两不可。而所收官息余利，内除扣还该厂垫付修机银二万余两，仅解到规元银十三万余两，折合库平银十二万余两。前经敝局预计，除留敝局支款暨各项学费银九万余两外，仅解还财政局银二万两，官银钱局银四千六百两，江藩司银五千两，其余六万余两均属无款拨解，历经禀明督宪并分移查照在案。（《申报》1907年10月21日）

宁垣火车不送免票（南京）

宁垣铁路已由下关通至督署后太平桥西，卖票以来行旅称便。是处所造之巨桥须月杪完工，大约九月初间可达中正街。昨日督帅发出告示，略谓：宁省建筑铁路原为利便商民，此项造路资本全由官银钱局借拨应用，为数颇巨。惟望该路日见发达，获有盈余，为次第拨还之计。是以前经谕饬总管理处王道，无论何处衙门、局所、学堂、军队，亦无论人数多少，一概照章纳付车资，不送免票。现值开车伊始，为此示仰军民诸色人等一体知悉。尔等须知官款造路，成本攸关，务各照章买票。如不买票，率行上车，应照章定倍罚。倘敢逞蛮恃众，无理取闹，即行扣留惩办。（《申报》1908年9月17日）

江督复上海商会电（为派委劝业会职员事）

商务总会诸公鉴：号电悉，劝业会已添请张殿撰为审查长，派委宁藩司、学司、金陵关道为副会长，商务局王道燮、官钱局孙道廷林、温道秉忠、杨守钟义、财政局许守星璧、本署文案沈守铭昌为参议，宁省坐办拟即派陈道琪。此外董事数人当饬江宁商会选举，督院议。（《申报》1909年2月15日）

南洋印刷官厂试办官用民用品物章程（节录）

一、钞票。查钞票一种为国家币政所关，无论东西各国莫不由官厂制造。南洋各省通行钞票自应统由南洋官厂制造，以杜流弊而挽利权。除经另订印刷钞票专章详定在案外，应请宪台札饬裕宁、裕苏两官银号,及咨行安徽、江西抚宪转饬该省官号,嗣后所有钞票须由职厂制造,以昭郑重而绝弊端。如有私自制造者,概作私票论,不准通行。其湖北、湖南、浙江、河南及内地各行省如有未设官厂者,应由职厂将本省钞票印成样式,详请宪台咨行各省督抚宪。如有欲向职厂定制者,职厂当一律制造精良,不分畛域。(《申报》1909年4月3日)

兴业建筑有限公司简章(节录)

一、缘起:本公司因江南公园及南洋劝业会均将次第成立,特此集合同志发起、组织此项公司,先划会场左近冲要区处倾购地亩,建筑房屋以便招商承租营业,故定名曰兴业建筑有限公司。

……

本公司经收股分处:公园办事处、宝善源钱号、厚生裕钱号、裕宁官钱局。(《申报》1909年5月29日)

宁垣拒款会第三次大会(节录)

宁垣自前月两次开会后,即派人亲赴苏浙铁路公司磋商收股办法。现又得马湘〈相〉伯先生来书苦口婆心,因于初四日假浙江会馆开第三次大会。先发知单布告秩序……是日午后二时开会,到者约二百人。当由主席王君报告理由,次崇君质堂、赵君正平、牛君霈生相继演说(牛君于前认五十股外并再担任招集二百股)。又次王君宣布劝股、收股办法,并宣告募界劳玉初、沈冕士两先生代集一万股,已于初一日筹款一万元,由裕宁官银号汇交上海路公司。末由发起人张君怡然言诸君所认之股,总以速交为妙,且近有验款之说,更不可不早缴。请诸君赶速先交第一期,若能全交者尤善。此次计认一千七百一十股,五时闭会。(《申报》1907年12月14日)

宁省铁路报销四十九万之巨款(南京)(节录)

嗣由下关展筑江口一站,于光绪三十三年(1907)十月开工,至三十四年(1908)十二月一律工竣。全路计长英里八迈半有奇,约合二十五华里之谱。共成总管理处洋房一所、车站洋房六处、汽车修理房一座、水塔、煤台各一座、员司住房之处以及月台、站栅、过道、分道、警牌、警屋、马路并自设电报、电话,大较仿照沪宁铁路办理,由裕宁官银钱局等处筹拨。共享库平银四十八万三千九百二十四十八万三千九百二十余两，谨照部章实用实销。(《申报》1911年4月4日)

（十一）河南豫泉官银钱局

豫南矿务华宝公司招股章程（节录）

一、河南省矿产向以富饶名，如嵩县之金锣山之银，济源之铜，信阳之铁，新安、禹州、安阳等之煤不胜枚举。今拟创设矿务公司，仿四川华益公司之意，名曰华宝公司，请即附属于奏定豫南公司，以为分支，俟招股就绪，将豫南公司应办之矿勘定处所，指明开采，得有成效，逐渐推广禀办。

一、本公司拟筹资本约须库平银五十万两，以五十两为一股，共一万股。股本募齐，当延聘专家，矿学之师，遍历查勘，赶紧开办。

……

一、缴银取息在省，拟请官银号①；外省拟请通商银行或官银号经手收付。所有收照、股票息折等事，均由该行号按照银数，填给股银，暂存该行号，俟公司开办时，再行会议定夺届付息银之期。先由公司将应付息款汇划至该行号，以备股东持折往取。(《东方杂志》1905年第二卷第九期)

官钱局代招汴路路股（汉口）

河南驻汉官钱局现接汴路公司分送股单，并请代招路股。闻其办法拟共集款一千五百万元，以五元为一股，先交之三百万元为优先股，其余一千二百万元为普通股，每年以七厘起息。现旅汉汴籍官商赴该局认股者颇为踊跃。(《申报》1908年5月11日)

（十二）浙江官钱局

孤山梅汛

锡箔一业为杭省大宗生意，造箔者将叶子，纸花发付女工磨砑，以

---

① 即豫泉官银钱局。

一千八百张为一甲。如有余纸，由磨纸者零售以作工资。每甲另由箔铺发给大钱十二文，例于十二月间分给，须净白大钱，不得掺以砂壳、鹅眼，名曰印儿钱。现将岁暮，各箔铺急需大钱，以为发给工资之用，以致市上兑价日减。每元仅得九百零五分。省中官宪深悯民间疾苦，特饬官钱局定价每元以九百五十文为率，虽至下午，亦可兼换。故近日市上洋价亦逐渐加增矣。(《申报》1897 年 1 月 14 日)

浙路公司报告（节录）

(青州江浙同乡) 认定浙股七百余股，公推李措臣君经理，东益官银号为总汇。(《申报》1908 年 1 月 2 日)

（十三）广东官银钱局

奏准商办苏省铁路有限公司今将愿代本公司招股诸君姓字住址牌号开列于左（节录）

广东：○文明书局廉惠清○善后局冯晓卿○官钱局朱框亭○濠畔街源丰润、义善源两票号○商务印书馆（《申报》1906 年 7 月 16 日）

督院张批职商郭凤怡禀灰砂制砖股本难筹请予准借官款开办缘由文（附件一①）

砂砖一项，销场最广。中国各商经营斯业，率用旧法，价昂质窳，未能与洋砖角胜争奇。该职商有鉴于此，特购用英商发明灰砂制砖新法，集股兴办，禀部核准专利，系为挽回外溢权利起见，殊堪嘉尚。案准农工商部咨行保护，业经转饬遵照在案。据禀各股东认定股银因乱后商情震动，多半议退，新股又急切难招，拟向官银钱局借银五万元，周息八厘，藉资展布，将来即以房屋、机器作抵，其还款则分三年缴清。为维持实业计，自不能不俯如所请。惟所议借款、还款办法是否尽协，有无应行磋商之处，应由该职商自行向局禀商办理，仍候行知广东官银钱局及劝业道查照可也。此批。七月二十日发。（《两广官报》1911 年 9 月 24 日）

---

① 附件为该郭凤怡禀文，此略。

（十四）贵州官钱局

黔抚①奏办农工商局折（节录）

奏为恭报贵州开办全省农工商总局以兴实业而裕民生，恭折仰祈圣鉴事：

窃黔处万山之中，农务废弛，工业苦窳，商情涣散，由来旧矣。近年出款日增，协饷日绌，若不辨土，宜尽人力，保利权，非特将来生存竞争不敌腹地行省，即目前财政困敝已不能支。臣到任后体察岩疆情形，饬令各属讲求树艺，先就原有土货制造及矿产衰旺切实调查，又取前订商会章程悉心改正，以为农工商三项张本。然非设一总汇之区以为枢纽，不足以资综核而利推行，因就省城粮储道署内旧有萧相祠房屋略加修葺，刊刻关防一颗，文曰贵州农工商总局之关防，札派署理粮储道、准补贵东道严隽熙，曾同布政司、提学司、按察司设局试办。兹据该司道等详称拟就黔中相宜之实业、固有之利源，择其费省、效速者，农讲水利，工办锑砂，商设官钱局及各实业公司，尤先举原办之种植、蚕桑工艺各项。考查何者宜改良，何者宜发达，逐渐推广，庶几稍有把握，不至浪掷巨资……

朱批：该部议奏。钦此。（《申报》1907年10月6日）

（十五）安徽裕皖官钱局

电商津浦路券皖款交付法（安庆）

直鲁苏三省认购津浦铁路债券迭记前报，兹又得江督为此事致皖抚②，电文照录于左：

安庆冯抚台：辰沁电悉。津浦债票宥电本系请尊处认十万，谅因电码拍错，致误十为八，仍请照十万筹集。今明两日为应交第一二两期镑款之期，已由敝处汇沪妥交皖款，请即速筹汇交上海裕皖官钱局，以便汇付，第三四期镑款俟四期付清再行结算。此项债票虽由国家认购，仍

---

① 即贵州巡抚庞鸿书。
② 江督即两江总督端方，皖抚即安徽巡抚冯煦。

可陆续转售商民，东省现认百万两，拟随时出售，苏皖自可仿办。方。勘印。(《申报》1908年4月5日)

(十六) 江西官银钱号

洪都客述 (节录)

江西官银号拟招集商股开设种蔗制糖公司，倡首者系南昌府江切吾太守。(《申报》1903年3月12日)

赣抚柯大中丞奏请振工艺以保利权折

护理江西巡抚、布政使臣柯逢时跪奏，为开办景德镇磁器公司，派员经理以振工艺而保利权事：

窃江西浮梁县之景德镇制造磁器已历数朝，曩年售价约值五百万金，近乃愈趋愈下，岁不及半。论者以为制法不精，税厘太重之故，臣初亦信以为然。自来豫章悉心考察，乃知此项制作实胜列邦。其选料也则合数处之土以成坯，故其质坚而其声清越。其上彩也则取各省之物而配色，故其光泽而其彩鲜明。又复讲求火候，考验天时，备极精微，遂成绝艺。其创始者实深通化学之理，至今分门授受，各不相师，非若他技之浅而易明也。始由朝鲜学制，渐达于东西各洋，视为环宝，经营、仿造乃克有成，较之华磁终有未逮。往者该镇工匠曾赴东瀛，见其诣力未深，爽然若失，外洋各国亦自以为弗如也。至于征榷，则税重而厘轻。江西磁厘不及原价十分之一，而洋关纳税则权其轻重，别其精粗，辨其花色，几逾十倍。故商人办运皆取道内地，绕越海关，独与他货异辙。然中国之销数日绌，而外洋之浸灌日多。揆厥所由，实缘窑厂资本未充，不能与之相竞。盖该镇自军兴以后，元气未复。又一烬于火。磁商或挟外人之势，冀免税厘。历经臣随时拒绝，倘再不图变计，将并此区区利权不能自保。矧该镇聚工匠数十万人，性情犷悍，或致别滋事端，隐忧尤大。今既设立公司，精求新制，以后当可大开风气，广浚利源。与其振兴他项工艺，收效难期，不若因其固有者而扩充之，为事半而功倍也。该镇银根紧迫，百物腾贵，此次并分设官银钱号以利转输。

此外通商惠工之政自应随时察看情①，以资补助。是否有当，除咨外务部、督办政务处、户部外，合将江西创设磁器公司缘由，会同南洋通商大臣、两江总督臣魏光焘恭折具陈，伏乞皇太后、皇上圣鉴、训示。谨奏。

奉朱批：外务部、户部知道。钦此。（《申报》1903年7月7日）

南浔铁路解到巨款（江西）

赣省铁路照章先办南浔一段已纪本报。兹有股款二十万两由饶州解到省城，正值银根奇窘之时，各典铺争向铁路总局运动，欲承领生息。督办李芛垣方伯不便为左右袒，因议存放官银号以便随时支用。（《申报》1905年5月28日）

火柴公司复开（九江）

荣昌火柴公司原由川商黄龙章、鄂商甘受益等合股开办，历有年所，营销亦盛。近因用人不力，亏折甚巨，乃于去岁停歇。现在赣商邓和庵与浔官银号顾葆舲以该公司创办已久，弃之可惜，爰筹资本接开，定于本月初四日开张。（《申报》1906年5月29日）

节录江西商务略说（南昌）

总办江西农工商矿局傅春官观察上年调查江西商务，撰有说略，大致谓：江西风俗素称勤朴，故有三善，一、营业坚忍；二、智识灵敏；三、熟练商业。然有四种种短处，一、无远及之概；二、无宏大之志；三、不顾公益；四、偏于鄙吝。其论商务颓败之原因，则谓：一、因厘税之困；二、因息银之重；三、因市面银根日紧，钱商资本不厚；四、因公估未立，银色高低不一；五、因商人道德不修，智识未开。当拟改良办法六条，一、广商会以兴市政；二、设商报以浚民智；三、兴林业以辟地利；四、集巨股以开各矿；五、建工厂以宏制造；六、改良官银钱号以维商务。其说颇有可采。（《申报》1907年2月27日）

---

① 原文如此，疑有漏字。

赣抚①接济磁业公司之原因（南昌）

江西景德镇磁业公司开办有年，规模宏大。现因股本重大，转运不灵，以致经济困难，由管理股东面商鄂督瑞制军（瑞澂），电请冯星岩中丞及劝业道傅观察设法拨款接济，以维实业而垂久远。冯抚当即谕饬官银钱总号总办张观察筹拨银二万两，以一万两为入官股之项，以一万两为放息之款。现已经藩司会同劝业道，官银号详奉院准，汇交该公司收用。（《申报》1910年4月17日）

湖口民食恐慌之呼吁（江西）

赣省米谷本属丰富，近因皖鄂采办赈米，市价飞涨，小民不堪。现湘抚（杨文鼎）又札派江西官银号总办张观察元懋（系湖南绅士）在江采办赈米，冯中丞②以民间缺食，乱事堪虞，谕令专在湖口采办，不准分购各埠等情。而湖口人士亦因搬运过多，民情慌恐，邮禀藩司。当经刘雨山方伯电饬查办，略云：九江濮太守鉴，顷据湖口廪生杨赓笙等联名邮禀，因彭泽米无接济，荒情颇重，查浔郡购米平粜，院准多办五千石，彭泽亦准月购四千石，能否分拨湖口平粜，希酌量办理。并饬湖口县查明荒情确否，速复。藩印。（《申报》1910年5月7日）

赣省官矿开办之成绩（节录）

至余干煤矿所领八百余两，除沈前藩所聘石登辉以西法开，并一切工料及撤退照约应付半年薪资，共计耗用一万七千两。其以土法开采，实只用银六万三千五百两。盖洋师辞退，后并未另延矿师，经傅道责成驻山委员贺令锡蕃一人经理，诸从节省，遂得收效从容。去秋以出煤日旺，而两省原有之股本适已告罄，当经傅道禀准冯抚③，另招本国商股五万两暂资接济，嗣以长江流域银根陡紧，一时招股为难。当由傅道在官银钱号暂时息借、应用。昨据余局报告出煤日已达七千吨，其屯山之煤尚存三千吨有零。（《申报》1911年2月22日）

---

① 即冯汝骙。
② 即江西巡抚冯汝骙。
③ 即冯汝骙。

三 官银钱号与普通民众的生产、生活方式

（一）社会舆论看法、清廷政策影响

中国自设银行主张①

中国创开银行以后将与洋行通往来乎，抑不通往来乎？如通往来，必须金可通，银可通，票亦可通方无窒碍，否则买镑、卖镑以致受亏，亦与国债相等。如不通往来，其局面仅一汇票庄、官钱局耳。况国家万一忽有急需，岂能自坚其说？则千日积之，一朝散之，反聚敛中国之现银以输之外国矣！（《集成报》1898年3月26日）

商部奏《破产律》第四十条请暂缓实行片

再臣部接据上海南北市钱业元大亨等合词禀称：钱业定章，遇有往来商号因亏倒闭，所欠洋款、庄款须俟结清后，于欠户还款内按照成数，华洋各商一律公摊，历经禀办有案。今各省分沪银行、官银号既许各商号脱手往来，与庄等同兹利益，自应与庄等同其责任。设遇到倒闭亏欠，亦惟查照定章，于欠户还款内，按成均摊，乞咨请财政处立案等情。核与臣部会同修订法律大臣奏定《破产律》第四十条，"帑项、公款，经手商家倒闭，除归偿成数，仍同各债主一律办理外，地方官应查明情节。如果事属有心，应照倒骗律，严加治罪等语。"尚属相符。当经据情咨商财政处去后，旋准复称：查各国银钱行业，皆受成于户部，或且以资本之半存之中央金库。而所用簿籍、钞票等均由公家领取，户部并有随时检查之权。查察极为严密，不患有欺饰、隐匿之弊。是以偶遇亏倒，破产之法可以实行。今中国各项贸易皆任便开设，公家并未加以监察。若遇有倒闭，准其一律折扣，恐存款之受亏必甚。现在户部银行存放多系部款，关系极重。各省银行、官银号多系公款，均应暂照旧章办理。所有该商禀请立案之处，碍难照准等因。臣等查《破产律》第四十条，商家倒闭，帑项、公款归偿成数，同各债主一律。本系查照

---

① 题目为编者加。

各国通例办理，俾昭平允。兹准财政处复称前因，自应将此条暂缓实行。除由部通行各省转饬遵照外，理合附片奏闻。谨奏。

奉旨：知道了，钦此。(《东方杂志》1906年第三卷第八期)

(二) 浙江官钱局、海关官银号

永嘉新语 (节录)

温郡银根紧迫，生意艰难，已有江河日下之势。去冬朔门一隅，如廖震顺油行、蒋正兴南货、新广丰鱼行同时倒闭，不下七八家。迩年来所推为长袖善舞，多财善贾者惟祥记官银号耳。(《申报》1895年2月2日)

纪浙省官场事

省城自设官钱局后，洋价渐起。近日又当新丝上市之时，需洋较多。数日间，洋价涨至九百九十文云。(《申报》1896年6月16日)

温郡琐记

铁井栏祥记官银号多财善贾，瓯郡推为巨擘。前月廿四日有口操楚音者十余人，衣裳楚楚，状类营勇，各携碎银十数两向号兑洋，该店伙不察其伪，给洋兑收。顷之又来三五人换银，数亦相若，询其来历，则以为撤回恩饷也。至再、至三计，兑入已三百余两。嗣即熔化，则银色低劣约二三成，赶觅原兑之人，早已鸿飞冥冥，杳不知其所之。合号之人惟皆呼晦气而已。(《申报》1896年7月3日)

吴山风雪

杭省今冬银根甚紧，钱庄拆息颇重三日掉期，每百元需洋三角五分。十一月已调七期，按月庄息统扯已在二分五厘左右，借本营生者颇为支绌。现在各货腾贵，米价每石又增二角，菜油每担十二千文。刻下官钱局兑价比照市面略增，每人只准易洋一元，以杜钱侩取巧之弊。钱价现拟五日一定，不随市面为转移。并因搭换银元，民人持至钱店，贴水较重。年关伊迩，是以十二月初一日起，至封印日止，局中概换制钱，不搭银元。如有欲换银元者，亦听其便。故近日市上洋价不致过于

短小也。(《申报》1897年1月9日)

吴山立马

　　杭州访事人云：杭州仁、钱二县开收冬漕定于本月初五日满廒。如有未经完纳者，概行折色，由里皂等赴仓将粮串领，出向各户征收，按期呈缴。其折价按照市值，高洁白米一石加耗二斗五升，不准以外浮收。所收钱文均须通足制钱，洋价照官钱局定价，不得短抑。两邑尊已悬牌晓谕，即于初六日设柜征收。(《申报》1897年1月13日)

酌减粮价

　　浙省地丁钱粮向多浮收之弊，胥吏任意需索，小户尤不胜其苦。兵燹后，左文襄公(左宗棠)开府之江，议定章程，通饬立案，每征银一两连平余经费等在内，折收制钱二千一百九十五文，此外不准有分毫需索，民皆颂之。近年来银价日跌，恽方伯(浙江巡抚恽祖翼)深悯民间疾苦，详请核减。现奉抚宪批示，每两减收钱一百十文，核计征银一两零八十五文，洋价则照官钱局定价，不准短抑。惟仁和县属之患区，向来每两作钱二千零三十文，今则仍照旧章，不能再减。方伯奉到批示后，即出示谕，张贴通衢。仁和县萧蕴齐明府亦遵谕发出简明告示：自本年秋征起，民户概行减征，每两折钱二千零八十五文，患区每两二千零三十文。张贴各处乡镇，俾众咸知，而免胥吏浮收之弊。居民人等咸感上宪之体恤民情，无微不至云。(《申报》1897年10月10日)

裕通官银号赔款之争执（杭州）

　　温州裕通官银号倒闭后亏，欠道府县及各局卡款目甚巨，曾由道府电禀省台请示。现号东丁君业已来省具禀抚辕，愿将家产备抵被欠各户。闻有家产可抵，运动省台，均欲争先收还欠款。而温处道观察以该银号欠税款至十八万余，为数尤巨，欲将关款先行赔还，再归其余各款，以致府县与各局卡决意将丁姓家产自行封闭，抵偿伊款。此事若非信中丞独力主持，秉公核办，则温州官场必致大起争执矣。(《申报》1907年10月2日)

（三）湖北官钱局、海关官银号

汉江邮简

汉口自五月望后，钱价日低，银价日高。因各路来钱甚多，而丝务不旺，需钱无几。而督宪又将催到之粤钱，俾由官钱局发兑，各钱肆领用。计本洋一元上月换钱一千百六十者，今则高至一千二百廿文。鹰洋一元上月换钱八百六十文，今则增至九百廿文。据该业人云，俟至月底、月初间，钱价可冀跌至七钱一二分也。（《申报》1896年7月9日）

详述沙市民变确情（节录）

沙市采访友人云，闰三月十九夜沙市洋码头被湘人付之一炬，方火起时各水龙驰至高家巷口，忽有服短后衣者数十人拦阻去路，各水龙夫不知究竟，只得卷旗息鼓而回。计自戌刻至子，招商局房屋、趸船，税关邮政局，日本领事署日本陈列所，新修税务司署，监督关署，怡和洋行并民房二椽次第化为砾。至英领事坐船或云火起时已开赴下流，或云亦被延烧。正兴官银号虽未焚毁，然银钱山积，早已不翼而飞。（《申报》1898年5月18日）

汉口夕阳

上月二十七日傍晚，突有妙手空空儿，混入官钱局内狙伏暗陬，待至三更方欲试其肱箧手段，适为更夫所见，狂呼有贼。局中人闻声俱起，立即拿获，翌晨解往县署讯惩。（《申报》1898年6月24日）

鹤楼春眺

官钱局所出钱票，各埠通行，闾阎颇为称便。近忽有匪徒伪造假票，以致受累者甚多。闾阎中人恐被牵连，皆相戒不敢收用。维持圜法之责者，不可不急加整顿也。（《申报》1899年4月16日）

汉水明珠

官钱局向来行用钱票，可以完纳钱粮、地税、厘金、盐税等项，遐迩风行，万民称便。讵近有不法棍徒散布流言，人怀疑惧，以致近数日内，民间持票诣局兑换制钱者大有人山人海、拥挤不开之势。幸有抚民厅①同知陈少石司马弹压得力，不致酿成事端。司马因复高揭示，言明白晓谕，市面始靖，浮言亦遂衰息矣。（《申报》1900年7月14日）

严拿票匪

汉口访事友人云：前者湖北大宪以制钱缺乏，札饬官钱局创印台票以济圜法之穷，旋有不法匪徒私刊伪票入市混用，贻害商民，当经设法先后拿获、惩办，以为此风或可稍戢矣。不意近日黄陂一带又有若辈踪迹，所出伪票与官票仿佛。事经大宪访闻，密饬干捕前往查拿，务获究办，是亦为民除害之道也。（《申报》1900年12月10日）

彝陵琐志（节录）

宜昌访事人云：和兴玉官银号封闭后，各债主查得号中经理人王久庵亏空甚巨，报官缉拿。时王方在申江，闻信即逃往香港，折而赴日本。至号中所欠，已将号主房产、衣饰抄没入官，作价拟抵，闻共亏银五十余万两，恐尚不敷也。（《申报》1901年12月10日）

荆沙巷语

日前某商得官钱局票数纸，完纳厘金，司事不收，以致互相斗殴，旋为局宪闻知，一并送交粮捕通判署。沈采臣别驾以某商滋闹厘局，司事故意为难，均属非是，各予笞责，以示薄惩。（《申报》1902年1月30日）

湖北：纪汉口官钱局被窃事

汉口集家嘴河街官钱局系总办高松如延聘阮君运卿经理一切。事务至接手以来任劳任怨，竭力整顿，井井有条，局务大有起色，获利为各属之冠。然该局乃钱银总汇之处所，素为宵小所觊觎。阮君防范甚严，无隙可乘。不料某夜三更时突有贝戎君胆敢从隔邻挖洞而入，暗施毒药，全局人等昏沉不醒。遂窃去官票约值二万余元，翌晨总办札文厅署冯少竹司马，知缉捕不力所致，责无旁贷，赶急委员督同缉勇莅局查勘

---

① "清光绪二十五年（1899）八月，阳夏分治，因夏口地当冲繁，华洋交通，经张文襄题奏，改夏口同知为抚民厅，即以同知署为厅。"（参见《夏口县志·职官志》）

实情，一面通缉首犯，以重官款云。(《大公报（天津）》1904年10月28日)

作伪破案（武昌）

交代局总办邓太守鹤鸣访闻孝感县地方有人造湖北藩台伪印，当派人查实。即一面禀明李方伯，一面在督左王仙舟游戎处备缉捕线勇陈才发、王顺等往拿，已将造伪印之杨银匠、胡嘉网、况新伢等拿获，并搜出湖北布政使司伪印一颗，善后局伪关防、官钱局伪图章各一颗，银铜木官钱票版四块，均一并解赴藩辕。方伯验明后即发交江夏县审讯，该犯供认不讳，想须按律定罪。(《申报》1905年4月7日)

鄂城议设电灯自来水（汉口）

汉镇兴办电灯、自来水早志前报，兹闻督宪张宫保拟在鄂省城内亦一律兴办，以便居民。其款则由官钱局如数拨用，且闻事在必行，决不中止。(《申报》1905年5月27日)

鄂督力驳楚报（武昌）

楚报出版即指摘鄂中官场疵病，而于学界、政界为尤甚。前日纪官钱局兑换银币折阅一事，当由某观察持呈张督。张乃逐句驳之。交官报馆刊印传单，遍送居民。其结句谓该报乃专造谣言之报，万不可信云云。(《申报》1905年6月15日)

放振〈赈〉员刘君慎之由长沙来第二函

沪上寿振〈赈〉诸公鉴：十七日汉发一号信定先送览义、丰元之五万两，定荷照交请寄麦粉之电，想亦照送青察。是日过船十九日午后到长，当即晋谒抚帅，慰劳备至。随令属员接待，暂驻洋务局，与协赈当道绅董会商放法。议定慎等分放衡、湘两处，衡山十一人，湘潭十人。又在本地邀添二人准于明天前往，灾区情形俟到察看后信详报。汉口汇用之款与官钱局沈总办士登商定，足纹正价一千六百十六，今作一千六百六十六，每两抬五十文，计钱八万三千三百文。前汇规银应找平色二千七百五两七钱二分，出有凭信一封。至请交与上海、湖南号，以符足纹银之数。到长探听灾情，据闻极重。虽有各处来赈，终嫌不足。昨今两昼夜又倾盆大雨，江水陡涨数尺。湘潭离长沙九十里，衡山离长四百里，此两处查放非一月不可。(《申报》1906年6月22日)

鄂省水灾情形续闻（湖北）（节录）

湖北阴雨匝月，城垣崩塌，已志前报。现悉该城之上即黄鹤楼旧址，旁有茶楼座及照相馆，是日均崩塌。覆压城下之济贫所，以致压毙所中孤老贫民十余人，业经江夏县勘验棺殓掩埋。城塌之处因大雨难修，已派城守营兵日夜驻守，武汉三埠街道多被积水淹断……陈小帅①以现在米谷来源日少，价值飞涨，亟应由官购米平粜以抑市价，业饬藩司、盐道、江汉关道、筹振〈赈〉局、官钱局通同筹款。体察情形约需米若干万石，即行委员驰往产米之区采办运回平粜。闻李藩司等拟借拨铜元五十万串分往湘、赣、皖三省购粜，不日委员前往并派兵轮拖运。(《申报》1909年7月10日)

拨赈襄阳雹灾（湖北）

襄阳府属光化县及樊城、老河口一带，七月初六夜突有烈风猛雨并夹冰雹，大者重十余斤，小者如拳。事后查悉樊城、河口两埠上下游所泊船货击坏数十号，淹毙人口百余名。当经襄阳道施观察饬县拨给公款钱数百串，亲出抚恤。田地民房亦受损不少，衙署、防营房屋均被损破，惟幸未伤人。昨襄阳道府县各官据情禀报到省，陈小帅（夔龙）特饬拨钱二千串，由该道查明两处被灾人数，均匀摊派交该地方官妥为抚恤，核实报查。此款即在樊城、老河口官钱局就近拨用。(《申报》1909年9月19日)

鄂属振〈赈〉抚水灾近况（湖北）（节录）

又目前襄阳府属风雹为灾，由樊城至老河口均受损失，而以樊城之西北受灾最重，激翻货船，伤毙人口甚多。比由襄阳道施观察纪云禀，蒙陈帅核准，电饬在于该府官钱局迅拨钱二千串，派员择优抚恤在案。兹悉此项垫款昨经小帅谕饬筹振〈赈〉局如数解交省城官钱局兑收，分别知照、剖抵，以清款目。(《申报》1909年10月8日)

---

① 即湖广总督陈夔龙。

各省报界汇志：湖北

汉口报馆系朱君彦达等所创办，曾经禀准前督张中堂（之洞）立案保护，批由官钱局月给洋一百元以资津贴。近因各股东意见不合，联名禀请由官收办，当奉护督（赵尔巽）批准，发还商本三千元，遴选经理、主笔各员，于丁未九月接办。（《东方杂志》1909年第五卷第一期）

路股息银展期发给（武昌）

湖北官钱局经理之川粤汉铁路股款息银，去腊各股东多有未经领取者，故该局总办高观察特详请上台展限至本月底截止。（《申报》1907年3月2日）

增设市亭续志（武昌）

鄂省山后一带添设市亭已志前报。兹悉鄂督已饬官钱局拨钱二千串发交警察局招匠赶造，以便各小贩入内贸易。（《申报》1907年3月8日）

后城马路决计仍归官办（汉口）

汉口后城马路各绅商会议改归商办等情曾记前报，现闻当道已决计改归湖北官钱局办理，不招商人承办，其填土筑路以及赎回比界之款均由官钱局设法筹垫。其办法拟将两旁低地用土填高，再行分段拍卖。各商人管业所有各商前招工填土之款照数发还，并按月给以一分利息云。（《申报》1907年10月17日）

记事：记汉口港民聚众闹局事[①]

汉口后城堡垣官地原系招商承租造屋，嗣由前张中堂（之洞）札饬官钱局自行填筑，开辟马路以兴市场。官钱局总办高道（松如）札：查王牧熙奎在后城设立巡查官地局，并包与福绥公司填筑官地，近因二十二日王牧饬地保将苏湖公所旁新盖民房拆毁，限令三日一律竣事，以

[①] 此风潮的报道，另可参见《港民又演拆局风潮（汉口）》，《时报》1909年9月12日、《港民聚众要求风潮续志（汉口）》，《时报》1909年9月13日。

便填筑马路，直接堤街。讵有造谣之徒煽惑居民，谓如不拆毁，三日内必放火焚烧等语。霎时耸动港民千余人拥至该局哄闹，抛砖引石，毁拆局所，殴伤巡丁，击破巡查武委刘宝珊头脑。由商会用电话通知各署局，经关道立饬夏口厅警察局、汉都司巡防队带勇弹压。各港民始各鸟兽散。次日，夏口厅冯丞奉到江海关道札饬，以民风嚣张，动辄联合要求，实属不成事体。倘再姑息，必至酿成祸端，谕令从严拿办。当晚即签差派队前往捉获叶长子等十余人。二十四日有程登贵者，因同类收押，即耸动妇女千余人至夏口厅，鱼贯而跪，恳求将收押之叶长之等十余人尽行释放，并准仍旧居住，免予逐拆。关道齐耀珊当派巡防营、警察局各勇丁至夏口厅署弹压。一面用电话禀知鄂督，由陈小帅立饬汉口陆军四十二标统领张永汉带队至道、厅各署驻守、震慑。并令巡警道冯启钧来汉，会同妥为办理。港民愈聚愈众。是晚，冯丞即出署开导，并出告示略云：港基仅有七户阻挠道路，前令拆议，系因修筑马路，维持公益起见，断非尔等妇女来署混闹所可了事。况叶长之本厅正在设法代求上宪，邀恩办理，尔等须知妇女有罪，罪在妇男。若想安居，亦应具禀申诉。如无违碍，自必准行。既称系本厅良民，应听本厅吩谕，赶紧各自散回，静候本厅据情详请上宪核示；如执迷不悟，惟有执法以从云云。各妇女始各自散去。（《东方杂志》1909 年第六卷第九期）

后湖贫民闹局案余闻（汉口）

汉口后湖苏湖公所旁一带因修建马路，贫民群起抗拒等情已迭纪本报。现在为首滋事之叶长子、兴唆使聚众之王海秋均逮案收押候办。讵有陈登贵等禀陈督院①谓愿备款购回该地。当奉陈小帅批以该民人等所居之地早经给价圈购归官，迄今事隔多年，岂容复生异议。前因该民人等迭次具禀希图赎还，节经赵前部堂（尔巽）暨本部堂明晰批饬在案，况现在用以修筑马路尤地方公益之事，既经官钱局饬弁谕知该人民等，自应赶紧迁让，以便兴工，何得辄复来辕捏词混渎，实属刁狡不合。本应发押究办，姑宽批饬不准。（《申报》1909 年 9 月 20 日）

---

① 即湖广总督陈夔龙。

鄂督对于后湖开河筑路之政见（武昌）

汉口后湖开河筑路一案前由鄂督瑞莘帅①咨询咨议局，经该局全体议决办法呈复核办。昨经莘帅答复云：咨议局呈复此案拟为避难就易之举，总计修路开渠共不过三十万，请照原案拨借官款，饬绅估办等语固为轻减工费，易于集事起见。惟先筑乙、丙两段马路以为模范，徐待推广，事半功倍，自可照行。而开渠工程再筹改缩，究须宽深若干，方能积水畅销，不虞拥滞，必先勘估明确，始可核定工需。其前次允借官款三十万两，系因数逾百万，商界独力难筹。事关振兴实业，故准以官款借助。今若工需约只三十万两，全由官借商办，又何若径由官办之直捷？况筹还方法来呈亦未议及。当此财政支绌，挪拨为难，不得不统筹全局，脚踏实地。本部堂再三审度，应先饬由北劝业道、江汉关道督同宋绅伟臣、刘绅人祥逐细勘估，如果先筑乙、丙马路两段，并缩小开渠丈尺，实仅三十万两左右即已敷用。该宋、刘两绅原禀商款由财政董事担任，向银行、钱庄借银三十万，当早就绪。果能专用商款兴办，则前准在官钱局拨借三十万两之案可即取消，由宋、刘两绅刻日集款，按照咨议局收缩之法禀明办理。倘自度财力不能承办，亦速复候本部堂，另筹设立公司招股开办，庶免坐费时日，徒托空言云。（《申报》1911年1月23日）

湖北官钱局拨款修筑汉口后湖长堤马路

宣统元年（1909）湖广总督陈夔龙奏明汉口后湖自长堤告成后，涸复九万余亩，其间上自长丰垸，下至谌家矶，江口横长三十余里，直深十余里或十里、八里不等。迤南一面与京汉铁路及各国租界紧连，若不另开新埠，推展商场，管理卫生各事均难筹措。前督臣张之洞定议筑堤，始计原为开拓汉口商埠而设，爰即督饬江汉关道齐耀珊妥为经划，招集殷商，连和业主筹款开办马路。先就铁路南面一半，上起硚口水电公司，下达刘家庙东站，横长三十余里。计筑横马路五条，直马路三十条，所需费用银一百万两，均由各业主按亩摊派。并饬令官钱局借给官款三十万两，分期拨付，按年收回，以兴商业而握利权。（《（宣统）湖

---

① 即湖广总督瑞澂。

北通志》，志五十三经政十一新政）

官钱局失票之纠葛（武昌）

湖北官钱局新发行之五千、十千钞票当三月间缮写号码时突被狂风，将缮票所房屋吹倒，各缮校生四散逃命。事后查点钞票，约失去四百余万张。总办高佑诸观察以此票并未用印，不能行使，故未追究。不料昨竟有人手持此票赴局兑钱，经局中司事验其印文，系属假造，当将其人拘留穷诘，一面将各缮校生发交首县审讯，务得窃票、私造关防情由，以凭照私铸例治罪。（《申报》1908 年 8 月 17 日）

官钱局建设瞭望台（武昌）

湖北官钱局局址适当全城之中心，刻该局总办高观察为防火患起见，特在局内建设瞭望台一座，高一百四十英尺，上悬大钟告警，以辅警局瞭望台之不逮。（《申报》1908 年 9 月 7 日）

饬查私雕藩印之手民（武昌）

巡警道署侦探前在孝感县拿获私造官钱局钞票之匪犯余老么一名，经冯巡道禀明鄂督，发交武昌府谳员审讯。兹据该犯供认共造钞票一千余张，其背面之伪藩司印信及票板等件，均系已故刻字匠沈少三经手卖来。黄太守恐其狡卸，昨特札饬孝感县查明有无沈少三其人，是否业已身故，俟禀复后再行拟罪。（《申报》1908 年 9 月 28 日）

禀控局员不用官票（湖北）

湖北宜昌川盐局征收盐课向例准用湖北官钱局钞票，近日该局总办李子申观察因市面银价奇涨，征钱解银颇受亏累，特饬各商家一律纳银，不收官票。各商乃大不满意，遂于昨日电禀鄂督，请饬该局仍用官票。闻小帅①已电令李道将详情禀复，再行核办。（《申报》1908 年 12 月 1 日）

涂改钱票

湖北人刘笔书将湖北官钱局一千文钱票改为十千，向恒昌、同康等

---

① 即湖广总督陈夔龙。

各店铺混用,当被察破,扭控捕房。昨日解廨请究,刘供票向友人处取来,不知作弊。判刘收押,限于一礼拜内觅保候核。(《申报》1909年12月9日)

汉上官商协力维持市面(汉口)

汉口银根奇紧,四月十五比期①大局危急,曾由总商会禀经鄂督在湖北官钱局拨银二十万两,并电请度支部在大清分银行拨款三十万两交商会,息借可靠商人,市面赖以稍安。兹商会又以四月底比期市面仍形恐慌,爰又移请鄂藩高方伯,略谓入春以来,银根艰窘,倒闭之案层出不穷,商情异常恐慌。而四月底比兑又届,深虑周转不灵,多生事故,将于大局有碍,即经敝会函商贵司转禀督宪拨借库款银一百万两来汉维持市面,业荷俯允照办,并允先拨银五十万两暂为救济。兹查月底比期已至,应请将允拨之数先行解汉,以便拆放而资维持。闻高方伯业将库款银提拨五十万两过汉交大清、交通两银行收存,由商会担任经手拆放,一俟市面稍有转机,即将本利一并收回。如有倒骗,惟商会各董是问。(《申报》1910年6月8日)

湖广总督瑞澂奏请将赈粜事宜接续筹办并督催修堤情形折(节录)

至粜本一项所需极巨,拟官绅合筹钱一百万串,俟各路米粮到汉后,平价发粜,收回粜价仍随时辘轳转运,一切亏耗悉由官款担任。所有公家应筹之五十万串由官钱局筹备拨用,其绅商应筹之五十万串,饬经江汉关、劝业两道督同武汉两三厅县会商武昌、汉口总商会通力合作,设法筹垫,以期宽筹民食,力保治安。(《申报》1910年7月14日)

鄂省官商维持市面之规划(武昌)(节录)

鄂督因近日武汉银根吃紧,商号倒塌累累,非得大宗银元周转不足以救济市面。日前特电商度支部请就造币鄂厂暂铸旧式银元,业经部中核准,由该厂代铸,资本则归鄂省自筹。昨鄂督特饬令藩司高方伯暂在度支公所拨银二十万,藩库拨银十五万,又饬劝业道高观察暂在官钱局

---

① 一指官府催缴租税限期,一指银钱业、工商业规定的结算债权、债务日期。

拨银十万两，合成银四十五万，一并交铸。又以从前银元局旧章凡各署局厂所暨武汉商民有愿以生银附铸者，均准代铸。兹特饬藩司移行各署局所、劝业道照会武汉商会，如有愿用生银搭铸，均准查照旧章办理，以便合为一批铸造。并以部派造币鄂厂总办李观察经野请假在皖省梓里养疴，帮办王部郎树藩到差尚需时日，特暂委湖北候补道袁观察励桢为监造员，督同该分厂员司即日动工，以救市面而资流通。（《申报》1910年11月19日）

鄂省官商交困情形（湖北）

汉口市面自上海源丰润停歇后情形甚为危迫，近因十月比期已届，由汉口商会禀请援照春间成案借拨官款一百万两，发交商会转放，藉资维持等情。昨奉鄂督瑞莘帅①批云：查本年（1910）四月见汉口银根奇紧，商情惶急万分，曾据该商会恳请借拨官款一百万两以救市面，当以鄂款奇窘，本属无此财力。且平粜本钱一百万串原议官商各筹一半，乃迭经司道谆劝汉口诸商迄未遵办，所有购办洋米价银一概委诸公家筹付，愈觉支绌万分。惟体察汉口市面情形实甚危急，亦不得不设法通融，随与司道筹商减为借拨银五十万两，由湖北官钱局借三十万，电商度支部饬由大清银行借拨二十万，其外间仍号称百万者，乃系平市面安人心之计，案卷可稽，不容牵混。维时官钱局三十万业已全数借给，大清银行之款虽未照借，而迭由藩司向商允将到期应收之款数十万两通融转放，未经收回，亦未始不系官为维持之力。九月以来，沪汉源丰润、协成同时停歇，此外各处商号倒闭者层见迭出，本部堂早经虑及。十月比期市面危急，久已饬由藩司分致江汉关道、官钱局暨大清、交通两银行仿照京城分期办法，将到期应提之款暂缓提还，是汉口各商虽不能顾公家之急，而本部堂之于各商设法维持不谓不力。兹据禀请拨借巨款，无论前债尚未清缴，未免类于发棠。然使公家财力有余，亦何惜不为此通融之举？无如上年水灾、工振〈赈〉、粜三项挪垫甚巨，即如武汉平粜一事，原购之洋米减价发售，至今未尽，耗折之项不下数十万两。兼之从前善后局息借华洋各商之款，除陆续偿还外，尚欠二百四十余万

---

① 即湖广总督瑞澂。

两，今冬到期应还之款计一百数十万，利息尚不在内。现方筹议借款、还款，以济急需，更何能为此舍己芸人之事。好在借款、还款如有成议，则汉口华洋各商可以收回本息二百万上下，市面有此大宗现银亦足以资周转。所请拨借巨款之处，应毋庸议。仰北布政司会同江汉关道转移知照。（《申报》1910年11月22日）

涂改官钱局票

十六铺瑞祥烟纸店执事蒋春圃昨将卤瓜街公和参店学徒方楚良扭至工程局，控称方将湖北官钱局一千文钱票两纸改为十千文，来店混兑，且查上一日已被混兑去洋七元六角，原票呈案，请为察阅。旋又有法界小东门外陆家石桥堍乾坤和烟店执事封孟侯附控被方将涂改之票兑去洋七元六角，求请并究。后据公和执事孙荣慎投称该票由某女客付下，不知涂改。陈裁判以迹近串骗，判孙与该徒一并交保，着缴存洋三十元，候再查察。另赔原告洋十五元，并限三天将涂改钱票之人交案讯究。（《申报》1911年1月16日）

鄂督对于沙洋月堤工程之政见（湖北）（节录）

荆门直隶州属沙洋月堤为数州县田庐保障，去夏被襄水冲溃后，鄂督曾将防险不力之知县朱寿松参革发往军台效力，一面札委熟悉堤务之盛道春颐、伍守玑前往估勘，须拨银四十万方能修复。鄂督即委该道等承修，欲令出保固十年不溃保证，盛道、伍守均不敢担此重任，坚辞不办。乃改委袁道励桢督修，王道舍总监工程，彭守觉先充当提调。现袁、王二道均畏惧，延不到工，惟彭守先往工次，独力经营。日前电禀督院谓现已开工，拟趁兹天晴，鼓励人夫无论如何为难，总须正初断流。瑞制军①接电，以该守办事尚属迅速，极为嘉许。特复电慰劳云，现值残腊将尽，正是一刻千金，务须督率人夫晨夕赶紧，以期及早断流。所需款项已饬官钱局先行筹备二十万元，一面电奏请拨库款接济，即由该守电商袁道分批拨用。（《申报》1911年2月6日）

---

① 即湖广总督瑞澂。

鄂省茶市业已将次开山（湖北）

本年（1911）节令较早，转瞬即届清明，所有两湖茶客、广帮、赣帮、西帮、江浙等帮均已陆续来汉，预备进山。闻今岁茶庄以广帮为最多，至西帮长盛川等号向来在咸宁各邑设庄收买红茶。近因茶市将近，长盛川茶号亦已派庄伙到汉预备一切，以备临期进山。其羊楼筒茶市，每年约在二月初旬后开庄，日昨已有茶商永顺福等乘坐小轮入山开茶。客进山均买现钱，刻因湖北官钱局官票通行，连日茶客到汉购去官票十余万张，故近日钱价为之一涨。（《申报》1911年2月28日）

襄阳府属乏米之恐慌（湖北）

湖北近因湘省禁米出口，武汉米价已涨至八千以外。不料襄阳樊城、老河口等各商埠其价尤为昂贵，竟涨至十二、三串一担。老河口为商务最盛之地，现米谷储蓄无多，而阴雨连绵，豆麦损伤，米价尚有续涨之势。光化县令黄仁葵以穷民乏食，情形危迫，非亟办平粜不足以杜乱萌，爰于日昨电禀督藩及官钱局总办，恳饬老河口官钱分局拨借钱二万串交该令转发商会、自治会购办米谷、面麦平粜，亏耗之款即责成绅商弥补筹还。闻已奉鄂督核准饬局借拨，以济民食而靖人心。（《申报》1911年5月23日）

清谈：前数日武昌有童谣录之（节录）

来来来，同胞来文武（有文昌武昌二门），城门不夜开。总督捧印走，将军撒马回。元宝翻身好，太守头顶香盘伏地哀（官钱局提调朱守头顶香盘，匍匐地下乞哀，革军以足踢去之）。快快快，同胞来。（《申报》1911年10月23日）

武昌内讧余闻（节录）

二十八日之变①自早六点钟起至晚四点钟止始行安辑，一日之内只闻马蹄声，操靴声踯躅道左。到晚即谕各队办公之人一律归部，悬挂徽章，便于稽查归部。时多持白旗，上书"改良政治，逐除民贼，保商保民"等字样。当时有学生军二营第一、第二两队均扎在官钱局防护，

---

① 指湖北军政府军政部长孙武因拥护袁世凯、黎元洪引发内讧，孙武被迫逃亡。

三、四两队则四出巡查。又派令教导团、辎重第十九营、义勇军毕血会在外帮查。一面转谕各协、标、营陆续征队,听候领饷,故街市尚为镇静。(《申报》1912年3月6日)

严办日人蒙使官钱局伪票(安庆)

芜湖警务公所上详抚院以日本高庄次郎等并无护照,在芜湖地方游历,朦使湖北官钱局伪票,计一万数千张,为数颇巨,实于财政、国际大有关碍。前经区官访获,当即讯据,供称系在上海购买等情。一面将伪票并该日人遵照约章解往江宁,交由日领事官,出据收条,将伪票照收。并将该犯暂借模范监狱暂押,拟恳详请会同湖广督院、两江督院会咨外部转咨驻京使臣,按照约章严办,以维市面而示惩儆。(《申报》1910年6月5日)

(四)江海关金裕、源通、源丰润等官银号

筑路续闻(节录)

金陵创开马路由节署出金川门,直达下关,此已两纪报章。所有工程经费张制军刻已筹齐,发交金裕官银号收储,一俟开工,陆续支取。此项工程据官场中人云,归上海瑞生洋行承办,未知确否。总理其事者系总理两江营务处、督办水师学堂兼下关制验局、会办支应局、前淮扬海兵备道桂芗亭方伯,前署江宁县蓝采锦大令为工程委员。(《申报》1895年3月13日)

上海县案

制造局函请提讯之李阿东[①]前日奉讯后,着还定洋,旋避匿不出。将地保顾隆基比责,限交去后。昨经薛贵协同顾隆基将李寻获,前晚解由蒋刺史堂讯。李供此田实于六月初二与官银号内孙大人、刘大人、何大爷等言定,每亩价二百四十元,计地二方,一、二亩八分,另一、四分零,两计三亩二分零,收过定洋五百元,地保顾隆基并未晓得,刘大

---

① 据《申报》9月21日第九版报道,李阿东伙同李焕涛私自将江南制造局应用地亩卖给洋商,并收取定金,由制造局向上海县禀明提讯。

人经钱师爷带同见过。前天奉讯断，着退还定洋，讵刘大人不允，恳孙大人亦不肯收回，以致奉讯未到，实在三元宫孙公馆内。现求宽限，容再设法求情去退定洋，求恩。李焕涛诉称长子阿东在厂内抬轿，前日奉谕寻交，今交案候讯。顾隆基供制造局于上月廿一唤小的去问，因李阿东收接定洋，小的不知，将情禀明，定单后经看见，约六月初二的日子。刺史命赶紧清理，不得迟延。（《申报》1896 年 9 月 23 日）

英界午堂锁案（节录）

源通官银号司事张梅生控萧寿卿收银逃避，前日午后屠别驾升堂提讯。张诉称监生管理源通银炉之事，上年与萧合开万康钱庄，兼熔化伪银首饰，计每股银五百两，共三股，由萧执事。嗣股中人柳焕记将股本归并与萧，得银六百二十余两，不料万康忽亏蚀银一千八百余两，因之闭歇。后查知周云臣欠银五百余两，萧已私行收取逃至镇江，监生购觅线人访寻来沪，现闻所收周款存放纯泰钱庄，求限令缴案给领以便归还各债主……别驾着将萧押候，觅妥实人保出与张算账。（《申报》1897 年 3 月 28 日）

银号被焚

前晚钟鸣十下，英界江海新关之后源通官银号忽然火起，号中房屋数十幢尽付咸阳一炬。事后访之，佥云其时有人目击号之后屋厨房中浓烟四起，急奔告某号巡街华捕，迨此捕飞报捕房鸣钟告警，救火会中人驱皮带车而往，汲水狂喷而已。势若燎原，无能为力，直至将号中房屋焚毁无遗，祝融氏始兴尽而返。至新关与号屋衔接，当火之炽也，在关各西人竭力保护，始得免于殃及池鱼。（《申报》1898 年 3 月 28 日）

薤露同歌

官银号总办严筱舫观察之令兄字子梅者，向在沪上为火油公司买办，近日殁于旅邸。昨日观察偕公子辈附江天轮船挟榇回甬江原籍，午前九点钟时官场特发知单，会同在金利源栈房设筵公祭，舆马喧闹，颇极一时之盛。（《申报》1898 年 6 月 15 日）

英界公堂琐案（节录）

信昌缫丝厂主顾企韩亏欠袁保康茧价银四千余两、源通官银号借款二万两，控诸英界公廨转解到县，原告投案听讯。县主王欣甫大令饬差役将顾小心看管，听候究追。（《申报》1899年4月5日）

骗案败露

昨有西友致书本馆云：镇江人刘赫荣在苏州关当外听差之役，素喜挥霍，入不敷出。遂于上月某日乘西人白秋出外，私开写字柜抽屉，窃得汇丰银行支票一纸，冒签天赐庄西医栢乐文之名向利源办馆支得洋银九十六元八角五分之凭票，持赴灭渡桥裕亨官银号取银。官银号中人告以须倩殷实店家作保，刘思素与利源中人相识，因于晚间前往，乘执事人他出，私向学徒某甲借钤图记，翌日往裕亨支取。司账人见有保人，将洋银如数付给。刘既骗赃入手，即如数划付上海谦泰。及谦泰主遣人赴汇丰收银，察知假冒，函致苏关白秋，遂据情报知捕房。总捕头鄂尔生饬捕将刘拘获，偕翻译马文誉一再盘诘，刘供认不讳。本月初八日解送公堂禀请研讯，谳员李子新大令判令重责四百板，枷号一个月，发苏关前示众。（《申报》1900年1月14日）

伪函骗银

前日某甲伪缮苏松太兵备道袁海观观察字条，持至源通官银号骗去票银三千两。旋复伪缮一函，持票至道胜银行易得钞票，携之而逸。迨源通执事人查悉，侦骑四出，踪迹杳然。因节投报捕房请为查缉，未知能弋获否也。（《申报》1901年9月7日）

移县追银

前者本邑源通官银号被人冒缮苏松太兵备道袁海观观察字据，朦支银三千两曾由观察出示购缉，并札饬各属一体严拿。日前有人缮一匿名信由邮政局递至源通，略谓此银系某甲冒支有二千五百两，寄存四马路海国春番菜馆余阿元处，请向查追云云。当经源通执事人持信报知捕房，捕头令包探沈阿岳将余拘获，昨晨解送英美租界公堂请讯。源通伙某乙投案申诉前情，余供小的在海国春执役，并未有人寄银，叩求明察。谳员张柄枢司马以案情重大，商之伟翻译官，令移送上海县署讯

究。(《申报》1901 年 10 月 10 日)

名姓不符

本邑源通官银号被匪人伪缮道署支条,支银潜逸阅数日。有人函致源通,言银在海国春番菜馆伙余阿元处,源通执事人即持函投报捕房,捕头令某包探将余拘获,解送英美租界公廨,转送到县。前晚县主汪瑶庭大令饬提研讯,余称小的实姓袁名沛仁,常州人,在沪谋食,历三十余年,向来安分营生,决不敢为非理之事。现在英界海国春执役同事中并无余阿元其人,前日包探来拘时称有匪人寄银二千五百两,小的毫无头绪,谅被仇人陷害,求恩明察。大令饬暂行收押,听候查明再核。(《申报》1901 年 10 月 14 日)

美租界捕房纪事

日前江海关官银号司帐〈账〉人王叔明窃取号中所存金镑一百枚、金臂钏二副,潜匿虹口某里。前晚包探刘阿炳查悉情形拘入捕房,捕头令押候解送公堂,禀请讯办。(《申报》1902 年 3 月 2 日)

书润助赈

平江徐荩臣明经,名骐书法,直追钟、王,有目共赏。向来润格堂轴五六尺两元,三四尺一元,屏条向联对五六尺一元,三四馆五角,属页细楷一元,行书三角,匾额四元,代撰寿叙、碑文、联语、题词等面酌。纸劣不书,泥金自备。现寓虹口汇业公所西口。桐乡沈谷成太史公悮悯念北省灾荒,发愿助赈,书润照格减半,欲求书者请将润资交源通官银号、申报馆、仁济堂、丝业会馆四处,掣取收票,送沈公,三日取件,不尺。严筱舫、席子眉、施子英、刘(?)阶同启。(《申报》1895 年 6 月 15 日)

照录胡京兆来电

严筱舫①兄:

本年(1896)永定河北岸决口,波及大宛之区,灾情极重,逃荒

---

① 即严信厚。

露宿者即给席片，俾资栖止。而御寒无具，一到冬令，僵冻可怜，乞转劝棉衣数万件，赶九月内解京，功德无量等语。伏查遵奉遗命捐助棉衣裤一千套，照例报奏请旨建坊，给予"乐善好施"字样。若助棉衣裤一千套，即可救千人之命，而于实在功德之中仍寓显扬父母之意，伏望海内诸善士大发慈悲，慷慨捐助，及早制备，赶封河之前寄京。信厚一面已购买布匹，先为染色，赶紧雇工陆续成做，如蒙折银，见委遵当代为制备，谨为灾黎叩首祷祝耳。三马路源通官银号义振〈赈〉公所严信厚谨启。(《申报》1896年10月2日)

顺属劝捐棉衣第三

敬启者：

敝公所劝捐顺属棉衣荷蒙诸善长源源佽助，并各纺纱厂捐助棉胎二万斤业经两次登报，以彰善缘。兹又蒙任逢年观察禀商浙抚宪（廖寿丰）拨助银七千两，嗣又续拨银三千五百两，现已做足棉衣裤四万件，正深焦急，有此巨款，实为得济之。至昨日施子英太守交来银五千两，因京城黄慎之少司成、夏厚庵比部办理义赈极为认真，蒙胡大京兆来电嘱转拨银四千两先其所急，已嘱源丰润汇京敝公所净收施子翁银一千两，以上共计银一万一千五百两。连前两次捐收之款约计成做棉衣裤四万件，不敷尚巨，仍望源源接济。其棉衣裤分做男女大中小三等，总计何植园善士代做二万件、周舜卿善士承做一万件、苏宝森善士代做二千件，叶澄衷善士所捐棉衣裤二千件托可炽铁号代办，均极认真督率，眼同翻絮，漏夜赶做。此外托宁波源丰银号代做四千件、黄静园善士代做二千件，并蒙允捐棉衣裤二百套。众擎易举，大约二十外可以先解头批矣。上海三马路源通官银号义赈公所严信厚谨启。(《申报》1896年10月23日)

源通官银号义赈公所棉衣说（节录）

曩时所做棉衣无分男女大小，皆系男袄男裤，尺寸一律，以其揽做者易于核算而便于稽查也。每月逃荒灾民、男女幼稚成群而来，凡施给棉衣者视其衣单体薄，不分男女给予衣裤一套。而稚子童女在旁僵冻，哀哀告求，亦即以男衣裤予之。男衣女穿既不合体，而孩稚亦给以男衣更不能用。若不与，则又目不忍睹，此每年一律施舍男衣之不得其当也。今思得一法，棉衣裤每二十五套可打成一大包，一包之中分男衣裤十二套，女衣裤八套，其女袄袖短以补身长。核计用布与男衣无异，仍合二十套，尚有五套改做中小男女衣裤八套。其中小衣裤省用之布可多出衣裤三套，是以八套仍作为五套。总之每一大包计男女大小二十八套，作为二十五套算账，庶便经手者易于核办。而捐助一千套者，可伸出孩衣裤一百二十套，计亦良得。且男为蓝色，女为棕色。棉袄加领，裤脚加带，纯用新布、新棉，眼同翻絮，似亦场尽其心矣……严信厚启。(《申报》1896年11月14日)

解款再登

启者：

严佑之善士赴川放赈，随带赈款除丝业会馆、《申报》馆、敝所三处筹垫，解交佑翁第一批规元二万两已登明各报外，又有严筱舫观察筹垫规元一万两径由严观察交源通官银号，直汇汉口协成银号转交佑翁带往散放，合亟登报。伏祈公鉴。上海陈家木桥电报总局内筹赈公所谨启。(《申报》1897年8月7日)

赈款汇录（节录）

敬启者：

……共计洋五百八十六元，归入留养之款，使妇婴均沾实惠。惟款不敷，难乎为继，愿海内大菩萨慨念时艰，普施拯救，无论多寡，源源接济。总求多助一分之款，多全一人之命，行善及时，不胜顶祷焉。上海源通官银号义赈公所信厚小舫谨启。(《申报》1898年4月23日)

急筹商款（节录）

户部昭信股票官商借款业经钦奉谕旨，明定章程通饬遵办在案。……除章程、办法已由上海蔡道台出示晓谕外，兹在后马路源通官银号内设局开办，伏望富商大贾量力筹借，共济时艰，并展转相劝，多多益善，是所厚望焉。会办昭信沪局信厚、叶成忠①、施则敬同启。(《申报》1898年5月15日)

---

① 疑为"叶澄衷"之误。

巨款协赈

敬启者：

前因江北淮、徐、海、沭等属被灾甚重，沪同人垫款接济，颇形竭蹶。方期麦秋成熟，赈抚可了。讵料邳、宿又被水灾，睢、萧歉收如故，灾民遍野，待哺嗷嗷。正在无可张罗，乃蒙汉口淮徐筹赈公所邱、陈、施、林诸大善士来函云，在汉镇安徽会馆邀集各帮陆续捐到洋例纹〔银〕一千二百两，合洋①元一千二百四十两九钱五分一厘。又蒙天津同济协赈公所吴、张、王、詹、陈、罗、屠诸大善士来函云，在津门浙江会馆邀集商捐到洋银一千元，以上二款同时汇解来沪。除将原银原洋备文移解江宁筹赈总局，禀请督宪拨放灾区外，合亟登报伸谢众擎之力。惟灾区需款非常急切，仍乞诸君子源源协助，须救人救彻，不至无米为炊。翘望云天，谨代灾黎九顿以俟焉。再山东黄河决口，被淹十余州县，急待赈抚。伏望诸大善长设法拯救，诚无量之德也。上海源通官银号义赈公所慈溪严信厚敬启。（《申报》1898年9月2日）

灾函照登（节录）

启者：

奉盛京堂（盛宣怀）函开：顷接山东抚院张汉仙中丞专函告急，黄河决口十余处，被淹二十余州县……东人望君有如望岁，亟盼赐复，无任膜拜。沪上义赈局诸君均此转达叩恳。等因。谨钞乞登报布告同仁，伏祈俯念时艰，多方设法，或解囊慨助，或量力劝捐，多寡不拘，随时汇寄。同人等谬司收解，不胜感激待命之至。上海《申报馆》协赈所席子佩、电报局协赈所杨子萱、源通官银号协赈所严筱舫、丝业会馆、仁济善堂两协赈所施子英、刘兰阶同顿首。谨志。（《申报》1898年9月7日）

徐海赈函（节录）

启者：

顷奉两江督宪刘（坤一）函开：筱舫、子佩、子英、子萱仁兄大人

---

① 原文此处模糊难认，此字为编著者推定。

阁下：……弟忝任江圩，深惭德薄。本年淮徐海一带水患频仍，小民荡析离居，比前尤甚。昨与贵同事严佑之及胡云台面商，拟于中秋节后即往清江开办赈局。以免流徙出外。惟是地宽灾重，又距明岁麦收为日方长，需款数十万。现拟截漕拯济，似亦未便过多。且目前难以应手，无可设法。伏稔执事仁声义闻，藉甚一时，上年具荷隆施，徐海遗黎得以苟延残喘。此次敢为终惠之请，勿嫌无厌之求，务祈廑念时艰，顾全民命，必得宽筹厚集，方可起瘠嘘枯，肉白骨而生死人，是重望于恩赐矣……

伏望海内仁人再发慈悲，救人救彻，出水火而登衽席。敢为中泽哀鸿稽首、顿首以请焉。上海源通官银号协赈所严信厚、《申报馆》协赈所席裕福、丝业会馆协赈所、仁济善堂协赈所施则敬、电报总局协赈所杨廷杲同顿首。谨启。（《申报》1898年9月9日）

保赤情殷（节录）

徐淮灾重，万众流离，鬻子卖妻，惨无可述。浙东严筱舫（严信厚）观察恻然动念，特于源通官银号义振〈赈〉所另募收养妇孺捐，登报后即由诸大善士陆续乐捐洋银七百余元，观察又垫出二百四十余元，合成一千元，解往灾区，交严佑之善士如实办理。（《申报》1899年3月24日）

留养子女

敬启者：

前因严佑之善士来电，淮徐灾区死亡枕藉，卖妻鬻子日甚一日，如有善士发愿收买寄养本户，五六千文即可保全一家，不致妻离子散等语。凄恻情形不忍卒读。当将原电登报告求，乃蒙溧阳洪子球善士助洋二百元，古吴逸民助洋一百元，白曾璜善士为子祈寿助洋一百元五，柳闱助规银一百七两七钱五分，合洋一百四十七元，名心具善士助洋五十元，延龄求安子助洋五十元，安庆其昌祥助洋三十元，养晦轩善士助洋三十元，陆万盛丝行助洋二十元，诚延氏助洋十元，慈邑钱省氏助洋十元，风城苏敬甫善士助洋五元，东山姚士彬善士助洋两元，共计洋七百五十四元。再由敝公所垫洋二百四十六元，合成洋一千元，即日汇交严佑翁专办留养子女之用。惟灾区甚广，灾民甚众，仅此一千元，杯水车薪，无济于事。伏望四海大善士速赐款来助，救灾如救火，愈速愈妙。倘再集有成数即可汇解第二批，容再登报颂扬大德。留养子女一层，乃助振〈赈〉最要之事，故其功亦最大。愿仁人君子及时造福也。上海源通官银号义振公所严信厚谨启。(《申报》1899年3月24日)

留养第三

敬启者：

前蒙溧阳洪子球等诸善士捐洋七百五十四元，嗣蒙张季端文宗诸公捐银四百七十余两、洋二百三十余元均已送登《申报》附张，现拟随收随解……兹蒙松茂堂桂永芳合捐洋二百元，吴门留善捐银五十两，陈廷儒捐洋六元，平湖隐名氏捐洋十元又二元。并此志谢。上海源通官银号养振〈赈〉公所严信厚谨启。(《申报》1899年4月7日)

留养捐清单

敬启者：

蒙诸善长捐助之资业经五次登报在案，兹将续收各款汇登，以扬盛德。东海散为第五孙祷病愈捐洋一百元又洋十元；如皋吴兰生善士经募洋一百廿元；南通州徐毓萱善士为母亲祈安健捐东振〈赈〉十元、淮振〈赈〉十元，又为长子祷病愈捐四十元；隐名氏酬愿十元；朱履福堂十元；常昭盐公堂十元；无名氏祈平安十元；蔡拙庵五元；拯饥溺人四元；雷岗氏三元；皖省不书名二元；王若江二元，共洋三百八十六元正。上海源通官银号义赈公所严信厚启。(《申报》1899年4月28日)

皖抚乞振〈赈〉书（节录）

顷奉邓筱帅①惠致各振〈赈〉所公函，内开：敬启者：皖北凤、颖、泗等属上年重遭灾荒、匪起，颖之涡阳邻近亦遭扰害，民生加困，感动德心，合筹施舍之方，深得匡扶之力。若银款、若食粮协助源源相属于道，又得顾孟臣诸善士来皖躬亲散放，倍寻常方……敬乞台端就近转致《申报》馆举办协振〈赈〉诸君代为声谢，并告以眼前景象，待

---

① 即安徽巡抚邓华熙。

款孔殷，请其加意劝捐，陆续来赈，使淮北望援之众延生命而免沟渠。聿觇树德，益滋铭佩，更无既极。等因。奉此。

同人等祗诵之余，仰见大宪加惠灾黎至意，亟应勉筹续解，俾济要需。谨抄乞登报，仍祈达官显宦志士仁人宏济时艰，同襄义举，或慨分鹤俸，或广集狐裘，源源而来，夺多益善。庶几救人救彻，不致为德不终。临池曷胜感盼之至！上海源通官银号协振〈赈〉所严信厚、电报局协赈所杨廷杲、丝业会馆仁济堂两振〈赈〉所施则敬、刘芬同启。（《申报》1899年6月25日）

汴赈解款第二次声明

启者：

河南与皖北毗连之归、陈二属年谷不登，涡匪窜扰，以致成灾甚巨，道殣相望，惨不忍闻。前经王仲培观察来电告急，由信筹拨汴平银一千两电汇至汴，又劝天津盐务纲友黄杏樵兄筹银三千两，杨春农、张少农、王奎章合筹银三千两由津汇汴。嗣又接王仲翁来函云灾重款绌，务求再为接济，乃由则敬筹解汴平银二千两，裕福筹解汴平银一千五百两，信厚再筹解汴平银一千五百两，合成汴平银五千两于五月初二电汇至汴。今接王仲翁复电知该款已经收到，合行登报声明。

惟各省灾祲叠见，并顾兼筹，万分支绌，全赖四海仁人助劝之力，务祈慨解善义，及时施救。当此艰难时局，使饥民得所实足消患于无形。倘蒙集助有资，俾得凑解第三批，则救人救澈，实深盼焉！上海源通官银号义赈公所严信厚、丝业会馆协赈所施则敬、《申报》馆协赈所席裕福同启。（《申报》1899年7月15日）

劝募绍属嵊县新昌上虞余姚水灾急振〈赈〉[①]

本馆协振〈赈〉所谨启：

前月中旬浙省绍兴府属之嵊县出蛟新昌，与嵊犬牙相错，山洪陡

---

① 该告示连载于《申报》1899年8月14日、17日、19日、24日、27日、9月1日、6日、11日、16日、20日、24日、28日、10月2日、5日、9日、14日、20日、26日、30日、11月3日、7日、10日、14日、21日、24日、27日、12月1日、5日、14日、19日、23日、27日、1900年1月1日、4日、8日、11日、15日、22日第一版。

发，水势如倒泻银河，下游曹娥江潮水逆流，以致梁湖、百官、后郭等塘同时溃决，洪涛汹涌，横决无前。不特沿塘一带田禾房屋尽被漂流，且水势内冲，一片汪洋，亦几尽成泽国。淹没人口不知凡几，四野浮尸逐浪。而至其生存者又以室家既毁，蓄积已空，待哺嗷嗷，呼号求救，驰书乞振〈赈〉，急若羽书。想海内仁人君子必有具同胞之量，扩乐善之怀者，指困粟以予人，驾麦舟以赠友。古人高谊，犹且振〈赈〉恤贫穷，矧值此中泽哀鸿，性命在于呼吸，讵可不解囊相助以拯阽危乎？聚沙不难成塔，集腋可以为裘，少固无妨，多尤足感。惟冀仁浆义粟源源而来，庶被灾黎民得不致同填沟壑，此则筹振〈赈〉者所九顿首以祝者也！振〈赈〉款乞交电报局、源通官银号、仁济善堂及本报协振〈赈〉所。（《申报》1899年8月11日）

寄助棉衣

谨启者：

昨有浙宁象西无名氏寄来棉衣二百件属〈嘱〉寄江苏、湖北等灾区散给贫民。查此二处现在振〈赈〉事已可以无庸再寄，兹在宁波择贫寒最甚者散给四十件，其余转送上海仁济堂八十件，广益堂八十件，择贫病无衣者量为给发，亦眼见实在之功德也。专此鸣谢，并乞登报揄扬。上海源通官银号义振公所严信厚谨启。（《申报》1899年12月3日）

济急善局公启（节录）

启者：

本年（1900）京津一带自四五月间拳匪扰乱，惨被兵灾，江浙人士在北方游宦在商，毙死于枪炮之中者不可胜数。其余乘间逃出，孑然一身，妻子分离，沿途留滞者亦不知凡几。人生至此，惨目伤心。（严）信厚等昨奉合肥相国（李鸿章）面谕，并接同乡好善诸君函嘱，集资往救，以尽桑梓之情。因议在上海三马路《申报》馆后马路源通官银号、陈家木桥电报局、六马路仁济善堂、盆汤弄丝业会馆设立济急善局，即由信厚等分别筹办。一面函恳杭州同善堂樊介轩、高白叔两先生……分别议办……特请登报疾呼，伏祈好善诸君子慨解囊金，多多益善。并乞同乡中之好行其德者分头募助，以冀积少成多。信厚等谬司收解，不胜急切待命之至。再此举恐经费不敷，仅指救济江浙人士而言。如有别省善绅捐款指明救助某省官商，亦当一律核办，以期推广。至所收捐款，仍照向章抄请登报声明。

收条格式（略）

上海后马路源通官银号严信厚、三马路《申报》馆席裕福、陈家木桥电报局杨廷杲、六马路仁济善堂、盆汤弄丝业会馆龙元济、施则敬等谨志。（《申报》1900年9月18日）

众擎易举（节录）

启者：

信厚等前奉合肥相国面谕，接济沿途被难官商川资。等因。当经酌拟公启并议定办法十八条，已蒙各日报馆排日登报布告同仁。昨复邀约各省绅董在一品香公同筹议，蒙刘太守子桢、招商局顾观察缉庭、严君芝楣……集捐规元五千两，先垫元三千两，朱君葆三暨信厚等认募。四明公所诸君规元二千两，袁君认笙认募英洋五百元，余均允即转商同业，再行分别筹助。信厚等谬司收解，感佩同深，谨先刊报鸣谢，奉扬仁风。此外如广东唐君杰臣、福建李君郁斋、潮州李君光琴、两湖刘君缙三、宋君紫珊亦经分函奉恳，必蒙设法维持，同襄善举。仍祈四方君子不我遐弃，分别劝筹，庶几积少成多，得以及时并办。望风引领，祈盼无量。

上海后马路源通官银号严信厚、三马路《申报》馆席裕福、陈家木桥电报局杨廷杲、六马路仁济善堂、盆汤弄丝业会馆龙元济、施则敬等谨志。（《申报》1900年9月26日）

陕灾乞赈

顷奉盛京堂[①]抄示：西安岑抚宪[②]电开：

盛京堂转严善士作霖并恳分送各协振〈赈〉公所诸位善士同鉴：陕西连年灾歉，本年尤重。且广草根树皮，搜掘亦尽。现值銮舆幸陕，扈

---

① 即盛宣怀。
② 即陕西巡抚岑春煊。

从云集，百物愈贵，生计愈难。岐山、咸阳两县现已设有人市，瞬交冬令，冻馁交加可惨之情必较今日尤甚。虽经奏请发款赈济，并请各省代办振〈赈〉捐，第冬振〈赈〉、春振〈赈〉为日方长，杯水车薪何能有济？素仰诸善长救灾恤患远过寻常，恳请[①]一面派人来陕查看灾情，一面广劝义捐迅解关中，以拯亿万灾黎之命。如有愿受爵禄，春煊定当奏请特沛殊恩。全陕灾民忍饥以待，千乞援手。等因。奉此。

查陕省被灾奇重，曾经登报布告同仁。苦于筹款维艰，迄今未能解济。兹奉前因，谨再抄乞登报，伏祈好施君子，仗义仁人或迅速解囊，或多方集腋，多多益善，源源而来。庶几沟壑余生同登仁寿，其为功德正未可量。倘蒙慨捐巨款，必当电禀岑抚宪奏请皇上破格给奖，以示优异而劝后来，临池不胜祷盼之至。

上海后马路源通官银号严信厚、三马路《申报》馆席裕福、陈家木桥电报局杨廷杲、六马路仁济善堂、盆汤弄丝业会馆施则敬等谨志。（《申报》1900年11月9日）

声明代办

启者：

则敬随同盛京卿诸公承办济急善局事宜，适寒舍有喜庆事，拟自十月初二日起暂交后马路源通官银号严筱舫老伯暨严渔珊先生代办七日，俾免稽延、贻误。敝寓近在咫尺，必当拨冗前往会商，不敢漠然不顾。至初八日后，仍在丝业会馆亲自办理。谨乞登报奉闻。济急善局施则敬谨启。（《申报》1900年11月23日）

垂念灾民

福建延建邵兵备道黄幼农观察悯念北地飞灾，下民涂炭，特由延平捐助济急会洋银一千元，延平府刘雅宝太守亦助库番一百两，合规元九十五两八钱八分四厘，统由后马路阜成里恒记栈内怡和兴庄转交，当即填给收据二纸张来函。并称如有劝募之款，再当汇寄申江以资接应，诚盛德事也。乞附报尾，以志感忱。源通官银号严信厚启。（《申报》

[①] 原文模糊不清，此字为编者依据上下文推定。

1900年11月26日）

秦赈电音

十月初三扬州严佑之来电至盛京堂（盛宣怀）、施子翁暨诸善长鉴：顷接岑中丞①来电云：陕省洊饥之后，草根树皮，搜掘亦尽。前月已有人市，今更死亡相继。除兴安、汉中二郡称可自存外，其余灾情一律相同，延、榆、绥、邠、乾、鄜各属尤甚。官中无银、无粮，请款缓不济急，且不敷甚巨。会城之内饥民已有攫饮食、财物者，果其聚而谋食，亦正可危。务望广约同人，迅筹巨款、银米速运来秦，全陕幸甚！大局幸甚！无任焦盼云云。请将原电匄登报尾，极力设法筹募。愈速愈妙，无巨款，断难起程。霖叩。江。上海源通官银号严信厚、丝业会馆施则敬录。（《申报》1900年11月28日）

论余晋珊②方伯札饬停撤淮扬公所封闭龙华禅寺事（节录）

租界则有广益、元济、仁济诸堂，新闸则有栖流、庇寒诸公所。而电报总局、丝业会馆、源通官银号以及本馆所设协振〈赈〉所则专筹各省振〈赈〉捐。近更创为救济、济急、协济三善局，厚集捐款，以拯北省被难官绅，善气弥纶，亦已中外无间矣。（《申报》1900年12月17日）

筹解顺直善后赈捐（节录）

现拟续行筹解，而捐数寥寥，颇深焦虑。伏冀海内君子及时行善，踊跃乐输，推饥溺之仁，怀响应捷于桴鼓，邀显扬之荣宠，休嘉逮于簪缨，不胜跂盼之至。捐款请交上海招商局及新关后源通官银号及泥城桥庞公馆兑收可也。顾肇熙、庞元济、严信厚同启。（《申报》1901年5月18日）

陕赈解款声明（节录）

启者：敝所筹解陕西潘振声善士经放第二批振〈赈〉款规元一万五百三十两，合陕议平银一万两，内计盛丞堂（盛宣怀）拨来规元三千

---

① 即陕西巡抚岑春煊。
② 即浙江巡抚余联沅。

一百五十九两，顾缉庭方伯拨来洋银合规元二千五十两，丝业会馆规元一千八百八十两，源通官银号规元一千一百二十两，《申报》馆规元一千一百二十两，敝所①规元一千二百一两，共规元一万五百三十两，汇交盛丞堂电汇陕西交振翁收放。（《申报》1901年7月4日）

江西灾电（节录）

启者：

江西客岁被灾较之别处尤重，新正求振〈赈〉之电叠来，振〈赈〉抚之事急不容缓，现请刘兰阶先生带领放振〈赈〉熟手即日携款前往。惟是地方广至十六州县，灾重款少，类于杯水车薪，接济之款毫无把握。为此请登报章，仰求各省善士慨解仁囊，同为援手，俾得救人救澈，免致功废半途，亿万灾民得延残生，不胜祷切盼切之至！倘蒙赐款，祈送上海义善源庄厚大庄、源通官银号、《申报》馆、《新闻报》馆、丝业会馆、仁济善堂。伏维公鉴。仁济善堂筹振〈赈〉公所施则敬等谨启。（《申报》1902年3月9日）

东灾电音

启者：

昨奉盛宫保（盛宣怀）钞示周玉帅②电开：利津南岸漫决，被灾固重。上游费县、平阴、范县、东阿等处临黄民埝冲决殆尽，堤内各村庄倒塌房屋，漂没资粮甚多，且有淹毙人口之事。运河一带河湖相连，被灾亦重。东平州被淹四五百村。烟台大灾，伤人尤多。他如乐安、阳谷、寿张、濮州次之。虽经择尤散放急振〈赈〉，无如灾重款绌，不敷分布。转瞬严寒，冬春两抚为日甚长，而振〈赈〉捐来源极少，焦急万分。望公与严佑翁、席子翁、汪汉翁、严筱翁、杨子翁、刘兰翁、施子翁广为劝募，大施拯救，曷胜感盼。等因。谨钞乞刊登贵报正章，奉求四方好善官绅分别捐募，源源接济。惠款请交三马路《申报》馆、望平街《新闻报》馆、新关后源通官银号、陈家木桥电报局、六马路仁济善堂、盆汤弄丝业会馆各振〈赈〉所分别查收，以便汇总报解。

---

① 即电报局筹赈公所。
② 即山东巡抚周馥。

东民得之则生，不胜急切盼祷之至！

上海《申报》馆席裕福、《新闻报》馆汪龙标、源通官银号严信厚、电报局杨廷杲、仁济善堂刘芬、丝业会馆施则敬录。（《申报》1903年9月25日）

商会经收徐海等水灾赈捐第七次清单（节录）

本商会前坐办施子英观察将得九月、十月、十一月津贴银共三百两，夫马费共一百五十两，奉施观察谕，收支处应得四百五十两规银，移助淮徐捐……顷承《申报》馆送到代收江宁七邑赈捐洋四百九十二元、小洋六十八角、铜洋一百八十一元、铜小洋三十角、酒席票二张，当即汇往灾区，先行登报，奉扬仁风。源通官银号谨白。（《申报》1907年1月18日）

《时报》馆协赈所汇交巨款

启者：

七月十六日承《时报》馆狄楚青先生交到洋银一千五百元，铜洋一百九十九元，二分重老光真珠帽花一粒，又老翠手戒一只。除俟铜洋下炉熔化，珠翠交市出售，再行列收外，合先登报声谢。仗惟台鉴。

五省筹赈会收款处源通官银号严义彬启。（《申报》1908年8月14日）

赈务：上海商务总会代协赈会经收江浙赈款第一次清单

《时事报》馆江趋丹经募英洋三百七十三元、龙洋一百二十七元；《民呼日报》馆经募英洋五十七元、龙洋一元、铜洋六元、铜小洋一千八百零七角、川汉铁路股票一币息折一扣计洋二千元、玉器四件；源通官银号经募英洋七百元。（《申报》1909年8月7日）

英界公堂琐案

骗子某甲伪某钱庄票，持至城内四牌信太①祥皮货店选买②狐皮，

---

① 据该报12月26日四颁报道为"新泰"。
② 该报此处原文模糊，此二字为编者推定。

报捕后捕头遣包探沈金隆将甲拘获，姓徐名鸿奎，遂吊出原赃并正大、源吉两庄伪图章两枚，洋银二十四元，解案请讯。信太祥伙顾少卿投案诉称，日前徐持源吉庄票一纸计银八十五两，来购狐皮，统两件。小的找给洋银二十四元。伊嘱送至北市，同往对票，小的信之。行至三马路中，入官银号内，嘱小的暂待门前，久之不见其至。入内询问，始知号与新关毗连，已由新关逃逸矣。旋即投报捕房，今既获案，求准将赃给领。徐曾央人来说可否求大老爷从宽办理，讯至此，有某局委员夏君辅盛饬仆投递信函，请将徐免办。屠别驾阅得信上字意粗率，谅非夏委员亲笔，置之不理。副捕头禀称冒名作伪，西例最关紧要，昨日曾有某洋行中人信致捕房，欲将徐保出捕房中，并未允从。今请重办，以儆效尤。徐供称小的系浙江宁波府属慈溪县人，向操洋货，现在大马路怡如洋货店为伙，无知妄作，万死难辞，如今只求大老爷恩典。别驾据商诸萨副领事，然后判令管押两月，期满之后递解回藉。起到之赃物，给顾具领，伪票涂销，伪图章存候劈毁。（《申报》1896 年 12 月 28 日）

英美公廨早堂案（节录）

郭星甫以假票向源通官银号取洋案，发讯饬交保，将供出之张贵翔交案严究，已详本报。昨日复讯，求展限。司马判交原保，限礼拜交到张姓再夺。（《申报》1906 年 5 月 2 日）

英美公廨纪事（节录）

梅文元控源通官银号司帐〈账〉钟信宝凶赖往来帐〈账〉银，奉孙明府提讯，判钟还银九十一两在案。前晚梅又投案禀称，现在查出确据，钟信宝欠银尚多，粘请再追，关司马饬候批示办理。（《申报》1906 年 5 月 14 日）

英美公廨早堂案（节录）

源通官银号控郭星甫冒取伪造支票银两一案，因郭有病，将子友根代押公廨在案。昨日原告请追友根，供在押日久，不知父亲如何料理。明府判郭星甫罚洋二百元，着人银并保，缴银后将此款充仁济、同仁栖流济四处经费。完案。（《申报》1906 年 6 月 22 日）

英美公廨早堂案（节录）

亨达利洋人偕同经理之杨天祥投公共公廨，禀称上月有沈伯英至行欲购珍珠，选定一百六十粒，计值洋二千一百零六元。王研春随沈送至西门外羊肉桥张公馆内，据云太太欲买，适值无暇嘱为留下，次日收银。至闰四月初二日，沈又取去珠子一串，约初十日如数付银。讵至二十音信杳无。人即避匿。前日始在胡家宅遇见，为此扭入捕房，解案请究。王研春供词相同。沈供浙江人，先在裕丰官银号为伙，现已辞歇，此项珠子系新马路酱弄内陇西李公馆托买。明府问西门外之张公馆何人，沈供是张李，同讯其珠子何在，沈称为友人取去，可以取回。明府谕沈速将原物交出，尚可宽恩，如延，重办不贷。谕毕着带回捕房，押候复。（《申报》1906 年 6 月 28 日）

法租界公堂案（节录）

钧昌堆货栈失慎经公堂迭次讯鞫，判令栈主郑子云及朱世恩等交保，着交田兆记澈究在案。兹经有人累次邮寄匿名信，函致中西官，谓郑子云向业药材，初租栈屋时，早已蓄心纵火。及保出后，到处夤缘，施以重贿，有源丰润官银号某姓经手馈送当道银数千两，有某姓代延律师，从中分肥等情。故昨复集讯，郑供并无其事。惟前确做药材生意，延律师之事小的尚押在捕房，是徐姓代为。聂司马遂将两函给郑阅看，令查明禀复。遂问投案之田兆记为何将货抵押与陈裕记。（答曰）因市面不好，搀杂之泥土是车夫作弊。失火时小的已往通州，故不知详情，求鉴。判田交的保，郑同朱世恩交原保再核。（《申报》1907 年 10 月 6 日）

义善源全体债主之诘责——咄咄商会直是道署之账房（节录）

已闭义善源票号全体债主公呈商务总会，略谓：……商等曾蒙邀集酌议，当以历次所办商号倒欠案件，向系官商华洋一律办理。公款既入市拆放，取息缴部，与商民放款营利相同，则有利同享，自应有害同当，断不能平时则与民争利，有事则贻害于民。况义善源亏欠道款只二万两，若改变历办成案，责令代偿丰裕六十余万之官款，设使有人藉为口实，执义善源本票援案争先，商等欠款势必无着。实因义善源纯系商业性质，所出庄票、汇票关系商界信用。而商等往来存款均为营业血本，身家性命攸关，一旦丧资失业，即公家厘饷税课何所取盈？是商款之重实与公款无异。至于丰裕为海关官银号，凡有收付均属税项，自必非常慎重。所领存之六十余万，定必有账可查。案款催收于公家，似无所损。故商等只吁求道宪分清界限，将提存之义善源契据、期票、股票等项，一并发贵会派人清理，归还义善源实欠官商各款。如有余数，缴呈道宪拨还他号商等，断不敢有分外之要求。

……（按此公呈列名者甚多，依次列后）：贾文富、倪镜人、刘云斋、张阆亭、刘家藩……刘子文、孔云海、方思元、郭丙秋、万生、万隆、长记、广东官银号。（《申报》1911年5月5日）

（五）江苏裕宁、裕苏官银钱局

心字湖冶秋词（节录）

省城自裕宁官银钱局开办以后，银价稍稍提高，数日未几仍减。迨六月间，洋银每元仅换九八五，钱八百一二十文不等。刻下据钱业同行市价而论，每洋银一元科九八五，钱八百九十文，小银钱每枚科九八，钱七十七八文。而亦以时近秋闱，同业把持甚固，大洋每元仍只换八百十五文，小银钱仍只换七十二文云。（《申报》1903年9月19日）

地下沉冤

金陵访事人云：前有某甲者奉主人之命持银赴裕宁官银钱局领取小票，兑换当十铜元。目见司事人役向换钱妇女恣情谐谑，正言斥之，不知如何触怒委员，喝令弹压，武弁吴铁珊捆殴致毙。事为其主所闻，言于府县官，拘吴收押。兹访悉甲之主人为学务处提调张子虞太守，当甲惨毙之后，即谒见两江督宪魏午帅（魏光焘）、江宁藩宪黄方伯，缕陈委员平日擅作威福情形。午帅勃然震怒，立饬江宁府罗少椎太守檄县秉公查办，并各委候补州县两员会县验尸。张在守亦遣两委员前来监视，随验得死者身受致命伤三处，忤吏填明尸格。嗣查悉此案实由陈世辅、黄邦懋两人酿成，某照磨更助之为虐。张太守遂坚欲禀请午帅重惩，后经罗太守力为缓颊，另换尸格上详。未几尸亲闻变而来，哭求张太守申雪。太守薄给川资，令即领棺回籍。果尔则不独死者含冤于地下，恐局员司人等益视人命如儿戏，将来持银往兑者必不免步甲之后尘矣！未识午帅及方伯知之否？（《申报》1904年6月9日）

裕苏钞票案之正犯系光蛋头目

裕苏官钱局钞票向由本埠三马路与山东路转角之大昌元烟纸号承印。本月初有级升栈伙王玉田至该号托印一元钞票五千张，约期出货。大昌元即挽藻文书局赶印。届期王偕李惠卿先取一千张，大昌元疑之，因至裕苏探问，岂料竟无印票之事。遂由大昌元执事冯子祥偕同裕苏执事向云初投报四马路捕房，捕头饬八十一号西探及华包探徐荣珊将李王二人一并拘入捕房，次日解廨请究。李惠卿供出系何姓起意，现匿苏州。经中西官押候，移文至苏提何复究在案。兹由华探徐荣珊在苏州拿获，其人名何杏生，查系光蛋头目。徐因解至苏州捕房，赶报苏州府署转禀抚宪，请示濮中丞，以去差无多，如令解回沪上，深恐中途有失。因于当日特派警察将何带入城中禁押，再行商议办法。昨日徐探回申，已将情禀达捕头矣。（《申报》1906年4月7日）

英美公廨早堂案（节录）

李惠卿向三马路大昌元承印裕苏官钱局一元钞票五千张，级升栈伙王玉向取，被大昌元察知有异，通知裕苏投控捕房，派探至苏拘提人证，已详前报①。昨日捕房将前获之李王三人送廨请讯，原告向云初投称前堂，王等供出之何杏生已经包探拘获收押，吴县请将李王解苏办理，闻司马商之英副领事，着于礼拜三定夺。（《申报》1906年4月10日）

电饬查复铜元缺数（汉口）

大江南北水灾，前由端午帅派员来鄂，先后采办铜元八十万封前往赈济。兹得裕宁官钱局来电，以前所办之铜元封内藏有石块，铜元缺数甚巨，刻已饬令查明禀复矣！（《申报》1907年2月2日）

---

① 见《裕苏钞票案之正犯系光蛋头目》，《申报》1906年4月7日。

伪造钞票案犯将次起解（苏州）

上年伪造裕苏官钱局钞票之案犯何杏生及柯理洪即朱竹石廉访公子之家丁柯升，经苏州府发审局讯实，详经前臬宪朱金殿中丞拟定军罪，现已奉到部，复照拟办理。朱廉访因即饬县请咨起解，昨日柯妻周氏投臬辕及府署禀求免解，当予批斥不准。想日内即须起解矣。（《申报》1907年6月29日）

苏属三十六厅州县会呈各宪文（为银价亏累事）（节录）

查全省田赋本系科银而不科钱，与其以上合银每忙核数奏报，总未能尽与市价相合。何如以银完银，官民均昭平允。刻下银元通行，民间之向只用钱者亦已相率用银，事成习惯，不致因银色高低致受胥吏之欺。抑如大户完银较多，即可自向银行或官银号开写银票交纳，小户完数无几，亦可以钱易银，赴柜报完，改免畸重畸轻之弊，亦无银价洋价之殊。（《申报》1907年8月20日）

报告振〈赈〉务办竣之督批（南京）

江宁藩司等以江北振〈赈〉务告竣，查明收发款目，开单详请江督饬发报销处核办。当奉端午帅批示云：查去岁（1906）灾情之重为数十年来所未有，大江南北遍地哀鸿，本部堂莅任，目睹数百万生灵饿殍在途，流亡满邑，更有不逞之徒乘机滋事，扰害地方，屡次专电上陈为民请命。并禀明不论是何款项，权衡轻重，移缓就急，仰蒙圣恩优渥，巨帑频颁，俾得工振〈赈〉兼施，渐臻安集。该司热心惠济，力任其难，会同任道腾挪应付，撙节支持，并借银四十万购米平粜，惨淡经营，贤劳懋着。任道竭精毕力，日治文书，详核款目，亦能力任其难，将来汇案报销自当奏请奖励。查阅开呈清单，条分缕析，秩然不紊，候即札发报销处复核汇办。惟此外尚有沪道经收用银一百数十万两，直省供垫振〈赈〉捐银五万两，经汇徐州道归入春振〈赈〉散放，运库拨用银三十万两，扬州商捐银十万两，徐海淮安各属绅富捐款均系就近拨用，未由该司等经手，以及陆续新收之款，来单俱未载明。再造币厂新铸铜元前经度支部议准，以二百万铸数及其中余利归振〈赈〉支用，原购以铜价银系在赈款项下付给，所铸铜元除已经拨用外，其余应以之归还工赈借垫各款，俾符二百万串之数。总之收支各款多至数百万两，套搭、掺杂，头绪纷繁，应即责成总办报销继①藩司、杨臬司等督同，悉心查考，勿任稍有遗漏舛销，是为至要。至单开悬欠银六十一万余两多为至项所开，一俟赈捐集有成数及新铸铜元，速即分别如数拨还，以清款目。其赈余外销银六万八千七百余两由司解交官钱局生息，留备办赈善后要需，无论何事不得动用。赈务既以告竣，筹振〈赈〉局应即撤去，凡有未完事件，统归报销处会同赈捐局接办，除行报赈销处、造币厂、官钱局、财政局外，仰遵照办理并移任道知照。（《申报》1907年8月18日）

递解窃犯

吴县递解窃犯张景荣并裕苏官钱局票洋一百七十二元四角到县讯究，张供与陆东生在老港米船上伙窃现洋三百九十六元四角，小的分得一百九十六元四角，逃在苏州被拿。用去四元，其余均被搜出，除赏给巡士差役二十元外，余换官局票洋解案。求宥，判责四百板，押办票洋存案候领。（《申报》1908年3月12日）

批奖捐款办学绅士（南京）

江宁提学使近将调查通州师范学校及各等学堂情形详请江督核示，并请拨筹师范经费。当奉端午帅（端方）批示云：通州师范各校经该司亲往调查，据胪陈建筑学科教习用款等项无不斟酌尽善，具见张绅布置、经营、规画宏远。历办各校成绩均有可观，实深敬佩。预算戊申经费不敷，自应由官量予补足，候饬淮运司于通州各官盐栈盈余项下，每处各拨龙银二百元，另由本部堂按月捐助龙银一百元，共五百元以资补助。其本部堂指助之类，即按月交裕宁官银钱局驻通分局就近拨交。至学生毕业，准照官立学堂章程一律给奖。张绅兄弟捐款至六万一千余元之多，毅力热心，尤为中国所仅见。应候奏请破格给奖，此外捐款各绅应得何项奖叙，即由该司查明衔名、捐数，开单详候汇核办理。（《申报》1908年3月3日）

---

① 原文如此，疑为"暨"之误。

谋揽浦滁路工（安庆）

宁省日前有天津工头王某、李某二人在下关同益，公（同）运动津浦路工局司事，揽得浦口至滁州百二十里之土工，由茂春办馆担保，向镇江南顺记定购铁锅五百口，向庄德生定米一千石。该茂春办馆主人李石如又过江浦，至裕宁官钱局欲挪款付给工资，钱局管事怀君以远省人来作工，良莠难分，业已严辞拒之。（《申报》1908年9月24日）

严防裕宁伪制纸币之贻害（扬州）

扬州嵩太守奉江督札开：裕宁官银钱局行用银钱各种钞票既为各埠信用，为数日多，难保无奸商伪造牟利。若不预行防范，必致官局民生首受其害。现拟悬赏购线章程，照私铸例治罪办法均属妥协，应准照办。仰候通饬宁、苏各属地方官一体出示晓谕，随时严密查拿，务期有犯必惩，以儆效尤。现太守奉文后刻已通饬所属，一体遵照。（《申报》1909年7月8日）

江督批准拨给女学经费（南京）

德化县举人徐庭兰等日前具禀江督请拨公款以维女学，当奉端午帅批云：据禀已悉，女学为家庭教育之基，关系良非浅鲜，该举人等组织女子初等小学亦已有年，热心公益，殊堪嘉许。近因添聘教员，购置机器，经费不足，自系实情。所请发给庐山猴子岭地租利息充作该堂经费，以公济公，本无不可，第恐地方公款或已拨充他项之用，事关教育，不能不代策安全。仰江南裕宁官钱局转移驻赣分局就近按节拨给一百千文作为该女学堂津贴，他处不得援以为例。该举人等务须认真经理，方图改良，毋得虚糜，期收实效。并移西学司转遵照。（《申报》1907年7月3日）

苏路公司接各处函（节录）

（淮属阜宁八滩镇招股处函）续招七百股，连前所招四百股，共合新股一千一百股，于十二月二十日寄交盐城裕宁官钱局朱立言君转上。（《申报》1908年2月11日）

骗术新奇（苏州）

苏城西中市和丰钱庄日前忽接京内源丰润钱庄电汇胥门某客栈某宦银二千七百两，该庄信以为真，照数开票遣店司前往交付。讵店司未返，而原票即经裕苏官钱局赴庄照票，因有人兑换钞票，该庄以票数均对，并派伙赴局。果见有人乘坐四轿兑换钞票，问答之下始知姓梁，号桂森，并谓此款如不送来，拟将来取。因亦接到源丰润京电，将电底示阅，店伙见其举止阔绰，深信不疑，梁遂全换钞而去。该伙返店后以全换钞票，情迹可疑，并电报暗记稍有不符，遂拍京电向源丰润庄询问，讵复电谓并无其事，始知两电全系伪造。当再派伙速往胥门客栈查拿，讵已将行李一切同上摆渡船而去。现虽四处访查，实无影响事。后该庄经理等拟令各友照数摊赔，以免失察之咎。（《申报》1909 年 4 月 17 日）

江督维持宁垣市面（江宁）

江督张制军①以南京市面银根紧急，前月曾拨库款银二十万两交裕宁官钱局以资流通，不意该局将其现银转运出口，以致市面愈形紧迫，钱典两业尤受影响。江督现又加拨银二十万两，发交商会分给钱典缎三业承领，计钱典两业其领十六万两，缎业领四万两，各业均已出具领结，分向商会领取矣。（《申报》1910 年 5 月 23 日）

江督苏抚电奏筹办平粜情形（南京）（节录）

近则芜（湖）米所存无多，赣省收成亦薄，赴购者皆令减少，米数势难定。以采办地方而目前需米孔亟，不能不设法筹济，以舒眉急。是以甫经电陈有缓漕、免税之请，仰蒙圣恩俯准，江南士庶钦感同深。目前办法自当先将准缓新漕十万石，分饬需米较急之区，由官督绅平价出粜。先尽极贫之户购食，其余推及次贫。至情形较缓之区，可待外米接济。宁属归财政局司道督饬，由江安粮道与裕宁官银钱局借拨公款十余万两。苏属则委江海关道蔡乃煌经管，苏松太三属饬候补道王仁东经管，常、镇两属饬苏藩司筹垫银五万两，江海关筹垫银十万两，作为由

---

① 指两江总督张人骏。

官提倡。一面劝募绅商量力筹捐，酌提公款，分赴有米各处，或电致香港、外埠凑购三十万石，分济苏、宁。此现在筹办大纲。（《申报》1910年5月5日）

通电照录

裕苏官银钱局禀批：殳伦元承嗣殳蕉汀分受遗产，自难置身事外。业据县详移，请杭嘉湖道饬提，一面派委员前赴乌程县。守提未到，据禀前情，再札催去。委会县查明办理，并严饬县廨分别追究。（《申报》1910年5月9日）

江督维持钱市之文告

江督张制军（人骏）出示云：照得裕宁官银钱局本为裕商便民而设，所有收放公私款项及行用银票均为商民所信用。近因上海钱庄倒闭，银根紧绌，商情恐慌，已电饬上海道随时接济、维持，所有票本均经筹备应付。一面并由本部堂电奏息借巨款，发交市面以资周转，业经奉旨允准。诚恐商民人等未尽周知，不无观望，合行出示晓谕。为此示，仰商民人等一体知照。（《申报》1910年7月30日）

道批两则（节录）

严长桂禀批谢薇生将承租访民之地转租与日本人开设丝头厂，致碍地方卫生业已节准巡警总局来移，照会日本总领事饬令该日人停工另迁在案。所有该谢薇生实为此案当事之人，应即由廨提案讯惩，一面勒令退租还地，以杜纠葛。叩会审官宝令遵照办理。至禀词牵黄巡官一节，并候转移巡警总局确切查明实究虚坐可也。源吉①等禀批候函饬裕苏官钱局查明，赶速清理可也。抄单附。（《申报》1910年10月5日）

道批四则（节录）

曹海坤禀批案经控，局饬查是何情形应候查明核办，毋得来辕越渎。晋和等禀批候照会裕苏官钱局查明白，具复饬知。（《申报》1911

---

① 源吉是当时和源丰润齐名的上海著名钱庄，因受橡胶股票风潮波及而停兑，导致存户向上海道禀控。

年1月14日）

假钞票

虹口密勒路粤人陈阿荣、梁阿秋因将裕宁官钱局五元假钞票，嘱令陈王氏、郭周氏持向斐伦路德润赎取衣物，被柜伙顾德南察悉报捕，派探将陈等男女四人并获。昨解公堂请究，陈梁二人供词推诿，陈王氏供称此项五元钞票于上月二十九日在英大马路拾得，共有十纸。原告顾德南投诉陈王氏等混用情形，并据裕宁驻沪分局宋裕香投诉获案之钞票票面上黄色甚淡，验明均系伪造，请为彻究。宝谳员核供会商英康副领事，判陈等男女分别押候，查明礼拜五讯核。（《申报》1911年4月6日）

钱庄伙捏函蒙骗银两纪闻

汉口顺泰钱庄伙宋某近忽来沪，与父宋春轩向寓法大马路名利栈，捏造庄信两封，先后向裕宁官钱局及宁波路永丰钱庄各支银三千八百两、洋四百元。裕宁当即照付，惟永丰只付银八百两、洋四百元，余银嘱至浙江银行划收。讵宋父子将前项银洋暂寄河南路同源福烟纸店伙、伊戚胡阿宝处，胡即携银逃匿虹口嘉兴路业广公司附近，兹经该庄经理人查悉，分电来沪，由永丰庄向浙江银行将判付银三千两止付外，并由裕宁官钱局侦知宋父子寓所前，往将宋春轩扭入法捕房收押，报请总巡捕房派探周志仁协同八十二号西探往将胡阿宝及赃银一并拘入捕房，押候解廨讯究。（《申报》1911年4月7日）

伪造划票之结局

闸北某警局巡士湖北人熊荣祀（即熊伟），因将伪造之裕宁官银钱局划票持向北京路广源钱庄内，图骗洋二百五十元，由探查获，解送公堂押候，函请巡警总局查明此票是否由副巡官易朝宗之弟嘱熊收取，复候讯核在案。昨日复由捕房解讯，熊仍坚执前供，中西官以已向警局查明易副巡官之弟并无其事，判熊押满两月，伪票涂销。（《申报》1911年6月20日）

苦累乃父

汉口仁泰钱庄伙宋阿荣私自来沪，捏造该庄信函向裕宁官钱局及永丰钱庄串骗巨款逃逸，业已由廨将其父宋春轩及同党胡阿宝一并拘押在案。昨日复由捕房解讯，中西官以原告久居汉口，判宋春轩解送夏口厅讯办，胡押捕房两月。(《申报》1911 年 4 月 30 日)

钱局酿命

金陵访事人云：此间官钱局员司人等每遇小民换钱，必鞭笞横施，如狼似虎。而赴局兑换者依然趾接于途，且有士林中人以辱侮难堪，入见委员理论者。委员陈世辅遂蒙禀大宪请委五城商团局总办吴大令锡官带勇弹压，大令到差后，即派中城团练局管带吴铁珊每日率领团丁到局监察。顾发票、发钱各司事大半市井无赖，浮荡性成，吴铁珊刻意逢迎。遇有男子及老妇来换钱者，辄以鞭挞从事。惟青年女子则入门无阻，甚且扪胸摸乳，无所不为，败俗伤风，几等桑中濮上。某日为男子换钱之期，有某宦者遣家丁某甲持银往兑。甲戆直性成，见散票处有少艾夹杂其中，致守候移时，未获小票，不禁忿火上炽，大声斥之。司事怒甚，呼令团勇鞭逐。甲益不服，遂效刘四骂人①，吴铁珊仰承司事之心，喝令团丁将甲缚而挞楚。甲始犹詈骂，继渐无声，盖已毙于挞楚之下矣！某宦闻耗往见府县，陈说其事，旋由县主拘提吴铁珊到案收押候惩。噫！谁实使之，以至于此！恐办理官钱局者，不能辞其责矣！(《申报》1904 年 6 月 2 日)

论江南官钱局换钱酿命事②

国家曷为而铸铜元？曰将以便民也。夫民之苦钱贵久矣！迩年以来，每洋银一枚仅换制钱八百文有奇，犹苦无从兑取。孔方身价日益增高，当事者因之议铸铜元藉佐制钱之不足。已见施行者，为江苏、浙江、广东、福建、江西、湖北、湖南、安徽、直隶省。民间以其轻而易齐，行使毫无阻滞，因是交口便之。然此非特民间之利，抑亦官吏之利也。按纹银每两约可铸当十铜元一百二十枚有奇，值足制钱二千二百文。乃局中领用藩库之银，每两仅以铜元一百八十枚相抵，是局中每领银一两铸成当十铜元已余四十枚，合制钱四百文矣。而以铜元颁发官钱

---

① 典故出自《旧唐书：刘祎之传》，意指以俏皮话来骂人。
② 参见《钱局酿命》，《申报》1904 年 6 月 2 日。

局，则每银一两只合一百五十枚，是竟余七十枚，合制钱七百文矣！银元局之获利固不为不厚！至由官钱局兑与民间，则洋银一元仅给当十铜元八十四五枚不等，以纹银一两核之，只能得一百十五六枚。是官钱局之领铜元于银元局也，每银一两得一百五十枚，而其兑之于民间也只一百十五六枚。其间余三十五六枚，合制钱三百五六十文，官钱局之获利亦不可谓不厚！虽一切司事薪水、局中火食诚不无耗费之处，然充其量去，所获赢余之半而止。而其所得固已不少矣！

夫以获利如此之丰，宜纵令民间前往兑取，且必多方招徕之，乃不意当事者定以何时启门，何时闭门，过此则不准兑，是限之以时也。每人只准兑银元一枚，多则不允，是限之以数也。惟其意一若发兑与民，虽有利可获，然究不若趸售与钱肆得利易而且丰。以是多方把持，多方抑勒，务使民间视为畏途，相率裹足而后已。尤可异者，日前金陵裕宁官钱局因张太守之仆持银赴局领取小票，兑换当十铜元，司事人役、换钱妇女恣情调谑，正言斥之。致触委员之怒，喝令弹压，武员立时凶殴而毙。夫钱局系兑钱之所，并非娼楼妓院任人寻欢，岂有可以①换钱妇女戏谑者？即并无此事，张仆有意寻衅，不妨轻则斥逐，则送有司照例惩办，安有可以贸然凶殴，且殴而竟至于死者？局中人之凶横暴戾殊出情理之中矣！夫闾阎热闹之场，钱肆不知其凡几，日换之人亦不知凡几，彼此照例贸易口角之事，亦殊罕闻，岂有因此而竟酿成命案者？岂至钱肆者皆循谨之辈，赴钱局者尽凶悍之徒耶？

有以知其必不然矣！夫钱局之设所以便民也，果使闾阎稍有裨益，即局中于赢余之内多所沾润，亦尚可原。乃当事者但知多多益善，悉入私囊。于兑钱者不特多方为难，且竟因此而酿成命祸，是亦何贵有此局哉？然则为之奈何？曰中国积习，官与商万无可合之理。银元局既铸有，铜元不妨迳发各钱肆行用，如虑相率抬价，有意把持，不妨定章程每洋银一元换钱若干文。悬示通衢，俾小民无不知悉。如此则官局各项经费既可节省，而民间少此周折，亦复便益良多。此则上下皆利之事，所不利者，官局之委员及各司事耳。然国家举行一事，只宜问民之有利与否，而断不能专为贪劣之员代谋生计。戆直之言，未知有整顿圜法之

---

① 此处原文疑缺字，或为"同"字。

责者，其不斥之为迂谬哉！（《申报》1904 年 6 月 11 日）

裕苏官钱局来函

启者：

本局所行钞票向系自置铜板、印机，雇工在局督印，印成编列号码送请藩署盖印，骑缝处复盖本局关防，并加图章、暗记防范周至，从无假冒。本年二月间有何杏生持本局地字第一百十七号行用钞票一纸，向上海大昌元纸铺照样翻印，该铺以原票盖有印信，照此翻印则全体俱备，不敢照做，函询裕苏分局有无派委添印情事。三月初三日接到分局来电，当即面禀前署藩宪朱，饬令驰赴上海从速拿办。遂即带同包探于三月初五日在老吉升客栈拿获黄雨〈王玉〉田、李渭卿两名，并搜获何杏生寄王玉田催令取票速回信两封，大昌元收何师爷洋念二元收条一纸，送交英公堂取讯，供明何杏生现在苏州。复于三月初九日由探在苏将何杏生拿获送府法押。其时英公堂欲将黄①、李两犯在沪审办。复经禀奉朱署藩宪移会上海道并分行英外廨及上海县，将该二犯押解来苏发府审讯。旋由英公堂录取讯过供词，连同搜获信件暨大昌元呈出何杏生催取钞票信两封，地字第一百十七号做样钞票一纸，偕文移送苏州府查核。此钞票一案翻印未成，由初禀奉朱署藩宪饬拿解办之实情也。公堂案牍具有日月可照凭。按初前因奉差赴东，日昨回中，见报载此案子当日拿办情形，语焉不详，用特表明。裕苏官钱局总办李厚初。（《申报》1906 年 7 月 27 日）

新苏臬密传朱公子询问伪造裕苏钞票事（苏州）

新任苏臬朱金殿廉访奉文亲提何杏生及柯升等私印裕苏官钱局钞票一案，即经谕饬苏州府将此案全卷送司查核。日前已由苏州府孙太守检齐全卷呈送臬辕，闻朱廉访细阅全卷后，先密传朱竹石观察之公子朱祥甫进署盘问究竟如何情形，事甚秘密，外间无由得悉详细者。惟闻俟林观察到苏后，即当会同亲提何杏生、柯升等讯问，倘供有牵及朱祥甫之事，再行传同质讯。（《申报》1906 年 8 月 6 日）

---

① 原文如此，疑为"王"之误。

示禁仿印裕苏钞票

公共公廨谳员关司马奉道宪瑞观察札文：转奉苏藩司濮方伯咨，苏垣裕苏官钱局创行一元、五元、十元钞票以便通用，由上海藻文印书局具结一家承印，不准他家冒印，请饬差谕知示禁。等因。司马遵札饬差传谕：藻文谨慎将事，如查有他家冒印，准指名控究。一面饬书吏缮稿送阅，日内即须出示晓谕矣。（《申报》1906年9月13日）

奏报江苏动项解交裕宁官钱局

为购米平粜之用事（宣统二年（1910）三月二十八日）①

再宁苏两属米缺价昂，筹办平粜，宁属饬由江安粮道与裕宁官银钱局借拨官款办理，请将亏耗之款作正开销，经臣会同江苏巡抚臣奉钦奉谕旨允准，转行钦遵在案。兹据江安粮道吴尉详称，遵即在于库储漕项米折款内动拨银十万两，解交裕宁官银钱局兑收，充支购米平粜之用。请饬事竣后，除亏耗之款据实报销外，仍将余款解还。并请先行奏咨立案，等情前来。臣复核无异，除饬司局遵照并咨度支部查照外，谨附片具陈，伏乞圣鉴，敕部立案施行，谨奏。

（朱批）该部知道，此片缮写空漏一行，殊属疏忽，著传旨申饬。

宣统二年（1910）三月廿八，两江总督张人骏。（中国第一历史档案馆藏档）

论江北财政书（录《南洋官报》）（节录）

窃以江北地方苦于贫瘠，事事掣肘。然其疆域寥廓，西上虽近荒漠，而亦尚非不毛。东下则近海之处，港汊纷歧，虽易薮奸，而实皆腴壤也。民以贫困而多散处四方者，然其生齿未尝不繁。生多而性拙，亦不适于用，故守而不去者亦多。草舍不蔽，短褐不完，杂食不饱，可怜在此，可资者未尝不在此。此则所谓地广民众，其民易使之区也，而安有坐视无策，以振其乏者？

此其治术资于地，资于人。地则分高下，人则分工农。其紧要机关则先在筹垫资本。资本之用，用于工，则扩充盐产是也。用于农，则垦

---

① 该折为两江总督张人骏所上。

殖荒壤是也。

今请先立一主要部分，向江宁官钱局①借现铜元，合制钱二十万串，则为铜元二十万包，每包一百枚。又借官钱局票四十万串，划分为大小票。票者，虚数也，铜元，实物也。有一半之实钱以驭加倍之虚票，不患其不给。则是以二十万串钱抵六十万串实钱之用矣。于清江市中设立一兑换局，民持票来，立与铜元。其发给、出皆用票，各物市买亦皆用票。辗转收取，自然不患钱竭。（《东方杂志》1908年第五卷第八期）

伍佑亦办平粜

两淮泰属伍佑场②因七月初六、七日两昼夜大风雨，平地水深二尺，田禾一片汪洋，该镇各户断炊十有七八，人心惶惶，大有不可终日之势。幸该场刘大使邀同场商筹款平粜，息借庄伍、裕宁官钱局钱款购米开办矣。（《申报》1911年9月15日）

巨骗监禁三年

镇江裕宁官银钱局经理黄明恒前接扬州裕宁来电云，有捏函谎骗之窃贼刘贵即吴冶村，计骗宝应裕宁局执事吴仲修带洋票二万余元，至扬州义和栈暂宿，用计骗开吴仲修，窃去洋票三千九百余元，请为留心查缉。讵该贼果于日昨携带洋票至镇江成银楼兑金，该店伙持票至局验看，因系新票，尚未盖章，即至该店，将该窃贼盘获。并在万亿楼客栈起出原赃无讹，特将该贼吴冶村即刘贵函送丹徒县，并请枷号（？），以便分发各局示众。现经该邑文大令提讯属实，业已详请监禁三年，以示惩儆矣。（《申报》1911年9月25日）

借拨新币之公牍

沪道昨奉江督札文云：准度支部东电内开：卅电悉。宁厂铸本业已分拨无存，沪地借拨新币二百万元早经分交大清、通商二银行，已电饬沪道妥商该银行办理，此外实无从筹拨。如华商自向外国银行抵借，自应照准。汇丰保借一款，应准由沪道仍照前案接续接议，事关大局，务

---

① 即裕宁官钱局。
② 即江苏盐城伍佑盐城。

希台端全力支持,以济艰危,至为盼祷。等因。业经转电该道照办在案。现准常州绅士恽侍郎来宁面言,常市紧急情形危迫,请为筹济,自应并顾。除饬裕宁官钱局量力设法外,查上海现有前项大宗拨济之款,亟应移缓就急,于万难挹注之中竭力腾挪,酌量调剂,实可筹拨若干,由该道与恽绅等面商办理。(《申报》1911年10月30日)

公电(节录)

申报馆鉴,并乞转各报,扬州自十七日定字营兵变盗劫运库一空,孙天生乘机发现,是时阖城惊扰异常。经绅商军学界电请徐公宝山来扬,将孙拿获,并将定字营兵招安,至十九日事定,合界文明,组织秩序井然。两县仍照常办事,大清银行及裕宁官钱局均派兵看守,市面交易如初。(《申报》1911年11月20日)

满清河巡检作贼

前清宝应县属槐楼司巡检何运委忽于日前率领无赖百余人各执枪械,伪充革命,拥至宝应城内大街,闯入裕宁官银钱局硬索银洋,大肆滋扰,并连放空枪数次以为恐吓之计。一时阖城商民惊惶异常,纷纷逃避。未几保卫总局长王君闻警之下,急即亲率保卫兵士多名驰往抵御。若辈知寡不敌众,乘间逃逸,只获何运秀一名及无赖三人。当经王君据情电禀扬、镇二军政府,将所获四人讯实后一并枪毙,地方亦安靖如常。(《申报》1912年1月21日)

(六)顺天、直隶惠通官银号、平市官银号、天津官银号等

易水秋声

津郡自开局铸钱以来,新钱已经通行市面。咸谓是当可免钱根短绌,钱价高昂矣。不料钱肆钱商仍高抬钱价,虽有官府维持圜法,一片苦心,而究于闾阎无补。现闻于大口地方设立官钱局,取通商惠工之意,额曰惠通,月之下旬已开市交易矣。夫见利忘义,士大夫且不免,何况市侩。故非由官为之酌盈剂虚,恐无以制钱商之高下其手也,爰乐得而记之。(《申报》1896年10月17日)

银号被劫

天津直报云：月初某日之晚新河马贼头目黄金标率同丑类，闯入官银号所设厘卡，将银钱抢劫一空，所幸卡中人并未受伤。不知以后能弋获贼盗否？（《申报》1901年6月25日）

天津官银号劝津人游学日本学习商业文（1906）

为晓谕事：

照得银号之设，宫保（袁世凯）原以维持市面、振兴商务为心，近来银根之紧各处皆同，而出公家之款济钱商之乏，为数至七十余万之巨，取息月仅五厘之微，非宫保恤商爱民，轸念津郡初收，为此破格之举，曷能及此。而市廛亏累已甚，关闭时闻，识者慨焉。本督办[①]等受事以来，体察情形，市面之不兴实由商务人才之过乏。虽亦有明于大体之人，而究难多觏大率，各怀自私之见，遂忘可久之图，非射利而只知架空，即侈靡而罔知谨度。以致纷纷亏闭，误己误人。推原其故，总由无教无学所致。夫货殖之道，贵在乘天之时，因地之利，顺人之情。我欲养其身家，人孰不欲养其家，中国如是，外国亦如是。同居天覆地载之内，宜存并生并育之心，勿挟相戕相贼之念。故大学生财之道无他术焉，生之者众，食之者寡；为之者疾，用之者舒，如是则财足。反是，而财未有能足者也。

方今为商战之天下，各国以商战实皆以学战，每办一事必设一学，故商业学校，尤为外洋振兴商务之基。宫保讲求新政，志在百废俱兴，本督办等银号各员，亦有维持商务之责，将欲挽回天津市面，非开商智兴商学不可。而经费为艰，一时学堂尚难举办，则莫若选商家子弟之良者数人，前赴东洋人商业学校，以为储材之计。所需经费拟于银号设法筹拨。当此多事之秋，库帑万绌，本难及此。而筹维再四，商学一日不兴，商务一日不振，有不得不奋迅图之者。前经禀陈宫保，仰蒙俯允。为此合行牌示，仰天津商家知悉，此次出洋子弟，应令各商家各就所知，公举性质敦谨，文理明晰，西学粗通之子弟，不得稍涉浮滥。本督办等认真考试，亦不敢稍涉瞻徇，总期送一人，即为天津商务造成一有

---

① 即天津官银号督办周学熙。

用之才，庶他日获收其效。

惟前据津商声称，此地商家旧习，子弟认真读书者少，自应推广。凡士家子弟有愿入商校者，亦准与考，务于暑假前及时选定，暑假后克日成行。又商务之本，维工与农，故外洋以农工商为实业。本督办等前与津绅严京堂等，讲求工艺，设立实业研究所，兼及农商，演说三次，不免程度皆低。此次出洋子弟拟令学习商业，并分习农业、工业，冀为此后天津实业之倡，实为今日最急之务。亦经陈明宪鉴，除由本银号会同工艺总局具详，并整理钱业，议禁浮奢，应俟剀切具陈，再行晓谕外，合并示知，仰即遵照。特谕。

一、公举子弟，以性行敦谨，文理明晰，西学粗通者为主。

一、习英文者，须注明读过英文第几本，能否讲解明白，及翻译短篇文件；习日文者，须注明学过年期，能否讲解及翻译；算学须注明学至何级；汉文须注明能作若干字论说。

一、年岁在十五岁以上，二十五岁以下为合格。

一、公举后即赴本银号报名，订期面试。

一、士人子弟愿入商业学校者，亦准与考，并送农业、工业学校。

一、报名须开具籍贯、三代名氏有、殁，并父亲营业、官职。

一、应考时须先具愿书、誓书、保证书、保证人、一二公正绅士、一殷实商家。

一、子弟以品行为先，况经选派出洋，尤关中国颜面，如有犯规或为学不力者，一经该学校开除，所用官费若干，应令按数追缴。

一、此次游学经费，出自北洋公款，学生等既受北洋栽培，卒业后应报效北洋，由北洋分别录用，以供差五年为限，在此限内非奉北洋允准，不得他就。

一、报名自本月十八日起，至本月二十七日止，过期不录。① （甘厚慈辑：《北洋公牍类纂》卷二十一《商务》；《大公报（天津）》1904年7月6日）

---

① 按照《大公报（天津）》1904年7月6日记载，此告示为督办天津银号、军机处存记遇缺即补道、会办毛庆蕃，天津银号长芦盐运司盐运使汪瑞高，天津银号、盐运使衔奏调北洋委用江苏候补道蔡绍基联合签发。

外城总厅申警部文（为彭翼仲事）（节录）

为申请事：……并据该彭贻孙（即彭翼仲）债欠之阜通官银号等绅商来厅声诉，追索变产抵偿，殊多胶葛，是以曲予展缓。其妻妾随继来视稽查处，既无女仆出入，检查致多未便。该二人迁延数日，言语支吾，屡次催行，刁难万状。本月十二日晚，彭贻孙在屋内手持洋枪，经朱委员瞥见，赶前诘问，彭贻孙声称家务逼迫，忿欲自戕。朱委员用手拦夺，彭贻孙乃竟向朱委员开枪，朱委员闪避，致子落地火星飞散，将朱委员左眼轰伤。比即扶回总廨，由卫生局医官王者香调治。旋经派令本厅巡官警长及探访局队兵将彭贻孙用强力制止，与杭慎修于本日分别解送顺天府收管，检出所持之凶枪，及另搜获小枪一支，均暂行存厅备案。（《申报》1906年11月13日）

津商会为上海烟台等地钱庄接连倒闭津埠更受冲击事禀直督文
宣统二年八月二十九日、九月四日（1910年10月2日、10月6日）①

禀大帅

敬禀者：

窃奉钧批，职会具禀天津市面危迫，拟议补救办法，恳请转行司道示谕遵行各缘由。蒙批：据禀已悉，云云，缴，等因。奉此，仰见大帅维持商业至意有加无已，凡在商民莫不同深感激。嗣蒙司道约集银行、银号、津埠各钱商，妥筹补救善策，维持市面，各商无不引领企望，以冀转圜。未经实行补救，上海复又倒闭钱庄三家，烟台倒闭十三家。查津商本与声气相通，其中因交易而被累者，正不知凡几。所以各商不肯发行，不过保全商业，勉力支架。若无补救善策续其后，市面终有不可收拾之一日。间或殷实之家有所恃而不恐，不知津埠商业败坏，即殷实之家势必受其影响，株连之祸，迫在眉睫。近因自会议后，尤多方排挤，市面益见摇惑，人心恐慌。职会权操商务，焦灼滋深，不得不渎恳大帅转饬司道，速赐筹商补救之方，立予实行，俾危迫现相〈象〉转为安谧，未始非市面之幸福。

抑职会更有请者，查国家银行、天津银号，均有保护市面责任，非

---

① 编著者对此文献标点做了必要改正。

同营业者可比。津市危迫已达极点，各商待救孔殷。即实行推缓，若无救济之方。亦难望市面流通，商业安稳。恳乞大帅俯赐并行司道，会商大清、交通、志诚各银行，天津银号妥筹接济，宣布通知，俾以市面流通，庶免株连之危，大局幸甚，商业幸甚。临禀不胜待命之至。各商仰企大帅垂救如大旱望雨，伏候速赐施行，实为公便。专此具禀，恭叩勋安。

总理、协理天津商务总会王、宁

直隶总督部堂陈①批：

据禀已悉。查此案前据该商会来禀，迭经行饬布政司、运司、津海关道、巡警道、天津道、劝业道会衔出示晓谕，妥筹办理在案。据禀前情，候再札饬该司道等遵照筹议具复。此缴。（《天津商会档案汇编（1903—1911）》上册）

津商会为源丰润新泰号同时倒闭危机更甚
请速行付息换票事宜禀直督文（节录）
宣统二年九月八日、十日（1910年10月10日、12日）

直隶总督部堂陈（夔龙）批：

查天津市面危迫情形，前据禀陈，迭经批饬藩司、津海关、巡警、劝业各道会衔出示，劝令各商互相维系，慎勿观望、排挤在案。兹据沥陈，上海号商倒闭，津市益形摇动，恳请实行付息换票办法等情。查市面盛衰，无论何业号商均有关系，但使熟悉商情即应互相援应，惟期票到期展换，自宜由各号商自行商劝，斟酌办理。至各商如因周转不灵，须向银行商用款项。如果各银行确知各该商素来殷实，但为一时周转之计，则商业往来自是通常办法，当无虞有掣肘之处。除行藩司、津关道、巡警道、劝业道、天津道、直隶省银行查照外，仰即遵照。此缴。

天津商会（《天津商会档案汇编（1903—1911）》上册）

御史奏请设立官钱局举办平粜事

钤章钦奉谕旨：御史温肃片奏：请饬民政部严饬巡警总厅，派得力

---

① 即直隶总督陈夔龙。

巡长、警分布各区，弹压地面。并饬度支部、顺天府等衙门分设官钱局、平粜局以平市价等语，著该衙门知道。钦此。臣奕（劻）、臣那（桐）、臣徐（世昌）。九月初九日［七十一］①。（中国第一历史档案馆藏军机处上谕档，宣统三年（1911）九月初九日第14条）

为设立公估局及发布简章事致天津官银号的函
（1908年1月1日）（附公告）

移天津官银号：

为移会事。现奉关道宪批"解会"，禀复拟议设立公估局情形，请出示。兹照会各国领事官转饬各洋商遵办缘由，蒙批：据禀已悉云云。此缴。又蒙关道宪批：敝会禀夏道饬设立公估局，酌拟简章十三条，请核示缘由。蒙批：据禀。兹简章十三条均悉云云。折存各等因。专此。除通知各行商一律遵办，兹将告示张挂外，相应抄录示文，移请会、贵银号请烦查照、备案。旋行次至移者。

计粘抄告示一张二件。（天津档案馆藏档）

为裕丰官银号经理被扣留无人主持工作事致津海关道移
（1911年1月1日）

移津海关道：

为移请事，现据裕丰官银号投称，窃敝号云云，施行等情。查自鄂乱事起，影响津市停滞，各商坐困待救孔殷。若不加意扶持，难免株连之虞。今裕丰官银号搁浅，调查所亏之款均在各银行、银号，一时未能收回，似应设法清理，以期就绪。惟陈文海现在贵号拘留，诸事无人主持，窃②理转觉掣肘。然既据职商冯景彝、黄琮衡承保，不误传唤。敝会调查该保等均系殷实商人，似可准如所请，以便设法清理而重库款。相应移请寄道，请烦查照。希将陈文海送会转交该保等保回。仍由敝会督同赶紧清理库款。是否有当，并祈核夺施行。须至移者。（天津市档案馆藏档）

---

① 原文如此。
② 原文此处难认，此为编者推定。

义善源倒民款不倒官款——呜呼民之膏血

天津义善源银号自倒闭之后，债主纷纷追讨账目，几至户限为穿。各署局之存款者亦皆带领卫队巡警蜂拥而至，经商务总会总理王绅竹林等设法解释，遂将前日所存官款一并拨入官银号①，由各署局持券赴号照支，而民款则尚未有实着落。查该号在津所有房产、地基本可变卖以还此项民款，而该号东亏空邮传部款项过巨，已将各埠所有房产、地基和盘托出，以作顶抵。日昨陈小石制军②接准邮传部咨文，速将该号所有之不动产一律查清数目咨复云云。陈督立饬藩司凌福彭分别移知巡警道田文烈、劝业道孙多森等速为查确、详报。田文烈遂移知商务总会协同查报，以备抵邮传部亏空，而民款终无下落云。（《申报》1911年4月20日）

天津兵变再纪（节录）

乱起时电车尚开行，讵至北马路官银号前，即有乱兵开枪，向电车轰击。立时各处电车均不开行。其贫穷之洋车夫则多有弃车而行窃者。（《申报》1912年3月12日）

（七）奉天官银号、东三省官银号

严禁过码钱之积弊（奉天）

沈阳各商店囤买粮货向用过码钱，盖彼此以空票过付，并无实款。农民贪图抬价，奸商乐做空盘，以致银根奇紧，财政大受影响。刻经财政局饬官银号调查，此项过码空票省城一处，在市面行使者已有三千万吊东钱③之多（按三千万吊东钱约合银三百万两）。遂由财政局呈请军帅出示严禁，限八月半前各钱号一律备办现款收回空票，嗣后不准再用。设或暗中行使，将来如有倒欠，官不代理。向无实本之钱号，见此示谕无不惶恐异常。（《申报》1906年9月22日）

---

① 即天津官银号。
② 即直隶总督陈夔龙。
③ 原文此处模糊难认，此字为编者推定。

反对官银号之匿名信（铁岭）

铁邑（铁岭）商务分会代表人赵福田、张名府、杨旭宫等拟于本街集股设一官银号，正在筹划，乃有一无名来函投置劝学所门首，略谓铁邑钱法本极通融，倘本邑一出官银号钞票，势必仅能在本城界内使用，万一能四处流通，则外城客商将因是裹足，钱法反受影响。并谓赵福田等荒淫无度，不足代表，若假以财政事权，不至倾众不止，力请劝学所绅董联名具禀阻止云云。闻劝学所于设立银号一事毫不干涉，不知投此暗函者何为有是也。（《申报》1907年7月6日）

东督奉抚①奏蒙旗债累困苦请借款接济折

奏为蒙旗债累困苦，恳求接济，议由官银号借银十五万两以恤蒙艰，恭折仰祈圣鉴事。

窃本年（1910）七月间接据哲里木盟长、郭尔罗斯前旗扎萨克镇国公齐默特色木丕勒函称：该旗地方硗薄，财政支绌，往年积欠练兵及置备旗纛马匹、器械，并举办新政各项要需渐渐增益，共欠银十五万余两，愈累愈重，无法筹措。拟为避重就轻之计，恳请官家代借银十五万两，由该旗长春府地租项下按年分还，以济该旗之困等语。臣等查各蒙旗财力困苦，此次该公旗因债累无法筹措，恳求官家接济，为避重就轻之计，尚属明白利害。所请以该旗地租作抵，亦与历次办理蒙旗借款成案相符，自应亟代筹措，以体国家优待藩封之意，而坚蒙旗慕服之心。惟蒙旗积习，借款到手浪费无节，债累终于难偿，必须彻查，为之主持，方保款不虚掷。当由臣等迭次咨行该镇国公，令将各项欠款详晰开报，并邀该镇国公来省面商。该镇国公嗣于九月间亲自到奉，与臣等面晤，并据开呈所欠各款本息数目，臣等查核属实，当即允准代向东三省官银号筹借。因札饬蒙务局总办道员于驷兴与该镇国公商订借款办法。旋据于驷兴呈称，代向东三省官银号商借银十五万两，按月以七厘六毫认息，以该旗应征长春地租作抵，由官银号派员监督经征，分作七年本利还清。拟立合同互相商订，该镇国公暨官银号金各公认，按照定议其所欠北京、长春官商各款，即由两处官银号按数分别拨还，取销借据。

---

① 即锡良、程德全。

又查该公旗欠款统共十五万二千二百六十九两七钱,除借定银十五万两外,尚不敷银二千余两。查该旗应征长春府属本年地租自本年(1910)十月间征起,至明年(1911)五月收齐截止,除拨还此次借定官银号应付第一期还款外,取收租项尚有赢余,应一并由官银号将此项欠款二千余两照数提还,以期扫数清结。并将所订合同呈送盖印,拟请奏咨前来。臣等复核所拟各节尚属妥协,该镇国公亦极愉惬,当即批准照办。除将合同底稿咨部查照外,所有代筹蒙旗借款还债各缘由谨缮折具陈,伏乞皇上圣鉴谨奏。

宣统元年(1909)十一月初五日奉朱批:该部知道。钦此。(《申报》1910年1月3日)

东省人民筹还国债热(奉天)(节录)

北京爱国报刊印崇君所撰劝还国债歌,颇足激发人心,吉省某君曾曾印五百份送阅。兹闻营口东三省官银号同人以其文简意明,女子浅识之人亦易醒悟,故特措资付刊,广为分送,俾各界中人振起爱国精神,踊跃认捐,以收众擎易举之效。(《申报》1910年2月2日)

东三省近事(节录)

札赉特旗借款四万金经公署批准后,当由蒙务局黄观察向官银号商订办法。此事因鉴于往年札萨克图旗私借外债,酿成交涉之弊,欲保全大局,故竭力主张出贷。而该银号系商业性质,必索取指实抵押之具,以致久无成议。现闻已由旗界设治之地方官承认担保,始允准通融。(《申报》1910年4月4日)

侍郎盛宣怀奏江鄂灾区民饥粮贵请饬筹工抚平粜当田三事折(节录)

中国向来常平、义仓积谷出陈易新章程何尝不善,所惜官绅未能一律认真办理,或有名无实,或藉端动用,自宜新旧法参酌互用,提前赶办,毋使因循。拟请饬下宪政馆、度支部、民政部及各省督抚与咨议局,预筹办理,以备不虞。即如目下湖北沔阳等属、江苏海州等属,虽经该省总督筹款办赈,据各员董函电告灾尚难全活。去年(1909)调任湖广督臣陈夔龙奏明,电商臣于东南各省募捐接济,并派议绅相助。又经杨文鼎在护督任内再四筹商,经臣转托奉天官银号道员周克昌、锦新营口道周长龄、署天津道洪恩广等分头采购高粱玉米三万大石，又赴温州石浦采购薯干，上海采购面粉，交明鄂督派员减价平粜。又经两江督臣张人骏、淮海州绅士所请，由宁沪两处筹借官商各款，援照前督臣端方任内桃源县当田办法。(《申报》1910年5月19日)

（八）黑龙江广信公司、官银号

江省将受抢粮影响（黑龙江）（节录）

江省去年嫩江一带州县同罹水灾，民鲜盖藏，又兼广信公司滥发纸币，收买粮石，致米价益昂。民间向以小米为主要食粮，近日每斗价达十吊有奇，贫民日不聊生……闻周少帅（周树模）除饬龙江府出示安抚外，并飞饬四乡屯工查明户口，将省城旧存粮石，每屯暂拨七十石（每石二十吊价）以济眉急。并饬广信公司电告各属分局，将从前用帖购存之粮石速由火车或轮船克期运省，毋贻民以口实。抚宪复于昨日出示晓谕，刻已安谧如常。(《申报》1910年7月3日)

广信公司对黑龙江垦殖的影响①

开幕之始，曾招致移民，开垦荒地。地由民领，其农用资本则由公司发给（月利高至一分八厘），盖所以履行兴业银行之职务也。所发纸币亦以制钱为基础，以吊为单位，即所谓江帖者是。光绪三十一、三十二年（1905、1906）顷，黑龙江旷土日辟，荒地畅销。一般官商多有以荒地为投机之目的物者，由广信挪借巨资，争相购买，冀涨价后再转沽之。此时过境迁，广信之贷款，概未能如期收回，辗转拖欠，致一时亏累甚巨。从此改变营业方针，专营商业贷款、粮石买卖及商实各业投资，营业渐渐繁荣。(《东三省金融概论》)

江省市面之萧条（黑龙江）

江省自去秋以来，胡匪四起，道途梗塞，城内各行商生意寂寥，折本者十居八九。乃迩来萧条更甚，一因外来行商不敢贩货来省，既虞抢劫，又虞不能行销，致多亏折。一因贩来之货即易行销，而本地银价如

---

① 编著者对文献中标点做了适当更动。

此奇昂，且来往皆系广信公司一纸钞票，实无现银。种种不便，当道如不设法维持、振兴，其患将不堪设想矣。(《申报》1907年6月28日)

广信公司招垦办法

景兴镇境内有官荒十余万垧，尚未开辟。闻广信公司总办姚守煜以现届耕种之际，亟宜招户开垦，以兴地利，业经拟定办法。其上等地每垧收价银二两四，中等一两八，下等一两四。如垦户目前不能交价，准其先行指段开垦，俟秋成收粮后，再行派员清丈缴价，以示便利而广招徕，日昨已出示广为晓谕矣。(《大公报（天津）》1910年5月11日)

墨尔根民族生计之艰窘（节录）

近年俸饷停发，全城旗站官丁二万余人遂悉赖此区区熟地岁收为生活，艰窘情形不言而喻。然愚民无知，素尚迷信，每年十月各家均须跳神一二日，多或三五日，日费数十百吊不等。有病亦不服药，辄曰请神便可治疗，以致祈禳之事终岁不绝，一年事蓄之资消费于此者过半。此风各屯站均盛行，而以嫩江迤北达胡尔各屯为尤。加以外来烟土私挟分销，垄断厚利，以致烟膏接济源源不绝，吸烟之户毫不顾忌。又墨城种地之户金融活动常在冬末，而平时借贷无门，不得不向商家挪借，大约一月之息即当一年子息，相积盘剥一空。以上三项皆为墨城生计艰窘之由来，兹已改设嫩江府治，惟金融机关尚未设立。该府近方呈请江抚饬由广信公司及官银号于本年酌量分设，以资周转。(《申报》1910年7月21日)

东三省通信（节录）

江抚周中丞[①]以鄂省灾民现已遣赴讷谟尔河、宁远站等处垦荒救饥，惟查前由广信公司、官银号借垫经费十万两，现将告罄。待至明春开犁为日方长，而所需口食，购买犁牛，修盖房屋需款尤繁，亟应妥筹善后之策。再本省本年雨水为灾，哀鸿待哺，现在虽经各省协济，仍恐杯水车薪，无济于事。已并前件，列入议案，发交咨议局讨议。(《申报》1910年10月23日)

---

① 即黑龙江巡抚周树模。

（九）吉林永衡官银钱局

记事：宁古塔商会会长激变记

宁古塔城向开有广成公钱店，其资本不过百万吊。而私出钱帖乃至四百数十万吊，且并未咨部立案，以是市面不能行用。凡持该商钱帖易换官帖者，必须加利，今秋每百吊竟加至七十吊之数。九月中省台派调查员罗惇景抵塔，与商会会长孙彦卿（系教民）议令市商不用广成公帖，专使官帖①。系于二十日即饬众商一律关闭，并要求绥芬厅非将广成公封闭，众商不能开市。厅官李司马恐有变，不允，而孙坚不认可。

二十二日，孙部将广成公剩存现货等项，共钱三万余吊如数携至商会，声称当代广成公将贫民所执零星小帖一律开付。其各项商业及士绅所存该号大帖，须候应将该号各分店财产调查清楚，再行兑付。官商均已认可。是日，厅署遂将广成公封闭，而众商亦一律开市。

不意孙将携去之款尽向商铺兑换，民间持广成公帖来者分文不付，民心恐慌。约有一小时，聚有数千人，齐至商会，请孙兑换。孙向时本将商会设在耶稣堂内，众民见孙在内，遂拥进将孙扭出，势将殴打。有警防兵至，将孙救出。民人愈怒，遂将门窗、器皿冲毁大半。后又持帖赴孙股开之火磨，购买面粉。众民将至门首，该火磨执事人林姓同收拾火磨机器之俄商古古新等，先开枪击伤三人，立时昏倒，幸未殒命。众民因同伴枪伤，遂一拥进院，所存面粉万余斤，立时抢空。阖城官兵齐至该厂，将众民解散。嗣因看守火磨工匠人等逃避一空，不料水锅烧干，机器炸裂，致将火磨板房焚毁，计焚毁小麦百余石。

时值吉抚（陈昭常）由海参崴乘汽车回省，路过流林站。孙即电禀众商性命不保，请帅来塔。吉抚当委高参议翔立时赴塔查办。

孙彼时遂电禀纷驰，其致外务部电云：英国教堂被匪焚毁，请速派员查办。下署英教士电禀云云。

又致公署陈中丞（陈昭常），电云：匪众将耶稣堂破坏，烧毁火磨，无人保护，请饬统领带兵急来，云云。下亦署塔城传教士。孙急电

---

① 即永衡官银钱号所发官帖。

又致公署，电云：塔城民变，防军保护不力，请派幺统领带兵两营来塔弹压。致驻哈俄统领，电云：中国军队不可靠，请速拨俄队百名来塔弹压，否则俄商恐有不测。俄统领立即电询驻塔庆副都统。彼时火磨被焚之时，俄商男女三名口，并一切物件均经巡警护送至副都统署，经该副都统留宿一夜。次日，即派队将该俄商送至哈埠，并电知俄统领。孙又电致各处教堂，无非请洋队来塔保护等语。

吉抚所委之高参议于二十四日下午到塔，即传询此事，查得广成公之帖，除近日收回不计外，尚有二百三十余万吊。高遂与官商两界议由官帖局暂借五十万吊，以广成公帖一吊折换官帖五百。如是核计，仍差百万余吊。仍作五折，暂与官帖并行。俟将广成公分号财产查清，再行分别抵付，并饬各商一律照常开市。各商铺因于二十七日一律开市。翌日，厅尊晓谕人民，准是日在广成公分号人和烧锅付帖，各官亦均往监视。三日内共收回帖数万吊。三十日省委张弧①到塔，即亲赴商会及兴华公司、火磨踏看，并传孙问话。孙藉仇教为词，将兴大狱，并开列一单将塔城某某人等，均指为毁教堂、抢火磨之人，意图株累。当经张守驳斥，谓此案系人民反对商会而起，本非教案，何得以仇教等词诬告良善。并面责孙四事：（一）不应将商会设教堂内；（二）对于广成公帖事，宜静候官府处置，不应操之过急，以致激生事端；（三）不应将广成公付零帖之现款不付乡民；（四）不应电召俄兵及电请领事干涉。孙闻言始有惧色，自称一切愿遵官府判断。

其时孙以传教士资格递一呈禀，并开列失单，款至数十万元，亦为张守掷还。令以商会总理资格递呈，并经张守与高参议会商，将此案分为三段办结。（甲）毁坏商会事，由广成公私出街帖所致。所有商会损失，应饬广成公代为修补。其教堂损失之件，令商会自为清楚，不能累及官民。（乙）清查广成公产业，备抵私帖资本及赔补火磨损失。（丙）改定钱法，悉用官币。现在第一段经张守断令广成公出洋八百余元，以百余元代商会将房屋、木器修好。余款即交商会，作为补购一切损失物

---

① 张弧（1875—1938）原名毓源，字岱杉。浙江萧山城厢镇人，祖籍河南开封。清光绪二十八年（1902）举人，清末任代理福建布政使，兼省立高等师范学堂校长，曾充长芦盐运使等职。民初历任两淮盐运使。财政部次长，并兼盐务署署长、盐务稽查总所总办、财政总长。

件。其洋商所失，归孙彦卿自行赔补，已经商会总理遵断出结完案。

张太守于此案了结后，复电禀锡制军①云：绥芬商会原设于教堂，因人民疾视商会，波及讲书堂，似此情由，断不能作为教案办理。但该堂实系教会公立，今既被毁，应由地方官照旧修好，映一照片存案了结。倘教士或领事到省啰唆，乞抱定宗旨，持理拒绝。至聚抢火磨，为俄工枪伤各人，均不致碍命。抢面者现已查获拘禁，此外别无命案。惟民心虽定，而怨毒未消，必须正本清源，方可一劳永逸。现在入手办法，一请公署速来复电，饬应将广成公产业一律封抵官本。二饬官帖局再垫运官帖十万吊，多搭铜元、小银元并龙元票，以便周转而固民信。三请旗务处速颁提调关防，俾早接手。弧。

按：宁古塔被选议员张春霖当时电告吉抚云：塔商会长耶教孙燕青（原文如此）牵商关闭，挟官晓谕，使尽使官帖。而广成公号二百余万市帖滞在百姓之手，又不开付，以致今日午刻，全市抢掠，先将该会长生意抢击，商户复行关闭。请急饬办理，以安全境云云。知该会长之行径固为士绅所不满矣。（《东方杂志》1909 年第六卷第十二期）

吉林巡抚陈昭常报告赈济水灾事宜（节录）

双贫河、尤家屯、王家屯、三家子、五家子、风门内外之两屯、三屯等处亦有全屯被淹，溺亡者多寡不等。昭常闻报后即饬度支司先行拨款，并发放仓谷立即分运灾区，其车马难通之处，里粮涉水而进。恐尚有查报未周，缓不济急，派员钱米随查随放而外，劝令推事官严良筹办义仓，在奉天先饬官银号拨银一万两归入严款名下，一面赶办，以免暴露而防疫。查现在城乡内外各灾业已一律查明，妥为赈抚。天灾流行，惟有竭力补救冀以上纾宸廑。（《吉林官报》1909 年 11 月 23 日）

中国大事记：吉林省大火（节录）

本日申刻，吉林省城，离公署二里许江沿之铁店起火。江沿木板山积，引火势甚易，适西南风大作，直扑沿江街市……东西街道同时起火，旋又延及东北。官书局、官银钱号②、陆军粮饷局、度支司署清理

---

① 即东三省总督锡良。
② 即吉林永衡官银钱号。

财政局、官医院、图书馆、巡警局、电报局,以至东北城隅离沿江十里之高等审判、检察两厅及吉林省狱,均先后被毁。(《东方杂志》1911年第八卷第四期)

吉林咨议局因火灾事纠举行政官①

吉林咨议局因此次省垣大火,当道②奏报不实,特具呈民政部、度支部、资政院赵督,声请核办。原文录左。

吉林四月初十、十一两日因星微之火,酿成全城巨灾。于初十日午后两点钟迎恩门外临江街市侨城馆板棚起火,距抚署尚远,当经消防队前往救济③,不难即时扑灭。乃陈抚安居署内,忽发自卫命令,将消防巡警各队悉数撤回,全护抚署左右。即司道各员亦分派军警多名保护妻孥,搬运财物,为保全身家之计,并无一人一人亲临火场。④至五钟时分,延烧辘辘巴街,火势犹不甚烈,此时公署如将水龙分出,赶紧扑灭,犹属易易。乃小惟不救灾变,亦且擅离职守,骤出公署,潜赴劝业道前楼,转瞬间又乘江轮游驶于松江之上。民政、交涉、提法各司俱赴北城外工艺教养所,以致消防终无督催之人,水龙竟成自卫之器。而火势遂不可遏。迨十一日辰刻,火势方见猖獗,⑤由西南直达东北,绵延十余里。其中街巷数十道,局所数十处,商户居民万余家,以吉省数百年之积蓄荡然一空。繁盛市场变为瓦砾、荒凉。统计全境所剩者十无二三,仅抚署巍然独存。当抚院及民政使⑥逃避以后,地方秩序无人维持,巡警携械抢掠,⑦监狱人犯无人坚守,因而逃走者百余人,消防、陆军各队亦有乘机拦劫之举,且⑧度支司、官银钱号为通省财币存储之地,一切款项经手人员已于初十日火势未来之际,均经押解东升当、官

---

① 《申报》标题为《吉议局攻诘陈抚(即吉林巡抚陈昭常)奏报之失实》,副标题为《也是一场官民大冲突》。文首为:"吉垣大火详请选据公私函电,详志前报。兹悉该省诸议局(疑为"员"之误)近因陈简帅奏报不实"。

② 《申报》此处为"因陈简帅"一语。

③ 《申报》此处后有"摧枯拉朽"一语。

④ 《申报》此处后有"稍尽职务者,而任其焚烧数家,继而听其蔓延数里"等语。

⑤ 《申报》此处后有"由西南直达东北,绵延十余里,其中"等语。

⑥ 《申报》此处无"使"字。

⑦ 《国风报》与《申报》此处均有"因而逃走者百余人",疑与后文重复,故不录。

⑧ 《申报》此处无"且"字,为"所尤奇者"四字。

盐店等处暂为存放。乃火息后，捏①禀同被火烬。希作倾害地方之计，尤堪骇异②。查此次吉林大火吉抚与民政各司既不能扑救于前，以尽救急之职，又不能坐镇于后，以尽守土之责，恐于法律上殊有未合云云。③（《国风报》1911年5月19日④）

东督为吉林大火之续电（吉林）

东督致军机处，请代奏电，云：窃吉林省城火灾甚重，昨经锡良电奏，十二日钦奉电传谕旨：着将因何失慎，暨被灾情形详细查明，迅速电奏。等因。钦此。查吉省被灾情形，已由吉林抚臣陈昭常查明电奏在案。惟灾情极剧，亟应赶筹银米，运往接济。锡良昨饬哈尔滨、长春两道筹运米粮，无论何款，准其先行挪用，由奉归垫。顷据长春道孟宪彝电称，已在长订购粳米、红粮多石，并由俄车及小轮先运粳米二百石前往接济，余拟陆续起运，不致缺乏等语。良又饬奉省官银号赶拨银元十万元，运交吉省办理赈抚，以拯灾黎。谨请代奏。锡良叩。文。（《申报》1911年5月22日）

京师近事（节录）

此次吉省火灾经内阁总协理、度支大臣议向大清银行息借五十万两，分别拯济，已于二十八日具奏。奉旨：依议。泽大臣因锡督⑤奏请百万，今只有五十万，恐官力有所不逮，现又札饬大清银行令其赶将钱票暨银铜各币速运吉省，交吉林分银行查照市面经济之现象与需要供给之实情，分别酌济。并电饬吉林官银号设立临时维持事务机关，与大清

---

① 原文如此，疑为"据"之误。
② 《申报》此处后文内容如下："陈抚又何以对我地方？自陈抚到任以来，吉省商民已三历浩劫矣。始则酿成水患，继则酿成疫患，终则酿成火患，愈演愈惨，竟落得全城毁尽之结局。人民何辜受此浩劫？富者贫，贫者益贫，或则焦头烂额，或者蓬首垢面，不流亡于江涯之上，即号泣于北山之下，陈抚又何以对我人民？况以时间论之，初十日以及十一日已属两昼一夜之间，为时不为不久，固非转瞬所能普及。如设法扑救，自有可乘之机，何至演至十一日之惨剧？"
③ 《申报》此后内容如下："本局忝膺代表，难安缄默，未虞亿万生灵之惨，误于一纸奏报之中。用特披沥，冒请并将吉省被毁形势绘图呈请鉴览，俯准奏请核办施行"。
④ 另参考《申报》1911年5月29日，第10—11页。
⑤ 即度支部大臣载泽、东三省总督锡良。

分银行合力并作，使商民有所依赖。闻已于上月二十八日分别电札矣。（《申报》1911年6月3日）

东三省通信（节录）

吉林咨议局以此次吉垣大火，吉抚电奏与当时事实颇多不符，其间尤为注目者即为通省财币是否烧失之一问题。据吉抚电奏谓度支司库及官银钱号被焚，一切财币烧毁无余。而吉省舆论则谓一切款项、经手人员已于火势未来之际，押解东升当、官盐店等处暂为存放。现吉议局以陈抚（陈昭常）事前救护不力，事后捏词朦奏，异常愤懑。除呈请东督、度支部、内阁、资政院恳予查办外，日昨又提出质问书，要求答复，不知陈抚于此将如何办理也。（《申报》1911年6月6日）

（十）山东官银号

山东巡抚孙宝琦奏为山东防疫不敷款项拟请由省城官银号垫发事

再山东防疫不敷之款前经臣奏请饬部拨款归垫，嗣准度支部咨复，令由东海关税项下陆续提拨等因。查东海关征收洋常税项，年来已收不敷支，叠据东海关道徐世光文电，屡称防疫费全拨关税巨款实无从筹解，节经臣咨明度支部并电请另拨的款在案。现准电复仍执前议在部。臣亦知该关存款无余，准其陆续提拨，宽以时日，无如省城防疫不敷之款系由官银号借垫。当此银根紧迫，该号未能久垫不归。伏查此项不敷之款，省城、烟台两处共垫银十万二千余两，前奏请拨十五万五千两，系在各处册报未到以前，约略估计之数，业由臣咨部声明更正，应再仰恳天恩，俯念东省防疫用款已极撙节，饬下度支部先将省城官银号垫发银七万二千两准在运库拨还，俾得早日归垫，以清款目。其烟台垫款三万余两即遵照部议，在于东海关税项下提还，如此分别办理，非惟东海关可轻负担，即官银号亦可稍资周转，是否有当，谨附片具陈，伏乞圣鉴训示，谨奏。

宣统三年七月二十七日奏

朱批度支部议奏。钦此。（中国第一历史档案馆藏档）

赈务（节录）

山东戴敬南、方鹤人观察及安徽同乡官募收皖北义振〈赈〉第二三四批银两，均经按批代收汇解皖赈总局，谨将诸大善士台衔及银洋细数清单列后。第二批计开：登州镇李军门助新湘平银二百两，茌平县署并代募官商库平银一百二十两，陈恩奋助库平七十两，临邑官绅士商合助库平四十五两，阳信盐当各补助库平三十五两。惠远当助库平二十两，武定府曹合同城公捐库平十四两九钱五分、新湘平合库平九钱六分、京钱合库平四两三钱四分七厘、吉林洋二元、银洋十二元，武定府中学堂、师范学堂公捐库平十二两四钱，京钱合库平六两、四两八分二厘，银洋七元，公口（？）官钱局、盐公店、旧城诸铺、潍县官银号、余庆堂各助库平十两，恩县无名氏助库平六两，陈毓魁、刘殿华、四女寺诸铺、孔宪舜、孔昭盘、张国栋、李水华、王中、王据德、吴宝琛、李朝选、侯荫堂、潘葵各助库平五两……萧太太、朱太太各捐英洋三百元，周村官银号并代募各钱行英洋六元、库平六两、京钱四十八千。（《申报》1907 年 7 月 8 日）

（十一）湖南官钱局

来函：商会电禀湘抚[①]

抚帅鉴：

申交官银号规银三万二千八百八十两，合库平足纹三万两，请饬官钱局划交唐教谕锡晋领收散放。铸珍、敬等叩。冬。（《申报》1906 年 6 月 23 日）

湖南官钱局经理水灾赈款出入总数（长沙）

湖南官钱局代收水灾赈款暨拨付筹赈局支用，并电汇米价各数目：自四月二十六日起核至闰四月底止，所有收支各数逐款胪列分呈各大宪核准。计收藩库拨交帑项银十万两暨本省、外省捐项合共湘平银三十五万二千一百八十余两，逐日拨解筹赈局支发散赈银九万四千余两，三次

---

① 湖南巡抚为庞鸿书。

电汇交芜湖米价银共二十二万两，两次电汇交盛宫保米价银共三万两，又汇交安庆陈廉访米价银三万五千两，收付两抵，透用官钱局银二万六千九百余两。（《申报》1906年7月8日）

常德抢案述闻（湖南）

常德府前乡黄土店地方杨姓甫于前月由某处寄资回家，为该处匪徒侦知，越日纠集多人，乘夜前往，将杨母及眷属人等捆绑，令其指出银物所在，搜掠一空。事后经事主禀报武陵县县主廖大令，即派差役勒限缉捕。旋于某日在官钱局见有二人在彼易银，形迹可疑，立即盘诘，验系真赃，当即押解到县。经大令讯实，据供尚有余党多人，因饬将二犯收禁，仍饬差严缉余党，务获究惩。（《申报》1906年9月11日）

就近筹拨要款（湖南）

湘省沣州今夏水灾业经湘抚奏请颁发帑银，并准开办七项常捐以资赈济。现在办理常振〈赈〉及减粜事宜已经将次完竣，惟该州城堤坍塌，早已委员勘明估工修造，所需款项昨已禀请省台札饬办理工振〈赈〉委员就近由常德官钱局筹拨应用，以济急需。（《申报》1908年12月4日）

时评：长沙开埠

（1904年）五月十八日为长沙开埠之期。夫开埠例，必设洋关，今奉命司税务者为夏立斯君。而以关署未及竣工，乃暂借红船一艘以为办公地。长沙并无洋商，如太古、怡和、大坂各轮船公司所设洋棚，皆托汉口之轮船、客栈中人为之经理。开埠日，当举祝典。监督长沙关长宝道朱观察延熙以为若而人者，虽非洋商，而实为洋商之代表，吾固不可不以敬洋商者敬之。于是乃特假座水府庙，以宴各洋棚之经理人。有税关，不得无官银号，以为之存收款，此事曾经大吏札委官钱局①经理。而利之所在，人必趋之。一时递呈争揽者，不可胜计。有修君某者，辰州豪富也，呈禀抚署，有救中国莫若建学堂，立基础必先设蒙学，自愿

---

① 指湖南官钱局。

出本银万两，承充银号。每年额提五千两火耗，作为长沙开设蒙学经费等语。虽未获批准，而各人争欲揽此利权，其闻膳蝤附之情形，即此可概见矣。太古公司之轮船名长沙市者，以某日抵埠，报关纳税，而官钱局司事于其所纳，概收银票，不收现银。又每百两索加二两二钱以为津贴。现闻各轮船主大不以此办法为然，已经公同照会抚宪，求其核办矣。计各轮船之主者皆洋人也，在今日中国，洋人何求而不得？吾恐税关之经理者，不久而有夺我凤枭池之欢也。（《东方杂志》1904年第一卷第六期）

长沙开发审局兼办会审章程（节录）

附：长沙商埠巡捕局章程

……

四、查办洋商或洋商雇佣之人，或在洋行内居住之人，督抚宜先函请领事官发给印票，始可照章查办。其界内华人犯有事故者，由巡捕局督捕移请发审局出票查办，或有殷实正〈证〉人指报犯法者，虽无印票，捕勇亦当即时拘拿。或捕勇眼见不法之人，或确知是犯法之人，虽无印票，亦当即时拘拿。若此等犯法之人眼见捕勇追赶，逃入人家，即应跟踪追入，登时将其拿获。逃入洋商行栈内，亦应通知该行栈交出，送交发审委员审办，以免转折潜逃。再如些小之事，或应传之人，内有体面之人，查照各通商埠章程，该人愿出银抵押者，督捕可以随时商明发审局酌放。俟就审时，该人一经到案，即由发审局先还原押之银，后审所犯之案。倘该人逃案不来，则其原押之银即行罚充入官。又当应出押银之时，设或不便，准其请保，仍立册报。查此等罚办银两，应交官银号收存，汇报监督备拨。（《东方杂志》1906年第三卷第一期）

各省商业汇志：湖南

湘省商务总董以本省米粮向由各行户发卖，偶值欠岁，囤积居寄，大为贫民之害。客腊已筹集商股万余金，议设湘米公司，禀蒙湘抚赵中丞（赵尔巽）批：仰官钱局借拨银五万两，照章缴息，分期归还，饬即开办。并以所集商股无多，谕令切实招徕，俾资周转。（《东方杂志》

1904 年第一卷第二期）

连获伪银钱票人犯（长沙）

湘省刘千总拿获伪造钱票人犯等情已志前报，现由臬司庄廉访提案审讯。据供伪造三益及某某两钱店假票数千张，其已经用出者以三益之票为多。本日曾以千余张发至湘阴县使用，其余两家之票亦用出不少，所存之三百余张拟留作年底使用等语。又搜出官钱局一两银票一张，供称此系为河西望城坡某人所寄，实非小人所造。廉访饬将该犯暂予收押，一面派人至河西望城坡访查，再行复讯。

又同日长沙关巡捕查获伪造钱票数人，并搜出票板及假票甚多，当即解由长沙县审讯。查阅所有票板系和丰公司、蚕桑公社、聚珍公司三处牌名，每张二三百文不等，据供不讳。饬将各犯分别收押，以凭究办。（《申报》1908 年 2 月 20 日）

湖南饥民抢米风潮中湖南官钱局被抢掠情形史料

1. 中国大事记：湖南省城饥民滋事焚毁巡抚衙门及教堂学堂（节录）

兹据西报所载，焚劫之处所，列表于下，亦足见其祸之巨也。

（官署公局）巡抚衙门、长沙税关，以上被焚。税关内班人员聚集所、税关外班人员聚集所、税关华人聚集所、巡警局两所、关银号、大清银行，以上被抢。

……

益阳县（亦长沙府属）因有人运米出口，被众抢尽。官钱分局亦被劫，教堂幸无恙。（《东方杂志》1910 年第七卷第四期）

2. 中国大事记补遗：湖南省城乱事余记（续）（节录）

又闻湘乱赔款，迭经湖南巡抚杨文鼎暨长沙关道与各国领事磋商，现在已有端倪，大约不出一百万金。惟英领事尚有不能满意之处，仍以失单未齐为辞，故未十分就绪。

又闻杨巡抚之意，拟将此款分作三股，就官矿总处余利项下提拨一股，官钱局余利项下提拨一股，其余一股由部承认。（《东方杂志》1910 年第七卷第六期）

3. 度支部提款济湘省急需①

湘抚杨中丞②于受命之始，以湘省署局被毁，大局糜烂，一切需款极巨，特会同鄂督瑞制军③电请军机处代奏，请饬度支部酌拨银五十万两，再由瑞澂等向汉口各银行暨湖北官钱局分别息借三十万两以济急需。奉旨着度支部速议具奏。嗣经度支部议复祗准，由江汉关税项下提银十万两，土药统税项下提银二十万两共三十万拨付该省应用。奉旨依议。十八日已由土药统税柯大臣拨银二十万两解交瑞制军，如数转汇湘省。（《国风报》1910年5月19日第十期）

4. 长沙乱事近状（节录）

长沙来函云岑春蓂信用私人，如丁忧道员朱祖荫及冯锡嘉均位置于官钱局，一在湘，一驻汉常，假官钱局名号向各商家支扯。此次又挪用官款囤买谷米，私运出洋。一遇绅商诘问，则云英国所购。故出示禁米出口，竭全体绅商之力，均为所持，隔三礼拜始得实行。（《申报》1910年4月28日）

5. 长沙乱事（节录）

初六日官绅会议，一面筹款购米减价平粜，一面办团练自卫，分派兵役严拿乱党，获抢犯五名立斩之，人心始渐定。此次捐款极踊跃，三四日间绅商共集近百万，由商会会同干益栈设局出粜，已粜出数千万石矣。居民之纷纷迁徙者莫不携带现钱，凡出纸币之家悉受其影响，而大清银行、官钱局受累尤甚。外人于初五日已雇舟逃逸，故无一人被害焉。（《国风报》1910年4月30日）

6. 湘省乱事近状（节录）

益阳之乱系因某店乘夜潜运谷米下河，街邻出而禁阻，痞徒即乘势滋闹。该县典史某少尉到场弹压，竟为所窘，遂就近避入官钱局。痞徒又声称省城官钱局已经被毁，票币不能作用，一时远近流传，凡存有官票者均持票前往索兑，吵嚷终夜，兑去铜元三四万串。次日仍拥挤不堪，痞徒肆行抢劫，失去钞币甚多。痞徒又谋放火，已于门外用木板、

---

① 参考《湘乱善后近事纪律：瑞督杨抚请军机处代奏电》，《申报》1910年5月7日。
② 即湖南巡抚杨文鼎。
③ 即湖广总督瑞澂。

洋油引火燃发，因门上包有铁皮，未易烧入。(《申报》1910年5月5日)

维持钱荒之会议

湘省近日以来铜元异常缺乏，商家暗受亏损已属不轻，民间亦俱称不便。现在市上交易，每铜元一串须补水至七八十文。兼署藩司黄方伯深恐长此以往，于市面大有妨碍，亟应设法维持，以资补救。爰于日昨在财政公所会集各官绅大开会议，闻到会者为劝业道王观察曾岭、财政公所帮办涂观察懋儒、官钱局会办徐观察之启、米捐局会办李观察实诠、长沙府戚太守朝卿、长沙县沈大令、善化县胡大令应云暨会绅广江余绅金磬、朱绅恩缙、陈绅文玮、龙绅璋、李绅达璋、刘绅国泰等数十人。至议定办法，容再续探。(《申报》1911年10月9日)

要闻一：长沙光复后内讧余波（节录）

监察长沙电报局之易象干亦系焦都督[①]所委，讵易取有电费洋六百余元，悄自出局捏造军政府印电，至湘潭官钱局掣骗巨款，该官钱局电复省城交通司转告参谋部，俱各诧异。易以事经发觉，即已潜逃，现谕各州县悬赏缉拿矣。(《申报》1911年11月13日)

宝庆伪革命详纪（节录）

宝庆府于九月初七日闻长沙已为汉军恢复，即有新化邹代藩、邵阳王子鑫等自称为革命党首领，复纠合新化谢价藩、邵阳岳尧民等数人暗集痞匪数百，拟于四城纵火，乘机起事，其计未成。复于初十日晚间捏造省中函件，并私刻印信、告示，称由焦、陈两都督[②]寄令伊等恢复宝庆，尚有三营劲旅即日可到等语。左路巡防对管带徐振岱为其所惑，即率领所部之二百人为邹等驱使。其时各绅士均在筹办自治公所，议办团练事宜。徐等遂率健卒二三十人各挟刀枪、炸弹等件，迫令宝庆府杨守、邵阳县邱令同赴公所，声称省中大事已定，赶速投诚等语。官绅以未有省城公文，不敢擅行布置，徐声色俱厉，悻悻而去。官绅见此情

[①] 即辛亥革命后湖南都督焦达峰，10月底与副都督陈作新被立宪派杀害。
[②] 即焦达峰、陈作新。

形，遂立即议决于十六日早竖立汉字白旗，静听省信。是日忽有宝庆军政府告示沿途张贴，印信极大。晚间邹代藩列仗拥至府署，鸣九大炮，夺取印信，自称军政府，谢介仙自称大都督，又有自称参谋都督谭者。十三日王子鑫又夺取县印，又勒令杨守缴银八千两，邱令缴银一万八千两，淮盐局缴银八千元，裕宁官钱局银二万两，各典商缴银一万二千元，并搜括富户，无所不为……该匪等以新兵既不足恃，郡城自难保守，遂由伪大都督谢介仙率兵晋省，希图暗中起事。甫至湘乡，即为部下兵士捆送县署收押。十九日邹代藩亦欲率队晋省，因闻谢介仙被拘之信，遂改变方针，拟至省城自陈一切，以冀减其罪，其余党遂渐溃散。二十六日又有匪党二千余人出入城中，声称须放火掳抢，而徐暗与之和。卒由绅界发给洋银六千元，该匪等始行散去。现在该处虽已平静，而居民已迁徙一空，市面萧条不堪言状。昨已由各界公举覃君福生来省面陈一切，请即另行委员接管府县及官钱、淮盐等局事务云。(《申报》1911年11月29日)

(十二) 河南豫泉官银钱局

各省理财汇志：河南

汴抚（陈夔龙）因库储奇绌，电致政府，略谓：京汴火车将通，拟于河南、直隶交界之处创立税务局，凡出入两省货物，彼此均可收税，当于时局不无小补等语，政府已筹商于北洋大臣（袁世凯）矣。汴中向无铜元，癸卯年陈中丞委员至沪采办若干，由官钱局分给钱铺。其始居民率以为异，近已稍稍通行。刻闻有设局开铸之说。(《东方杂志》1904年第一卷第七期)

收回鸡公山避暑房屋（汉口）

汉口英商顺昌洋行垫款在鄂汴交界之鸡公山修造避暑房屋，现已落成，照章应请鄂省官场给价收回。日前英总领事函请交涉司备款接收，当经该司饬应山县赴山，会同各委员验明。该屋原估价值虽不甚浮冒，但上年春间又添置玻璃门窗九堂，洋门二合，凉台上面前行木柱改换条石，所费约值数百金。现在该屋又复加装修，通同核算与原单相符，应准照前洋务局所估价单发给银四千一百二十两，将屋收回起租。业已禀奉鄂督批准，由官钱局拨付，一面照会英领查照矣。（《申报》1911年6月30日）

（十三）热河官银号

为北乡丁字沽等水灾筹办春季抚恤并送捐册事
致热河官银号郑鹤田函（1909年1月）

函致热河官银号郑鹤田

鹤田仁兄大人阁下久违：

　　芝宇时切，遐思遥维。公私顺适，履趾呈祥，为颂为慰。启此。

　　去秋北乡西沽丁字沽二十四村庄因河水涨发，居民被灾甚重，一切田庐尽付洪流，凄惨之状耳不忍闻，目不忍睹。经敝会约同曹雁门诸大善长筹办急赈，刊印小启，劝募赈款，拟即汇散灾民，全活无数。刻值青黄不接之时，灾民困苦尤甚，敝会拟即筹办春振〈赈〉，以资接济。惟需款甚繁，亟宜广为劝办，以资善举。素念阁下经营热省，〔美〕名昭著，如阁下登高一呼，影响斯应。今特呈小启五本，望祈阁下念桑梓之谊，开悯隐之怀，大（？）热力，广为劝募，多多益善，愈速愈妙。俾得接济，灾民藉得免流离失所。布达微忱，代为叩恳，不胜为灾民待命之至。专此。敬请善（？）。移兹。惠复不（？）。

　　宣统元年闰二月初五日

　　附呈捐册五本

　　总理、协理天津商务总会王、宁（天津市档案馆藏档）

（十四）陕西省有关史料

续陕西铁路总局详议西潼铁路办法章程（陕西）（节录）
（设银号）

　　一、大工既兴，一切官捐、民股宜有经收、储存之地，采办、转运宜有拨兑、提动之所，局费、工用宜有支发、腾挪之区，是铁路银行之设诚不可缓。然陕省风气未开，商情未洽，既无如许勤妥之人以资分任,复无如许厚重之本以便恢张。拟先就各票庄内择两三家资本丰厚、足可持久者与之订立议单,书写折具,作为西潼铁路兑收银款之所,责成该铺董于收银、兑款、拨息、查账〈账〉各节妥派干事人切实经理,确定赏罚,以昭激劝。铺董如系一手经理者,应于路工完竣后,或优奖或重酬,均听该董自择,要以实在、妥靠、得力为主,不准丝毫徇情。一面仍咨鄂、蜀等省,查抄设立官银号章程,或电委员孙牧在鄂就近抄录,以便将来有所依据。(《申报》1906 年 5 月 4 日)

抚部院恩①批安塞县崔令运生禀该县蛟水为灾请速发赈并委员勘验由

据禀该县七月初五日北河蛟水陡发,水头一丈有余,突入县城,洪涛汹涌,官署、民房率皆倒塌,绅民铺户、货物、牲畜、米麦之类一扫而空,因灾绝食,驰禀请赈前来。北山地瘠民贫,今乃遇此奇灾。阅禀之下,良深悯恻。该令仓猝禀报,自是尚未确勘,仰布政使司限行,檄饬延安府爱守就近在于郡城官钱局借拨现银五百两札发该署县崔令具领办赈灾,分别轻重,实惠均沾,以救残喘。仍由司委员会勘妥议、禀办,以恤灾黎而重民瘼。并移行该本管道府循例复勘,毋任率延。其借拨银两随由司库拨还,仍令补禀督部堂查照批示,勿延,此缴。(《陕西官报》1908 年第 14 期)

(十五) 安徽裕皖官钱局

皖北赈灾报告 (节录)

赴宿州善绅刘兰阶太守本月初二日来函云:十一月十九日抵宿州,沿途察看有一带数十村庄只见枯树、荒草,而房屋人口一律俱无者,败瓦颓垣满目皆是,亦不知人家归落何所。闻有数亩之村,而只剩人家三四户,挖地为穴,覆以败草,人皆面色如土。播种二麦,百亩中不过一二成。流亡载道,饿殍填沟,诚有耳不忍闻,目不忍睹之惨。前带之洋五万元,规元一万两,并沿途送助者共兑铜元九万余串。除柳祝三兄三万五千分查灵璧外,余款五万五千欲有济于周围八百余里之宿州(宿州

---

① 指陕西巡抚恩寿。

较灵璧大一倍），俨同杯水车薪，如何着手？承寄盛宫保（盛宣怀）银洋各五千，连方伯交官钱局汇来，俟到即与灵璧四六均摊，以符初议。（《申报》1911年1月15日）

出示招收被劫库银

皖省财政部成立后，一切行政、军需各费多由商会认捐，现在实已无可搜索。兹黄部长以前次司库被劫宝银均有官银号字样，易于识别，因即出票招收。除浔军抢获不计外，其余遗在民家者，准由民人自行报告。凡呈缴现银者，赏给十成之三；知风报信因而取获者，赏给十成之二。倘竟藏匿不报，一经查觉，定即严惩云。（《申报》1911年12月7日）

皖江要闻录——日本人私收废票

皖省自经黄焕彰之抢劫，所有裕皖官钱局各项纸币早已宣布作废。近有日本商人太田直吉寄寓小南门外第一楼旅馆，秘密私收废票，闻每张只给铜钞数枚，现已收有二万余张，意在以此抵赎华商债款，其用心可谓狡诡。幸经警察总厅侦悉，当将该日人拘厅讯究，未识如何处置也。（《申报》1912年1月30日）

（十六）广东官银钱局、海关官银号

粤盗何多（节录）

腊月二十日午刻老城内马鞍街谦受官银号被匪人入内，吓禁各伙不许声张，将现存洋银悉数劫去，分携而逸。（？）知南邑尊亲赴勘验，饬差赶紧缉捕，未知能破获否？（《申报》1901年3月4日）

五羊淑景（节录）

去岁城内马鞍街谦益官银号被匪行劫事，为陶制军（陶模）所闻，严饬营弁限日破获。旋拘获马仔九一名发交南海县刑讯，不肯承认。随由裴邑尊悬赏一千元，广州协某镇军悬赏五百元，腊月二十八日武弁区某凭线人指引，在西樵大岗墟拿获正犯苏亚琼一名，解交协署转发南海县讯供，直认不讳。所有赏银由协、县如数发给。（《申报》1901年3月10日）

广东大沙头花艇火劫续闻（广州）（节录）

两广总督善后之办法：张督（张鸣岐）对于此次火灾极为悯恤，现拟饬司筹议在善后局或官银钱局内酌拨款项赈抚，并饬先行调查被灾情形，随时飞禀，以凭核办。惟对于官场遇难之人颇为愤恨，谓国恤期内燕游，不特不足惜，并应查出奏参，以为官场不自爱者戒。（《申报》1909年2月9日）

汕头现势调查（节录）

其金融机关除外国银行外有银庄、票号、官银号等。银庄之直接汇兑以香港、上海、新嘉坡三口为限，其汇至北方及长江一带者，则直汇上海；其汇往南洋各岛者，则直汇新嘉坡；其汇往安南、日本，则直汇香港，由此等地再行转汇。其汇票各等名色如下：（一）汕汇香三天票；（二）汕汇申十天票；（三）汕汇叻三十三天票；（四）香劳卑票（自香港汇至印度）；（五）香司令票（自香港至英国）；（六）香申电票；（七）香叻电票；（八）申汇汕票；（九）叻汇香电票；（十）叻汇申电票。

银货及银块市面所积无多，且价值高低时有不同，于商人交易不甚便利。则又赖银庄之银票以济其穷，银票之价高低有定，永不变更，故可为物价真正之标准，又可省现银授受之烦，诚市面所不可缺者。

官银号者亦名海关银行，即设于海关所在之地。凡税关出纳，即以是为之机关。银庄有缓急，亦以是为通融之根据焉。今汕头之官银号即附设于源丰润之中，源丰润以是而有汕头一埠中央银行之资望。盖当地税关所入每年不下二百万两，尽系现银，在银货无多之汕头，出售此宗现银可以抬高价值，而值各银庄窘急之时，又可与为融通。故得利既多，而位望亦由此而隆焉。（《申报》1909年12月31日）

东京通信：私造中国纸币案破获

横滨市山下町华商杨发唐、叶文简、林荣源、黎清臣，日本人、活版所主北野富次郎等四名共同私制大清银行纸币，广东官银号纸币，上海、香港银行纸币数十万纸，现已为日警破获。杨等在横滨表面上开设杂货店于山下町一零八番地，事甚秘密，故此案至今始破云。（《申报》

1911年4月29日）

中国纪事：粤省抵制纸币风潮

自粤路收归国有之后，各股东以为此路奏经商办有案，今忽摄归国有，是政府已失信用，于是别思一抵制之策，乃持官银号日前所发行之纸币纷纷换取现银。而大清、交通两银行遂起一大恐慌，浸假并连及官银钱局。此风潮不知何自而起，据各报所载，谓香港于十五日以前即有对于此种纸币摒弃不用之消息。至十四日有人遍收此种纸币数十万携带上省，向各行讨换。十六、七、八等日，风潮极烈，索换者约有六十余万。政界睹此情景，大为恐慌，一面传集各绅商维持金融，一面分遣兵队把守各银行，以防匪徒暴动。又复电请政府代奏，拟借洋款五百万以资接济。兹将电文摘要录后。

略谓：近日香港忽有人倡议不用大清、交通两银行暨广东官钱局纸币，以为抵制国家收回铁路国有之计。查其起事原因，系乱党从中鼓惑，致商店一时周转濡滞，省城市面大受影响，纷纷持票取银，一日已达数十万两，来者仍陆续不绝。岐（两广总督张鸣岐）即饬藩司设法应付以保信用。惟查各行局所存现银，仅百有余万元，藩运两库计存二百余万两左右，危险情形不可思议。已商请造币粤厂赶赴铸龙毫以资兑付，一面电请港督查禁谣言，并饬各关卡遇有征收税厘，全数均收官发纸币以期疏通。但际此风潮恶烈之时，非有大宗款项应付不易平息。（张鸣）岐齐集司道磋商，拟向外国银行订借五百万两，专备接济行局准备之用。惟此项借款俟市面平靖，纸币照常流通，立即如数筹还。国家所费有限，保全大局城非浅鲜。若一二日风潮稍息，虽订借有成，亦当随时作罢等语。此折上后，经已由部复准如所请矣。（《国风报》1911年5月28日）

粤督续奏路事急迫情状——仍坚持国有不收回成命（节录）

此次省港商民抵制票币，系受乱党煽动。本日大清、交通两银行及各处官银号已收四十余万元，持票取现自早至暮，情势汹涌。经鸣岐派得力人员极力弹压，多方劝导，幸未暴动。惟由港而来四乡之人风潮剧烈，日甚一日，就寻常情形而论，亟宜将票币筹足，现银随时应付，自不致即生意外。但此次原因不同，非应付现款所能平。为乱党煽惑者又多无知愚民，非情喻理遣所能解，更非口舌所能弹压。从中主事之乱党均分布澳港及南洋各埠，又为法律权力所不及查缉，办理异常棘手。现已督饬文武严定规则，于持票取款之人严行取缔，并多派亲信将弁分头侦察。又饬商会广发传单，合力维持。目前正值大乱甫平，人心浮动，四方游手无业之民动以数十万计，其能否贴安就范，实无把握。(《申报》1911年6月20日)

官银钱局风潮之大定（广东）

粤省官银钱局前数日持银纸到换现银者，途为之塞，该局门前用卫队兵勇把守走栊，限放数十人入门，即行关住。银纸多为汗湿透，既换者由源丰润出。自念三日以后，换者渐稀，门前已不关走栊，随到随换，亦不挤拥，日昨换者更少。该局存款极多，前借各银行之款拟欲退回云。(《申报》1911年6月29日)

粤商会议维持市面（广东）（节录）

目下市面银根窒滞，亟宜输转。现由司道回明督院，在官银钱局盈余项下提出现款，交由官银钱局、大清银行、交通银行会同总商会酌择殷实本地银号分别放付，以资流通。并闻粤商会先于初九日电禀农工商部、邮传部，请拨款维持市面。(《申报》1910年10月18日)

（十七）新疆有关史料

新伊商民之苦况—呜呼官之剥削

伊犁函云：该处商民之苦况令人不忍卒听，自长、马两将军①以官银号罔利害民，百姓受亏在千万两以上。祸延新、伊两处生计，遂日形窘困。而继其任者剥削有加，穷饿遍野，去冬冻死者竟有七、八千人之多，就中蒙、哈居其半数。之俄人横暴强占之事日有所闻，年来各商居者倒闭，贩者裹足，利权之失日甚一日。此次中俄改约，商民殷属望如饥思食槦，宣布实行时不知若何伤心也。(《申报》1911年4月18日)

---

① 指伊犁将军长庚、马亮。

（十八）江西官银钱号

巡警查获卷逃公款案之原由（汉口）

江西藩署收支余委员近被司事二人卷逃公款钱票五千二百张，附轮来汉，匿于道署后巷某栈房内。有流痞熊某等见其挥霍之款皆江西官钱局钱票，形迹可疑，因冒充包探前往索诈未遂。嗣该痞等闻警局接有赣省来电，缉拿卷逃公款之犯，遂确认该司事为此案有关系之人，故于前日复往勒借四百金，方允放其逃走无事。该司事等恐又系磕诈，坚不应允，两造即扭殴互斗。正喧嚷间，适巡警二区巡官率领警探查夜路，经此地备闻其详，当入室将该司事拘获，搜出钱票二千余张，连夜解交夏口厅讯明，签差押解往赣惩办矣。至磕诈之流痞本与警探通同一气，当巡官入门时，彼等已乘间避走，巡官以非其力不能破获，故不追究。（《申报》1911年1月23日）

垂念饥黎

江西访事人云：新任广西巡抚、护理江西巡抚柯逊庵中丞（柯逢时）访知迩来桂省米价奇昂，每升需青蚨二百翼，百万饥鸿哀鸣中泽，不得已由电奏请移借江西官银号存银二十余万两，江西振〈赈〉捐等款七十余万两合成百万之数，委员赴长江一带产米之区购米六七十万石，运往粤西散振〈赈〉。此仁浆义粟，居民当果腹有资，匪乱或亦自此平靖欤！（《申报》1903年8月25日）

万国红十字会①来函

启者：本会昨接江西抚台夏中丞来电，谨钞乞登报，惟希公鉴。三月二十一日上午江西抚台来电：丝业会馆、万国红十字会、商约大臣吕、盛②鉴：电函捐册均收到，谨悉诸公创成此举，俾战地③被难华民

---

① 上海万国红十字会（Shanghai Cosmopolitan Red Cross），1904年3月10日由富商沈敦和于中国上海租界成立的民间慈善组织，随后扩展到中国各地，形成许多支会。成员由中国富人和生活在中国的著名西方人构成，1910年由清朝政府，统一各地支会，成立大清红十字会。
② 即吕海寰、盛宣怀。
③ 指日俄在东三省开战。

同登衽席，莫名钦佩。遵即饬属官绅力筹劝办，一面先由司库垫拨银一万两，拟由江西驻沪官银号解济时挈。印。上海万国红十字会同人谨启。（《申报》1904年5月8日）

江西（节录）

江西各属贸易多恃省垣钱店为转移，有一县而借至百数十万，或五六十万，其借十万、八万者尤不一而足。去岁省垣因添解镑亏八十万，以至银根甚紧，各局盐款较上年多解少存，而官银号及各大钱号亦较上年多收少放，银市益复紧急。外府少此挹注，转运不能灵通，市面颇有岌岌可危之势。（《申报》1905年2月19日）

俄商贩茶带运铜元出境续闻（南昌）

俄国商人赴江西义宁州贩茶，带运铜元，关道汪观察以铜元进口、出口皆关禁令，电禀赣抚请示核办等情，已志昨报。兹江西官银号以此事已禀准赣抚，准予通融，爰径电汪观察请勿禁阻，原电录下。汪道台鉴：华商、洋商请照购运铜元，按照部章本有应准，现经禀恳院宪，姑念此次华商已购一万五千余串，洋商已购八万余串，系先在此收买，并非由外省运来，准予给照放行。务须注明，运往义宁地方，并将此次通融后不为例情节叙入照内，以示限制。其余该商等所需铜元十一万余串，当由省赶运到浔，希即饬该号照时价购买，无得藉此多运，致碍本省行市。官银总号庚。（《申报》1907年3月27日）

商号禀追倒款之藩批（江西）

江西商号新泰厚、蔚长厚、天顺祥、蔚丰厚等以怡生厚倒欠巨款，禀恳追偿，以维商业。现奉陈少石方伯批：此案现奉抚宪发阅，两湖总督部堂来电，以汉口怡和兴等钱店亏欠领解荆州公款二十四万两，据店东黄家瑜等请，以南昌怡兴、吉安礼吉及各店屋产业备抵，业已札饬南昌府电饬吉安府督同南昌、庐陵等县查封备抵在案。查怡生厚与怡和兴等店皆系黄家瑜所开，该怡生厚尚有亏欠本省官银号及清节堂公款、湖北买运赈米存款，数亦甚巨，均须于所有典铺店房产业估价作抵。据禀该商号等被怡生厚借欠银两亦有二十余万之多，殊堪骇异，自应从速严追，以维商业。惟是商款不可不追，官款尤不可不顾。仰南昌府迅饬南

新两县查传该店东黄家瑜、号伙雷涣生等到案，讯明严追详办。（《申报》1908年11月22日）

赣抚维持市面办法（南昌）

赣省自怡生厚倒闭后，市面颇为恐慌，旋经冯中丞①出示云：怡生厚钱庄亏倒过巨，市面惊慌，现正搜查该庄主等业产备抵在案。本日又有德和当铺、汇和钱庄、福大钱庄、福大钱米店亏倒之事。钱庄为街市流转钱财之源，相率受挤亏闭，亟应力予维持。无论官家、商号有在本城市面存放之款，未到期者一概不准提取，已到期者如一时不及周转，亦应报明商会，妥商办理。其名誉素好、资本殷实店铺一时不能周转，由商会与官银号设法接济。实系亏空，不能支持者，亦须自投商会及地方官，将账目公同查核，以明真伪，相与实力维持，以安人心。（《申报》1908年11月28日）

垫款购办赈米（南昌）

李岷琛、杨文鼎等致赣抚藩及商会电，云：接周夏二委员电，知米款已承筹议，先由官银号垫给购办，使灾黎得食，重庆更生，盛德宏施敬代谢。致。（《申报》1908年12月6日）

开会集议公估办法（江西）

赣省商务总会于九月三十日邀请藩库厅、大清银行、官银号、税务局、盐局、钱业会馆诸君，并本会各会董到会决议公估事件，分条列左：一、议决盐局出入银色以二八为主位，公估既定，自应高升低补，每百两加九三八平三两，合库平百两；一、议决税务局出入银色，原议以二四为主位，今年所存库之税，书明年发出之得者，认亏每百两加九三八平三两，合库平百两；一、议决解兑司库各款应加大工、平色等项，仍照旧章办理，于公估银色尚无出入；一、公钱照依九三八平加三两，合库百两，由藩库平较准，毋论官商出入，概照公估局批码照抄；一、公估司事已到薪水、杂用，由号担任一切事件，即由号与商会合办；一、公议各商号将官票付官银号作价，春冬每日以四点为度，夏秋

---

① 即江西巡抚冯汝骙。

以五点为度；一、公请十月初五日出示晓谕，俾众周知。（《申报》1909年11月20日）

（十九）福建官银号

厦客杂谈（节录）

西商赛马由董事和记洋行承办，各茶楼售茶经纪均须集银，约共数百元之多，而各洋行办房、海关官银号亦捐助经费。首事特办房就南普陀寺内备酒席以请各行买办，茶栈，伙之往观者亦与焉。去冬改用外洋，小食额定六十人，至西人午定三十人。又赛马例必请地方文武官凭轼而观，藉以弹压。（《申报》1895年2月1日）

闽垣吉闻（节录）

每岁腊月之杪，南台官银号例有赈济贫民之举。去岁号主仍循旧例，每人散给小洋银一二角，一时鳏寡孤独者流逐队而来，数以千数百计，乃请保甲局委员徐君带勇弹压，以免争端。（《申报》1896年2月18日）

八闽琐记（节录）

南台大桥下为溪、海汇合之区，每当潮退，延建一带，溪流澎湃而来，如万马千军在空中蹴踏，及潮涨则又汪洋一片，浩瀚无涯。巨艇、小舟往来如织，贫民驾扁舟一叶，劣容三四人，俗呼为双把桨，驾驶稍或不善，常有倾覆之虞。木帮及官银号各绅董见而恻然，纠集巨资，设立救生局，置船数号在大桥上下常川往来。凡有误堕波心及轻生而自入水晶宫内者，皆援之登岸，俾庆更生，洵莫大之功德也。（《申报》1896年4月14日）

八闽琐谈（节录）

福州官银号虞君素具婆心，每届年冬施送棉衣并酌给洋蚨，一时贫民、妇女蚁聚云屯不下数千人。去年因公款支绌不能遍给，而虞君为善之心不能自已，犹择贫苦之家亲自散给，不假他人之手，洵好行其德终始不懈者也。（《申报》1897年2月4日）

闽灾续记（节录）

目前藩司张润生方伯以外人如此仗义，未便相形见绌，爰亦慨捐白米一千石，委员次第振〈赈〉济。官银号执事人虞君则邀请同乡倡集巨款，先就茶亭各处散给现钱。述善社各绅商亦已捐资赴芜湖一带采米，以济民食，谅日内可陆续到闽。似此子惠覃敷，闽人士或可望生机渐转乎！（《申报》1900年7月18日）

（二十）四川浚川源银行

亏欠票银

浚川源银号霍济苍控，北京路福兴里乾益栈内驻沪之庆泰隆号伙杨声斋欠汇票银四千余两。前晚提讯杨，只认欠银二百余两，判杨交原保，限一礼拜自向原告理楚。（《申报》1909年10月22日）

道批三则（节录）

浚川源等禀批，候据情移商务总会并行公共租界会审官，转饬该股东赶速清理可也。（《申报》1910年8月15日）

（二十一）甘肃平市官钱局

甘督为禁止伪造钞币事札沪道文

（前略）甘省钱荒银绌，官民俱困，当经本部堂札委司道开办官银钱局，委秦令锡圭在上海中兴书局造印二两、一两银票二种，一千、五百钱票二种，每种各印套彩票十万张，以资流通。业据禀报印齐，即日起运。惟查上海此项印书局所甚多，难保无奸民仿造、混用，自应示谕各局所严禁伪造，俾昭信行而免流弊。为此札仰该道遵照，即便出示严禁，仍将照办情形具报备查。事关钞币重要，幸勿稽延、漠视为要。（《申报》1907年9月20日）

参考文献

（按编著者拼音顺序排列）

北京档案馆编：《北京自来水公司档案史料》，北京燕山出版社1986年版。

财政科学研究所、中国第二历史档案馆编：《民国外债档案史料（三）》，档案出版社1992年版。

曾仲谋：《广东经济发展史》，广东省银行1942年版。

陈锋：《晚晴（各省）财政说明书》，湖北人民出版社2016年版。

陈其田：《山西票庄考略》，商务印书馆1937年版。

陈旭麓、顾廷龙、汪熙编：《盛宣怀档案资料选辑：中国通商银行》，上海人民出版社2000年版。

《大公报》（1902—1912年）。

《东方杂志》（1904—1912年）。

傅文龄主编：《吉林永衡官银钱号》，吉林延边大学出版社1993年版。

甘厚慈辑：《北洋公牍类纂》《北洋公牍类纂（续编）》，文海出版社1967年版。

广东清理财政局编订：《广东财政说明书》，广东财政局1910年版。

郭大松选译：《中国海关（十年报告）选译（1902—1911）——货币与金融》（下），中国社会科学院近代史研究所近代史资料编辑部编：《近代史资料》总121号，中国社会科学出版社2010年版。

《国风报》（1910—1912年）。

侯树彤：《东三省金融概论》，太平洋国际学会印行1931年版。

胡遹：《湖南之金融》，曾赛丰、曹有鹏编：《湖南民国经济史料选刊》（1），湖南人民出版社2009年版。

黄鉴晖等编:《山西票号史料(增订本)》,山西经济出版社2002年版。
《集成报》(1897—1898年)。
《吉林官报》(1908—1912年)。
奎濂等校勘:《度支部通阜司奏案辑要》第三册,文海出版社1988年版。
开滦煤矿藏档。
《两广官报》(1911—1912年)。
刘锦藻:《清朝续文献通考》,商务印书馆1955年版。
马寅初:《中国关税问题》,商务印书馆1923年版。
宓汝成:《中国近代铁路史资料1863—1911》第二册,中华书局1963年版。
南开大学经济研究所、南开大学经济系编:《启新洋灰公司史料》,三联书店1963年版。
潘景隆等整理:《吉林公署政书》,吉林文史出版社1991年版。
彭英甲编:《陇右纪实录》,文海出版社1988年版。
《陕西官报》(1908—1912年)。
上海商务印书馆编译所编纂:《大清新法令(1901—1911)》,商务印书馆2011年版。
《申报》(1895—1912年)。
世续等编:《清实录·德宗景皇帝实录》,中华书局1987年版。
天津市档案馆藏启新洋灰公司档案。
天津市档案馆藏天津商会档案。
天津市档案馆、天津社会科学院历史研究所、天津市工商业联合会编:《天津商会档案汇编(1903—1911)》,天津人民出版社1987年版。
天津市档案馆:《袁世凯天津档案史料选编》,天津古籍出版社1990年版。
万福麟修、张伯英纂:《黑龙江志稿》,文海出版社1965年版。
汪叔子、张求会编:《陈宝箴集》,中华书局2004年版。
王延熙、王树敏辑:《皇朝道咸同光奏议》第38册,上海久敬齐石印,光绪壬寅年(1902)秋。
王竹亭:《解放前得河南省银行》,中国人民政治协商会议河南省委员会文史资料研究委员会编：《河南文史资料选辑》第 1 辑，河南人民出版社 1979 年版。

吴宗慈、辛际周等纂：《江西通志稿》第 22 册（影印版），江西省博物馆 1985 年版。

徐世昌：《东三省政略》，文海出版社 1965 年版。

叶志如：《清末济南、潍县及周村开辟商埠史料》，《历史档案》1988 年第 3 期。

贻谷：《绥远奏议》，文海出版社 1974 年版。

《银行杂志》第三卷第十一号，1926 年 4 月。

袁大化修、王树枏等纂：《新疆图志》，文海出版社 1965 年版。

苑书义、孙华峰、李秉新主编：《张之洞全集》第 5、6 册，河北人民出版社 1998 年版。

张家骧：《中华币制史》，民国大学出版社 1925 年版。

张之洞：《张文襄公全集》，北平出版社 1928 年版。

张仲炘、杨承禧等纂：《（宣统）湖北通志》，京华书局 1967 年版。

赵尔巽：《宣统政纪》，华文书局 1968 年版。

郑家度编：《广西金融史稿·广西史志资料丛刊之一》，广西民族出版社 1984 年版。

《政治官报（内阁官报）》（1907 年—1911 年）。

中国第二历史档案馆编：《中华民国史档案资料汇编（第三辑金融）》，江苏古籍出版社 1991 年版。

中国第一历史档案馆藏宫中朱批奏折、军机处录副档。

中国第一历史档案馆编：《光绪朝硃批奏折》第九十二辑，中华书局 1996 年版。

中国第一历史档案馆编：《清代档案史料丛编》第十一辑，中华书局 1984 年版。

中国第一历史档案馆编：《庚子事变清宫档案汇编 11—庚子赔款筹付卷》，中国人民大学出版社 2005 年版。

中国科学院历史研究所第三所主编：《锡良遗稿·奏稿》，中华书局 1959 年版。

中国近代经济史资料丛刊编辑委员会主编：《帝国主义与中国海关资料

丛编之九：中国海关与辛亥革命》，中华书局 1964 年版。

中国人民银行总行参事室：《中国清代外债史资料（1853—1911）》，中国金融出版社 1991 年版。

中国人民银行总行参事室金融史料组编：《中国近代货币史资料》第一辑，《清政府统治时期：1840—1911》，中华书局 1964 年版。

中国人民政治协商会议陕西省委员会文史资料研究委员会编：《陕西辛亥革命回忆录》，陕西人民出版社 1982 年版。

中国社会科学院近代史研究所近代史资料编辑室编：《近代史资料》总 68 号，中国社会科学出版社 1988 年版。

中国社会科学院近代史研究所近代史资料编辑室编：《近代史资料》总 120 号，中国社会科学出版社 2009 年版。

中国社会科学院近代史研究所中华民国史研究室编：《中华民国史料丛稿：阎锡山和山西省银行》，中国社会科学出版社 1980 年版。

中国银行总管理处：《东三省经济调查录》，出版单位不详，1919 年版。

中华人民共和国杭州海关译编：《近代浙江通商口岸经济社会概况：浙海关、瓯海关、杭州关贸易报告集成》，浙江人民出版社 2012 年版。

钟丽文：《广东官银钱局和它发行的可兑换纸币》，中国人民政治协商会议广东省委员会文史资料研究委员会、中国人民银行广东省分行金融研究所：《银海纵横：近代广东金融》（广东文史资料第 69 辑），广东人民出版社 1992 年版。

周葆鉴：《中华银行史》，商务印书馆 1923 年版。

周钟岳等纂，牛鸿斌、文明元、李春龙等点校：《新纂云南通志》第七册卷，云南人民出版社 2007 年版。

朱寿鹏：《光绪朝东华录》，中华书局 1958 年版。